DAS BUCH

Der amerikanische Historiker John Weiss präsentiert eine umfassende und anschaulich erzählte Geschichte des deutschen und österreichischen Antisemitismus, der den Weg zum Holocaust bereitet hat. Aber anders als Goldhagen in seinem Buch *Hitlers willige Vollstrecker* begnügt sich Weiss nicht mit der Feststellung, »die Deutschen« hätten im Holocaust endlich ihren jahrhundertealten Wunsch verwirklicht, die Juden zu vernichten.
Er schildert die Ursprünge des christlichen Judenhasses und erklärt, warum besonders die protestantischen und katholischen Kirchen in Deutschland und Österreich so willige Vorkämpfer des Antisemitismus waren und welche Rolle sie bei der Judenverfolgung und im Holocaust spielten. Sowohl Goldhagen als auch Weiss gehen von der Prämisse aus, daß die Nazis auf einer langen antisemitischen Tradition aufbauen konnten. Weiss porträtiert auch die Gegner des Antisemitismus, riskiert einen vergleichenden Blick über deutsche Grenzen hinaus. So entsteht ein differenziertes und klares Gesamtbild des deutschen und österreichischen Antisemitismus, das sich nicht in Kollektivvorwürfen erschöpft. Damit ist dieses Buch eine wertvolle Ergänzung und Korrektur von Goldhagens Thesen.

DER AUTOR

John Weiss, geboren 1927 in Dearborn, Michigan, ist Sohn eines katholisch-österreichischen Einwanderers. Er nahm mit der US-Marine am Zweiten Weltkrieg teil. In den fünfziger Jahren studierte er in Innsbruck und Marburg und erwarb seinen Doktorgrad an der New Yorker Columbia-Universität. Heute ist er Professor für Europäische Geschichte an der City University in New York und Autor mehrerer Bücher über Themen des europäischen Faschismus, u. a. *The Fascist Tradition, Nazis and Fascists in Europe* und *Conservatism in Europe, 1770-1945.* John Weiss lebt in New York.

JOHN WEISS

DER LANGE WEG ZUM HOLOCAUST

DIE GESCHICHTE DER JUDENFEINDSCHAFT IN DEUTSCHLAND UND ÖSTERREICH

AUS DEM AMERIKANISCHEN VON
HELMUT DIERLAMM UND NORBERT JURASCHITZ

ULLSTEIN

Ullstein Buchverlage GmbH & Co. KG,
Berlin
Taschenbuchnummer: 26544

Die Originalausgabe erschien 1996 unter dem Titel *Ideology of Death. Why the Holocaust Happened in Germany* bei bei Ivan R. Dee, Chicago

Ungekürzte Ausgabe Dezember 1998

Umschlaggestaltung: Theodor Bayer-Eynck
Abbildung: Joseph Süß-Oppenheimer. Zeitgenössischer Kupferstich. Bildarchiv Preußischer Kulturbesitz, Berlin.

Printed in Germany 1998

Satz: MPM, Wasserburg
Druck und Bindung: Ebner Ulm
ISBN 3 548 26544 8

Gedruckt auf alterungsbeständigem Papier mit chlorfrei gebleichtem Zellstoff

Die Deutsche Bibliothek – CIP-Einheitsaufnahme

Weiss, John
Der lange Weg zum Holocaust: die Geschichte der Judenfeindschaft in Deutschland und Österreich / John Weiss. Aus dem Amerikan. von Helmut Dierlamm und Norbert Juraschitz. – Ungekürzte Ausg. – Berlin: Ullstein, 1988
(Ullstein-Buch; Nr. 26544)
Einheitssacht.: Ideology of death <dt.>
ISBN 3-548-26544-8

INHALT

VORWORT ZUR DEUTSCHEN AUSGABE

Trotz der unermeßlichen Fülle von Literatur über Antisemitismus und den Holocaust verstehen wir noch immer nicht, warum die Deutschen die Vernichtung der Juden geplant und durchgeführt haben. Juden wurden in vielen Ländern mit Haß verfolgt und wegen ihrer Religion und ihrer angeblich angeborenen rassischen Wesenszüge zu Ketzern und Schmarotzern gestempelt. Doch nur in Deutschland wurden diese rassistischen Stereotypen in eine tödliche, vom Volk getragene Ideologie verwandelt, die im Schrecken der Vernichtungslager endete. Um diese überaus wichtige und schwierige historische Frage zu verstehen, müssen die Eigenarten der deutschen und österreichischen Geschichte erforscht werden, denn hier liegt die Erklärung dafür, warum der Antisemitismus unter Millionen Deutschen eine solch große Wirkung entfalten konnte, und weshalb schon lange vor dem Auftreten der Nationalsozialisten die historische Grundlage für ihren Erfolg geschaffen wurde.

Nach 1945 hat die Enthüllung des millionenfachen Judenmordes viele Autoren dazu veranlaßt, die Ursachen des Holocaust im gesamten Verlauf der modernen deutschen Geschichte zu suchen. Das Ergebnis war wenig überzeugend. Denn es standen Quellen nicht zur Verfügung, die darüber Auskunft gegeben hätten, welche sozialen Gruppen und Schichten der deutschen Bevölkerung den politischen Antisemitismus übernahmen.

Heutzutage neigen Historiker – in einer Art Gegenreaktion – zu der Ansicht, die Nazis hätten keine tiefen Wurzeln in der deutschen Geschichte gehabt, und der deutsche Antisemitismus habe sich kaum von dem anderer Nationen unterschieden – womit vor allem Frankreich und die osteuropäischen Länder gemeint sind. Daher könne man keine langfristigen historischen Schlüsse ziehen. Die meisten Historiker glauben zudem, daß der Antisemitismus nicht die Hauptursache für den Aufstieg der

Nazis war; viele meinen noch immer, der Holocaust sei allein das Ergebnis von Entscheidungen einiger fanatischer Nazi-Führer gewesen. Tatsächlich hat es umfangreiche Quellenforschungen und viele Diskussionen darüber gegeben, wann genau und unter welchen Umständen Hitler, Himmler und Heydrich die Vernichtung aller Juden in Europa beschlossen haben. Somit verlaufen die Fronten der Debatte zwischen denjenigen, die glauben, die Nazis hätten schon immer die Vernichtung der Juden geplant, und denjenigen, die den Holocaust als Ergebnis verschiedenster Faktoren betrachten: etwa der barbarischen Kriegführung im Osten, der Dynamik des totalitären Regimes, der Möglichkeiten moderner Technologie, der typisch deutschen Autoritätsgläubigkeit und der deutschen Siedlungspläne in Osteuropa.

Alle diese Erklärungsversuche haben eine gemeinsame Schwäche: Sie neigen dazu, die Wirkung einer antisemitisch geprägten Kultur auf die deutschen und österreichischen Populisten außer acht zu lassen – insbesondere die Übernahme antisemitischer Denkmuster durch Herrschaftseliten, ohne deren Einfluß der Mord an den Juden nicht denkbar gewesen wäre. Somit hält sich hartnäckig der gefährliche Irrglaube, die Mythen der Antisemiten seien nicht die entscheidenden Ursachen für den Holocaust gewesen.

Ich möchte die Diskussion wieder auf den historischen Einfluß des Antisemitismus unter den Deutschen und Österreichern lenken. Es gilt den über Jahrzehnte gewachsenen Antisemitismus nicht nur derjenigen Gruppen und Schichten der Bevölkerung zu untersuchen, die die Nazis wählten, sondern vor allem den Antisemitismus der konservativen Führungsschicht, die Hitlers Ernennung zum Reichskanzler betrieb und der Diktatur den Weg ebnete.

In Anbetracht einer Vielzahl von Einzelstudien, die uns heute zur Verfügung steht, ist es an der Zeit, den engen und einzigartigen Zusammenhang zwischen dem Verlauf der neueren deutschen Geschichte, dem Aufstieg der Nazis und dem Holocaust neu zu beleuchten. Nach meiner Ansicht haben die Historiker bisher unterschätzt, wie wichtig der Einsatz antisemitischer Parolen in den Wahlkämpfen der NSDAP war, welch große Resonanz die Judenfeindschaft in breiten Schichten der deutschen Öffentlichkeit hervorrief, und wie sich dieser Widerhall durch die jahrzehntelange Vorbereitung zu einem ohrenbetäubenden Getöse steigerte. Folglich habe ich, im Gegensatz zu anderen Historikern der deutschen

Geschichte, die politische Instrumentalisierung des Antisemitismus durch bestimmte Gruppen mit den wichtigen politischen und wirtschaftlichen Entwicklungen der deutschen und österreichischen Geschichte verknüpft, um zu zeigen, welche Bedeutung der Antisemitismus für den Aufstieg der Nazis und die Entscheidung zum Holocaust erlangte. Denn selbst als der Antisemitismus in Westeuropa im 19. Jahrhundert allmählich nachließ, nahm er in Deutschland und unter den Deutschösterreichern in der napoleonischen Ära rasch zu, wuchs in den siebziger Jahren zur mächtigen Volksideologie und erfuhr in den neunziger Jahren eine anhaltende und intensive Unterstützung in weiten Teilen der Generation, die Hitler später an die Macht brachte.

Nur wenige zweifeln daran, daß die traditionelle christliche Feindseligkeit gegenüber den Juden den modernen weltlichen Rassismus verstärkt hat. Mein Ziel aber ist es zu zeigen, warum der christliche Antijudaismus unter deutschen Protestanten und deutschösterreichischen Katholiken weit stärker ausgeprägt war als unter Geistlichen in anderen westlichen Ländern, und zwar so sehr, daß im 19. Jahrhundert die ersten antisemitischen Massenbewegungen von angesehenen deutschen und österreichischen Geistlichen und christlichen Reaktionären organisiert wurden. Die liberalen und säkularen Ideen der französischen und englischen Aufklärung schufen vielerorts ein kulturelles Gegengewicht zum Rassismus; in Deutschland und Österreich jedoch blieben diese Gegenkräfte wirkungslos. Die Mehrheit der Kirchenmänner im Westen war zwar oft antijüdisch und zuweilen rassistisch eingestellt, aber im Gegensatz zu ihren deutschen Kollegen waren sie nicht so leicht bereit oder fähig, sich Gruppierungen anzuschließen, die den Juden ernstlich Schaden zufügen konnten.

Doch der Haß der Christen allein war nicht für den Holocaust verantwortlich. Es war der einzigartige Verlauf der modernen deutschen Geschichte, der letztlich den Antisemiten die Macht und Gelegenheit gab, die Juden zu verfolgen und zu vernichten. Reaktionäre der Oberschicht, Nationalisten der Mittelschicht und Populisten benutzten den Rassismus zunehmend als Waffe gegen den wachsenden Einfluß des demokratischen Liberalismus, den ökonomischen Fortschritt und soziale Reformansätze. Schon lange vor den Nazis attackierten Millionen Deutsche und Österreicher die Juden und das »internationale Judentum« als Symbole und Drahtzieher einer Entwicklung, die ihre Machtinteressen, ihren Status und ihr traditionelles Selbstverständnis gefährdete. Die deutschen Juden wurden die Opfer einer einzigartigen, rassistisch geprägten Kultur und dabei in Konflikte verwickelt, auf die sie keinerlei Einfluß hatten. Ohne diese historische Grundlage wäre der Antisemitismus nach 1918 nicht mit einer solchen Wucht zum Ausbruch gekommen, und es hätte nicht Hunderte von Gruppierungen mit Hunderttausenden von Anhängern gegeben, deren Zielsetzungen sich von denen der Nazis nicht unterschieden.

Das Erfolgsgeheimnis der Nazis bestand darin, daß sie den allgemein vorhandenen Antisemitismus konkret gegen die Weimarer Republik zu lenken verstanden. So konnten sie sich die Wut vieler Deutscher zunutze machen, die die alte Ordnung im besiegten Deutschland und im aufgelösten Habsburgerreich nach 1918 bedroht sahen. Der Rassismus war das verbindende Element, das es den Nazis ermöglichte, eine Vielzahl verschiedener Wählergruppen auf ein einziges Thema zu konzentrieren. Sie verknüpften den traditionellen Antisemitismus mit den Ängsten bestimmter Gruppen, brachen auf diese Weise traditionelle Wählerbindungen auf und gewannen den höchsten Stimmenanteil, den eine Partei in der deutschen Geschichte bis dahin erzielt hatte. Das hätte nicht passieren können, wenn Hitlers Judenhaß einzigartig gewesen wäre. Tatsächlich war Hitlers Rassismus charakteristisch für Millionen Deutsche und Deutschösterreicher der unteren Mittelschicht in seiner Generation. Aus dieser Haltung heraus haben viele öffentliche und private Einrichtungen und ein gewaltiges Personal an Helfern die »Reinerhaltung der Rasse« – oder »ethnische Säuberung«, wie es heute heißen würde – bereitwillig unterstützt: Sie haben Millionen von Menschen isoliert, unterdrückt und ermordet. Die Vernichtung der Juden und Slawen – als Voraussetzung eines Rasseimperiums im Osten – war somit ein integraler Bestandteil der nationalsozialistischen Wirtschafts- und Sozialpolitik und keineswegs die willkürliche Entscheidung einiger Nazi-Führer.

Antisemiten in Osteuropa und in Westrußland waren – wie ihre Komplizenschaft im Holocaust beweist – zwar ähnlich radikal eingestellt, doch konnten sie nicht auf die industriellen Ressourcen zurückgreifen, um die Länder zu erobern, in denen Millionen von Juden lebten. Was Frankreich angeht, so konnten die Antisemiten in der Vichy-Regierung erst nach der militärischen Niederlage, die die republikanische Tradition zeitweilig zurückdrängte, beim Judenmord mit den Besatzern kollaborieren.

Am Ende meines Buches werde ich zeigen, wie die deutschen Eliten in der Bürokratie, an den Hochschulen und im Militär nach 1945 einer Bestrafung entgingen, obwohl sie am Nazi-Terror maßgeblichen Anteil hatten. Geprägt von jahrzehntelangem Rassismus, ließen die Täter jegliches Bewußtsein persönlicher Schuld vermissen. Und die heftige Reaktion des Westens auf ihre freiwillige Mittäterschaft verstärkte noch ihre innere Ablehnung, die historischen Wurzeln des Antisemitismus anzuerkennen.

Ich möchte jedoch keinesfalls die haltlosen und unverantwortlichen Vorwürfe einer nahezu kollektiven deutschen Schuld wiederbeleben – wie es etwa kürzlich Daniel Jonah Goldhagen in seinem sensationsheischenden Buch *Hitlers willige Vollstrecker* getan hat.* Denn selbst auf dem Höhepunkt von Hitlers Popularität hat rund die Hälfte aller Deutschen, vor allem (aber nicht allein) Liberale oder Linke, die rassistische Gewalt der Nazis abgelehnt, obwohl sie deren Entwicklung nicht aufhalten konnte. Und noch mehr Deutsche lehnten die Judenvernichtung ab, sobald sie davon erfuhren, auch wenn sie aus Angst schwiegen. Kein Experte akzeptiert Goldhagens absurde Behauptung: »Das deutsche Volk hat das nationalsozialistische Bild von den Juden in seinen wesentlichen Aspekten nahezu einmütig akzeptiert.«[1]

Der Kollektivschuld-Vorwurf läßt sich nicht durch eine Untersuchung von bestenfalls einem sechstel Prozent der deutschen Bevölkerung untermauern, eine Untersuchung, die zudem erschreckende Wissenslücken bezüglich der deutschen Geschichte aufweist. Schließlich ist es ungeheuerlich, wenn Goldhagen über die Mörder behauptet: »Was diese *ganz gewöhnlichen* Deutschen taten, war auch von anderen *ganz gewöhnlichen* Deutschen zu erwarten.«[2] Für diese Anklage legt er keinen einzigen Beweis vor – weil es keinen gibt. Eine solche Behauptung muß all denen lächerlich vorkommen, die den Widerstand von Millionen Deutschen gegen den politischen Antisemitismus vor und nach 1914 kennen. Entsprechend beschreibe ich die traditionellen politischen und intellektuellen Bindungen, die unzählige Deutsche veranlaßten, den Nazis oder nazi-ähnlichen Bewegungen zu widerstehen – ein Aspekt, den Goldhagen übergeht.

* Die amerikanische Originalausgabe von John Weiss' Buch unter dem Titel *Ideology of Death. Why the Holocaust happened* in *Germany* ist Anfang Januar 1996 erschienen, wenige Wochen vor der Originalausgabe von Daniel Goldhagens *Hitler's Willing Executioners.*

Wie Yehuda Bauer und andere dargelegt haben, ist es ebenso falsch, wenn Goldhagen von der einzigartigen Virulenz des Antisemitismus unter den Deutschen spricht, jedoch keine nennenswerten vergleichenden Überlegungen anstellt – wie ich es in meiner Studie versuche. Trotz alledem unterstützt mein Buch Goldhagens These von der herausragenden Bedeutung des Antisemitismus in Deutschland. Auch ich betone, daß die meisten Historiker die einzigartige und schreckliche Macht des Antisemitismus in der modernen deutschen Geschichte stark unterschätzt haben, und daß es breite öffentliche Unterstützung für die antisemitischen Maßnahmen des Regimes gab. Mein Ansatz unterscheidet sich jedoch erheblich von Goldhagens Ansatz. Ich habe speziell die Wirkung des christlichen Antijudaismus und des weltlichen Rassismus des Blutes vor und nach 1914 auf die deutsche und österreichische Bevölkerung im Blickfeld; ich benenne die Klassen, Gruppen und politischen Parteien, die den Antisemitismus bekämpften oder unterstützten, und erforsche ihre Motive. In Goldhagens Buch fehlt das eine entscheidende Element: die Vorgeschichte und politische Ausnutzung des Antisemitismus in Deutschland und Österreich lange vor den Nationalsozialisten. Somit könnte man mein Buch gar als notwendige Ergänzung zu Goldhagens Werk betrachten, das die offenkundige Mordlust der Mitglieder der Polizeieinheiten herausstreicht, denn ich liefere erst den historischen Hintergrund, der uns ihren Eifer begreiflich macht.

Der Holocaust ist einzigartig, aber nicht unerklärbar. Wie alle historischen Traumata läßt er sich rational auf Ursache und Wirkung hin untersuchen. Allzu rasch sind wir geneigt zu glauben, daß die Ursachen von Rassenhaß vor allem in den geheimen Tiefen einer gestörten Psyche verborgen liegen. Wir wissen vergleichsweise wenig über die historischen Umstände und sozialen Ängste, die – vor allem in Krisenzeiten – ein nahezu universales Bedürfnis wecken und rechtfertigen, rassische oder religiöse Außenseiter zu bestrafen. Tragischerweise wird der Holocaust, mit zunehmendem Abstand, zu einem unnahbaren Ereignis, einer Abstraktion, die sich dem Intellekt verschließt. Es bleibt ein Gefühl der Verzweiflung und Resignation; was wir nicht erklären können, können wir auch künftig nicht verhindern. »Nie wieder« wird zur frommen Hoffnung. Denn wir werden unfähig zu unterscheiden zwischen den widerlichen antisemitischen Vorfällen, die sich leider alljährlich wiederholen, und einer voll entwickelten, tödlichen Ideologie, die auf tief verwurzelte soziale Spannungen schließen läßt und zu Gewaltausbrüchen neigt. Derart unerklärt, wird der Schrecken betrauert, in Gedenkfeiern bedacht und den Spekulationen der Moralisten, Psychologen und Theologen überlassen. Sie haben sicher Wertvolles zu sagen, aber sie können uns eben nicht erklären, was wir am dringlichsten wissen wollen: wie es dazu kam, daß in einem der am weitesten entwickelten Staaten des Westens Millionen von Unschuldigen einem uralten, barbarischen Mythos geopfert wurden.

Die Voraussetzungen für Gewalttaten gegen ganze Volksgruppen sind nicht einzigartig. Wie der Blick auf die deutsche Geschichte zeigt, können rassistische Mythen, die über Jahrzehnte propagiert und zur Erklärung von Mißständen manipuliert werden, breite Unterstützung für eine tödliche Ideologie schaffen. Heute, nach Ende des Kalten Krieges, erleben wir ein Wiederaufleben ethnischer und religiöser Konflikte: Minderheiten kämpfen darum, daß Grenzen neu gezogen werden, die ohne Rücksicht auf religiöse Feindseligkeiten und ethnische Zusammengehörigkeit festgelegt wurden. Angesichts der Verschärfung der globalen wirtschaftlichen Probleme und des Wettlaufs um Ressourcen für eine wachsende Weltbevölkerung ist es unabdingbar die tieferliegenden Ursachen für Rassenhaß und nationalistischen Fanatismus genauer zu verstehen. Die Ursprünge des mörderischen Rassenhasses in Deutschland können als Beispiel dafür dienen, wie Worte und Taten, sofern sie von tiefen sozialen Konflikten verstärkt werden, mächtige Ideologien hervorbringen können, deren logische Konsequenz die Gewaltanwendung ist. Wenn wir das dunkelste Kapitel der Geschichte begreifen, können wir besser vorbereitet in das 21. Jahrhundert treten, um Konflikte zwischen Rassen oder Volksgruppen zu entschärfen, ehe sie sich in einer Orgie der Gewalt entladen.

Die ehrenrührigen, persönlichen Vorwürfe gegen Daniel Goldhagen, als Sohn eines jüdischen Überlebenden des Holocaust sei er zu Objektivität nicht in der Lage und verfolge bestimmte Racheabsichten, sind sehr bedenklich. Alle Wissenschaftler müssen solche Unterstellungen scharf zurückweisen, denn es bleibt unsere Aufgabe, Hypothesen unvoreingenommen und nach sachlichen Gesichtspunkten zu prüfen; ohne konkrete Beweise dürfen wir keine bestimmten Motive unterstellen. Doch bin ich mir natürlich darüber bewußt, daß der Holocaust mehr als irgendein anderes Verbrechen der Geschichte quälende Fragen nach moralischer Schuld im Zusammenhang mit ethnischer Herkunft und Religionszugehörigkeit aufwirft. Diese Fragen sind besonders in der breiten Öffentlichkeit allesamt höchst umstritten. Ich bin daher der Ansicht, daß der Leser die ethnische und religiöse Herkunft derjenigen kennen sollte, die über den Holocaust schreiben, und sei es nur, um gegen eine mögliche intellektuelle Beeinflussung im Namen einer verborgenen Absicht gefeit zu sein. Dies trifft auf mein Buch um so mehr zu, als ich den starken Einfluß des christlichen Antijudaismus auf den modernen weltlichen Rassismus hervorhebe und mein Name viele zu der Vermutung veranlassen könnte, ich sei Jude und deshalb dem Christentum feindlich gesinnt.

Ich bin weder Jude noch jüdischer Abstammung, auch wenn der Name Weiss dies vermuten läßt. Mein Vater war Katholik und wurde in Österreich geboren, wo der Name Weiss unter Christen häufig zu finden ist. Mein Vater war ein Anhänger des beliebten Detroiter Rundfunkpredigers und eingefleischten Antisemiten Father Charles Coughlin; meine Mutter war Protestantin von bäuerlicher englischer Herkunft; ich wurde als Mitglied der presbyterianischen Kirche erzogen. Ich wuchs in einer protestantischen (slawisch-deutschen) Arbeitergegend in Detroit auf, in der es keine jüdischen Familien gab und der Antisemitismus mehr oder weniger als etwas Selbstverständliches betrachtet wurde. Von 1941 bis 1944 besuchte ich dann die Henry Ford Trade School. Damals hatte Ford längst seinen berüchtigten Antisemitismus dämpfen müssen, aber immer noch waren jüdische Jungen in seiner Schule nicht willkommen.

Mich ärgert die Annahme vieler Wissenschaftler, ein Interesse am Antisemitismus deute auf eine jüdische Abstammung hin, genauso wie die damit verbundene Auffassung, daß dies in gewisser Hinsicht kein »normales« Thema für Europa-Historiker sei, ob jüdisch oder nicht. Der Antisemitismus war viel zu mächtig und erfolgreich, um, wie so oft, in allgemeinen Darstellungen der europäischen Geschichte vor 1933 nur am Rande behandelt zu werden. Was mich betrifft, so habe ich – wenn ich überhaupt aus den verzerrten Wahrnehmungen anderer gelernt habe – eine Ahnung davon bekommen, wie schwierig es ist, als jüdischer Intellektueller in einer vom Christentum geprägten Gesellschaft zu leben. Selbst von denen, die es gut meinen, wird man oft nicht an seinen Ansichten gemessen, sondern an der ethnischen oder religiösen Herkunft. Wie dem auch sei: Ich hoffe, daß ich nicht allzu übertrieben bemüht war, diesen Verdacht gar nicht erst aufkommen zu lassen. Ich glaube nicht, daß ich die Bedeutung der Kirchen in Deutschland und Österreich für den modernen Antisemitismus überbewertet habe. Falls doch, so liegt das nicht daran, daß ich Jude und verbittert bin, sondern daß ich geirrt habe.

Ich bin Otto Feinstein und Hayden White zu Dank verpflichtet, die mich zum ersten Mal auf dieses Thema gebracht haben. Professor Allon Gal von der Ben-Gurion-Universität des Negev gebührt besonderer Dank für seine weisen Ratschläge und unsere zahlreichen Gespräche. Ich danke meinen ehemaligen Studenten, insbesondere denen, die die schrecklichen Jahre in Deutschland durchgemacht haben. Sie haben mich in meinen Ansichten bestärkt und sie häufig durch ihre eigenen verändert. Ich habe auch viel von den Österreichern und Deutschen gelernt, mit denen ich während meiner Studienzeit dort in den fünfziger Jahren lange Gespräche führte. Weil die meisten von ihnen ehemalige Nazis waren, werden sie den Thesen meines Buches wohl nicht zustimmen. Ferner schulde ich Professor Jack Judd Dank dafür, daß er mir dabei half, Zeit für dieses Buch zu finden, und Professor Ruth Zerner für ihr umfassendes Wissen über den Holocaust. Zudem sind die Schriften von Professor Franklin Littell mir eine wahrlich große Hilfe gewesen.

Ein Buch wie dieses stützt sich stark auf die Forschungen vieler Gelehrter, der Leser wird einige von ihnen in den Anmerkungen aufgeführt finden. Ich muß noch hinzufügen, daß für mich die Arbeiten von Omer Bartov, Thomas Childers, Christopher R. Browning, Martin Gilbert, Arthur Hertzberg, Raul Hilberg, Robert Gellately, Jacob Katz, Richard S. Levy, Walter Laqueur, George L. Mosse, Ingo Müller, Detlev Peukert, Robert Proctor und Peter D. Stachura besonders hilfreich waren. Ihre Studien sind für alle Historiker, die sich mit Deutschland, dem Antisemitismus und dem Holocaust befassen, von unschätzbarem Wert.

Selbstverständlich ist keine der genannten Personen in irgendeiner Weise für meine Schlußfolgerungen verantwortlich.

Die Unterstützung durch meine Frau, Barbara Hart, kann gar nicht hoch genug geschätzt werden. Sie hat sich durch viele langatmige Entwürfe gearbeitet. Ihre unschätzbaren und ausführlichen Kommentare halfen mir, klar, prägnant und stets mit dem Blick auf die Bedürfnisse der Leser zu schreiben. Schließlich ist nichts wichtiger als ein guter Verleger: mit Ivan Dee hatte ich wahrlich großes Glück.

J. W. — Nyack, New York, im Februar 1997

1.
DAS CHRISTLICHE ERBE

> Es ist erstaunlich und einer besonderen Beachtung wert zu sehen, wie dieses jüdische Volk seit so vielen Jahren besteht, und wie es noch immer unglücklich ist; denn zum Beweise Jesu Christi ist beides notwendig: daß es fortbestehe, um ihn zu beweisen, und daß es unglücklich sei, weil es ihn gekreuzigt hat.
>
> *Blaise Pascal, 1670*

Im Jahr 1633 wütete die Pest im bayrischen Dorf Oberammergau. Die Dorfbewohner hielten die Seuche für eine Strafe Gottes und gelobten, zur Buße alle zehn Jahre ein Passionsspiel zum Gedenken an die Auferstehung Jesu aufzuführen. Das Spiel wird bis heute aufgeführt und stellt, obwohl es nach dem Zweiten Weltkrieg umgeschrieben wurde, noch immer eine verzerrte Version des Neuen Testaments dar. Diese Entstellung der Heiligen Schrift resultiert aus dem zwanghaften Bedürfnis, die Juden als willige Werkzeuge des Teufels zu präsentieren und sie in ihrer Gesamtheit für den Tod Christi verantwortlich zu machen. Hitler war von dem Spiel begeistert: Es sei von größter Bedeutung, das Passionsspiel in Oberammergau weiterhin aufzuführen, denn nirgends werde die Bedrohung durch die Juden so überzeugend dargestellt.[1] Die Nazis schätzten das Spiel als »reichswichtiges« Ereignis der Volkskultur. Zum dreihundertjährigen Jubiläum im Jahr 1934 besuchten hohe Nazifunktionäre die Vorstellung und sahen zu, wie Jesus und seine Jünger in heldenhafte Arier verwandelt und von semitischen Dämonen gequält wurden, die den widerlichsten antisemitischen Stereotypen entsprachen.

Die tragische Geschichte der christlichen Judenfeindschaft ist wohlbekannt. Überall im christlich dominierten Europa wurden Juden in großer

Zahl getötet, vertrieben oder in Ghettos verbannt und auf verfemte Berufe wie Trödelhandel und Pfandleihe beschränkt. In Deutschland und Österreich jedoch war die christliche Judenfeindschaft ausgeprägter als anderswo, sie war langlebiger, und sie verstärkte den modernen weltlichen Rassismus, der die Juden nicht nur aufgrund ihrer Religion, sondern aufgrund ihrer angeborenen und unveränderlichen Eigenschaften – ihres Blutes – als Todfeinde betrachtete. Im katholischen Österreich der neunziger Jahre des letzten Jahrhunderts erhielt beispielsweise Hitlers Idol Karl Lueger, der Wiener Bürgermeister und nach dem Kaiser mächtigste Mann im Land, Millionen Stimmen deutschsprachiger Österreicher für seine von katholischen Intellektuellen und Priestern gegründete antisemitische Christlichsoziale Partei. In Deutschland wurde im Januar 1878 in Berlin die erste moderne antisemitische Partei gegründet, und zwar von keinem geringeren als dem Hofprediger Kaiser Wilhelms I., Pfarrer Adolf Stoecker, den man damals den »König von Berlin« nannte. Um die Jahrhundertwende gelang es Georg von Schönerer, dem Führer der Alldeutschen in Österreich, 200 000 fanatische Rassisten um sich zu scharen, darunter auch den jungen Hitler. Schönerer, nur dem Namen nach noch kein Nazi, forderte die Österreicher auf, mit Rom zu brechen und zum Luthertum überzutreten, das er – wie auch Hunderttausende von deutschen Rassisten – als die einzige wahrhaft deutsche Religion betrachtete. Seine Bekehrungsbemühungen wurden von lutherischen Pfarrern aus Deutschland unterstützt, die offen erklärten, den alten Kampf gegen die Mörder Christi wiederaufnehmen zu wollen.

Selbst in der Weimarer Republik wurden von den Kanzeln evangelisch-lutherischer Geistlicher flammende Reden gegen die »jüdische Republik« gehalten, und viele Gemeindepfarrer erlaubten Hitlers SA, ihre Kirchen für den Sonntagsgottesdienst mit Hakenkreuzen zu schmücken. Das protestantische Preußen war die Heimat der ersten reaktionären Eliten, bei denen die Nazis Zustimmung und Unterstützung fanden, und es waren die strenggläubigen protestantischen Bauern Preußens, die den antisemitischen Parteien des späten 19. Jahrhunderts ihre größten Wahlerfolge bescherten. In Frankreich wurden Bewegungen des politischen Antisemitismus – etwa während der Dreyfus-Affäre – zwar von der katholischen Kirche unterstützt, ihnen wirkte jedoch eine machtvolle weltliche und republikanische Tradition entgegen. Die Antisemiten in Frankreich waren politisch nie stark genug, der jüdischen Gemeinschaft

Schaden zuzufügen, bis sie durch den Einmarsch der Nationalsozialisten freie Hand bekamen. Selbst dann noch protestierten zahlreiche katholische und protestantische Führungspersönlichkeiten und versuchten sogar, die Deportierung der Juden zu verhindern – eine solche Anstrengung ist von der überwältigenden Mehrheit der deutschen und österreichischen Geistlichen nie gemacht worden.

Als Leitmotiv zu den Pogromen und Massakern erscholl durch die Jahrhunderte der Ruf, »die Juden« hätten Christus getötet. Noch bis in die jüngste Zeit haben Christen verkündet, alle Juden seien auf immer und ewig für die Ereignisse verantwortlich, die sich vor zweitausend Jahren in Palästina zugetragen haben. In dem erschütternden Dokumentarfilm *Shoah* von Claude Lanzmann kommt eine polnische Bäuerin aus einer Kirche und erzählt, daß sie während des Zweiten Weltkriegs Zeugin wurde, wie die Deutschen Juden vergasten. Dann fügt sie mit großem Ernst hinzu, sie erinnere sich noch genau, daß die Juden im Angesicht des Todes Jesus und Maria um Verzeihung angefleht hätten. Ein anderer Pole berichtet, die SS habe einen Rabbi zu seinen Leuten sprechen lassen, als sie die Juden in einem Dorf zusammentrieb, und der Rabbi habe seinen Leuten mit folgender Begründung befohlen zu gehorchen: »Haben wir nicht Christus getötet? Und haben wir nicht selbst geschrien: Sein Blut komme über uns und unsere Kinder?«

Die Vergangenheit ist in Erinnerung und Glaube lebendig; das frühe Christentum ist eine Geisteshaltung, keine abgeschlossene Geschichtsepoche. Da Jesus Jude war und das Christentum aus dem Judentum hervorging, ist die Beziehung zwischen den beiden Religionen immer heikel und konfliktreich gewesen. Schon vor der Entstehung des Christentums gab es Auseinandersetzungen zwischen den Juden und anderen Völkern. Obwohl sie oft erbittert waren, können diese Konflikte weder mit der tiefen und todbringenden Judenfeindschaft auf dem Höhepunkt des christlichen Mittelalters noch mit dem systematischen und populären Antisemitismus im Mittel- und Osteuropa der Neuzeit verglichen werden. Während wir heute mit ökumenischer Zustimmung die jüdisch-christliche Tradition beschwören, die angeblich schon immer mit *einer Stimme* für menschliches Mitgefühl und gegenseitige Toleranz gesprochen hat, war diese Tradition bis vor kurzem von gnadenlosen Konflikten geprägt. Ihre Opfer waren die Juden.

Für die ersten Jünger Christi waren Judentum und Christentum selbstverständlich keine unterschiedlichen Religionen; Jesus war der Messias der jüdischen Bibel, entsandt, um die Prophezeiungen des Judentums zu erfüllen. Obwohl er innerhalb der jüdischen Gemeinschaft nicht Schriftgelehrter war, nahm Jesus für sich in Anspruch, das Gesetz und die Thora auslegen zu können. Als ihm die etablierten religiösen Autoritäten der jüdischen Gemeinschaft widersprachen, bezeichnete er sie als Heuchler und Verräter ihres Glaubens. Seine Jünger rechtfertigten den Anspruch Jesu, der Messias zu sein, unter Berufung auf den Gott Abrahams. Man konnte von der religiösen Obrigkeit Jerusalems kaum erwarten, daß sie ihr heiliges Wächteramt einem Mann überlassen würde, der nach ihrer Meinung nicht nur die Thora mißachtete, sondern auch noch behauptete, er besitze die göttliche Autorität, zwischen dem Geist und dem Buchstaben des Gesetzes zu unterscheiden. Doch auch Jesus vertrat seine Sache mit größter Leidenschaft; er hatte die Stimme Gottes gehört. Bei solchen Gegensätzen ist ein Kompromiß undenkbar; der Konflikt war unvermeidlich. Auch die von Jesus bewirkten Wunder konnten seine Feinde nicht überzeugen. Vielleicht hatte er tatsächlich Wasser in Wein verwandelt, Kranke geheilt oder sogar Tote auferweckt, aber auch andere behaupteten, solche Dinge zu tun. Man glaubte ihnen. Und dennoch wurden sie genau wie Jesus angeklagt, ihre Macht nicht von Gott, sondern von Dämonen zu beziehen. In einem Jahrhundert, das als »Zeitalter der Messiasse« bezeichnet wurde, gab es viele, die mit Gott sprachen und noch mehr, die ihnen glaubten.

In Übereinstimmung mit dem jüdischen Gesetz wurde Christus der Häresie für schuldig befunden und den Römern übergeben. Pontius Pilatus, der sich angeblich nur widerwillig einem blutrünstigen jüdischen Mob beugte, war in Wirklichkeit ein brutaler Unterdrücker, der später von Rom selbst für seine Verbrechen als Statthalter bestraft wurde. Er brauchte nicht überredet zu werden, den potentiellen Führer eines Aufstands gegen die römische Herrschaft hinzurichten. Wenn aus den damaligen Ereignissen der Vorwurf abgeleitet wird, »die Juden« hätten Christus getötet, entspricht dies weder der historischen Wahrheit noch der Heiligen Schrift. Wie das Neue Testament berichtet, wurde Jesu Erscheinen von vielen begeisterten Juden gefeiert; dabei hatte die große Mehrheit der über das Römische Reich verstreuten Juden überhaupt noch nie von Jesus gehört. Auch erhoben Christi Jünger einschließlich des Apostels Paulus niemals den Vorwurf, »die Juden« hätten Christus getötet. Sie waren selbst Juden und lebten von der Trennung der beiden Religionen. Damals wie heute glaubten die Anhänger Christi, dem Messias zu folgen, dessen Erscheinen der Gott Abrahams in seinem Bund mit dem jüdischen Volk versprochen hatte.

Sogar zur christlichen Theologie steht der Vorwurf eines Gottesmordes der Juden im Widerspruch. Wenn Gott seinen eingeborenen Sohn gab, um für die Sünden der Menschheit zu büßen, dann ist die Menschheit für die Kreuzigung dieses Sohnes verantwortlich, und wer sich zu Christus bekennt, akzeptiert die Notwendigkeit seines Opfertods zur Errettung der eigenen schuldbeladenen Seele. Wenn es überhaupt eine Kollektivschuld am Tod Christi gibt, dann trifft sie die ganze Menschheit. Für die Christen waren Jesu Kreuzigung und Auferstehung Gottes Wille; sie waren die höchsten Wunder von denen sie hofften, sie würden ihre jüdischen Glaubensbrüder überzeugen, daß Jesus wirklich der verheißene Messias war. Ein bloßes menschliches Verbrechen hat in der Glaubenstradition des Christentums keinen Platz. Und doch treten die Ängste der christlichen Psyche nirgends deutlicher zutage als in dem Bedürfnis, an die Schuld der Juden zu glauben. Unfähig, die Wurzeln ihres Glaubens in der Mutterreligion zu verleugnen, versuchten die Christen, die dadurch ausgelöste Beklemmung durch theologische Winkelzüge und eine ständig erneuerte Feindschaft gegen diejenigen zu besänftigen, die dem Judentum treu geblieben waren. Die Bibelwissenschaft hat den Vorwurf des Gottesmordes zwar mehrfach widerlegt, aber kein noch so fundierter Beweis kann Geisteszustände verändern, die auf einem intensiven psychischen Bedürfnis beruhen. Aus diesem Grund fordern Christen seit Jahrhunderten, die Juden sollten sich bekehren und die Wahrheit des christlichen Glaubens bezeugen. Bei einer 1987 in den USA unter strenggläubigen weißen Protestanten durchgeführten Umfrage fand der folgende Satz eine Zustimmung von 60 Prozent der Befragten: »Man darf den Juden nie verzeihen, was sie Jesus angetan haben, bis sie ihn als den wirklichen Heiland anerkannt haben.«[2]

Nachdem aus der Bibel der Juden das Alte Testament der Christen geworden war, *mußten* die heiligen Schriften der Juden für die Christen beweisen, daß Jesus der Messias war. Eine Vielfalt raffinierter Interpretationen mit Hilfe von Allegorien, Metaphern und geheimen Symbolen des Alten Testaments diente und dient bis heute diesem Zweck. In den ersten Jahrhunderten des Christentums wurde das Alte Testament zu »einem gewaltigen Steinbruch mit keiner anderen Funktion als der Argumente für seine [Jesu] Ansprüche zu liefern, auch wenn diese noch so abwegigen Exegesen entsprangen«.[3] Da die heiligen Schriften der Juden die christliche Glaubensgewißheit zu bestätigen schienen, wurde die Weigerung der Juden, Jesus als den Christus zu akzeptieren, schon bald als Widerstand gegen den Willen ihres eigenen Gottes und gegen Christus selbst betrachtet. Das Fortbestehen des Judentums warf für Christen unweigerlich schwere Zweifel auf. Letztlich wurde die jüdische Ablehnung der Göttlichkeit Christi damit zum eigentlichen Gottesmord, einem Akt, den jeder Jude begeht, indem er einfach dem Judentum treu bleibt. Kein Ungläubiger oder Heide besaß je eine solche Macht über die Christenheit – tatsächlich liegt hier die psychologische Ursache der Legende von den übernatürlichen Kräften der Juden, denn welches andere Volk verfügt über die Kraft, über Jahrtausende den eigenen Gott zu verleugnen? Das Bemühen um die Errettung früherer Glaubensgenossen schlägt nur allzuleicht in gerechten Zorn über deren »hochmütige« Weigerung um, die »Wahrheit« in ihren eigenen heiligen Schriften zu erkennen. Ein Großteil des Neuen Testaments soll beweisen, daß das Christentum die gottgewollte Erfüllung des Judentums sei. In den verschiedenen Versionen des Leidenswegs Christi wird die Verantwortung für seinen Tod allmählich von einigen Juden in Palästina auf das Kollektiv »der Juden« übertragen. Im Evangelium des Johannes werden die Juden als bittere Feinde des Christentums dargestellt, und beide Religionen sind klar getrennt und unterschiedlich ausgeprägt.

Für die ersten Christen konnte ein Jude dem Judentum nur treu bleiben, indem er sich dem neuen auserwählten Volk der Christen anschloß; doch die überwältigende Mehrheit der Juden blieb dem Glauben ihrer Väter treu. In einer von religiöser Leidenschaft durchtränkten Zeit konnte es keinen Kompromiß geben. Wenn das Christentum die Wahrheit darstellte, mußte die jüdische Religion falsch sein; wenn nicht, war das Christentum Blasphemie. Bis heute können der Vatikan und die protestantischen Fundamentalisten das Judentum nicht als selbständige Religion mit eigener Existenzberechtigung anerkennen, denn dies käme dem Eingeständnis gleich, daß Jesus nicht der im Alten Testament verheißene Messias wäre. In den ersten frühchristlichen Jahrhunderten waren die Leidenschaften am stärksten, da sich eine Identität des Christentums erst herausbildete und dies nur in Abgrenzung gegen die

Mutterreligion geschehen konnte. Die damals nicht durch Säkularisierung oder Wissenschaft gemilderte Tradition des Christentums machte es unvermeidlich, daß sich die Christen gegen die Juden wandten, das einzige Volk in ihrem Kulturkreis, das durch seinen Glauben Jesus Christus verleugnete und dessen religiöser Autoritätsanspruch kaum ignoriert werden konnte.

Die ersten Jünger und Missionare Christi betrachteten sich selbst als Juden. Sie gehorchten dem jüdischen Gesetz, fühlten sich der jüdischen Gemeinschaft zugehörig und versuchten, ihr Volk von der Wahrheit Christi zu überzeugen. Die Apostel Paulus und Petrus erwarteten, daß die Juden in der Diaspora Christus anerkennen würden und vertraten nie die Ansicht, »die Juden« hätten ihn getötet. Paulus stand zunächst auf dem Standpunkt, daß man dem jüdischen Gesetz in allen Dingen gehorchen müsse. Als es ihm jedoch nicht gelang, Juden in beträchtlicher Zahl zu bekehren, während viele Nichtjuden Christen wurden, sah er sich zwangsläufig veranlaßt, die Nichtjuden von der Bindung an das Gesetz freizusprechen: »Denn Christus ist das Ende des Gesetzes, und jeder, der an ihn glaubt, wird gerecht« (Röm. 10, 4). Dem fügte er später den bekenntnishaften Satz hinzu: »... denn käme die Gerechtigkeit durch das Gesetz, so wäre Christus vergeblich gestorben.« (Gal 2, 21).

Sobald der persönliche Glaube an Christus höher bewertet wurde als das jüdische Gesetz, hörte das Christentum auf, eine jüdische Sekte zu sein; und doch hatte niemand, am wenigsten Christus selbst, die Absicht verfolgt, eine neue Religion zu gründen. Die Anerkennung Christi wurde der zentrale Glaubensinhalt des Christentums und gleichzeitig der größte Hinderungsgrund für einen Kompromiß mit den Juden. Im 2. Jahrhundert n. Chr. war die Kirche bereits von Nichtjuden dominiert, denen die jüdischen Sitten und Gesetze wenig bedeuteten. Diese wurden, fälschlicherweise, als eine Ansammlung von Ritualen ohne moralische Bedeutung verdammt, weil sie es den Gläubigen nicht erlaubten, durch Christi Vermittlung eine persönliche Beziehung zu Gott aufzubauen. In den frühchristlichen Jahrhunderten setzte sich im Bewußtsein der Christen der Gedanke fest, daß die Juden Gott selbst ermordet hätten, und die Christenheit bestätigte sich ständig selbst, indem sie dem Judentum und den Juden vorwarf, keine tief und persönlich empfundenen, moralischen Gebote zu besitzen. Von Luther bis hin zu Pfarrer Stoecker und den zahlreichen antisemitischen Bewegungen des 19. Jahrhunderts sollte die

Verleugnung des eigenen Gottes durch die Juden als »Erklärung« für deren negativen Einfluß auf die Gesellschaft dienen.

Es gab jedoch Juden, die dem Judentum treu blieben und dabei trotzdem glaubten, daß Jesus der Messias war, und es gab Christen, die in der Beachtung der religiösen Praktiken des Judentums keinen Widerspruch zu ihrem Glauben sahen. Die frühchristlichen Kirchenväter hegten deshalb immer die Furcht, daß die Christen zum Judentum zurückkehren könnten; die Trennung der Religionen mußte endgültig vollzogen werden, damit die Errettung der Christen nicht mehr gefährdet war. Deshalb schmähten nicht nur unwissende oder böswillige Christen die Juden, sondern auch einige der angesehensten und frömmsten Vertreter der Kirche; je intensiver nämlich der Glaube an Christus war, um so leichter kam der Verdacht auf, daß die Juden ihn vorsätzlich und böswillig verleugneten. Im vierten Jahrhundert hatte sich der Jude für christliche Theologen zu »einem Monster, einer theologischen Abstraktion von übermenschlicher Schläue und Bosheit«[4] entwickelt. Der Kirchenvater Hieronymus beschuldigte die Juden, absichtlich ihre eigenen Schriften zu verfälschen, um die Prophezeiungen Christi zu vertuschen. Der beim Volk sehr beliebte Johannes Chrysostomos, einer der größten griechischen Kirchenväter und ein rigoroser Gegner der Unmoral, dessen Homilien bis heute in den Seminaren der Kirche studiert werden, wurde 1909 von Papst Pius X. zum Schutzheiligen der Priester ernannt. Und doch war diesem heiligen Johannes keine Beleidigung zu schlimm, um sie den Juden an den Kopf zu werfen. Er bezeichnete sie als wilde Tiere, Teufelsanbeter, Kindermörder. »Sie sind Gott verhaßt«, sagte er, »und das sollten sie auch allen guten Christen sein.« Die Christen sollten aufhören, sich in der Passah- und Osterzeit mit den Juden gemein zu machen, da die Juden um diese Zeit Christus gekreuzigt hätten, donnerte er. Und am Tag des jüngsten Gerichts werde den Herr sagen: »Hinweg mit euch, ihr habt mit meinen Mördern verkehrt.«[5]

Ambrosius, der Berater des Kaisers Gratian, verteidigte das Niederbrennen von Synagogen, weil sie Orte »des Unglaubens seien, die Gott selbst verdammt hat«.[6] Gregor von Nyssa, der Verteidiger des Nizänischen Glaubensbekenntnisses, sagte über die Juden, sie seien »Gottesmörder, Prophetentöter, Streiter wider Gott, Gotthasser, Gesetzesübertreter, Feinde der Gnade, dem Glauben ihrer Väter entfremdet, Advokaten des Teufels, Schlangenbrut, Denunzianten, Verleumder, umnachtet … Dämonen, Zerstörer, durch und durch böse, Steiniger, Hasser des Guten«.[7] Simeon Stylites, der sein Fleisch kasteite, indem er dreißig Jahre lang auf einer Säule in der syrischen Wüste lebte, war berühmt für seinen Judenhaß. Die Verleugnung Christi schien ihm wie ein Hohn auf dessen Qualen, und vielleicht weckte die schiere Existenz dieser Verleugnung bei ihm Zweifel, die er nur durch Selbstkasteiung unterdrücken konnte. Der Kirchenvater Augustinus, der an theologischem Genie nur Paulus nachstand, erklärte die Juden zum Instrument des Teufels. Und als Savonarola im Italien der Renaissance kurzfristig die geistige Herrschaft über Florenz errang, vertrieb er die Juden aus der Stadt. Auch für ihn waren sie Werkzeuge des Satans. Schon Johannes Chrysostomos hatte geschrieben, wer Jesus Christus grenzenlos liebe, dürfe sich auch in »der Schlacht gegen die, die Ihn hassen«,[8] keine Grenzen setzen. Luther jedoch sollte sie alle übertreffen.

Die wahrhaft religiösen Menschen sehen die Geschichte als Werk Gottes; alle großen Ereignisse haben eine göttliche Ursache und einen göttlichen Zweck. Der Apostel Paulus erklärte mittels einer Zeugentheorie, warum die Juden Christus nicht angenommen hätten und warum die Wiederkunft Christi, mit der damals jeden Moment gerechnet wurde, noch nicht eingetreten sei. Paulus hielt sein eigenes Scheitern bei der Bekehrung der Juden für gottgewollt. Gott selbst hatte Juden »ungehorsam« gemacht und sie gegen Christus »verstockt«, damit Zeit für die Bekehrung der Nichtjuden blieb und diese Zeugen seines Zorns über die Juden wurden. Trotzdem wird Gott Paulus zufolge am Ende auch die Juden erretten, allerdings erst, wenn alle Nichtjuden der Kirche beigetreten sind. Dann, kurz vor dem Jüngsten Gericht, »wird ganz Israel gerettet werden« (Röm. 11, 26); der unwiderlegliche Beweis, daß Christus der Retter der Menschheit ist, wird erbracht und die ganze Menschheit im Glauben an Christus vereinigt. Bis dahin jedoch wird das – vorbestimmte – Leiden der Juden das Schicksal all jener veranschaulichen, die ohne Christus nach Gerechtigkeit streben. Paradoxerweise wertete Paulus damit gerade die Nichtanerkennung Christi durch sein eigenes Volk als ein Zeichen, daß er selbst und die Juden einen heiligen Auftrag hatten. Die Führer der Urchristen waren sorgfältig darauf bedacht, die Gegensätze zwischen Juden und Christen nicht in Mord ausarten zu lassen. Sie bestanden darauf, die Bestrafung der Juden Gott zu überlassen, und übten scharfe Kritik, wenn Juden in mörderischer Absicht angegriffen wurden.

Allerdings ließ die Zeugentheorie die jüdische Ablehnung Christi als Hindernis für die Errettung der gesamten Menschheit erscheinen. Zunächst war die Reaktion wohlwollend. Die frühe christliche Mythologie ist voller Legenden über die wundersame Bekehrung einzelner Juden durch das Eingreifen des Herrn. Ein Jude sticht in eine Hostie, die den Leib Christi symbolisiert, die Hostie blutet, und der Gotteslästerer fällt zitternd vor Angst auf die Knie – bekehrt durch die Macht Christi. Nun ist er wirklich ein Gesalbter des Herrn, und seine Bekehrung bietet viel mehr Anlaß zum Frohlocken als die einer beliebigen Anzahl von Nichtjuden. Mit der Zeit paarte sich jedoch die Freude über solche Bekehrungen mit dem Haß auf die Unbekehrten. Und obwohl die Bestrafung der Juden eigentlich Gott überlassen werden sollte, konnte, wer ihnen Leid zufügte, behaupten, er verrichte »das Werk des Herrn«. Wie konnte Gott auch anders wirken als durch menschliche Werkzeuge? Die gefährliche symbolische Macht, die das Judentum auf die Christenheit ausübte, blieb erhalten, und im Gegensatz zu Paulus waren die Nichtjuden an einer Versöhnung durch Kompromisse nicht interessiert. Es überrascht nicht, daß jene Heiligen, die am eifrigsten das unmittelbare Bevorstehen der Endzeit verkündeten und am meisten um die Juden warben, auch am schlimmsten gegen sie predigten. Auf die Überzeugungsarbeit folgten selbstgerechte Forderungen und schließlich gewalttätiger Zorn auf ein Volk, das den Plan seines eigenen Gottes für die Rettung der Menschheit teuflisch vereitelte. Für die Juden Europas hatte dieses Denken, wie sich während der Kreuzzüge zeigen sollte, schreckliche Folgen.

In den ersten Jahrhunderten des Christentums verstärkte der Mythos von den Juden als einer geldgierigen Rasse von Parasiten den anderen Mythos von den Juden als Gottesmördern. Als der römische Einfluß schwand und der christliche Klerus an Macht gewann, schränkte er die Berufsfreiheit der Juden wirksam ein und schuf damit die Grundlage für endlose Verleumdungen. Den Juden wurde vorgeworfen, sich als Kurz-, Gebrauchtwaren- und Geldhändler betrügerisch zu verhalten, und man unterstellte ihnen, sie verweigerten die Assimilation und zögen parasitäre, unproduktive Tätigkeiten einem ehrlichen Lebensunterhalt vor, um den Handel zu beherrschen und ehrlichen Christen zu schaden. Ganz abgesehen von der Frage, ob Kleinhandel, Geldverleih und Fernhandel wirklich parasitäre Aktivitäten sind und, wenn ja, zu wessen Nachteil und nach welchen Kriterien, wurde der Vorwurf, die Juden scheuten produktive Arbeit, eine der ersten sich selbst erfüllenden Prophezeiungen in der Geschichte christlicher Einstellungen. Aufgrund der in den frühchristlichen Jahrhunderten angestauten Feindseligkeit wurden die Juden nämlich bis ins späte 18. Jahrhundert mit wenigen Ausnahmen auf die niedrigsten, am wenigsten gewinnträchtigen Branchen des Geschäftslebens beschränkt. In der heidnischen Antike und den fortgeschrittenen Kulturen des Ostens wurden keine solchen Vorwürfe laut. Dort waren Juden in fast allen Berufen zu finden, und Bankiers und Händler genossen großes Ansehen, genau wie heute.

Jüdische Siedler kamen zuerst als Fernhändler nach Europa, wo sie mit den begehrten Produkten der hochentwickelten Kulturen des Nahen Ostens, Chinas, Indiens und Spaniens Geschäfte machten. An den großen europäischen Handelsstraßen und in den urbanen Zentren entstanden bald kleine, blühende jüdische Gemeinden. Mitte des 9. Jahrhunderts standen die europäischen Juden als Fernhändler und Kaufleute auf dem Höhepunkt ihres Erfolgs; die Begriffe »Jude« und »Kaufmann« waren praktisch synonym. Zusammen mit den – allesamt christlichen – Griechen, Syrern und Italienern bildeten die Juden die Vorhut einer Gesellschaft, die noch in der Entstehung begriffen war. Ihre Verbindungen mit dem Osten und ihre Kenntnis seiner Kultur, seiner Produkte, seiner Sitten und seiner Sprachen, verschafften ihnen einen gewaltigen Vorteil gegenüber konkurrierenden Europäern.

Unter dem Einfluß der Geistlichkeit wurden die Juden jedoch zunehmend von den Christen isoliert. Wo immer der Klerus die Macht dazu hatte, verbot er Mischehen, verhinderte die – damals noch übliche – Teilnahme von Christen an jüdischen Festen und Gottesdiensten, erklärte Zeugenaussagen von Juden vor Gericht für wertlos und den Übertritt zum jüdischen Glauben zum Verbrechen. Doch die Tätigkeit der Juden war für die weltlichen Mächte Europas von großem Nutzen. Der Handel brachte Luxusgüter ins Land, regte die Produktion an, erschloß neue Märkte und steigerte den allgemeinen Wohlstand. Kaiser, Fürsten und regionale Herrscher begrüßten und förderten oft die Ansiedlung von Juden und schützten diese durch besondere Rechte. In der Gesellschaft des Mittelalters hatte jede soziale Gruppe unterschiedliche Rechte und Pflichten, und lokale Herrscher, die nach Gewinn strebten und nicht übertrieben fromm waren, stellten die jüdischen Kaufleute gern unter ihren besonderen Schutz. Einige Städte wetteiferten darum, die besten Bedingungen anzubieten. Trotz des Widerstands der Geistlichkeit standen weltliche Interessen für die meisten Fürsten und sogar für einige Bischöfe an erster Stelle. Ein deutscher Bischof lud Juden in sein Herrschaftsgebiet ein, beschirmte sie durch einen großzügigen Schutzbrief und verkündete gegenüber dem Kaiser, daß sie mehr Rechte bekommen sollten, als dem jüdischen Volk in allen anderen Städten des Deutschen Reichs gewährt würden.[9]

Wie alle Kaufleute wollten auch die Juden ihren Besitz, ihre Handelsfreiheit und ihre Person vor Erpressung und Willkür geschützt wissen. Außerdem mußten sie Kredite vergeben und Geld wechseln oder ein- und ausführen können. Kleine jüdische Gemeinden brauchten Schutz in einer feindlichen Umgebung, und sie brauchten Freiheiten, die heute durch die Gesetze der modernen Marktwirtschaft und die Unantastbarkeit von Verträgen gesichert sind. Dies waren damals revolutionäre Forderungen. In der mittelalterlichen Gesellschaft war freies Unternehmertum nicht einmal Gegenstand theoretischer Spekulationen. Leibeigene waren keine freien Erwerbstätigen; Land war mit Status und Macht verknüpft, und nicht einfach Boden, der zu Marktpreisen gekauft und verkauft werden konnte; Preise und Märkte für lokale Produkte wurden von Gilden reguliert. Außerdem waren geschäftliche Aktivitäten aufgrund lokaler Traditionen einer verwirrenden Vielfalt von Beschränkungen unterworfen. Daher wurde die Forderung nach wirtschaftlicher Freiheit häufig als »jüdisch« und als Untergrabung der alten Sitten betrachtet – eine These, die Reaktionäre bis ins 19. Jahrhundert vertraten. In Wirklichkeit hatten die Bedürfnisse der jüdischen Kaufleute natürlich nichts mit ihrer Rasse oder Religion zu tun. Im muslimischen Osten verlangten und erhielten christliche Kaufleute aus dem Ausland dieselben Rechte. Schon lange bevor Adam Smith für den freien Handel eintrat, damit die »unsichtbare Hand« Wohlstand schaffen könne, erwiderte der Kalif Omar II. auf die Bitte, die Preise für wichtige Waren zu begrenzen: »Das ist nicht unsere Aufgabe; nur Allah kann die Preise festsetzen.«

In Europa attackierten geistliche Würdenträger die Zusammenarbeit zwischen den jüdischen Gemeinden und den weltlichen Mächten. Sie sahen die Juden als Verbindungsglied zum weltlichen Luxus des Ostens, gefördert von Fürsten, die die christliche Askese verhöhnten. Die blühenden Gemeinden der jüdischen Kaufleute standen im Widerspruch zur altkirchlichen Prophezeiung, die Juden seien durch Gottes Zorn bis zu ihrer Bekehrung zum Leiden verdammt und müßten als ein verachtetes, elendes Volk ihr Dasein fristen. Bis in unsere Zeit löste der Wohlstand einiger prominenter Mitglieder der jüdischen Gemeinschaft einen selbstgerechten Zorn aus, der sich nicht gegen reiche christliche Kaufleute richtete.

Ethnische Minderheiten tendieren dazu, sich nach einigen Generationen zu assimilieren, wenn die Mehrheitsbevölkerung nicht extrem feindselig eingestellt ist. In der mittelalterlichen Gesellschaft war jedoch die Mobilität zwischen den Ständen und Berufen sehr begrenzt. Das Individuum wurde stark mit seiner sozialen Gruppe identifiziert, und jede Gruppe wurde als Teil einer von Gott geschaffenen statischen Sozialordnung betrachtet. Trotzdem begannen Juden auch in andere Berufe vorzudringen. Durch Kauf und als Bezahlung für Schulden erwarben sie allmählich Land, das sie kultivierten, und zeichneten sich insbesondere als Winzer aus. Landbesitz war jedoch im Mittelalter die Hauptquelle von Macht und Ansehen. Eine Kette gegenseitiger, religiös sanktionierter Verpflichtungen erstreckte sich vom Dorf und seinen Bauern bis hinauf zu Fürst und Papst, und der Landbesitzer war das zentrale Verbindungsglied in einer Gesellschaft, die nur über wenig Handel und über keine Industrie verfügte. Wer große Ländereien besaß, hatte Macht über Leibeigene und freie Bauern. Er war der Schutzherr der Kirche und ermächtigt, die lokalen Priester zu ernennen. Jüdischer Landbesitz wurde damit fast ein Widerspruch in sich. Um 1200 kam in den Konzilen der Kirche die Furcht auf, die jüdischen Landbesitzer könnten der Kirche den Zehnten verweigern, ihre Leibeigenen zum Judentum bekehren oder gar ein Mitspracherecht bei der Ernennung von Priestern verlangen.

Landbesitz wurde für Juden gefährlich. Auf dem Land waren sie von der Gnade der primitivsten und feindseligsten Christen abhängig. Landbesitz konnte leicht beschlagnahmt werden und machte verwundbar. Auch fehlte außerhalb der Städte der Schutz, den die Gemeinschaft eines jüdischen Viertels bieten konnte, und die weltlichen Herrscher, die ein wirtschaftliches Interesse am Schutz der jüdischen Gemeinschaft hatten, waren weit entfernt. Die christliche Geistlichkeit übte Druck auf ihre Glaubensbrüder aus, Juden kein Land zu verkaufen, und behauptete, in einer christlichen Gesellschaft sollte es Juden nicht gestattet sein, Land zu kaufen oder es als Bezahlung für Schulden zu erhalten. Wer als Christ mit einem Juden Handel trieb, der den Zehnten nicht entrichtet hatte, wurde mit Exkommunikation bedroht. Kurioserweise führte das allmähliche

Verschwinden der Juden auf dem Land zu Vorwürfen, die später auch von modernen Rassisten erhoben werden sollten. Petrus Venerabilis, der Generalabt von Cluny, beschuldigte die Juden, verstädtert zu sein und lieber von anderer Hände Arbeit zu leben, als sich auf den Feldern abzuplagen. Selbstverständlich führte der Abt keine Klage darüber, daß auch der Adel und der Klerus die Freuden solcher Arbeit mieden und es vorzogen, vom Zehnten, den Abgaben und der Arbeit der Bauern zu leben.

Auf diese Weise wurde der gängigste Mythos des modernen Antisemitismus geboren: Die Juden drücken sich vor körperlicher Arbeit und ziehen ihr das leichtere Leben als Händler vor. Und doch waren Juden in den östlichen Kulturen berühmte Handwerker und im frühmittelalterlichen Europa besonders für ihre Kunst als Glasbläser, Färber, Schmiede und Goldschmiede bekannt. Auch aus diesen Berufen wurden die Juden allmählich durch christliche Beschränkungen verbannt. Die freie Berufswahl gehörte nicht zu den Werten des Mittelalters. Zunftmeister bestimmten, wer in die Zünfte aufgenommen wurde und in den kleinen Handwerksbetrieben schließlich Meister oder Geselle werden konnte. Die Zünfte waren christlich, mit christlichen Zeremonien, Riten und Feiertagen, und ihre Schirmherren waren in der Regel Männer der Kirche. Aus diesem Grund übten die Zünfte und die Geistlichkeit Druck auf die weltliche Herrschaft aus, die Juden von den Zünften auszuschließen und den Christen die Übernahme ursprünglich von Juden gegründeter Zünfte zu gestatten. Allmählich wurden die Juden aus dem Handwerk verdrängt. Die Tatsache, daß sie durch Habgier und Glaubenskampf aus der Arbeiterschicht vertrieben wurden, machte viele jüdische Handwerker zu Anhängern eines damals unbekannten freien Unternehmertums. Sie baten ihre weltlichen Herrscher, ihre Berufe ohne Restriktionen ausüben zu dürfen. Da freies Unternehmertum jedermann die gleichen wirtschaftlichen Chancen bot, kam es auch verfolgten Minderheiten zugute. Also machten sich schon im Mittelalter Zunftgenossen und Geistliche eine Idee zu eigen, die bei den europäischen Antisemiten des späten 19. Jahrhunderte sehr beliebt war: Das freie Unternehmertum galt ihnen nicht nur als Bedrohung einer traditionellen und stabilen Wirtschaftsordnung, sondern als eine schlechthin *jüdische* Bedrohung.

Unabhängig von ihren persönlichen Wünschen konnten die Juden zunehmend nur dann noch in relativer Sicherheit leben, wenn sie in der

Stadt wohnten und im Handel tätig waren. Derart an den Rand gedrängt, suchten sie neue Wege und gründeten neuartige Unternehmen in Bereichen, die noch nicht von christlichen Meistern dominiert wurden. Neue Techniken wurden lebensnotwendig: der Verkauf an der Haustür, die Entwicklung neuer Produkte, der Handel mit Gebrauchtwaren und - viel später natürlich - niedrige Preise bei hohen Umsätzen. Bis in unsere Zeit hat man solche geschäftlichen Aktivitäten als »jüdisch« betrachtet. Und so entstanden die alten Vorwürfe, die Juden seien von Natur aus unmoralisch, sie handelten mit schäbigen, gebrauchten Waren, sie feilschten, hausierten, drückten die Preise, drängten ehrliche Konkurrenten aus dem Geschäft und betrögen ihre Kunden. Gegen den Vorwurf, die ethischen Normen der etablierten und ehrbaren Zünfte zu verletzen, konnten sich die Juden wie manche Fürsten mit dem Argument zur Wehr setzen, daß die Zünfte ihre Monopole zu Lasten ihrer Kunden schützten. Als dann im 19. Jahrhundert die kleinen Monopole und tradierten Regeln der Zünfte allmählich unter dem Ansturm des freien Unternehmertums zusammenbrachen, machten deutsche und österreichische Zunftgenossen die Juden dafür verantwortlich und verleumdeten sie auf übelste Weise. In der Folge neigten kleine Geschäftsleute und Handwerker aus Angst vor den Härten des freien Wettbewerbs traditionell dazu, in ihrer überwältigenden Mehrheit antisemitische Politiker zu unterstützen. Davon sollten auch die Nazis noch profitieren.

Im Lauf der Jahrhunderte wurden die Juden immer wieder als Feiglinge denunziert, als Händler, die angeblich vor körperlichen Auseinandersetzungen zurückscheuten, obwohl sie sich in der Antike in den östlichen Provinzen einen wohlverdienten Ruf als hervorragende Soldaten erworben hatten. Im Europa des Mittelalters hatten die Juden zunächst das Recht, Waffen zu tragen, weil sie sich gegen Räuber schützen mußten, und sie kämpften oft in den Bürgerwehren, die zur Verteidigung belagerter Städte aufgestellt wurden. Allmählich verloren sie jedoch dieses Recht - nicht weil sie schlechte Kämpfer gewesen wären, sondern weil der Waffendienst hohes Ansehen bedeutete und sie unter Umständen Christen kommandierten. Befehlshaber durfte nur der Adel stellen. Im frühen Mittelalter hatte es für kurze Zeit jüdische Adlige und Befehlshaber gegeben, aber man konnte nicht erwarten, daß sie ihre Existenz als Kaufleute aufgaben, um als gemeine Bauernsoldaten für eine Gesellschaft zu kämpfen, die ihnen die üblichen Freiheiten verweigerte. Mit Ausnahme derjenigen, die einem Fürsten als wirtschaftliche Berater dienten, waren die Juden vom Staatsdienst ausgeschlossen. Beamte genossen großes Ansehen und besaßen Macht über Christen, was die Gläubigen den Juden keinesfalls zugestehen wollten. Die Antisemiten späterer Zeiten behaupteten, die eigentliche Loyalität der Juden gelte dem internationalen Judentum und sie seien zu unpatriotisch oder zu sehr darauf aus, als Geschäftsleute Geld zu scheffeln, um dem Staat dienen zu können. In Deutschland wurde den Juden bis zum Ersten Weltkrieg der Zugang zum Offiziersstand und zum Staatsdienst routinemäßig verweigert. Die Mythologie der Antisemiten basierte wie üblich auf Zirkelschlüssen: Daß die Juden solche Aufgaben nicht wahrnahmen, war für sie der Beweis, daß sie dafür nicht geeignet waren.

Die zählebigen antisemitischen Stereotypen schreiben den Juden die Neigung zu, vom Elend anderer zu profitieren, indem sie Geld zu extrem hohen Zinsen verleihen. Die drei monotheistischen Religionen sind in agrarischen oder nomadischen Gesellschaften entstanden, wo das Leihen von Geld ein verzweifelter Ausweg war, um den Folgen von Mißernten, Viehkrankheiten oder Naturkatastrophen zu entgehen. Damals wie heute wurden bei hohen Risiken hohe Zinsen verlangt, und trotzdem galten die Geldverleiher als Leute, die vom Elend ihrer Mitmenschen profitierten. Auch das Judentum hat Geldverleih ursprünglich als Sünde betrachtet. Der Fortschritt im Handelswesen brachte es jedoch mit sich, daß Geld für Unternehmungen geliehen wurde, die beiden Seiten nutzten, und der Geldverleiher wurde zu einem angesehenen Förderer des wirtschaftlichen Wachstums; er wurde zum Bankier, der seinen legitimen Anteil von den Gewinnen bekam, die mit Hilfe seines Geldes erwirtschaftet wurden.

Theologen passen geheiligte Traditionen an neue Erfahrungen an, indem sie neu definieren, was eine Sünde ist. Auf diese Weise wurden auch Wege gefunden, die Erhebung von Zinsen zu rechtfertigen. In muslimischen Kulturen, die gleichzeitig mit dem mittelalterlichen Europa bestanden, wurden christliche, jüdische und andere ausländische Kaufleute von dem Verbot der Zinserhebung ausgenommen, sonst wäre der intensive Fernhandel der Muslime nicht möglich gewesen. Auch die Muslime selbst profitierten von diversen theologischen Spitzfindigkeiten. Heutzutage finden die schiitischen Theologen des Iran Möglichkeiten, die Zinserhebung zu erlauben, ohne ihren Glauben zu verletzen. In den muslimischen Ländern galt der Geldverleih nie als »jüdisch«, denn er wurde von Christen dominiert. Inzwischen sind natürlich auch protestantische Fundamentalisten und der Vatikan Experten im Geldverleih, nur daß diese Tätigkeit inzwischen als »Investieren« bezeichnet wird.

In Italien und Holland, wo Handel und Geldhandel sehr umfangreich waren und als angesehene Tätigkeiten galten, war der Judenhaß am wenigsten ausgeprägt. Doch in den unterentwickelten und agrarischen Regionen Mitteleuropas blieb der Geldverleih eine Sünde und wurde von der Geistlichkeit als unchristlich und parasitär angeprangert. In frommen, ländlichen Gesellschaften waren Kaufen und Verkaufen schon immer als »unproduktive Tätigkeiten« verdächtig. Aus den anderen Berufen verbannt, waren die jüdischen Kaufleute in Europa gezwungen, Händler zu bleiben, und wie für andere Kaufleute war es auch für sie bequem, Geld zu verleihen, weil sie über flüssiges Kapital verfügten. Die Juden haben den Geldverleih nie beherrscht, allein schon ihre geringe Zahl verhinderte dies, doch sie prägten ihn mancherorts, besonders dort, wo christliche Geschäftsleute sich weigerten, Geld an Bauern zu verleihen, weil sie profitablere Möglichkeiten hatten. Die Zinsraten für Bauern waren schon immer relativ hoch, ungeachtet der Religion oder ethnischen Zugehörigkeit der Beteiligten. Außerdem waren die jüdischen Kaufleute eher gewohnt, Waren in Kommission zu verkaufen oder verkaufen zu lassen, Kredit zu nehmen oder zu geben und mit fremden Währungen umzugehen. Trotzdem wurde der größte Teil des Geldverleihs in Europa tatsächlich von geistlichen und klösterlichen Institutionen, von weltlichen Beamten und von Gruppen wie den Lombarden, den Venetiern, den Syrern und den Griechen bestritten, die allesamt Christen waren; selbst der Vatikan war wohlbekannt für seine raffinierten Praktiken als Kreditgeber. 1430 forderte die Regierung von Florenz die Juden auf, als Geldverleiher tätig zu werden, damit die Christen den Armen keine Wucherzinsen mehr aufzwingen konnten.

Die Ängste und der Haß, die sich aufgrund der Vorwürfe des Gottesmordes und des Wuchers aufgestaut hatten, kamen während der Kreuzzüge explosionsartig zum Ausbruch. Im 11. Jahrhundert wurden christliche Jerusalempilger von den herrschenden Muslimen verfolgt. Außerdem wurde mit der Grabeskirche, dem vermuteten Ort der Auferstehung und des Grabes Jesu Christi, das wichtigste christliche Heiligtum in Jerusalem entweiht. Angespornt durch die Predigten Papst Urbans II. und zahlloser Geistlicher, brach im Jahr 1095 ein Heer von Adligen auf, um unter dem

Zeichen des Kreuzes das Heilige Land von den Ungläubigen zu befreien. Mißernten, Hungersnöte und die Pest lösten eine Flut religiöser Leidenschaften aus, denn in einem vorwissenschaftlichen Zeitalter wurden Naturkatastrophen auf den Zorn Gottes zurückgeführt. Um Gott zu versöhnen, mußten die heiligen Stätten wiedergewonnen werden. Der Papst versprach den Glaubenskriegern das Himmelreich, wenn sie die muslimischen Täter töteten. Priester erinnerten die Gläubigen daran, daß die schlimmsten Feinde Christi unbehelligt inmitten der christlichen Gesellschaft lebten und prosperierten. »Rächet zuerst den Gekreuzigten an seinen Feinden, die unter uns leben«, schrieb ein Mönch, »und brecht erst dann auf, um gegen die Türken zu kämpfen!«[10] Wie ein Zeitgenosse über die Kreuzfahrer schrieb, »rotteten sie in zahlreichen Massakern die Juden in fast ganz Gallien aus; eine Ausnahme wurde nur bei jenen Juden gemacht, die sich bekehren ließen«.[11] Religiöser Fanatismus, Habgier und die Verwundbarkeit der Juden führten zur Bildung gewalttätiger Mobs, die unter dem Schlachtruf »Taufe oder Tod!« Tausende ermordeten. Ihnen schien es nur gerecht, daß der Besitz der Gotteslästerer denen anheimfiel, die die Arbeit des Herrn verrichteten.

Nach der Eroberung Jerusalems massakrierten und verbrannten die Kreuzfahrer Tausende von muslimischen und jüdischen Zivilisten und wateten im Blut, als sie die Grabeskirche befreiten. In Europa wählten nur wenige Juden die Taufe, wenn sie vor die Alternative Taufe oder Tod gestellt wurden. Massenselbstmorde waren häufig. Mit Feuer und Schwert verheerten die Kreuzfahrer die jüdischen Gemeinden in Europa. Viele weltliche Würdenträger und wichtige religiöse Führer traten den Massakern entgegen, und manche, die ihr Herrschaftsgebiet nicht in Anarchie versinken lassen wollten, schützten »ihre« Juden, bestraften einige der Mörder und flehten die Juden an, sich taufen zu lassen und zum Judentum zurückzukehren, wenn der Sturm vorüber wäre. Manche Päpste, die einen Kreuzzug predigten, klagten die Mörder im Namen der Zeugentheorie an. Innozenz III., der Schirmherr des Vierten Kreuzzugs (1198–1216) verkündigte beispielsweise in einer Bulle, es sei falsch, die Juden zu töten, denn sie müßten überleben, um die Christen an das göttliche Gesetz zu erinnern. Allerdings müßten sie in Schande und als Ausgestoßene leben, »bis sie den Namen des Herrn Jesus Christus suchen«.[12]

Der wichtigste Kirchenmann des 12. Jahrhunderts, Bernhard von Clairvaux, Freund und Berater von Päpsten, berühmter Mystiker und Wunderheiler und fanatischer Anhänger des Kultes um Maria und das Kind Jesus, war der bekannteste Prediger des Zweiten Kreuzzugs von 1146. Es heißt, er habe einige jüdische Gemeinden vor der Vernichtung durch eben jene gerettet, die er mit seinen Predigten in Marsch gesetzt hatte. Er ermahnte sie, Gott die Bestrafung der Juden überlassen, bis Gott selbst ihnen seine durch Christus vermittelte unendliche Gnade offenbaren werde. Selbst Bernhard konnte jedoch die Widersprüche der Zeugentheorie nicht lösen, denn er konnte nicht voraussagen, ob der Tag des Jüngsten Gerichts unmittelbar bevorstand, noch konnte er bestreiten, daß Menschen als Werkzeuge Gottes fungieren. War nicht die Ermordung der Juden ein Beweis für den Zorn Gottes, und wurde ihnen nicht die Chance geboten, sich zu Christus zu bekennen?

Angesichts der raubenden und mordenden Horden erklärte sogar der heilige Bernhard, daß man die Juden zwar nicht töten, aber vielleicht jedoch ihren Besitz nehmen und bei ihnen gemachte Schulden annullieren dürfe.

Als Abélard, ein Lehrer und Theologe, der danach trachtete, auch auf die Mysterien des Glaubens die Vernunft anzuwenden, zu dem Schluß kam, daß die Juden keine Kollektivverantwortung für den Tod Christi trügen, war Bernhard von Clairvaux außer sich und ließ Abélard und seine Lehre verdammen. Bernhard gelang es, Widersprüche zwischen Glauben und Vernunft in einem extremen Mystizismus zu versöhnen; er kannte keine Zweifel und billigte, taub gegen irdische Logik, die Gewalt, gerade weil er ein Mann des Glaubens war. Rein theologisch hätte man den Fanatismus und die Habgier der Mörder allerdings ohnehin nicht im Zaum halten können; genau dieselbe Gewalt, die der Zeugentheorie zu widersprechen scheint, kann sie aus einer anderen Perspektive auch erfüllen. Aus theologischer Notwendigkeit hatte die kirchliche Hierarchie den Gegensatz zu den Juden zu einer zentralen Doktrin erhoben, deren schreckliche Folgen sie nun nicht mehr kontrollieren konnte. Brillante Köpfe wurden gerade durch ihre spirituelle Hingabe an den christlichen Glauben zu Komplizen der Mörder Es sollte nicht das letzte Mal sein.

Nichts zeigt das Bedürfnis nach der jüdischen Zeugenschaft und die daraus folgenden Widersprüche deutlicher als die Debatte über die Zwangsbekehrungen. Sollte man, wenn die Kreuzzüge verebbten, den zwangsgetauften Juden erlauben, zum Glauben ihrer Väter zurückzukehren? Einige Fürsten waren dieser Ansicht. Schließlich waren Zwangsbekehrungen von der Kirche seit Jahrhunderten verboten. Doch die Päpste konnten nicht dulden, daß sie rückgängig gemacht wurden, weil dies die göttliche Macht des Taufsakraments und damit den göttlichen Ursprung der institutionalisierten Gnade der Kirche insgesamt in Frage gestellt hätte. »Juden dürfen nicht gezwungen werden, den Glauben anzunehmen«, schrieb Papst Gregor IV. 828, »wenn sie ihn jedoch annehmen, und sei es auch gegen ihren Willen, dann sollten sie gezwungen werden, an ihm festzuhalten.« Papst Innozenz III. verkündete in einer Bulle von 1201, auch »wer durch Gewalt, Furcht und Folter, das Sakrament der Taufe« empfange, könne »gezwungen werden, den christlichen Glauben zu beachten«.[13] Die Taufe verwandelte die Seele durch die Gnade Gottes und bestätigte das heilige Erbe des Bischofs von Rom als Nachfolger Petri. Selbst Päpste konnten es trotz beträchtlicher Anstrengungen nicht vermeiden, an dem Ruf »Taufe oder Tod« mitschuldig zu werden. Die höchsten christlichen Autoritäten hätten diese Mitschuld nur um den Preis eines Bruchs mit der Zeugentheorie vermeiden können, und dies war ihnen unmöglich.

Die Weigerung der Juden, sich zum Christentum zu bekehren, weckte den Verdacht, daß sie selbst Instrumente des Satans wären. Da die frühen Kirchenmänner nicht an körperliche Manifestationen des Teufels oder an die dämonische Macht der Juden glaubten, konnte ihnen deren schnelle Bekehrung und die baldige Wiederkunft Christi wahrscheinlicher erscheinen. Im Spätmittelalter war der Teufelsglaube dagegen alltäglich, schon Augustinus und Thomas von Aquin hatten die irdischen Merkmale des Teufels beschrieben. Vorchristliche Ideen waren bei der Masse der Gläubigen und den ihr entstammenden Gemeindepriestern nie ausgestorben; die Erde war von Dämonen bevölkert, die mit Satan aus dem Himmel verstoßen worden waren, weil sie freiwillig das Böse gewählt hatten. Als Rebellen gegen Gott waren sie die Quelle allen Übels, denn Gott selbst konnte das Böse nicht wollen. Im Zeitalter der Kreuzzüge war es kein großer Schritt mehr, im jüdischen Antichrist den Stellvertreter des Teufels zu sehen.

Immer häufiger tauchte das Bild des satanischen Juden auf den Vorplätzen der Kathedralen und den Marktplätzen der europäischen Städte auf, wenn in den Passionsspielen Leben, Tod und Auferstehung Christi vorgeführt wurden. Wie in Oberammergau wurde auch andernorts in volkstümlichen Dramen ein verzerrtes Bild des Juden präsentiert, das alles übertraf, was im Neuen Testament zu finden ist. Die Juden wurden als Dämonen dargestellt, die ganz genau wußten, daß Christus der Sohn Gottes war und mit sadistischem Vergnügen seinen Tod planten. Während Christus das Kreuz trägt, wird er von blutdürstigen, fluchenden Teufeln mit Hakennasen, Hörnern und Schwänzen gequält. Noch am Kreuz wird er von obszön kreischenden Juden mißhandelt. Sein Leben wird so dargestellt, als sei er ständig von Juden gequält worden und hätte überhaupt keine jüdischen Anhänger gehabt. Um einen zornigen Gott nach einer Pestepidemie oder Hungersnot zu besänftigen, wurden die Passionsspiele an Orten aufgeführt, wo jedermann an der primitiven Mischung aus Haß, Blutdurst und religiöser Begeisterung teilhaben konnte. Die Juden erschienen im gleichen Maß dämonisch, wie Jesus göttlich wirkte. Die Vorstellungen waren oft unmittelbar von Massakern begleitet.

Der beliebtesten antisemitischen Phantasie zufolge wurden Christen von Juden ermordet, weil die Juden deren Blut für ihre satanischen Riten brauchten – der Vorwurf des Ritualmords. Es hieß, die Juden würden, meist unter Führung ihrer Rabbiner, an jüdischen Feiertagen christliche Kinder entführen und ließen sie bei okkulten Ritualen verbluten. Dies wurde als Beweis gewertet, daß die Juden sich der Göttlichkeit Christi durchaus bewußt seien und christliches Blut als einzigartig schätzten. Rasse und rassische Verunreinigung sind keine modernen Ideen, wie so viele glauben. Schon in den Schauermärchen des Mittelalters wird den Juden nachgesagt, sie glaubten, daß die von ihrem eigenen unreinen Blut verursachten Krankheiten oder die durch die Beschneidung entstandenen Wunden sich nur durch christliches Blut heilen ließen. Nach dem christlichen Aberglauben mischten die Juden beim Passahfest das Blut in ihre rituellen Speisen, um sie zu weihen. Auch ging das Gerücht um, gefangene Christen würden gekreuzigt, um die Ermordung Christi noch einmal zu inszenieren. Wenn ein christliches Kind kurz vor Passah und Ostern ermordet wurde, konnte es leicht geschehen, daß in der Gegend Juden umgebracht wurden. Die katholische Kirche verurteilte solchen Aberglauben, aber ihre Herde folgte ihr nicht. Sogar im 19. und im 20. Jahrhundert fanden in Mittel- und Osteuropa noch etwa zwei Dutzend Prozesse wegen Ritualmordes statt. Die Ankläger waren jedoch sehr skeptisch, und es kam häufig zu Freisprüchen. Für die Antisemiten war dies jedoch ein Beweis, daß die Justiz mit den Juden unter einer Decke steckte, wie es etwa Julius Streicher später behaupten sollte. Selbst bekannte und hochgebildete Schriftsteller und Politiker des 20. Jahrhunderts wie etwa Hitlers Wiener Vorbilder, der Alldeutsche Schönerer und der Bürgermeister Lueger, bezichtigten die Juden noch des Ritualmords.

Die größte Naturkatastrophe der Geschichte war die Pest, der im 14. Jahrhundert über ein Drittel der Bevölkerung Europas auf schreckliche Weise erlag. Typisch für Kunst, Literatur und Volkskultur des Jahrhunderts war die obsessive Beschäftigung mit dem Tod und dem unmittelbaren Bevorstehen des »Endes aller Tage«, üblicherweise gepaart mit einer religiösen Bildersprache und Darstellungen himmlischer Ekstase. Für viele war »die Zeit der Plagen« angebrochen, das notwendige Vorspiel zum Jüngsten Gericht. Nun mußten sich die Juden bekehren, wenn die Christenheit gerettet werden sollte. Große Gruppen von Flagellanten zogen von Dorf zu Dorf, geißelten sich und verkündeten das Ende aller Tage. Die mit Kapuzen verhüllten Geißler riefen alle Einwohner auf dem Dorfplatz oder im Stadtzentrum zusammen und forderten die verängstigten Menschen auf zu bereuen, bevor es zu spät sei. Die Juden aber sollten sich endlich zu Christus bekennen oder mußten sterben.

»Alle Krankheiten der Christen werden von Dämonen verursacht«, schrieb ein Zeuge jener Tage. Und jeder wußte, wer mit den Dämonen gemeint war. Es hieß, Juden seien bei der Vergiftung christlicher Brunnen auf frischer Tat ertappt worden, und viele hätten sich dreist zu ihrem Verbrechen bekannt. Juden wurden in großer Zahl ermordet oder vertrieben. Wie schon in früheren Zeiten warnten Päpste und Erzbischöfe davor, die Juden für alles verantwortlich zu machen, aber auch diesmal verhielt sich die Führung der Kirche zwiespältig. Vor der Pest hatten zwei Konzile die Gläubigen gewarnt, keine Nahrung bei Juden zu kaufen, weil diese vergiftet sein könnte, und viele Kirchenmänner hielten Hunger und Krankheit für Strafen Gottes, weil die Christenheit die Mörder Christi in ihrer Mitte duldete. In den schlimmsten Pestjahren wurden etwa zweihundert jüdische Gemeinden dem Erdboden gleichgemacht. Aus England und Frankreich wurden die Juden vertrieben. Doch in Deutschland blieben Hunderte von kleinen jüdischen Gemeinden bestehen, da es dort keine starke Zentralgewalt gab.

Ende des 14. Jahrhunderts waren die Juden in den Augen der Bevölkerung eine besondere und im Wortsinne diabolische Rasse, unrettbar verloren und fest entschlossen, die Christen zu vernichten. Menschliche

Wesen konnten sündigen und bereuen, Teufelsdiener aber entschieden sich bewußt für das Böse. Frühere Geschichten über wundersame Bekehrungen wurden durch Geschichten über die jüdische Bosheit ersetzt. Ein Jude sticht in eine Hostie und sie blutet; der Jude verflucht Christus und vergräbt die geschändete Hostie, um das göttliche Zeichen zu verbergen, worauf an dieser Stelle eine Quelle entspringt. Ein Jude tötet ein christliches Kind, es gibt Zeugen seiner Himmelfahrt, und der Ort des angeblichen Verbrechens wird zu einer heiligen Stätte erklärt. An den Mauern der Kirchen werden Juden als Schweine oder Skorpione dargestellt. Hexen gestehen unter der Folter, sie seien von Juden angestiftet worden. Juden werden belauscht, wenn sie prahlen, sie hätten Christus getötet und ihre eigenen Propheten, als diese die Ankunft Christi voraussagten. Wenn ein Christ seine Seele an den Teufel verkaufen will, braucht er einen jüdischen Vermittler. Juden haben Hörner, tragen Ziegenbärte, verfügen über eine dämonische Manneskraft und haben Geschlechtsverkehr mit Dämonen. Legenden von Vampiren warnen vor dem jüdischen Bedürfnis nach christlichem Blut, und die Vampire ziehen sich unter abscheulichen Flüchen zurück, wenn man ihnen das Kreuz vors Gesicht hält. Es gibt sogar einen jüdischen Geruch, und der ist nicht der Duft der Heiligkeit. Wenn die Pest in einer Gemeinde ausbrach, in der es keine Juden gab, ermordete der Mob Christen, die angeblich jüdische Vorfahren hatten. Rasse ist keine moderne Erfindung.

So kam es, daß die Bilderwelt des modernen Antisemitismus – der Jude als Gottesmörder und Parasit – schon im mittelalterlichen Europa heranreifte. Als eine religiöse Vision war dieses Bild rationaler Kritik unzugänglich. Inmitten von Hunger, Pest und religiöser Begeisterung festigte sich das moderne Stereotyp des Juden in der volkstümlichen Vorstellung. Bald schon sollte Luther dieses dämonische Bild des Juden übernehmen und verschärfen. Er war der Urheber jener Mischung aus deutschem Konservatismus, Nationalismus und Antisemitismus, die für die Juden in Mittel- und Osteuropa so tödliche Folgen haben sollte. Mit der Reformation kamen die Religionskriege. Das Zeitalter des Ghettos hatte begonnen.

2.
LUTHER UND DIE REFORMATION

> Ich kann die Juden nicht bekehren; unser Herr Jesus Christus hat es auch nicht vermocht. Aber ich kann ihnen ihren Schnabel schließen, so daß ihnen nichts anderes übrigbleibt, als auf dem Boden ausgestreckt bleiben zu müssen.
>
> *Martin Luther*

In Italien begann die Neuzeit mit dem Aufblühen der humanistischen Kultur der Renaissance, in England mit der Schaffung einer konstitutionellen Monarchie im 17. Jahrhundert, in Frankreich mit der Aufklärung und der Revolution. In Deutschland aber begann sie mit der umfassenden religiösen Revolution Martin Luthers, der deutschen Reformation des 16. Jahrhunderts. Die theologische Revolte gegen die römisch-katholische Kirche hatte ihren Höhepunkt in den Religionskriegen des 16. und 17. Jahrhunderts, europäischen Bürgerkriegen, in denen religiöse und politische Gegner unterschiedslos massakriert wurden. Unter dem Dreißigjährigen Krieg von 1618 bis 1648 hatten die deutschen Lande am meisten zu leiden. In dem entsetzlichen Gemetzel wurden ganze Gemeinden ausgelöscht, und viele, die von den marodierenden Soldaten aus vier Nationen verschont worden waren, fielen Hungersnöten und Pestepidemien zum Opfer. Die blutgetränkten und pestverseuchten Länder Mitteleuropas verloren über ein Drittel ihrer Bevölkerung, und erste vielversprechende Entwicklungen in Wirtschaft, Handel und Kultur kamen fast völlig zum Erliegen. Inmitten dieser Schrecken verschärfte sich der traditionelle christliche Judenhaß auf vielfältige Weise.

Luther wird oft das Verdienst zugeschrieben, er habe die Religionsfreiheit ausgedehnt, indem er die institutionelle Macht des Vatikans gebrochen und eine persönliche und unmittelbare Beziehung des Menschen zu Gott hergestellt habe. Dies tat er sehr wohl, aber er hat auch die Leidenschaften und Konflikte der Urchristen wieder zum Leben erweckt, und er schürte den Haß einer ganzen Generation. Im Gegensatz zur Führung der katholischen Kirche ignorierte er die Grenzen, die der Gewaltanwendung gegen Juden durch die Zeugentheorie gesetzt waren. Kein Papst hat die Juden je so niederträchtig beschimpft; selbst Hitlers *Mein Kampf* wird von Luthers Antisemitismus an Obszönität noch übertroffen. Vor allem jedoch traf Luther mit seinem Fanatismus bei den Millionen von Bauern und Handwerkern Norddeutschlands genau den richtigen Ton – dieser Ton hallte noch bis ins 20. Jahrhundert nach. Er ermunterte die rassistischen Nationalisten und christlichen Antisemiten des modernen Deutschlands, die den Katholizismus als »Schwarze Internationale« ablehnten und ihn gemeinsam mit der »Gelben Internationale« des Judentums als tödliche Bedrohung für den rassischen Geist der germanischen Völker betrachteten. Die größte Tragik liegt jedoch darin, daß Luther der eigentlich erste deutsche Nationalheld der Neuzeit war.

Luther folgte einem psychologischen Muster, das dem der frühen Christen ähnelte und noch bei radikalen Protestanten von heute nicht selten ist: Die persönliche Annahme Christi war für ihn die einzige existentielle Erfahrung, auf der jeglicher Glaube fußen konnte. Ein solcher Reduktionismus führt oft zu nagenden Zweifeln und einem intensiven Bedürfnis, sich der göttlichen Gnade zu vergewissern. Im Lauf der Jahrhunderte haben jene, die überzeugt waren, der absolute Glaube an Christus sei das einzige Mittel, den Tod der Seele abzuwehren, in Liedern und Hymnen bewegende Zeugnisse ihres Kampfes mit Zweifeln und Schuldgefühlen hinterlassen. Solche tiefen Ängste bringen jedoch allzuleicht ein gefährliches Bedürfnis hervor, den eigenen Glauben auch von Nichtchristen, insbesondere jedoch von den Juden als dem Volk Christi, bestätigt zu sehen.

Die quälenden Zweifel des jungen Luther speisten sich aus den Leidenschaften einer blutigen Zeit, in der die Religion noch nicht durch die Säkularisierung an Kraft verloren und der Humanismus der Renaissance kaum Einfluß gewonnen hatte. Luther war von einem tiefen Gefühl der Sündhaftigkeit besessen, wie es häufig das Leben von Heiligen bestimmt. Er war sich der eigenen Unwürdigkeit qualvoll bewußt und fand keinen Trost bei einer Kirche, die dem Sünder Hilfe zu Vergebung und Errettung versprach, indem sie in Gestalt der heiligen Sakramente die Gnade des Herrn spenden zu können behauptete. Als er sich auf das Priesteramt vorbereitete, kasteite er Körper und Geist in der vergeblichen Hoffnung, Gewißheit über seine Errettung zu erlangen. Trotz seiner Qualen konnte er den Rat seiner Vorgesetzten nicht akzeptieren, sich der Kirche anzuvertrauen, damit sie seine Last erleichterte. Er sah sich auf eine Art frühchristlichen Zustand zurückgeworfen und meinte, auf die Institutionen und Traditionen, die bürokratischen Kompromisse und die theologischen Spitzfindigkeiten verzichten zu müssen, die die etablierte Kirche im Lauf der Jahrhunderte geschaffen hatte.

In einem radikalen Schritt des Glaubens verwarf Luther all die theologischen Kompromisse und Widersprüche und all die Konzessionen an die menschliche Schwachheit, mit denen die Kirche die Ängste einer Gesellschaft milderte, die in einem heute kaum mehr begreiflichen Ausmaß von religiösen Grundsätzen beherrscht war. Luther glaubte, er habe die Rechtfertigung für die Existenz der katholischen Kirche, ihrer Hierarchie, ihrer Sakramente und ihrer Priester zerstört. Die von Christus vermittelte persönliche Beziehung zu Gott wurde für ihn zum Kern des Glaubens. Nur wer dies akzeptierte, konnte der »unsichtbaren Kirche« der wahren Gläubigen angehören.

Zunächst war Luther durchaus um die Juden bemüht. Er glaubte, die Juden würden sich mit Freuden bekehren, nachdem er die einzig wahre Bedeutung des Christentums enthüllt und die Irrtümer der römisch-katholischen Kirche aufgedeckt hatte. Er glaubte, sie würden nun endlich das Licht sehen, das die Bischöfe von Rom jahrhundertelang verdunkelt hatten. Die Juden hätten die dekadente und verderbte Lehre des päpstlichen »Antichrist« und seiner Handlanger – dieser »Narren« und »groben Eselsköpfe« – zu Recht abgelehnt. Er schrieb: »Und wenn ich ein Jude gewesen wäre … so wäre ich eher eine Sau geworden als ein Christ.« Nachdem es der etablierten Christenheit nicht gelungen sei, die Juden zu bekehren, behandle sie sie, »als wären es Hunde und nicht Menschen« und beschuldige sie fälschlicherweise des Ritualmords, der Vergiftung von Christen und der Teufelsanbeterei. Als Strafe für diese angeblichen Verbrechen habe die Kirche die Juden aus allen ehrenhaften Berufen verbannt, so daß sie nun vom Wucher leben müßten, wofür sie obendrein auch noch verdammt würden.[1]

Luther war überzeugt, daß sich die Juden rasch bekehren würden –

eine falsche Hoffnung. Jahrtausendelang hatten die Identität, die Kultur und der Alltag der Juden auf dem jüdischen Glauben beruht. Dieser Glaube hatte selbst die Schrecken der Kreuzzüge überlebt. Wie konnte man nun von ihnen erwarten, daß sie ihre eigene, ältere Religion aufgeben würden, nur weil wieder einmal ein Wichtigtuer behauptete, Christus sei ihr Messias? Luther hatte nicht einmal die Mehrheit der Christen überzeugen können. Nur eine erschreckende Selbstgerechtigkeit kann ihn zu dem Irrtum verleitet haben, die Juden würden wegen eines internen Konflikts ihrer christlichen Unterdrücker ihre uralte Kultur und ihren Glauben aufgeben. Dem populären Reformator gelang es nur wenige Juden zu bekehren.

Wieder einmal lieferte das Zeugenvolk den Christen, die in einem Glaubenskampf Gewißheit erlangt hatten, nicht die ersehnte Bestätigung. Luther machte die Entwicklung der alten Kirchenväter noch einmal durch, wurde jedoch, da er gegen Glaubenszweifel psychisch schlechter gerüstet war, schnell ein ungleich grausamerer und gehässigerer Feind der Juden. In einem aggressiven und mit Obszönitäten gespickten Pamphlet begehrte er von den Juden zu wissen, wie um alles in der Welt sie der reinen Liebe Christi widerstehen könnten:

> Ich verfluchter Goi kann nicht verstehen, woher sie solch hohe Kunst haben, ohne daß ich muß denken, da Judas Schariot sich erhängt hatte, daß ihm die Därme zerrissen, und, wie den Erhängten geschieht, die Blase geborsten, da haben die Juden vielleicht ihre Diener mit güldnen Kannen und silbernen Schüsseln dabei gehabt, die Judas-Pisse (wie man's nennet) samt dem anderen Heiligthum aufgefangen, darnach unternander die Merde gefressen und gesoffen, davon sie so scharfsichtige Augen gekriegt, daß sie solche und dergleichen Glosse in der Schrift sehen, die weder Matthäus noch Jesaja selbst noch alle Engel, geschweige denn wir verfluchten Gojim sehen können.[2]

Die katholische Führung hatte sich gegen Massenmorde an Juden gewandt, Luther jedoch, der Wegbereiter einer neuen Variante des Christentums, die sich rasch in Deutschland verbreitete, mochte die jahrhundertelange Tradition doktrinärer Ausflüchte im Interesse des sozialen Friedens nicht mehr dulden. In Briefen und Streitschriften beschimpfte er die Juden in einer brutalen Gossensprache, derer sich bis dahin nur jene

Demagogen bedient hatten, die während der ersten Kreuzzüge die Judenmassaker inszenierten: Der Teufel sei der Gott der Juden. Christus hat keinen »bittereren, giftigeren, heftigeren Feind … als einen rechten Juden, der mit Ernst Jude sein will«. Die Juden sind buchstäblich »Teufelskinder«, »giftige, bittere, raubgierige, hämische« Feinde Christi und der Christen.[3] All die alten Mythen wurden mit einer Schärfe fortgesponnen, die sich seit dem 5. Jahrhundert kein katholischer Kirchenführer mehr erlaubt hatte. Man gestatte den Juden, in Frieden unter den Christen zu leben, schrieb Luther, und diese revanchierten sich durch Wucher und Brunnenvergiftung und indem sie bei ihren satanischen Ritualen christliche Kinder ermordeten. Sie wagten es sogar, Christus als Sohn einer Hure und eines römischen Soldaten zu beschimpfen. Luther spricht mit der Stimme der mordenden Kreuzfahrer. Er, der behauptete, seinen Glauben allein auf die Heilige Schrift zu gründen, hätte dort keinerlei Rechtfertigung für seine obszönen Tiraden finden können, und er versuchte es auch nicht.

Luther stellte sogar die mordgierigen Haufen der Kreuzfahrer noch in den Schatten, denn sie hatten wenigstens die Alternative Bekehrung oder Tod geboten. Luther dagegen erklärte, ein Jude könne niemals bekehrt werden, genausowenig wie der Teufel, dem die Juden so eifrig dienten. Es sei schon gefährlich, mit diesen satanischen Juden auch nur über religiöse Angelegenheiten zu diskutieren. Für Luther reichte es aus, sie an ihre Geschichte seit der Zerstörung des Tempels zu erinnern, dies genügte ihm als Beweis, wie sehr Gott ihre verfluchte Rasse haßte. Luther schrieb, er würde einen Juden nicht einmal taufen, wenn dieser ihn darum bäte, sondern ihn wie eine giftige Schlange ersäufen. »Ich kann die Juden nicht bekehren; unser Herr Jesus Christus hat es auch nicht vermocht. Aber ich kann ihnen ihren Schnabel schließen, so daß ihnen nichts anderes übrigbleibt, als auf dem Boden ausgestreckt bleiben zu müssen.«[4] Er hätte kaum deutlicher sein können; der Tod war seine persönliche Endlösung der »Judenfrage«.

Luthers letzte Predigt im Jahr 1546 war dem Hochmut und der Hartnäckigkeit des Judentums gewidmet, dem fleischgewordenen Antichrist, der durch seine heimtückischen wirtschaftlichen Aktivitäten die Herrschaft in Deutschland errungen hatte. Im Jahr 1543 hatte er seine berühmte und vielzitierte Schrift *Von den Juden und ihren Lügen* veröffentlicht, ein übles Traktat, in dem er die Juden beschuldigte, die Weltherrschaft erringen zu wollen. Sie seien »eine Plage, Pestilenz und eitel Unglück«. Die deutschen Fürsten sollten das Judentum verbieten, den Besitz der Juden zerstören, den Rabbinern bei Todesstrafe verbieten, weiterhin zu lehren, die Schulen, Synagogen und Häuser der Juden niederbrennen, ihre Vermögen beschlagnahmen, ihre Gebetsbücher und den Talmud vernichten und sie entweder »wie die tollen Hunde ausjagen« oder sie alle »unter ein … Dach« stecken. Die Fürsten von Sachsen, Brandenburg und Schlesien folgten seinem Rat und vertrieben die Juden. Luther nahm die Argumentation der Rassisten des 19. Jahrhunderts vorweg, die – ohne sich dabei so stark der Metaphern von Schmutz und Exkrementen zu bedienen – ebenfalls die Ansicht verträten, daß die Juden aufgrund ihres Blutes weder assimilierbar noch bekehrbar seien.

Luther war schlicht ein Rassist; es kümmerte ihn wenig, daß sein Judenhaß mit dem Erlösungsversprechen Christi nicht vereinbar war. Ein Jude war für ihn einfach kein Mensch, sondern aufgrund seiner Rasse nicht mehr zu retten – so haben später auch die mit den Nazis verbündeten protestantischen »Deutschen Christen« argumentiert. Luther sah den Teufel buchstäblich auf Erden wandeln; er schrieb, er habe ihn selbst gesehen und häufig seine abscheuliche Stimme gehört. Einmal gestand er sogar, in Zeiten innerer Qual bisweilen nicht mehr zwischen der Macht Gottes und der des Teufels unterscheiden zu können, besonders wenn er über die Handlungen von Satans Volk nachdächte. Psychologen haben Luthers Teufelsbesessenheit als eine seltsame Eigenheit gedeutet, doch er teilte sie mit Millionen von Zeitgenossen. Der Glaube an die irdische Existenz des Teufels war bis zum Zweiten Weltkrieg bei Millionen von Bauern in Mittel- und Osteuropa weit verbreitet, die eine Vielfalt christlich-faschistischer Gruppen unterstützten.

Auch Luthers Antisemitismus war keine persönliche Eigenart. Die Ausbreitung des Protestantismus in Deutschland war von einer Flut judenfeindlicher Pamphlete und Plakate begleitet, in denen häufig Luthers bösartige Angriffe kunstvoll aufbereitet waren. »Studien« schilderten die obszönen Praktiken der Juden in Synagogen und bei rituellen Bädern, ihre abscheuliche Neigung, christliches Blut zu trinken, ihre Fähigkeit, sich in Schlangen und Dämonen zu verwandeln, ihre heimlichen Verbrechen und Laster und ihr bizarres Verhalten, was Sex und Stuhlgang betraf. Bezeichnenderweise wurden die bösen und dämonischen Eigenschaften der Juden häufig nicht ihrer Ablehnung des Christentums, sondern der inhärenten und unwandelbaren Eigenschaft ihres Blutes zugeschrieben. Luther mag für solche Schriften das wichtigste Vorbild gewesen sein, doch er brachte einen tief empfundenen Volksglauben zum Ausdruck, für den es anderswo in Europa keine Entsprechung gab. Er sprach für die Millionen von Bauern und ländlichen Handwerkern, die in der ganzen neuzeitlichen Geschichte Deutschlands das Rückgrat populistischer und rassistischer sozialer Bewegungen bilden sollten, jener Bewegungen, die schließlich den Nationalsozialismus unterstützten. Schon zu Lebzeiten Luthers gab es eine Vielzahl von populären Schriften und simplen Bildergeschichten, die Luther als Heiligen, als Johannes den Täufer oder als Moses darstellten, der sein Volk aus der Wildnis führt, die durch die römisch-katholische Kirche und die üblen Machenschaften der Juden gewuchert war.

In England und Frankreich lebten im 16. Jahrhundert nur noch wenige Juden. In Frankreich hatten vor allem die calvinistischen Hugenotten, die den Juden freundlich gesinnt waren, mit der Feindschaft der katholischen Kirche zu kämpfen. Die Juden wurden in beiden Ländern eher als Symbol als eine akute Bedrohung wahrgenommen. Claude de Montfort, der populärste französische Geistliche des Jahrhunderts, griff zwar die Juden für ihre Schuld am Tod Christi an, betonte jedoch, daß auch die Christen seit dem Sündenfall unter der Ursünde standen. In England, der Schweiz und Schottland sowie in den Kolonien, aus denen später die Vereinigten Staaten entstanden, brach mit der Ausbreitung verschiedener Spielarten des Calvinismus die aus der Zeit der Kreuzzüge stammende Tradition der gewalttätigen Judenhetze ab. Nach lutherischen Maßstäben standen Calvinisten und Puritaner dem Judentum und den Juden äußerst wohlwollend gegenüber.

Tatsächlich war Martin Luther der einzige wichtige protestantische Reformator, für den die Juden unrettbar verderbt waren. Sowohl Calvin als auch Zwingli glaubten, daß weder gute Werke noch der Glauben das Heil garantieren könnten. Die Prädestination sei der ewige Ratschluß Gottes, durch den er selbst bestimmt hat, was aus jedem Menschen werden soll. Einige seien zum ewigen Leben vorbestimmt und die anderen zur ewigen Verdammnis.[5] Wer seine eigenen Regungen, Gedanken und Taten ständig beobachtete, konnte vielleicht ausreichend Gründe entdecken, warum er zu den Auserwählten gehörte, mehr jedoch war nicht möglich. Für die Calvinisten hatte Gott beschlossen, wer zu den wenigen Erretteten gehörte, und es waren wirklich nur wenige. Gottes Entscheidung war jedoch keinesfalls tyrannisch. Die Menschheit war so verderbt, daß es schon eine unendliche Gnade bedeutete, wenn überhaupt jemand gerettet wurde. Dieses Denken erlaubte es nicht, jenen starken Gegensatz zwischen dem gottesfürchtigen Christen und dem satanischen Juden zu postulieren, der in den deutschen Landen für so viele Menschen eine Grundüberzeugung war.

Die Prädestinationslehre schwächt die Judenfeindschaft und verringert das psychologische Bedürfnis, das Christentum durch die Bekehrung der Juden zu bestätigen. Calvin schenkte der jüdischen Ablehnung Christi in seinen Schriften überraschend wenig Beachtung; für die Calvinisten blieb die Bekehrung der Juden wirklich Gott überlassen, wie auch die Errettung aller übrigen Menschen. Warum sollte man die Juden für den Tod Christi verantwortlich machen, wenn man daran glaubte, daß das Schicksal Christi ebenso göttlich vorherbestimmt war wie das der wenigen Auserwählten? Calvin zeigte zwar in Genf äußerste Härte im Umgang mit seinen Gegnern, im Fall der Juden jedoch triumphierten Theologie und Verstand über den Fanatismus. Falls die Juden wirklich die Kreuzigung Christi gefordert hatten, dann hatten sie damit doch nur dem göttlichen Willen gehorcht. Für Theodor Beza, den wichtigsten Mitstreiter Calvins, waren die Juden ein undankbares, zu Recht von Gott bestraftes Volk. Trotzdem schrieb er in einem breit publizierten Gebet: »Darum verleihe es uns, daß wir Fortschritte in Deiner Gnade machen, damit wir für sie [die Juden] nicht Werkzeuge Deines Zornes seien ...«[6] Nach Bezas Überzeugung sollte die Großzügigkeit, Glaubensfestigkeit und moralische Rechtschaffenheit der Protestanten beispielhaft sein. Gott allein würde die Juden zurück zur Herde führen.

Calvin und seine Anhänger waren große Bewunderer des alttestamentarischen Gottes und seiner Propheten, und es lag ihnen fern, in der Schrift zwanghaft nach Prophezeiungen der Ankunft Christi zu suchen. Einige calvinistische Sekten übernahmen jüdische Gesetze, und einige wenige Calvinisten konvertierten zum Judentum. Calvins Anhänger trachteten nicht nach Zwangsbekehrung der Juden, und sie wollten sie schon gar nicht aus Europa vertreiben. Vielmehr sollten sie in Frieden leben, wo das Evangelium gepredigt wurde, damit Gottes Wort vielleicht auch sie erreichen würde. Der puritanische Revolutionär Oliver Cromwell unternahm im 17. Jahrhundert den Versuch, die Verbannung der Juden aufzuheben und ihnen die Rückkehr nach England zu ermöglichen. Seine royalistischen Gegner waren darüber empört und setzten Gerüchte in Umlauf, die Juden hätten Cromwell zu ihrem Messias erklärt und planten, die Saint Paul's Cathedral in eine Synagoge zu verwandeln. Cromwell machte einen Rückzieher, aber inoffiziell wurde Juden die Rückkehr gestattet. Auch die Puritaner in Neuengland waren nicht besonders judenfeindlich. Nur die religiöse Erweckungsbewegung im ländlichen Amerika des 19. Jahrhunderts, die eine ekstatische Jesuserfahrung zum Kern des protestantischen Glaubens machte, zeichnete sich bisweilen durch eine gewisse Judenfeindschaft aus.

Anders als im Frankreich und England des 16. und 17. Jahrhunderts war die »Judenfrage« in den deutschen Landen heftig umstritten. Für soziale Mißstände wurden hier vor allem die Juden verantwortlich gemacht, eine Tradition, die bis zum Nationalsozialismus ungebrochen fortdauerte. Wie so vielen Antisemiten nach ihm, waren Handel und Stadtleben auch Luther moralisch suspekt und galten ihm als »jüdisch«. Wahre Deutsche führten ein einfaches Leben auf dem Land. Vielleicht, weil die Deutschen sich bewußt waren, daß Juden in ihrer Wirtschaft nur eine relativ unbedeutende Rolle spielten, griffen sie ziemlich häufig auch die »christlichen Juden« an, Deutsche, die als Nichtjuden die angeblich so schädlichen »jüdischen« Berufe ausübten. Schon in der Reformationszeit, insbesondere jedoch während der verheerenden Religionskriege in ihrem Gefolge, wurde das »internationale Judentum« für die wirtschaftlichen Schwierigkeiten in den deutschen Landen verantwortlich gemacht. Die These von der jüdischen Weltverschwörung war unter konservativen Nationalisten in ganz Europa jahrhundertelang weit verbreitet, doch in Deutschland waren, wie wir sehen werden, die liberalen Gegenkräfte zu schwach, um einen Sieg dieser Konservativen zu verhindern.

Calvin und seine Anhänger akzeptierten den neuen unternehmerischen Geist in Europa, Luther lehnte ihn ab. Obwohl Calvin im Gegensatz zu einigen seiner Anhänger den irdischen Erfolg nicht als ein direktes Zeichen für Gottes Gunst wertete, hieß er den Kapitalismus willkommen, förderte den Handel und lobte Tugenden wie Sparsamkeit, Fleiß und Geschäftstüchtigkeit. Der Calvinismus breitete sich in der Schweiz und in Schottland, England und Neuengland schnell aus, also in Ländern, wo der unternehmerische Geist weit entwickelt war. Währenddessen vertraten in Frankreich die Hugenotten, denen unverhältnismäßig viele Freiberufler und Geschäftsleute aus dem Bürgertum angehörten, ebenfalls die Werte des Unternehmertums. Während der gesamten Neuzeit war der Antisemitismus bei der frommen Landbevölkerung besonders ausgeprägt, denn sie verachtete wie Luther die Stadt, fürchtete den Kapitalismus und identifizierte die Juden mit beidem. Ihre Vorstellungen sollten später die Deutschkonservative Partei in Preußen beherrschen.

Die antisemitischen sozialen Bewegungen im Deutschland des 19. Jahrhunderts idealisierten das einfache, bäuerliche Leben des deutschen Volkes und beschuldigten das Finanzkapital, unproduktiv, parasitär und jüdisch zu sein – Ideen, die ihren extremsten Ausdruck in der Blut-und-Boden-Ideologie der Nazis finden sollten. Die Calvinisten außerhalb der rückständigen Regionen Mitteleuropas und inmitten einer Revolution des Geschäftslebens waren weniger anfällig für das feindselige Stereotyp, das im lutherischen Preußen und im katholischen Österreich über die wirtschaftliche Rolle der Juden im Umlauf war. Als Schweizer Calvinisten beispielsweise den Wucher anprangerten, wurden die Juden nicht erwähnt. Zwar lebten in der Schweiz nur wenige Juden, doch auch wenn es mehr gewesen wären, hätten sie den Schweizern in Sachen Kreditwesen und Handel nichts beibringen können. Einige Historiker setzen die calvinistische Ethik mit dem Geist des Kapitalismus gleich. Dies ist eine unzulässige Vereinfachung, aber es trifft zu, daß in den wirtschaftlich fortgeschritteneren Nationen die Calvinisten nicht nur zu den ersten gehörten, die das neue Zeitalter des internationalen Handels begrüßten. Sie riefen auch zur Toleranz gegenüber den Juden auf, so in Holland, das im 17. Jahrhundert das goldene Zeitalter des Handels erlebte.

Im Gegensatz zu anderen protestantischen Reformatoren verachtete Luther die städtische und humanistische Kultur der Renaissance und sah in ihr eine Bedrohung für die einfache bäuerliche Frömmigkeit, die er bewunderte. Als junger Priester hatte er das Rom Leos X. besucht und war entsetzt gewesen. Die verweltlichte Stadt war für einen gequälten Idealisten nicht der richtige Ort. Der Papst, ein Medici, war eher wegen seiner Abkunft als aufgrund seiner Frömmigkeit schon als Kind Kardinal geworden. Er war es, der durch den Verkauf von Ablässen (Indulgenzen) die Reformation auslöste. Seine Vertreter reisten durch die deutschen Lande und versprachen, die Seelen toter Verwandter würden aus dem Fegefeuer errettet, wenn man der Kirche genügend Geld bezahlte. »Sobald das Geld im Kasten klingt, die Seele aus dem Fegfeuer springt«, pflegte der

Ablaßprediger Johann Tetzel zu werben, der im Auftrag des Papstes Geld für den Bau des Petersdoms in Rom auftrieb. Luther verachtete den Ablaßkrämer, und Tetzels Aktivitäten waren der unmittelbare Anlaß für seinen wütenden Angriff auf das Recht der Kirche, in irgendeiner Form Gnade zu spenden. Leo X. war es auch, der Luther exkommunizierte, eine folgenschwere Tat, die die deutschen Massen gegen den Papst aufbrachte, eine religiöse Revolution auslöste und den verweltlichten, hochkultivierten und völlig unvorbereiteten Vatikan bis ins Mark erschütterte.

Die Humanisten begrüßten zunächst das Luthertum, weil sie annahmen, Luther verstehe unter der »Freiheit eines Christenmenschen« eine allgemeinere Freiheit als nur die Ablehnung des katholischen Anspruchs, Gnade spenden zu können, und die Vorrangigkeit einer persönlichen Beziehung zu Christus. Erasmus von Rotterdam, der bedeutendste Vertreter des europäischen Humanismus, hatte sich schon lange für eine Kirchenreform eingesetzt. Ihm schien die Reformation die Befreiung von institutioneller und kultureller Tyrannei zu verheißen. Luther ist jedoch nie nur ein simpler Kirchenreformer gewesen. Die Korruption der Institution Kirche war ihm weniger wichtig als ihre geistlichen Ansprüche. Wie Erasmus bald erfahren mußte, war die Befreiung des Denkens und der Kultur mit Luthers Verlangen nach Erlösung nicht gemeint. Luther verwarf auch die humanistische Lehre, daß Tugend auf tugendhaften Werken beruht; seiner Ansicht nach konnte niemand allein durch gute Werke, aber ohne den Glauben an Christus gerechtfertigt werden. Was den Antisemitismus betrifft, so bemerkte Erasmus einmal ironisch: »Wenn es zu einem guten Christen gehört, die Juden zu verabscheuen, dann sind wir alle gute Christen.« Er brach mit Luther und blieb katholisch. Andere Humanisten wandten sich unter dem Eindruck von Luthers zunehmend bösartigem Konservativismus dem Calvinismus zu. Calvin selbst sah, obwohl er in Genf ein strenges und diktatorisches Regiment führte, in dem Bruch mit Rom ursprünglich einen Durchbruch für den Geist der Freiheit, der die Fesseln des traditionellen Götzendienstes und seiner Rituale sprengte. Obwohl er die Genfer »Libertins« schwer bestrafte, weil er durch ihre Ausschweifungen Christus beleidigt sah, wandte er sich nie gegen die humanistische Gelehrsamkeit.

Die deutsche lutherische Tradition hat schon immer die Unterwerfung unter den Staat gepredigt. Luther selbst war von mehreren deutschen Territorialherren abhängig, die ihn vor dem Vatikan schützten, wobei dies in keinem Fall allein aus Begeisterung für die Religionsfreiheit geschah. Einige der Fürsten waren tatsächlich überzeugte Lutheraner, die meisten ergriffen jedoch die Gelegenheit, die Macht Roms zu begrenzen und das beträchtliche Vermögen der Kirche in ihren Territorien zu konfiszieren. Außerdem stellten die Lutheraner im Gegensatz zu den Calvinisten und den Päpsten die politische Obrigkeit nicht in Frage. Ihren Geistlichen kam es nur auf die Rettung der Seelen an. Viele Bauern und Handwerker in der Anhängerschaft Luthers hatten zunächst erwartet, die neue Bewegung werde nicht nur die Freiheit von Rom, sondern auch die Befreiung von der Leibeigenschaft und der Tyrannei der Fürsten und Adligen mit sich bringen. Im großen Bauernkrieg von 1524–1526 marschierten viele unter Bannern, die Luthers Namen trugen. Luther reagierte jedoch mit großem Zorn; die Gesellschaftsordnung war für ihn gottgegeben, und sie anzugreifen war Blasphemie. Haßerfüllt rief er die Fürsten von der Kanzel herab dazu auf, die Revolutionäre mit Feuer und Schwert zu vernichten. Sie gehorchten ihm mit Vergnügen und richteten ein ungeheures Blutbad an.

Luthers vorbehaltlose Staatstreue wurde von anderen Führern der Protestanten nicht geteilt. Zwingli unterstützte die Bauernaufstände, und andere Begründer der Reformierten Kirche verneinten das Gottesgnadentum der Könige und riefen zu ihrem Sturz auf. In der puritanischen Revolution in England schaffte Cromwell die Monarchie ab und gehörte zu der Gruppe, die die Enthauptung des Königs durchsetzte. Einige puritanische Sekten gründeten sogar kommunitaristische Bewegungen in England. So wollten »Diggers« und »Levellers« unter dem Motto »Als Adam grub und Eva spann, wo war da der Edelmann?« das Privateigentum und die soziale Hierarchie abschaffen. Obwohl Calvin in Genf eine Theokratie errichtete, bevorzugte er ansonsten eine gemischte Regierung aus Aristokraten und gewählten Volksvertretern. Reformatoren in England, Frankreich, Holland und Schottland forderten religiöse Freiheit und Toleranz, um auf freiwilliger Basis theokratisch regierte Gemeinschaften organisieren zu können. Häufig sahen sie sich dabei gezwungen, auch die Toleranzforderungen anderer Sekten widerstrebend anzuerkennen. Nach den langen, erbitterten französischen Religionskriegen im späten 16. Jahrhundert erhielten die calvinistischen Hugenotten zunächst in etwa zweihundert Städten politische Autonomie und Religionsfreiheit, wurden jedoch 1685 von Ludwig XIV. aus Frankreich vertrieben. Die Hugenotten und die calvinistische reformierte Kirche Hollands traten für die Glaubensfreiheit ein, auch bezüglich der Juden. Nur die Lutheraner in Preußen unterstützten das autoritäre Gebaren ihrer Herrscher, als diese Könige und später deutsche Kaiser wurden, eine Autoritätsgläubigkeit, die darin gipfelte, daß eine gewaltige Mehrheit der evangelischen Geistlichen schließlich auch Hitlers Ernennung zum Reichskanzler begrüßte. Die einzige Regierung, die sie ablehnten, war die der liberalen und demokratischen Weimarer Republik.

Luther hatte sich als einziger Reformator stark mit dem deutschen Nationalismus identifiziert. In seinem wichtigsten Werk *An den christlichen Adel deutscher Nation* sprach er ausdrücklich nur zu den Deutschen und für die Deutschen und forderte die deutschen Fürsten auf, die Herrschaft über die Kirche zu übernehmen und den zersetzenden Einfluß Roms zu überwinden. Später sollte er oft von deutschen Philosophen, Politikern und Theologen zitiert werden, die in der Reformation die erste große Manifestation des deutschen Wesens sahen. Sie verwarfen das katholische Christentum als lateinisch, undeutsch und kosmopolitisch und betrachteten es als eine Bedrohung für die deutschsprachigen Völker, die nur der durch das internationale Judentum an Gefährlichkeit nachstand. Nach der Französischen Revolution propagierten die entsetzten deutschen Konservativen die Reformation als eine überlegene schöpferische Kraft. Sie zeugte ihrer Ansicht nach von einer viel tieferen inneren geistigen Freiheit als der »oberflächliche Geist« von 1789. Auf diese Weise wurde der schlichte und reaktionäre Geist Luthers getarnt. Einige deutsche Historiker betrachten die lutherische Reformation auch heute noch als einen Fortschritt der menschlichen Freiheit, auch wenn Nietzsche sie als den »Bauernaufstand des Geistes« bezeichnete.

Gegen die rasante Ausbreitung der Reformation in Europa formierte sich als katholische Antwort die Gegenreformation. Als sich nun die Christen gegenseitig umbrachten, hatten auch die Restmitglieder der jüdischen Gemeinschaft wieder zu leiden. Die Juden waren inzwischen fast zu Vagabunden herabgesunken; sie suchten Schutz, wo immer sie ihn fanden, und wurden in die Ghettos getrieben, auf die sie fast zwei Jahrhunderte beschränkt bleiben sollten. Mitte des 16. Jahrhunderts herrschte Papst Paul IV. in Rom. Ganz im Gegensatz zu den Renaissancepäpsten war er ein frommer Reformer und Asket, und er stand den Juden entsprechend feindselig gegenüber. Die Reformation war für ihn eine jüdisch inspirierte Verschwörung zur Vernichtung des Vatikans und die Juden die Urheber der Sünde und des Protestantismus. Er setzte Gesetze aus dem Mittelalter wieder in Kraft, die seine Vorgänger weitgehend ignoriert hatten, und zwang die Juden in Italien fast ebenso elend zu leben wie ihre Glaubensbrüder im Norden. Er verbannte sie in Rom und dem restlichen Kirchenstaat aus zahlreichen Gewerben und Berufen, zerstörte ihre Synagogen, verbot ihnen, Land zu besitzen und zwang sie, Predigten zu ihrer Bekehrung anzuhören. Sie mußten den gelben Davidsstern und spezielle Kopfbedeckungen tragen, damit die Christen vor ihrer Anwesenheit gewarnt waren. Außerdem verbot der Papst den Talmud und die Feier der hohen jüdischen Feiertage und unterband den Verkauf von koscheren Nahrungsmitteln. Er rief die Inquisition wieder ins Leben und brachte sechzig bekehrte Juden auf den Scheiterhaufen, weil sie sich angeblich nur zum Schein bekehrt hatten. In Erfüllung einer Forderung, die Innozenz III. und das Laterankonzil von 1179 einst erhoben hatten, verbannte Paul IV. die Juden des Kirchenstaats in Ghettos und ermahnte alle christlichen Herrscher, das gleiche zu tun. Mit solchen Mitteln hoffte er »die Brüder Christi durch christliche Barmherzigkeit zurück zur Familie zu bringen«. Paul IV. war keineswegs der einzige, der solche Maßnahmen gegen die Juden ergriff. Im Lauf der Zeit wurden auch all die verstreuten jüdischen Gemeinden in Mitteleuropa in Ghettos gezwungen. Juden und Christen, verkündete Paul IV., sollten weder miteinander verkehren noch untereinander Ehen schließen, damit die Religionen rein blieben. Dies kam vielen jüdischen Rabbinern entgegen, die damals wie heute ebenfalls eine Assimilation der Juden vermeiden wollten. Auch war es wegen des durch die Religionskriege entfesselten Fanatismus durchaus vorteilhaft, in bewachten Stadtvierteln zu leben, deren Tore nachts geschlossen waren, insbesondere, wenn an Ostern gewalttätige Horden durch die Straßen zogen und auf Rache und Plünderung sannen. Kein Rabbi begrüßte jedoch die elenden Bedingungen der Ghettos in den deutschen Landen.

Die Ghettos in Mitteleuropa waren arm, überbevölkert und wurden immer wieder durch Feuersbrünste zerstört. Geldverleih, Pfandleihe und Trödelhandel waren die einzigen Tätigkeiten, die den dortigen Juden gesetzlich erlaubt waren. Da sie außerhalb der Ghettos keine Läden besitzen durften, wurden umherziehende jüdische Händler in den europäischen Städten zu einer alltäglichen Erscheinung. Während des ganzen

17. und 18. Jahrhunderts lebten die Juden Mitteleuropas hinter den Ghettomauern im Elend, isoliert und allen möglichen Sondersteuern unterworfen. Sie mußten den gelben Fleck tragen, waren nachts im Ghetto eingeschlossen, brauchten eine Sondergenehmigung, um sich in Gruppen in der Stadt aufzuhalten, und wagten nicht, auf dem Markt einzukaufen, bevor die Christen bedient waren. Sie hatten eine Kopfsteuer zu entrichten und mußten um freies Geleit betteln, wenn sie reisen wollten. Um die Zahl der Juden zu vermindern – nur die ökonomisch nützlichen waren erwünscht –, wurden Gewerbescheine und Genehmigungen für Ehen und Haushaltsgründungen nur in beschränkter Zahl ausgestellt und jüdische »Vermögen« mit einer hohen Sterbesteuer belastet. Da die Juden ihre Wohnungen im Ghetto nicht selbst besitzen durften, waren sie von christlichen Vermietern abhängig, die nicht zögerten, sie ohne Vorwarnung auf die Straße zu setzen, wenn sie eine plötzlich verkündete Mieterhöhung nicht bezahlen konnten. Sie durften keine christlichen Bediensteten beschäftigen oder einen »Sabbat-Goi« bezahlen, damit er ihnen im Winter das Feuer anzündete. Wie Vieh mußten sie beim Betreten vieler Städte eine besondere Gebühr entrichten. Vor Gericht wurden sie gedemütigt, indem man sie zu speziellen Eiden verpflichtete. Zu vielen öffentlichen Plätzen war ihnen der Zutritt verboten, und an manchen Orten wurde ihnen sogar der Trost des Talmudstudiums verwehrt.

Die Juden Mitteleuropas wurden in die Armut gedrängt, unterdrückt, von der europäischen Kultur ausgeschlossen und vom Land in die Stadt vertrieben. Durch die schwere und willkürliche Besteuerung wurde es für sie lebensnotwendig, Schliche zu ersinnen, was wiederum den Vorwurf der Betrügerei und noch schärfere Beschränkungen nach sich zog. Es trifft zu, daß sich nach 1648 so manche Fürsten reiche Hofjuden hielten, die hoch in ihrer Gunst standen und ihre Finanzen verwalteten, doch dies zementierte das Bild des Juden als Wucherer nur noch mehr. Wenn die hohen Steuern eines Fürsten den Zorn seiner Untertanen erregten, wurde häufig die Habgier seines Hofjuden dafür verantwortlich gemacht, und nicht selten bestrafte man den ehemaligen Günstling öffentlich, um das Volk zu besänftigen. Das Ghetto erfüllte die Prophezeiungen der christlichen Judenfeinde von selbst. Bis zum 18. Jahrhundert bestand praktisch kein Kontakt mehr zwischen Juden und Nichtjuden, so daß es für normale Bürger unmöglich war, auch nur die geringsten Erfahrungen zu machen, die sie vielleicht befähigt hätten, ihre religiösen und rassischen Vorurteile in Frage zu stellen.

Die periodische Vertreibung und Wiederkehr der Juden zur Zeit der Kreuzzüge gab dem alten Mythos vom »Ewigen Juden« Ahasverus neue Nahrung. Er ist nach der Legende dazu verdammt, bis zur Wiederkunft Christi heimatlos auf Erden zu wandern. Die 1602 in Deutschland publizierte *Kurzte Beschreibung und Erzehlung von einem Juden mit Namen Ahasverus* war unglaublich populär. Nur in Deutschland brütete außerdem eine wachsende Zahl christlicher Gelehrter eifrig über den hebräischen Schriften, nicht mehr, um wie in den frühchristlichen Jahrhunderten nach Prophezeiungen der Ankunft Christi zu suchen, sondern um versteckte Angriffe auf die Christenheit zu entdecken. Dagegen waren die christlichen Hebraisten in Frankreich und England oft Calvinisten und standen den Juden freundlicher gegenüber. Die Suche nach belastendem Material gegen das »Volk von Parias« erreichte ihren Höhepunkt erwartungsgemäß in Preußen, als Johann Andreas Eisenmenger mit *Entdecktes Judentum* eine der beliebtesten Quellen für Antisemiten im modernen Europa veröffentlichte. Angeblich darauf angelegt, die Juden zu bekehren, indem es ihre zahlreichen Irrtümer enthüllte, war das Buch viel eher geeignet, die Christen davon zu überzeugen, daß die Juden vom Angesicht der Erde getilgt werden müßten.

Eisenmenger »bewies« durch die Interpretation hebräischer Texte, daß der Talmud den Juden befahl, Nichtjuden zu belügen, zu betrügen und sogar zu ermorden. Er übersetzte seine Quellen zwar genau, riß sie jedoch aus dem historischen Kontext und erweckte so den Eindruck, negative Äußerungen über feindliche Stämme in vorchristlicher Zeit wären auf seine eigenen christlichen Zeitgenossen gemünzt. Das Buch bestätigte sämtliche christlichen Vorurteile über die Juden und war auch deshalb sehr beliebt, weil es weniger das Alte Testament – das die Christen für sich reklamierten – als den Talmud attackierte. Nach Eisenmenger waren die Juden durch ihre religiösen Grundsätze verpflichtet, das Christentum zu zerstören, alles anzugreifen, was den Christen heilig war und alle Rassen außer ihrer eigenen zu vernichten. Deshalb forderte er dazu auf, die jüdischen Synagogen zu zerstören, die Juden in Ghettos zu verbannen, sie auf alle möglichen Arten zu demütigen und jeden unnötigen Kontakt mit ihnen zu vermeiden, insbesondere zu ihren Ärzten, die ganz besonderen Schaden anrichten könnten. Selbst Eisenmenger vertrat allerdings die

Ansicht, daß die Juden nicht getötet werden dürften, weil sie durch ihre Existenz die Wahrheit des Christentums zu bezeugen hätten. Viele Antisemiten des 19. Jahrhunderts, die der christlichen Lehre weniger verpflichtet waren als er, sollten ihm in diesem Punkt nicht mehr folgen. Sie fanden, Eisenmenger hätte erkennen müssen, daß ein Volk, wie er es beschrieb, gerade in seiner Bekehrung das ideale Mittel erkennen würde, um die Christenheit von innen heraus zu zerstören.

Eisenmengers Schrift wurde vom Kaiser des Heiligen Römischen Reiches zunächst verboten – ein Gunstbeweis für seinen hochgeschätzten Hofjuden. 1711 sorgte Friedrich I., der erste König von Preußen, jedoch für ihre Veröffentlichung. Dies war keine bloße Geste. Friedrich I. schwärmte leidenschaftlich für eine idealisierte Form des Mittelalters und war paradoxerweise gleichzeitig ein frommer Anhänger der Prinzipien der Reformation. Seine Intervention zeigt, wie der reaktionäre Einfluß des Luthertums durch die historische Verbindung mit dem modernen Preußen verstärkt wurde. Der autokratisch regierte Militärstaat, der Deutschland schließlich mit Waffengewalt vereinigen und sein weiteres politisches Schicksal weitgehend bestimmen sollte, wurde aus dem religiösen Idealismus und dem Haß geboren, der sowohl für die Zeit der Kreuzzüge als auch für die der Reformation kennzeichnend war.

Die Entstehung Preußens begann 1198, als deutsche Adlige während des Dritten Kreuzzugs den Deutschen Orden gründeten und Keuschheit, Gehorsam und Armut gelobten, um besser für die Ausbreitung des Christentums kämpfen zu können. Der Hochmeister des Deutschen Ordens unterstellte sich und die Mitglieder seines Ordens Papst Innozenz III. Dieser bekannteste und militanteste Imperialist unter den Kreuzzugspäpsten, der als erster den Titel Stellvertreter Christi für sich in Anspruch nahm, sah in der Eroberung des Heiligen Landes lediglich den Beginn einer weltweiten christlichen Vorherrschaft. Er rief zu einem brutalen und blutigen Kreuzzug gegen die Albingenser in Frankreich auf, die als Ketzer galten, weil sie glaubten, daß Christus nur als Erscheinung, nicht jedoch in Wirklichkeit auf Erden gewandelt war. Wie ihre Feinde betonten, konnten sie diese Irrlehre nur von den arglistigen Juden gelernt haben. Wer sonst hätte die Bosheit und den Willen besessen, unschuldige Gläubige zur Leugnung der Wirklichkeit Christi zu verführen? Innozenz III. forderte als erster Papst, daß die Juden den Davidsstern trügen, und setzte auf dem Vierten Laterankonzil durch, daß dies Kirchenrecht wurde.

Außerdem unternahm er den erfolglosen Versuch, die Juden Europas damals schon ins Ghetto zu verbannen.

Mit dem Segen des Papstes führte der Deutsche Orden im 13. Jahrhundert gegen die Ungarn und das baltische Volk der Pruzzen Krieg. Die Ritter eroberten in einem blutigen Feldzug das Land der Pruzzen an der Küste der Ostsee. Dabei rotteten sie die einheimische Bevölkerung fast aus. Sie bauten Burgen, Festungen und Städte, bekehrten die verbliebene Bevölkerung zum Christentum, trieben sie in die Leibeigenschaft und machten sich selbst zu den Herren des Landes. Danach riefen sie deutsche Siedler ins Land und führten unablässig Krieg gegen Russen und Polen, um ihr Territorium zu erweitern. Im 16. Jahrhundert trat der Hochmeister des Deutschen Ordens aus der Familie der Hohenzollern, die später die Kaiser des Deutschen Reichs stellen sollte, zum Luthertum über und machte aus dem Ordensstaat das Erbherzogtum Preußen. Er hatte die Vorteile der politischen und wirtschaftlichen Unabhängigkeit von Rom und von den katholischen Habsburgern schnell erkannt und außerdem begriffen, daß sich eine lutherische Staatskirche nur um das Seelenheil ihrer Gläubigen kümmern und sich ansonsten dem Willen des Fürsten unterwerfen würde.

Aus dem Zusammenschluß mit Brandenburg entstand im 17. Jahrhundert das moderne Preußen. Das in einem blutigen Krieg vom Deutschen Orden christianisierte Ostpreußen blieb immer eine Hochburg des Feudalismus. Dieses Zentrum der deutschen Reaktion errang unter Bismarck und Wilhelm I., als es Deutschland 1871 nach Siegen über Habsburg und den französischen Kaiser Napoleon III. mit militärischen Mitteln vereinigte, den größten politischen Erfolg der deutschen Geschichte. Von diesem Zeitpunkt an waren die militärischen und autoritären Werte Preußens den deutschen Eliten und schließlich auch dem deutschen Mittelstand heilig. Die deutsche Geschichte war anders verlaufen als die des liberalen Westens. Es ist nicht weiter verwunderlich, daß die nationalsozialistischen Intellektuellen als große Bewunderer des Deutschen Ordens ebenfalls glaubten, es sei Deutschlands Schicksal, Osteuropa den minderwertigen Slawen zu entreißen und es mit Deutschen zu besiedeln – selbstverständlich nicht im Namen des Christentums, sondern um eine heilige Mission der deutschen Rasse zu erfüllen und den arischen Völkern die permanente Vorherrschaft zu sichern.

Im Dreißigjährigen Krieg hätte ein solches Projekt die Fähigkeiten

Preußens allerdings noch bei weitem überstiegen. Als Friedrich Wilhelm 1640 Kurfürst von Brandenburg wurde, waren seine Territorien schrecklich verwüstet. Fremde Heere zogen unbehelligt durch das Land und vernichteten, was in seinen ruinierten Territorien noch übrig geblieben war. Zum Wiederaufbau schuf der Große Kurfürst ein stehendes Heer und formte aus dem einst unabhängig und feudal gesinnten Adel eine gehorsame Beamten- und Offizierskaste. Als Entschädigung dafür, daß der Adel ihm die volle Souveränität zugestand, gab er ihm das Recht, die Verhältnisse in den Provinzen zu bestimmen, die hohen Ämter zu monopolisieren und seine Bauern zu unterdrücken – all dies zu einer Zeit, als Leibeigenschaft und Feudalismus sich in Westeuropa bereits in raschem Niedergang befanden. Die Friedensregelung, mit der 1648 der Dreißigjährige Krieg beendet wurde, gab jedem Fürsten das Recht, die Religion in seinen Territorien selbst zu bestimmen. In Preußen wurde die lutherische Geistlichkeit damit praktisch ein Teil des Staates mit der Aufgabe, die Werte des Herrschers, des Adels und des Militärs spirituell zu unterstützen. Die preußische Kirche war die einzige Kirche westlich des zaristischen Rußland, die auf diese Weise unterworfen wurde.

Heute wird allgemein angenommen, die evangelische Geistlichkeit in Deutschland hätte es versäumt, den Nazis Widerstand zu leisten, weil sie politisch zu passiv gewesen wäre. In Wirklichkeit hatte sie sich jedoch immer aktiv für den preußischen Adel und das preußische Militär eingesetzt und auch Hitlers Machtergreifung begrüßt. In zahllosen Predigten und Schriften erteilten evangelische Geistliche den autokratischen Idealen der Hohenzollern und des preußischen Adels ihren Segen und predigten den Gehorsam als heilige Pflicht. Einem berühmten Urteil zufolge war die evangelisch-lutherische Kirche in Preußen die geistliche Armee der Hohenzollern. Die preußischen Könige und deutschen Kaiser fungierten in der Praxis als Oberhäupter der evangelischen Kirche; sie verlangten und erhielten von »ihren Geistlichen« strikten Gehorsam. Die geringsten Anzeichen einer aufgeklärten Haltung gegenüber religiösen Dogmen wurde rigoros unterdrückt, wobei nur die Politik Friedrichs des Großen eine Ausnahme bildete.

Als 1871 das allgemeine Wahlrecht für den Deutschen Reichstag eingeführt wurde, vertrat die evangelische Kirche die Einheit von Thron und Altar gegen alle demokratischen Institutionen und wurde zu einer wichtigen Stütze der Deutschkonservativen Partei, die das Militär und die aristokratischen Eliten Preußens vertrat. In der Weimarer Republik blieben die Geistlichen in ihrer überwältigenden Mehrheit monarchistisch gesinnt und griffen die Volkssouveränität, den westlichen Liberalismus und den demokratischen Sozialismus häufig von der Kanzel herab als undeutsch, unchristlich und »jüdisch« an. Bekannte lutherische Geistliche spielten eine wichtige Rolle in der Deutschkonservativen Partei, die versuchte, die Bürgerrechte wieder aufzuheben, die den Juden bei der Vereinigung Deutschlands unter Bismarck verliehen worden waren. In den 1890er Jahren nahmen die Deutschkonservativen antisemitische Positionen in ihr Parteiprogramm auf. In den inneren Zirkeln der evangelischen Kirche besaßen pensionierte Generäle, hohe preußische Beamte und konservative Politiker den größten Einfluß. Doch nicht nur ihre Führung war antisemitisch. Schon 1931 und 1932 wurden in die Räte der Kirche regelmäßig breite nationalsozialistische Mehrheiten gewählt. Die Nazis wiederum veröffentlichten mit Vergnügen die antisemitischen Obszönitäten Luthers, einschließlich seiner wohlbekannten Aufrufe, die jüdische Religion zu verbieten, die Synagogen niederzubrennen, den jüdischen Besitz zu beschlagnahmen und die Juden aus dem Land zu vertreiben – allesamt von dunklen Anspielungen auf Massenmord durchtränkt. Luthers Schrift *Von den Juden und ihren Lügen* wurde in einer Glasvitrine auf den Nürnberger Parteiveranstaltungen der NSDAP ausgestellt. Bezeichnenderweise entstammten die wenigen protestantischen Geistlichen, die gegen den Antisemitismus der Nazis Widerstand leisteten – etwa Dietrich Bonhoeffer und Otto Dibelius – dem calvinistischen Flügel der deutschen Protestanten, der sich 1817 auf Befehl des preußischen Königs in der evangelischen Kirche der altpreußischen Union mit den Lutheranern vereinigt hatte.

Mit der Reformation hatte Deutschland einen historischen Weg beschritten, auf dem fortan reaktionärer Nationalismus und Antisemitismus eine unheilvolle Verbindung eingehen sollten. In den Jahrhunderten, als in Westeuropa der Geist des Kapitalismus und relativer Toleranz einen großen Aufschwung nahm, wurde Deutschland durch Kriege und Glaubenskämpfe zerrissen und vom Westen abgeschnitten. Zweifellos schöpfte der moderne Antisemitismus in Frankreich ebenfalls neue Kraft aus dem Bündnis mit mächtigen reaktionären Schichten, und der christliche Antisemitismus allein hätte wohl kaum zum Holocaust geführt. Auch spielten nur wenige Faktoren, die schließlich zum Aufstieg des Nationalsozialismus führten, ausschließlich in Deutschland eine Rolle – selbst die Blut- und-Boden-Ideologie war nicht allein auf Deutschland beschränkt. Es gab jedoch einen entscheidenden Unterschied. Im Westen entfalteten sich im 17. und 18. Jahrhundert mächtige geistige und politische Kräfte, die dem Einfluß eines reaktionären und rassistischen Nationalismus entgegenwirkten: die konstitutionelle Monarchie in England, der Aufstieg einer weltlich gesinnten, zahlenmäßig starken und politisch mächtigen Schicht von Unternehmern, vor allem aber die Aufklärung und die Revolution von 1789.

In Schottland, England und Frankreich entstand durch das Prestige der neuen Wissenschaft und durch die Forderungen eines aufstrebenden Bürgertums aus Geschäftsleuten und Akademikern – und sogar einiger Adliger und Geistlicher – eine weltliche Kultur, die die Macht der alten christlichen Mythen allmählich zersetzte und dem weltlichen Liberalismus der Aufklärung den Weg ebnete. Dieser forderte den christlichen Fundamentalismus in allen Bereichen heraus und schuf kulturelle und soziale Alternativen zu den traditionellen christlichen Werten und Institutionen. Zum ersten Mal seit Jahrhunderten erhielten die Juden Europas die Chance, sich zu assimilieren und Wohlstand zu erlangen. Sie entkamen dem Ghetto und waren – wie sie hofften – nicht mehr ständig von Vernichtung bedroht. Eine der großen Tragödien der neueren Geschichte besteht darin, daß das neue Gedankengut allzu wenig Einfluß auf das deutsche Denken und die deutsche Kultur, vor allem der konservativen Ober- und Unterschichten, gewinnen sollte.

3.
DIE AUFKLÄRUNG

> Die Theologie ist die Philosophie der Kindheit der Welt; es ist an der Zeit, daß sie dem Zeitalter der Vernunft Platz macht.
>
> *Destutt de Tracy*

> Die Welt wird erst glücklich sein, wenn sie atheistisch ist.
>
> *La Mettrie*

In den siebziger Jahren des 17. Jahrhunderts begann der Franzose Richard Simon, ein christlicher Hebraist, die Bibel als ein historisches Dokument zu untersuchen. Er kam zu dem Ergebnis, die Juden seien ein frommes und gütiges Volk, und verteidigte sie gegen die Vorwürfe des Satanismus und des Ritualmords. Empört erzwang der mächtige Bischof und Berater des Königs, Jaques Bénigne Bossuet, Simons Ausschluß aus dem Säkularorden der Oratorianer und schikanierte ihn für den Rest seines Lebens. Doch Simons Ansichten sollten bald von zwei großen Denkern bestätigt werden, deren wissenschaftliche Weltdeutungen rasch unter den Gebildeten der Zeit an Einfluß gewannen: Isaac Newton und John Locke. In einer großen ideengeschichtlichen Revolution sollte die neue Wissenschaft die Aufklärung und die Revolution von 1789 inspirieren und schließlich auch zur Emanzipation der Juden führen.

Im Denken des Mittelalters war die christliche Heilsgeschichte mit der ptolemäischen Astronomie und der aristotelischen Physik zu einem Gesamtbild verschmolzen. Die Erde war nicht nur deshalb der Mittelpunkt des Universums, weil die menschlichen Sinne diesen Eindruck vermittelten, sondern auch, weil sie von der Gnade Gottes am weitesten entfernt und damit der natürliche Ort für Sünde, Lust, bloße Materie und die verderbte Menschheit war, kurz, für alles, was unvollkommen erschien und dem Zerfall anheimgegeben. Das Fleisch war an die Erde gebunden, aber die Seele des Menschen war eine rein geistige Substanz. Sie wollte der Verderbnis der irdischen Begierden entkommen und strebte himmelwärts, wo sich kristallene Sphären, betrieben von der göttlichen Kraft der Engel, um die Erde drehten und Gott in seinem ewigen Reich wohnte. Für den mittelalterlichen Menschen diente die Wissenschaft dazu, die christliche Heilsgeschichte zu erklären, wie diese sich in der materiellen Welt manifestierte.

Durch die neue Physik entstand jedoch eine Gegenkultur, die die christliche Weltsicht in Frage stellte, eine Gegenkultur die zu einer fortschreitenden Säkularisierung und schließlich zum modernen Liberalismus führte. Kopernikus kam durch mathematische Überlegungen zu der Einsicht, daß die Erde nicht im Mittelpunkt des Universums lag. Galileis Fernrohr zeigte, daß die bisher so göttlichen kristallenen Himmelssphären in Wirklichkeit rauh, grob und unvollkommen waren, genau wie die Erde. Für René Descartes war der Kosmos eine gewaltige, seelenlose, nach den Gesetzen der Mechanik errichtete Konstruktion. Isaac Newton hatte von allen die überzeugendste Vision: Das Universum war eine gewaltige harmonische Maschine, deren Bewegungen einigen grundlegenden mathematischen Gesetzen von Masse, Beschleunigung, Anziehungskraft und Trägheit folgten. Himmelskörper zogen sich von Natur aus gegenseitig an, und aus der mathematischen Beziehung zwischen der Masse und Entfernung verschiedener Körper ergaben sich deren Bewegungen. Als sich die Physik im 17. Jahrhundert weiterentwickelte, untergrub sie die Anschauung, nach der die Erde die zentrale Bühne für die christliche Teleologie von Sünde, Buße und Erregung war. Wie Bertrand Russell einmal bemerkte, war die Erde nur noch eine fünftklassige Kugel aus Dreck, die sich um einen siebtklassigen Stern drehte, ein bloßer Punkt in einem unendlichen und gleichgültigen Himmel, der keine spirituelle Bedeutung mehr besaß.

Newtons System legte, wie er selbst sagte, keine atheistische Weltanschauung nahe. Ein so gewaltiger und komplexer Mechanismus, der sich selbst regulierte und Bewegungsgesetzen der Materie unterlag, die nur durch ausgeklügelte und geheimnisvolle mathematische Berechnungen ergründbar waren, konnte nicht bloß das glückliche Resultat zufälliger

Kräfte sein. Die Schöpfung mußte in fertigem Zustand dem Geist jenes Großen Mathematikers oder Großen Mechanikers entsprungen sein, als den man Gott nun bezeichnete. Nicole Malebranche, Bernard Fontenelle und Baruch de Spinoza, um nur die berühmtesten Gelehrten zu nennen, glaubten, daß ein Höchstes Wesen die von der Wissenschaft enthüllte harmonische Ordnung des Universums geschaffen hatte; sie glaubten an einen Schöpfer als Quelle der geometrischen Wahrheiten, die dem Ganzen zugrunde lagen. Gott war in der Eleganz und Präzision der Naturgesetze zu finden, nicht in den anthropomorphen und primitiven Schöpfungsmythen der großen Religionen.

Spinoza betrachtete die biblischen Geschichten von Gottes wunderbarem Eingreifen in die natürliche Ordnung als den Aberglauben der Einfältigen. Gott trat nicht in Widerspruch zu seiner eigenen Vollkommenheit, indem er sich in seine Schöpfung einmischte; das Universum selbst war das Wunder. Die Heilige Schrift war für Spinoza weder Wissenschaft noch Philosophie, und die Mythen der historischen Religionen durfte man nicht wörtlich nehmen oder gar zum Gegenstand bewaffneter Auseinandersetzungen machen. Die Bibel enthielt nur erbauliche Fiktionen zur moralischen Unterweisung jener Millionen, die unfähig waren, die mathematische und wissenschaftliche Wahrheit zu verstehen. Der Große Mathematiker hatte nicht das Rote Meer geteilt oder seinen eingeborenen Sohn für die Sünden der Menschheit sterben lassen. Der Gott der mathematischen Harmonie strafte nicht, noch ließ er die Toten auferstehen oder schlug die Menschheit mit Naturkatastrophen. Vor allem jedoch war die Annahme falsch, sein Zorn könnte einen Teil der Menschheit treffen, weil dieser die religiösen Fiktionen eines anderen Teils nicht akzeptierte.

Spinoza beschuldigte Juden und Christen gleichermaßen der Blasphemie, weil sie behaupteten, ihre spezifischen Mythen stammten direkt aus Gottes Hand. Er sah die Religion als Privatangelegenheit und forderte, daß die Religionsfreiheit vom Staat verteidigt werden sollte. Für die Anhänger der neuen Wissenschaft trugen die Intoleranten mit ihrer aggressiven Rhetorik und ihren blutigen Taten eine Schlacht um Fiktionen aus. Aus dieser Sicht verlor die Unterdrückung der Juden im christlichen Europa für eine Vielzahl der Gebildeten im 18. Jahrhundert ihre göttliche Legitimation und wurde zu einem primitiven Konflikt zwischen konkurrierenden Spielarten des Aberglaubens. Die Kreuzzüge, Luther und die Religionskriege waren nun Lichtjahre entfernt.

In den sechziger Jahren des 17. Jahrhunderts stellte sich John Locke die Frage, welches Wissen der Mensch im Licht der neuen Wissenschaft über die äußere Welt und die Dogmen des Christentums haben könnte. Sein Ergebnis legte das Fundament für den Pluralismus und den toleranten Skeptizismus der Aufklärung. Die Wissenschaft bewies Lockes Auffassung, daß wir keine direkte Kenntnis von der äußeren Welt haben, sondern sie nur durch die Bilder wahrnehmen können, die sie durch Experiment und Erfahrung in unseren Sinnen hervorruft.

Unsere Sinne sind jedoch begrenzt und unsere Erfahrung ändert sich, daher ist das Wissen immer nur wahrscheinlich, nie jedoch absolut. Mit Rücksicht auf die Anschauungen seiner Zeit modifizierte Locke seine pragmatischen Zweifel, was die Religion betraf. Er glaubte jedoch, daß fundamentale religiöse Prinzipien genau wie die Gesetze der Geometrie eines Tages durch »menschliches Denken auf der Basis selbstverständlicher Axiome bestätigt werden würden«.[1] In seinem berühmten *Brief über die Toleranz* schrieb er, auch wenn man vielleicht an Christus glauben müsse, um errettet zu werden, dürften die Juden und Muslime doch niemals verfolgt werden. Mit politischen Restriktionen für Katholiken erklärte er sich jedoch einverstanden. Sie seien unter Führung Spaniens zu tödlichen Feinden Englands geworden und planten im Namen der Gegenreformation den Tyrannenmord. Auch die Toleranz gegenüber Atheisten lehnte Locke ab; ohne Glauben, so fürchtete er, würden die Menschen keinen Anreiz für moralisches Verhalten mehr haben. Doch indem er den Glauben auf vernünftige Überlegungen stützte, bekämpfte er den Fanatismus, der zu Verfolgungen führt; man tötet nicht für eine bloß vernünftige Überlegung oder eine bloß wahrscheinliche Wahrheit.

Die Schleusen waren geöffnet. Eine Vielzahl sogenannter Deisten versuchte die Religion mit der Methode der neuen Wissenschaft in Einklang zu bringen und strebte nach einer vernünftigen oder natürlichen Religion. Wie Galilei und Newton die fundamentalen Naturgesetze der Bewegung entdeckt hatten, indem sie von spezifischen Beispielen einige wenige allgemeine Prinzipien abgeleitet hatten, so versuchten die Deisten nun aus den überkommenen Mythen und Dogmen der Religionen die allen gemeinsamen Grundaussagen abzuleiten. Diese Aussagen mußten ihrer Ansicht nach die primären und fundamentalen religiösen Wahrheiten sein, die das göttliche Wesen den Menschen eingepflanzt hatte – selbstverständliche und rationale religiöse Aussagen, deren Berechtigung in der natürlichen »universalen Zustimmung« der ganzen Menschheit lag. Mit geringen Unterschieden kamen alle Deisten zu demselben Schluß: Es gibt ein Höchstes Wesen. Es ist der allmächtige Schöpfer des Universums, des Menschen und der moralischen Ordnung. Der Mensch ist ihm Verehrung und Gehorsam schuldig und wird dafür, vielleicht im Jenseits, belohnt oder bestraft. Das »vielleicht« ist bezeichnend.

Die Rituale, Sakramente und Mythen der historischen Religionen, die von diesen Grundwahrheiten abwichen, waren unnötige Verzerrungen. Man brauchte sie nicht abzuschaffen, aber sie sollten anderen nicht aufgezwungen werden. Entscheidend waren nicht die Dogmen der Religion, sondern ihr Zweck, moralisches Verhalten zu belohnen. Mit diesem Denken prägten die Deisten eine moderne, liberale Haltung in Religionsfragen. Vernünftige Menschen konnten die spezifischen Merkmale ihres Glaubens leicht nehmen, ohne andere zur Annahme ihrer besonderen religiösen Ansichten zwingen zu müssen. Leidenschaftlichen Gläubigen erschien der Deismus kalt und rational und entbehrte der ekstatischen Intensität wahrhaftiger religiöser Erfahrung. Für diejenigen jedoch, die unter den Grausamkeiten religiöser Verfolgung litten, war er ein Segen.

In seinem *Dictionnaire historique et critique* von 1697 sammelte Pierre Bayle eine umfangreiche Liste religiöser Kuriositäten und Widersprüche, die Menschen im Lauf der Jahrhunderte geglaubt hatten. In seinem Kommentar vertrat er die Ansicht, die Dogmen des Glaubens seien mit dem gesunden Menschenverstand nicht zu vereinbaren und mit der Vernunft nicht zu beweisen. Er riet seinen Lesern, sich nicht darum zu bemühen, die Absurditäten religiöser Offenbarungen zu verstehen. Religiöse Wahrheiten, schrieb er listig, müßten offenbart werden, da sie mit dem Verstand nicht ergründet werden könnten. Da man, so Bayle, den Wahrheitsgehalt unterschiedlicher Offenbarungen nicht beurteilen konnte, mußte man sich für »universale Toleranz« und Glaubensfreiheit entscheiden. Ja, er wagte sogar zu schreiben, die blutige Geschichte von Religionskriegen und religiös motivierten Verfolgungen lasse keinen offensichtlichen Zusammenhang zwischen dem Glauben an eine Religion und moralischem Verhalten erkennen. Sein besonderer Zorn galt den Judenverfolgern, auch wenn er die Mythen des Judentums ebenso hoffnungslos irrational fand wie die seiner Verfolger.

Mitte des 18. Jahrhunderts zog David Hume aus den Erkenntnissen der neuen Wissenschaft radikale Konsequenzen: Wenn alles Wissen auf Erfahrung beruhte, dann konnte selbst die Wissenschaft keine absolute Wahrheit für sich in Anspruch nehmen. Schließlich war etwa das Gesetz der Schwerkraft nur aus der menschlichen Erfahrung abgeleitet, daß ein Gegenstand, wenn man ihn losließ, zu Boden fiel; die Wissenschaft konnte nicht *beweisen,* daß dies mit absoluter Notwendigkeit immer so war. Ähnlich basierten auch die Grundaussagen der Deisten, ihre »rationale Religion«, auf der Annahme, daß der Mensch aus seiner religiösen Erfahrung heilige Grundwahrheiten ableiten könnte, obwohl nichts in seiner Beobachtung oder Erfahrung einen solchen Schluß zuließ. Einen rationalen Beweis für die Existenz Gottes konnte es nicht geben. Wenn man beispielsweise argumentierte, Gott sei die notwendige Ursache des Universums, setzte man voraus, daß das Universum eine Schöpfung war; genausogut konnte man jedoch annehmen, daß es schon immer existiert hatte. Nach allem, was der Mensch wußte, versetzte Hume trocken, konnte Gott die Welt erschaffen oder nicht erschaffen haben; vielleicht gab es viele Götter; vielleicht war Gott eine Frau, und vielleicht war er sogar böse. In solchen Dingen konnte der Mensch glauben, was er wollte. Es war sinnlos, andere um einer Sache willen zu verfolgen, die kein Mensch beweisen konnte. Auch die in der Bibel aufgezeichneten Wunder waren kein Beweis für die göttliche Natur Christi. Die Wissenschaft lehrte den Menschen, daß die Natur nach konstanten und einheitlichen Gesetzen funktionierte, und ein Wunder mußte eine Verletzung dieser Gesetze bedeuten. Wenn jemand behauptete, er sei Zeuge eines Wunders geworden, lag es viel näher, daß er sich geirrt hatte, geistig verwirrt oder schlicht ein Betrüger war. Selbst die Aussagen mehrerer Personen über eine persönliche Erfahrung konnten nämlich nicht höher bewertet werden als die kollektive Erfahrung der Wissenschaftler, daß die Naturgesetze einheitlich sind und immer gelten. Humes Beispiel war sorgfältig gewählt. Er schrieb: Wenn ein Mensch berichtete, Queen Elizabeth sei von den Toten auferstanden und auf ihren Thron zurückgekehrt, würde man ihm nicht glauben, sondern ihn für das Opfer eines Betrugs, für medizinisch unwissend, für glaubensblind oder schlicht verrückt halten. Selbst wenn man ihm trotz alledem glaubte, wäre die Auferstehung der Königin kein Grund, eine neue Religion zu gründen. Man konnte nämlich nicht beweisen, daß sich ein Wunder ereignet hatte, denn wenn der Mensch etwas in der Natur beobachtete, das er nie zuvor beobachtet hatte, konnte er daraus nur auf die Existenz noch unentdeckter Naturgesetze schließen. Hume folgte dem weisen Rat seines Freundes Adam Smith und veröffentlichte diese Überlegungen zu seinen Lebzeiten nicht.

Aus diesen Überlegungen folgte, daß es keine wundersamen Bekehrungen von Juden durch blutende Hostien geben konnte und daß diese über keine der finsteren, okkulten oder satanischen Kräfte verfügten, die ihnen so viele gewöhnliche Christen zuschrieben. Die große Mehrheit der Europäer glaubte immer noch an diese Dinge, aber die Gebildeten mußten sich zwischen ihnen und dem neuen wissenschaftlichen Weltbild entscheiden. Immer mehr Skeptiker stellten die Wahrheiten bestimmter Glaubensbekenntnisse und den Willen, in ihrem Namen Andersgläubige zu verfolgen, in Frage. Einige argumentierten, alle Offenbarungen, die der Mensch zu seiner Errettung brauche, seien ihm schon bei seiner Erschaffung als Instinkte eingepflanzt worden. Ein der Menschheit wohlgesinnter Gott konnte seine Gnade kaum auf einen unbedeutenden Stamm in einem abgelegenen Winkel der Erde beschränkt oder all jene verdammt haben, die vor der Ankunft Christi starben. Auseinandersetzungen über Mythen, die vor Tausenden von Jahren einer primitiven Mentalität entsprungen waren, hatten keinen Sinn, denn wie hätte man die widersprüchlichen Berichte über Kreuzigung und Auferstehung in den Evangelien wörtlich nehmen können, zumal die Evangelisten alle viel zu spät geboren waren, um noch Augenzeugen der Ereignisse zu sein? Ein Autor stellte die Jünger vor Gericht und fand Anlaß zu vernünftigem Zweifel in ihren Aussagen. Voltaire hielt es für unwahrscheinlich, daß Gott ausgerechnet ein so elendes Volk wie die Juden erleuchtet haben könnte; außerdem befand er, Jesus sei viel zu edel gewesen, um ein Christ zu sein. John Toland forderte in *Christianity not Mysterious* (1686), die Christen sollten aufhören, die Juden zu verfolgen. Wenn sie schon den Wunsch hätten, ihre Religion zu läutern, dann sollten sie mit ihrer eigenen verzerrten Version der Botschaft Christi beginnen. Häufig wurde die Ansicht vertreten, eine vernünftige Auswertung des vorhandenen Materials ergäbe, daß Christus keine der Prophezeiungen des Alten Testaments erfüllt habe. Viele christliche Geistliche argumentierten in ihrem Bestreben zu beweisen, daß das Christentum die wahre Religion der Vernunft war, jedoch eindeutig judenfeindlich und warfen dem Judentum vor, eine nur auf Ritualen basierende tote Religion zu sein. Dies war jedoch etwas ganz anderes, als in den Juden ein unbelehrbares, allein durch seine Rasse zum Bösen verurteiltes Volk von Christusmördern und Teufelsanbetern zu sehen. Die rationalen Normen des Deismus waren, selbst wenn sie genutzt wurden, um das Christentum zu verteidigen, nicht dazu geeignet, den blinden Glauben zu wecken, dem der Haß entspringt.

Die Kirche von England war im 18. Jahrhundert eine zahme Einrichtung im Dienste des Staates geworden, tolerant, weil sie die Macht des protestantischen Sektierertums und die durch die Revolution Oliver Cromwells ausgelösten Ängste kennengelernt hatte. Dagegen hatte die unabhängige, äußerst wohlhabende und strenge katholische Kirche Frankreichs eine Führung, die über zahlreiche Privilegien und große politische Macht verfügte. Aufgrund der engen Verflechtung dieser Kirche mit den Auswüchsen des Ancien régime waren die französischen *philosophes*, wie sie damals genannt wurden, radikaler und antiklerikaler als die britischen Denker; und sie waren stärker darauf bedacht, die neuen Ideen als Waffen zur Anprangerung der Schandtaten von König, Adel und Kirche zu nutzen. Denis Diderot, Herausgeber der *Encyclopédie*, der bekanntesten und einflußreichsten Schrift der Aufklärung, fand sowohl das Judentum als auch das Christentum absurd. Nur die Zensur hinderte ihn daran, Jesus einen »obskuren und fanatischen Juden« zu nennen, und zwang ihn statt dessen, vom »Sohn Gottes« zu schreiben. Der Artikel über den Messias in der *Encyclopédie* gefiel den Zensoren, weil er die Juden für ihre Ablehnung Christi angriff, kolportierte jedoch auch Geschichten, nach denen Jesus in Wirklichkeit der Sohn einer Hure und ein römischer Legionär gewesen war und sich Schwarzer Magie bedient hatte. Außerdem lobte er jene Herrscher, die die Juden schützten. Diderot lehnte das Judentum zwar ab, schrieb aber »die christliche Religion ist meiner Ansicht die absurdeste und grausamste in ihren Dogmen; die unverständlichste ... die der öffentlichen Ruhe abträglichste ... die für die Souveräne gefährlichste« und »durch ihre Verfolgungen ... die kindischste und am wenigsten gesellschaftsfähige in ihrer Moral ... und die intoleranteste von allen.«[2]

Aufgeklärte Geister kritisierten das Alte Testament als eine Sammlung erotischer und sündiger Geschichten über ein abscheuliches Volk, das, ermutigt durch einen kriegerischen Stammesgott, endlos Krieg geführt hatte. Ihre Angriffe waren damit zugleich gegen einen der heiligen Texte des Christentums gerichtet. Jean d'Alembert, ein typischer Vertreter der *philosophes*, bewunderte Christus als moralisches Vorbild, befaßte sich jedoch nicht mit seiner angeblichen Göttlichkeit. Er fand die christlichen Dogmen unglaublich und Priester und Verfolgungen abscheulich. Baron de Montesquieu, der vielleicht judenfreundlichste der *philosophes*, hatte die sterilen Debatten satt, die über angeblich rationale Beweise für die Existenz Gottes geführt wurden. Wie Hume, interessierte er sich viel mehr dafür, warum verschiedene Völker unterschiedliche heilige Mythen hatten. Selbstverständlich war auch er dafür, die Juden vor christlicher Verfolgung zu schützen. So leisteten die Religionskritiker des 18. Jahrhunderts ihren Beitrag, den glücklichen Kompromiß zu schmieden, der im Namen des liberalen Pluralismus jeden Glauben schützt.

Die Massaker der Religionskriege verstärkten noch die Abneigung der Aufgeklärten gegen die zerstörerischen Aspekte des Glaubens. Selbstverständlich waren die Kriege auch durch wirtschaftliche und politische Motive mitverursacht, doch im 17. Jahrhundert waren Religion und Politik nicht zu trennen – politische Motive wurden mit tödlichem Fanatismus verfolgt und Zivilisten oft als Feinde behandelt. Die sich herausbildende Schicht von Beamten, Freiberuflern und Geschäftsleuten sah darin eine blutige Verschwendung. Sie kamen immer mehr zu der Überzeugung, daß Religion und Politik getrennt werden müßten, ein subversiver Gedanke zu einer Zeit, in der die Rechte der Könige, die Pflichten der Untertanen und die gesellschaftlichen Hierarchien als gottgewollt galten. Der Deismus lieferte die theoretische Grundlage, Tod und Vernichtung das Motiv für diesen Gesinnungswandel. »Keine theologisch motivierten Kriege und keine Religionskrieger mehr«, erhob La Mettrie, der französische Materialist, seine Stimme. »Die Welt wird erst glücklich sein, wenn sie atheistisch ist.«[3] Nur wenige waren dafür schon bereit. Jean Bodin, einsamer Verfechter der Toleranz während der französischen Religionskriege, hatte sich für die Trennung von Staat und Kirche und für Toleranz gegenüber dem Judentum eingesetzt. Er wurde des Atheismus beschuldigt, hatte jedoch das Glück, über mächtige Gönner zu verfügen. Thomas Hobbes war weise genug, seinen Atheismus für sich zu behalten, verlangte jedoch nachdrücklich, die Herrscher sollten »den unverschämten Priestern den Mund verbieten«. Fasziniert von der neuen Wissenschaft, vertrat er die Ansicht, religiöse Offenbarungen würden immer durch Menschen vermittelt, die niemals beweisen könnten, daß sie mit Gott gesprochen hätten, deshalb dürfe man sie alle bezweifeln. Wer trotzdem für solche Phantasien das Schwert erhöbe, den solle der Herrscher vernichten.

Selbst Jean-Jacques Rousseau, der einzige *philosophe* mit einer emotionalen Bindung an die Mysterien des Glaubens, plädierte für eine deistische Staatsreligion, die jene notwendigen Prinzipien enthielt, die den sozialen Frieden und die staatsbürgerliche Pflichterfüllung garantierten. Rousseau bedauerte, daß der Glaube der Juden nur in einer verzerrten christlichen Version bekannt sei. Er sprach sich nachdrücklichst gegen ihre Verfolgung aus und forderte, daß sie ihre Position in der christlich-jüdischen Debatte frei vertreten dürften.

Voltaire, ein entschiedener Gegner sowohl des Christentums als auch des Judaismus, war berühmt für seine Verteidigung der Gewissensfreiheit und seinen Protest gegen die religiösen Verfolgungen seiner Zeit. Dennoch war er ein übler Antisemit. Sein Werk ist von wüsten Tiraden gegen betrügerische Wucherer, diebische Geldverleiher, den »Abschaum der Menschheit« durchsetzt. Und er glaubte, daß diese Züge angeboren waren. Trotzdem forderte er eine Beendigung der Judenverfolgung. Er war deshalb ein Antisemit, weil er die progressivste Ansicht der anderen *philosophes* nicht teilte. Er glaubte nicht, daß die Eigenschaften eines Volkes das Ergebnis seiner historischen und sozialen Erfahrungen sind.

Die französischen Aufklärer aber verwarfen den traditionellen Glauben an angeborene Ideen und unveränderliche Charaktereigenschaften und stellten die Frage: Wie sonst wird der menschliche Geist erfüllt? Für Locke war der Geist bei der Geburt eine unbeschriebene Tafel und wurde durch die Erfahrung beschrieben. Auf dieser Grundlage studierte eine Generation von Denkern die Wechselwirkung zwischen geistiger Erfahrung, sozialem Verhalten und moralischen Werten. Sie alle waren fasziniert von neuen Untersuchungen, die zu erforschen suchten, wie ein Kleinkind lernt, die Welt wahrzunehmen. Die radikalsten bestanden darauf, daß sämtliche Handlungen und Weltanschauungen von äußeren Einflüssen verursacht waren – das Selbst war nichts als die Summe aller Eindrücke, die es gewonnen hatte.

Solche Untersuchungen waren im wahrsten Sinne des Wortes revolutionär. Wenn nämlich der menschliche Charakter nicht die Folge angeborener Eigenschaften war, dann hatte auch der entsprechende Glaube, überkommene Institutionen, Sitten und Standeseigenschaften seien gottgewollt, seine Grundlage verloren. Solche Ideen waren gefährlich. Diderot wurde für kurze Zeit ins Gefängnis geworfen, nur weil er in einer seiner Schriften darüber spekuliert hatte, welche häretischen, moralischen und religiösen Ideen ein Blinder aufgrund seiner Wahrnehmungsbeschränkung entwickeln könnte. Condillac sah selbst die Geisteskraft nur als Produkt von Erfahrung und Bildung. In dem Bestreben, die überkommenen Ideen des Ancien régime zu widerlegen, behaupteten die *philosophes*, alle Menschen seien bei der Geburt gleich. Bauern, Kaufleute Aristokraten, Könige, ja sogar Juden hatten keine Eigenschaften oder Fähigkeiten, die auf gottgewollten oder unveränderlichen Merkmalen beruht hätten. Condorcet empfahl Massenbildung, um die Menschheit allmählich zu vervollkommnen; für Cesare Beccaria war kriminelles Verhalten das Ergebnis sozialer Bedingungen; Phillippe Pinel meinte, Geisteskranke seien nicht etwa vom Teufel besessen, sondern könnten durch menschliche Rehabilitationsmaßnahmen geheilt werden. In seinem höchst populären Buch *Diskurs über den Geist des Menschen* führte Claude Adrien Helvétius den Charakter, die Fähigkeiten und die Leistungen eines Menschen auf seinen Stand, seine familiäre Erziehung und seine formale Bildung zurück. Er forderte, die Gesellschaft so zu verändern, daß alle die gleichen Chancen zur Entwicklung ihrer Fähigkeiten hätten. Das Buch wurde vom Papst verdammt, vom Klerus verbrannt und war ständigen Angriffen der staatlichen Zensur ausgesetzt.

Den *philosophes* kam es darauf an, eine soziale Umwelt und ein Bildungswesen zu schaffen, in denen ein begabtes und tugendhaftes Volk gedeihen konnte, und sie wollten dies durch den Abbau der künstlichen Klassenschranken und religiösen Barrieren in der französischen Gesellschaft erreichen. Wie üblich war es Rousseau, der den Gedanken zu seinem logischen Abschluß brachte: Die Bildung mußte vernünftige Menschen schaffen, die für das Leben in einer vernünftigen und gerechten Gesellschaft geeignet waren. Da die Gesellschaft deformiert war, empfahl Rousseau, die Kinder zu isolieren, damit sie nicht durch Erfahrung lernten, parasitäre Aristokraten zu verehren und ehrliche Handarbeiter zu verachten. Die Jugendlichen sollten erkennen, daß die religiösen Mythen eben nur Mythen waren, und erst von der Existenz Gottes erfahren, wenn sie alt genug waren, den Unterschied zwischen Aberglauben und Wissenschaft zu begreifen, und klug genug, die zerstörerische Blindheit religiöser Verfolgungen zu verabscheuen.

Die neue Geisteswissenschaft erwies sich als eine mächtige Kraft im Kampf gegen die Isolation und Verfolgung der Juden. Der Geldverleih und Trödelhandel der Juden war nach Ansicht fast aller französischen

Aufklärer eine Folge sozialer Unterdrückung durch Christen. Nach der Befreiung von staatlichen Berufsverboten würden die Juden sich in allen Berufen assimilieren. Montesquieu vertrat in seinem berühmten Werk *Vom Geist der Gesetze* die Ansicht, Regierungen und Menschen würden von den historischen Verhältnissen geprägt. Er forderte, die Beschränkung der jüdischen Bürgerrechte aufzuheben. Condorcet und Buffon, die großen französischen Naturalisten, weigerten sich zu glauben, daß die Juden (oder die Schwarzen) von Natur aus minderwertig seien. Rousseau betonte, die Juden könnten keine Rasse sein, gerade weil sie unter alle Völker zerstreut seien und sich mit diesen im Lauf der Jahrhunderte durch Heirat vermischt hätten.

Für den gebildeten Christen des Mittelalters hatte jeder Stand seinen eigenen natürlichen Platz in einer von Gott geschaffenen Ordnung. Die sozialen Unterschiede und der Rang der Stände ergaben sich aus der gottgegebenen Ordnung christlicher Gesellschaft. In diesem Denken hatten jede Gruppe und jeder Stand ihre angemessenen Rechte und Pflichten und verfügten über die ihrer Stellung und Funktion entsprechenden angeborenen Fähigkeiten. In der Kunst des Mittelalters wurden Fürsten und Geistliche an der Spitze der Gesellschaftspyramide abgebildet, darunter kam der Adel, dann kamen die Kaufleute, Handwerker und Bauern und ganz unten waren die Bettler Schauspieler und Huren zusammen mit den Juden angesiedelt.

Vom Glauben an die göttliche Vorbestimmung befreit, konnte die Menschheit nach Ansicht der *philosophes* eine gerechte Sozialordnung schaffen. Wie bei ihrem Entwurf einer vernünftigen Religion glaubten sie auch bei diesem Unternehmen sich der Methode der Newtonschen Wissenschaft zu bedienen. Um zu entscheiden, welche Veränderungen notwendig waren, stellten sie sich den Menschen im »Naturzustand« vor, der noch nicht durch historische Zufälle, religiöse Mythen, die unwägbaren Folgen bestimmter Gesetze und Sitten und die willkürlichen Entscheidungen von Herrschern »deformiert« war. Aus diesem Konstrukt hofften sie, einige vernünftige, grundlegende Aussagen über die Natur des Menschen ableiten zu können, die als Richtlinien für die Reformen dienen konnten. Solche Gedanken waren subversiv, denn auf einen Schlag waren das etablierte System und die überkommenen Beziehungen zwischen den Ständen im Ancien régime zu einem Hindernis bei der Durchsetzung der ähnlich gearteten Grundbedürfnisse aller Menschen geworden. Der Zweck der Gesellschaft und der Politik mußte, wie John Locke betonte, darin bestehen, die »natürlichen und unveräußerlichen Menschenrechte« zu schützen, wie sie aus dem Naturzustand abgeleitet und in einem Staatsgrundgesetz festgehalten wurden. Es bestand weitgehende Einigkeit darüber, daß dieses Grundgesetz das Recht auf Eigentum, auf vernunftbestimmte Gesetze und auf gleiche Chancen im Streben nach Glück enthalten sollte. Bezeichnenderweise wurde die Frage der religiösen Einheit außer acht gelassen, denn im Naturzustand gab es keine Christen, Juden oder Muslime und keinen Grund, irgendeine Religion zu unterstützen oder zu unterdrücken. Die Trennung von Kirche und Staat wurde zu einem liberalen Dogma, und keiner der Aufklärer, nicht einmal Voltaire, befürwortete die Verfolgung der Juden.

Zudem trug nichts mehr zur Judenemanzipation in Europa bei als die Befreiung der Unternehmer von den Beschränkungen durch Regierungen und Zünfte. Bis zum 18. Jahrhundert hatte die rasante Entwicklung des Handels und Fernhandels, die von den Italienern, Holländern, Engländern und Franzosen - bemerkenswerterweise jedoch nicht von den Deutschen - vorangetrieben wurde, zu einem hohen Prestige des Handels und zu ungeduldiger Kritik an den überkommenen religiösen Vorurteilen gegen die Zinserhebung geführt. Freies Unternehmertum war weit mehr als eine neue ökonomische Theorie; es erforderte einen revolutionären Wandel der Gesellschaft durch die Befreiung der grundlegenden sozialen Aktivität des Menschen. Wer immer diesen Wandel akzeptierte, mußte den Anfeindungen kritisch gegenüberstehen, mit denen die christliche Gesellschaft auf die geschäftlichen Aktivitäten der Juden reagiert hatte.

Adam Smith, ein begeisterter Anhänger der Aufklärung, benutzte die Newtonsche Methode für seine ökonomische Theorie. Da er vor dem Zeitalter der Spezialisierung schrieb, hatte er Schriften über Ethik, Astronomie und Physik veröffentlicht, bevor 1776 sein berühmtes Werk *Untersuchung über die Natur und die Ursachen des Nationalreichtums* erschien. Er bezog sich in all seinen Schriften auf den großartigen und segensreichen Plan des »Großen Schöpfers der Natur«, wie er sich in den Gesetzen des Universums, der Gesellschaft und der Ethik offenbarte. Smith war der Auffassung, daß die unzähligen Entscheidungen in einem marktwirtschaftlichen System ebenso allgemeinen Gesetzen unterlagen wie die Bewegungen des Universums. Nach Smith regulierten die von einer »unsichtbaren Hand« verfaßten »natürlichen« Gesetze der Ökonomie ein Gesamtsystem, das ohne menschliche Eingriffe Wohlstand erzeugte. Die Menschheit sollte seiner Ansicht nach auf die Gesetze der Ökonomie genausowenig Einfluß nehmen wie auf die Gesetze des Universums. Oder wie er selbst es formulierte: »Die Verwaltung des großen Systems des Universums … der Ursache für das universale Glück aller vernunftbegabten und empfindenden Wesen, ist die Aufgabe Gottes, und nicht die des Menschen.«[4]

Daraus folgte, daß die legitimen wirtschaftlichen Aktivitäten keiner Gruppe per Gesetz eingeschränkt werden sollten, am wenigsten aus religiösen Gründen. Dem Allgemeinwohl war am besten gedient, wenn unabhängige Geschäftsleute unbehindert durch Beschränkungen des Herrschers, des Adels oder der Zünfte ihrem Gewinnstreben folgen durften. Vorausgesetzt, sie bedienten sich nicht restriktiver monopolistischer Praktiken (diesem Problem war sich Smith sehr wohl bewußt), trugen die Unternehmer unwissentlich zum allgemeinen Wohlstand bei. Wo immer die neue Wirtschaftswissenschaft akzeptiert wurde, schwanden die Vorurteile gegen die wirtschaftlichen Aktivitäten der Juden. Selbst der Geldverleih, der so viele Jahrhunderte lang als eine entwürdigende, »jüdische« Aktivität gegolten hatte, wurde in Diderots einflußreicher *Encyclopédie* gelobt, und andere teilten seine Ansicht, daß die moralische Verurteilung des »Wuchers« schädlich sei. Kredite förderten nach ihrer Ansicht das wirtschaftliche Wachstum, und die Zinssätze sollten nur durch das Gesetz von Angebot und Nachfrage reguliert werden. Für die Anhänger der Aufklärung wurde die wirtschaftliche Freiheit zur grundlegenden Freiheit des Liberalismus. Auch wenn mancher Liberale eine gewisse persönliche Abneigung gegen die Juden hegen mochte, konnte er die über sie verhängten wirtschaftlichen Beschränkungen nicht unterstützen.

Unter Hinweis auf die Grausamkeit religiöser Konflikte versuchten die *philosophes* auch ethisch verantwortungsbewußtes Verhalten und Frömmigkeit zu unterscheiden. Wie jedoch konnte die unzweifelhafte Existenz moralischen Verhaltens ohne Rückgriff auf das religiöse Motiv erklärt werden? Wieder suchten viele nach einem angeborenen moralischen Sinn oder Instinkt, der dem Menschen ursprünglich vom Höchsten Wesen eingepflanzt worden war. Sie hofften, auch das moralische Verhalten auf einige Grundaussagen zurückführen zu können und so eine zu der vernünftigen Religion passende vernünftige Moral zu entdecken, die wie die Religion frei war von Aberglauben und primitiven Tabus. Einige stimmten mit Locke darin überein, daß Ethik eines Tages eine vernunftgeprägte, selbstverständliche Wissenschaft sein würde, deren Gesetze ebenso beweisbar wären wie die der Mathematik. Andere fanden, daß nur zwei fundamentale und natürliche moralische Prinzipien existierten, die der ganzen Menschheit gemeinsam waren: ein berechnender eigennütziger Hedonismus und die menschliche Rücksicht auf andere, die ersteren in Grenzen hielt. Beide Prinzipien mußten angeboren und »natürlich« sein, denn beide waren notwendig, da ohne sie weder das Individuum noch die Gesellschaft überleben konnte. Auch in diesem Kontext war es nicht möglich, irgendwelche besondere moralische Eigenschaften »der Juden« zu identifizieren.

»Private Laster sind öffentliche Tugenden«, schrieb Bernard Mandeville in der berühmten *Bienenfabel.* Habgier war für ihn ein machtvoller Motor des Wirtschaftswachstums und förderte damit den Wohlstand aller. Der asketische Moralkodex des Christentums war die Erfindung einer Geistlichkeit, die die Öffentlichkeit durch Schuldgefühle manipulierte. Bezeichnenderweise sind die Ideen der Ursünde und der spirituellen Rechtfertigung durch Selbstaufopferung in den Schriften der Aufklärer nicht zu finden. Der Glaube an eine natürliche Harmonie der Interessen, die dann entsteht, wenn jeder seinem rationalen Eigeninteresse folgt, wurde zum Kerngedanken des Liberalismus im 19. Jahrhundert. Wer ihm anhing, konnte den Juden kaum vorwerfen, daß sie hervorragende Händler und Geschäftsleute waren. Es waren vielmehr die dem Denken der Aufklärung feindlich gesinnten Reaktionäre, die im Europa des 19. Jahrhunderts unablässig über den »jüdischen« Materialismus, Liberalismus, über die »jüdische« Habgier und das »jüdische« freie Unternehmertum klagten.

Historiker bezeichnen das 18. Jahrhundert in Europa als das »Zeitalter der Aufklärung«. In Wahrheit waren die neuen Ideen jedoch der breiten Mehrheit der Europäer unbekannt oder wurden von ihnen verworfen. Ideen gewinnen jedoch an Einfluß, wenn sie den Erfahrungen und Hoffnungen großer und einflußreicher Gruppen entsprechen, und Ende des 18. Jahrhunderts kam es in Frankreich, Holland und England zu einer wahren Explosion des wirtschaftlichen Fortschritts. Kaufleute, Fabrikanten, Bankiers und andere Unternehmer entwickelten weltumspannende Aktivitäten, um sich in den neuen Reichen in Übersee neue Güter und Märkte zu erschließen, und selbst einige Adlige betätigten sich als Händler oder Fabrikanten. Deutschland besaß keine Kolonien und seine Adligen mieden den Handel. Es waren die Geschäftsleute und Freiberufler, denen die neue Einstellung am meisten entgegenkam. In Amsterdam, dem kosmopolitischen Handelszentrum Europas, wurde Andersartigkeit toleriert, sein Mittelstand blühte auf, und die meisten Klassiker der Aufklärung wurden hier publiziert. Die Stadt war ein sicherer Zufluchtsort für Verfolgte. Bayle, ursprünglich ein Calvinist, war von den Jesuiten zum Katholizismus bekehrt worden und floh nach seiner Rückkehr zum reformierten Protestantismus nach Amsterdam. Auch John Locke lebte für einige Jahre in Amsterdam, als er von der britischen Regierung des Radikalismus verdächtigt wurde. Spinoza war das Kind orthodoxer Amsterdamer Juden, deren Vorfahren von der spanischen Inquisition zwangsbekehrt worden waren, sich jedoch ihre jüdische Identität bewahrt hatten. Er wurde zwar wegen seiner Abweichung von der jüdischen Lehre aus der jüdischen Gemeinde Amsterdams ausgeschlossen und aus der Stadt verbannt, konnte jedoch unbehelligt in Den Haag weiterleben. Voltaire wiederum hatte seinen Wohnsitz mit Bedacht in der Nähe der Schweizer Grenze gewählt.

Gegen Ende des 18. Jahrhunderts wurden die Bestrebungen und Interessen des Mittelstands von der neuen Wissenschaft gestützt und schienen direkt in der Natur des Universums, der Gesellschaft und des Menschen zu wurzeln, was den Gegnern des Ancien régime ein mächtiges Selbstvertrauen einflößte. So gestärkt, griffen ihre Führer die Tyrannei der Fürsten, die Beschränkungen durch die Zünfte und die Privilegien des Adels immer offener an. Mit der bezeichnenden Ausnahme Preußens wurden die Regierungsbeamten aus dem Mittelstand rekrutiert und unterstützten einen weltlichen Rationalismus, der sich gegen Kirche, Adel und Zünfte richtete. Mehrere prominente Beamte in Frankreich kritisierten beispielsweise den Antisemitismus der Zünfte als einen verzweifelten Aufschrei der Untüchtigen, die zynischen Gebrauch von der Religion machten, nur um unliebsame Konkurrenten auszuschalten.

Der neue kosmopolitisch gesinnte und geistig unabhängige Mittelstand war in keinem Bereich radikal eingestellt, schon gar nicht in dem der Religion. Der Kirchenbesuch gehörte zum guten Ton, aber fromme Fanatiker wurden verachtet. Wer sich im Mittelstand über Gott Gedanken machte, dachte weder an Calvins tyrannischen Gott noch an Luthers leidenschaftliches Bedürfnis nach Errettung, auch nicht an die Gnade, die

die katholische Kirche mit ihren Sakramenten spendete. Wenn überhaupt, dachte man an ein Höchstes Wesen, an die natürlichen Gesetze der Gesellschaft, an die vernunftgeprägte Natur des Menschen und an eine Ethik der Harmonie zwischen aufgeklärtem Eigeninteresse und Allgemeinwohl. Innerhalb dieses geistigen Kontexts gab es keinen Grund mehr die christliche Unterdrückung der Juden fortzusetzen.

Das Ancien régime war in die Defensive geraten. Keiner der *philosophes* war für die Revolution; sie hätten sich mit aufgeklärten Herrschern begnügt, deren Dekrete vom Interesse des Volkes, und nicht von den rückständigen Ansichten arroganter Priester und müßiger Aristokraten geprägt waren. Dies trat jedoch nicht ein, und schon bald formulierten die Führer der Aufklärung in Frankreich nicht allein Bittschriften, sondern sie forderten freien Handel, Gleichheit vor dem Gesetz, gleichberechtigten Zugang zu allen Ämtern, eine allgemeine Volksschulbildung, Toleranz gegenüber allen Religionen, Gewissensfreiheit und die Trennung von Kirche und Staat. Selbstverständlich ging damit auch die Forderung nach der Emanzipation der Juden einher, denn die neue Weltsicht erlaubte keine Ausnahmen aufgrund von Rasse, Religion oder Geburt. Während der Adel keine Sonderrechte mehr haben sollte, sollten die Juden keinen besonderen Beschränkungen mehr unterliegen. Immer häufiger wurde deshalb in den letzten Jahrzehnten des 18. Jahrhunderts in Frankreich die »Judenfrage« gestellt. Man nahm an, daß die Juden bei freier Berufswahl sicher bald in angesehenen Berufen Karriere machen würden. Dies war mit der selbstgefälligen Überzeugung verbunden, daß sie die Chance ihrer Emanzipation dankbar wahrnehmen, ihren »Aberglauben« aufgeben und sich der aufgeklärten Minderheit angleichen würden. Ganz so einfach sollte die Entwicklung nicht verlaufen. Trotzdem hatte die Aufklärung die kulturellen Voraussetzungen für die Emanzipation geschaffen. Die Revolutionäre von 1789 sollten die Verheißung der Aufklärung schon bald erfüllen. Frankreich wurde das erste Land in Europa, in dem alle rechtlichen Beschränkungen der jüdischen Gemeinschaft aufgehoben wurden.

4.
DIE BEFREIUNG DER JUDEN IN FRANKREICH

> Alle Bürger sind vor seinen [des Gesetzes] Augen gleich. Sie sind in der gleichen Weise zu allen Würden, Stellungen und öffentlichen Ämtern zugelassen, je nach ihrer Fähigkeit und ohne andere Unterschiede als ihre Tüchtigkeit und Begabung.
>
> *Erklärung der Menschen- und Bürgerrechte, 1789*

Im Frankreich des 18. Jahrhunderts war den Juden der Zugang zu vielen Lebensbereichen und Berufen versperrt. Juden hatten Sonderabgaben wie den Leibzoll zu entrichten, und es war ihnen untersagt, ein Haus zu besitzen oder ohne besondere Genehmigung zu heiraten. Königliche Beamte protegierten Juden, die ihnen nützlich erschienen, etwa Lieferanten für das Militär. Sämtliche gewährten Rechte konnten aber zu jeder Zeit wieder aufgehoben werden. Da die Macht der französischen Monarchen sich auf göttliches Recht stützte, konnten sie ebensowenig die Juden mit den anderen Bürgern rechtlich gleichstellen, wie sie die Gleichheit der Bürger vor dem Gesetz oder die Trennung von Kirche und Staat erklären konnten. Diese Herrschaftsauffassung war ein wesentlicher Bestandteil der damaligen christlichen Weltanschauung, mit der die Macht der Kirche, die Privilegien des Adels und die Unterdrückung der Juden gerechtfertigt wurden. So erhoffte sich Jean-Baptiste Colbert, der berühmte Finanzminister Ludwigs XIV., einen wirtschaftlichen Aufschwung, als er »nützliche« Juden aufforderte, sich im Königreich niederzulassen. Er behielt aber die Landwirtschaft und die Mitgliedschaft in Zünften und Gilden ausdrücklich Christen vor, wie es auch schon die mittelalterlichen Fürsten verfügt hatten. Dennoch bezichtigten der Hofadel, die Zünfte und der Klerus ihn mangelnder Frömmigkeit. König Ludwig XIV. vertrieb im

Jahr 1685 die Protestanten aus Frankreich und wollte – wie schon der Klerus es verlangt hatte – die Juden aus dem Land jagen. Colbert war dagegen, denn nach seiner Auffassung besaßen Juden wie auch Protestanten eine große wirtschaftliche Bedeutung für das Königreich. Doch angesichts der vorherrschenden Meinung im Land zogen er und andere Verwaltungsbeamte es vor zu schweigen.

Hundert Jahre später zeigte sich der Einfluß der beginnenden Aufklärung im Wirken eines weiteren berühmten königlichen Beamten, des Gelehrten Robert Turgot, der einige Artikel in Diderots *Encyclopédie* verfaßte. Turgot diente unter König Ludwig XVI., der später der Französischen Revolution zum Opfer fallen sollte. Er verwaltete die Provinz Limoges ganz im Geist der Aufklärung, er verbesserte das Schulwesen und die Landwirtschaft, führte neue Gewerbezweige ein und ließ Straßen bauen und öffentliche Gebäude errichten. Nach seiner Ernennung zum Finanzminister im Jahr 1774 versuchte Turgot, reiche Gutsbesitzer zu besteuern, die Fronarbeit der Bauern abzuschaffen und die Zünfte aufzulösen. Er half Juden bei dem Versuch, die von den Zünften errichteten Barrieren zu umgehen, und äußerte öffentlich, daß die Religionsfreiheit und die freie Berufswahl Rechte seien, die allen Bürger zuständen, und keine Privilegien. In der Hoffnung, die Juden von allen Beschränkungen ihrer Bürgerrechte zu befreien, riet Turgot dem König, von seiner königlichen Pflicht, Ketzer zu verfolgen, abzusehen. Empört erzwangen der höhere Klerus, die Gutsbesitzer und der Hofadel seinen Rücktritt. Ludwig XVI. setzte Turgots Verordnungen außer Kraft.

Die neuen Ansichten fanden jedoch immer mehr Anhänger. In seiner brillanten Studie *The French Enlightenment and the Jews* berichtet Arthur Hertzberg von einer Gruppe Juden, die im Jahr 1775 um Aufnahme in eine Kaufmannsgilde ersuchten. Der Anwalt der Juden Lacratelle stimmte mit dem Sprecher der Gilde überein, daß den Juden »eine einzigartige Geldgier« eigen sei und daß sie »die Kunst der Lüge perfekt beherrschten, da sie über keine anderen Mittel wie das der Täuschung verfügten«. Er hielt dem aber entgegen, daß diese Charaktermerkmale die Folge gesellschaftlicher Beschränkungen seien. Und er plädierte dafür, daß die Richter die Befreiung der Juden unterstützen sollten und dadurch ihre Tugenden fördern und die Fehler ausmerzen helfen: »Die Vernunft hat in unserem Jahrhundert ihr strahlendes Haupt erhoben ... Allerorts greift sie Gesetze an, die sie nicht erlassen hat ... Laßt uns ihnen [den

Juden] die Städte öffnen und ihnen gestatten, sich im ganzen Land niederzulassen.«[1]

Im Jahr 1785 schrieb die Akademie von Metz, an der ein besonders ausgeprägter Antisemitismus herrschte, einen Preis aus für die Antwort auf die Frage: »Gibt es Mittel und Wege, um die Juden in Frankreich glücklicher und nützlicher zu machen?« Die meisten eingereichten Arbeiten gingen davon aus, »daß unsere Vorurteile gegen die Juden die Hauptursache für ihre Fehler seien ...«, und die Akademie stimmte zu: »Wir zwingen sie in die unmögliche Lage, anständig sein zu können ... Seien wir ihnen gegenüber gerecht, damit sie es auch uns gegenüber werden ...«[2] Immer wieder taucht dieser Gedanke auf: Befreit die Juden von der Unterdrückung durch die Christen, und die verhaßten Wesenszüge werden verschwinden.

Die Emanzipation der Juden war schon deshalb unerläßlich, weil jede Ausnahme bei der Forderung nach Freiheit und Gleichheit jedem Wandel im Sinne des Fortschritts im Wege stehen würde. Abbé Henri Grégoire, ein Geistlicher, der die Aufklärung förderte, kämpfte gegen die Privilegien des hohen Klerus und des Hochadels. Er forderte die Gleichheit aller Rassen, wollte die Leibeigenschaft abschaffen und trat für Toleranz ein. Er lehnte die jüdische Religion zwar ab, spielte aber eine bedeutende Rolle bei der Emanzipation der Juden. Die Juden seien keineswegs von Geburt an bösartig, schrieb er, »sie seien Menschen wie wir ... Der Jude kommt mit den gleichen Anlagen wie wir zur Welt ...«[3] Wie Tausende von Gleichgesinnten war Grégoire vielmehr der Ansicht, die französischen Katholiken sollten christliche Dogmen verwerfen, die sich nicht vernünftig belegen ließen. Er erklärte einmal: »Ein neues Zeitalter steht bevor ... Die Juden sind Mitglieder der Menschheitsfamilie, welche ... Bruderschaft unter allen Menschen schafft ... Kinder desselben Vaters, laßt keine Ausrede für den Haß gegen eure Brüder gelten.«[4]

Bis zu seinem Tod 1791 gehörte Comte de Mirabeau, der Liebling der Pariser Volksmassen, zu den Anführern der Revolution. Bereits 1787 veröffentlichte er ein Buch über Moses Mendelssohn, einen deutschen Juden, der nach langem Kampf schließlich die Erlaubnis erhalten hatte, sich außerhalb des Ghettos niederzulassen. Mendelssohns Ruhm wurde von Gotthold Ephraim Lessing weitergetragen, einem der führenden deutschen Aufklärer. Lessing schildert ihn in seinem Stück *Nathan der Weise* als einen Mann, der den Mut hat, zu zeigen, daß das Judentum ebenso vernunftgeleitet ist wie das Christentum. Das Beispiel Mendelssohns regte eine ganze Generation junger Juden dazu an, die Schranken des Ghettolebens zu durchbrechen und sich dem Geist der europäischen Kultur zuzuwenden. Infolgedessen hielten es auch Mirabeau und Tausende seiner Anhänger für widersinnig, die Juden weiterhin im Ghetto festzuhalten. Würde man den Juden die Möglichkeit geben, sich von den Zwängen des Ghettos zu befreien, so würden sie sich dem Kampf gegen die wahren Feinde Frankreichs anschließen: gegen die Aristokraten, Tyrannen und katholischen Führer, die jede Reform verhinderten.

Am Vorabend der Revolution wurden in ganz Frankreich aufklärerische Schriften verbreitet. Sie verbanden die abstrakten Gedanken der Aufklärung mit den praktischen Interessen von Millionen von Bürgern. Gerade weil die Ideen und die Interessen übereinstimmten, war es möglich, die Gesellschaft im Sinne der Aufklärung zu verändern. Als der König am Vorabend der Revolution seine Untertanen aufforderte, ihre Beschwerden in den berüchtigten Beschwerdeheften auszusprechen, da entstammten diese Klagen, so praxisbezogen sie auch waren, aufklärerischem Gedankengut. Die Aufklärungsschriften beschrieben tatsächlich die herrschende Unzufriedenheit, legten ihre Ursachen dar, schlugen praktische Lösungen vor und boten radikal neue Aussichten. Die geistigen Grundlagen der alten Ordnung mit ihren großen sozialen Unterschieden, täglichen Ungerechtigkeiten und unverdienten Privilegien waren angegriffen, und die mühevolle Arbeit, die Interessen und die Erfahrung von Millionen von Franzosen erschienen in einem völlig neuen Licht.

Die Feindschaft gegenüber den Juden hingegen war mit den Institutionen und Werten des Ancien régime verbunden. Die Mehrzahl der Bevölkerung empfand es als ein Sakrileg, als erschreckend und zutiefst subversiv, wenn von der Emanzipation der Juden gesprochen wurde. Hertzberg beschreibt den Fall von Liefman Calmer, einem Juden, der im Jahr 1744 den Titel eines Barons erworben hatte und damit das Recht, Geistliche zu ernennen. Ein Priester schrieb, daß es diesem »Abkömmling der Mörder Christi«, diesem »geborenen und verschworenen Feind aller Christen« nicht gestattet werden dürfe, christliche Priester zu ernennen. Calmers Titelkauf sei eine jüdische Verschwörung, um das Christentum zu zerstören und die endgültige Herrschaft der Juden vorzubereiten. Der Priester fälschte einen Brief, in dem der Eindruck erweckt wurde, ein Rabbi habe einem anderen geraten, er solle Calmer anweisen, in seinem Herrschaftsbereich lediglich beschnittene Männer zu Priestern zu ernennen. In einem weiteren gefälschten Brief, ebenfalls vorgeblich von einem Juden an einen anderen, hieß es, daß Calmer den Weg bereite für die Zerstörung aller Kirchen und für die Herrschaft der Juden »über die Christen in der ganzen Welt«.[5] Die Versuche aufgeklärter Beamter die Zulassungsbeschränkungen in den Zünften im Sinne des freien Unternehmertums zu lockern, erregte den Zorn von Louis-Sébastien Mercier, einem Wortführer der Zünfte. Er schrieb 1770 einen Roman, in dem prophezeit wird, daß die Juden, sobald sie erst frei wären, alle Christen versklaven würden durch den enormen Reichtum, den sie mit ihren schändlichen wirtschaftlichen Praktiken erwerben würden. Eine Stimme aus der Zukunft mahnt die Feinde der Zünfte, sie hätten dies zugelassen, und die Juden würden nunmehr versuchen, die Zünfte zu zerstören, doch diese würden »entscheidende Schritte unternehmen, um diesem grausamen Aberglauben Einhalt zu gebieten«.[6]

Im Elsaß war der Antisemitismus am stärksten. Dort lebten über die Hälfte aller französischen Juden, etwa 20 000. Der Anteil der Geldverleiher unter ihnen war sehr hoch. Das Elsaß gehörte damals erst seit kurzem zu Frankreich, und das Leben der Elsässer Juden glich mehr dem der Ghettojuden in Mitteleuropa als dem der Juden im übrigen Frankreich. Da sie jiddisch sprachen, orthodox eingestellt waren und aus Deutschland, also Feindesland, stammten, riefen die Juden bei der heimischen Bevölkerung derart starke Feindbilder hervor, daß selbst die meisten Revolutionäre aus dem Elsaß sie nicht befreien wollten. Die Juden im Elsaß und in Lothringen wurden ständig als Wucherer beschimpft. Doch dieser Vorwurf war weit verbreitet. Wurde nämlich jemand der Wucherei angeklagt, so war damit die Erhebung illegal hoher Zinsen gemeint, nicht einfach nur hoher Zinsen. In Frankreich variierte der gesetzliche Zinssatz von Provinz zu Provinz und hing von dem jeweiligen Risiko ab, das der Geldverleiher einging. Die Gerichte verurteilten Christen ebenso wie Juden wegen Wucherei, und der Anteil der jüdischen Angeklagten entsprach in etwa ihrer Präsenz im Kleinhandel. Der König selbst gestattete Wucherei, wenn ein Teil des Gewinns in den Staatsschatz floß.

Antisemitismus kam vor allem deshalb auf, weil Juden als Geldverleiher für viele Bauern die letzte Rettung waren; örtliche Verwaltungen gestatteten jedem, der ein hohes Risiko einging, einen erhöhten Zinssatz zu fordern. Als die Bauern nun gegen die jüdische »Wucherei« vorgingen, beklagten sie sich häufig in Wahrheit darüber, daß ihnen niemand Geld zu den gleichen Zinssätzen wie für wohlhabende Kreditnehmer geliehen hatte. In einigen Fällen wurde auch Christen vorgeworfen, höhere Zinssätze als die Juden zu verlangen; denn die Wucherei war auch in Gegenden, in denen keine Juden lebten, ein Problem. Nachdem die Juden aus allen ehrbaren Berufen verdrängt worden seien, bemerkte Mirabeau einmal, weigere sich nun die Gesellschaft zuzugeben, daß auch viele Christen ohne diese Ausrede Wucherzinsen verlangten. Eine vage Anklage der Wucherei wurde auch zu einem Vorwand, um jüdische Rivalen auszuschalten und Schulden zu tilgen. Weit mehr Anklagen wegen »jüdischer Wucherei« gingen bei den Gerichten ein als je zuvor. Einige jüdische Autoren beklagten sich, weshalb es nicht mehr Schuldsprüche gebe, wenn die Juden wirklich so schuldig seien? Doch selbst auf die Verurteilung eines einzelnen Juden wegen Wucherei folgte ein Aufschrei der Entrüstung über »die Juden«. Diese bäuerlichen Antisemiten gaben selten etwas auf subtile Unterscheidungen, und ihre Repräsentanten in der Revolution versuchten, die Emanzipation der Juden zu verhindern.[7]

Die Adligen selbst leiteten unabsichtlich die Revolution von 1789 ein, als sie auf ihrem alten Recht bestanden, der Erhebung neuer Steuern in einer Versammlung der Generalstände zuzustimmen, einem Repräsentationsorgan, das sich aus Vertretern des Klerus, des Adels und der Bürger zusammensetzte. Im Jahr 1614, als das Gremium zuletzt zusammengetreten war, hatte der Adel die Versammlung nach Belieben beherrscht. Nunmehr sah er sich der bürgerlichen Mittelschicht gegenüber, die sich inzwischen ihrer neuen Macht bewußt war. Die Bürger forderten eine ganze Reihe von Verfassungsänderungen. Der sogenannte Dritte Stand widersetzte sich dem Versuch des Königs, die Versammlung gewaltsam aufzulösen, und erklärte sich mit einer geradezu dreisten Kühnheit zur Nationalversammlung, überraschend unterstützt von Tausenden von radikalen Parisern. Anwälte, ehemalige Regierungsbeamte, Kaufleute, etwa zweihundert Geistliche und fünfzig Adlige führten die 830 Mitglieder der Versammlung an. Selbst einige jüdische Delegierte waren gewählt worden, was an sich schon revolutionär war. Die Ideen der Aufklärung wurden konsequent umgesetzt: Bereits im Spätsommer wurde die Feudalherrschaft des Adels abgeschafft und der Grundsatz eingeführt, daß für alle Bevölkerungsgruppen die gleichen Rechte gelten sollten, ohne Privilegien oder Einschränkungen. Am 26. August 1789 wurde die »Erklärung der Menschen- und Bürgerrechte« verkündet. Einige Delegierte waren der Ansicht, daß damit alle zivilrechtlichen Beschränkungen für Juden und Protestanten aufgehoben waren, doch weil dies in dem Dokument nicht ausdrücklich festgehalten war, wurde es nötig, weitere Gesetze zu erlassen. Im Dezember 1789 räumte man Protestanten das Recht ein, für militärische und zivile Ämter zu kandidieren. Mirabeau und andere Delegierte wollten auch die Juden emanzipieren, doch der Klerus erhob Einspruch. Im weiteren Verlauf garantierten die Delegierten den gleichberechtigten Zugang zu öffentlichen Ämtern, die Gleichheit vor dem Gesetz, die gleiche Besteuerung, die Presse- und Versammlungsfreiheit sowie den Schutz der Persönlichkeitsrechte. Eigentum wurde zu einem »heiligen« Recht erklärt. Das freie Unternehmertum wurde durch die Abschaffung der Gilden und Zünfte geschützt, im gleichen Zuge wurden die Zollgrenzen und die Steuerbefreiungen zugunsten von Klerus und Adel aufgehoben. Männliche Bürger die eine Steuer in Höhe von mindestens drei Arbeitstagen entrichteten, erhielten das Wahlrecht; gegen den Protest der radikaleren Anführer der Versammlung wurde es Protestanten und Juden verweigert. Die radikalsten Delegierten forderten gar ein Frauenwahlrecht.

Eine Reform folgte auf die andere, und den Juden konnten nicht länger ihre Rechte verweigert werden. Radikale Vertreter, darunter Robespierre und Danton, bestanden darauf, daß die Emanzipation der Juden der nächste Schritt sein müsse. Von den 45 000 Juden in Frankreich waren etwa 8000 Sephardim. Da sie wohlhabender waren als Aschkenasim, waren sephardische Juden eher in Geschäften zu finden, die als seriös galten. Die Sephardim rühmten sich sogar ihrer »Überlegenheit« über die Aschkenasim, die nach Ansicht einiger sephardischer Anführer wegen ihrer angeblichen Ghetto-Mentalität degeneriert seien. Viele Sephardim erzürnten sich darüber, daß kein Unterschied zwischen den beiden Gruppierungen gemacht wurde. Zahlreiche Delegierte der Nationalversammlung aber waren bereit, den Sephardim die Bürgerrechte zu gewähren. Im Januar 1790 gelang es Mirabeau, in Abwesenheit der Vertreter des Klerus eine Abstimmung durchzusetzen. Die Sephardim wurden emanzipiert. Mirabeaus Widersacher des rechten Flügels warfen ihm vor, von Juden bezahlt zu werden – bis zur Zeit der Nationalsozialisten und noch danach eine schwere Beleidigung für »anständige Christen«.

Die katholische Kirche, der mächtigste Gegner der Juden, sah sich ihrerseits heftigen Angriffen ausgesetzt. Da sie ein Drittel des Staatseigentums besaß und eine starke weltliche Autorität ausübte, prangerten die Revolutionäre die Kirche öffentlich an. Sie wollten den politischen Einfluß aller privaten Vereinigungen brechen. Im Jahr 1790 verabschiedete die Versammlung nach einer hitzigen Debatte das bekannteste Gesetz der Revolution: die Zivilkonstitution des Klerus. Nach dem Verlust des größten Teils ihrer weltlichen Macht wurden Geistliche gewählte zivile Beamte, die vom Staat bezahlt wurden. Gemeindepriester sollten höhere Gehälter erhalten als früher, Bischöfe vergleichsweise weniger; der Kirchenbesitz wurde verstaatlicht. Die Entscheidung war gefallen, als die Geistlichen einen Treueid gegenüber dem revolutionären Staat und der Zivilkonstitution des Klerus schwören mußten. Viele Geistliche, darunter auch einige Anhänger von Reformen, erklärten, die Revolutionäre würden Christus und den christlichen Glauben angreifen. Die Revolutionäre erwiderten, daß sie kein einziges göttliches Dogma in Frage gestellt hätten, sondern lediglich die Verwaltungs- und Gesetzesverordnungen der Menschen und daß sie eine stärkere Abhängigkeit der Kirche vom Willen des Volkes geschaffen hätten. Papst Pius VI. bebte vor Zorn. Er verhängte 1791 das Anathema, den Kirchenbann, über die Revolution und verbannte Bischöfe, die den Eid leisteten. Etwa die Hälfte der Geistlichen weigerte sich, den Eid zu leisten. Zahlreiche Priester in ländlichen Gegenden, die als Vertreter eingesetzt worden waren, standen bei der Messe vor leeren Kirchenbänken. Ihre aufsässigen Vorgänger wurden von den Gemeindemitgliedern als Märtyrer gefeiert. Die Geistlichkeit, nunmehr selbst auf der Flucht, wurde zur treibenden Kraft der Konterrevolution, viele gaben den Juden die Schuld für die Ereignisse von 1789. 1790 verdammte der konservative englische Politiker Edmund Burke die Revolution als das Werk der »wucherischen Juden« – das Arsenal des Antisemitismus war um einen Mythos reicher geworden.

Die nötigen Stimmen für die Emanzipation der Aschkenasim aufzutreiben war immer noch ein schwieriges Unterfangen. Delegierte aus dem Elsaß und aus Lothringen beharrten darauf, daß die Juden keine Bürger irgendeiner Nation sein konnten, weil »die Gesetze von Moses die Juden zu einer eigenen Nation machen, im Unterschied zu allen Nationen der Welt; sie unternehmen die größten Anstrengungen, damit sie sich nicht mit anderen vermischen oder assimiliert werden …« Andere führten an, daß Juden sich nicht mit Christen vermischen würden, keine Christen heiraten, ja nicht einmal mit ihnen speisen würden. Würde man den Juden gestatten, ihre eigenen Gemeindeinstitutionen beizubehalten, und würde man sie überdies von allen Einschränkungen befreien, dann könnten sie diese Vorteile nutzen, um den Franzosen zu schaden.

François Hell, ein Abgeordneter aus dem Elsaß, führte den Kampf gegen die Befreiung der Juden an, doch sein Ansehen litt, weil er Schuldner der Juden mit Hilfe von gefälschten Dokumenten von der rechtmäßigen Bezahlung ihrer Schulden befreit hatte. In der Nationalversammlung forderte er die Juden entweder aus Frankreich zu vertreiben, da sie unassimilierbar seien, oder sie zu zwingen, »ehrenhafte« Berufe auszuüben. Einige Delegierte bemerkten, daß gerade Hell und seinesgleichen die Juden daran gehindert hätten, solche Berufe zu ergreifen. Im Elsaß war es Juden verboten, Landwirtschaft zu treiben oder in Zünfte und Gilden einzutreten.

Sogar zahlreiche Rabbiner widersetzten sich der Befreiung der Juden. Einige junge Juden aus Paris hatten bereits dem jüdischen Glauben abgeschworen und ihren eigenen Deismus verkündet. Sie mißachteten die Ernährungsvorschriften und die Autorität des Rabbiners und verkehrten in aller Öffentlichkeit mit nichtjüdischen Frauen. Sie hofften ihrerseits darauf, die weltliche Macht aller religiösen Autoritäten zu brechen. Doch für Juden gestaltete sich die Angelegenheit meist weit schwieriger als für Christen. Ein nichtjüdischer Deist mußte nicht alle Brücken zu seiner Familie und seiner Gemeinschaft abbrechen. Und was, wenn die Revolution niedergeschlagen wurde? Es ist kein Wunder, daß einige orthodoxe Juden gemeinsam mit den reaktionären Aristokraten aus Frankreich flohen.

In der Regel galt, je radikaler die Revolutionäre gesinnt waren, desto freundlicher waren sie gegenüber den Juden gestimmt. Der Delegierte Anacharsis Cloots, der als Warnung für seine Feinde ein winziges Modell einer Guillotine hinter sich herzog, hatte bereits 1783 die Emanzipation der Juden gefordert. Weit davon entfernt, ein degeneriertes Volk zu sein, erklärte er, würden sie einen wertvollen Beitrag zum Wirtschaftsleben Europas leisten. Ihr schlechter Ruf sei eine Verleumdung durch christliche Theologen, die fürchteten, Juden könnten die Texte genauer kennen, welche die Christen als Beweis für den göttlichen Ursprung von Jesus Christus anführten. Auch Robespierre sprach sich schon vor der Revolution für eine uneingeschränkte Befreiung der Juden aus. Der Pariser

Stadtrat, die revolutionäre Regierung von Paris und die radikalste Institution in ganz Frankreich, befürwortete praktisch ausnahmslos die Befreiung. In einer Rede vor der Nationalversammlung verwies ein Sprecher darauf, daß die Juden ihren revolutionären Eifer bereits hinreichend unter Beweis gestellt hätten. Was ihre angeblichen Vergehen angehe, bedürfe nicht ganz Frankreich einer moralischen Erneuerung? Eine Verfolgung der Juden, erklärten die Pariser Abgeordneten, sei des neugeschaffenen revolutionären Bewußtseins des französischen Volkes unwürdig. Die meisten Juden unterstützten die Revolution, viele waren in die Nationalgarde eingetreten, um die Revolution zu verteidigen, oder hatten Gesuche zu ihrer Unterstützung unterzeichnet. Am 27. September 1791 wurden daher auch die Aschkenasim befreit. Erstmals waren in einem europäischen Staat alle Juden vor dem Gesetz mit ihren christlichen Mitbürgern gleichgestellt.

Im Zuge der Invasion, der Konterrevolution, der galoppierenden Inflation und des ausufernden Bürgerkriegs wich die kaum errichtete Erste Republik im Jahr 1794 der Alleinherrschaft von Robespierre und seinem »Wohlfahrtsausschuß«. Er hoffte, eine Republik der Tugendhaftigkeit zu errichten, in der sich die menschliche Natur mit Hilfe eines Kultes des höchsten Wesens und der Natur vervollkommnen sollte. Dieser Kult war eine Art ziviler Religion, welche alle Staatsbürger zur Unterordnung unter einen allgemeinen Volkswillen verpflichtete, wie es schon Rousseau gewollt hatte. Bei Robespierres utopischem Eifer konnten die Juden nicht ausgeklammert werden; die Bürger aller Religionen bedurften einer moralischen Wandlung. Vielmehr wurden, mit gutem Grund, die Antisemiten als Feinde der Regierung betrachtet. Robespierre war aber zu weit gegangen und besaß nicht mehr die Unterstützung der gebildeten Bürger und am Ende der Entwicklung stand Napoleon und die Wiederherstellung eines breiteren Konsenses.

Mit Ausnahme der Selbstverwaltung und dem Recht auf freie Meinungsäußerung war auch Napoleon ein Anhänger der Reformen der Revolution, auch der Emanzipation der Juden. Er wußte, daß seine Macht davon abhing, ob er die ersten Errungenschaften der Revolution bewahrte oder nicht; dies tat er mit seinem berühmten Code civil aus dem Jahr 1804. Obwohl er selbst nicht gläubig war, hielt Napoleon die Religion doch für nützlich: Weshalb sollte ein hungernder Armer sein Elend hinnehmen, fragte er einmal, wenn er nicht daran glaubte, daß Gott ihn nach dem Tod dafür belohnen werde? Religion »verhindert das Gemetzel der Reichen durch die Armen«.[8] Folglich beendete Napoleon Robespierres Versuch, Frankreich zu entchristianisieren, und gewann damit die Loyalität der katholischen Bauern zurück, welche die Konterrevolution mit Waffen unterstützt hatten. Er schloß mit dem Papst ein Konkordat und verprellte die Revolutionäre und die eigenen Generäle, die genau wußten, daß ihre Erfolge gegen die Söldnertruppen Europas zum Teil auf das republikanische Bewußtsein und den nationalistischen Eifer ihrer Soldaten zurückzuführen waren. Um diesen Befürchtungen entgegenzutreten, forderte Napoleon große Zugeständnisse vom Papst: Verstaatlichter Kirchenbesitz, der bereits verkauft war, wurde nicht zurückgegeben; sämtliche Bischöfe, gleich, ob sie die Revolution unterstützt hatten oder nicht, wurden zum Rücktritt gezwungen. Der Papst war erpicht darauf, Frankreich in den Schoß der katholischen Kirche zurückzuführen, und verriet damit die Bischöfe, die aus Loyalität ihr Leben riskiert hatten. Er verlieh Napoleon das Recht, neue Bischöfe zu ernennen, allerdings behielt sich das Kirchenoberhaupt vor, sie zu weihen. Der Papst erkannte die Republik an, und als Gegenleistung erklärte Napoleon lediglich, daß der Katholizismus die Religion »der großen Mehrheit der Franzosen« sei. Die Gehälter der Geistlichen zahlte der Staat, und die Kirche ließ davon ab, das neue Frankreich zu verunglimpfen. Die Predigten wurden in Frankreich vielfach zu einer reinen Werbeveranstaltung für die Ruhmestaten des neuen Regimes. Am wichtigsten war jedoch, daß die Kirche ihre weltliche Macht verloren hatte und die religiöse Toleranz akzeptieren mußte. Als Symbol für seinen Sieg ernannte Napoleon Abbé Grégoire zum Bischof, das Idol der Revolutionäre, den Mann, der viel für die Befreiung der Juden getan hatte. Das Judentum wurde sogar gleichgestellt mit dem Katholizismus und dem Protestantismus, mit der einzigen Ausnahme, daß die religiösen Organe keine staatlichen Zuwendungen erhielten.

Wie schon die Philosophen der Aufklärung verabscheute auch Napoleon die jüdische Beteiligung am Geldverleih und Kleinhandel, aber er förderte ihre Emanzipation. Er sagte einmal: »Wenn ich über Juden herrschen würde, dann würde ich den Tempel Salomos wieder aufbauen.«[9] 1806 berief er eine Generalversammlung der Rabbiner und jüdischen Laienpriester ein und stellte unter anderem die Frage, ob sie sich loyal gegenüber Frankreich verhalten und es als ihr Vaterland verteidigen würden? »Ja, bis zum Tod!« riefen die Versammelten einmütig.[10] Ein Jahr später lud Napoleon einen großen Sanhedrin, den traditionellen Hohen Rat der Juden, nach Paris ein, bewußt so benannt, um Erinnerungen an das alte Israel zu wecken. Er erhoffte sich die Errichtung eines zentralen jüdischen Regierungsorgans für ganz Europa. Orthodoxe Juden schmähten den Sanhedrin als einen Verstoß gegen geltendes jüdisches Recht, was er in der Tat war. Lediglich Juden aus Frankreich und Italien nahmen daran teil. Deutsche Anführer verboten »ihren« Juden die Teilnahme; und viele deutsche Christen behaupteten beharrlich, Napoleon würde aus den Juden in der ganzen Welt eine antichristliche und prorevolutionäre Kampftruppe formen, ein Vorwurf, der im Laufe des Jahrhunderts immer wieder erhoben wurde. Der Synod von Moskau erklärte, daß die Mörder Christi in Napoleon ihren neuen Messias gefunden hätten; andere fromme Christen beschimpften Napoleon als die Inkarnation des Antichristen, schließlich war der Sanhedrin das Gericht, das Christus der Ketzerei für schuldig befunden hatte.

Mit der gönnerhaften Haltung des Erleuchteten versammelte Napoleon den Sanhedrin, damit die Juden ihm Unterstützung bei der Assimilation zusicherten. Die Delegierten, zum größten Teil Rabbiner, wurden aufgefordert, Mischehen zu fördern. Sie lehnten das ab. Auf das Ersuchen hin, die jüdische wirtschaftliche Aktivität einzuschränken, argumentierten sie zu Recht, daß der Anteil der Juden an der Wucherei stark übertrieben werde, und wiesen das Anliegen zurück. Ebenso lehnten sie die Zivilehe ab und stimmten dagegen, die gängige Praxis zu beenden, nach der man sich aus dem Wehrdienst in der Armee freikaufen konnte. Immerhin hätten viele Juden bereits in den revolutionären Truppen gedient, gaben sie zu bedenken, und nichtjüdische Franzosen hätten ebenfalls das Recht, sich einen Ersatzdienst zu kaufen. Von den Rabbinern vor den Kopf gestoßen und beunruhigt über konterrevolutionäre Aktionen im Elsaß, beschränkte Napoleon die wirtschaftlichen Rechte der Juden in dem »infamen Dekret«, das seinen Namen zu Recht erhielt: Napoleon schränkte die Freizügigkeit und die Betätigungsmöglichkeiten der Elsässer Juden ein, strich die Schulden von Minderjährigen und Frauen gegenüber Juden und ermächtigte die Gerichte, Schulden an Juden zu tilgen, den Betrag herabzusetzen oder die Abzahlungsfrist zu verlängern. Nach dieser ungerechten Ausgrenzung waren viele Juden ruiniert.

Napoleon rechtfertigte die Verordnungen mit dem Hinweis, durch sie solle die Konterrevolution geschwächt und die Assimilation beschleunigt werden. Doch solche Maßnahmen bestätigten eher die Behauptung seiner Widersacher, die Juden seien in der Tat eine Gefahr für die Gesellschaft. Das Dekret zeigte, wie gefährdet die jüdischen Rechte selbst in einem grundsätzlich freundlich gesinnten Regime waren, das sich den Idealen der Aufklärung verschrieben hatte. Napoleon unterschätzte wie viele andere die Trägheit der Massen, die stets soziale Veränderungen zu hemmen droht. Der Emanzipation sollte, so meinte er, rasch die Assimilation folgen, als ob allein durch Gesetze die Folgen einer jahrhundertelangen Unterdrückung, sozialen Prägung und religiösen Identität ausgelöscht werden könnten. Konservative Politiker teilten diese Illusion und fragten, weshalb die Juden, wenn alle von Geburt gleich waren, nach der Emanzipation nicht eiligst Handwerker oder Bauern wurden?

Fielen fremde Regierungen Napoleons Kanonen zum Opfer, so festigte er seine Macht durch Reformen und warb damit um die Loyalität und die Unterstützung der Völker für das neue französische Reich, das Grand Empire. Die dramatischen Veränderungen, die er eingeleitet hat, waren auf das Zusammenwirken von militärischer Macht und politischen Vorstellungen zurückzuführen. Sein berühmter Gesetzeskodex beendete weitgehend die Diskriminierung, mit einer wichtigen Ausnahme: Napoleon ignorierte bewußt die Rechte der Frauen. Im ganzen Reich führte er sonst die Gleichheit vor dem Gesetz ein, schaffte die Leibeigenschaft ab, säkularisierte das Bildungswesen, lockerte die Zunftbeschränkungen, erhob Einheitszölle, schuf eine leistungsfähige Verwaltung und ließ Straßen und Kanäle bauen, die für den Handel und die Kommunikation notwendig waren. In nahezu allen Regionen begünstigte Napoleon das aufgeklärte, gebildete, höhere Bürgertum auf Kosten des Reichtums und des Einflusses des alten Adels. Ferner schränkte er die Rechte der Kirche ein, verstaatlichte den Kirchenbesitz, löste die Klöster auf und setzte die religiöse Toleranz durch. Sobald die fortschrittlichsten Gruppierungen die Freiheiten der Franzosen erst einmal kennengelernt hatten, würden sie nie wieder zu der Unterdrückung der alten Herrscher zurückkehren wollen, hatte er einmal erklärt.

Um eine Machtbasis für ein über Europa hinausgehendes Reich zu schaffen und eine Festung für seine Kriege mit England zu errichten – die Briten hatten Frankreich von den Reichtümern in Übersee abgeschnitten –, hatte Napoleon schon 1799 in Ägypten die Juden aufgerufen, sich »unter ihrem Banner« zu versammeln und das alte Jerusalem neu zu gründen. »Ihr seid die rechtmäßigen Erben Palästinas«, erklärte er und forderte die Juden aller Länder auf, einen jüdischen Staat zu schaffen.[11] Viele Konterrevolutionäre erklärten, Napoleon wolle den jüdischen Staat wieder errichten, um das Christentum zu zerstören; orthodoxe Juden hingegen widersetzten sich dem Versuch des späteren Kaisers, die Rückkehr des Messias vorwegzunehmen. Es ging sogar das Gerücht, Napoleon habe seinen Plan eines jüdischen Staates aufgegeben, weil er erkannt habe, daß dies das Ende der Welt näherbringen werde.

Der Kampf um die Emanzipation und die Assimilation der Juden setzte mit der Ära Napoleons ein. In Italien und in den deutschen Ländern gingen jüdische Soldaten Napoleons oftmals geradewegs in die Ghettos, rissen dort die Mauern ein und befreiten die Bewohner. Wo Napoleons Armeen erfolgreich waren und seine Herrschaft eingeführt wurde, begann die Befreiung und die Assimilation der Juden. Selbst das Ghetto im Vatikan wurde aufgelöst. In ganz Europa priesen die jüdischen Gemeinden den Kaiser. Unterstützt von französischen und heimischen Liberalen, nahmen die Juden teil an Napoleons Reformen und der Liberalisierung ganz Europas. Doch der Einfluß der Konservativen sollte wieder zunehmen, und mit ihm der Antisemitismus. In Polen nahm Napoleon die Rechte, die er den Juden gewährt hatte, auf die Proteste der Katholiken und des Adels hin wieder zurück; Polen war sein Pufferstaat gegen Rußland. Und in allen Ländern, in denen es kein einflußreiches Bildungsbürgertum gab, konnten sich die Reformen nicht langfristig halten. Spanien und Rußland, beide rückständig, bäuerlich und fromm, leiteten Napoleons Sturz ein. Wo seine Reformen erfolgreich durchgesetzt wurden, verleumdeten ihn die Monarchisten und Reaktionäre, und die Juden wurden als die einzigen wahren Nutznießer der Revolution ausgegrenzt, als die Lakaien eines fremden Tyrannen.

Schon vor dem Sturz Napoleons redeten sich die Ultraroyalisten Frankreichs ein, daß die Juden, und nicht die Mängel der französischen Gesellschaft, Schuld hätten an den Ereignissen von 1789. Nach Napoleon kehrten die Ultraroyalisten mit Ludwig XVIII. an die Macht zurück. Eine Schreckensherrschaft der Königstreuen begann. Der Pöbel lynchte – häufig angeführt von Adligen – Tausende Jakobiner, Bonapartisten, Protestanten und Juden. Der einflußreichste Reaktionär in den Jahren des Exils war der Comte Joseph Marie de Maistre. Er hielt die Revolution von 1789 für einen Angriff auf eine göttlich geschaffene soziale Ordnung, der sich in keinem anderen Punkt so eindeutig offenbare wie in der Befreiung der Juden von ihrer historischen Strafe, die ihnen vom Allmächtigen auferlegt worden sei. Der Mensch könne nicht einmal ein Insekt schaffen, geschweige denn eine Verfassung. Die Gesellschaftsordnung sei ein Werk Gottes.

Der fromme Christ und überzeugte Anhänger eines religiösen Determinismus de Maistre beharrte darauf, daß Napoleon und Robespierre Werkzeuge von Gottes Zorn gewesen seien. Selbstlose Revolutionäre und Gottesleugner der Aufklärung hätten göttliche Institutionen zerstört und erklärt, daß die menschliche Vernunft künftig allein regieren solle. So sei es, habe Gott darauf verkündet, und Männer wie Robespierre und Napoleon hervorgebracht, damit die Menschen ein für allemal die grausamen und blutigen Folgen der Herrschaft der Vernunft und des Antichristen kennenlernten. De Maistre erklärte sogar, daß niemand sich gegen Napoleons Herrschaft erheben solle: Laßt die »Monster Gottes«, die Jakobiner und Napoleon, »Gottes Feinde«, die Juden, befreien, laßt sie die göttliche Ordnung zerstören und Europa verwüsten. Laßt die Folgen von 1789 geschehen, bis Europa vom Blut getränkt sein wird wegen seiner Blasphemie. Die Massen dürften aber nie glauben, daß die Revolution ihnen, wenn sie weiterginge, unsagbare Freuden brächte. Nachdem Gottes Dämonen ihr Werk vollendet und sich selbst zerstört hätten, wie Danton und Robespierre, würden die terrorisierten und blutenden Massen die Rückkehr des Königs, der Kirche und des Adels erflehen. Die Fürsten würden nicht länger verschiedene Reformen ausprobieren, die Adligen würden aufhören, Voltaire zu lesen, und der Klerus selbst würde von seinem weltlichen Zynismus gesäubert werden. Die Juden würden sich in den Ghettos wiederfinden, für alle Zeit, bis sie sich am Jüngsten Tage zu Christus bekennen würden.

Der Führer der Ultraroyalisten, Vicomte Louis de Bonald, wurde im Jahr 1815 in Frankreichs reaktionärstes Abgeordnetenhaus gewählt. Dort kündigte er an, daß die Juden die Franzosen versklaven würden, wenn man sie nicht in die Ghettos zurücktriebe. Offenbar wollte er nicht glauben, daß Christen ohne Anstiftung von außen zum Egoismus fähig waren, und war der Ansicht, die Juden seien verantwortlich für den »Geist der Habgier«, von dem Europa mit dem Aufkommen des freien Unternehmertums überflutet werde. Räumt Ihr ihnen die gleichen Rechte ein, mahnte er, so werden sie uns vernichten. In der Kammer argumentierte er, daß Frankreich eine christliche Theokratie werden müsse. Das Recht der Juden zu heiraten und sich zu vermehren müsse eingeschränkt werden. Bonald lobte die Deutschen dafür, daß sie die Betätigungsmöglichkeiten der Juden beschränkten, und beharrte darauf, Frankreich sei in Gefahr: »Mögen Christen von Juden betrogen werden, regiert werden sollten sie von ihnen nicht.«[12] Gott habe den Juden ihr Schicksal auferlegt, und die Gesellschaft würde sich gegen seinen Willen stellen, wenn sie die Juden zu gleichberechtigten Bürgern machen würde. Keine Regierung könne sie wirklich befreien.

Sie seien moralisch verkommen, und der Mord an ihrem eigenen Messias sei Beweis für ihre Degeneration. Sie würden Christen verachten und hassen. Eine Befreiung könne die Juden nicht ändern; einzig durch den Übertritt zum christlichen Glauben wären sie moralisch in der Lage, französische Staatsbürger zu werden.

Bonald gehörte zu den ersten reaktionären Politikern, die den liberalen Kapitalismus als jüdisch verurteilten. Ohne sittliche Regelungen sei der Kapitalismus das Ergebnis des »jüdischen« Materialismus und der Habgier, wiederholte er immer wieder. Das Streben nach wirtschaftlichem Aufstieg würde die Menschen in riesige Städte und Fabriken treiben und sie von ihren dörflichen Wurzeln losreißen; geistig verödet würden sie zu Siegern oder Besiegten in dem Kampf um Gewinne durch einen gnadenlosen Wettbewerb in anonymen Städten, wo kein Mensch seinen Nachbar kenne. Das Leben würde hart und einsam, und die moralische Bindung des Menschen zu Gott, zur Kirche und zu seinem Mitmenschen würde zerstört. Schränkt die Rechte der Juden ein, erklärte er, kehrt zu dem ausgeglichenen Leben im Dorf und in der Kirche zurück, zum Leben als Handwerker und Bauer, einem Leben, das die Normen des christlichen ethischen Verhaltens hervorgebracht habe. Bonald und de Maistre benutzten den Antisemitismus als wesentlichen Bestandteil des konterrevolutionären Angriffs der Katholiken auf den modernen Liberalismus. Die einflußreichsten Vertreter dieser Strömung fanden sich später unter den Deutschen im Habsburger Reich.

Mit tragischen Folgen – bis hin zum Aufstieg Hitlers – verbanden christliche Reaktionäre in ganz Europa weiterhin die Juden mit der Bedrohung ihrer eigenen Interessen und Privilegien; sie waren unfähig oder nicht willens, profane Erklärungen zu akzeptieren. Bonald verkündete, ein Parlament sei überflüssig, der König solle wie zuvor regieren, weil die neue Ordnung eine jüdische Ordnung gewesen sei, der christlichen moralischen Grundsätze beraubt. Doch König Ludwig XVIII. lenkte ein aus Angst vor einem weiteren Ausbruch revolutionärer Gewalt. Die Ultraroyalisten errangen einige wichtige Erfolge, doch der Großteil der Gesetze von 1789 blieb in Kraft. Die Frömmigkeit innerhalb der Kirche wurde jedoch wiederhergestellt. Wie es de Maistre vorhergesagt hatte, ließen weltlich gesinnte kirchliche Würdenträger von Voltaire ab. Der Kirchenbesuch stieg wieder drastisch an, und es bildeten sich zahlreiche ultrakonservative katholische Laienorganisationen, während Hunderttausende Franzosen zu religiösen Zeremonien auf öffentlichen Plätzen strömten, um sich von den Sünden des Jakobinismus reinzuwaschen und dem König und dem Papst Treue zu schwören. Aber auch wenn die Rechte in Frankreich nunmehr eng verbunden war mit dem christlichen Antisemitismus, war ganz Frankreich doch gespalten, und wegen dieser Spaltung blieben die Errungenschaften für die Juden unangetastet. In den deutschen Ländern und in der Habsburger Monarchie war ihre Lage weit schwieriger und gefährlicher.

Selbst in Frankreich waren die Juden nicht frei, obwohl sie befreit worden waren. Ihre neue Lage brachte verschiedene Nachteile und Gefahren mit sich. Man erwartete von ihnen, daß sie den Beruf wechselten und ihren religiösen Eifer etwas zurückschraubten, wenn nicht ganz aufgaben. Wenn sie schon keine Christen werden wollten, so sollten sie wenigstens zum Deismus übertreten. Von Juden erwartete man, daß sie patriotischer gesinnt waren als andere, obwohl sie eigentlich weniger Grund dazu hatten. Sie wurden nicht als Individuen oder Franzosen beurteilt, blieben stets Juden, die als Gegenleistung für die gönnerhafte Toleranz noch dankbar sein mußten. Hohes Lob erntete, wer »seinem Volk Ehre machte«, doch Juden, die sich schlecht benahmen, galten ebenso als Schande für ihr Volk; die Vergehen eines Juden wurden als Vergehen »der« Juden betrachtet.

Ebensowenig konnten Juden ihre politische Meinung frei äußern, ohne starken Widerspruch hervorzurufen. Ihr Schicksal hing vom Schicksal des Liberalismus in Europa ab, und mit wenigen Ausnahmen waren selbst getaufte Juden in den konservativen Parteien nicht gern gesehen. In Europa konnten sich die Juden bis in die Gegenwart niemals beruhigt zurücklehnen und unbehelligt leben. Hier wird immer ein doppeltes Bewußtsein herrschen, das Bewußtsein ihrer ungewissen und gefährdeten Lage und das frustrierende Gefühl, daß man sie nicht wie Individuen behandelt, nicht einmal ihre nichtjüdischen Freunde. Sie sind Symbol einer Rasse, die Verkörperung der übertriebenen Erwartungen von anderen, des Mißtrauens oder des Hasses. Jüdische Intellektuelle stellten sich darauf ein, indem sie ihre Ambivalenz und Ungewißheit mit einer gewissen Ironie betrachteten, dabei waren sie sich schmerzlich des Unterschiedes bewußt zwischen theoretischer Akzeptanz und realer Diskriminierung, zwischen offiziellen Haltungen und täglicher Praxis, zwischen öffentlichen Äußerungen und privaten Ansichten. Auch dieses Bewußtsein hatte seinen Preis. Übte jemand Kritik daran, daß die Gesellschaft sich nicht zu einer Emanzipation im eigentlichen Sinn durchringen konnte, so wurden ihm »jüdischer« Skeptizismus, Überempfindlichkeit und Radikalismus vorgeworfen, und zwar insbesondere von denjenigen, die an die alte Gesellschaftsordnung glaubten, die ihre Institutionen für gerecht hielten und die niemals eine Emanzipation der Juden gewollt hatten.

Vor allem waren die Juden darauf angewiesen, daß die liberalen Errungenschaften der Französischen Revolution und damit ihre Rechte dauerhaft institutionalisiert wurden. Die Juden wurden zum Symbol dieser Veränderungen, wie unterschiedlich ihre Ansichten im einzelnen auch gewesen sein mögen. Die Feinde des Liberalismus neigten dazu, Feinde der Juden zu werden. Die Rechte war zwar auch in Frankreich stark, doch in Deutschland war sie die dominierende politische Kraft. Konservative Politiker waren entschlossen, die Reformen Napoleons rückgängig zu machen und die alten Beschränkungen wieder einzuführen. Die Rechte der Juden hingen vom Fortschritt des aufgeklärten Liberalismus ab: Für Mitteleuropa versprach dies wenig Hoffnung und noch weiter östlich praktisch gar keine. Die lange und am Ende tragische Verknüpfung des Schicksals der europäischen Juden mit dem Erfolg moderner liberaler Ideen hatte begonnen, und damit auch der Gegenschlag der Deutschen und Österreicher. Unter ihnen gab es im Gegensatz zu den Franzosen keine mächtige und anhaltende intellektuelle oder revolutionäre Tradition, die dazu beigetragen hätte, die Emanzipation der Juden dauerhaft zu sichern.

5.
DIE ANFÄNGE DES NATIONALISMUS IN DEUTSCHLAND

Welches Volk wird unter die preußische Willkürherrschaft zurückkehren wollen, wenn es erst einmal die Wohltaten einer weisen und liberalen Verwaltung gekostet hat?

Napoleon

Wie ein Sturmwind fegte Napoleon über die deutschen Lande hinweg. Er löste das Heilige Römische Reich deutscher Nation auf und schuf anstelle von Hunderten von Kleinstaaten 38 neue Herrschaftsgebiete. In einem gezielten Schlag gegen den Klerus schaffte Napoleon die Kirchenstaaten und den Zehnten ab, löste die kirchlichen Gerichte und die Klöster auf und beschlagnahmte den Kirchenbesitz. Ebenso zerschlug er die Feudalstaaten des Adels und schaffte die Feudalrechte und die Steuerbefreiungen ab. Große Güter teilte er auf und schränkte die Rechte des Adels über die Bauern ein – die Aristokraten mußten wutschnaubend zusehen. Mit der Vorstellung von Gleichheit vor dem Gesetz öffnete Napoleon dem Bürgertum Zugang zu öffentlichen Ämtern, ferner garantierte er das Privateigentum, führte moderne Wirtschaftsgesetze und -einrichtungen ein und ließ öffentliche Gebäude, Straßen, Kanäle und Brücken bauen. Er gründete weltliche, öffentliche Schulen, um die Ideale der Revolution zu verbreiten. Und, was am schockierendsten war, er zerstörte nicht nur die Ghettos, sondern gewährte den Juden Religionsfreiheit und das Recht, Land zu besitzen und Handel zu treiben. Franzosen oder liberale Deutsche traten an die Stelle von Beamten, die sich den Veränderungen widersetzten; Anhänger wurden mit Ländereien der Kirche oder des Adels belohnt. Seinen Bruder Jérôme setzte Napoleon auf den Thron des eigens gegründeten Königreichs Westfalen, und teilte ihm in einem Brief mit: »Ich möchte, daß Ihre Untertanen ein Maß an Freiheit, Gleichheit und Wohlstand genießen, das dem deutschen Volk bislang unbekannt war … Wenn die Vernunft und die Aufklärung des Zeitalters noch nicht Grund genug sind, so ist es in Ihrer Lage eine sinnvolle Maßnahme; Sie werden erkennen, daß die Unterstützung durch die öffentliche Meinung Ihnen einen großen natürlichen Vorteil verschafft gegenüber Ihren Nachbarn, den absoluten Herrschern.«[1]

Die Geschütze Napoleons konnten zwar die Mauern der Ghettos einreißen, die Herzen der Deutschen eroberten sie nicht. Die deutschen Intellektuellen lehnten mit wenigen Ausnahmen seine Tyrannei und seine aufklärerischen Ideale ab. In einer neuerlichen Bekräftigung der christlichen Weltanschauung in der Philosophie hielten sie an der christlichen Feindseligkeit gegenüber den Juden fest. Immanuel Kant, Georg Wilhelm Friedrich Hegel und Johann Gottlieb Fichte, die Philosophen des deutschen Idealismus, erkannten den Wert von Newtons Naturgesetzen lediglich für die Wissenschaft an; sie lehnten den Versuch der Philosophen der Aufklärung ab, sie zur Veränderung des Menschen und der Gesellschaft anzuwenden. Für sie bedeutete die Vision der Philosophen ein kaltes, bedrückendes, mechanistisches Bild vom Menschen und der Gesellschaft, das den kreativen Geist des Künstlers, die Einsichten des Mystikers, die Ideale des Moralisten und die Schaffenskraft der menschlichen Seele leugne. Die Newtonsche Wissenschaft, erklärte Kant, sei ein praktisches Mittel für das Verständnis eines Teils der menschlichen Existenz, doch sie könne nicht das Wesen des Universums enthüllen, geschweige denn die Mannigfaltigkeit der menschlichen Existenz erschöpfen. Mathematische Rationalität und Empirizismus seien nützliche Hilfsmittel für die Erforschung der materiellen Welt und nicht mehr.

Deutsche Denker fühlten sich angezogen vom Versuch der Deisten, aus Newtons Methode eine »Religion der Vernunft« zu formen, die auf einigen rationalen Grundsätzen beruhte. Wie Hume war Kant der Ansicht, daß keine rationale Begründung die Existenz Gottes beweisen könne, doch er verwarf Humes Skeptizismus und beharrte darauf, daß der Mensch in seinen eigenen angeborenen sittlichen Geboten einen Beweis für die Existenz Gottes, seine Unsterblichkeit und den freien Willen gefunden habe. Wissenschaftliche Theorien seien lediglich wahrscheinliche Wahrheiten über ein Universum, das der Mensch nicht unmittelbar beobachten könne, doch seine inneren, sittlichen Gebote kenne er genau, und sie erklärten, weshalb er sich sittlich verhalte oder glaube, er müsse sich so verhalten. Friedrich Schleiermacher, der einflußreichste evangelische Theologe des Jahrhunderts, schmähte den Deismus als den Zerstörer der Glaubenskraft, die doch ihrerseits als Glaubensbeweis gelte. Fichte war nicht willens, das Erlebnis des wahrhaft Religiösen und der Mysterien der christlichen Theologie dem unbedeutenden Forschen nach Beweisen unterzuordnen, das lediglich für die Physik tauge. Johann Georg Hamann, genannt der »Magus im Norden«, ist heutzutage vergessen, er hatte damals aber großen Einfluß. Hamann verabscheute die bloße Vorstellung einer rationalen Religion: Die Visionen der Mystik galten ihm als wahrhaftig, religiöser Glaube und moralische Ideale waren absolut.

Solche Auffassungen waren nicht unbedingt antijudaistisch, doch sie gingen mit dem Bestreben einher, die Überlegenheit des lutherischen Christentums nachzuweisen. Somit hielt sich selbst unter den gebildetsten deutschen Gelehrten hartnäckig die Überzeugung, das Judentum sei dem Christentum sittlich unterlegen. Hamann, Schleiermacher Hegel und Fichte glaubten, das Christentum sei die höchste Form religiöser Erfahrung. Und sie waren überzeugt, ein wahrhaft sittliches Leben sei einzig über eine persönliche Erneuerung durch Christus möglich. Selbst Kant, der sich für Religionsfreiheit aussprach, behauptete, daß das Judentum eigentlich gar keine Religion sei, sondern lediglich eine Sammlung von Zwangsgesetzen, die keine moralische Gesinnung erforderten. Das Judentum habe der Menschheit die Zehn Gebote überliefert, doch die Juden würden sie lediglich aus Gottesfurcht und nicht als sittlichem Anstand befolgen. Schließlich erklärte Kant, der anmaßende Anspruch der Juden, das auserwählte Volk zu sein, mache sie zum Feind aller anderen Völker.[2] Schleiermacher erklärte die jüdische Religion für tot, ihre Anhänger würden neben einer uralten Mumie sitzen und eine ewige Totenklage anstimmen. Fichte hoffte, das Christentum werde einen Weg finden, endgültig mit der primitiven Stammesreligion des Alten Testaments zu brechen.

Die deutschen Philosophen bekräftigten erneut die unüberwindlichen Hindernisse zwischen Christen und Juden. Für die deutschen Idealisten war das Christentum die Enthüllung des »Göttlich Absoluten«; der Glaube an die Einheit von Gott und Mensch in Christus war die Quelle für jeglichen moralischen Idealismus. In seiner Ablehnung des Judentums war Christus der ewige Feind jeglichen Obskurantismus und Ritualismus; in der Ablehnung Christi zeigte sich die sittliche Verkommenheit der Juden. Hegel und seine Anhänger betrachteten das asoziale Verhalten der Juden und ihr niederes Gewerbe als Zeichen für ihre angeborene sittliche Unfähigkeit und nicht als Folge jahrhundertelanger Verfolgung. Hegel wie Fichte waren ihrer Ausbildung nach Theologen, und hinter all den schwierigen Abstraktionen der deutschen Philosophie verbirgt sich der Geist der frühen Kirchenväter. In einem Zornesausbruch, was bei dem eher besonnenen Beobachter der Weltgeschichte selten vorkam, schrieb Hegel:

> »Der Geist erkennt nur den Geist; sie [die Juden] sahen in Jesus nur den Menschen ... er war nur einer wie sie, und sie selbst fühlten, daß sie Nichts waren. Am Haufen der Juden mußte sein Versuch scheitern, ihnen das Bewußtsein von etwas Göttlichem zu geben; denn der Glaube an etwas Göttliches, an etwas Großes kann nicht im Kote wohnen.«[3]

Johann Georg Hamann erklärte, daß das Leiden Christi das ekstatische Erlebnis der Seele von etwas Göttlichem in der Welt offenbart habe, eine Offenbarung, die sich von dem primitiven Ritualismus Israels zutiefst unterscheide. Als Moses Mendelssohn das Judentum für ebenso vernünftig erklärte wie das Christentum, nannte Hamann ihn wütend einen Lügner, Heuchler und satanischen Antichristen, und griff damit auf Luther zurück. Die scharfen Worte ließen ahnen, welche verbalen Attacken jeden Juden erwarteten, der den jüdischen Glauben gegen christliche Verzerrungen in Schutz nehmen wollte. Die Deisten hielten das Judentum für durchsetzt vom Aberglauben, doch das Christentum war für sie um keinen Deut besser, sie suchten nach einer gemeinsamen Grundlage für Toleranz. Deutsche Philosophen hingegen lehnten eine Staatsbürgerschaft für die Juden ab; wahre Deutsche mußten Christen sein, möglichst Protestanten. Das ganze 19. Jahrhundert hindurch war der Mangel an Gesittung der Juden ein ständig wiederkehrendes Thema der christlichen antisemitischen Bewegungen, die bei den deutschen Protestanten den stärksten Anklang fanden.

Der Antijudaismus in der deutschen Philosophie entsprang einer theologischen Sichtweise der Geschichte. Die Philosophen der Aufklärung hatten wenig Interesse an der Vergangenheit, abgesehen von der Suche nach historischen Persönlichkeiten oder Epochen, die sie für ihre Vorläufer hielten. Sonst beschränkte sich Geschichte auf die Schilderung der blutigen Fürstentyrannei oder des priesterlichen Obskurantismus. Folglich beruhte ihre Kritik an der Politik auf der Vorstellung eines »Naturzustandes«, zu dem der Mensch gelange, indem er von den Fehlern der Vergangenheit befreit werde, um ihn so zu sehen, wie er wirklich sei. Doch die deutschen Idealisten glaubten, daß die westliche Zivilisation einer vorherbestimmten göttlichen Entwicklung folge. Hegel glaubte, die Geschichte sei das Fortschreiten des absoluten Geistes durch die Zeit. Folglich gab es auch keine festen und unveräußerlichen Menschenrechte. Die Rechte und die Pflichten der Menschen wurden von der Geschichte und dem Wesen seiner jeweiligen ethnischen Gruppe bestimmt, die sich in deren Institutionen, Bräuchen und sittlichen Werten widerspiegelten. Das Judentum war somit das Produkt einer frühen und primitiven Sittenlehre und Geschichte, die erste und unvollkommenste Offenbarung des göttlichen Geistes, wie er sich im Laufe der Zeit nach und nach enthüllte. Kein Gerede von der Gleichheit aller Menschen konnte die Juden in sittlicher Hinsicht mit den deutschen Völkern gleichstellen. Ihre historische Entscheidung gegen Christus war von ihrem Wesen vorherbestimmt. Es konnte keine unveräußerlichen Rechte für alle geben; die Juden zu befreien, würde eine sittliche Gefahr bedeuten.

Die deutschen Idealisten lehnten die Ansicht vieler Philosophen ab, nach der die Vorstellungen und der Charakter eines Menschen von seinem sozialen Umfeld geprägt würden. Die Christen seien frei in ihrer Entscheidung für das Gute oder das Böse; sie seien nicht einfach eine »tabula rasa«, die von persönlichen Erfahrungen beschrieben würde, wie Locke gemeint hatte. Der Körper des Menschen müsse den Gesetzen der Physik gehorchen, doch seine Seele sei frei. Als junger Seminarist war Fichte zutiefst bedrückt über die kaltherzige Argumentation der Aufklärung, durch die der Mensch zu einem Objekt reduziert wurde, ohne sittliche Entscheidung und angeborenen ethischen Idealismus. Fichte ging davon aus, daß nicht die Gesellschaft die Menschen prägt, sondern diese schaffen eine geistige Ordnung aus ihren eigenen inneren Quellen. Dieser bewundernswerte Glaube an die sittliche Freiheit der Menschen sprach auf den ersten Blick dafür, sich gegenseitig zu achten auf der Grundlage freier sittlicher Entscheidungen. Die deutschen Idealisten hingegen gingen davon aus, daß sich der angeborene »Volksgeist« eines jeden Volkes in seiner Geschichte zeige, und kamen folglich zu dem Schluß, daß die Berufe der Juden im Ghetto die Folge ihres angeborenen Geistes seien. Selbst der gemäßigte Kant war der Ansicht, Juden seien von Natur betrügerische Kaufleute, die von ihrem Aberglauben zusammengehalten würden. Ihr unmoralisches und schändliches Gebaren in Geschäft und Handel zeige, daß sie »keine bürgerliche Ehre suchten«, denn der »Wuchergeist« herrsche unter ihnen, unter einer »Nation von Betrügern«, die von der »Überlistung des Volkes, unter dem sie Schutz finde«, profitiere.[4] Die Gesellschaft mag der besonderen Begabungen der Juden bedürfen, schrieb Hegel, doch sie könnten nicht wirklich assimiliert werden, da ihr Materialismus und ihre Habgier »lediglich eine animalische Existenz erlaubt, die auf Kosten des Nächsten gewährleistet werden kann«.[5]

Napoleons kosmopolitischen Auffassungen seien absurd, bemerkte Hegel. Es könnten nicht alle Völker dieselbe Verfassung haben, da sie von deren sittlicher Entwicklungsstufe abhänge. Fichte hielt das deutsche Volk für überlegen, da es sich bereitwillig für das Allgemeinwohl opfere, im Gegensatz zu den französischen Individualisten und jüdischen Materialisten. Die Juden aber könnten sich nicht ändern: »Aber ihnen Bürgerrechte zu geben, dazu sehe ich wenigstens kein Mittel als das, in einer Nacht ihnen allen die Köpfe abzuschneiden, und andere aufzusetzen, in denen auch nicht eine jüdische Idee sei.«[6]

Fichte hielt den jüdischen Geist für ebenso zerstörerisch und unverbesserlich wie spätere Antisemiten das jüdische Blut. Auch Kant ging davon aus, daß der »angeborne, natürliche Charakter« der Völker und Rassen seinen Ursprung »in der Blutmischung der Menschen« habe.[7] Den Juden sollten die Bürgerrechte verweigert werden. Schopenhauer war der Ansicht, die Juden müßten vom Staatsdienst ausgeschlossen werden, denn sie besäßen keinen Nationalgeist. Fichte wollte sie allesamt aus Deutschland vertreiben.

Die deutschen Idealisten waren nicht die Vorläufer der Nationalsozialisten, denn das Schicksal der Juden war für die Idealisten lediglich von zweitrangiger Bedeutung. Doch ihr Werk und ihre zahlreichen Schüler beherrschten die deutschen Universitäten und trugen dazu bei, daß der weltliche Liberalismus auf Ablehnung stieß und die Feindseligkeit gegenüber den Juden das Leben an deutschen Universitäten derart prägte.

Es wird allzu häufig vorausgesetzt, daß eine umfassende Bildung zwangsläufig fortschrittliche Gedanken fördert. Doch hochgebildete deutsche Publizisten haben sich immer wieder auf den Idealismus der deutschen Seele berufen, wenn sie Juden attackierten, und stets vom unabwendbaren Gang der Weltgeschichte gesprochen, wenn sie deutsche Eroberungen rechtfertigten. Akademiker und Hochschullehrer, die in der deutschen idealistischen Philosophie ausgebildet waren, verunglimpften die Juden als Träger eines Liberalismus, der als reine Habgier entstellt wurde. In zahllosen Moralpredigten, Vorlesungen und Schriften benutzten Lehrer die Ideen von Kant, Fichte oder Hegel, um die Juden weit häufiger und schärfer anzugreifen, als dies in den Schriften dieser Philosophen je geschah.

Doch war der Einfluß von Ideen allein nicht ausschlaggebend. Die Aufklärung prägte das moderne Frankreich und England, weil die gebildeten Schichten und Unternehmer erkannten, daß die Werte der Aufklärung ihrer Erfahrung und ihren Interessen entsprachen. In Preußen gab es aber nicht annähernd so viele unzufriedene und fortschrittliche Großbürger, und Preußens Schicksal sollte die Zukunft von ganz Deutschland entscheiden. Im Gegensatz zu Holland, England und Frankreich hatte Preußen keine Besitzungen in Übersee und keine kosmopolitischen Unternehmer, die Kolonialhandel trieben. Beschränkt im Geist und ihren Interessen, bestand die preußische Bürgerschicht zum großen Teil aus unteren Staatsdienern, die nur selten Kritik an ihrer Regierung übten. Die preußischen Kaufleute, die sich zufrieden gaben mit den traditionellen Beschränkungen des Unternehmergeistes, rühmten sich ihrer Ehrbarkeit, ihres Status und ihrer Treue zur bestehenden Staatsordnung, sie eiferten den Eliten im Staatsdienst, im Militär und im Adel nach.

Gewiß begrüßten viele Deutsche die Reformen, doch sie wandten sich rasch gegen Napoleon, als er keine Selbstverwaltung und keine Pressefreiheit gewährte, als er die Vermögen der Europäer besteuerte, um die französische Staatsschatulle zu füllen, und ihre Söhne einzog, um sie in den russischen Steppen in den Tod zu führen. Die Zahl der Reformer war gering. Preußen war nicht Frankreich. Bis zu seinem Tod im Jahr 1786 vermehrte Friedrich II. den Reichtum und das Gebiet Preußens und herrschte mit Blick auf das Wohlergehen seines Volkes. Und während man in Frankreich ein Ende der parasitären Sonderprivilegien und kleinlichen Zeremonien der Aristokraten forderte, die in Versailles auf Kosten der Steuerzahler lebten, wurden die preußischen Junker als hart arbeitende Männer im Staats- und Militärdienst bewundert. Die preußischen Bauern, immer noch fast Leibeigene, waren weniger frei, weniger rebellisch als die im Westen und hielten stärker an dem Prinzip der Subsistenzwirtschaft fest. Sie blieben von dem berechnenden Händlergeist weitgehend unberührt, der das Dorfvolk dazu antrieb, sich nach neuen Beschäftigungsmöglichkeiten umzusehen, der den religiösen Fatalismus abschwächte und traditionelle Bräuche aushöhlte. Die Zünfte Frankreichs, Bastionen des Traditionalismus, waren von der Revolution abgeschafft worden; in Deutschland bewahrten sie sich zahlreiche Rechte und ihren Antisemitismus, bis sie den Nationalsozialisten ihre Stimmen gaben. Unter den deutschen Intellektuellen und dem Bürgertum herrschte darüber hinaus kein so starker Antiklerikalismus wie in der Aufklärung in Frankreich oder England, weil die evangelische Kirche in Preußen weder mächtig noch reich war. Den Geistlichen unterstand lediglich das Seelenheil der Gläubigen. Unter der Aufsicht von Laiengremien plapperten Geistliche die autoritären Werte der Regierung nach. Die Philosophen der Aufklärung setzten ihre Ideen als Mittel ein, um soziale Reformen durchzusetzen, und stießen auf ein willkommenes Echo im Bürgertum. Deutsche Denker wiederum boten keine Alternativen zur bestehenden Gesellschaftsordnung an. Wie schon die frühen Christen betrachteten sie Geschichte als ein göttliches, vorherbestimmtes Spektakel; die Rolle des Geistes sei es nicht, die Welt zu verändern, sondern sie zu interpretieren, genau wie die Theologen das Wort Gottes auslegten. Der politische Tatendrang der Philosophen der Aufklärung erschien deutschen Gelehrten als oberflächlich, naiv und gefährlich zugleich.

Doch 1807 waren Reformen unvermeidlich, weil Napoleon die preußische Armee in die Flucht geschlagen hatte und der König aus Berlin geflohen war. Preußen, der Hälfte seines Gebietes und Vermögens beraubt, bestand nur noch dank Napoleons Großmut. Dieser Schock zwang die jüngeren Mitglieder der preußischen Obrigkeit, sich zu fragen, weshalb Frankreich plötzlich so mächtig war. General von Scharnhorst erkannte, daß die Französische Revolution die gesamte Kraft des französischen Volkes freigesetzt habe. Die revolutionären Reformen hätten eine Woge der nationalen Begeisterung ausgelöst, und dadurch sei es Robespierre und Napoleon möglich gewesen, gewöhnliche Bürger in Massen einzuberufen, riesige Summen an Steuern einzufordern und Soldaten um sich zu scharen, die oft selbständiger kämpften als die apathischen

Söldnertruppen und die zwangsrequirierten Bauern der Gegenseite. Freiherr von Hardenberg, im Jahr 1810 zum Staatskanzler von Preußen ernannt, war überzeugt, daß die Ereignisse von 1789 das Volk und die Regierung vereinigt hatten, während in Preußen und in der Habsburger Monarchie der Krieg weiter eine Sache der Fürsten und des Adels geblieben war. Der Adel trachtete nur danach, seine Säckel aufzufüllen und sein Gebiet zu vergrößern, und warb nicht einmal um die moralische Unterstützung durch die Bürger. Die Söhne dieser Bürger würden nicht einberufen, und die Städte blieben seit den Religionskriegen verschont.

Unter der Führung der Freiherrn vom Stein und von Hardenberg, sowie der Generäle Gneisenau und Scharnhorst machten sich junge Staatsdiener und Militäroffiziere rasch daran, die moralische Unterstützung der preußischen Bevölkerung zu gewinnen: Leibeigene wurden befreit, Zunftbeschränkungen aufgehoben, Militär- und Staatsdienst wurden dem Bürgertum zugänglich gemacht, die Bildung gefördert, und den Städten wurde eine begrenzte Selbstverwaltung gewährt. Freie Bauern sollten höhere Erträge erwirtschaften, die Verringerung der Zunftbeschränkungen förderte den wirtschaftlichen Fortschritt, und begabte Bürger machten den Staatsdienst und das Offizierskorps leistungsfähiger. Selbst den Juden wurden neue Rechte gewährt; das hatte zwar Napoleon gefordert, doch auch die Regierung war der Ansicht, daß die unternehmerische Begabung der befreiten Juden die Wirtschaft voranbringen werde. Hardenberg erkannte, wie wichtig die jüdischen Lieferanten für die französische Armee seit Ludwig XIV. gewesen waren. Als Krönung des Reformwerks versprach ein demoralisierter König gar eine Verfassung. Bezeichnenderweise wurden diese Reformen nicht von den gleichen Idealen angetrieben, welche die französischen Revolutionäre inspiriert hatten. Sie wurden von Soldaten und Beamten angeordnet, um Preußens militärische Schlagkraft zu erhöhen. Die Forderung nach Reformen von unten hatte Frankreich erneuert, doch in Preußen kamen die Reformen auf Anordnung von oben. Sie waren nicht von Dauer. Die dramatischen Veränderungen, die Napoleon bewirkt hatte, lösten bei all denjenigen noch stärkere Abwehrreaktionen aus, die ihre Interessen, ihr Ansehen, ihre Macht und ihre Werte in Gefahr sahen.

Der preußische Adel antwortete auf Hardenbergs Reformen in einer Denkschrift von Friedrich von der Marwitz, einem Junker und Armeeoffizier. Marwitz führte die Niederlage nicht auf einen Mangel an Reformen zurück, sondern darauf, daß die Regierung, stets eifrig fremden Entwicklungen folgend, die unabhängige Macht des Adels zerstört habe. Nunmehr bedrohe sie das Adelsmonopol auf den Staatsdienst und das Militär; im Namen einer angeblichen Gleichheit aller Menschen ignoriere sie das Talent, auf das die Siege der Vergangenheit zurückzuführen seien. Die Befreiung der Leibeigenen, behauptete Marwitz, würde eine rechtmäßig geknechtete Rasse befreien, die von Geburt an dumm und faul sei. Von ihren Rechten zu schwafeln, hätte schlicht zur Folge, daß sie nicht mehr ihr Land bebauen oder mit dem alten blinden Gehorsam in der Armee dienen würden. Die Zünfte und Gilden aufzulösen hieße, wirtschaftliche Stabilität dem »jüdischen« Prinzip des Laisser-faire zu opfern, die Stärke der Gemeinwesen werde dabei von wirtschaftlichem Abenteurertum untergraben. Empört über die Befreiung der Juden, wiederholten Marwitz und seine adligen Gefolgsleute, daß die Juden, wie es in der Denkschrift hieß, eine dem Untergang geweihte Rasse seien, vom Allmächtigen dazu verdammt, heimatlos über die Erde zu ziehen, daß sie elende Schmarotzer seien, die einzig an der Wucherei und dem Kleinhandel Gefallen fänden. Wie habe es im christlichen Preußen so weit kommen können, daß Juden erlaubt werde, Land zu erwerben, in Gilden einzutreten und Berufe zu erlernen? Wenn Hardenberg und seine Anhänger so weitermachten, schrieb Marwitz, so würden sie preußischen Boden, die Wirtschaft und die Werte an jene habgierigen Spekulanten veräußern und das alte anständige Preußen in einen neumodischen jüdischen Staat verwandeln.[8]

Freiherr von Hardenberg wies den Verteidigern ihrer Privilegien verächtlich die Tür, doch ohne den Einfluß eines aufgeklärten Bürgertums waren die Reformer angreifbar und noch dazu mit dem Vorwurf belastet, daß sie Napoleons Ziel verwirklicht hätten, Preußen in einen französischen Satellitenstaat umzuwandeln. Selbst einigen Reformern war nicht wohl angesichts der umfassenden Veränderungen, die Hardenberg durchgesetzt hatte, allen voran die Emanzipation der Juden. Freiherr vom Stein soll die Ansicht vertreten haben, daß die Emanzipation nicht den schlechten Charakter ändern werde, es sei daher besser diese »parasitären Pflanzen« in Afrika anzusiedeln. General Gneisenau glaubte, daß die neuen Gesetze den Adel zugrunde richten würden und an seine Stelle die »Juden und Lieferanten« treten würden.[9] Das war erst der Anfang. Bis hin zum Aufstieg der Nationalsozialisten warfen rechte Politiker und Publizisten den Liberalen und Sozialisten vor, undeutsch und antichristlich zu handeln, als verräterische Verbündete der subversiven Juden.

Aber weder die aristokratische Reaktion noch die aufgeklärte Reform fand bei der Mehrzahl der deutschen Gelehrten Anklang. Erschüttert von dem napoleonischen Trauma, suchten sie nach einem neuen Nationalbewußtsein, das sich aus angeblich spezifisch deutschen Wesenszügen herleitete. Auf eine Fremdherrschaft folgt häufig das Bestreben, zu dem unverfälschten, ursprünglichen Geist, zu der alten Religion und den Sitten des eigenen Volkes zurückzukehren. Dieses konservative Nationalbewußtsein ist stets eine Gefahr für religiöse und ethnische Minderheiten, da sie per definitionem nicht die Seele des Volkes teilen. In solchen Zeiten haben die Juden immer gelitten.

Johann Gottlieb Fichte war der Philosoph des nationalen Befreiungskrieges gegen Napoleon, er versuchte als erster, den schlummernden deutschen Geist wachzurütteln und zu seiner sittlichen Berufung, der Schaffung einer neuen Nation, zu führen. Im Jahr 1808, zu einer Zeit, als französische Soldaten Berlin besetzt hatten, hielt er eine Reihe von *Reden an die deutsche Nation.* Fichte schimpfte das alte Preußen einen Kasernenstaat, dessen Herrscher die französische Kultur und Sprache vorzögen, und sprach mehrfach davon, diese Herrscher könnten nie die sittlichen Kräfte einer neuen Generation ansprechen. Die Niederlage müsse die Deutschen wachrütteln, damit sie eine vereinte Nation gründeten, die der deutschen Ideale wert sei. Eine Gesetzgebung nach französischem Vorbild sei fremdartig; sie würde das reine innere Wesen des deutschen Geistes zerstören, das Deutschland seit Luther erfaßt habe. Mit der Reformation habe Luther die sittliche Lehre Christi von dem katholischen Ritualismus befreit und Christi Werk gegen die primitive jüdische Religion vollendet. Wie unzählige Deutsche nach ihm, konnte schon Fichte nicht glauben, daß Jesus Jude war; der Begründer der größten sittlichen Revolution der Geschichte konnte nicht einem so elenden Volk entstammen. Wie spätere Rassisten war Fichte überzeugt, der Apostel Paulus habe die reine Botschaft Christi mit jüdischem Aberglauben verfälscht, weil er einen Bruch mit der jüdischen Religion gefürchtet habe. Die Reformation habe diese Überbleibsel des Ritualismus beseitigt, führte Fichte an, weil lediglich die deutschen Völker die volle Bedeutung des Christentums erfassen könnten. Auch nach der Taufe könnten Juden niemals Deutsche sein. Sie würden immer alle ihre undeutschen Eigenschaften behalten: kosmopolitisch, seelenlos, unfähig, an einer sittlichen Gesellschaftsordnung teilzunehmen. »Fast durch alle Länder von Europa verbreitet sich ein mächtiger, feindselig gesinnter Staat, der mit allen übrigen im beständigen Kriege steht ... es ist das Judentum.« Die Juden könnten keiner anderen Nation gegenüber loyal sein. »Um uns vor ihnen zu schützen, dazu sehe ich wieder kein anderes Mittel, als ihnen ihr gelobtes Land zu erobern und sie alle dahin zu schicken.«[10]

Mit der wichtigen Ausnahme der Slawen und Juden hielt Fichte alle Europäer für blutsverwandt. Doch die Deutschen waren für ihn das einzige Volk, das sich den uralten Geist bewahrt hatte, unverdorben von fremden Einflüssen. Während die Franzosen eine lateinische Sprache angenommen hätten, hätten die Deutschen ihre ursprüngliche Sprache behalten und damit die geistigen Qualitäten als das »Urvolk« bewahrt. Immer noch eng mit der Lebensweise ihrer kriegerischen Vorfahren verbunden, seien die Deutschen frei vom lateinischen, französischen und jüdischen Individualismus, von ihrer Habgier und dem bloßen Streben nach materiellem Wohlstand. Sie allein, so Fichte, würden noch empfinden wie die alten germanischen Stämme: Pflichten und Rechte würden sich aus der Unterordnung unter den Volkswillen ergeben.

Um den deutschen Geist zu schützen, drängte Fichte deutsche Politiker, die Produktion und den Verbrauch zu kontrollieren, damit das räuberische Abenteurertum internationaler Unternehmer und Spekulanten beendet werde, die vom Glauben an ein Wirtschaftswachstum besessen seien. Eine wirtschaftliche Autarkie würde verhindern, daß diese Mächte Deutschland mit Importartikeln überfluteten, welche die alten Handwerkszünfte zugrunde richten und das korrumpierende Verlangen nach Waren wecken würden, die dem Volksgeist fremd seien. In ähnlicher Weise sollten die deutsche Sprache, die Kunst und die Kultur, die Früchte des jahrhundertealten teutonischen Bewußtseins, von fremden Einflüssen befreit werden. Fichte lehnte demokratische Repräsentationsorgane ab und befürwortete den korporativen Staat, wie er später von Konservativen (und italienischen Faschisten) genannt wurde: eine politische Repräsentation durch das Handwerk, die Gilden und körperschaftlichen Vereinigungen, nicht durch die Masse anonymer Wähler. In erster Linie forderte Fichte ein neues Schulwesen, um die Jugend vor der sittlichen Verseuchung durch fremdartige Gedanken zu bewahren und den teutonischen Geist zu pflegen. Wenn die Deutschen einmal geistig vereint seien, müsse sich Deutschland bis zu seinen »natürlichen Grenzen« ausdehnen und alle Deutschen in einem Großdeutschland vereinen. In Fichtes Vision von einem Deutschland hatten die Juden keinen Platz. Wegen ähnlicher Ansichten liefen rechte Intellektuelle in den zwanziger Jahren des 20. Jahrhunderts in Scharen zu den Nationalsozialisten über.

Als erster Rektor der 1810 neugegründeten Universität Berlin förderte Fichte eine Institution, die sich ausdrücklich der Schaffung eines neuen deutschen Nationalbewußtseins widmete. Mit flammenden Reden rekrutierten Fichte und Schleiermacher, der Dekan der theologischen Fakultät, Studenten als Freiwillige zum Militärdienst im Kampf gegen Napoleon. Die Jugend erfüllte ein idealistischer Opfergeist, der für die Errichtung eines vereinten Deutschland vonnöten war. In den Berliner Hörsälen hoben Fichte und seine Kollegen die ethnischen und religiösen Unterschiede unter den Völkern hervor und die Überlegenheit der germanischen Volksseele. Die Feindseligkeit gegenüber den Juden nahm zu. In anderen Ländern waren Nationalisten wie Giuseppe Mazzini der Ansicht, daß jedes Volk spezifische Merkmale trüge, die der ganzen Menschheit zugute kämen; Fichtes Thesen waren jedoch schwülstiger und aggressiver: In seinen *Reden an die deutsche Nation* sagte er, die Deutschen seien von allen Völkern dasjenige, das am eindeutigsten den Keim der menschlichen Vollkommenheit besitze und dem die Führungsrolle der Menschheit gebühre.[11]

Doch weder Hardenbergs Reformen noch Fichtes Nationalismus zwangen Napoleon in die Knie. Er wurde von den Soldaten der regulären Armeen von England, Preußen, Rußland und Österreich geschlagen, nicht von idealistischen Freiwilligen oder Reformern. Im Jahr 1815 unternahmen die siegreichen Verbündeten, vereint in der Heiligen Allianz des christlichen Europas, den Versuch, ein Europa zu gründen, das frei war von revolutionärem Liberalismus und Nationalismus und sich ganz auf die Macht der Sieger stützte. Auf dem Wiener Kongreß wurden allen christlichen Religionen die gleichen Rechte eingeräumt, den Juden aber wurden lediglich die Rechte zugestanden, die ihnen von den vornapoleonischen Machthabern eingeräumt worden waren. Diese Fürsten waren wieder als Herrscher über ihre Gebiete eingesetzt worden und eifrig bemüht, die französischen Reformen rückgängig zu machen. Immerhin wurden die Ghettos nicht wiedererrichtet, die Bürgerrechte der Juden lediglich beschnitten, nicht gänzlich aufgehoben, und die Zünfte konnten nur in bestimmten Gewerben die Betätigung der Juden verhindern.

In Preußen kehrte Friedrich Wilhelm III. aus dem Exil nach Berlin zurück, mit der Absicht, die Juden aus dem Land zu verjagen oder wieder in das Ghetto zu treiben. Seine Berater, die den ökonomischen Nutzen der Juden erkannt hatten, konnten ihn wieder davon abbringen. Die Leibeigenen blieben frei, doch sie mußten ihren ehemaligen Herren hohe Entschädigungen zahlen. Die Zünfte und die Gilden gewannen einen Großteil ihres Einflusses zurück. Die Diskussion um eine Emanzipation der Frauen brach ab, und der Zugang zum Staatsdienst und zum Offizierskorps wurde wieder auf die Aristokraten und einige wenige Kandidaten aus »gutem Hause« beschränkt. Der König hielt sein Versprechen einer Verfassung nicht ein. Obwohl die Juden gegen Frankreich mitgekämpft hatten, war es ihnen künftig verboten, ins Militär einzutreten oder als Lehrer, Anwälte oder Staatsdiener zu arbeiten. Dies waren entscheidende Rückschläge auf dem Weg zur Assimilation, denn die Verwaltung und das Offizierskorps waren die staatlichen Einrichtungen mit dem höchsten Prestige. Bis zum Jahr 1914 wurde Juden der Zutritt zu ihnen verwehrt, selbst als dies nach der Verfassung illegal war.

Nach der Niederlage der Franzosen wurde die rassistische Literatur im Ton ordinärer und schärfer. Nationalismus bedeutete nunmehr die rassische wie auch die geistige Überlegenheit der Deutschen, und die Gefahren des jüdischen »Blutes« wurden hervorgehoben. In anderen europäischen Nationen gab es keine vergleichbare Erscheinung. Loblieder auf die germanische Kriegerrasse und antisemitische Ausbrüche fanden sich in allen Lehrbüchern, die an preußischen Schulen benutzt wurden. Vertreter der Reaktion schmähten den Liberalismus als die Ideologie der kranken Franzosen und der Juden; Verrat sei ein Bestandteil des jüdischen Blutes. Nationalistische Studentenverbindungen schossen wie Pilze aus dem Boden. Ihr Idol, Professor Friedrich Rühs von der Universität Berlin, wurde zum königlich preußischen Historiographen ernannt, die höchste Ehre, die der König einem Historiker zuteil werden lassen konnte. Rühs hielt die Juden für rassisch minderwertig; auch ein Übertritt zum Christentum könne sie nicht ändern. Deutschlands bekanntester Rechtsgelehrter Friedrich Carl von Savigny, der Lehrer des Kronprinzen, der selbst Antisemit war, wollte die Juden zurück ins Ghetto treiben. In der Hoffnung, das germanische Recht aus der vorrömischen Zeit wiederbeleben zu können, gründete Savigny die berühmte Historische Schule der Rechtsgeschichte. Professor Jakob Friedrich Fries aus Heidelberg, ein bekannter Schüler von Fichte und berüchtigter Judenhasser, genoß ebenfalls großes Ansehen unter den studentischen Burschenschaften. Für ihn waren die Juden eine »Mäkler- und Trödlerkaste« oder eine »Schmarotzerpflanze oder Blutsauger«, ja, eine »Völkerkrankheit«. Sie sollten wieder dazu gezwungen werden, ein besonderes Zeichen an ihrer Kleidung zu tragen, zur Warnung.[12] Er forderte gar ihre Ausrottung. Als man ihm erklärte, daß sich dies für einen Gelehrten nicht zieme, entgegnete er schwach, er habe lediglich das Judentum gemeint, nicht die Juden.[13]

Unter den neuen Demagogen von Rasse und Blut war Ernst Moritz Arndt einer der einflußreichsten. Er zählt zu den wenigen Gelehrten, die von den Nationalsozialisten offiziell als ihre Vorkämpfer geehrt wurden. Als Schriftsteller und Historiker war er während Napoleons Herrschaft gezwungen, Deutschland zu verlassen. Arndt war zutiefst religiöser Lutheraner und deutscher Idealist und hielt die Reformation für einen göttlichen Funken, der von der germanischen Seele ausgegangen sei. Besessen von der Vermischung der Rassen, bildete er sich ein, daß die Deutschen, wenn sie die Reinheit ihrer Rasse bewahrten, den blutigen Idealismus der Ritter des Deutschen Ordens wiederbeleben könnten, sowie die tiefgründige Schlichtheit, die Macht und den Glauben Luthers, der wahren Stimme des deutschen Volkes. Arndts zweiter großer Held war Arminius, der mit seinem Sieg über die Römer im Jahre 9 n. Chr. angeblich die Adelskultur der germanischen Barbaren gerettet hatte. Wie eine Unzahl späterer Nationalisten idealisierte Arndt die Würde dieses Stammesfürsten, des blonden, barbarischen Anführers von Kriegern, die frei gewesen seien von der römischen Dekadenz, welche die »bastardisierten« Stämme des alten Frankreichs rassisch habe verkommen lassen.

Von den Befreiungskriegen angespornt, forderte Arndt die Deutschen mit Donnerstimme auf, sich noch einmal zu erheben und die Ausländer zu schlagen, welche die Absicht hätten, Deutschland zu schwächen. Die Franzosen seien nicht die einzigen Feinde, die sich einer nationalen Erneuerung entgegenstellten. Die Juden, »ein verdorbenes und entartetes« Volk mit »bösen und nichtswürdigen Trieben und Neigungen«, seien die Feinde im Innern.[14] Als eigene Art war diese gemeine, gerissene und feige Rasse aus Kaufleuten ein unerbittlicher Feind der Deutschen, dem Volk der heiteren, offenen und anständigen Bauernkrieger, Gottes eigenem Volke, von dem Arndt behauptete, daß »der kräftige, lebensvolle und saftvolle Wildling … der rechte Stock war, dem der göttliche Keim für die edelsten Früchte eingeimpft werden konnte«.[15] Er forderte, die Vermischung der Rassen zu beenden, denn das reine Blut und der Geist seien dazu ausersehen, über Europa zu herrschen. Den Juden sollten die Universitäten verwehrt werden, weil dort die Elite auf ihre künftigen Aufgaben vorbereitet werde. Arndt war sehr beliebt bei den berüchtigten schlagenden Verbindungen, in denen sich die Nachkommen der Eliten des Adels, Militärs und der Beamten versammelten, Studenten, die überzeugt waren, sie hätten den Ruhm der teutonischen Vergangenheit geerbt. Die Kinder einer Elite, die einst so leicht besiegt worden war und der ein Napoleon oder Wellington fehlte, hatten das Bedürfnis, sich ihrer Qualitäten als Krieger zu vergewissern. Folglich erhoben sie das Duell zu einem Kult und weigerten sich später, Juden aufzunehmen.

Friedrich Ludwig Jahn war ebenfalls ein Idol der Studenten. Als Hochschullehrer und Sohn eines lutherischen Geistlichen, derb, hitzig und charismatisch zugleich, war Jahn streng autoritär eingestellt; sein Mut im Kampf gegen die Franzosen hatte ihn zum Nationalhelden gemacht. Auch er forderte die Deutschen auf, ihre alten Wesenszüge zu erneuern und sich von fremden Einflüssen zu befreien. Mit einem Anzug bekleidet, der angeblich der »altdeutschen Tracht« entsprach, ließ er alte Stammesbräuche wieder aufleben, um die Bürger des künftigen germanischen Reiches vorzubereiten. Für den Idealismus von Fichte hatte er nichts übrig; er war eher ein Stammtisch-Rassist: »Mischlinge von Tieren haben keine echte Fortpflanzungskraft und ebensowenig Blendlingsvölker ein eigenes volkstümliches Fortleben ...«[16] Jahn forderte ebenso wie Arndt, daß Bürger, die Ausländerinnen heirateten, ihre Staatsbürgerschaft verlieren sollten.

Beide verachteten den Frieden. Der Krieg förderte die Vornehmheit und zügelte die Selbstsucht im Namen des Opfers für die Gemeinschaft. Jahn stellte das Lützower Freikorps auf, das gegen die Franzosen kämpfte, und war ein Vorkämpfer der körperlichen Leibesübungen. (Er selbst hat das Wort *Turnen* für Gymnastik geprägt, daher stammt auch sein Beiname *Turnvater* Jahn.) Die Leibesübungen dienten nicht einfach der Gesundheit und waren damals sicher nicht dafür gedacht, den Wettbewerb einzelner Leistungssportler zu verherrlichen, wie heutzutage. Sie waren nötig, um die nationale Seele als Vorbereitung auf große Ruhmestaten zu reinigen. Tausende schlossen sich Jahns paramilitärischen Turnvereinigungen an. Sie hielten sich selbst für die Wiedergänger der Deutschen Ordensritter, sie marschierten, unternahmen Ausflüge mit Zelten und paramilitärische Streifzüge und pflegten eine Naturverbundenheit, die sie für Stammesinstinkte hielten, frei von der Verderbtheit des städtischen Lebens. Solche Jugendbewegungen durchzogen das ganze 19. Jahrhundert und wurden zunehmend antisemitisch geprägt.

Zum Wartburgfest 1817 waren Turnvater Jahn und Professor Fries als Ehrengäste geladen. Studentische Burschenschaften verbrannten Bücher, und Rufe wurden laut nach einem vereinten Deutschland und nach Krieg mit Frankreich. Der mächtigste Staatsmann in Mitteleuropa, Fürst Metternich, 1821 zum Staatskanzler der Habsburger Monarchie von Österreich ernannt, wußte, daß die Einheit Deutschlands das Reich der Habsburger zu einer zweitrangigen Macht degradieren werde. Immerhin waren ein Drittel der Bevölkerung der Habsburg-Monarchie Deutsche. Arndt, Jahn und ihre Anhänger standen für ein neues Phänomen: den reaktionären Nationalismus. Und Metternich, selbst ein Reaktionär, konnte kaum den Nationalismus unterstützen, wenn er das Vielvölkerreich der Habsburger erhalten wollte. Er verbot studentische Verbindungen und Nationalbewegungen im ganzen Reich. Die deutschen Universitätsbehörden folgten seinen Befehlen, zensierten ihre Studenten und erkannten Arndt seine Professorenwürde ab. Er landete im Gefängnis.

Die neue Betonung von Rasse und Blut ging mit dem raschen Aufstieg der Juden einher. Aus dem Ghetto befreit, legten sie schnell die Hausiererei und den Kleinhandel ab, genau wie es die Philosophen der Aufklärung angekündigt hatten. Um 1830 war der Sohn eines Hausierers mit gebrauchten Kleidern womöglich ein Stoffhändler oder ein Textilunternehmer, aus Geldverleihern wurden vielleicht Bankiers, und ihre Söhne konnten freie Berufe ergreifen oder Journalisten oder Verleger werden – alles Berufe, in denen die Diskriminierung weniger ausgeprägt war. Mit dem Umzug in eine bessere Wohngegend brachen viele Juden mit der vormals orthodoxen Lebensweise. So trat der moderne, weltlich orientierte und erfolgreiche Jude in Erscheinung. Viele Antisemiten waren überzeugt, daß Juden sich nie assimilieren würden, und mußten nun das Gegenteil beobachten. Typisch für das Unbehagen der Antisemiten war die Reaktion eines preußischen Regierungsrats: »Die gebildeten Juden sind eine kosmopolitische Canaille, die man hetzen und überall verjagen muß.«[17] Tatsächlich haben Antisemiten schon immer die orthodoxen Juden aus dem Ghetto den Juden vorgezogen, deren Weltlichkeit und

Erfolg den christlichen Mythen und der These von der Überlegenheit der germanischen Rasse widersprachen. Die Konfrontation spitzte sich zu, als Juden ihre neue Freizügigkeit nutzten und aus dem ärmlichen Osteuropa emigrierten. Von 1816 bis 1848 verdreifachte sich die jüdische Bevölkerung in Berlin, allerdings blieb in der Neuzeit der Anteil der jüdischen Bevölkerung in Deutschland insgesamt bei etwa ein Prozent. Doch gerade wegen dieser geringen Zahl wurden die Mythen der Antisemiten nur um so schlimmer: Wenn sie nämlich den Juden jegliche Begabung absprechen wollten, konnten sie deren Erfolg nur durch die Behauptung erklären, daß die Juden weit mächtiger seien, als ihre Zahl vermuten lasse.

Im Zuge der Assimilation warnten unzählige Schriften davor, daß die Juden schon bald Deutschland und Europa mit Unsummen von Bargeld beherrschen würden. In Wahrheit waren die Juden, die aus dem Osten einwanderten, in der Regel bettelarm. In Deutschland kam es in den Jahren 1819, 1830, 1834 und 1848 in über dreißig Städten zu Judenverfolgungen, einige hielten mehrere Wochen an. Synagogen wurden in Brand gesteckt, umherstreifende Banden verprügelten Juden und zerstörten ihr Eigentum. Zu dem Mob zählten häufig Zunftmitglieder oder Kleinunternehmer, die Angst hatten vor der jüdischen Konkurrenz, hinzu kamen diejenigen, die nunmehr, da Napoleon die Ghettos zerstört hatte, in der Nachbarschaft von Juden lebten. Unruhen brachen aus, als Juden Unternehmen oder Grundbesitz von Christen aufkauften. Die Krawalle wurden von einer ökonomischen Unzufriedenheit weiter geschürt, denn nach dem Ende von Napoleons Kontinentalsperre gegen Großbritannien überfluteten billige Waren die Märkte. Kleine Unternehmer konnten nicht mithalten, die Verschuldung der Bauern explodierte, den Handwerkern liefen die Kunden davon. Weil die deutschen Liberalen die Rechte der Juden verteidigten, engagierte sich in den Jahren von 1830 bis 1840 eine vergleichsweise große Zahl Juden in liberalen Gruppierungen. Und die Deutschen wiederum, die sich nicht mit dem freien Wettbewerb abfinden wollten, griffen häufig genau diese Juden an. Die Bauern gaben jüdischen Viehhändlern und Zwischenhändlern auf dem Land die Schuld an ihrer Misere, vor allem nach der Agrarkrise von 1820. Die Obrigkeit ließ den Pöbel meist eine Zeitlang gewähren und verfolgte genüßlich, wie Juden und Liberalen eine Lektion erteilt wurde, um dann schließlich die Unruhen zu beenden.

Bei seiner Krönung im Jahr 1840 verlieh der neue König von Preußen,

Friedrich Wilhelm IV., Turnvater Jahn das Eiserne Kreuz und hob ihn wieder auf seinen Lehrstuhl an der Universität. Der äußerst reaktionäre Monarch haßte alles, was nach Aufklärung roch. Der König und die Höflinge verlangten eine Rückkehr zu der mittelalterlichen Feudalordnung und verdammten die Revolution von 1789 als das Werk der Freimaurer und Juden, welche die Bürger Frankreichs aus Profitsucht und Machtgier aufgewiegelt hätten. Wie sein Vorgänger hoffte der König, die Juden wieder ins Ghetto zu treiben oder ganz aus Preußen zu verjagen. Liberale Forderungen nach Emanzipation wies er als Versuche der »schnöden Judenclique« zurück, »die Wurzel des deutschen Wesens« zu zerstören.[18] Als eine Reform des Bildungswesens zur Diskussion stand, blieb Friedrich Wilhelm IV. bei seiner Auffassung, der Katechismus sei gut genug für die Massen, darüber hinaus bräuchten sie nur zu wissen, daß jeder seinem Vorgesetzten zu bedingungslosem Gehorsam verpflichtet sei.

Solche Ansichten lassen sich leicht ins Lächerliche ziehen, doch das Ansehen des Königs und seines Hofes – Aristokraten, Generäle, hohe Staatsbeamte und geistliche Würdenträger – war maßgebend für die Ehrgeizigen, die Diensteifrigen, die Machtgierigen und die Unwissenden. In der weitreichenden Lehensherrschaft des Hofes konnte sich niemand eine Stelle oder Gunst erhoffen, der auch nur den geringsten Anschein einer aufklärerischen Gesinnung vermittelte. Im Jahr 1817 hatte der Vorgänger des Königs den lutherischen und den reformierten Zweig der evangelischen Kirche vereinigt, um den rechten Glauben und die Reaktion zu stärken. Folglich waren gewöhnliche preußische Bürger von liberalem Gedankengut abgeschnitten. Bis zum Aufkommen des Pressewesens waren die preußischen Kanzeln ihre einzige Quelle politischer Gesinnung. Somit hatte der Antisemitismus im postnapoleonischen Preußen einen besonders starken Zulauf und Rückhalt.

Im Jahr 1848 brandete die Woge der Revolution über ganz Europa hinweg. Friedrich Wilhelm IV. verließ in Panik Berlin, als die Tumulte ausbrachen; er war überzeugt, sie seien das Werk jüdischer Agitatoren. In anderen Ländern ernannten die aufgeschreckten Fürsten eilig fortschrittliche Minister, die liberale Gesetze erließen und ein nationales Parlament in Frankfurt forderten – dies sollte der Auftakt zu einem vereinten und liberalen Deutschland sein. Handwerker und Studenten gingen auf die Barrikaden. Die Liberalen gewannen die Wahlen zu dem neuen Parlament. Es hatte den Anschein, das Jahr 1789 sei nun in Deutschland angebrochen. Doch der Triumph war von kurzer Dauer. Die Kirche und der Adel waren nicht so verhaßt wie in Frankreich vor der Revolution; deutsche Liberale und die Fürsten fürchteten die Massen weit mehr als die Gegenseite. Die Liberalen forderten lediglich eine stärkere Mitsprache bei der Regierung, einige Bürgerrechte und den Abbau von Handelsbeschränkungen. Die Fürsten behielten die Kontrolle über das Militär.

Die Revolution scheiterte, weil ihre Träger in Wahrheit keinen Umsturz wollten. Lediglich die Anführer – im wesentlichen Kaufleute und Freiberufler – waren Liberale. Die Bauern und Handwerker hatten sich vor allem deshalb erhoben, weil verheerende Mißernten Hungersnöte verursacht hatten; beide Gruppen merkten schnell, daß die Liberalen nicht ihre Interessen vertraten. Diese waren bereit, Feudalabgaben und Fronarbeit abzuschaffen, doch sie bestanden darauf, daß die Gutsbesitzer dafür entschädigt wurden. Das Eigentumsrecht, auch das feudale, war ihnen heilig. Die Einführung des freien Warenhandels sollte den Bauern schaden, die nicht in der Lage waren, sich auf die zunehmende Konkurrenz von außen einzustellen. Schon bald griffen Bauern in einigen Gegenden Juden an, trugen antisemitische Symbole und riefen die bekannten Parolen, denn die Juden waren ein Symbol für die freie Marktwirtschaft, die sie so sehr fürchteten. Jüdischen Geldverleihern und Zwischenhändlern wurden die Verschuldung der Bauern und die niedrigen Preise für Agrarprodukte angelastet. Weil sie noch eng mit der Leibeigenschaft verbunden waren, hatten die Bauern keine Vorstellung von den komplexen Zusammenhängen einer Volkswirtschaft, die in Wahrheit von Christen beherrscht und von kapitalistischen Gesetzen gelenkt wurde. Die Liberalen der Frankfurter Nationalversammlung konnten keine wirtschaftlichen Forderungen erfüllen, die sie für rückschrittlich hielten, und versuchten es auch gar nicht erst. 1849 hatten die Bauern sich in eine mürrische Trotzhaltung zurückgezogen.

Der Liberalismus versprach auch den Zunftmeistern keine Erleichterung. Sie forderten ihr überliefertes Recht, die Märkte, Preise und Löhne sowie den Zugang zu den Zünften zu kontrollieren. Die Liberalen spotteten über solch reaktionäre und egoistische Forderungen und überhörten die Klagen darüber, daß alte Handwerksbetriebe und Kleinunternehmen von der ungehemmten Macht der neuen Technik und des Kapitals zugrunde gerichtet würden. Das neue Parlament verlangte ein freies Unternehmertum mit Ausnahme des Gesundheitswesens und beharrte auch auf einem freien Zugang zu den Zünften und Gilden. Die Liberalen erklärten auch die Juden für befreit von allen Beschränkungen der Bürgerrechte. Im Gegenzug gaben Zunftmitglieder dem »jüdischen« und »unchristlichen« Liberalismus die Schuld an ihren wirtschaftlichen Schwierigkeiten, sie erklärten ihn zu einer Gefahr für die stabile und gerechte christliche Wirtschafts- und Sittenordnung. Die Zunftmitglieder kehrten der Revolution den Rücken. Bis hin zum Dritten Reich sollten die Handwerker in Deutschland und Österreich zu den stärksten Unterstützern rassistischer Bewegungen zählen. 1849 blieb den Liberalen in Deutschland keine andere Wahl, als auf eine Vereinigung unter preußischer Führung gegen den Willen anderer Herrscher zu setzen, notfalls mit Gewalt.

Eine Abordnung, zu der auch der Vizepräsident des Frankfurter Parlaments Gabriel Riesser zählte, ein ungetaufter Jude, bot dem preußischen König die Kaiserkrone an. Doch Friedrich Wilhelm IV. wollte kein ungebührliches Angebot annehmen, noch wollte er auf Geheiß ziviler Emporkömmlinge unter Führung eines Juden die Rechte seiner Mitherrscher mit Füßen treten. Er wußte auch, daß Österreich, Rußland und Frankreich jeden Versuch, Deutschland zu vereinen, verhindern würden. Immerhin gewährte der König, von der Angst vor einer neuen Revolution verfolgt, widerwillig eine preußische Landesverfassung. Doch sie konnte kaum liberal genannt werden. Ein Drei-Klassen-Wahlrecht wurde eingeführt, das den reichsten Bürgern die Vorherrschaft sicherte, und der König erhielt ein absolutes Vetorecht sowie die Befugnis, den nationalen Notstand auszurufen und ohne das Parlament zu regieren. Die Minister der preußischen Regierung waren nicht den Abgeordneten verantwortlich, und der vom König ernannte Kanzler konnte auch ohne die Unterstützung des Parlaments regieren. Der König ernannte ferner die Mitglieder des Herrenhauses. Er kontrollierte ebenso den Staatshaushalt. Einmal mehr behielten die Aristokratie, das Militär und der König die Macht. Die neue preußische Verfassung galt bis zur Novemberrevolution von 1918, und damit blieb die Macht der Reaktionäre bestehen.

Prominente Liberale wanderten nun ins Gefängnis, gingen ins Exil oder wurden erschossen. Die Reaktionäre rüsteten zum Kampf gegen den Liberalismus, unter ihnen Otto von Bismarck, der von Beginn an auf ein hartes Durchgreifen gegen die Revolutionäre gedrängt hatte und dem die geringste Begrenzung der königlichen Macht verhaßt war. Aristokraten und ehemalige Offiziere gründeten die *Neue Preußische Zeitung*, gemeinhin treffend die *Kreuzzeitung* genannt, die zum Sprachrohr des rechten Flügels der konservativen Partei wurde. Sie war dem »jüdischen Liberalismus« und allen Juden gegenüber äußerst feindselig gesinnt. Die Aristokraten gründeten eine Vaterlandsgesellschaft mit dem Ziel, eine Besteuerung des Adels zu verhindern, ihre Rechte über »ihre« Bauern wiederzuerlangen und die Zünfte zu unterstützen.

Immer mehr wurden liberale Reformen mit Revolution gleichgesetzt und vor allem mit dem Judentum, wie später auch während der Weimarer Republik. Seit dieser Zeit wurden gezielt bekannte jüdische Namen aus der Masse der christlichen Revolutionäre herausgehoben, um nachzuweisen, daß »die Juden« als Gesamtheit Schuld hatten. Doch die überlieferten christlichen Mythen mußten um den Rassismus des Blutes ergänzt werden, weil assimilierte, weltliche und fortschrittliche Juden selten religiös waren und schon gar nicht orthodox. Der allzu fromme Friedrich Wilhelm IV. hatte nicht nur versucht, die Juden im Ghetto zu halten, er hatte auch versucht, sie orthodox zu halten, indem er den Aufstieg des Reformjudentums verhinderte. Diese jüdische Bewegung wollte das Judentum den christlichen Bräuchen näherbringen, um dadurch die Assimilation zu erleichtern. Den Antisemiten waren weltliche und erfolgreiche Juden immer schon ein Dorn im Auge, weil sie nicht mit den christlichen Mythen und mit der These von der Überlegenheit des germanischen Blutes übereinstimmten. Nunmehr war die Lage sehr verworren: Was machte die Juden so gefährlich? Ja, was machte sie zu Juden? Ihr Blut oder ihre Religion? Beide Auffassungen wurden weiterhin vertreten und verschärften sich gegenseitig. Paradoxerweise wurde durch den Fortschritt des Liberalismus und die Assimilation die Lage der Juden noch prekärer. Wie gefährdet sie waren, zeigte sich eindeutig in den siebziger Jahren des 19. Jahrhunderts, als Deutschland sein erstes Jahrzehnt eines liberalen Aufschwungs erlebte, der Antisemitismus aber weit bedrohlicher wurde als je zuvor.

6.

ANTISEMITISMUS IN DER BISMARCK-ÄRA

Sämtliche Nationen, welche die Lehren des Neuen Testaments ablehnen, sind dazu verdammt, vom Erdboden zu verschwinden.

Hofprediger Adolf Stoecker, 1878

Der Antisemitismus steigt, wenn die Kurse fallen.

Deutsches Sprichwort

Im Pomp und Glanz von Versailles wurde 1871 das Zweite Kaiserreich gegründet. Die deutsche Vereinigung war abgeschlossen. Mit glorreichen Siegen über Österreich und Frankreich stellte Preußen die Ehre der Obrigkeit wieder her, die von Napoleon gedemütigt worden war. Zahllose Flugblätter, Reden und Predigten beschworen den Kriegsgott zum Ruhme Preußens. Für die Rechten waren Rasse und Autokratie die entscheidenden Faktoren für den Sieg über den französischen Republikanismus und die »Bastarde« der Habsburger Monarchie. Der Deutsch-Französische Krieg, der erste, der von Sozialdarwinisten interpretiert wurde, galt als Exempel für den Erfolg der überlegenen Rasse im Kampf ums Dasein. Wie Bismarck, der »Eiserne Kanzler«, der den Kampf anführte, einmal sagte: »... nicht durch Reden und Majoritätsbeschlüsse werden die großen Fragen der Zeit entschieden ... sondern durch Eisen und Blut.«[1]

Bis 1861 regierten in Preußen die reaktionären Kräfte, doch in diesem Jahr wurde die Rechte aufgeschreckt, als 256 liberale Abgeordnete in den preußischen Landtag gewählt wurden und nur fünfzehn konservative. Im Zuge des wirtschaftlichen Aufschwungs war eine große Gruppe liberal eingestellter Industrieller, Kaufleute und Freiberufler entstanden, die über den nötigen Reichtum verfügten, um gegen die Repräsentanten des traditionellen Preußens zu bestehen. Konservative Politiker hatten die Wahlen stets nur deshalb akzeptiert, weil der König sie angeordnet hatte, und sie hatten auf verschiedene Weise versucht, sie zu sabotieren. Da es keine geheime Abstimmung gab, ließen Grundbesitzer ihre Geschäfte mit Liberalen stornieren, und über die Zuteilung von Regierungsgeldern und Lizenzen wurden politische Gegner illegal bekämpft. Anfang der sechziger Jahre reichte dies aber nicht mehr aus, und die Liberalen forderten ihr verfassungsmäßiges Recht auf Mitbestimmung über den Militärhaushalt. Der Berater des Königs, General von Roon, bestand darauf, Bismarck zum Ministerpräsidenten von Preußen zu ernennen und die Liberalen in die Schranken zu weisen. Der König zögerte anfangs. Der »rote Reaktionär«, wie er genannt wurde, war im Jahr 1848 Repräsentant der Junker gewesen und hatte sich offen für ein kompromißloses Durchgreifen ausgesprochen. Doch Roon blieb bei Bismarck: Es sei besser, zu Tode zu bluten, als langsam zu verrotten, war sein Standpunkt. Im Jahr 1862 wurde Bismarck ernannt, postwendend verstieß er gegen die Verfassung, als er ohne verabschiedeten Haushalt Steuern eintrieb und darauf beharrte, daß kein Parlament die Regierung unter Druck setzen dürfe, indem es ihr die Geldmittel entziehe.

Doch Bismarck hoffte, die Unterstützung der Liberalen für seine Haltung zu gewinnen. Mit einer aggressiven Außenpolitik verwickelte er zunächst Österreich und dann Frankreich in einen Krieg. Seine Siege brachten einen Umschwung der Haltung der Liberalen, denn die Vereinigung Deutschlands – allerdings auf dem Verhandlungsweg und nicht durch Krieg – war seit den vierziger Jahren ein Ziel Hunderter liberaler Vereinigungen gewesen. Angespornt von einer nationalen Begeisterung, billigte die Nationalliberale Partei rückhaltlos seine Außenpolitik. Sie war aus der Deutschen Fortschrittspartei, den schärfsten Gegnern Bismarcks, hervorgegangen, und erklärte nunmehr rückwirkend seine Handlungsweise für verfassungsgemäß; sie bewilligte ihm sogar ein Gehalt. Bismarck belohnte die Liberalen mit Zugeständnissen bei der Verfassung des neuen deutschen Staates, aber auch die preußischen Reaktionäre stellte er zufrieden; sie fürchteten die Millionen von Liberalen und Katholiken in dem neuen Staat. Der König, dem selbst unwohl war bei dem Gedanken, versicherte ihnen, ein vereinigtes Deutschland werde nichts weiter sein als eine Ausdehnung des alten Preußens, eher ein kaiserlicher Besitz als ein einheitlicher Nationalstaat. Aus diesen entgegengesetzten politischen Strömungen heraus entstand die neue deutsche Verfassung. König Wilhelm von Preußen wurde zum Deutschen Kaiser Wilhelm I. erklärt, Bismarck wurde Ministerpräsident von Preußen und Reichskanzler. Der Bundesrat setzte sich aus den ernannten Vertretern der verschiedenen deutschen Staaten zusammen; die preußischen Vertreter hatten hier ein Vetorecht und konnten sämtliche Änderungen der Verfassung verhindern.

Zum Entsetzen rechter Kreise führte Bismarck das allgemeine Männerwahlrecht zum Reichstag ein, allerdings hielt er an dem alleinigen Recht des Kaisers fest, die Außenpolitik zu bestimmen und Krieg zu erklären. In erster Linie sollte der Kanzler des deutschen Reiches dem Kaiser nach dessen Gutdünken dienen; er war kein gewählter Repräsentant des Volkes. Wenn es nötig war, konnte ein Gesetz auch gegen den Willen der Mehrheit im Parlament durchgesetzt werden. Die Konservativen hatten eine klare Vorstellung, wie die neue Verfassung funktionieren sollte: Der Kaiser sollte seine Wünsche den Ministern kundtun, diese wiederum hatten das Parlament anzuweisen, den kaiserlichen Willen auszuführen. War ein Minister anderer Meinung, so hatte er zurückzutreten; stellte ein Reichstagsabgeordneter das Wort eines Ministers in Frage, so war ein Duell das probate Mittel. Langwierige Diskussionen führten zu nichts, Ungehorsam bedeutete Verrat.

Doch allein die Existenz eines demokratisch gewählten Reichstags versetzte die Traditionalisten in Angst und Schrecken, denn in jedem westlichen Staat hatte das Parlament nach und nach seine Befugnisse auf Kosten der alten Garde ausgeweitet. Es drohte die Aussicht, daß demokratisch gewählte Zivilisten, die lediglich die nichtswürdigen Interessen der Wirtschaft vertraten, in der Lage waren, über die Aristokraten, Militärs und Staatsbeamten zu bestimmen, die sich für die wahren Sachwalter der Staatsinteressen hielten. Für die Reaktionäre wurde Bismarck nunmehr zum Verräter seiner Klasse.

Mit der Verfassung wurde auch die Emanzipation der Juden abgeschlossen. So lange Zeit von traditionellen Berufen ausgeschlossen, hatten die Juden neue Unternehmen gegründet, neue Produktionsmethoden eingeführt und waren mit der Woge des wirtschaftlichen Aufschwungs rasch aufgestiegen. Junge Juden strömten in die Universitäten, eine Karriere im Gesundheits- und Rechtswesen oder im Journalismus stand ihnen offen, denn hier waren sie als unabhängige Akademiker vergleichsweise unbehelligt von Beschränkungen. Nach der Niederlage der Liberalen von 1848 hatten führende jüdische Zeitgenossen geglaubt, der Antisemitismus würde nun aussterben. Doch die erneute liberale Welle schreckte die Konservativen, die sich nun vom Eisernen Kanzler alleingelassen fühlten; und der reaktionäre Flügel, angeführt von der sogenannten *Kreuzzeitung*, inzwischen eine Pflichtlektüre für Gutsbesitzer, Aristokraten, Staatsdiener und Militäroffiziere, nahm seinen Kampf gegen den »jüdischen Liberalismus« von neuem auf.

Konservative setzten verfassungswidrige Mittel ein, um die Juden vom Militär- und Staatsdienst fernzuhalten; es hieß, die Juden seien ungeeignet für so vornehme Anstellungen. Auf dem Lande hinderten der Aberglaube der Bauern und der Einfluß des Adels die Juden immer noch daran, einen anderen Beruf als den des Zwischenhändlers und Geldverleihers auszuüben. Und in einer Zeit der sozialen Mobilität sollten sich in der Tat nur wenige Juden an das Landleben anpassen, das ihnen überdies so vergällt wurde. Sie fühlten sich hingezogen zu den städtischen Zentren, wo sie Anonymität und eine gewisse Toleranz erwarten durften, dazu auch Patienten, Klienten, Kunden und Gleichgesinnte unter den Glaubensgenossen. Ihre Berufe verstärkten noch ihre liberale Einstellung. Doch dadurch bestätigten sie auch die Prophezeiungen der rassischen Nationalisten: Juden könnten niemals echte Deutsche sein, weil sie ein Stadtvolk und ein Händlervolk seien, ohne Kontakt zu dem ländlichen, kriegerischen Geist der germanischen christlichen Seele. In Frankreich war der Antisemitismus unter rechten Katholiken weit verbreitet, doch es herrschte stets Toleranz unter den Anhängern der Revolution von 1789. In Italien genossen das städtische Leben und der Handel seit der Renaissance ein hohes Ansehen, Italiener jüdischer Abstammung wurden daher bereitwillig aufgenommen und gelangten in einflußreiche Stellungen im Staatsdienst und in der Armee. Allem Gerede von einer Assimilation der deutschen Juden zum Trotz blieben ihre gesellschaftlichen Aufstiegsmöglichkeiten durch versteckte Diskriminierungen beschränkt, und Juden blieben potentielle Opfer rassischer Vorurteile.

Die liberale Presse in Berlin und Wien erregte den Zorn deutscher Konservativer und wurde von jüdischen Redakteuren und Journalisten geprägt. Die deutsche Presse insgesamt, die zahlreichen Dorf- und Kleinstadtzeitungen waren jedoch konservativ und ihre Eigentümer stellten keine Juden ein. In großen Städten war der Einstieg in den Journalismus leichter. Jüdische Journalisten und Redakteure sollten wegen ihrer ambivalenten Stellung rasch den Unterschied zwischen Rechtsanspruch und Wirklichkeit kennenlernen und aufdecken, häufig schrieben sie über die Heuchelei, hinter der sich die Eigeninteressen und Privilegien der Obrigkeit verbargen. Im Gegenzug wertete die Rechte deren Kritik als Beweis dafür, daß Juden eine Rasse subversiver Elemente seien, undankbar für ihre Emanzipation und unfähig, die deutschen nationalen Werte und Einrichtungen gebührend zu würdigen.

Im Jahr 1874 erlitt die Rechte einen weiteren schweren Schlag, als die beiden liberalen Parteien, die Nationalliberalen und die Fortschrittspartei – als die Parteien der Juden geschmäht –, erneut die Wahlen zum Reichstag gewannen. Konservative erhielten vierzehn Prozent der Stimmen, Liberale vierzig Prozent und die neugegründeten Sozialdemokraten sieben Prozent. Bismarck, stets Realist, arbeitete notgedrungen mit den Liberalen zusammen, während der Kronprinz entschieden liberale Auffassungen vertrat. Plötzlich hatte es den Anschein, als würde Deutschland trotz der preußischen Siege von der Woge erfaßt, die Frankreich 1871 zur Republik machte und die ein liberales, vereintes Italien schuf; selbst das altersschwache Habsburger Reich hatte eine liberale Verfassung erhalten. Bismarck schien im Begriff, den »neumodischen jüdischen Staat« zu schaffen, den die Junker seit Napoleon gefürchtet hatten.

Die Spannungen nahmen zu, als zwei ungetaufte Juden, Eduard Lasker und Ludwig Bamberger, als bekannteste Wortführer der fortschrittlichen Parteien eine Reihe liberaler Wirtschaftsreformen durch den Reichstag brachten. Dazu zählten Gesetze, welche die Haftung von Investoren eines Unternehmens auf die tatsächlich investierte Summe begrenzten, anstelle ihres gesamten persönlichen Vermögens. Die Anhäufung von Kapital für Genossenschaften wurde erleichtert, und ein großer Börsenboom setzte ein. Ohne jede Kontrolle förderten die Reformen unkluge und häufig betrügerische Betriebsgründungen. Im Jahr 1873 brachen zahlreiche neue Unternehmen zusammen, und Tausende kleiner Investoren wurden ruiniert bei dem ersten Börsenkrach, der nicht die Folge von Mißernten war. Eilig gaben rechte Politiker Bismarcks liberalen jüdischen Verbündeten die Schuld an dem Zusammenbruch. Wegen der Bedeutung der Juden für die Börse und ihrer Tätigkeit bei der Beschaffung von Kapital für Neugründungen bot sich den Rassisten die Chance, die Juden als Gruppe für das tragische Schicksal der gutgläubigen Investoren verantwortlich zu machen.

Verbittert, frustriert und unfähig, die komplexen Zusammenhänge der wirtschaftlichen Veränderung zu begreifen, gaben die kleinen Investoren bereitwillig jüdischen Spekulanten die Schuld an ihrem persönlichen Verlust und hofften dabei auf einen schnellen Börsengewinn. Die Vorstellung, daß alle Investoren, sie selbst eingeschlossen, auf dieselbe Rendite hofften, verwirrte die Börsenopfer vollends. Heutzutage gilt eine Kapitalanlage an der Börse nicht mehr als unmoralisch, und wer einen Spekulationsgewinn einstreicht, wird bewundert, aber damals hielt man es für ein leichtfertiges Spiel mit dem Geld anderer. Vielmehr blieb es für den gewöhnlichen Deutschen ein Buch mit sieben Siegeln, wenn gelehrte Wirtschaftswissenschaftler geheimnisvoll von den notwendigen Zyklen einer Hausse und einer Baisse sprachen. Da war es für die Leidtragenden leichter, ihre eigene Habgier und Schuld auf diejenigen zu übertragen, die traditionell für unmoralische Parasiten gehalten wurden.

Aber auch Tausende von jüdischen Investoren waren durch den Börsenkrach ruiniert worden, und die neuen Gesetze waren in der Tat von Bismarck und seinem Kabinett vorgeschlagen worden, also ausschließlich von Christen. Die Liberalen, jüdische wie nichtjüdische, hatten sie im Sinne des freien Unternehmertums unterstützt. Lasker selbst prangerte als erster betrügerische Geschäfte an und schlug gesetzliche Gegenmaßnahmen vor. Doch die Hetzjagd hatte bereits begonnen. Eine große Rolle spielte dabei die offenkundige Präsenz von Juden in Geldanlageunternehmen, obwohl Deutsche des oberen und mittleren Bürgertums ebenfalls stark daran beteiligt waren. Bauern, Handwerker und die städtischen Armen gehen nicht an die Börse. Und gegen entsprechende Bezahlung gaben viele führende Aristokraten ihre Namen her für Werbebroschüren, in denen riskante Unternehmen angepriesen wurden. Tatsächlich reichten die Skandale bis zum Kaiserhof, unter anderen war der Staatsrat Hermann Wagener darin verwickelt, ein führender Antisemit und ehemaliger Chefredakteur der *Kreuzzeitung*. Er mußte seinen Rücktritt einreichen. Dennoch führte der Börsenkrach zu einer Pauschalverurteilung der Juden. Der reaktionäre Publizist Rudolph Meyer behauptete: »Solange wie Graf Bismarck das einzig mächtige Idol bleibt, solange wird das deutsche Volk dem Reich geopfert werden und das Reich dem Kanzler – und der Kanzler gehört den Juden und Spekulanten.«[2]

»Die soziale Frage ist wesentlich Gründer- und Judenfrage, alles übrige ist Schwindel.«[3] Mit diesen berühmten Worten aus dem Jahr 1876 prägte Otto Glagau, der Gründer antisemitischer Gruppierungen, eine Losung, die bis in die Nazi-Zeit berühmt war, und damit begann eine Reihe rassistischer Artikel in der weitverbreiteten und angesehenen bürgerlichen Zeitschrift *Die Gartenlaube.* Sie hatte beinahe 400 000 Abonnenten – für die damalige Zeit unglaublich – und ist eine wahre Fundgrube für das Verständnis der Gedanken und Empfindungen der Mittelschicht.[4] Seit 1870 hatte die beliebte Zeitschrift den Liberalismus verunglimpft und das Militär, den Adel und den Hof gepriesen. Ohne zu unterscheiden zwischen rechtschaffener Werbung und Betrug, benutzte Glagau gefälschte Statistiken und behauptete, daß neunzig Prozent der Geschäftsgründer Juden gewesen seien. Er verlor kein Wort über die zu Tausenden ruinierten jüdischen Anleger oder über die aristokratischen Spekulanten. Er kam zu der Überzeugung, daß der Liberalismus drohe, die christliche Ethik zu zerstören und Deutschland den Juden preiszugeben: »Sie führen thatsächlich die Herrschaft über uns … Die ganze Weltgeschichte kennt kein zweites Beispiel, daß ein heimatloses Volk, eine physisch wie psychisch entschieden degenerierte Race blos durch List und Schlauheit, durch Wucher und Schacher über den Erdkreis gebietet.«[5]

Nach ihrer Wahlschlappe von 1874 gründete die Rechte eine Anti-Kanzler-Liga. Die *Kreuzzeitung* blieb bei ihrer Behauptung, der Kanzler sei nur eine Schachfigur der jüdischen Bankiers und Spekulanten, und veröffentlichte eine Reihe rassistischer Beiträge: »Die eigentliche Führerschaft des Liberalismus … hat das moderne Judenthum übernommen, das in der Presse herrscht, in Reichs- und Landtagen eine Rolle spielt und bereits in Stadt und Land den bedenklichsten Einfluß gewonnen hat … jenes moderne Judenthum, das seinen Glauben … verläugnet, das in liberaler Aufklärung sich brüstet und überall an der Spitze des Fortschritts marschiert, ist ein wahrer Schaden für unser Volk …«[6] Die Gründe für die Ängste der Konservativen waren offensichtlich. Bismarcks Bündnis mit den Liberalen bedeutete, daß Zivilisten über den Militärhaushalt abstimmen würden und daß der Staatsdienst und das Militär neben dem Adel auch anderen Bevölkerungsgruppen geöffnet würden. Deutschland würde eine »rote« Republik werden wie Frankreich oder ein Krämervolk wie England.

1874 verfaßte der Publizist Constantin Frantz sein Buch *Der National-*

liberalismus und die Judenherrschaft. (Während des Dritten Reiches war Frantz Gegenstand der Dissertation von Kurt Waldheim.) Frantz, der unter den konservativen deutschen Intellektuellen sehr beliebt war, stellte ausdrücklich die Juden als Symbol für alles Liberale dar - purer Unsinn, wenn man bedenkt, daß die Aufklärung das Werk von Christen war. Unter Bismarck, erklärte Frantz, werde Deutschland von einer jüdischen Nation regiert, die das Deutschland der Dörfer, Zünfte, regionalen Unterschiede und Volksgemeinschaft zerstören werde. Soziale Gleichheit und gleiche Rechte würden Deutschland einer Tyrannei des Staates unterwerfen, indem die autonome Entscheidungsgewalt der Eliten abgeschafft werde, der Eliten, die einst zwischen dem Volk und einem Robespierre oder Napoleon gestanden hätten. Lediglich die Juden würden von einer Gesellschaft profitieren, die für Kaufleute und Spekulanten gedacht sei, einer Gesellschaft, die alles zu Waren verwandle. Jüdische Kapitalisten hätten nunmehr die Freiheit, die Nation selbst zu kaufen - das Land, das so eng mit der Verantwortung des Adels und den Traditionen der Bauern verbunden sei. Fehlendes Kapital würde die deutscheste aller Klassen der Gnade der Juden ausliefern. Ohne Nation und seiner Religion beraubt, habe der Jude sich eine Existenz außerhalb der sittlichen Grenzen der deutschen Geschichte aufgebaut und außerhalb der gemeinschaftlichen Beschränkungen, welche das Streben nach Gewinn und Lust zügelten. Für den jüdischen Liberalen, gab Frantz an, seien die Rechte des einzelnen die einzige Wahrheit; er würde sich niemals für das Wohl der Gemeinschaft opfern, die er zu seinem eigenen Erfolg ausbeute.

Zu den lauter werdenden antijüdischen Stimmen erklang nun die der katholischen Kirche in Deutschland. Im Jahr 1870 erklärte Papst Pius IX., daß der Papst bei Streitigkeiten zwischen politischen Führern die letzte Entscheidungsgewalt habe und daß seine weltliche Macht von Christus selbst stamme. Bismarck eröffnete im Gegenzug den sogenannten Kulturkampf und legte Gesetze vor, welche die Rechte der Kirche bei der Erziehung, bei der Eheschließung und Scheidung und sogar bei der Priesterausbildung einschränkten. In der Nationalliberalen Partei und der ihr zugehörigen Presse fand er bereitwillige Bündnispartner. Sie hegten die Hoffnung, Kirche und Staat zu trennen, und grollten dem Papst wegen der wiederholten Verurteilung ihrer Ansichten. Die Schlacht hatte begonnen, Geistliche, die sich Bismarcks Maßnahmen widersetzten, wurden mit einer Geldstrafe belegt, zu Gefängnis verurteilt oder des Landes verwiesen. Den Katholiken erschien dies wie eine Neuauflage von 1789.

Auch wenn die Mehrheit der Liberalen keine Juden waren, so beschuldigte die katholische Zeitschrift *Germania* im Jahr 1876 die »jüdischen« Liberalen im Reichstag, sie hätten die Kirche wegen ihres uralten Kampfes gegen Christus ihrer verbrieften Rechte beraubt. Erstmals wurde in einer angesehenen Zeitschrift zu einem Boykott jüdischer Geschäfte aufgerufen, mit einem Satz, den die Nationalsozialisten so berüchtigt machen sollten: »Kauft nicht von Juden!«[7] Die *Germania* gab den Juden auch die Schuld an dem wirtschaftlichen Zusammenbruch von 1873 und folgte damit Papst Pius IX., der sie zu den »Feinden Jesu« erklärt hatte, die »keinen anderen Gott hätten als ihr Geld«.[8] Gut dreihundert katholische Lokalzeitungen in Deutschland druckten noch rassistischere Äußerungen. Ganz abgesehen vom Kulturkampf war der Antisemitismus für die Katholiken ein Mittel, sich gegenüber den preußischen und protestantischen Konservativen als »gute Deutsche« zu präsentieren. Beunruhigt über die Millionen von Katholiken im neugeschaffenen Reich, warfen diese ihnen vor, dem Vatikan stärker die Treue zu halten als dem Vaterland und die Kriege gegen ihre Glaubensgenossen im katholischen Frankreich und Österreich nur halbherzig geführt zu haben.

Liberale betrachteten den Kulturkampf als eine legitime Antwort auf den absoluten Autoritätsanspruch von Pius IX.; Bismarck sah in ihm einen Wettstreit mit einem politischen Rivalen, er zog die unterwürfigen Lutheraner den Katholiken vor. Wie die preußischen Herrscher und die protestantische Rechte hielt er den Vatikan für eine »Schwarze Internationale«, die eine übernationale Loyalität fordere. Mit dem Segen des Papstes gründeten katholische Würdenträger die Zentrumspartei zum Schutz der Kirche, und sie wurde auf Anhieb zu einer bestimmenden politischen Kraft. 1879 erkannte Bismarck, daß er einen starken politischen Gegner heraufbeschworen hatte und einigte sich mit dem neuen Papst Leo XIII. auf einen Kompromiß. Er ließ seine mittlerweile geschwächten liberalen Bündnispartner im Stich und ermunterte die Presse, darunter auch Zeitungen, die er illegal mit geheimen Staatsgeldern förderte, die Juden im Reichstag der Kirchenverfolgung anzuklagen. Im Verrat an seinen bisherigen Partnern ermunterte Bismarck die katholische Presse zu der Behauptung, der Kulturkampf sei von Juden inszeniert worden, um ihre Betrügereien während des Börsenkrachs zu vertuschen. Dabei ließen sie außer acht, daß viele jüdische Wortführer, auch Lasker, sich der drohenden Krise entgegengestellt hatten.

Auch in den Produkten der Volkskultur wurden die Juden diffamiert. In den siebziger Jahren lieferte eine unübersehbare Schundliteratur Millionen von Deutschen Stereotype, die von denen in antisemitischen Traktaten nicht zu unterscheiden waren. Dafür wirkten sie um so nachhaltiger. In dem sehr beliebten Roman *Ein Kampf um Rom* von Felix Dahn von 1876 wird der jüdische Schurke als feige und böse dargestellt. Sein Gesicht zeigte »die ganze berechnende Schläue seiner Rasse«, der die blonde und mannhafte Reinheit des deutschen Protagonisten gegenüberstand.[9] In Gustav Freytags *Soll und Haben* (1855), dem bekanntesten Roman des Jahrhunderts, bilden die jüdischen Geschäftsleute »eine Art Unterwelt, die bereit ist, jede Schwäche in der moralischen oder wirtschaftlichen Struktur der nichtjüdischen Gesellschaft auszunutzen«.[10] Die Juden werden dargestellt, als wollten sie anständige deutsche Geschäftsleute durch List und Habsucht zugrunde richten. Freytag hielt die polnischen Juden für Unrat, der auf einem primitiven sittlichen Niveau existiere. Juden waren für ihn eine Krankheit, die lediglich mit Hilfe rigoroser Mittel geheilt werden könne.[11] Der Roman wurde seines Realismus wegen von den Kritikern in den höchsten Tönen gelobt.

Wilhelm Raabes beliebter Roman *Der Hungerpastor* (1864) zählte bis 1914 in zahlreichen Schulen zur Pflichtlektüre. Hier wird die idealistische Frömmigkeit eines deutschen Geistlichen der zerstörerischen, zynischen Rationalität eines jüdischen Intellektuellen gegenübergestellt. Raabes christlicher Priester wird geachtet wegen seiner Bescheidenheit, der Jude verachtet, weil er so viele Menschen mißbraucht hat, um sich zu bereichern. Er endet als Verstoßener. Das Bild des bösen Juden suchte sogar die Kinderzimmer heim. Die überaus beliebten Märchen der Brüder Grimm beruhen auf alten deutschen Sagen und Überlieferungen, doch die beiden Verfasser gaben die Märchen in einer Fassung heraus, die ihrem Haß auf den republikanischen Kosmopolitismus entsprach und die rassische Reinheit der deutschen Seele darlegte. In »Der Jude im Dorn« ersetzten sie den ursprünglichen Schuft, einen Mönch, durch einen gemeinen jüdischen Dieb, der ein Geständnis ablegt und gehängt wird.

Heinrich von Treitschke liefert ein klassisches Beispiel für das Ansehen, das der Antisemitismus unter vielen deutschen Akademikern genoß. Treitschkes *Deutsche Geschichte im 19. Jahrhundert* (1879–1894) war das bis dahin beliebteste historische Werk in Deutschland. Als Loblied auf die preußischen Eliten schildert das Buch die Vereinigung von Deutschland als höchste Erfüllung des absoluten Willens, wie er sich in den deutschen kriegerischen rassischen Eigenschaften offenbare und durch die notwendige Unterordnung der Rechte des einzelnen unter das Wohl der Nation vollendet werde. Treitschke war der beliebteste Dozent an der Berliner Universität, wo er die künftigen Herrscher und Schullehrer Deutschlands unterrichtete. Als die rassistischen Unruhen im Jahr 1879 zunahmen, wurden Juden auf der Straße verprügelt. »Kauft nicht von Juden!« schmierte man auf Schaufenster jüdischer Geschäfte, und Demagogen führten zahlreiche kleine, aber lautstarke Organisationen an, die harte Maßnahmen gegen Juden und Judenfreunde forderten und hartnäckig behaupteten, die Judenfreunde würden Bismarcks Reich kontrollieren. In dem berühmten Artikel »Unsere Aussichten« in den *Preußischen Jahrbüchern* distanzierte sich Treitschke ausdrücklich von diesen Gewalttaten, doch er zeigte Verständnis für die Ursachen. Der »Instinkt der Massen hat in der That eine schwere Gefahr, einen hochbedenklichen Schaden des neuen deutschen Lebens erkannt.« Die Zahl der Juden in Westeuropa sei zwar gering, »über unsere Ostgrenze aber dringt Jahr für Jahr aus der unerschöpflichen polnischen Wiege eine Schaar strebsamer hosenverkaufender Jünglinge herein, deren Kinder und Kindeskinder dereinst Deutschlands Börsen und Zeitungen beherrschen sollen.«[12] Selbst angesehene Juden seien viel zu sehr von der kosmopolitischen Aufklärung beeinflußt. Um voll anerkannt zu werden, müßten sie denken und handeln wie Deutsche. Wenn sie ihre veraltete Religion vorzögen, dann sei das eben nicht zu ändern, der christliche Glaube sei aber unerläßlich für ein deutsches Nationalgefühl. Treitschke verleumdete die »arrogante« jüdische Presse, sie würde deutsche Institutionen und selbst das Christentum angreifen. Er überging die ständigen Beleidigungen des jüdischen Glaubens durch Christen, weil er diese Kritik für berechtigt hielt, wie die meisten frommen Christen. Mit Sicherheit habe »das Semitenthum an dem Lug und Trug, an der frechen Gier des Gründer-Unwesens einen großen Antheil, eine schwere Mitschuld an jenem schnöden Materialismus unserer Tage … in Tausenden deutscher Dörfer sitzt der Jude, der seine Nachbarn wuchernd auskauft.«[13] Treitschke und viele gebildete Deutsche hofften, die Einwanderung polnischer Juden zu beenden und die Bürgerrechte deutscher Juden zu beschränken; Fanatiker wollten sie einfach aus dem Land werfen. Selbst gebildete Deutsche, mahnte Treitschke, würden heutzutage einmütig sagen: *»Die Juden sind unser Unglück!«*[14] Der berüchtigte Satz ertönte in den folgenden Jahrzehnten immer wieder und erschien 1923 auf dem Titelblatt von Julius Streichers *Stürmer.*

Im Jahr 1880 leitete eine Gruppe unter Führung von Bernhard Förster eine antisemitische Petitionskampagne ein. Jüdische Wucherer hätten die Kontrolle über das Land unserer Vorfahren errungen, das mit deutschem Blut gewonnen worden sei, hieß es in der sogenannten Antisemitenpetition, und überall sei einzig die schwielige Hand der Christen aktiv, während der Jude die Früchte der Arbeit ernte. Ein fremder Stamm, am weitesten entfernt von den Gedanken und Empfindungen der arischen Welt, erobere die Deutschen mit seinem Reichtum und seiner Unmoralität. Als Lehrer und Anwälte würden sie das germanische Ideal der Ehre, Treue und Frömmigkeit zerstören. Da die Petition in Preußen die Runde machte, war der Kaiser gezwungen, die jüdische Einwanderung zu beenden und Juden vom Staatsdienst fernzuhalten, auch vom Rechts- und Schulwesen, wo sie die Jugend verderben würden.[15] Über die Hälfte der nichtjüdischen Studenten der Universität Berlin unterzeichnete die Petition.

Mit über einer Viertelmillion Unterschriften wurde die Petition Bismarck und dem preußischen Abgeordnetenhaus vorgelegt. Fortschrittliche Abgeordnete sprachen sich gegen sie aus und waren überzeugt, Bismarck werde sie kurzerhand zurückweisen, weil sie gegen die Verfassung verstieß, die er selbst geschaffen hatte. Statt dessen erklärten seine Minister lediglich, daß die Regierung nicht die Absicht habe, den Juden ihre Rechte zu entziehen. Spontan reichten Liberale Gegenpetitionen ein, in denen sie forderten, die illegale Diskriminierung im Staatsdienst und in der Armee zu beenden. Die Antisemiten werteten dies aber als weiteren Beweis dafür, daß der Liberalismus jüdisch unterwandert sei. Angespornt vom Erfolg der Petition wurde im Jahr 1881 der Verein Deutscher Studenten gegründet. Treitschke als Quell der Inspiration preisend, verschworen sich die Studenten »dem Kampf gegen Materialismus, Liberalismus und den ›rationalistischen Geist‹ der Juden«.[16]

Der evangelische Prediger Adolf Stoecker, ein Mitgründer des Vereins, stieg mit der Welle des Antisemitismus auf und organisierte die erfolgreichste antisemitische Bewegung der achtziger Jahre. Er war kein gewöhnlicher Pfarrer, denn er wurde von Kaiser Wilhelm I. zum kaiserlichen Hof- und Domprediger ernannt. Als Sohn eines Wachtmeisters verbrachte Stoecker seine Kindheit in einem preußischen Militärlager. Er liebte es, seine Klassenkameraden in militärischer Formation aufzustellen und sie als Buße für ihre Sünden zum Kreuz robben zu lassen. Später wurde er Hauslehrer bei einer preußischen Adelsfamilie und führte mit den Angehörigen lange Gespräche über die preußischen Tugenden. Wie die meisten lutherischen Geistlichen betrachtete auch er sich selbst als geistlichen Diener der Hohenzollern. Er war ein echter Fundamentalist. Jedesmal, wenn ein Seminarist Zweifel an einem Glaubensdogma äußerte, verkündete Stoecker barsch: »Zweifel kommen vom Teufel. Es gibt Gedanken, die man einfach totschlagen muß.«[17] Über den Priesterstand gelangte der Sohn eines niederen Soldaten zu einem sonst unerreichbaren Rang, der ihn in seinem Glauben an die preußischen Tugenden bestärkte. Seine dörfliche Gemeinde billigte voll und ganz seine leidenschaftlichen Predigten über die Heiligkeit der Autokratie. Bedingungslose Akzeptanz der bestehenden Ordnung und des Kirchendogmas – das verlieh Stoeckers autoritärer Persönlichkeit die Sicherheit, die er benötigte in den Umwälzungen der Vereinigung, der Industrialisierung und in den zukünftigen Herausforderungen an sein geliebtes Preußen.

1866 wurde Stoecker zur Gemeinde eines Industriestädtchens versetzt. Die Gemeindemitglieder waren Industriearbeiter, die eine schwere, gefährliche und schlechtbezahlte Arbeit verrichteten; sie hatten keine Illusionen über die göttliche Wohltätigkeit der Obrigkeit. Wie die meisten Proletarier wählten sie die Sozialdemokraten, spotteten über Religion und verbrachten die Sonntage in den örtlichen Biergärten. Stoecker war empört, als sie während des Deutsch-Französischen Krieges mit den Pariser Rebellen sympathisierten, die der preußischen Armee noch Widerstand leisteten, als Frankreich bereits kapituliert hatte. Die Aufständischen gründeten eine Kommune, terrorisierten Geistliche und erschossen einen Erzbischof. Stoecker schrieb Artikel für eine Kirchenzeitung, in denen er die preußischen Waffen und Tugenden pries, die den Kriegsgott günstig gestimmt hätten. Wie seine Mitgeistlichen übernahm er die Organisation der örtlichen Siegesfeiern, doch er wurde zutiefst gedemütigt, als seine Vorbereitungen für eine ernste Kirchenfeier von den Gemeinderäten abgelehnt wurde; statt dessen wurde ein Tanzfest veranstaltet. Der Kaiser, die Kirche und die ehrenhaft Gefallenen, protestierte er, würden mit verräterischer Verachtung behandelt. Da seine Gemeinde kleiner wurde und sein Patriotismus der Lächerlichkeit preisgegeben war, reichte der entmutigte Stoecker ein Gesuch um Versetzung zur Armee ein – als Militärpfarrer.

Seine Division war in Elsaß-Lothringen stationiert, in den Gebieten, die Bismarck Frankreich abgenommen hatte. Dort hatte die Armee 1871 Tausende von Juden gewaltsam vertrieben. Stoecker predigte den Soldaten vom Ruhm auf den Schlachtfeldern und auf Soldatenfriedhöfen – er war nur einer aus der großen Schar deutscher Akademiker, Geistlicher, Journalisten und Politiker, die den Krieg idealisierten. »Nicht der moderne Gott des Zweifels und der Kritik war es, den das deutsche Volk in seinen Kriegsliedern feierte«, führte er aus, »sondern der alte, starke Gott, der mächtige Herr der Heerscharen, der große Wunder tut und über die Geschicke der Völker allgewaltig gebietet.«[18] Durch seine Predigten erwarb sich Stoecker das große Lob des Oberkommandos, das ihn als »richtigen Soldatenpastor« pries. Er machte Kaiser Wilhelm I. auf sich aufmerksam, der ihn im Jahr 1876 zum kaiserlichen Hofprediger ernannte.

Stoeckers neue Gemeinde setzte sich aus aristokratischen und militärischen Eliten zusammen, dem Herz von Preußens Größe. Immer noch hegte er die Hoffnung, Arbeiter dazu bewegen zu können, dem atheistischen Sozialismus abzuschwören und zu Thron und Altar zurückzukehren. Als kaiserlicher Geistlicher leitete er die Stadtmission, die zur Unterstützung der Armen gegründet worden war. Hier erlebte Stoecker eine starke Unzufriedenheit unter den zahllosen Neuankömmlingen vom Land. Ohne Arbeitsplatz waren sie den Verlockungen Berlins gefolgt und schienen hoffnungslos verloren für Kirche und Kaiser – der Kirchenbesuch und die Zahl der Eheschließungen und Taufen hatten rapide abgenommen. Stoecker haßte das Stadtleben; »das sündenhafte Berlin« war eine übliche Wendung unter Konservativen, für die Berlin ein Sammelbecken für Revolutionäre, emanzipierte Frauen, Homosexuelle, Prostituierte und Juden war. In den Armenvierteln der Stadt straften Anarchisten all das mit Verachtung, was Stoecker lieb und teuer war. Damit nicht genug, beherrschte die linksliberale Fortschrittspartei das Berliner Stadtparlament, die Zahl der konservativen Abgeordneten war klein, und die Sozialisten waren auf dem Vormarsch.

Um diesem moralischen Zerfall entgegenzutreten, unternahm Stoecker einen gewagten Schritt für einen kaiserlichen Geistlichen: Im Jahr 1878 gründete er die Christlichsoziale Arbeiterpartei, in der Hoffnung, proletarische Stimmen für die Rechte zu gewinnen. Zur Bestürzung seiner Vorgesetzten kandidierte Stoecker bei der Wahl mit folgendem Programm: Er wollte das Zunftwesen wiederherstellen, Wucherei und Börsenspekulation ächten, Kinder-, Frauen- und Sonntagsarbeit verbieten und soziale Absicherungen für die Armen, Verwaisten und Verwitweten einführen, Maßnahmen, die teilweise aus Erbschafts- und Einkommensteuern für die Reichen finanziert werden sollten. Stoecker erwähnte die Juden mit keinem Wort. Beim Wahlkampf in den Arbeitervierteln traf er auf heftigen Widerstand, der von Johannes Most angeführt wurde, einem berüchtigten anarchistischen Reichstagsabgeordneten, der später aus Deutschland ausgewiesen wurde. Most und seine Anhänger sprengten Stoeckers Versammlungen, brüllten ihn nieder, trommelten mit Bierkrügen auf die Tische und schmähten die »schwarze Fahne der Pfaffenherrschaft«, die den Arbeitern nie beigestanden und nunmehr die Stirn habe, kleinkarierte Reformen anzubieten, wo doch das System selbst gestürzt werden müsse. Sie wollten von dem verwirrten Pastor wissen, wie ein Mitglied der Obrigkeit erwarten könne, daß seine Herren ihr eigenes Vermögen besteuern würden zum Wohl der gewöhnlichen Deutschen. Stoeckers Wahlkampf scheiterte kläglich. Bei den Reichstagswahlen in Berlin errangen die Fortschrittspartei 86 000 Stimmen, die Sozialdemokraten 56 000 und die Konservativen 12 000. Stoeckers Christlichsoziale Arbeiterpartei erhielt lediglich 1241 Stimmen. Doch während des Wahlkampfes fiel Stoecker auf, daß seine Anhänger versucht hatten, seine Widersacher mit derben, rassistischen Parolen zu übertönen. Sie drängten ihn, über den »wahren Grund« der deutschen Misere zu sprechen – die Juden.

Stoecker witterte seine Chance. Er kandidierte für den Preußischen Landtag und begann seinen Wahlkampf in der berühmten Rede vom 19. September 1879 mit Glagaus Satz: »Die soziale Frage ist die Judenfrage.« Seine erste öffentliche Denunzierung der Juden war einerseits opportunistisch, andererseits aber auch Ausdruck seiner aufrichtigen Überzeugung. Mit Hilfe bekannter Parolen erklärte Stoecker, daß die Juden Christus und Luther ablehnten, weil sie mit einer verknöcherten Religion des Rituals verbunden seien. Viele würden auch mit dem Judentum brechen und, frei jeglicher moralischer Bedenken, Erfolg haben in einem Wirtschaftssystem, das sie selbst geschaffen hätten, einem System, das auf Gier und Materialismus beruhe. Sie würden »dem Götzen des Goldes nachlaufen, weil sie die Wege Gottes versäumt haben«. Der Liberalismus, ein Ausfluß des jüdischen Geistes, werde von assimilierten, weltlichen Juden gefördert, den Feinden von Kaiser und Gott. Ihr Ruf nach Toleranz und nach Trennung von Kirche und Staat sei nichts anderes als die Fortsetzung ihres alten, erbitterten Kampfes gegen das Christentum und ein Versuch, das letzte Hindernis für ihre Herrschaft zu beseitigen.

Um den Juden Einhalt zu gebieten, forderte Stoecker eine »weise Gesetzgebung«, die ihre »Kapitalskraft« und ihre Praktiken beim Kreditwesen beschränkte und ihnen verbot, den Richter- und Lehrerberuf zu ergreifen. Der Grundbesitz, die Wurzel des ethischen Lebens Deutschlands, mußte vor jüdischen Spekulanten geschützt werden, und allen sollten günstige Kredite gewährt werden, um die Kleinunternehmen »von der Willkür des großen Kapitals zu befreien«. Nur auf diese Weise könne »das Überwuchern des Judentums im germanischen Leben« verhindert werden, »dieser schlimmste Wucher«. Stoecker erklärte: »Der Deutsche ist ein starker Idealist«, als hätte es keine deutschen Börsenmakler, Bankiers oder Spekulanten und keine Aristokraten gegeben, die mit ihrer Erbschaft ein schönes Leben führten und ihre Bauern für sich arbeiten ließen. Er vergaß auch schnell, daß er selbst von einer Investition in ein jüdisches Unternehmen profitiert hatte.

Stoecker war sogar bereit, die Macht Christi zu leugnen, alle Menschen durch die Bekehrung zu verwandeln. Die Juden, erklärte er, seien »ein Stamm für sich unter einer fremden Rasse«. Weshalb sonst gingen »alle Einwanderer zuletzt in dem Volke auf, unter welchem sie wohnen, die Juden nicht«? Stoecker mahnte: »Israel muß den Anspruch aufgeben, der Herr Deutschlands werden zu wollen …« Es muß aufhören, »seine Kapitalskraft wie die Macht der Presse zum Ruin der Nation zu verwenden«, sonst sei »eine Katastrophe zuletzt unausbleiblich«. Wenn man sie nicht aufhielte, würde der »Krebsschaden« weiterfressen und die Deutschen selbst würden »verjudet«, denn die Juden würden alle deutschen Traditionen zerstören. »Rückkehr zu mehr germanischem Rechts- und Wirtschaftsleben, Umkehr zu christlichem Glauben: so wird unsere Losung lauten. Dann thue jeder seine Pflicht, und Gott wird uns helfen.«[19]

Mit diesen Parolen gewann Stoecker die Wahl. Angesichts der wiedergewonnenen Popularität Stoeckers denunzierten auch andere konservative Kandidaten die Juden. In einem verblüffenden Comeback seit ihrer Wahlschlappe von 1874 verdoppelten die Konservativen die Zahl ihrer Mandate, während liberale und fortschrittliche Kandidaten schwere Verluste hinnehmen mußten. Zum erstenmal war ein hochrangiges Mitglied der bekanntermaßen »unpolitischen« kirchlichen Würdenträger eine Größe in der Politik, und die Obrigkeit, auch Bismarck, war erfreut über die neue Macht rechter Strömungen, um die Linke abzuwehren. Stoecker hatte keine sozialistischen Proletarier als Wähler gewonnen, sondern verarmte Bauern, arbeitslose Handwerker, Handlungsgehilfen und Kleinunternehmer, sowie ländliche Migranten, die hofften, eine angesehene Stellung im Staatsdienst, in einer Bank oder einem Geschäft zu finden. Ihre traditionelle Gesinnung machte sie zu Feinden der Proletarier; ihr christlicher Glaube bestärkte sie in ihrer Überzeugung, ihre wirtschaftlichen Schwierigkeiten seien von jüdischen Bodenspekulanten, Geldverleihern und Zwischenhändlern verursacht worden. Von ihrem Dorf und ihrer Kleinstadt abgeschnitten, lasteten Stoeckers Wähler ihre Probleme der geheimnisvollen Finanzkraft der Juden an. Es war einfacher, den alten Feind zu beschuldigen, als sich die eigene Unfähigkeit einzugestehen, auf dem neuen nationalen Markt zu konkurrieren, einem Markt, den in Wahrheit die Eliten beherrschten, die eben jene Wähler bewunderten.

Berlin war ein Kulturschock für diejenigen, die ihre alten Familienbande hinter sich ließen und mit der Sensationspresse konfrontiert wurden, mit ihren täglichen Enthüllungen über Vergewaltigungen, Morde und Finanzskandale. Von hohen Erwartungen erfüllt, wurden viele Neuankömmlinge in Berlin von einem mächtigen Zorn und einer schmerzlichen Enttäuschung erfaßt – eben jene, die sich aus der Enge des Dorflebens befreit hatten und zugleich angezogen und abgestoßen wurden von einer Stadt, in der traditionelle Umgangsformen aufgehoben waren. Dies konnte nicht das christliche Deutschland sein.

Diesen Neuankömmlingen spendeten Stoecker und antisemitische Gruppierungen Trost in der Überzeugung, daß sie zum wahren Deutschland gehörten, was keinem Juden je gelänge. Als ihr Gemeindepfarrer und Repräsentanz des Kaisers war Stoecker ein glühender Verfechter der vertrauten Werte, die sie verloren hatten an neue Kräfte, die sie nicht verstehen konnten. In den Ländern des Westens waren radikale und rassistische Bewegungen zur Bewahrung traditioneller Werte häufig bei Neuankömmlingen in Großstädten besonders beliebt. Bevor die Kultur sich im Zuge der Medienverbreitung vereinheitlichte, wurden entwurzelte Bauern und Dorfhandwerker in solchen Städten mit einer Lebensweise konfrontiert, die sie nur als »sittlichen Verfall« betrachten konnten. Protestbewegungen, die Angriffe auf den sittlichen Verfall mit Rassismus verbanden, sind häufig von Geistlichen angeführt worden, in den Vereinigten Staaten vor allem von Pater Charles Coughlin oder heute von muslimischen Extremisten. Indem Stoecker das soziale Verhalten nach den Maßstäben Schuld, Sünde und Religion beurteilte, konnten seine Anhänger ihre Feinde beim Namen nennen.

Im Bündnis mit den Konservativen strich Stoecker Einkommen- und Erbschaftssteuern aus seinem Programm und das bedrohliche Wort »Arbeiter« aus dem Parteinamen. Konservative Nationalisten wollten, daß die Antisemiten ihre Interessen verteidigten, fürchteten aber, einen populistischen Radikalismus heraufzubeschwören, den sie nicht mehr würden kontrollieren können. Rassismus wurde zu Stoeckers Hauptthema. Jedesmal, wenn auf den Plakaten angekündigt wurde, er werde über das Judentum sprechen, strömten die Zuhörer in Scharen – wie bei Hitlers Veranstaltungen in den zwanziger Jahren.

Stoeckers Partei verfügte nicht über die erforderliche Abgeordnetenzahl, um selbst das Rederecht im preußischen Landtag zu erhalten; sie war auf die Zusammenarbeit mit der Konservativen Partei angewiesen, die freudig einwilligte. Stoecker nutzte die erste ihm zugeteilte Redezeit, um der Fortschrittspartei zu drohen, weil sie sich gegen die Antisemitenpetition von 1881 ausgesprochen hatte: »Wenn der Fortschritt fortfährt«, warnte er sie, »sich mit dem Judentum zu identifizieren, so kann ihm das in der Tat in Berlin das Leben kosten und ich wünsche das von Herzen.«[20] 1881 errang er einen Sitz im Reichstag, mit der Unterstützung der Konservativen Partei, die ebenfalls vier berüchtigte Antisemiten als Kandidaten aufgestellt hatte. Sie konnte ihre Stimmenzahl in Berlin vervierfachen und hatte damit zahlenmäßig die Sozialdemokraten überholt. Der Stimmenrückgang der Sozialdemokraten war teilweise eine Folge der Sozialistengesetze von Bismarck. Rassistische Parolen versprachen offenbar konservative Wählerstimmen in den Städten, wo die Konservativen, traditionell von ländlichen Wahlbezirken abhängig, im Rückzug gewesen waren. Gemeinhin der »König von Berlin« genannt, erklärte Stoecker in seiner Rede über die »Berliner Juden und das öffentliche Leben« in der Bockbrauerei (unter »lebhaftem Beifall«!): »Wir bieten den Juden den

Kampf an ... und wir wollen nicht eher ruhen, als bis sie hier in Berlin von dem hohen Postament, auf das sie sich gestellt haben, heruntergestürzt sind in den Staub, wohin sie gehören.«[21]

Bismarck war rassistischen Ansichten durchaus nicht abgeneigt; im Preußischen Landtag von 1847 hatte er erklärt: »... wenn ich mir als Repräsentanten seiner geheiligten Majestät des Königs gegenüber einen Juden denken soll, so muß ich bekennen, daß ich mich tief niedergedrückt und gebeugt fühlen würde ...«[22] Doch seine Haltung war ambivalent, er geißelte Antisemiten mit scharfen Worten dafür, daß sie Juden wegen ihres Wohlstands und Standes angriffen, anstelle der jüdischen Radikalen. Nun wurde er selbst von Konservativen attackiert, mit der Absicht, sein Bündnis mit den Liberalen zu sprengen. Die *Kreuzzeitung* erregte seinen Zorn, als sie berichtete, sein Bankier, sein Anwalt und sein Arzt seien Juden. Stoecker hatte einflußreiche Förderer am Hof, darunter auch den Enkel des Kaisers, der später der letzte Kaiser Deutschlands werden sollte. Letzterer erklärte vor zehntausend Zuhörern, daß Stoeckers Ideen lebenswichtig seien für Deutschlands Zukunft. Eilfertig stimmte Bismarck in den Chor jener ein, welche die liberalen Parteien »jüdisch« nannten und eine Rückkehr der Rechten an die Macht forderten. Der Kanzler benutzte geheime Staatsgelder, um die Zeitungen zu schmieren und Stoecker günstig gestimmte Artikel zu veröffentlichen, und er wies seinen Sohn an, Stoecker diskret zu fördern. Bismarcks publizistischer Ratgeber Moritz Busch half beim Verfassen antisemitischer Propaganda für die Wahlen und regte an, eine Antisemiten-Partei zu gründen, die nicht mit Reformen liebäugelte, wie Stoecker es tat.

Wegen einer neuen Gefahr waren Bismarck und die Konservativen gegenüber rassistischen Parolen aufgeschlossen: Die Sozialdemokratische Arbeiterpartei, im Jahr 1875 von Marxisten und gemäßigteren Sozialisten gegründet, feierte nämlich rasche Erfolge. Das schnell wachsende Industrieproletariat brachte ihr im Jahr 1877 eine halbe Million Stimmen ein. Mit Rücksicht auf Bismarcks hohes Ansehen hielten sich die Nationalliberalen mit Kritik zurück, doch die Internationalisten der politischen Linken beeindruckte dies wenig. Sie prangerten seinen hohen Militärhaushalt an und sein ständiges Wahlkampfgeschrei »das Vaterland sei in Gefahr«. Die Sozialdemokraten forderten ferner die Abschaffung des Drei-Klassen-Wahlrechts in Preußen, das die Reichen begünstigte, und wollten einen Kanzler, der der Mehrheit im Parlament verantwortlich sein sollte. Bismarck beschloß, die Sozialdemokraten zu ächten. Ein Attentat auf den Kaiser lieferte ihm den Vorwand, obwohl kein Sozialdemokrat daran beteiligt war. Unter dem Hurra-Geschrei der Konservativen und mit Unterstützung der Nationalliberalen entzog Bismarck den Sozialdemokraten die Bürgerrechte, ließ sie verhaften oder des Landes verweisen, wies die Polizei an, ihre Versammlungen aufzulösen, verbot oder zensierte ihre Reden und verbot ihre Schriften. Einige hundert Parteimitglieder wurden unrechtmäßig hinter Gitter gebracht. Treitschke forderte, alle Arbeiter zu feuern, die für die Sozialdemokraten gestimmt hätten. Auch wenn Bismarck nicht genügend Stimmen zusammenbrachte, um die Partei insgesamt zu verbieten, so war sie nicht mehr in der Lage, einen Wahlkampf zu führen und verlor 1881 ein Drittel ihrer Stimmen.

Bismarck übernahm nun Stoeckers Strategie und versuchte so dem Sozialismus seine Anziehungskraft zu nehmen. Im Jahr 1881, dem Jahr von Stoeckers größten Erfolgen, legte Bismarck seine Pläne für eine Kranken-, Unfall-, Alters- und Invaliditätsversicherung für Arbeiter vor. Bis 1889 hatte das Parlament alle Gesetze verabschiedet, doch die Arbeiter sollten zwei Drittel der Kosten übernehmen. Solche Reformen konnten die Sozialdemokraten nicht zufriedenstellen. August Bebel, der Sprecher der Fraktion im Parlament, erklärte ironisch, sie wäre Bismarck gern bei dem Entwurf der entsprechenden Gesetze behilflich, welche die gesamte Beitragslast den Kapitalisten aufbürdeten, wohin sie auch gehöre. Weder Bismarck noch Stoecker konnten die Arbeiter für sich gewinnen. Nach der Niederlage von 1881 vereinigten sich die Arbeiter 1884 auf Drängen von Gewerkschaftsführern und gewannen zum Entsetzen Bismarcks zehn Prozent der Sitze im Reichstag. In Berlin verdoppelten sie ihre Stimmenzahl, überboten die Konservativen und schlugen beinahe auch die Fortschrittspartei. Stoecker selbst unterlag bei den Reichstagswahlen gegen den berühmten Arzt Rudolf Virchow, der Jude war und der populärste Abgeordnete der Fortschrittspartei. Der Prediger behielt seinen Sitz im preußischen Landtag, aber er war nicht länger der König von Berlin. Entsetzt über die gewaltigen Arbeiterdemonstrationen zur Unterstützung der Linken, fürchteten konservative Politiker nun ein Wahlbündnis zwischen der Fortschrittspartei und den Sozialisten.

Der Sozialismus konnte nicht – wie später in den Vereinigten Staaten – als eine fremde Ideologie abgetan werden, die Einwanderer eingeschleppt hatten. Statt dessen mußte den Juden die Schuld dafür in die Schuhe geschoben werden. Stoecker entgegnete linken Parteigängern, die seinen Wahlkampf störten, daß die Gründer des deutschen Sozialismus, Ferdinand Lassalle und Karl Marx, Juden seien, obwohl er von seiner eigenen industriell geprägten Gemeinde wußte, daß die große Mehrheit linker Wähler Christen waren. Rechte Politiker versuchten, wie später Hitler, Arbeiter auf ihre Seite zu ziehen, indem sie erklärten, verräterische jüdische »Rote« wollten die Arbeiter glauben machen, ihre Feinde seien christlich-arische Industrielle, wo doch in Wahrheit ihr Kampf den jüdischen internationalen Finanziers gelten sollte. Ständig wurde der »jüdische Sozialismus« attackiert, obwohl beinahe neunzig Prozent der jüdischen Wähler für die liberalen Parteien stimmten. Weder die christlichen Konservativen, die mit rassistischen Parolen hausierten, noch die Marxisten, die den Kapitalismus schmähten, konnten von den städtischen Unternehmer- und Akademikerschichten der Juden Bündnistreue erwarten. Aber zahlreiche unabhängige Intellektuelle jüdischer Abstammung waren sehr prominente linke Publizisten. Weltlich oder atheistisch gesinnt, wiesen sie auf die Diskrepanz hin zwischen verfassungsmäßig garantierter Gleichheit und staatlicher Diskriminierung. Wie üblich beschränkten sich die Attacken der Rechten auf wenige bekannte Juden – sie weigerten sich einzugestehen, daß auch Millionen von Christen jene radikalen Ansichten teilten.

Aus Angst vor der Macht der Fortschrittlichen und der Sozialisten erklärte Bismarck, wenn er nicht selber putsche, werde er untergehen. Bismarck versuchte, den Militärhaushalt der Kontrolle des Parlaments zu entziehen, mit dem Ziel, sich eine zuverlässige Waffe gegen Demokraten und Sozialisten zu schmieden. Seine Absicht scheiterte, doch er erschwerte es den Abgeordneten, Ausgaben für das Militär zu blockieren. Er machte auch Zugeständnisse an die Industriellen und erhob für die Gutsbesitzer Zölle zu Lasten der Verbraucher, alles, nur um eine konservative Wählermehrheit zu gewinnen. Folglich litt Deutschland nun unter den höchsten Brot- und Fleischpreisen in Europa. Bismarck finanzierte die höheren Militärausgaben, indem er die indirekten Steuern erhöhte und damit diejenigen weiter belastete, die am wenigsten zahlen konnten. Seine Beamten beklagten sich sogar, daß die Junker es ablehnten, Einkommensteuern zu zahlen, um Gelder für den Ausbau der Armee zu beschaffen, den sie selbst gefordert hatten. Um die Subventionen und

Zölle den Wohlhabenden gegenüber zu rechtfertigen, erklärte die Regierung wiederholt, daß die deutsche Landwirtschaft nicht den internationalen Warenhändlern zum Opfer fallen dürfe; der rassistische Unterton war unüberhörbar. Vor allem die gutsbesitzenden Junker und die Bauern seien das Bollwerk gegen das subversive Proletariat und die unzuverlässigen städtischen Massen. Die *Kreuzzeitung* wiederholte gebetsmühlenartig, daß Deutschland, wenn die Landwirtschaft Schaden leide, zu einer Krämernation werde, die lediglich zum Handel taugen würde, beherrscht vom »jüdischen« Geist des Pazifismus. Solche Ansichten wurden rasch zu Gemeinplätzen.

Bismarck beschwor 1887 bewußt eine Kriegsgefahr, um einen höheren Militärhaushalt durchzusetzen. Er wußte, daß der Reichstag dies ablehnen würde, doch er wollte Neuwahlen. Kriegsgeschrei ertönte in den von ihm unterstützten Zeitungen, während er Kriegsanleihen forderte und Reserveeinheiten einberief. Der Ruf »Das Vaterland ist in Gefahr« erklang im ganzen Land. Bismarck bildete eine Koalition aus Konservativen und Nationalliberalen, das sogenannte Kartell, und bei den Wahlen von 1887 gewann sie beinahe sechzig Prozent der Sitze im Reichstag; die Fortschrittlichen und die Sozialdemokraten verloren über die Hälfte ihrer Sitze. Die Ultrarechte büßte aber ebenfalls Stimmen ein, ebenso wie Stoeckers Partei. Das war Bismarcks größter Wahlsieg. Er hatte es nicht länger nötig, Fortschrittliche oder Reaktionäre versöhnlich zu stimmen, und verpaßte Stoecker einen Maulkorb, weil seine Bündnispartner, die Industriellen, sich über dessen Einmischungen beschwerten. Die *Kreuzzeitung* veröffentlichte daraufhin Bismarcks zahlreichen antisemitischen Äußerungen der vergangenen Jahre. Stoecker riskierte seine Stellung, als er fragte: »Was glaubt die *Norddeutsche Allgemeine Zeitung* [das Sprachrohr der Regierung] wohl, wie dankbar ihr heimlich die Sozialdemokraten, nicht nur die Juden, für diese hauptsächlich von ihr mitbewirkte Kaltstellung der christlichsozialen Partei sind?« Die *Kreuzzeitung* erinnerte an Bismarcks Äußerung: »Wir Deutsche fürchten nur Gott sonst nichts in der Welt« und fügte hinzu: »leider fürchte die große Masse der Deutschen sich vor sehr vielem Anderen auch; z. B. vor den Juden ...«[23] Nun sammelten die Reaktionäre ihre Kräfte, um einen Angriff der Liberalen abzuwehren und ihr Antisemitismus nahm ungeahnte Ausmaße an.

Konservative hatten schon lange »die Juden« für die Revolution von 1848 verantwortlich gemacht. Besondere Zielscheibe ihrer Attacken war der gläubige Jude Gabriel Riesser, der Mitglied der Frankfurter Nationalversammlung gewesen war und die berühmte Kaiserrede gehalten hatte. Riesser war empört über die Behauptung, die Linke sei überwiegend »jüdisch« und bestand darauf, daß nur diejenigen als Juden betrachtet werden durften, die der jüdischen Religion anhingen. Weshalb sollten linke Politiker jüdischer Abstammung, die aber dem Judaismus abgeschworen hatten, die Juden als Gruppe kompromittieren? Riessers Proteste waren vergeblich. Politische Reaktionäre konnten es nicht zulassen, daß Juden keine Juden mehr waren, wenn sie aus ihrer Glaubensgemeinschaft austraten. Dadurch, daß sie die Liberalen und die Sozialisten gleichermaßen als »jüdisch« verunglimpften, konnten sie die strukturellen Probleme der Gesellschaft ignorieren und all diejenigen hinter sich vereinen, die jegliche gesellschaftlichen Veränderungen fürchteten. Doch die Religiosität der konservativen Wählerschaft ließ nach; die christlichen Mythen hatten sich allmählich erschöpft. Immer mehr wurden sie mit neuen und gefährlicheren Stereotypen von »Rasse und Blut« aufgefrischt. Diese nährten die fatale Zwangsvorstellung: Es mußte eine subversive Verschwörung geben. Sie mußte von Juden angeführt sein. Und ihr Blut mußte es ihnen unmöglich machen, jemand anderes zu sein als die Juden.

7.
JUDENFEINDSCHAFT ALS MASSENPHÄNOMEN

> Jude bleibt Jude, in Deutschland wie in jedem anderen Land. Der Jude kann seine Rasse nie ändern, selbst wenn er jahrhundertelang unter anderen Menschen lebt.
>
> *Handbuch für die Hitlerjugend, 1937*

Der erste Bestseller, in dem die »asozialen Züge« der Juden auf deren Blut zurückgeführt wurden, war Wilhelm Marrs Broschüre *Der Sieg des Judentums über das Germanentum.* Sie erschien während der rassistischen Kampagne von 1873 und wurde bis 1879 mehrmals aufgelegt. Marr prägte den Begriff »Antisemitismus« und mahnte seine Leser, das schädliche Verhalten der Juden nicht auf ihre Religion oder ihre Weigerung, sich zu assimilieren, zurückzuführen. Vielmehr liege es den Juden im Blut, gegen »jeden Idealismus« Krieg zu führen und alles zu einem »Spekulations- und Industrieartikel« zu machen.[1] Laut Marr waren auch Bekehrung und Assimilation für die Juden nur Mittel, die Gesellschaft der Nichtjuden zu infiltrieren und zu erobern. Als Deckmantel für diesen rassischen Eroberungsfeldzug nutzten die Juden die Ideen der Aufklärung, und sie stimmten in dem von Marr als »Neu-Palästina« bezeichneten Bismarckreich für die Liberalen, weil ihnen religiöse Toleranz, Gleichberechtigung und freier Kapitalismus zur Macht verhalfen. So hätten beispielsweise jüdische Spekulanten dank der von den Nationalliberalen verabschiedeten Gesetze beim Börsenkrach von 1873 Deutsche ausbeuten können. Für Marr war die Herrschaft der Juden schon so weit fortgeschritten, daß sich Geschäft und Verbrechen kaum mehr unterscheiden ließen. Die jüdische Presse verwandelte die Kultur in eine Ware, für die sie durch billige Sensationsmache und betrügerische Anzeigen warb, und sie veröffentlichte pompöse Leitartikel über die Menschenrechte, während die jüdischen Pressezaren den Verfall der traditionellen Werte beschleunigten. Die Sozialdemokraten waren nichts weiter als Schutztruppen der jüdischen Börse und Finanziers die eigentlichen Feinde der Arbeiter.[2]

Alles, was die Deutschen bedrohte, kam von dieser dämonischen Rasse, deren »jüdischer Geist« Deutschland besiegt hatte.[3] Die Deutschen waren unterlegen, weil ihnen der Wille fehlte, für ihre Ideale Opfer zu bringen, und die gesellschaftliche Vision, die sie dem Liberalismus hätten entgegensetzen können: »Ihr wählt die Fremdherrschaften in Eure Parlamente! Ihr macht sie zu Gesetzgebern und Richtern, Ihr macht sie zu Diktatoren der Staatsfinanzsysteme, Ihr habt ihnen die Presse überantwortet.«[4] Die Juden, erklärte Marr, hatten jahrhundertelang einer haßerfüllten Umgebung getrotzt. »Kein Triumphator der Alt- und Neuzeit kann sich solcher geistigen und kulturgeschichtlichen Erfolge rühmen, als der letzte Schacherjude, der an der Straßenecke auf dem Karren Band feilbietet.«[5] Die besiegten Deutschen würden als Sklaven unter einem jüdischen Kaiser enden und der Idealismus bestenfalls irgendwo in einer eigens gegründeten kleinen Gemeinde überleben. Das Deutsche Reich war dazu bestimmt, die erste jüdische Weltmacht zu werden. Moralische Empörung war zwecklos, denn: »Kein Volk kann für seine Spezialitäten.«[6] – »Dem Judentum gehört die Zukunft und das Leben, dem Germanenthum die Vergangenheit und das Sterben.« Das Judentum regierte die Welt, meinte Marr, und die Deutschen hatten sich ihrem Schicksal zu ergeben: »Finis Germaniae.«[7]

Marr selbst ergab sich jedoch keineswegs seinem Schicksal; er forderte seine Leser auf, jüdische Geschäfte zu boykottieren, und gründete im Wahlkampf von 1579 mit konservativer Unterstützung die »Antisemitenliga« und die Zeitschrift *Deutsche Wacht.* Er verlangte, die Rechte der Juden einzuschränken, und rief dazu auf, keine Juden zu wählen. Er betonte zwar seine parteipolitische Unabhängigkeit, bekämpfte jedoch die Fortschrittspartei und die Sozialdemokraten, die als einzige Parteien Juden nominierten. Bei den Wahlen warb Marr für Stoecker, obwohl ihm als Atheist dessen christlicher Antisemitismus viel zu gemäßigt war – ähnlich wie Hitler, der sich einmal darüber beschwerte, die Juden könnten dem gerechten Zorn der Deutschen durch einen »Guß Taufwasser« entkommen. Eines Tages, warnte Marr, werden die Juden ihre Opfer so weit getrieben haben, daß diese »in einer brutalen antijüdischen Explosion« schreckliche Rache üben.

Marrs Rassismus enthielt die Möglichkeit zum Völkermord. Wenn die Juden wirklich unwandelbar böse waren und sich anschickten, die Herrschaft zu erringen, dann mußten sie aus ihren Stellungen in der Gesellschaft entfernt und unschädlich gemacht werden. Selbst ein jüdisches Kind war eine tödliche Bedrohung. Zumindest mußten die Juden aus dem Land vertrieben werden. Die Marrsche Spielart des Rassismus sollte in die Todeslager führen.

Marr war nur einer von vielen Intellektuellen, Beamten und Offizieren, die in den achtziger Jahren des 19. Jahrhunderts die Ansicht vertraten, daß die deutschen Probleme nicht durch einen Klassenkonflikt oder soziale Veränderungen, sondern durch das rassisch bedingte Verhalten der Juden verursacht würden. Selbst der ehrbarste Jude stehe unter dem Unentrinnbaren Einfluß seines Blutes, hieß es etwa 1876 in einem anonymen Pamphlet. Damit sei er Träger einer semitischen Moral, die zu den germanischen Werten in diametralem Gegensatz stehe. Bevor man jemanden wähle, solle man zuerst nach seinem Blut fragen und sich erst dann mit seinen politischen Ansichten beschäftigen.[8]

Adolf Stoecker beschränkte sich darauf, seine Bewegung in Berlin zu organisieren. Die ersten bedeutsamen antisemitischen Bewegungen auf dem Land entstanden unter der Führung des »hessischen Bauernkönigs« Otto Böckel, einem Populisten, der Stoecker wegen dessen guter Beziehungen zum Adel und zum Hof verachtete. Der 1859 in Preußen geborene Sohn eines erfolgreichen Handwerkers liebte es, den einfachen Bauern zu spielen, obwohl er einen philologischen Doktortitel trug und als Bibliothekar für die Universität Marburg arbeitete. Marburg besaß eine malerische mittelalterliche Altstadt und lag in einer idyllischen Gegend, deren Bauern und Handwerker für ihre protestantische Frömmigkeit und ihren Antisemitismus bekannt waren. Böckel interessierte sich leidenschaftlich für alte Bräuche, Volkslieder, Märchen und für den Aberglauben des einfachen Volkes. Er war einer von vielen deutschen Intellektuellen, die, wie später auch Himmler, die deutschen Bauern als das Rückgrat der Nation und ihrer Rasse idealisierten. Ihre rauhe, einfache Art, ihre Verbundenheit mit dem Boden, ihr trotziges Festhalten an den Sitten der Vorfahren beruhten auf den »germanischen Tugenden« von Fleiß, Treue, Traditionspflege und Charakterstärke. Im Krieg stellten die Bauern die besten Soldaten, und im Frieden bewahrten sie Deutschland durch harte Arbeit vor dem Einfluß fremder Mächte. Sie waren der germanische

Lebensborn, eine Bastion gegen Kosmopolitismus und zügelloses Gewinnstreben.[9]

Die Bauern in Böckels Hessen lebten wie jene in Osteuropa mit abergläubischen Ideen, deren Ursprung bis ins Mittelalter oder gar in eine nebelhafte heidnische Vorzeit reichten. Der Teufel zog für sie noch immer leibhaftig über das Land, sie mieden die »Dorfhexe«, und Naturkatastrophen waren für sie das Werk von Dämonen oder die Strafe eines zürnenden Gottes. In den Juden sahen sie Todfeinde der Christen und ein Volk, das sich dank seiner geheimen Kräfte sogar dem Willen des Allmächtigen widersetzen konnte. Böckel pries das reine Blut und die Instinkte der Bauern, glorifizierte sie in seiner Dichtung und beklagte, daß sich Marktmechanismen und städtische Sitten auch auf dem Land auszubreiten begannen. Ohne Gegenwehr würden sie die gesunden rassischen Instinkte des Volkes zerstören. In der Revolution von 1848 hatten die hessischen Arbeiter, darunter vielleicht auch Böckels Vater, im Kampf gegen die Einführung des »jüdischen« freien Unternehmertums an vorderster Front gekämpft. Und nach Napoleons Niederlage hatten die wiedereingesetzten hessischen Fürsten die Juden wieder weitgehend entrechtet.

Mitte des 19. Jahrhunderts hatten die meisten hessischen Bauern in ihren abgelegenen Dörfern kaum unternehmerische Initiative gezeigt. Sie hatten die neueste Agrartechnologie nicht zur Kenntnis genommen und neue Chancen nur selten genutzt. Die Zünfte hatten noch immer unter dem Schutz des Staates gestanden, und nichts hatte die Handwerker gezwungen, um städtische Märkte zu konkurrieren und sich technisch zu modernisieren oder die Kredite aufzunehmen, die für solche Investitionen notwendig gewesen wären. 1866 jedoch hatte die hessische Regierung an der Seite Österreichs gegen Preußen gekämpft, das geschlagene Hessen war annektiert und sein halbfeudales Herrschaftssystem zerschlagen worden. Hessen war plötzlich Teil der modernen Welt: »Die stagnierende patriarchalische Regierung Kurhessens war plötzlich vom effizientesten, rationellsten Verwaltungssystem Europas abgelöst worden, dem des preußischen Staates. Das preußische Finanz-, Handels-, Militär- und Eisenbahnsystem wirkte sich fast sofort auf das bisherige Alltagsleben aus.«[10]

Die Annexion brachte Hessen die liberalen Wirtschaftsreformen des zweiten Kaiserreichs und die Gleichberechtigung der Juden. Sie eröffneten einer jüdischen Gemeinde neue Chancen, die »zu den ärmsten

Deutschlands« gezählt hatte und »auf wenige marginale Gewerbe und Berufe« beschränkt gewesen war, in denen eine extreme Konkurrenzsituation geherrscht hatte.[11] Juden wurden nun Bierbrauer, Konservenfabrikanten, Zuckersieder, Großhändler, Geldverleiher und Landspekulanten. Der alte Judenhaß wurde durch eine lokalpatriotische Komponente noch verschärft, denn viele Juden begrüßten die preußische Herrschaft, unter der sie mit zuvor verbotenen Tätigkeiten in Wettbewerb treten konnten. Böckel und andere beschuldigten die Juden, um wirtschaftlicher Vorteile willen auf Kosten der hessischen Bauern und Handwerker mit dem Feind zu kollaborieren.

Viele Juden waren dynamische, unternehmungslustige Einsteiger, oft mit genügend Kapital ausgestattet, um ein kleines Geschäft zu gründen. Wie zuvor würden sie als Symbole und Nutznießer neuer Kräfte betrachtet, die die alte Ordnung umstürzten. Kleinbauern in ganz Deutschland wurden Opfer einer langen Agrarkrise, die in den siebziger Jahren begann und sich auf jene am schlimmsten auswirkte, die versuchten, autark zu bleiben oder die Arbeitsweise ihrer Vorfahren beizubehalten. Andere paßten sich an, und manche wurden sogar reich, wenn sie für Märkte produzierten, die nicht mehr durch die alten Zollschranken abgeschottet und über die neuen Eisenbahnlinien des vereinigten Deutschland erreichbar waren. Trotzdem hatten die deutschen Kleinbauern von 1873 bis zum Ende der neunziger Jahre insgesamt einen rapiden Einkommensverlust zu verzeichnen, gerieten in zunehmende Abhängigkeit von lokalen Geldverleihern und verloren oft ihr Land. Besonders antisemitisch geprägt waren unterentwickelte Gegenden, wo jüdische Kaufleute praktisch ein Monopol auf den Geld-, Vieh- und Getreide-, manchmal auch den Grundstückshandel hatten.[12] Im rückständigen Hessen stellten die Juden gut die Hälfte der Einzelhändler, jüdische Geldverleiher gaben den ärmsten Bauern Kredit, die für die Banken nicht mehr kreditwürdig waren, und jüdische Händler hatten eine Monopolstellung im Zwischenhandel mit Agrarprodukten.[13] Mißernten hatten die Bauern mit einem traditionellen Gleichmut hingenommen. Sie waren jedoch schlecht dafür gerüstet, die neuen Ursachen für das Scheitern ihrer alten Lebensweise zu begreifen. Ihre einst von konservativen Regierungen geschützten Interessen waren nun durch einen Wandel bedroht, der von den Liberalen begrüßt, aber seit Napoleon mit den Juden in Verbindung gebracht wurde.

Im Jahr 1885 publizierte Böckel die Broschüre *Die Juden, die Könige unserer Zeit.* Bis 1909 wurden 1,5 Millionen Exemplare davon verkauft. Er brachte außerdem eine antisemitische Zeitschrift heraus, in der er Angriffe auf die Juden geschickt mit Wetterberichten, Ernteprognosen und Berichten über Preisschwankungen verband. Böckel nahm die Klagen zahlloser Landleute auf, wenn er jüdische Geldverleiher für hohe Zinsraten, niedrige Preise für Agrarprodukte und teure Ackergeräte verantwortlich machte und jüdischen Spekulanten vorwarf, sie manipulierten die Kredit- und Hypothekenzinsen, um sich das Land bankrotter Bauern anzueignen. Die Juden, schrieb Böckel, trieben den Preis des Bodens dermaßen in die Höhe, daß er selbst für wohlhabende Bauern unerschwinglich werde.

Bauern, die von der Getreideproduktion auf Milchwirtschaft oder Viehzucht umgestellt hatten, und Handwerker, deren Fertigkeiten in den neuen Fabriken gebraucht wurden oder deren Produkte nicht in der Fabrik produziert werden konnten, waren weniger antisemitisch eingestellt. Dasselbe galt auch für Menschen, die neue Bedürfnisse entdeckten und nutzten, neue Techniken einführten und die geheimnisvolle Welt der Kredite, Investitionen und Märkte erkundeten. Dagegen fanden die Demagogen bei den neidischen und haßerfüllten Verlierern ein offenes Ohr, wenn sie den »jüdischen Liberalismus« anklagten und mit den Juden den traditionellen Feind für ihr Unglück verantwortlich machten. Strenggläubige protestantische Bauern konnten die komplexen Zusammenhänge, welche die Zinsraten, Grundstückspreise, Preisschwankungen und den Einfluß ferner Märkte bestimmten, nur schwer verstehen. Sie lebten in einer Welt, die sie weder begreifen noch kontrollieren konnten. Sie hatten, gleichgültig, wie hart sie auf ihren Feldern oder in ihren kleinen Geschäften arbeiten mochten, keinen Einfluß auf die Faktoren, die über Gewinn oder Verlust entschieden.

Dabei ging es nicht nur um die Unfähigkeit, effektiv zu wirtschaften. Die alten Methoden des Ackerbaus hatten die Identität der Bauern geprägt; neue Wege waren verdächtig. In der populären Literatur wurde der ruinierte Bauer als Symbol aussterbender Werte zur Standardfigur – der aufrechte Mensch, der den Boden bebaut und von skrupellosen Spekulanten vom Gut seiner Vorfahren vertrieben wird. Die Spekulanten wurden in der Regel als städtische Juden ohne Liebe zum Boden und ohne Interesse für seine Bearbeitung geschildert. Ländliche Handwerker waren erfahrene und ehrliche Schreiner, Bäcker oder Schuhmacher, deren traditionelle Fertigkeiten durch die maschinelle, fabrikmäßige Massenproduktion überflüssig wurden. Die Fabriken waren von ausländischen oder jüdischen Kapitalisten finanziert und verkauften ihre schäbigen Produkte mittels betrügerischer Werbung.

Böckel machte sich zum Sprachrohr eines populistischen Antisemitismus, der sogar noch gefährlicher war als Stoeckers Variante. Wie sein Mentor Marr führte auch Böckel die jüdischen Aktivitäten auf deren Rassecharakter zurück. Warum gab es keine jüdischen Bauern, Handwerker oder Arbeiter? Die Antwort lieferte das sündige Berlin – eine Stadt voller jüdischer Anarchisten, Atheisten und Finanziers. In seinen Kampagnen nahm Böckel die Anklagen vorweg, die den nationalsozialistischen Wahlkämpfern bei der protestantischen Bauernschaft ihre ersten großen Wahlerfolge bringen sollten.

Er beschwerte sich bitterlich über die jüdische Zuwanderung in die Städte und »bewies« mit Hilfe der Statistik, daß es in den Städten künftig mehr Juden als Deutsche geben würde. Man müsse sie hinauswerfen, forderte er. Die Machenschaften der Juden seien mit aller Macht zu bekämpfen und das Volk sehne sich nach einem Befreier.[14] Im Gegensatz zu Stoecker war Böckel kein Freund des preußischen Establishments, was im annektierten Hessen im übrigen politischer Selbstmord gewesen wäre. Er griff die landbesitzenden Junker an, weil sie den Opfern der Juden Sympathie bekundeten, ihren politischen Einfluß jedoch nur zur Wahrung ihrer eigenen Interessen nutzten. Stoecker und seine adligen Verbündeten bezeichnete er als »Kohnservative«, die sich wie Juden verhielten und die gewöhnlichen Bauern verrieten. Am Anfang von Böckels Karriere versammelten sich seine Anhänger oft mit dem populistischen Schlachtruf »gegen Junker und Juden«.

In ländlichen Gesellschaften wird der Geldverleih als eine Methode betrachtet, aus dem Unglück anderer Gewinn zu schlagen. Wenn der Geldverleiher überdies einer anderen religiösen oder ethnischen Gruppe angehört, dann erreichen die rassischen Spannungen ihren Höhepunkt. In den ländlichen Gebieten Italiens waren die Geldverleiher katholische Italiener, also spielte die Volkszugehörigkeit keine Rolle, obwohl es auch hier häufig zu Gewalttätigkeiten kam. Im amerikanischen Mittelwesten gewann der Antisemitismus während der Agrarkrise in den neunziger Jahren des letzten Jahrhunderts rasch an Boden. Obwohl die Banken Nichtjuden gehörten, war die Ansicht weit verbreitet, daß »in Wahrheit«

die Juden hinter den Banken stünden. Doch die amerikanischen Populisten waren zumeist Immigranten, nicht isolierte Dorfbewohner, die das Land ihrer Vorväter bearbeiteten und der modernen Welt feindlich gegenüberstanden. Als Vorhut der großen Westwanderung waren sie marktorientierter als die Bewohner der abgelegenen Dörfer Mittel- oder Osteuropas, denn das Leben an der expandierenden Westgrenze schloß die Suche nach Neuland und nach neuen Chancen automatisch mit ein. Die amerikanische Landbevölkerung mochte zwar fundamentalistisch sein, hatte jedoch keine Beziehung mehr zum abergläubischen Antijudaismus des Mittelalters. Zum Teil war sie auch calvinistisch geprägt und hatte ohnehin schon immer ein tolerantes Verhältnis zu den Juden gehabt. Außerdem wurden in den USA der säkulare Deismus und die Ideen der Aufklärung eher mit den Gründungsvätern der Nation assoziiert, und nicht so sehr mit Ausländern oder Juden.

Böckel verfügte in seiner Heimat über einen sehr viel fruchtbareren Nährboden, als er die Antisemitische Volkspartei gründete. Und im Gegensatz zu anderen Rassisten beschränkten sich seine Anhänger nicht darauf, antisemitische Publikationen herauszugeben. Sie organisierten Boykotts und gründeten Produktionsgenossenschaften, Viehmärkte und Kreditgenossenschaften, die allesamt »judenrein« waren. Böckel führte systematische Wahlkämpfe auf dem Land, was kein anderer deutscher Parteiführer je getan hatte. Tatsächlich entwickelten seine jungen Wahlhelfer, von denen einige später die Nazis unterstützten, schon damals Techniken, die auch die NSDAP mit großem Erfolg anwenden sollte. Böckels fundiertes Wissen über lokale Dialekte und Bräuche kam ihm gut zustatten, wenn er von einem Gasthaus zum anderen zog und auf Festen, Hochzeiten und Jahrmärkten zur Landbevölkerung sprach. Immer in Pose und Kleidung des einfachen Bauern erschien er hoch zu Roß in Begleitung kräftiger Bauernburschen, Vorläufern der späteren SA. Dank seiner Studien und seiner Erfahrung konnte er die Themen hervorragend diskutieren, von denen die Bauern am meisten verstanden – Feldfrüchte, das Wetter, die Preise, und den Verfall der alten Fertigkeiten und Bräuche –, und dabei vergaß er nie, auch auf die Machenschaften der Juden hinzuweisen. Er organisierte Fackelzüge mit lutherischen Kirchenliedern und wilden Reden, die er mit antisemitischen Sprüchen versah. Man feierte ihn als Reinkarnation Luthers, und er gewann die begeisterte Unterstützung der lokalen Geistlichen, deren Väter in der Regel noch

Bauern gewesen waren. Kein Politiker aus der Stadt konnte konkurrieren mit seiner Popularität bei einer Bauernschaft, der alle Außenseiter und Städter verdächtig waren.

Trotz ihres Populismus griff Böckels Partei das preußische Establishment nicht an, sondern betonte ihre Loyalität zu Kaiser, Reich und Vaterland. Die Partei forderte zinslose Kredite für die Bauern, eine verminderte Besteuerung der Höfe, Schutzzölle für Agrarprodukte, ein Verbot von Zwangsvollstreckungen und trat für die Monopolstellung der Zünfte ein. Sie befürwortete sogar Erbschaftsteuer und progressive Einkommensteuer, damals radikale Vorschläge. Vor allem aber verlangte Böckels Partei die Aufhebung der Judenemanzipation: »Nur christlich-deutsche Männer (nichtjüdischer Abkunft) dürfen in gesetzgebende Körperschaften gewählt und in Staats- und Gemeindeämter berufen werden.«[15]

Im Jahr 1887 gewann Böckel einen Sitz im Reichstag, den er bis 1903 innehatte. Sein Sieg ermutigte weitere Antisemiten, in ländlichen Wahlkreisen zu kandidieren; bis 1890 entstand ein Netz kleiner rassistischer Organisationen von Bauern oder Handwerkern, die Böckel selbst gegründet oder deren Gründung er angeregt hatte. 1890 gewannen fünf ihrer Kandidaten, davon vier aus Hessen, Reichstagssitze in ländlichen Wahlkreisen, die früher ein Adliger vertreten hatte. Die Adligen hatten ihre Wahl immer für selbstverständlich gehalten und es unter ihrer Würde gefunden, einen Wahlkampf zu führen, zumal sie in der Regel auf die Unterstützung der lokalen Geistlichkeit hatten bauen können. Wie Bökkel ihnen zu Recht vorwarf, hatten sie jedoch nichts für die kleinen Bauern getan und ihren Einfluß nur genutzt, um aus Selbstsucht hohe Getreidepreise durchzusetzen – zum Schaden jener Bauern, die Getreide als Futtermittel kaufen mußten. 1893 wurden elf Antisemiten aus Böckels Organisationen und vier weitere aus anderen populistischen Gruppen in den Reichstag gewählt.

Böckel gehörte als echter Überzeugungstäter zur gefährlichsten Kategorie der Rassisten. Dagegen war der ebenso prominente Hermann Ahlwardt ein Gauner und nutzte den Antisemitismus ausschließlich zu seinem persönlichen Vorteil. Als einer von vielen Lehrern, die die rassistischen Bewegungen unterstützten, hatte er sich in den achtziger Jahren schwer verschuldet und daraufhin große Summen aus einem Fonds für arme Schüler unterschlagen, was zu seiner Entlassung geführt hatte. Der tüchtige Organisator und mitreißende Redner in Stoeckers Bewegung war für seine frei erfundenen Geschichten über jüdische Skandale berüchtigt. Auch für die eigenen großen Schulden machte er, obwohl seine Gläubiger Christen waren, jüdische Wucherer verantwortlich. In einem Pamphlet beschuldigte er Bismarcks jüdischen Bankier Bleichröder, er habe ein uneheliches Kind gezeugt, und behauptete, nur die Regierung habe Bleichröder vor einer Vaterschaftsklage bewahrt. Das Pamphlet war schnell vergriffen. Ahlwardt wurde wegen Verleumdung verurteilt und schrieb im Gefängnis ein weiteres Pamphlet mit dem Titel *Die Judenflinten.* Darin beschuldigte er eine jüdische Firma, im Deutsch-Französischen Krieg von 1870/71 defekte Gewehre an Preußen verkauft zu haben, um den Franzosen und damit den Grundsätzen der Französischen Revolution zum Sieg zu verhelfen. Das Pamphlet verursachte großen Aufruhr, war ebenfalls schnell vergriffen und machte Ahlwardt zu einer bekannten Figur. Er wurde von der geschädigten jüdischen Firma wegen Verleumdung verklagt und hatte mit seinen haltlosen Vorwürfen auch die preußische Armee beleidigt, weshalb die Regierung, nun unter Leo von Caprivi, ebenfalls eine Anklage gegen ihn vorbereitete. Nach Ansicht seiner großen und lautstarken Anhängerschar wollte ihn die Regierung durch die Anklage jedoch nur zum Schweigen bringen und reichen Juden einen Gefallen tun.

Im Jahr 1892 kandidierte Ahlwardt, zusätzlich motiviert durch Schutz vor rechtlicher Verfolgung durch parlamentarische Immunität, für den Reichstag. Er entschied sich für einen bis dahin sicheren Wahlkreis der Konservativen in Sachsen, der so rückständig war, daß die protestantischen Bauern nach Aussage eines lokalen Beamten dort noch immer so aussahen wie im Dreißigjährigen Krieg.[16] In Sachsen lebten nur wenige Juden auf dem Land, viele jedoch in Dresden und Leipzig. Sie waren vor allem als Einzelhändler tätig und wurden natürlich für die hohen Preise verantwortlich gemacht. Außerdem waren Tausende von Juden vor den russischen Pogromen nach Sachsen geflohen, viele allerdings sofort wieder ausgewiesen worden. In der Lokalpresse stieß der Judenhaß des Zaren auf großes Verständnis. Die sächsische Regierung war die Haupturheberin des politischen Antisemitismus in Sachsen; sie bekämpfte die Assimilierung und Emanzipation der Juden seit der napoleonischen Zeit.[17]

Durch die schnelle Industrialisierung war im »roten Sachsen« eine machtvolle sozialistische Bewegung entstanden, und es kam bei den

Bauern und Handwerkern gut an, die Juden für den Sozialismus verantwortlich zu machen, insbesondere da die Industrielöhne die Einkommen dieser Berufsgruppen inzwischen übertrafen. Auch bei Wählern, die die Untätigkeit der Konservativen satt hatten, war Ahlwardt beliebt, wenn er behauptete, die »roten Verräter« stünden mit atheistischen jüdischen Revolutionären im Bunde, und die Juden würden hohe Beamte bestechen. Außerdem war Ahlwardt durch die Klage der Regierung zu einem Märtyrer geworden, den die Lokalpresse mit Luther und Christus verglich. Versuchte er nicht die Geldwechsler aus dem Tempel zu vertreiben? Stoecker hatte immer noch großen Einfluß in der Deutschkonservativen Partei und war mit Ahlwardt eng befreundet; er hatte Ahlwardts Tochter getauft und dessen Verleumdungen seinen Segen erteilt. Doch die Reaktionäre hatten die Kontrolle über die Deutschkonservative Partei noch nicht errungen. Nach einigem Zögern schreckte diese doch davor zurück, einen Mann zu unterstützen, der wegen Verleumdung der von den Konservativen abgöttisch verehrten Armee im Gefängnis saß. In den Wahlen von 1892 errang Ahlwardt einen großen Sieg über den konservativen Kandidaten und schloß sich Böckel und der kleinen, aber wachsenden Schar der antisemitischen Fraktion im Reichstag an.

Aus Angst, ihre Wahlkreise zu verlieren, schlossen besorgte Führer der Konservativen hinfort Bündnisse mit rassistischen Demagogen, waren diese doch eindeutig Anhänger der konservativen Sache und erbitterte Feinde der Sozialdemokraten und Liberalen. Selbst die extremsten Attacken Ahlwardts schreckten die Reaktionäre nicht ab. 1899 forderte die Deutschsoziale Reformpartei als wichtigste antisemitische Partei, die »endgültige Lösung« der Judenfrage »durch völlige Absonderung und (wenn die Notwehr es gebietet) schließliche Vernichtung des Judenvolkes«.[18] Im Reichstag schrie Ahlwardt, der für seine Rede die Genehmigung der Konservativen benötigt und erhalten hatte: »Ein Pferd, das im Kuhstall geboren ist, ist noch lange keine Kuh (stürmische Heiterkeit rechts). Ein Jude, der in Deutschland geboren ist, ist noch lange kein Deutscher; er ist immer noch ein Jude«.[19] Er wurde nicht zurechtgewiesen. Die Konservativen waren allzu versessen darauf, ein rapide wachsendes neues Wählerpotential auszuschöpfen.

Mitte des 19. Jahrhunderts hatten viele rechte und linke Beobachter vorausgesagt, das Proletariat werde so rasch wachsen, daß der Sozialismus die alte Ordnung überwinden würde. Am schnellsten wuchsen im letzten Jahrzehnt des Jahrhunderts jedoch die Gruppen der kleinen Einzelhändler, Verkäufer, Bankangestellten, Beamten und Bürokräfte, die in den gewaltigen neuen Verwaltungsapparaten der privaten Konzerne und des Staates gebraucht wurden. Für diese Gruppen wurde der Begriff »Mittelstand« geprägt; sie übten respektable, qualifizierte Berufe aus, waren überwiegend konservativ eingestellt und identifizierten sich in aller Regel mit den Begüterten und der industriellen und staatlichen Elite. Sie legten großen Wert auf ihr Ansehen, kleideten sich entsprechend, besuchten die Kirche, um ihre Frömmigkeit zu beweisen, und kauften oder mieteten möglichst Häuser in guten Wohngegenden. Selbst ihre Möbel waren eine billige Imitation des Mobiliars ihrer Vorbilder. Sie sparten, um ihren Kindern eine Ausbildung zu finanzieren, damit diese nicht ins Proletariat absanken (obwohl viele qualifizierte Arbeiter mehr verdienten als der durchschnittliche Büroangestellte). Der Mittelstand glaubte an harte Arbeit und Sparsamkeit, an Investitionen und an den Lohn persönlicher Anstrengungen; er verabscheute Kollektivismus und linke Kritik. Der Kleinbürger aus dem Mittelstand symbolisiert (zu Unrecht) den typischen Deutschen: steif, ordentlich, kriecherisch gegenüber Vorgesetzten, verächtlich gegenüber Untergebenen und pedantisch bis aufs I-Tüpfelchen.

Vor allem bewunderten die Angehörigen des Mittelstands die Werte der aristokratischen und militärischen Elite. Die Zeitschriften, die bei ihnen beliebt waren, darunter auch die *Gartenlaube,* für die Glagau, Marr und andere Antisemiten schrieben, glorifizierten das Weltmachtstreben und empörten sich über den »Hochverrat« der Linken. Aus den Reihen der Angestellten, Ladenbesitzer und Lehrer kamen die Mitglieder der patriotischen Gesellschaften, der Vaterlandsligen und der Kolonialvereine, die Ende des 19. Jahrhunderts entstanden. Unter Führung hochrangiger Mitglieder der Gesellschaft wie Lehrern oder anderen Akademikern konnten kleine Angestellte und Sekretäre in diesen Organisationen stellvertretend am Ruhm kaiserlicher Generäle, mächtiger Industrieller und hoher Adliger teilnehmen. Ladenbesitzer und ihre Angestellten hatten schon immer zu den stärksten Unterstützern antisemitischer Bewegungen gehört. Kleine Geschäftsleute, die zum Besitzbürgertum gehörten, aber an seinem Rand standen und häufig bankrott machten, waren politisch extremer eingestellt als Kreise, denen es wirtschaftlich besser ging. Familienbetriebe litten unter der Konkurrenz großer Warenhäuser, die in großen Mengen einkaufen, niedrige Stückpreise verlangen und in kostspieligen Anzeigen für ihre Sonderangebote werben konnten. Obendrein leisteten Juden Pionierarbeit bei den neuen Warenhäusern, nicht zuletzt, da die neuen Techniken, die sie nach ihrem Ausschluß aus den Kaufmannsgilden entwickelt hatten, gut in die neue Ära des Massenverkaufs paßten. Kleine Einzelhändler, die sich nicht anpassen konnten oder wollten, verdammten die Warenhäuser moralisch, weil sie die traditionelle Beziehung zwischen Kleinhändler und treuem Kunden zerstörten, und sie machten deren jüdische Besitzer für ihre Misere verantwortlich.

Der einflußreichste Antisemit aus dem Mittelstand war Theodor Fritsch. Von den achtziger Jahren bis zu seinem Tod im Jahr 1933 erreichte er mit seinen Schriften Millionen von Deutschen; er wurde von den Nazis als »Altmeister« verehrt, und bei seiner Beerdigung hielt Hitler persönlich die Ansprache. Der rassistische Unternehmer Fritsch besaß einen antisemitischen Verlag und eine Zeitung, und er half Marr, die Antisemitenliga zu organisieren. Inspiriert von Fritsch rief Alfred Ploetz, der Gründer der Gesellschaft für Rassenhygiene, einen Deutschbund ins Leben, der die »Ausrottung minderwertiger Bevölkerungselemente« und den »Kampf gegen jüdisches und slawisches Blut« auf seine Fahnen geschrieben hatte.[20] 1893 publizierte Fritsch seinen berühmten *Antisemiten-Katechismus,* der 1896 durch das *Handbuch der Judenfrage* ersetzt wurde. Das Buch wurde bis 1914 sechsunddreißigmal und danach weitere elfmal aufgelegt. Fritsch warnte seine Leser, nie mit Juden zu verkehren und keine jüdischen Bücher oder liberale jüdische Zeitungen zu lesen. Vor allem jedoch sollten sie ihr Blut rein halten. Die von Fritsch gegründete Organisation war eine von vielen kleineren Gruppen, die sich aus dem rasch wachsenden Mittelstand in Deutschland und Österreich rekrutierten, und hatte bis 1913 über eine halbe Million Mitglieder.

Der Glaube an die Überlegenheit des deutschen Blutes ermöglichte es auch Männern von niedrigerem Rang und Status ihren Stolz zu wahren, als viele Juden in der Geschäftswelt und den freien Berufen einen raschen Aufstieg erlebten. Angelernte Verkäufer und Büroangestellte auf den unteren und unsicheren Sprossen der mittelständischen Karriereleiter, klammerten sich an den Rassismus, um sich ein Gefühl latenter Überlegenheit zu verschaffen, das durch die Mitgliedschaft in patriotischen Gruppen noch verstärkt wurde. Die rassische Gemeinsamkeit mit den Führern der Elite stärkte ihr Selbstbewußtsein. Unter der bescheidenen

Oberfläche des kleinen Angestellten lauerte nämlich oft ein frustrierter Romantiker, der sich in seinem langweiligen Alltag und seiner unsicheren Lage mit adligen Kriegern und mächtigen Industriellen identifizierte. Gemeinsam gehegter Antisemitismus schuf eine gemeinsame Identität; gleichgültig, wie hoch ein Jude aufstieg, er konnte nie ein echter Deutscher sein.

Der wichtigste Verband der kaufmännischen Angestellten, der Deutschnationale Handlungsgehilfenverband (DHV), wurde 1893 gegründet, als die Stimmen für die Sozialdemokraten stark zunahmen. Bis 1912 war ein Viertel aller privat entlohnten Angestellten in den Verband eingetreten. Als typische Vertreter des Mittelstands vermieden die Mitglieder des DHV die gewerkschaftstypische Konfrontation und agierten lieber als eine Art würdevolle, traditionsorientierte Zunft denn als schlichte Lohnarbeiter. Sie vermieden Streiks und setzten lieber auf Verhandlungen, auch wenn sie manchmal einen Streik ausriefen, wenn sie es mit einem jüdischen Unternehmer zu tun hatten. Der DHV arbeitete eng mit der Deutschkonservativen Partei und den Antisemiten im Reichstag zusammen. Sein offizielles Handbuch erklärte, Juden könnten nicht Mitglieder werden, denn es fehle ihnen an Mut und sie seien profitgierig, sexuell überspannt, ehrlos, unsauber.[21] Diese Ansichten spendeten servilen Angestellten falschen Trost, weil sie sich mutig, selbstlos und ehrenhaft fühlen konnten. Die lächerliche Erwähnung der jüdischen Sexualität wirft ein Licht auf die verdrängten Bedürfnisse des puritanischen und autoritären Charakters, der sein zerbrechliches Selbstbild mit dürftigen Mitteln verteidigen muß.

Der DHV besaß eigene Buchläden, in denen die Werke von Marr, Fritsch, Houston Stewart Chamberlain (dem Lieblingsautor Wilhelms II. und Hitlers) und anderer bekannter Antisemiten einen prominenten Platz einnahmen. Auch waren sie eine Fundgrube für Bücher über die »teutonische« Vergangenheit des Volkes, über das mittelalterliche Gepränge der Zünfte und für jene »arische« Kunst mit ihren blonden, nordischen Kriegern und Bauern in heroischen Posen, die man später Nazikunst nannte. Der Verband druckte kostenlos antisemitische Schriften und finanzierte Vorträge mit detailreichen Berichten über die Verbrechen und das verdorbene Blut der Juden. Er verdammte die parlamentarische Demokratie und das allgemeine Wahlrecht und pries statt dessen das Ideal des christlichen Korporativstaats, in dem Berufsgruppen wie die der

DHV vertreten waren. Bei den Wahlen griff der DHV häufig antisemitischen Kandidaten mit Literatur und Finanzmitteln unter die Arme. 1896 wurde Wilhelm Schack zum Verbandspräsidenten gewählt. Der Berufsschullehrer und Funktionär einer antisemitischen Organisation galt sogar unter Rassisten als Extremist, doch der DHV erlebte unter seiner Führung ein rasches Wachstum. Schack wurde 1905 in den Reichstag gewählt, mußte jedoch 1909 seine politische Karriere und seine Rolle im DHV beenden. Er war ein Opfer seiner »überspannten Sexualität« geworden und hatte in einer anonymen Anzeige nach einer jungen, wenn möglich bisexuellen Frau gefahndet, um die Freuden der Liebe mit ihr zu teilen. Möglicherweise hatte er außerdem Gelder des DHV für seine eigene antisemitische Organisation abgezweigt.

Wie konservativ die Privatangestellten waren, zeigt sich im Scheitern der sozialdemokratischen Konkurrenzorganisation, dem »Zentralverband der Handlungsgehilfen«. Für die Sozialdemokraten gehörten die Angestellten zum Proletariat; sie sollten ihre alten Illusionen ablegen und sich mit den Arbeitern solidarisieren. Die meisten Angestellten faßten dies als Beleidigung auf, und ihre Empörung nahm noch zu, als die Sozialisten nicht nur einen jüdischen Buchhalter zum Verbandspräsidenten wählten, sondern auch noch aktiv Frauen rekrutierten. Echte Antisemiten machten keinen Unterschied zwischen den Rechten für Juden und für Frauen. Von Stoecker bis zu den Nazis betrachteten sie die Frauenemanzipation als einen jüdisch-sozialistischen Versuch, die patriarchalischen Wurzeln zu untergraben, denen die germanische Kultur und Gesellschaft ihre Größe verdankte. Der Drechslermeister und bekannteste Mitbegründer der Sozialdemokratie, August Bebel, hatte 1883 das Buch *Die Frau und der Sozialismus* veröffentlicht. Mit Zustimmung von Friedrich Engels befürwortete er darin eine separate sozialistische Frauenbewegung mit eigener Presse und erklärte, die Männer würden vom Kapitalismus ausgebeutet, beuteten aber ihrerseits die Frauen aus, indem sie diese zu Putzfrauen und Sexualobjekten degradierten, ein Verhalten, das auch auf viele sozialistische Männer zuträfe. Dagegen betonte Ludwig Langemann, der Herausgeber einer antifeministischen Zeitschrift und Autor antisemitischer Pamphlete, sowohl der Sozialismus als auch der Feminismus seien ausländische Bewegungen, die dem gesunden deutschen Leben schadeten.[22] Viele führende Feministinnen waren gebildete, säkularisierte Sozialistinnen jüdischen Ursprungs und damit ideale Haßobjekte für die

Konservativen. Der Feminismus mußte einfach eine Spielart der jüdischen Zersetzung sein, auch wenn er viele Nichtjüdinnen anzog. Der populäre Philosoph und bösartige Rassist Eugen Dühring meinte zu diesem Thema, diese deformierte und ephemere Phase des Denkens müsse wohl vor allem hebräischen Frauen zur Last gelegt werden.[23] Männliche Büroangestellte jedoch waren besonders empört. Sehr zu ihrem Verdruß bekamen sie nämlich Ende des 19. Jahrhunderts in Gestalt von Sekretärinnen und Schreibkräften weibliche Konkurrenz auf dem Arbeitsmarkt. Auf die Frau als Opfer ihrer kleinen Haustyrannei wollten die meisten Männer nicht verzichten. Aber die männlichen Büroangestellten und Verkäufer mit ihrem unsicheren Status und ihrem empfindlichen männlichen Selbstvertrauen litten am meisten, als sie an ihrem Arbeitsplatz mit Frauen konfrontiert wurden, deren bloße Existenz die Stereotypen zur Rechtfertigung der Frauenunterdrückung widerlegte.

Der Gegensatz zwischen den deutschen und den französischen Mittelschichten ist bezeichnend. Ende des 19. Jahrhunderts identifizierten sich die meisten französischen Bauern und Mittelständler mit der Republik, und nicht mit deren rechten oder linken Feinden. Die Republik wiederum schützte sie vor den reaktionären Bestrebungen des Adels und dem proletarischen Sozialismus. Außerdem stützte sich in Frankreich das Ansehen des Militärs auf die Siege der Ersten Republik und Napoleons, während die deutschen Siege von einem Obrigkeitsstaat errungen worden waren. Lehrer und Beamte in den französischen Kleinstädten waren ganz im Gegensatz zu ihren Berufskollegen in Preußen meistens radikale Republikaner und Anhänger der Aufklärung, die häufig mit lokalen Royalisten, Priestern und Großgrundbesitzern im Streit lagen. Die französische Republik bekämpfte Religion und Royalismus an den Schulen; das kaiserliche Deutschland förderte beides. Als sich in der Dreyfusaffäre zeigte, daß die Royalisten, die Kirche und die Militärs den Antisemitismus gegen die Republik instrumentalisieren wollten, kamen die linken und gemäßigten Kräfte der Republik zu Hilfe. Die deutschen Konservativen säuberten Regierung und Armee von den Liberalen; die französische Republik entließ die Rechten. In der Dreyfusaffäre zeigte der französische Antisemitismus seine Macht, doch der republikanische Sieg bewies, daß diese nicht ausreichte, um das Land nach rechts zu drängen.

Am deutlichsten trat der rassistische Extremismus bei den in der *völkischen* Bewegung organisierten Deutschen und Österreichern zutage.

Der Begriff ist zwar von »Volk« abgeleitet, impliziert jedoch eine stammesartige Blutsverwandtschaft, unabhängig vom Gedanken der Gemeinschaft aller Menschen. Zu der quasireligiösen Leidenschaft, mit der die Völkischen ihre Ansichten vertraten, gab es in den anderen Ländern Westeuropas keine wirkliche Entsprechung. Vor 1914 waren Guido von List und der Österreicher Franz von Liebenfels – ein ehemaliger Mönch, dessen Zeitschrift *Ostara* von Hitler in seiner Wiener Zeit gelesen wurde – die wichtigsten Vertreter der völkischen Bewegung. Auch Theodor Fritsch übernahm viele völkische Ideen, und diese wurden später zum Kern der nationalsozialistischen Ideologie (auch wenn die NS-Führung sie im Wahlkampf nur in leicht abgeschwächter Form vertrat, um keine christlichen Wähler abzuschrecken). Die Völkischen strebten nach der Reinheit der Lehre, nicht nach Wahlsiegen, sie verwarfen das Christentum als jüdisch und als Feind der gesunden, kriegerischen Instinkte des nordischen Volkes. Als animistische Natur- und Sonnenanbeter, die in einer Vielzahl von Riten Götter wie Wotan und Thor verehrten, verabscheuten sie den transzendentalen Monotheismus der judäo-christlichen Religion. Ein naturferner Gott konnte kein Gott von Blut und Boden sein. Fritsch erfand sogar eine neue Version der Zehn Gebote. »Erachte es als ein Verbrechen, Deines Volkes edele Art durch Juden-Art zu verderben«, hieß es im ersten. »Denn wisse, das jüdische Blut ist unverwüstlich und formt Leib und Seele nach Juden-Art bis in die spätesten Geschlechter.«[24] Konsequenterweise hielten Fritsch und andere die schiere Existenz der Juden für eine tödliche Bedrohung künftiger Generationen und forderten, man solle jeden Kontakt mit dem Juden vermeiden und ihn von seiner Familie und vor allem von seinen Töchtern fernhalten, damit deren Blut und Seele nicht vergiftet würden.[25]

Nach Ansicht der Völkischen waren die Semiten ursprünglich von der rauhen, trockenen Landschaft der Wüste geprägt worden, in der Sonne und Natur Feinde des Menschen sind und die Natur an einen einzigen tyrannischen und transzendenten, buchstäblich unnatürlichen Gott glauben läßt. Deshalb waren die Juden unfähig, eine schöpferische Beziehung zum Lande zu entwickeln, und zogen ihm das künstliche Leben in der Stadt vor. Dort waren die natürlichen Grenzen der Habgier nicht mehr zu spüren, die man bei der Bearbeitung des Bodens instinktiv erfuhr. Nur dem Handel und dem Geschäft ergeben und die ländlichen Werte verachtend, waren die kosmopolitischen Semiten von Natur aus unfähig, einen eigenen Staat zu bilden; sie mußten auf Kosten einer Wirtskultur leben. Im Gegensatz dazu stammten die germanischen Völker aus den riesigen Wäldern des Ostens oder aus den Ebenen Nordindiens. Sie waren ein echtes »Naturvolk«, und ihre Götter und Göttinnen personifizierten die enge Verbindung mit einer fruchtbaren Umwelt. Diese Völker bebauten den Boden, für den sie mit ihrem Blut bezahlt hatten; die Stadt und der Handel waren gegen ihre Natur und zerstörten ihre Seele. Mit den Worten von Liebenfels: »Nur der mit der Scholle verwachsene Mensch, der Landwirt, ist Mensch im eigentlichen Sinne ... Deswegen gedeiht die heldische Rasse nur in der ländlichen Kultur, die Stadt ist ihr Grab.«[26] Das Blut des Bauern war die Quelle der nationalen Größe, die Stadt ein Krebsgeschwür aus Mischlingsrassen und entwurzelten Proletariern, die von den alles Germanische hassenden Juden aufgehetzt wurden. Wie die zahlreichen faschistischen Organisationen, die einschließlich der Nazis nach 1918 in Mittel- und Osteuropa entstanden, verehrten auch die völkischen Ideologen den Bauernkrieger als Vorbild.

In den letzten Jahren des 19. Jahrhunderts gründeten die Völkischen einige kleine landwirtschaftliche Gemeinschaften, die, frei von den Lastern der modernen Welt und durchdrungen vom Geist des germanischen Volkes, als Vorbilder für ein rassisch reines Deutschland dienen sollten. Die nordische Jugend würde somit der Stadt den Rücken kehren, sich mit ihresgleichen zusammentun und die lange schlummernde Verwandtschaft mit ihren vorchristlichen Ahnen erneuern. Dann würden die rassisch Auserwählten, nachdem ihre Feinde vernichtet waren, mit der Natur leben. Sie würden die Arme zur Sonne emporrecken, der Quelle aller Energie, und sie würden Blutsbrüderschaft schwören. Große runenförmige Feuerringe würden zur Sommersonnenwende in den Bergen entzündet und uralte Rituale in Waldheiligtümern voller Symbole der Mutter Erde vollzogen. Riten der Wiedergeburt und Reinigung würden das Gemeinschaftsgefühl der Rasse erneuern, ihre mystische Verbindung zum Kosmos wiederherstellen, und die Arier von dem falschen, hebräisch-christlichen Gott befreien. Damit das arische Blut nicht verunreinigt wurde, waren Tabak, Alkohol und Fleisch verboten. Wie Hitler und Fritsch waren auch die Führer der Völkischen Vegetarier, die auf Tabak und Alkohol verzichteten, um die kostbaren Körperflüssigkeiten ihrer Rasse zu schützen. Fritsch machte die Juden für den Alkoholhandel verantwortlich (1989 erneuerte der polnische Kardinal Glemp, der in den dreißiger

Jahren eine antisemitische Zeitschrift herausgegeben hatte, diesen Vorwurf). Der arische Krieger würde die krankhaften Schuldgefühle und die falsche Demut abstreifen, die kranke Priester und Rabbis ihm gepredigt hatten. Und er würde das blutige Symbol von Reue und Schwäche, das einst ans Kreuz genagelt wurde, um die heiligen Prophezeiungen der Hebräer zu erfüllen, durch die Götter und Göttinnen Walhallas ersetzen. Schließlich war Christus doch nur ein jüdischer Feigling gewesen.

Die Institutionen des modernen Staates wurden von den Reaktionären in allen europäischen Ländern verachtet. Doch nur Deutsche und Osteuropäer schufen sich eine alternative Vergangenheit von Stammesgemeinschaft, Blut und Boden. Die Kultur der Moderne war natürlich vor allem auf das Wirken und die Ansichten von Christen und Nichtjuden zurückzuführen und konnte unmöglich das Werk einer kleinen, schwachen jüdischen Gemeinschaft sein. Mehr als die meisten anderen Antisemiten mußten die Völkischen deshalb die Macht, die Einigkeit und den Einfluß des internationalen Judentums grotesk übertreiben. Wären die verhaßten sozialen Veränderungen nämlich von Nichtjuden verursacht worden, hätte eine Wiederbelebung des arischen Geistes das Rad der Geschichte kaum zurückdrehen können. Verschwörungstheorien waren unverzichtbar. Da liberale und linke Ideen bei Millionen von Deutschen Anklang fanden, mußte man erklären, warum sie als Deutsche ins Lager des Feindes übergelaufen waren. 1913 veröffentlichten völkisch Gesinnte unter dem Zeichen des Hakenkreuzes ein Handbuch über die angeblich halbjüdischen Ursprünge des Adels. Die namentlich Genannten kochten vor Wut, denn angesichts der jahrhundertelangen Vermischung von Deutschen und Juden konnte man solche Behauptungen nie widerlegen. »Hüte dich vor dem Juden in dir selbst«, hatte Fritsch in seinen Zehn Geboten gefordert. Er empfahl, die »jüdischen Charakterzüge« aufzuspüren und zu bekämpfen, die man durch den Fehltritt eines Vorfahren auch als Arier geerbt haben konnte. Für die Völkischen gehörten alle Juden unabhängig von ihrer Klasse oder öffentlichen Haltung einer Verschwörung des Blutes an. Um das nordische Blut zu verderben, planten die Führer der Juden sogar, arische Frauen zu verführen, ein Thema, das später Julius Streicher faszinieren sollte. Herkömmliche Antisemiten hätten sich in der Regel damit begnügt, die Juden zu entrechten; völkische wollten sie isolieren; oder sie wollten sie vernichten, da sie ihre erschreckenden Kräfte immer behielten, wohin man sie auch schickte. Was durch Blut verursacht war, konnte nur durch Blutopfer geheilt werden.

Genau wie später die Nazis forderten auch die Völkischen »Lebensraum« - die Eroberung und Ausbeutung des Ostens, damit die im Ausland verstreuten ethnischen Deutschen versammelt und in rassisch reinen Siedlungen angesiedelt werden konnten. Slawische Städte sollten dem Erdboden gleichgemacht und durch ein Netz von Dorfgemeinschaften nordischer Bauernkrieger ersetzt werden. Für die Millionen slawischen und jüdischen Bewohner des Ostens würde dann kein Platz mehr sein. Guido von List sehnte einen germanischen Führer herbei, der die Arier im Geiste der alten teutonischen Gottheiten in den blutigen Eroberungsfeldzug führen und gegenüber Juden oder Slawen keine Gnade kennen würde. Auch Rituale, Symbole und heilige Eide der Völkischen wurden später von den Nazis übernommen. Hitler trat ins Zentrum eines mystischen Personenkults, dessen Heilige als Helden im Rassenkrieg gefallen waren und an Festtagen in gewaltigen Monumenten mit großem Pomp verehrt wurden. Himmler führte bei der SS Trauungs- und Taufzeremonien nach völkischen Vorbildern ein. Das künftige Führungspersonal des Dritten Reichs trainierte auf alten Burgen, und die Tötungskommandos der Einsatzgruppen studierten völkische »Rassenkunde«, um sich auf ethnische Säuberungen vorzubereiten. Wie Himmler ihnen persönlich mitteilte, waren etwa noch vorhandene Schuldgefühle lediglich Reste eines dekadenten judäo-christlichen Erbes, das der Zerstörung der nordischen Völker hatte dienen sollen. Als Pioniere der »Rassenhygiene« mußten sie hart sein, und das nordische Volk der Zukunft würde es ihnen einst danken, daß sie seine Welt von der Bedrohung durch das jüdische Blut gesäubert hatten. Hitler selbst trat dem Vorwurf, die Nazis seien Barbaren, bewußt nicht entgegen.

Die Völkischen hegten eine solche Abneigung gegen die Massendemokratie, daß sie nicht einmal in Erwägung zogen, Wahlkämpfe zu führen. Außerdem wurden Leute wie Böckel, Ahlwardt und Fritsch von Antisemiten aus der Oberschicht sorgfältig auf Distanz gehalten; populistische Demagogen mit einer starken Anhängerschaft im Mittelstand waren eine Bedrohung für ihre überkommenen Rechte und Privilegien. Auch fühlten sie sich, wenn man vom ultrakonservativen Flügel der Deutschkonservativen absieht, unter Bismarck gut vertreten und hatten keinen Bedarf an Unruhestiftern. Als jedoch in den neunziger Jahren ein plötzlicher Aufschwung liberaler und sozialistischer Kräfte große Veränderungen verursachte und der preußische Obrigkeitsstaat in die Defensive geriet, erschien ihnen der Antisemitismus mehr denn je als ein unverzichtbares Instrument zur Verteidigung ihrer Macht und ihrer Privilegien. Jetzt erst wurde das verhängnisvolle Bündnis zwischen Reaktionären aus der Ober- und der Unterschicht geschmiedet, das schließlich die Nazis an die Macht bringen sollte.

8.
DER ANTISEMITISMUS DER ELITEN IM WILHELMINISMUS

Selbst wenn die wirtschaftliche und bildungsmäßige Elite der Deutschkonservativen Partei nicht persönlich für die NSDAP stimmte, hatte sie doch 1890 und 1914 bereits die Ideologie entwickelt, die die Nationalsozialisten als ihre eigene propagierten und in schreckliche Taten ummünzten.

Ernst Roloff, deutscher Historiker

Im Jahr 1890 waren die deutschen Konservativen wie vor den Kopf geschlagen: Bismarck wurde von einem anscheinend reformfreudigen neuen Kaiser zum Rücktritt gezwungen. Die Fortschrittlichen verdoppelten ihre Sitze im Reichstag, und die Sozialdemokraten gewannen mehr Stimmen als jede andere politische Partei in der Reichsgeschichte. Bismarcks konservative Koalition brach zusammen, Stoeckers Antisemiten verschwanden fast völlig von der Bildfläche, und zum ersten Mal gab es im Berliner Stadtrat eine sozialdemokratische Mehrheit. Das industrialisierte Deutschland hatte fortschrittliche Kräfte hervorgebracht, die die preußischen Eliten nicht mehr kontrollieren konnten.

Bismarck erwog vor seiner Entlassung einen Putsch, da er glaubte, das Sozialistenproblem werde nicht gelöst ohne »Bluttaufe«.[1] Wilhelm II., der 1888 als letzter deutscher Kaiser den Thron bestieg, war jedoch nicht gewillt, seine Herrschaft mit einem Blutbad zu beginnen. Er war ein Bewunderer Stoeckers und glaubte, die Arbeiter mit ein paar Reformen gewinnen zu können. Bismarck blockierte diese Bemühungen und wurde entlassen, nachdem es auch in anderen Fragen zu Auseinandersetzungen gekommen war. Sehr zum Mißfallen der Konservativen ernannte der Kaiser General Caprivi zum neuen Reichskanzler. Obwohl dieser ein

Preuße war hatte er Bismarcks obrigkeitsstaatlichen Stil und seine Versuche, die Katholiken zu strafen und die Sozialisten zu ächten, mißbilligt. Als Reichskanzler kooperierte er mit dem Parlament einschließlich der Sozialisten und beschnitt den Einfluß der preußischen Eliten. Plötzlich schienen sich radikale Veränderungen anzubahnen. Die Konservativen hatten nie über 25 Prozent der deutschen Wählerstimmen erhalten und die Liberalen einen Durchschnitt von 35 Prozent erzielt. Die Nationalliberalen hatten Bismarck jedoch unterstützt, und die preußische Oberschicht besaß in der Armee, in den Gerichten und im öffentlichen Dienst, wo Entscheidungen des Reichstags nur wenig zählten, fast unbeschränkten Einfluß. Bismarck hatte Preußens Vormachtstellung gesichert, indem er auch als Reichskanzler preußischer Ministerpräsident geblieben war. Dagegen wollte Caprivi unparteiischer Kanzler aller Deutschen sein und trat als Ministerpräsident zurück. Er machte den Fortschrittlichen und Sozialdemokraten Zugeständnisse und meinte, die öffentliche Meinung müsse besser respektiert werden als zu Bismarcks Zeit.[2] Er weigerte sich, Bismarcks Sozialistengesetze zu verlängern, und schockierte die Rechte, indem er Kompromisse schloß, um die sozialdemokratischen Stimmen für seine Gesetze zu gewinnen.

Auch mit der katholischen Zentrumspartei, die über die meisten Sitze im Reichstag verfügte, arbeitete er zusammen. Er versuchte, die letzten antikatholischen Gesetze aufzuheben und blockierte einen Versuch, Freidenker der staatlichen Zensur zu unterwerfen, was die Geistlichkeit als grobe Beleidigung des protestantischen Kaisers beklagte. Überdies mußten die stolzen Nachfahren der Deutschen Ritter hilflos zuschauen, als Caprivi die Lage der verachteten Polen in Ostpreußen verbesserte. Bismarck hatte sie als ein unterworfenes Volk behandelt, doch Caprivi schaffte, unbeeindruckt von wutschnaubenden Leitartikeln in der *Kreuzzeitung,* die Subventionen ab, die es Deutschen erleichtert hatten, polnisches Land zu erwerben, und stimmte der Ernennung eines polnischen Erzbischofs zu. Außerdem brachte er das Militär gegen sich auf, indem er auch den nach ihrer Abtrennung von Frankreich im Jahr 1871 ebenfalls schlecht behandelten Elsässern Zugeständnisse machte. Polen und Elsässer waren im Reichstag vertreten, und Caprivi brauchte ihre Stimmen. Er schlug sogar vor, das für die Reichen so vorteilhafte Dreiklassenwahlrecht in Preußen abzuschaffen, wie es Sozialdemokraten und Fortschrittliche verlangten. Er brachte damit sowohl die preußische Vorherrschaft in

Deutschland als auch die Macht der Eliten in Preußen selbst in Gefahr. Die Interessen der Großgrundbesitzer in Ostpreußen verletzte er, indem er die Getreidezölle senkte. Die Junker waren schnell mit dem Vorwurf des »jüdischen« Materialismus bei der Hand, um die Schutzzölle zu verteidigen, die der Kanzler angeblich dem »jüdisch-englischen« Freihandel opfern wollte. Für Caprivi waren diese Adligen schlicht habgierig. Er wurde von Industriellen unterstützt, die einen Handelskrieg fürchteten, und von Liberalen und Sozialisten, die sich für die Interessen der Verbraucher stark machten. Die Lebenshaltungskosten in Deutschland waren damals die höchsten in Europa, und den Sozialdemokraten hatte es Wählerstimmen gebracht, daß sie im Wahlkampf von 1890 Massendemonstrationen der Verbraucher organisiert hatten.

Caprivis Versuch, als Deutscher, und nicht als Preuße zu regieren, überraschte sogar den Kaiser. Bismarck hatte das Militär vor dem Parlament geschützt, nun jedoch wurde mit den Stimmen der Sozialdemokraten ein Gesetz verabschiedet, das der Legislative das Recht gab, über die Militärausgaben abzustimmen, die früher für Zivilisten, ganz zu schweigen von »den Roten«, unantastbar gewesen waren. Caprivi zwang die Streitkräfte, auf Geheiß gewählter Zivilisten Ausgaben zu streichen; schlimmer noch, er weigerte sich, bei den Wahlen in Bismarcks Ruf »das Vaterland ist in Gefahr« miteinzustimmen, und er verzichtete im Streben nach internationaler Verständigung auf eine Verlängerung des von Bismarck mit Rußland geschlossenen Rückversicherungsvertrages. Er besänftigte Rußland und Frankreich durch Zugeständnisse und ließ es auch gegenüber Italien und England nicht an freundlichen Gesten fehlen. Wäre er im Amt geblieben, hätte sich Europa bis 1914 nicht auf so katastrophale Weise in zwei feindliche Lager gespalten. Caprivi war sich als einer der wenigen hohen Militärs über das Vernichtungspotentials der neuen Kriegswaffen im klaren und fürchtete, der nächste Konflikt könnte viel länger und blutiger ausfallen als frühere Kriege. Als Generäle in der Umgebung des Kaisers einen »Präventivkrieg« gegen Rußland vorschlugen, lehnte Caprivi den Vorschlag entschieden ab, da er wußte, daß von Rußland keine nennenswerte Gefahr drohte. Als in der rechtsgerichteten Presse hysterische Artikel über russische Truppenkonzentrationen an der Grenze erschienen, reagierte Caprivi mit der trockenen Bemerkung, solche Truppen marschierten in der Regel ein paar Wochen in den Zeitungsspalten auf und ab, dann seien sie wieder verschwunden. So war es denn auch, doch seine Bemerkung war nicht gerade geeignet, ihn bei den Kriegshetzern im Lande beliebt zu machen.

Auch militärische Abenteuer zur Erweiterung des Kolonialreichs lehnte er ab. Bismarck hatte sich hinter die kolonialen Forderungen Deutschlands gestellt, um den Fortschrittlichen Stimmen abzujagen und England in die Defensive zu treiben. Denn die öffentliche Unterstützung für das blutige Spiel des Kolonialerwerbs wurde von der neu entstandenen Sensationspresse angeheizt und war enorm. Caprivi jedoch dachte realistischer und überließ den Engländern die ostafrikanische Insel Sansibar für die strategisch wichtige Nordseeinsel Helgoland. Ein Proteststurm erhob sich, der von Treitschke, von anderen Hochschullehrern und von der Deutschen Kolonialgesellschaft angeführt wurde. Letztere wurde vor allem von Banken und Vertretern von Industrie und Handel finanziert, die sich in Afrika Gewinne erhofften. Die Konservativen beschuldigten Fortschrittliche und Sozialisten, die Arbeit der Juden zu verrichten, indem sie die imperiale Größe Deutschlands verhinderten. Caprivi beklagte diese antisemitischen Töne. Außerdem bemerkte er lakonisch, das Schlimmste, was Deutschland passieren könne, wäre, daß ihm jemand halb Afrika schenkte.

Caprivi wurde als Verräter seiner Klasse geächtet. Seine Feinde verlangten vom Kaiser, ihn fallenzulassen. Inzwischen waren heroische Legenden über Bismarcks Größe im Umlauf, obwohl der Eiserne Kanzler den Konservativen vor Caprivis Kanzlerschaft zu »parlamentarisch«, zu liberal und zu wenig aggressiv in der Außenpolitik gewesen war. Viele hatten Bismarck nie vergeben, daß er das allgemeine Wahlrecht (für Männer) eingeführt hatte. Am meisten versetzte die Konservativen jedoch in Panik, daß ihre Wahlergebnisse den tiefsten Stand seit 1877 erreicht hatten und hinter denen der Sozialdemokraten zurückblieben. Caprivi weigerte sich, seiner Partei mit illegalen Mitteln Wahlhilfe zu leisten. Und diese fürchtete, wenn er nicht gestürzt würde, in einem demokratischen System, das sie verabscheute, um eine Wählerschaft kämpfen zu müssen, die sie verachtete.

Böckel und Ahlwardt schienen jedoch neue Wählerschichten erschlossen zu haben, die sich gegen den gemäßigten Caprivi-Flügel der Deutschkonservativen Partei mobilisieren ließen. Nachdem sich Ahlwardts lächerliche Judenflinten-Beschuldigung wider Erwarten als populär erwiesen hatte, stimmten die konservativen Abgeordneten im preußischen

Parlament mit 95 zu 1 Stimmen für die Aufnahme antisemitischer Parolen in ihr Parteiprogramm. Allerdings machten sie einen Rückzieher, als der Kriegsminister Ahlwardt wegen Verleumdung der Streitkräfte anklagte, denn sie konnten sich kaum erlauben, das Militär zu verprellen. Für Ahlwardts Anhänger waren die Gesetze gegen Verleumdung nur dazu da, Juden vor ihrer gerechten Strafe zu schützen, und die große Zahl jüdischer Juristen »bewies« ihnen, daß die Gerichte zum Schaden der Deutschen manipuliert wurden. Die populistische Presse erklärte, es sei sicher kein Zufall, daß Caprivis Regierung die Antisemiten verfolge, wie Bismarck es nie getan habe.

Die gemäßigten Konservativen in der Deutschkonservativen Partei waren 1890 im Aufstieg begriffen. Als jedoch Ahlwardt 1892, unterstützt von lokalen Rechtsextremen, einen überwältigenden Sieg über seinen konservativen Rivalen errang, erklärte Stoecker seinen ultrarechten Kollegen, daß die antisemitischen Demagogen von Nutzen sein könnten, und die Reaktionäre begannen, um die Stimmen rassistischer Abgeordneter zu buhlen – wie sie es auch 1930 tun sollten, als die Nazis ihnen die Wähler abspenstig zu machen begannen. 1892 forderte die *Kreuzzeitung,* die Partei solle »im Kampf gegen die überwuchernde Macht des Judentums die Führerrolle« übernehmen.[3] Antisemitische Ideen müßten in konservativem Boden wurzeln, sonst seien sie eher gefährlich als nützlich.[4] Gefährlich nicht für die Juden natürlich, sondern für die Privilegien der Oberschicht. Konservative und Antisemiten hatten schon im Kampf gegen Caprivis Handelsverträge zur Senkung der Getreidezölle zusammengearbeitet, und schon damals hatte die *Kreuzzeitung* verkündet, Deutschland gehe dem sicheren Untergang entgegen, wenn es sein Vertrauen in Revolutionäre, Liberale und Juden setze.[5] Da Böckel und die anderen antisemitischen Abgeordneten auf die Finanzmittel der Deutschkonservativen Partei angewiesen waren und ihre Unterstützung brauchten, um in die Ausschüsse des Reichstags zu kommen und auf den Sitzungen sprechen zu können, hatten sie jene Bauern leichten Herzens verraten, die für ihr Vieh Getreide kaufen mußten. Der freie Handel mit Getreide sei eine jüdische Maßnahme, erklärte Böckel; wenn Caprivis Gesetz durchkäme, wäre dies eine ebenso schlimme Niederlage wie die Siege Napoleons. Caprivis Maßnahmen, fügte er hinzu, seien von jüdischen Getreidespekulanten bestellt worden, und sie, nicht die Zölle, seien für die hohen Brotpreise verantwortlich.

Ahlwardt errang einen überwältigenden Sieg, als sich die Deutschkonservative Partei gerade auf ihren ersten Parteitag seit 1876 vorbereitete. Die Zusammenarbeit mit den Populisten war der wichtigste Tagesordnungspunkt. Viele lokale Parteiversammlungen der Konservativen hatten antisemitische Delegierte gewählt; die Ultrarechten waren entzückt. Es bestehe kein Zweifel, jubilierte die *Kreuzzeitung,* »daß die gewaltig werbende Kraft des Antisemitismus viele ins königstreue Lager zurückgeführt [habe], welche sonst unrettbar dem Freisinn oder der Sozialdemokratie verfallen sind«.[6] Der Parteiführung war jedoch unbehaglich zumute, als der Parteitag der Deutschkonservativen im Dezember 1892 in den Berliner Tivolisälen eröffnet wurde. Der Pöbel, dessen Unterstützung man einst für selbstverständlich gehalten hatte, war massenhaft vertreten, aber er verhielt sich nicht mehr passiv gegenüber der Führung. Am ersten Tag sprachen Caprivi und die gemäßigten Parteiführer gegen die Rassisten, doch Böckel und Ahlwardt wurden von zahlreichen antisemitischen Delegierten lautstark unterstützt, und sie hatten die Mehrheit. Der gemäßigte Parteivorsitzende wurde zum Rücktritt gezwungen, was Caprivi entscheidend schwächte. Nur drei Tage nach Stoeckers Sieg schlossen sich Böckel und Ahlwardt mit ihm zusammen. Die Delegierten brachten unter Führung ihres neuen Vorsitzenden Otto von Manteuffel einen Antrag ein, der eindeutig antisemitisch geprägt war, jedoch eine Verurteilung antisemitischer Ausschreitungen enthielt. Die Delegierten aus der Provinz waren über diesen Passus hell empört, und Stoecker wurde von ihnen »jubelnd begrüßt«, als er seine Anhänger gegen den Aufruf zur Mäßigung ins Gefecht führte. Ein gemäßigter Delegierter wies darauf hin, daß Ahlwardt ein verurteilter Krimineller und geständiger Lügner sei, und sich seines Betrugs auch noch brüste. Doch ein anderer Sprecher erklärte, auch die Sozialdemokraten hätten einen Antrag verabschiedet, der den Antisemitismus verurteile, und der Reichstagskandidat, den Ahlwardt im selben Jahr so böse verleumdet und geschlagen hatte, rief trotz seiner Niederlage: Lieber zehn Ahlwardts und lieber zehn Antisemiten als ein Fortschrittlicher.[7] Anschließend stimmte der Parteitag bei nur sieben Gegenstimmen gegen die Verurteilung antisemitischer Ausschreitungen.

Der in das Parteiprogramm aufgenommene Passus lautete somit wie folgt: »Wir bekämpfen den vielfach sich vordrängenden und zersetzenden jüdischen Einfluß auf unser Volksleben.«[8] Außerdem sollten Juden vom Lehrer-, Beamten- und Richterberuf ausgeschlossen werden. Zünfte und

Bauern sollten gegen den Liberalismus geschützt und Hausierer und Finanziers in ihren Aktivitäten beschränkt werden. Denn die Juden seien, wie es in dem Programm hieß, die »unversöhnlichen Gegner des konservativen Prinzips«.[9] Stoecker, Böckel und Ahlwardt waren außer sich vor Begeisterung; der Antisemitismus war von der Partei der angesehensten und mächtigsten Schichten in Deutschland unterstützt worden. »Die Aufnahme des Antisemitismus in das konservative Programm«, schrieb Hellmut von Gerlach, ein ehemaliger Stoeckerianer, war der »größte moralische Erfolg«, der für ihn denkbar war. Der Antisemitismus »wurde nunmehr legitimer Besitz einer der größten Parteien, der Partei vor allem, die dem Throne am nächsten steht und die wichtigsten Stellen im Staate besetzt«.[10] Im Reichstag wandte sich Caprivi gegen den rassistischen Parteitagsbeschluß, der die Rechten so begeisterte. Daraufhin verkündete Ahlwardt, die Abgeordneten, die Caprivi unterstützten, seien von Juden bestochen, die an Caprivis Politik Millionen verdienten. Als der rechte Flügel der Deutschkonservativen und andere antisemitische Abgeordnete nun Anstalten machten, das 1869 verabschiedete Gesetz zur Judenemanzipation aufzuheben, trat ihnen Caprivi in aller Schärfe entgegen: Wenn der erste legislative Schritt in dieser Richtung getan werde – für den man außerhalb des Parlaments bereits agitiere –, werde er ihn mit allen ihm zur Verfügung stehenden Mitteln bekämpfen.[11] Der antisemitische Antrag erhielt nicht die notwendigen Stimmen.

Im Februar 1893 wurde der Bund der Landwirte gegründet, die reichste und mächtigste antisemitische Organisation in Europa. Sie wurde von ostelbischen Adligen und Politikern beherrscht und hatte das Ziel, die Landbesitzer gegen Caprivi zu vereinigen. Der Bund, der bald schon als informelle Public-Relations-Abteilung der Deutschkonservativen Partei fungierte und dessen Führungsmitglieder oft auch bei den Deutschkonservativen hohe Ämter bekleideten, war durch eine nostalgische Verklärung des Landlebens und einen extremen Antisemitismus gekennzeichnet. Seine Führer waren der festen Überzeugung, daß sie als Landbesitzer, hohe Beamte und Offiziere von altem Adel das Land führen müßten, und dies nicht den Massen überlassen dürften. Schließlich waren sie es gewesen, die Deutschland vereinigt hatten, und nicht die Parlamentarier, und es waren ihre Armee und ihre Institutionen, die die militärischen und staatstragenden Werte der Rasse auf einzigartige Weise verkörperten. Der Schutz ihrer Vorrechte war für die Deutschen eine nationale Pflicht.

Berthold von Ploetz, einer der Führer des Bundes der Landwirte, weihte ihn dem Krieg gegen die zerstörerischen Kräfte des linken Liberalismus, des Judentums und der Sozialdemokratie.[12] Viele professionelle Antisemiten wurden Berater des Bundes, und der antisemitische Deutsche Bauernbund und eine rassistische Organisation kleiner Geschäftsleute traten ihm bei. Aufgebracht über Caprivis spöttische Imperialismuskritik, setzten sich Hochschullehrer, Geschäftsleute und Lehrer für ein Kolonialreich in Übersee und die Expansion nach Osten ein. Einer ihrer akademischen Berater pries den Bund der Landwirte als den »Stoßtrupp eines rassisch reinen Deutschlands«.[13]

Empörte Reaktionäre überredeten den Kaiser, einem Gesetz Caprivis die Unterstützung zu verweigern, das Abstriche im Militärhaushalt vorsah. Als das Gesetz scheiterte, stürzte auch Caprivis Regierung. Der Reichstag wurde aufgelöst. Bei den Wahlen ging es vor allem um die Landwirtschaftskrise, die zunehmenden Streiks und den Protest der Verbraucher gegen die Getreidezölle. Konservative und populistische Antisemiten verkündeten gemeinsam, die streikenden Arbeiter und protestierenden Verbraucher seien Opfer der Manipulationen Caprivis sowie der »jüdischen« Fortschrittlichen und der Sozialdemokraten, und machten es sich zur Gewohnheit, die Sozialdemokraten als Stoßtrupp der Juden zu denunzieren. Der Bund der Landwirte finanzierte deutschkonservative und antisemitische Demonstrationen gegen Caprivi, und die Deutschkonservative Partei gewann neunzehn Sitze im preußischen Parlament hinzu. Fortschrittliche und Sozialdemokraten konnten jedoch Hunderttausende zornige Verbraucher für die Reichstagswahlen mobilisieren. Caprivi wehrte sich gegen die rassistischen Angriffe auf seine Regierung: Die Antisemiten »verfolgten den Juden bis ins dritte oder vierte Glied zurück. Es fing sich an zu vermischen der Religionsantisemitismus und der Rassenantisemitismus … Das ist aber das Gefährliche in der Agitation …«[14] Die Deutschkonservative Partei gewann zwar einige Sitze im Reichstag, doch Caprivis Flügel war so gut wie erledigt, und die Fortschrittlichen verloren über die Hälfte ihrer Sitze. Die spektakulärsten Ergebnisse erzielten die antisemitischen Parteien. Ihre Stimmenzahl stieg von 56 900 im Jahr 1890 auf ungefähr 400 000 (fünf Prozent der Wähler) im Jahr 1893; 1895 hatten sie sechzehn Sitze im Reichstag. Wichtiger noch, zahlreiche konservative Kandidaten fanden heraus, daß sich Angriffe auf die Juden in Wählerstimmen auszahlten, und auf jeden Fall unterstützten die zwanzig Prozent deutschkonservativen Wähler nun ein antisemitisches Programm.

Als Caprivi die Unterstützung des Kaisers und der Partei verlor, kam die gemäßigte Reformpolitik zum Erliegen. 1894 ließ Graf Botho zu Eulenburg, der reaktionäre Ministerpräsident Preußens, Vertraute des Kaisers und üble Antisemit, einer geheimen Zusammenkunft konservativer Parteiführer mitteilen, er sei bereit, Caprivis Nachfolge zu übernehmen. Aber unter einer Bedingung: daß er sofort durch den Bundesrat das allgemeine Wahlrecht außer Kraft setzen dürfe.[15] Der Kaiser und die meisten Parteiführer stimmten zu. Doch der obrigkeitsstaatlich gesinnte Eulenburg verachtete Mehrheitsentscheidungen und wäre nur mit einem einstimmigen Votum zufrieden gewesen. Für die gesamte Dauer der Auseinandersetzung sabotierte Wilhelm II. die Politik seines Reichskanzlers. Der Intrigen müde, isoliert und politisch machtlos, trat Caprivi im Sommer 1894 zurück.

Historiker haben die berufsbedingte Neigung, sich allzusehr auf siegreiche und mächtige Politiker wie etwa Bismarck zu konzentrieren. Caprivi kämpfte für ein wirklich vereinigtes und demokratisches Deutschland und für eine Politik der internationalen Versöhnung, die für die Deutschen viel vorteilhafter gewesen wäre als Bismarcks Politik nach der Vereinigung. Obwohl Caprivi keineswegs immun war gegen die sozialen Vorurteile eines preußischen Generals, hatte er begriffen, wie gefährlich der Antisemitismus sowohl für die Juden als auch für seine Reformpolitik geworden war, im Parlament sagte er, er könne vielleicht verstehen, warum jemand Antisemit sein könne, wenn jedoch der Antisemitismus auf diese demagogische Weise manipuliert werde, sei es unvermeidlich, daß die Reichsregierung dagegen Stellung beziehe, und er könne nicht verstehen, wie Patrioten so etwas mittragen könnten.[16] Nach 1894 konnte kein Reichskanzler mehr den deutschen Konservatismus vom Antisemitismus trennen; Caprivi war der letzte, der es wenigstens versuchte. Von 1893 bis zum Aufstieg der Nationalsozialisten war die Aufhebung der Bürgerrechte für Juden eine zentrale und immer lauter vorgebrachte Forderung der Konservativen.

Im Jahr 1894 besuchten Tausende von Landbesitzern die erste Generalversammlung des Bundes der Landwirte. Stoecker hielt die Begrüßungsrede. Er bezeichnete Caprivi wieder einmal als ein Werkzeug der Juden und forderte die Landwirte auf, die vornehmen Familien Ostpreußens zu schützen. Sie und ihre Nachkommen müßten weiterhin auf dem Land leben, der einzig angemessenen Umgebung für Menschen, deren Pflichtgefühl und Opferbereitschaft sie für höchste Staatsämter qualifiziere. Wenn nicht, sagte der Hofprediger, »werden Kohn und Itzig als Hypothekenbesitzer einrücken und das Volk mit ihren umstürzlerischen Gedanken verderben.«[17] 1895 unternahm der Stoeckerianer und Herausgeber der *Kreuzzeitung* Georg von Hammerstein einen Versuch, jede Einwanderung von Juden nach Deutschland zu unterbinden, nachdem etwa 44 000 Juden vor der Unterdrückung durch das Zarenregime nach Deutschland geflohen waren. Im Reichstag setzten die Konservativen Ahlwardt als Waffe ein. Er erklärte, selbst wenn ein Jude noch nichts Schlimmes getan habe, werde er es früher oder später doch tun, »weil seine Rasseneigenthümlichkeiten ihn dazu treiben«. Trotz ihrer geringen Zahl seien die Juden »Cholerabazillen«. Sie müßten für sich bleiben und aus Deutschland ferngehalten werden, denn es gehe um »die Ansteckungskraft und die Ausbeutungskraft des Judentums«. Die Briten hätten die Thugs, eine Sekte von Meuchelmördern in Indien, ausgerottet, obwohl viele von ihnen noch keinen Mord begangen hätten, denn sie hätten gewußt, »im gegebenen Moment würde doch jeder Angehörige der Sekte solches tun«. Zum Ende deiner Rede forderte Ahlwardt dazu auf, diese »Raubtiere« auszurotten.[18] Dies waren nicht die Worte eines isolierten Fanatikers, sondern eines mit der Deutschkonservativen Partei verbündeten Reichstagsabgeordneten.

Als die von den Sozialdemokraten organisierten Streiks zunahmen, erklärte der Kaiser seinen Höflingen, es werde bald notwendig sein, die Linke mit Gewalt zu bekämpfen. Entschlossen, die Regierung zu beherrschen, ernannte er mit dem ältlichen Fürsten zu Hohenlohe-Schillingsfürst einen farblosen und einfältigen Mann zum Reichskanzler, dessen wichtigstes Anliegen seine Altersversorgung war. Inzwischen machten sich die siegreichen Hardliner der Deutschkonservativen daran, den Populismus ihrer antisemitischen Verbündeten zu zähmen; sie warfen sogar Stoecker vor, immer noch zu glauben, daß die Arbeiter durch Reformen vom Sozialismus abgebracht werden könnten. Einige Populisten, Böckel eingeschlossen, fürchteten, die konservative Kampagne für hohe Getreidezölle und Militärausgaben könnte in ihren Wahlkreisen zu Stimmenverlusten führen. Als Industrielle sich für den Bau einer großen Flotte einsetzten, verlangten einige Populisten, zu deren Finanzierung die

Steuern der Reichen zu erhöhen. Empört über dieses subversive Ansinnen schrieb ein hochrangiger Konservativer, seine Partei bekämpfe keineswegs den guten Kern des Antisemitismus, doch hinter der Bindung vieler Besitzloser an diese Bewegung verberge sich eine potentielle große Gefahr. Sie könnten sich gegen das Eigentum wenden, und dann werde der Antisemitismus zu einer Unterart der Sozialdemokratie herabsinken.[19] 1929 hielten ähnliche Befürchtungen viele Industrielle davon ab, die Nazis zu unterstützen, bis Hitler ihnen versicherte, daß seine Anhänger aus dem Volk ihren Interessen nicht schaden würden. 1894 verlangten die Konservativen, die Antisemiten sollten nur unter den »Hilfstruppen der Juden«, also unter Sozialisten und Liberalen, um Wählerstimmen werben. Im offiziellen *Konservativen Handbuch* der Partei von 1894 wurden die Populisten wegen ihrer manchmal unkonservativen Haltung verwarnt, die sich nicht damit begnüge, den verderblichen Einfluß des Judentums zu bekämpfen, sondern die führenden Stände des Vaterlands angreife und die Sache des Antisemitismus diskreditiere.[20] 1907 gewannen die Antisemiten siebzehn Reichstagssitze, die höchste Zahl, die eine Gruppierung von erklärten Rassisten vor 1914 je erlangte. Um noch mehr Stimmen zu gewinnen, hätten sie die Stimmung gegen die wohlhabenden Beitragszahler der Deutschkonservativen Partei populistisch ausbeuten müssen. Nach Caprivis Rücktritt waren die Konservativen nicht mehr dazu gezwungen, auf die Interessen der Bauern und des Mittelstands Rücksicht zu nehmen. Erst in der Weimarer Republik wurde die populistische Demagogie wieder ein zentrales, massenwirksames Mittel zur Bekämpfung demokratischer Reformen.

Böckel wurde mit Verleumdungsklagen überzogen und mußte erleben, daß seine Zeitschrift einging, weil sozialistische Druckereien sie nicht mehr drucken wollten; auch seine »judenreinen« Banken und Viehmärkte brachen zusammen. Offensichtlich gehorchten Christen denselben Marktprinzipien wie Juden, und es gab Beschwerden, daß Christen ohne jüdische Konkurrenz sogar noch höhere Preise verlangten. Böckels Kreuzzug gegen die moralische Verkommenheit des Judentums brach endgültig zusammen, als er Vater eines unehelichen Kindes wurde. Nach Angriffen der lokalen Geistlichkeit wurde er als Parteiführer abgewählt und verlor seinen Sitz im Reichstag. Er begrub seinen Stolz und nahm eine untergeordnete Stelle bei eben jenen Konservativen an, die er einst eine Bande agrarischer Windbeutel geschimpft hatte. Er starb 1923, verarmt und verlassen. Die Nazis ehrten ihn mit einem Denkmal und druckten seine Parolen in einem Schulbuch ab. Auch Ahlwardt verlor seinen Sitz und verkaufte, bis zuletzt ein Betrüger, falsche Aktien. Er floh 1896 nach New York, wo er nun als Pastor Ahlwardt in der Öffentlichkeit fanatische antisemitische Predigten hielt. Er zog jedoch zahlreiche wilde Zwischenrufer an, und der Polizeichef Teddy Roosevelt ließ »zu seinem Schutz« 40 jüdische Polizisten vor ihm aufziehen. Das Gelächter trieb ihn von der Kanzel; in Deutschland hätte das nie passieren können.

Im Jahr 1890 gründete Heinrich Claß, ein Mitstreiter Böckels und späterer Verbündeter Hitlers, den Alldeutschen Verband mit dem Ziel, den deutschen Imperialismus und die Ostexpansion zu fördern. Der Verband zog Beamte, Offiziere, Lehrer, Hochschullehrer und Industrielle an, die sich von hohen Militärausgaben Gewinn versprachen, darunter auch Alfred Hugenberg aus dem preußischen Wirtschaftsministerium, der 1909 Generaldirektor des mächtigen Rüstungskonzerns Krupp wurde. Die Finanzmittel des Verbands kamen größtenteils von der Industrie und den Banken, und Hugenberg ließ sie Politikern und Journalisten zukommen, die Deutschlands Griff nach der Weltmacht unterstützten.

Kolonialvereine gab es in vielen Ländern, doch den Alldeutschen Verband zog es nicht nur nach Übersee, er verlangte auch eine Erneuerung des alten deutschen Drangs nach Osten, um auf Kosten der Slawen eine Landmacht zu schmieden, die Großbritannien und den USA ebenbürtig war. Sein Vorläufer, die Gesellschaft für deutsche Kolonisation, war 1884 von dem fanatischen Antisemiten Carl Peters gegründet worden. Dieser »deutsche Cecil Rhodes« hatte betrügerische Verträge mit afrikanischen Stammeshäuptlingen ausgehandelt. Imperialismus geht immer mit Rassismus einher: Rhodes predigte, es sei das Schicksal der Angelsachsen, die minderwertigeren Rassen zu zivilisieren. Und in den Vereinigten Staaten propagierte der Pfarrer Josiah Strong in seinem Bestseller *Our Country* (1885) die politische und religiöse Weltherrschaft der protestantisch-angelsächsischen »Rasse«. Doch der deutsche Imperialismus war noch rassistischer als der anderer Länder. Die Briten wollten Indien regieren, aber sie wollten es nicht mit Angehörigen ihrer Rasse besiedeln; die Franzosen hofften, die Elite ihrer afrikanischen Untertanen in Franzosen verwandeln zu können; die USA gaben sich damit zufrieden, ihrer Wirtschaft auf der ganzen Welt Märkte zu eröffnen. Die Alldeutschen aber hatten nicht das Ziel, die »Wilden« in fernen Ländern zu zivilisieren, zu bekehren oder auszubeuten. Sie wollten die deutschstämmigen Minderheiten in Osteuropa und deren Länder von ihren minderwertigen slawischen Herren befreien und sie in Vollendung der deutschen Vereinigung dem Reich anschließen. Rassische Überlegenheit diente ihnen als Rechtfertigung für Gewaltanwendung gegen die »minderwertigen« Slawen. Die deutsche Eroberung Osteuropas wurde für notwendig erachtet, um ein Gegengewicht zu den dekadenten romanischen Rassen, zur Arroganz der britischen Oberschicht und zur Macht des internationalen Judentums zu schaffen. In dem Jahrzehnt vor 1914 forderten die alldeutschen Publizisten in Deutschland und Österreich einen Präventivkrieg gegen Rußland als ersten Schritt zur Vollendung von Deutschlands historischer Mission.

Vor 1907 waren, um den Anspruch auf Gebiete zu unterstreichen, in denen nur wenige Volksdeutsche lebten, in einigen östlichen Ortsgruppen des Alldeutschen Verbandes auch Juden Mitglieder. Juden waren jedoch im Berliner Zentralverband nicht zugelassen und Ernst Haase, der erste Präsident des Verbandes, verfolgte das Ziel, die Einwanderung von Juden nach Deutschland zu verbieten. Ludwig Scheman, der eine Anzahl rassistischer Gobineau-Vereine gegründet hatte, saß mit im Vorstand. Der Alldeutsche Verband war keine Massenorganisation, sondern ein elitärer Lobbyistenverband, der um 1900 nur 40 000 Mitglieder hatte. Bis 1914 war Antisemitismus im Verband die Norm. In seinen Publikationen wurden die Sozialdemokraten routinemäßig als ein undeutsches »zersetzendes Element« bezeichnet, ein beliebtes Synonym für die Juden. Dem Verband gehörten viele kleine Geschäftsleute an, ein Drittel seiner Mitglieder waren Lehrer an weiterführenden Schulen, die auch über ein Drittel der Ortsgruppenleiter stellten. Für Lehrer und kleinere Beamte bedeutete die Unterstützung des Verbandes eine Solidaritätserklärung für die Oberschicht. Im Gegensatz zu ihren französischen und britischen Kollegen waren sie von Akademikern ausgebildet worden, die in ihrer überwältigenden Mehrheit den Obrigkeitsstaat unterstützten. Tatsächlich waren die Propagandisten des Verbands mehrheitlich Hochschullehrer, denen die Ausbildung künftiger Beamter oblag. Obwohl der Verband eine Organisation der oberen Schichten war, wurde er auch von den antisemitischen Parteien unterstützt; fünfzehn Prozent ihrer Mitglieder traten ihm bei, ein hoher Prozentsatz, wenn man bedenkt, daß der Verband zu den Problemen der Handwerker und Bauern keinerlei Stellung bezog.

Ab 1890 verstärkte sich der Antisemitismus im öffentlichen Dienst des Kaiserreichs. Die Beamten waren nur dem Kaiser und dem Reichskanzler verantwortlich und eine reaktionäre Bastion. Fortschrittliche und Sozialdemokraten versuchten durchzusetzen, daß Beamte nur aufgrund ihrer Verdienste ernannt würden, doch die Bürokratie bestand darauf, daß ihre Mitglieder eine konservative Weltanschauung hegen und als fügsame Werkzeuge der Regierung dienen sollten. Schließlich wurde der Ruhm Deutschlands in einem Ausmaß mit dem Obrigkeitsstaat assoziiert, wie es dem Reichstag nie beschieden war. Im Gegensatz dazu konnte sich das französische Abgeordnetenhaus auf eine republikanische Tradition stützen, die bis 1789 zurückreicht und das britische Parlament verfügte sogar noch hundert Jahre länger über die »höchste Gewalt«. Hingegen war der Reichstag noch keine Generation alt, und er war durch die Siege der preußischen Armee entstanden. In den Eliten waren nur wenige der Ansicht, daß von halbgebildeten Massen gewählte Zivilisten über wichtige Staatsangelegenheiten entscheiden sollten.

Die deutschen Reichskanzler waren die letzten in Europa, die in Uniform vor das Parlament traten, und sie behielten diese Gewohnheit bis 1914 bei. Die preußische Beamtenschaft rekrutierte sich aus dem Adel und war eine quasimilitärische Hierarchie mit Titeln und Orden. Kadavergehorsam gegenüber Vorgesetzten und Verachtung für das demokratische System wurden erwartet. In dieser sich selbst perpetuierenden Kaste wurde man befördert, wenn man den richtigen Burschenschaften und schlagenden Verbindungen angehörte. Ihre Mitglieder waren in der überwältigenden Mehrheit Söhne von Offizieren, Adligen oder Beamten, gehörten also zu jenen drei Gruppen, denen noch 1910 siebzig Prozent der Beamten entstammten. Die wenigen Bürgerlichen, die Beamte werden durften, mußten monarchistischer sein als der Monarch. Und als ob dies nicht ausgereicht hätte, um den Pöbel fernzuhalten, war das Gehalt eines Beamten in den ersten vier Jahren seiner Dienstzeit so niedrig, daß er über andere Mittel verfügen mußte. In der Provinz besetzte die Elite der Großgrundbesitzer die Staatsämter. Sie beeinflußten widerrechtlich, aber routinemäßig, die Wahlen, um das System ihrem Vorväter zu schützen, das der demokratischen Verwirrung liberaler Politik so überlegen war.

Während des Aufstiegs der Liberalen in den sechziger und siebziger Jahren waren allerdings auch Fortschrittliche verbeamtet worden. Bismarck setzte dem in den achtziger Jahren ein Ende, als »die Hauptaufgabe des Beamten wieder in der loyalen und bedingungslosen Verteidigung des Status quo gesehen wurde«.[21] Die Beamtenschaft sabotierte Caprivis Versuche, die Berücksichtigung religiöser oder politischer Kriterien bei der Auswahl von Beamten gesetzlich zu verbieten. Selbst Katholiken hatten praktisch keinen Zugang zum preußischen Beamtentum. »Sozialdemokraten und sogar die Söhne von Sozialdemokraten waren automatisch … ausgeschlossen.«[22] Wer als Beamter die liberale Presse las, setzte seine Karriere aufs Spiel; die *Kreuzzeitung* war Pflichtlektüre.

Antisemitismus galt im öffentlichen Dienst als selbstverständlich. Bis 1914 waren die Juden, abgesehen von den untersten Stellen bei Bahn und Post, in allen deutschen Staaten von sämtlichen Staatsämtern ausgeschlossen. Obwohl der Anteil der Juden in Berufen mit höherer Bildung zehn Prozent betrug, hatten sie nur ein halbes Prozent der Beamtenstellen inne. Ein Jude hatte nur eine Chance, wenn er aus einer reichen, getauften Familie kam und in eine verarmte, adlige Familie einheiratete. Nur dann war man bereit, über seine Rassenzugehörigkeit hinwegzusehen, solange sie in seinen Gesichtszügen nicht allzu deutlich zu erkennen war.[23] Außerdem mußte er den Antisemitismus tolerieren und mit seiner Familie und seinen Freunden brechen, wenn sie allzu offensichtlich »jüdisch« waren. Selbst dann konnte er den Tücken seiner Abstammung jedoch nicht unbedingt entrinnen. So wurde einem Grafen einmal von einem kaiserlichen Beamten vorgeworfen, er stelle seine katholischen Grundsätze nur zur Schau, um sein jüdisches Blut zu verbergen. Das mittelalterliche Prinzip galt noch immer: Während des Wahlkampfs von 1893 wurde von der Deutschkonservativen Partei ein Flugblatt verteilt, in dem es hieß, Staatsbeamte seien nichts anderes als Diener Gottes. Wie also könnten Juden, die Jesus nicht als den Sohn Gottes anerkennen würden, Staatsbeamte werden?[24] So kam es, daß der Normalbürger bei seinen alltäglichen Kontakten mit Beamten nie mit Juden zu tun hatte und in seinem alten Vorurteil bestärkt wurde, die Juden machten lieber Geschäfte, als dem Staat zu dienen. Nur in der Weimarer Republik gelangten Juden und Linke in den Staatsdienst, und dies trieb viele alte Beamte den Nazis in die Arme, die versprachen, die Juden wieder hinauszuwerfen.

Wie die Beamtenschaft fühlte sich auch das Militär nur den Hohenzollern verpflichtet und vertrat die Interessen der herrschenden Gruppen.

1789 waren neunzig Prozent der Offiziere adliger Herkunft. Pensionierte Offiziere erhielten Regierungsposten auf dem Land, wo sie unter der Bevölkerung für eine quasimilitärische Disziplin sorgen sollten. Die Armee war ein Bollwerk gegen die Demokratie, ein Schwert, das jederzeit gegen die Linke einsetzbar war. Von allen deutschen Institutionen begrüßte die Armee Hitlers Machtergreifung am meisten. In der napoleonischen Zeit waren auch Juden Soldaten gewesen, dann jedoch mit Ausnahme der kurzlebigen Regierungszeit der Liberalen im Jahr 1848 wieder vom Militärdienst ausgeschlossen. In den Vereinigungskriegen erhielten sie abermals das Recht, für Preußen zu sterben. Danach mußten Offizierskandidaten wieder aus »arischen« Familien stammen, ein Begriff, der inzwischen vertraut geworden war. In den liberalen sechziger Jahren war über die Hälfte der neu ernannten Offiziere nicht von Adel, doch achtzig Prozent stammten aus der Oberschicht. Andere mußten zuerst ihre hundertprozentige Loyalität zum Obrigkeitsstaat beweisen. Die militärischen Führer verlangten nicht nur militärisches Können, sondern auch politische Korrektheit. Die Vorträge der Ausbildungsoffiziere und die militärischen Handbücher waren in aller Regel mit politischer Propaganda durchsetzt. So wurde die Armee etwa in einer halbamtlichen Militärzeitschrift als ein Fels »in dem von allen Seiten heranbrandenden Meer der Revolution«[25] dargestellt. Es war offizielle Politik, daß die Offiziere dem Kaiser und König und nur ihm allein zu gehorchen hatten. Selbst Reserveoffizieren, die ins Zivilleben zurückkehrten, wurde eingeschärft, es sei Ehrensache, auf sein Patent zu verzichten, wenn man eine oppositionelle Partei unterstütze. Die Offiziere kultivierten eine berüchtigte, rauhbeinige Arroganz und mieden gefährliche Ideen und gewöhnliche Sterbliche. Offener Umgang mit Fortschrittlichen oder gar mit Juden war schlicht undenkbar.

In den sechziger Jahren versuchten Wilhelm I. und General von Roon die Armee und den Militärhaushalt zu vergrößern. Die Liberalen im Parlament waren jedoch nur bereit, dies mitzutragen, wenn die bürgerliche Landwehr, die der autoritären Kontrolle weniger stark unterworfen war, ebenfalls vergrößert und die Wehrpflicht von drei auf zwei Jahre verkürzt wurde. Roon mußte nachgeben, obwohl er steif und fest behauptete, daß Zivilisten nur in drei Jahren ordentlich indoktriniert werden könnten. Wie alle Berufsoffiziere verachtete er die Bürgersoldaten der Landwehr. Sie stammten aus der Mittelklasse und standen liberalem

Gedankengut nicht absolut ablehnend gegenüber; 1850 hatten einige Einheiten der Landwehr zum Entsetzen ihres Oberkommandos sogar gezögert, die unbewaffneten Radikalen des Frankfurter Parlaments niederzuschießen. Außerdem bedeuteten Konzessionen an das Parlament, daß die Militärausgaben der Zustimmung gewählter Zivilisten bedurften, unter denen sogar Juden waren. In den siebziger Jahren konnte Bismarck die Entscheidung über den Militärhaushalt dem Parlament zwar nicht entziehen. Es gelang ihm jedoch immer, ihn gegen geringen Widerstand durchzusetzen. Später griffen die Militärexperten der Fortschrittlichen und der Sozialdemokraten manchmal mit Unterstützung des katholischen Zentrums den Militärhaushalt sehr wirkungsvoll an. Doch Caprivi stürzte, als er versuchte, der Armee einen Kompromiß aufzuzwingen.

Um die Armee für den Fall nationaler Katastrophen einschließlich einer Revolution zu vergrößern, hatte Roon bei der preußischen Offiziersreserve Patente für Bürgerliche geschaffen, die von ihren Kollegen für würdig befunden wurden, nach Ableistung des Militärdienstes Reserveoffiziere zu werden. Die Patente waren hochgeschätzt, denn wie Schmisse waren sie einer zivilen Karriere sehr förderlich. Für das Oberkommando boten die Patente die Sicherheit, daß Deutsche auf Deutsche schießen würden, um das Reich vor Demokratisierung und Linksrutsch zu bewahren. Zusätzlich hatten sich bis 1900 über 2,5 Millionen ehemalige Militärdienstleistende Krieger- und Flottenvereinen angeschlossen, die von Alldeutschen und Antisemiten beherrscht wurden. Die Reserveoffiziere ließen sich gern mit der preußischen Armee identifizieren, von der das moderne Deutschland geschmiedet worden war. Fortschrittliche erhielten nur selten ein Patent, Juden fast nie; Sozialdemokraten bewarben sich nicht. Das letzte Reserveoffizierspatent für einen Juden wurde 1885 verliehen; von den etwa 25 000 Juden, die in den folgenden 25 Jahren dienten, erhielt kein einziger ein Patent der preußischen Offiziersreserve. Einige wenige getaufte Juden erhielten Patente, jedoch nur, wenn sie nicht jüdisch »aussahen« oder »handelten«, keinen Umgang mit Juden hatten und mit christlichen Frauen verheiratet waren. Vermutlich wahrten sie diskretes Schweigen, wenn in den Kasernen rassistische Bemerkungen fielen. Eine Dreyfusaffäre hätte es in Deutschland niemals geben können, da kein Jude Hauptmann im Generalstab hätte werden können. Wieder führte die Existenz eines Vorurteils zu dessen Bestätigung: Juden konnten keine echten deutschen Patrioten sein, also durften sie keine

Offizierspatente erhalten, selbst wenn sie als Wehrpflichtige gute Soldaten gewesen waren.

Jüdische Gruppen, Fortschrittliche und Sozialdemokraten protestierten im Reichstag gegen diesen flagranten Verfassungsbruch, doch das Militär behauptete steif und fest, nicht zu diskriminieren. Die Fähigkeiten der jüdischen Bürger hatten sich einfach als ungenügend erwiesen – Beweis genug für den Durchschnittsbürger, daß es den Juden an Tapferkeit und Patriotismus mangelte. In Karikaturen machte sich die antisemitische Presse über jüdische Wehrpflichtige lustig. Im Reichstag stellten sich die Deutschkonservative Partei und die Parteien der populistischen Antisemiten hinter die Armee und vertraten die Ansicht, die Juden seien nur dem internationalen Judentum treu ergeben. Das katholische Zentrum enthielt sich diskret jeder Stellungnahme, obwohl es sich der Schwierigkeiten wohl bewußt war, mit denen viele Katholiken in der Armee zu kämpfen hatten. 1913 konnten Fortschrittliche und Sozialdemokraten im Reichstag Resolutionen verabschieden, die der Diskriminierung ein Ende setzen sollten, doch der von Preußen dominierte Bundesrat lehnte sie ab. Selbst 1914, als wieder einmal Juden für Deutschland starben, gab es noch Widerstände, ihnen wichtige Posten anzuvertrauen. Manche schlugen sogar vor, sie bis zum Kriegsende in Lagern gefangenzuhalten.

Der Kaiser hatte das letzte Wort bei der Auswahl derjenigen, die die Politik bestimmten. Der Einfluß Wilhelms II. wird aufgrund seiner kriegerischen Phantasien und seiner groben Interventionen auf dem Feld der Außenpolitik oft unterschätzt, doch gerade dies machte ihn bei einem Volk populär, das buchstäblich dazu ausgebildet wurde, solche Charakterzüge zu schätzen. Seine Ansichten wurden vom ultrarechten Flügel der Deutschkonservativen Partei geteilt. Wie dieser wollte er Streikende ins Gefängnis werfen, das allgemeine Wahlrecht abschaffen, die Rechte der Juden aufheben und den Reichstag ignorieren. Was die undeutschen, religionsfeindlichen Sozialdemokraten betraf, so waren sie Feinde und mußten vernichtet werden. »Mein Reichstag«, schrieb er haßerfüllt, »schwingt vorwärts und rückwärts zwischen den Sozialisten, die von den Juden angetrieben werden, und den ultramontanen Katholiken; beide Parteien sind, soweit ich sehen kann, bald reif, samt und sonders gehenkt zu werden.«[26] Als der für Staatsstreiche viel zu ängstliche Reichskanzler Hohenlohe im Jahr 1900 durch Fürst von Bülow ersetzt wurde, verkündete der Kaiser, daß er nun »die Affenbande« im Parlament zum Teufel jagen könne.[27]

Wilhelm II. war viel mehr als sein Vater und sein Großvater darauf angewiesen, sich als Militarist und Autokrat zu gerieren. Beide Vorfahren hatten sich auf dem Schlachtfeld ausgezeichnet, er selbst jedoch nie. Er konnte sich nur durch verbale Kraftmeierei eines Hohenzollern würdig erweisen. Also verkündete er öffentlich, er hoffe, eines Tages eine siegreiche deutsche Flotte die Themse hinaufsegeln zu sehen, und er riet den zur Bekämpfung des Boxeraufstands nach China entsandten Truppen, sie sollten sich aufführen wie die Hunnen, damit die Chinesen für immer vor den Deutschen zitterten. Er hatte von Geburt an einen verkrüppelten Arm und motorische Störungen und war zutiefst gedemütigt, als er beim Reitunterricht häufig vom Pferd fiel und von seinem strengen Lehrer wieder zum Aufsteigen gezwungen wurde. In der Familie der Hohenzollern mußte man ein guter Reiter sein, galt doch der Kavallerieoffizier als Inbegriff des aristokratischen Kriegers.

Wilhelm haßte seinen Vater, und zwar keineswegs unbewußt. Friedrich III. hatte sich im Krieg gegen Österreich ausgezeichnet; er war erstaunlich liberal gewesen und hatte allgemein als der Kaiser der Fortschrittlichen gegolten. Er mochte Bismarck nicht, wollte mit dem Reichstag zusammenarbeiten und bewunderte das parlamentarische Regierungssystem Großbritanniens. Er kündigte an, nach seiner Thronbesteigung den Hofprediger Stoecker zu entlassen, und besuchte demonstrativ einen Gottesdienst in einer Synagoge, um seine Wertschätzung für *alle* Deutschen zu zeigen. Fatalerweise, aber zur Erleichterung Bismarcks und der Rechten, war seine Herrschaft 1888 aufgrund einer Krebskrankheit nur eine dreimonatige Agonie gewesen. Institutionen und Gesellschaften haben zwar ihre eigenen mächtigen Antriebe und ihre eigene Trägheit, und dennoch war sein Tod eine Tragödie für Deutschland und Europa.

Wilhelm II. umgab sich mit ungehobelten Militärs, die in selbstgerechter Überheblichkeit vulgäre Witze über Fortschrittliche, Sozialisten und Juden machten. Sehr zum Verdruß seiner Truppenkommandeure bestand er darauf, selbst Manöver zu leiten. Die Militärs waren über die Ergebnisse entsetzt, lobten ihn jedoch trotzdem, wenn ihnen ihre Karriere lieb war. Er war berüchtigt dafür, seinen fürstlichen Kollegen in anderen Ländern mit der Bitte um Orden auf die Nerven zu fallen, und hatte nach dem österreichischen Kaiser Franz Joseph I. die zweitgrößte Sammlung militärischer Uniformen, ohne jedoch dessen Bescheidenheit, Würde und gesunden Menschenverstand zu besitzen. Wilhelm fehlte es an der Selbstsicherheit, die von eigenständigen Leistungen herrührt, und er duldete keinen Widerspruch. Seine Minister verbreiteten diskret unter ausländischen Diplomaten, daß sein prahlerisches Auftreten nicht der Haltung des Außenministeriums entspreche. Keiner seiner Kanzler hatte Achtung vor seinem Urteil. So deuteten sie es zumindest später an, als sie allen Grund hatten, ihn für ihre Fehler verantwortlich zu machen, nachdem sie - zu spät - erfahren hatten, was ein Krieg im industriellen Zeitalter bedeutete.

Die Rassisten glaubten im Kaiser endlich den Führer gefunden zu haben, der die Juden strafen würde. Als Kronprinz hatte er sich öffentlich für Stoecker ausgesprochen und ihn bei Hofe meistens in Schutz genommen. Später freute er sich über das schreckliche Pogrom von Kischinejow und verkündete, als die verfolgten Juden von Rußland nach Deutschland flohen: »Hinaus mit diesen Schweinen.«[28] Als er erfuhr, daß russische Soldaten mit den Verfolgern zusammengearbeitet hatten, sagte er: »Alle deutschen Männer und vor allem die deutschen Frauen denken das gleiche.«[29] Und als Theodor Herzl ihn aufforderte, sich beim türkischen Sultan für die Gründung eines jüdischen Staates einzusetzen, schrieb er auf die Petition, er wäre glücklich, wenn er alle Juden in Deutschland loswürde. Er versprach, »den jüdischen Einfluß von Armee und Verwaltung mit aller Entschiedenheit auszuschließen und in allen Betätigungen der Kunst und Literatur nach Möglichkeit einzuschränken«.[30] Häufig sprach er von einem künftigen Rassenkrieg der Arier gegen die Juden, und als man ihn über die Russische Revolution von 1905 informierte, schrie er: »Immer sind es die Juden!« und glaubte: »Das wird hier auch eintreffen.«[31] Mehrmals äußerte er gegenüber Höflingen, wenn ein Krieg ausbreche, müsse es ein Blutbad unter Juden und Sozialisten geben.

Im Jahr 1901 wurde der Kaiser mit Houston Stewart Chamberlain, dem bekanntesten rassistischen Intellektuellen seiner Zeit, bekannt gemacht. Er war von Chamberlain fasziniert, und es begann ein ausführlicher Briefwechsel. Chamberlains Schriften, schrieb er, hätten all die angestauten arisch-deutschen Gefühle in seiner Seele freigesetzt und ihm die weltumspannende Bedeutung des Kampfes enthüllt, den die Teutonen zur Rettung der Deutschen und der gesamten Menschheit gegen Rom und Jerusalem führten. Beide Männer waren sich darin einig, daß Jesus ein Arier gewesen sein mußte und seinem Willen ein von allen jüdischen Spuren gesäubertes germanisches Christentum entsprochen hätte. Der Kaiser pries Chamberlain, weil er die göttliche Bestimmung der Rasse, den Osten zu erobern, enthüllt hatte. Gott habe Chamberlain zu seinem Verbündeten bestimmt, und er werde ihm ewig dafür danken. Chamberlain sei sein Waffenbruder und Bundesgenosse im Kampf der Teutonen gegen Rom, Jerusalem usw. Das Gefühl, daß sie für eine absolut heilige Sache kämpften, werde ihnen den Sieg bringen. Chamberlain antwortete, Deutschland müsse die moralische Ordnung der Menschheit retten, denn ohne die Hohenzollern und die teutonische Rasse werde die Welt dem seelenlosen Materialismus der Juden gehören. Die Deutschen müßten sich vereinigen, die Massendemokratie abschaffen und ihr Schicksal erfüllen, denn Gott baue allein auf die Deutschen, um das ätzende Gift des Judaismus zu zerstören und die Welt zu erlösen.[32]

Doch der Kaiser konnte nicht einmal Deutschland retten. Als der Krieg kam, erlaubten ihm seine Generäle nicht einmal, eine Kompanie zu befehligen. Man verkündete zwar der Öffentlichkeit, er habe in der Schlacht von Verdun das Kommando geführt, in Wirklichkeit jedoch wurde er nie konsultiert und meistens nicht einmal informiert. Die Generäle machten sich hinter seinem Rücken über ihn lustig, während sie so taten, als hätten sie wichtige Angelegenheiten mit ihm zu klären, oder sie nahmen ihn auf sorgfältig organisierte Rundreisen mit und präsentierten ihn als Oberbefehlshaber, vermutlich um die Moral im Feld und an der Heimatfront zu heben. Zu seinen Gunsten sei vermerkt, daß er als er die Folgen eines besonders mörderischen Gefechts besichtigte, wie betäubt und völlig sprachlos war, vielleicht, weil ihm die wirkliche Bedeutung seiner kriegerischen Phantasien damals endlich klar wurde. Am Ende fand er eine neue Berufung als Holzhacker im niederländischen Exil. Doch er änderte sich nie. Im Krieg forderte er die Ermordung aller russischen Kriegsgefangenen; bei Kriegsende machte er die Juden für die Niederlage verantwortlich. Er unterstützte die Nazis und gestattete seinen Söhnen, für Hitler Wahlkampf zu machen. Über die Juden schrieb er 1919, kein Deutscher solle ruhen, »bis diese Schmarotzer vom Deutschen Boden vertilgt und ausgerottet sind«.[33] Noch im Jahr 1941, kurz vor seinem Tod, frohlockte er über die antisemitischen Maßnahmen der Nazis. Trotzdem haben die meisten deutschen Historiker bis vor kurzem noch behauptet, er sei kein Antisemit gewesen!

Der Judenhaß des Kaisers war aber nur der sichtbarste Ausdruck eines allgemeinen Phänomens: Bis 1914 war die ganze preußische Führungsschicht von Antisemitismus durchsetzt. Angesehene Würdenträger und

Demagogen von der Straße hatten im Zusammenwirken mit dem zunehmenden Rassismus bei Bauern und Handwerkern dazu beigetragen, daß der Antisemitismus zu einer zentralen Überzeugung des patriotischen deutschen Nationalisten geworden war. Bis in die neunziger Jahre des 19. Jahrhunderts schien es noch wahrscheinlich, daß sich diese Verbindung von Nationalismus und Antisemitismus wieder auflösen würde. Schließlich machten Industrialisierung, Verstädterung und liberale Politik noch immer Fortschritte, der christliche Fundamentalismus wurde ständig schwächer, die Rechte gewann immer weniger Wahlkreise und die demokratischen Sozialisten waren im Vormarsch. Doch im letzten Jahrzehnt des Jahrhunderts heizten sogar jene, die in den Völkern des Westens normalerweise das fortschrittliche Denken repräsentierten – Intellektuelle, Hochschullehrer und Studenten – den gefährlichen Rassenhaß der Rechten noch weiter an.

9.

ANTISEMITISMUS, AKADEMIKER UND INTELLEKTUELLE

Ich bin überzeugt, daß man sich im nächsten Jahrhundert millionenweise umbringen wird wegen eines Grades Schädelindex [der Schädelmaße] mehr oder weniger. An diesem ... wird man sich in Zukunft erkennen ... Die letzten Sentimentalen werden einer Völkerausrottung in großem Stil beiwohnen können.

Vacher de Lapouge in Revue d'anthropologie, 1887

Bis zur Mitte des 19. Jahrhunderts waren die geistigen Werke des Westens, außer bezeichnenderweise die der deutschen Philosophie, von der Auffassung geprägt, daß der menschliche Charakter größtenteils durch Erfahrung und Bildung geformt wird. In den sechziger Jahren schien jedoch der Sozialdarwinismus zu beweisen, daß angeborene Eigenschaften dominierten, die durch den Kampf ums Dasein erwachsen waren. Bis 1890 war dies zum Dogma geworden. Nach Ansicht des Präsidenten der Londoner Anthropologischen Gesellschaft John Hunt widersprach die neue Wissenschaft »den theologisch-politischen Utopien von Gleichheit und Brüderlichkeit«.[1] Herbert Spencer erwarb sich immensen Ruhm, weil er die Armenhilfe kritisierte, da sie lediglich die Zahl der »lebensuntüchtigen« Verlierer erhöhe; Andrew Carnegie betonte vor dem amerikanischen Kongreß, daß die Millionäre und Konzerne die legitimen Sieger im Kampf ums Dasein seien. In den USA und Großbritannien diente der Sozialdarwinismus als Legitimation des konkurrenzorientierten Individualismus und war ein Argument im Kampf mit der Linken.

Auf dem Kontinent, und insbesondere in Deutschland, interessierte man sich dagegen mehr für den Überlebenskampf von Nationen und Rassen als für den Kampf zwischen Individuen. Die Begriffe »Rassismus«

und »Rassist« stehen heutzutage für ein breites Spektrum differenzierter Einstellungen, Ende des 19. Jahrhunderts waren Feinheiten jedoch wenig ausgeprägt. Angesehene Hochschullehrer erklärten, die Rassen seien durch die Farbe ihrer Haut, ihrer Augen und ihrer Haare sowie durch ihre Schädel- und Körpermaße zu unterscheiden, und aus diesen Unterschieden ließen sich Aussagen über ihre angeborene Intelligenz, ihren Charakter und ihre Fähigkeit zu einem zivilisierten Leben ableiten. In den siebziger Jahren wurden die Pigmente in Haut und Augen Tausender Deutscher und Juden mit dem Ziel untersucht, Unterschiede zwischen Ariern und Semiten festzustellen. Anthropologen und populärwissenschaftliche Autoren bombardierten die Öffentlichkeit mit Theorien über den Zusammenhang von Zivilisationsniveau und Rassenzugehörigkeit und erklärten feierlich die Überlegenheit der weißen über die gelbe, schwarze und braune Rasse. Der bekannte französische Anthropologe Vacher de Lapouge betonte, das republikanische System in Frankreich und die Niederlage im Deutsch-Französischen Krieg von 1870/71 seien darauf zurückzuführen, daß die langschädeligen und hellhäutigen natürlichen Aristokraten in der Revolution von 1789 von den rundschädeligen, dunkelhäutigen, rassisch minderwertigen Massen besiegt worden seien. 1859 gründete der berühmte Paul Broca die Anthropologische Gesellschaft von Paris und sammelte ungeheure Datenmengen über Religion, gesellschaftlichen Status und Verhalten von Personen, um deren Zusammenhang mit dem Schädelindex – der Breite des Schädels, dividiert durch seine Länge mal 100 – zu »beweisen«. Professor Karl Vogt schrieb zahlreiche Lehrbücher und populärwissenschaftliche Abhandlungen, in denen er die einzelnen Rassen nach ihrer Nähe zu den Affen klassifizierte.

In den Ländern des Westens verlangten einige Intellektuelle, gestützt auf die neue Wissenschaft der Eugenik, Erbkranke an der Fortpflanzung zu hindern. In Deutschland waren die Eugeniker verhängnisvollerweise mehr an rassischen als an individuellen Erbschäden interessiert. 1900 finanzierte die Familie Krupp einen prestigeträchtigen Aufsatzwettbewerb zum Thema »Rassenhygiene« und der Frage, welche innenpolitischen und gesetzgeberischen Lehren sich aus den Prinzipien der Abstammungstheorie ziehen ließen. Vorsitzender der Jury war Deutschlands führender Darwinist Ernst Haeckel. Die Mitglieder der Jury verkündeten, daß die Abstammungslehre »die alten Gleichheitstheorien« widerlege und äußerten die Befürchtung, daß »die Zivilisation … eine Verschlechterung oder Entartung der natürlichen Eigenschaften des Menschen nach sich zu ziehen drohe«.[2] Der Sieger des Wettbewerbs »betrachtete alle Rechtssysteme, den technischen Fortschritt, Moral und sogar Vorstellungen von Gut und Böse vor dem Hintergrund des Überlebenskampfes«.[3] Die meisten Teilnehmer waren sich darüber einig, daß Staaten versuchen sollten, den Einfluß der nordisch-germanischen Rasse zu erhöhen.

Der bekannteste Teilnehmer und spätere Herausgeber einer der Überlegenheit der nordischen Rasse gewidmeten Zeitschrift, Professor Ludwig Woltmann, verkündete: »Die nordische Rasse ist dazu berufen, die Erde mit ihrer Herrschaft zu umspannen.«[4] Andere wollten kriegerische Qualitäten durch Auslese erhalten wissen; einige griffen die sozialistische Doktrin des Klassenkampfes an, da sie die Deutschen spalte und ihre aus der Einigkeit der Rasse entspringende militärische Macht beeinträchtige. Sozialismus und jegliche Formen der sozialen Fürsorge wurden verdammt, da sie die Schwachen schätzten und stärkten. Hochschullehrer publizierten ernste Warnungen vor der Verunreinigung des nordischen Blutes; Vereine wurden gegründet, um die Öffentlichkeit über die Gefahren der Rassenvermischung aufzuklären. Natürlich wurde auch das »jüdische« liberale Wirtschaftssystem von einem ganzen Chor von Stimmen als »unnatürlich« kritisiert, da es den Schlauesten, und nicht den Schnellsten zum Sieg verhelfe.

Im Jahr 1895 gründete der bekannte deutsche Eugeniker und Herausgeber von Zeitschriften, die sich mit den gesellschaftlichen Konsequenzen der Rassenzugehörigkeit befaßten, Alfred Ploetz, die »Gesellschaft für Rassenhygiene«. Auf die Rassenhygiene beriefen sich später die zahlreichen Mediziner, die sich an der Vernichtung »rassisch Minderwertiger« durch die Nazis beteiligten. Gelehrte, Forscher und Industrielle traten Ploetz' Gesellschaft bei; letztere, weil es ihnen gefiel, daß Ploetz die von den Sozialdemokraten geforderten Sozialreformen als Schwächung der Rasse kritisierte. Ploetz und Fritsch meinten beide, daß die Ärzte über Tod oder Leben von Neugeborenen entscheiden sollten. 1936 wurde Ploetz von Hitler für seine »Verdienste« mit einer Professur belohnt.

Euthanasie, die Sterbehilfe ohne Einwilligung der Betroffenen, wurde von Deutschen so vehement vertreten, daß sie als »preußische Wissenschaft« bezeichnet wurde. Der populäre Ernst Haeckel forderte die Tötung von unheilbar Kranken und Geisteskranken, wie etwa Krebskranken, Alkoholikern und »geborenen Verbrechern«. Seine Bücher, in denen er einen Vulgärdarwinismus propagierte, erfreuten sich großer Beliebtheit. Dieses angesehene Mitglied der Deutschkonservativen Partei war einer von vielen, die glaubten, Juden seien mit erblichen Blut- und Gehirnkrankheiten infiziert. Anthropologen von Rang popularisierten die Theorie, daß es zwei getrennte Rassen, Arier und Semiten, mit gegensätzlichen körperlichen, geistigen und moralischen Eigenschaften gebe. Die hellhäutigen, langschädeligen und blauäugigen Arier waren ein Volk von Kriegern und Bauern, die Semiten eine rundköpfige, dunkeläugige, braunhäutige Rasse von Händlern. Solche Vorstellungen stießen bei den Landbesitzern und Militaristen Preußens auf begeisterte Zustimmung, da sie deren eigene Überlegenheit wissenschaftlich zu beweisen schienen und ihnen die Auseinandersetzung mit komplizierten Theorien über die Prägung von Gruppen durch soziale und historische Erfahrungen ersparten.

Vom Schulbuch bis zur Universitätsvorlesung wurden der künftigen Elite der Nation Rassendoktrinen eingeimpft. Um 1900 stellten die Lehrer die größte Gruppe unter den antisemitischen Schriftstellern, Rednern und Organisatoren. Wie George Mosse festgestellt hat, sollte die völkische Ideologie »in der Erziehung ihren größten Triumph erleben; hier wo sie am nachhaltigsten wirken konnte, wurde sie zur festen Einrichtung: in der Erziehung junger und offener Gemüter«.[5] In den Ländern des Westens gab es nichts Vergleichbares. Von 1890 bis 1914 war die Überlegenheit der germanischen Rasse ein Schulbuchklischee. Unzählige Memoiren von deutschen und österreichischen Juden berichten über die Schikanen ihrer Lehrer, kleiner Schultyrannen, die auf Kasernenhofdisziplin pochten und sich als geistige Krieger für die deutsche Seele fühlten. Obwohl Millionen von Deutschen Liberale und Sozialisten unterstützten, waren deren Ideen an den Schulen nicht vertreten. Jüdische Lehrer hätten die Stereotypen vielleicht berichtigt, doch von den ungefähr 8000 Lehrern, die zwischen 1875 und 1895 eingestellt wurden, waren nur vierzig Juden. In Preußen gab es niemals mehr als zwölf jüdische Lehrer an weiterführenden Schulen.

An den Universitäten wurde die deutsche »Volksseele« mit der Mentalität anderer Völker verglichen. In der Wirtschaftswissenschaft wurden die Gesetze der klassischen Ökonomie der Untersuchung historischer Wirtschaftssysteme untergeordnet, deren Entstehung auf den Geist der jeweiligen Völker oder auf deren besondere Wirtschaftsinteressen zurückgeführt wurde. In den vierziger Jahren des 19. Jahrhunderts bezeichnete

Deutschlands einflußreichster Wirtschaftstheoretiker Friedrich List den internationalen freien Handel als ein Produkt des englischen Imperialismus zur Schwächung der weniger industrialisierten Länder. Er forderte Zollschranken und den Bau eines staatlichen Eisenbahnnetzes, um Deutschland zu einigen und zu stärken. Adolf Wagner, ein Experte des Zunftwesens und Anhänger Stoeckers, machte das »jüdische« freie Unternehmertum für die Zerstörung des von ihm idealisierten Zunftwesens verantwortlich. In *Die Juden und das Wirtschaftsleben* beklagte der namhafte Nationalökonom Werner Sombart den Niedergang der traditionellen Wirtschaftsweise und erklärte die rassischen Eigenschaften der Juden zur Triebfeder des Kapitalismus: Die Deutschen waren Bauern, Ingenieure, Erfinder und Unternehmer; die Juden waren nomadische Händler. Sie hatten sich alle Geheimnisse des Geldes erschlossen und seine ungeheure Macht kennengelernt. Dadurch waren sie die Herren des Geldes geworden und durch das Geld die Herren der Welt.[6] Dies hatte sie laut Sombart zu den Pionieren des modernen Handelskapitalismus gemacht. Angesichts der gewaltigen Rolle von Italienern, Portugiesen, Holländern, Engländern und Franzosen im frühen Fernhandel war dies ein abwegiger Gedanke. Daß Sombarts Argument ernst genommen wurde, sagt viel über den Einfluß rassistischen Gedankenguts unter deutschen Gelehrten aus.

Literatur, Märchen, Lieder und Sitten wurden an den Universitäten als Produkte des deutschen »Volksgefühls« studiert. Die noch immer christlich und idealistisch geprägte deutsche Philosophie verführte viele Hochschullehrer dazu, undurchdringliche geistige Barrieren zu postulieren, die eine Teilnahme von Juden an der deutschen Kultur verhinderten. Hans Delbrück, der angesehenste deutsche Militärhistoriker seiner Zeit, betonte, Juden könnten keine Historiker sein, da nur Protestanten die deutsche Vergangenheit verstehen könnten. Viele seiner Kollegen teilten diese Ansicht, und junge jüdische Historiker waren gut beraten, nicht mit hohen akademischen Würden zu rechnen. Schon vor den Nazis denunzierten einige deutsche Physiker die Relativitätstheorie als einen »jüdischen« Versuch, die objektiven Wahrheiten der arischen Wissenschaft zu leugnen. Die Hörsäle hallten wider von Klagen über die mit den Juden identifizierte industrialisierte, verstädterte und liberale Welt. Politisch engagierte Hochschullehrer waren in der Regel rassistische Nationalisten, nicht Liberale oder Linke wie in den Ländern des Westens.

Die deutschen Medizinstudenten waren berüchtigt für ihren Antisemitismus. Jüdische Studenten waren im Fach Medizin stark überrepräsentiert, da sie der Diskriminierung in den staatlichen Institutionen durch die Eröffnung von Privatpraxen entrinnen konnten. Die Konkurrenz war jedoch hart und heizte den Rassismus weiter an. Die Sozialdemokraten förderten die Gründung von Krankenversicherungen, um die Behandlungskosten in Grenzen zu halten, und die Anzahl jüdischer Kassenärzte war hoch. Viele Privatärzte attackierten diese »sozialisierte jüdische Medizin« und die angeblich jüdische Vorliebe für eine umfassende Gesundheitsversorgung, weil diese angeblich die persönliche Beziehung zwischen Patient und Arzt zerstörte. Deutsche Ärztevereinigungen verlangten routinemäßig, die Zahl jüdischer Mediziner durch Quoten zu begrenzen. Die meisten nichtjüdischen Ärzte waren Anhänger der Deutschkonservativen Partei, und diese vertrat ihre Interessen. Später waren deutsche Mediziner die am stärksten überrepräsentierte Berufsgruppe in der NSDAP. Tausende von ihnen beteiligten sich an den Morden im Rahmen des Euthanasieprogramms und an der rassischen Selektion, die in die Todeslager führte.

Wenn man als deutscher Akademiker Karriere machen wollte, war es von Nutzen, die Rechte zu unterstützen. Die Universitäten verfügten nicht über private Finanzmittel, sondern waren staatliche Institutionen. Die Fakultätsmitglieder waren Beamte und wurden vom Kultusministerium bezahlt. Die Bestallung von Hochschullehrern bedurfte der Zustimmung der Regierung, deshalb waren progressive Hochschullehrer eher selten. Sozialistische Tendenzen konnten eine Karriere ruinieren. So erklärte 1898 ein preußisches Gesetz sozialdemokratische Grundsätze für unvereinbar mit dem Lehrberuf.

Die Karriere Heinrich von Treitschkes ist ein Spiegelbild der zunehmend reaktionären und rassistischen Tendenzen an den Universitäten. Dieser Liebling der preußischen Führungsschicht wurde vom Kaiser zum Historiographen des preußischen Staates ernannt, und seine *Deutsche Geschichte des 19. Jahrhunderts* durfte in keinem bürgerlichen Haushalt fehlen. Treitschke blieb sogar mit öffentlicher Kritik am Kaiser ungestraft. Als Wilhelm II. 1892 bei einem Festessen zu Ehren eines liberalen Fürsten dem Hofprediger Stoecker zu schweigen gebot und Stoecker trotzdem fortfuhr über den »jüdischen Liberalismus« herzuziehen, wurde er vom Kaiser entlassen. Da beklagte Treitschke, daß der Kaiser damit

»die einzige Partei entwaffnete, welche … vielleicht noch hoffen konnte, die Herrschaft des Freisinns und der Sozialdemokratie zu brechen«.[7] Er wurde nicht diszipliniert.

Als Idol des Verbandes Deutscher Studenten gab Treitschke den Vorurteilen der Führungsschicht die wissenschaftliche Weihe. Zwei Jahrzehnte lang wurden seine öffentlichen Vorlesungen an der Berliner Universität von den hochrangigsten Regierungsmitgliedern und Militärs besucht, und deren Söhne überfüllten seine Seminare. Im Gegensatz zu ihren französischen Kollegen würden sie als spätere Schullehrer nicht republikanische Tugenden, sondern die Werte des Obrigkeitsstaats vermitteln. Die scharfe Stimme wegen fortgeschrittener Taubheit erhoben, tobte Treitschke wie ein Demagoge, lobte den Imperialismus, schmähte die Juden, wütete gegen Demokratie und Sozialismus. Zivilisten sollten keinen Einfluß auf den Militärhaushalt haben; ein gnädiger Kriegsgott hatte verhindert, daß in Preußen nach der Reichsgründung das allgemeine Wahlrecht eingeführt wurde. Warum sollte man Lesern der Tagespresse das Wahlrecht einräumen, wenn diese jeden Ignoranten ermutigte, seine Meinung in Angelegenheiten zu äußern, die am besten von Wenigen entschieden wurden? Allgemeine Volksschulbildung produzierte Unzufriedenheit. Wenn sie schon sein mußte, sollte man pensionierte Unteroffiziere als Lehrer einstellen, damit die richtigen Werte vermittelt wurden. Für Treitschke war Sozialismus jüdischer Hochverrat und Feminismus das uneheliche Kind des jüdischen Sozialismus und der hebräischen Frau. Feminismus war widernatürlich und bedrohte mit der patriarchalischen Familienstruktur und der Ethik des Kriegers die Grundlagen preußischer Größe. Wie die Nazis später verkünden sollten, hatte die Frau als Mutter für die Kinder ihrer Rasse und als Krankenschwester der Soldaten die sanfteren Gefühle zu verkörpern.

Treitschke kritisierte sogar Bismarck, weil er die heilige Aufgabe der Vereinigung aller Deutschen in einer imperialen Weltmacht nicht vollendet hatte. Ein Volk mit der Macht, schwächere Staaten zu erobern und zu absorbieren, hatte den göttlichen Auftrag, dies auch zu tun. Tapfere Völker dehnten sich aus, feige Völker gingen unter. Bismarck sah keinen Grund, warum die Slawen sich selbst regieren sollten, doch er stützte das sterbende Habsburgerreich nicht. Für Treitschke und die Bünde, die er inspirierte, war es unvorstellbar, daß die im Osten verstreuten kleinen volksdeutschen Gruppen von der Flut minderwertiger slawischer Bauern verschluckt werden könnten, die damals unter dem Einfluß antideutscher nationalistischer Bewegungen standen. Wenn zwischen Österreich und Rußland ein Krieg ausbräche, mußte Deutschland Österreich unterstützen, denn es war die Bestimmung der deutschen Rasse, über die »minderwertigen« Slawen zu herrschen. In der Politik ging es nur um Macht. Krieg einte die Rasse und förderte das heroische Element; Frieden verstümmelte den Charakter und förderte nur das ordinäre Geschäft. Macht setzte nicht Recht, sie *war* Recht. Wie später Hitler war auch Treitschke der Ansicht, daß die Geschichte nichts anderes sei als ein ewiger Kampf zwischen den Rassen. So erhielten die prächtig uniformierten alten Herren und arroganten Studenten der schlagenden Verbindungen von Treitschke im rauhen Kasernenhofton den akademischen Segen für ihre Machtgelüste.

Erzürnt über den Fortschritt von Demokratie, Sozialismus und internationaler Verständigung unter Caprivi, steigerte Treitschke seine rassistischen Tiraden hemmungslos. Für ihn waren die Orientalen verweiblicht, die Franzosen (oder die romanische »Rasse«) hatten einen natürlichen Hang zur Oberflächlichkeit, die Schwarzen waren geborene Knechte und nur als Athleten begabt - wie später auch Hitler behauptete, als er sich 1936 zu den olympischen Siegen von Jesse Owens äußern mußte. Treitschke vermerkte mit Interesse, daß selbst die Amerikaner Weiße und Schwarze getrennt hielten, um eine Verseuchung ihrer Rasse zu vermeiden. Einst hatte er eingestanden, daß einige Juden wertvolle Beiträge zur deutschen Gesellschaft geleistet hatten, doch in den neunziger Jahren machte er keine Konzessionen mehr Alle Juden waren von zur wilden Leidenschaft gewordenen fanatischen Geschäftsinteressen getrieben.

Ihre einzige Tugend bestand darin, daß sie ihr Blut relativ rein gehalten hatten, was sie in die Lage versetzte, ihre Interessen auf Kosten anderer zu verfolgen. Sie assimilierten sich nur zum Schein, die Taufe änderte nichts. Das »Internationale Judentum« war für die Revolution von 1848 verantwortlich. Hätte sie Erfolg gehabt, wäre Deutschland eine dekadente Republik geworden.

Laut Treitschke schwächten die Juden, die unfähig waren, einen eigenen Staat zu bilden, auch den deutschen. Mit hysterischem Eifer forderte Deutschlands bekanntester Hochschullehrer im Einklang mit der Deutschkonservativen Partei, daß Juden keine Staatsbeamten, Lehrer oder Richter sein dürften. Er warnte die Deutschen, sie sollten ihrer tragischen Tendenz, artfremde Elemente zu assimilieren, ein Ende setzen, und rief sie dazu auf, einen größeren Nationalstolz zu entwickeln und den Schmutz des Judentums zurückzuweisen. Sie sollten offen dagegen Stellung beziehen und aus freien Stücken alles abwehren, was der germanischen Natur fremd sei.[8] Die gewaltige Popularität von Treitschkes groben Vereinfachungen zeigt, daß der Rassismus es vielen Deutschen aus der Oberschicht ermöglichte, komplexe gesellschaftliche und moralische Probleme auf rassische Unterschiede zurückzuführen und jene ernst zu nehmen, die inmitten dramatischer sozialer Konflikte Rassismus und Krieg predigten. Treitschkes Schriften wurden in den zwanziger Jahren von der rassistischen Rechten erneut popularisiert, und er war einer von sehr wenigen Schriftstellern des 19. Jahrhunderts, die von den Nazis offiziell zur Pflichtlektüre gemacht wurden. Zitate aus seinen Schriften waren in den kleinen Büchern enthalten, die die deutschen Soldaten im Zweiten Weltkrieg mit aufs Schlachtfeld nahmen.

Die Gebildeten waren von Opportunismus und nationalistischem Fanatismus getrieben. Höhere Beamtenstellen waren Akademikern mit guten Referenzen vorbehalten, die richtigen Ansichten waren entscheidend. Die Mehrheit der deutschen Studenten stammte aus den konservativen Eliten; Studenten mit liberalen Neigungen hatten im öffentlichen Dienst eine unsichere Zukunft und keine Hoffnung, vom burschenschaftlichen Netz der künftigen deutschen Führungselite zu profitieren. In den Volksschulen machten die Lehrer den Bauern- und Arbeiterkindern klar, daß sie mit ihrem Stand zufrieden sein müßten, und tatsächlich kam nicht einmal ein Prozent der Studenten aus ihren Reihen. Es gab also keine alternative Autorität, die die festen Gewißheiten der künftigen herrschenden Klasse hätte erschüttern können, und auch nur wenige jüdische Stimmen. Die Universitäten taten alles, um keine Juden anstellen oder befördern zu müssen, obwohl dies hieß, die hervorragenden Leistungen vieler zu ignorieren. 1900 waren etwa zwei Prozent der Hochschullehrer jüdischer Abstammung, aber sie waren in den unteren Rängen vertreten und ihre Aufstiegschancen waren schlecht. Noch 1910 hatte in Berlin kein Jude eine vollwertige Professur. Gerade weil Juden aus der Führungsschicht ferngehalten wurden und nur selten in konservativen Familien aufwuchsen, verstanden sie die Heucheleien der akademischen Eliten besser als die meisten Insider und entwickelten ein meist kritisches Urteil zu dieser Gesellschaft. Dagegen meinten die Rassisten in einem für sie typischen Zirkelschluß, ihre kritische Haltung folge daraus, daß sie den Geist der deutschen Rasse nicht verstünden – ein weiterer Grund, sie keine Studenten ausbilden zu lassen.

Der Anteil der jüdischen Studenten war tatsächlich aber hoch. »Von jeweils 100 000 Männern der verschiedenen Glaubensrichtungen in Preußen schrieben sich 33 Katholiken, 58 Protestanten und 519 Juden an den Universitäten ein.«[9] 1885 war jeder achte Student in Berlin jüdisch, obwohl die Juden weniger als ein Prozent der Bevölkerung repräsentierten. In Wien war das Verhältnis noch stärker verschoben. Zum Teil war dies eine natürliche Reaktion auf die Diskriminierung. Studenten aus der Oberschicht hatten Verbindungen und solche aus dem Mittelstand konnten im Beruf aufsteigen, wenn sie begabt waren, jüdische Männer jedoch brauchten ein erfolgreiches Studium, wenn sie der Diskriminierung entrinnen wollten: Höhere Bildung bedeutete Emanzipation. Die Erfolge der Juden verstärkten den Neid genau unter jenen jungen Akademikern, die sich in einer liberalen Kultur gewöhnliche durch besondere Toleranz auszeichnen. Recht und Medizin waren die bevorzugten Studiengänge von Juden, da sie in diesen Berufen die institutionelle Diskriminierung vermeiden konnten, doch dies bedeutete Konkurrenz mit Deutschen, die nicht auf familiäre Verbindungen zählen konnten und fürchteten, ins akademische Proletariat abzusinken. Letztere stellten deshalb in Deutschland und in Österreich die schlimmsten Rassisten und waren später in der Elite der NSDAP stark überrepräsentiert. In den Ländern des Westens schwächte eine universitäre Ausbildung tendenziell Rassismus und Konservatismus ab; in Deutschland war die Betonung der rassischen Einzigartigkeit und die Identifikation mit der herrschenden Klasse der Karriere förderlich.

Die große Zahl jüdischer Studenten war in den achtziger Jahren ein viel diskutiertes Thema. Die politische Rechte wollte die negativen Folgen der Diskriminierung nicht eingestehen und betonte, daß die Juden sich einfach nur vor körperlicher Arbeit drücken wollten. Selbst eher liberale Intellektuelle waren oft – und sind manchmal bis heute – der Ansicht, es gebe ein »Judenproblem«, weil die Juden in den freien Berufen zu zahlreich vertreten wären. Einige äußerten die Vermutung, die Sprachbegabung der Juden sei auf deren jahrhundertelanges Training in den dialektischen Feinheiten des Talmud zurückzuführen, während diese bei evangelischen Christen wenig gefördert würde, da ihnen das Glaubensbekenntnis genügte. Als Söhne von Freiberuflern und Angehörigen der städtischen Mittelklasse waren die Juden jedoch dazu prädestiniert, unter den Studenten einen überproportionalen Anteil zu stellen. Kinder von Bauern und Arbeitern besuchten die Universitäten nicht; für sie waren höhere Schulbildung und ausgeprägte sprachliche Fähigkeiten irrelevant. Angesichts der klassenspezifischen Konditionierung und der traditionellen Berufswünsche, und wenn man den Schutz mit in Betracht zog, den eine gute Ausbildung der jüdischen Jugend bot, läßt sich deren starke Präsenz an den Universitäten leicht erklären. Plötzlich sind die mysteriösen angeborenen Eigenschaften verschwunden, und man hat es ganz einfach mit Menschen zu tun, die auf soziale Erfahrungen und institutionelle Diskriminierung reagieren. Die Begründung, mit der die Rassisten ihr eigenes Scheitern rationalisieren, wird unhaltbar. Es war kein Zufall, daß viele, die genau in den zwanziger Jahren der NSDAP beitraten, wie Hitler junge Leute aus dem Mittelstand waren, die ihren Status nicht durch eine erfolgreiche Ausbildung hatten halten können.

Selbst unter erfolgreichen Jugendlichen waren romantischer Nationalismus und Antisemitismus populär. Hunderttausende von jungen Männern zwischen vierzehn und achtzehn waren Mitglieder der Jugendbewegung des Wandervogels. Im Kampf um eine männliche Identität, aus jugendlichem Idealismus und noch unberührt von den praktischen Erwägungen des Erwachsenenlebens, fühlten sie sich abgestoßen von der bürgerlichen Respektabilität und dem Materialismus der älteren Generation. Wenn sie durch Wandern, Zelten und Bergsteigen zur Natur zurückkehren wollten, erlebten sie Kameradschaft beim Lagern im Wald, sangen alte Volkslieder, zündeten riesige Feuer in den Bergen an und zelebrierten teutonische Riten zur Sonnenwendfeier. Bedingt durch ihre Klassenzugehörigkeit neigten sie eher zur nostalgischen Verklärung einer imaginären Vergangenheit als zu linkem Utopismus. Für viele gewann der Kampf der deutschen Idealisten gegen die Gedanken der Aufklärung durch die quasireligiöse Sehnsucht nach einer spirituellen Realität jenseits des nüchternen Alltags in Büro und Beruf eine neue Bedeutung. Sie verachteten die Politiker für die Lügen, mit denen sie um die Wählerstimmen der Unwissenden warben. Tausende dieser jugendlichen Romantiker betrachteten die Juden als eine Rasse von Stadtmenschen, die mit der nordischen Vergangenheit nichts anfangen konnten, sie wiederholten die Lehren ihrer pangermanischen Lehrer, wenn sie in den Juden die Ursache der sozialen Mißstände sahen. Bis 1904 hatten die meisten Organisationen des Wandervogels Juden aus ihren Reihen verbannt. Der junge Adolf Eichmann gehörte zu den Falken, einem Zweig des Wandervogels in Österreich, wo die Bewegung und die Studenten noch rassistischer waren als in Deutschland. Die Arbeiterjugend dagegen verfügte in den kulturellen Einrichtungen der Sozialdemokratie über ein wirksames Gegenmittel. Sie erkannte die traditionalistischen Ideen und den Antisemitismus als Anschauungen ihrer Unterdrücker und hieß die fortschreitende Industrialisierung und Demokratisierung willkommen.

Als Studenten und Intellektuelle waren die Mitglieder der Jugendbewegung zu intelligent, um auf den kruden Rassismus der bäuerlichen Populisten oder auf Stoeckers christlichen Fundamentalismus hereinzufallen. Rassistische Intellektuelle wie Houston Stewart Chamberlain waren mehr nach ihrem Geschmack. In Wien, der judenfeindlichsten Großstadt Europas, veröffentlichte er 1899 *Die Grundlagen des 19. Jahrhunderts*, ein Buch, das sofort zum Bestseller wurde und hervorragende Rezensionen erhielt. Der in Frankreich aufgewachsene Sohn eines britischen Generals war aufgrund seiner Verehrung für alles Preußische deutscher Staatsbürger geworden. Seine Herkunft trug zweifellos zu einer Überzeugung bei, daß die Rasse und nicht die Nationalität die verbindende Kraft eines Volkes sei. Er war überzeugt, daß alle großen Schöpfungen von Menschen teutonischen Blutes vollbracht wurden und fand an den alten germanischen Stämmen nur den einen Fehler, daß sie es versäumt hatten, alle anderen Völker in ihrer Reichweite zu vernichten. Wie hart die erforderlichen Maßnahmen auch sein mochten, das arische Blut müsse gereinigt werden, um seinen kriegerischen Geist und seine Schöpfungskraft freizusetzen. Der Jude war der mächtigste Feind. Andere Rassen waren lediglich minderwertig, doch die Juden als unnatürliches Resultat zufälliger Rassenvermischung im Nahen Osten der Antike waren durch jahrtausendelange Inzucht zu einer rassischen Macht von einzigartiger Bösartigkeit geworden. Und Deutschlands unnatürliche Toleranz für fremdes Blut hatte dazu geführt, daß »unsere Regierungen, unsere Justizpflege … unsere Kunst … mehr oder weniger freiwillige Sklaven der Juden geworden [sind] … Von idealen Beweggründen bestimmt, öffnete der Indoeuropäer in Freundschaft die Tore: wie ein Feind stürzte der Jude hinein, stürmte alle Positionen und pflanzte … die Fahne seines ewig fremden Wesens auf.«[10] Die Juden wußten, daß Deutschland das letzte Hindernis war; anderswo war die Kultur durch die Ideen der Aufklärung bereits judaisiert, durch Ideen, welche die Existenz unterschiedlicher Rassen bestritten, den Kosmopolitismus predigten und auf Blut gegründete Loyalitäten nicht anerkannten. Wenn jedoch die Rasse Luthers gesäubert würde, konnte sie den Kampf mit der Rasse der Geldwechsler nicht verlieren. Genau wie Hitler stellte sich Chamberlain, der Liebling der konservativen Intellektuellen, die Zukunft als einen Kampf auf Leben und Tod gegen das Judentum vor.

Ende des 19. Jahrhunderts standen die meisten Gebildeten im Westen der Liberalisierung der Gesellschaft positiv gegenüber. Dagegen lehnten deutsche Intellektuelle mit Ausnahme der Fortschrittlichen und Linken diese zumeist ab. So waren die konservativen Kulturkritiker Paul de Lagarde und Julius Langbehn zwischen 1890 und 1914 und erneut in der Nazizeit äußerst populär. Sie predigten die Revolte gegen die moderne Gesellschaft, die sie mit dem Judentum identifizierten. Lagardes *Deutsche Schriften* (1886) waren ein Bestseller. Und Langbehns *Rembrandt als Erzieher* – ein Kultbuch der Eliten – erlebte vierzig Auflagen in nur zwei Jahren. In anderen westlichen Ländern wären diese üblen Antisemiten als Spinner abgetan worden, doch wie Fritz Stern in seiner hervorragenden Studie konservativer Ideologien festgestellt hat, waren sie in Deutschland erstaunlich erfolgreich.[11] Beide Bücher wurden in nahezu allen wichtigen Zeitungen und Zeitschriften besprochen oder kommentiert – überwiegend positiv, wenn man von der selbstverständlichen Ausnahme liberaler Rezensenten absieht. Allein diese Tatsache ist ein Beweis für die Verbreitung des Rassismus im Deutschland der Jahrhundertwende.

Beide Autoren kritisierten die geistige Leere, den geldgierigen Karrierismus und die zynische Realpolitik des »jüdischen« Reichs als eine Welt der institutionalisierten Mittelmäßigkeit, der es an höheren Idealen fehlte. Sie predigten eine rassische Auferstehung und den Bruch mit dem kosmopolitischen Denken der Franzosen und Juden, deren »Volksseele« schon lange zerstört war, weil sie glaubten, der Mensch sei nichts anderes als eine Ansammlung von Reflexen und seine moralischen Urteile, religiösen Motive und ideellen Bestrebungen nichts als Illusionen. Die germanische Seele war intuitiv auf Ideale gegründet, wenn auch inzwischen vergiftet durch das kosmopolitische Gefasel über universelle Maßstäbe für Wahrheit und Recht. Für Deutsche gab es nur deutsches Recht und deutsche Wahrheit. Erzieher durften nur deutsche Kultur lehren und hatten den dekadenten Naturalismus der Franzosen abzulehnen, diese abstoßende Darstellung von Krankheit, Prostitution und Schmutz im Leben der Unterschichten wie sie, kombiniert mit linkem Fanatismus, in den Werken von Emile Zola zu finden war. Es war kein Zufall, daß Zola diesen Dreyfus verteidigt hatte.

Deutsche Erzieher sollten die heroischen und aristokratischen Tugenden wecken, die in der Natur des Volkes lagen. »Gleichheit ist Tod, Gliederung ist Leben.«[12] Liberale Toleranz war nihilistisch, leistete niederen Instinkten Vorschub und blockierte jedes ernsthafte Engagement mit Ausnahme der Habgier. Langbehn und Lagarde verdammten das »jüdische« Gewinnstreben, das die Kultur auf den kleinsten gemeinsamen geschmacklichen Nenner reduziert hatte; selbst der Wert der Kunst wurde, wie der von Gemüse, auf dem Markt festgelegt. Die Massenkultur zerstörte den Geist und ließ die Seele welken. In Bismarcks Reich strebten die Begabten nach Macht und Reichtum, die Ängstlichen waren nur auf Sicherheit bedacht und der Geist der jüdischen Geschäftemacher beherrschte alles.

Beide Intellektuellen schrieben immer wieder Texte für die Deutschkonservative Partei und schmeichelten ihren Herren, indem sie erklärten, wie die Kunst seien auch alle politischen Leistungen das Ergebnis der überlegenen Intuition einiger weniger. Sie forderten, wie bei den alten deutschen Stämmen, jene als Anführer zu wählen, die dem Volk gut gedient hatten, und wollten einen Führer an der Spitze sehen, der (wie es Hitler später von sich behauptete) intuitiv den Willen des Volkes erfaßte und ihn wenn nötig mit Gewalt verwirklichte. Wahre Politik war eine Politik des Mysteriums, der Führung, des Charismas und des gemeinsamen Willens. Löscht die moderne Gesellschaft aus, predigte Lagarde; kehrt zum ursprünglichen Germanentum zurück und rottet die abscheulichen Konsequenzen von 1789 mit Stumpf und Stil aus, verlangte Langbehn. Während des Deutsch-Französischen Krieges von 1870/71 hoffte Lagarde leidenschaftlich, die Preußen möchten Paris dem Erdboden gleichmachen und die »verjudeten« Revolutionäre auslöschen.

Lagarde ignorierte die Komplexität der marxistischen Ideen als bloße intellektuelle Spitzfindigkeiten und behauptete, der Sozialismus sei nur für Leute attraktiv, deren moralisches Empfinden durch billigen Schnaps und das Leben in der Stadt zerstört sei. Die Deutschen brauchten einen nationalen Sozialismus, schrieb Langbehn, eine vom Geist des gemeinschaftlichen Opfers getragene Gesellschaft, ohne jüdische Finanziers und Marxisten. Wie Stoecker, Böckel, die preußische Ultrarechte und übrigens auch Hitler haßten Lagarde und Langbehn alle großen Städte, betrachteten sie als Feinde alles Germanischen und alles Ländlichen, das die Industrialisierung noch nicht verdorben hatte. Sie waren nicht überrascht, daß die entwurzelten Massen und die jüdischen Kulturschundkrämer in Berlin links wählten. Wie schon Turnvater Jahn sagten auch sie voraus, daß sich die Deutschen auf dem Lande eines Tages erheben, auf Berlin marschieren und dort mit Gewalt aufräumen würden – genau das Ziel, das Hitler mit seinem Putsch von 1923 verfolgte.

Beide Männer forderten »Lebensraum«. Langbehn schrieb, »der Deutsche [ist] zur Weltherrschaft berufen«, und Lagarde schlug vor, die »nichtdeutschen Länder innerhalb der österreichischen Monarchie« zu kolonisieren und Polen und Frankreich zu erobern.[13] Falls Rußland erwartungsgemäß Einspruch erhebe, sollte es ebenfalls die heilige Macht des deutschen Schwertes zu spüren bekommen. Die überlebenden Slawen sollten in einen abgelegenen Teil des östlichen Großraums vertrieben werden. In einem politischen Programm für die preußischen Konservativen schrieb Lagarde, je schneller die Slawen verschwänden, desto besser wäre es »für sie und für uns«.[14] Lagarde nannte die Juden »Bazillen« und »Träger der Verwesung«; sie »steckten jede nationale Kultur an«, sie »beuteten das menschliche und materielle Potential ihrer Gastländer aus«, und sie »zerstörten jeden Glauben und verbreiteten Liberalismus und Materialismus«.[15] Millionen von Deutschen seien bereits »verjudet«, erklärte Langbehn, und die Franzosen, Briten und Amerikaner seien derart besessen vom Geschäft, als ob sie ebenfalls schon Juden wären. Lagarde beklagte die Vorherrschaft der Juden in der deutschen Presse und die »Palästinisierung der Universitäten wie des Standes der Richter Ärzte und Schauspieler«. Beide Intellektuellen brachten eine Welt, die sie haßten, auf eine Weise mit den Juden in Verbindung, die kaum vernichtender hätte sein können. Mit diesem »wuchernden Ungeziefer« könne es keinen Kompromiß geben, forderte Lagarde. »Mit Trichinen und Bazillen wird nicht verhandelt ... sie werden so rasch und so gründlich wie möglich vernichtet.«[16] – »Sie sind ein Gift für uns; und müssen als solches behandelt werden«, schrieb Langbehn über die jüdischen »Parasiten«.[17] Er predigte einen Ausrottungskrieg gegen die Juden. Seine und Lagardes Aufforderungen zum Völkermord wurden von den Nazis in vielen Versionen veröffentlicht und im Zweiten Weltkrieg an die Frontsoldaten verteilt. In dieser Hinsicht waren die beiden einflußreichsten und populärsten deutschen Intellektuellen des späten 19. Jahrhunderts von den Ideologen der Nationalsozialisten nicht zu unterscheiden. Die Popularität dieser beiden Kulturkritiker läßt ernsthaft an der traditionellen Annahme zweifeln, die deutschen Eliten hätten dem Antisemitismus ablehnend gegenübergestanden.

Der bei den Gebildeten beliebte radikale Rassismus war häufig eine Mischung aus religiösem Fanatismus und rassistischer »Wissenschaft«. Antisemiten neigten weniger dazu, den christlichen Antijudaismus durch einen weltlichen Rassismus zu ersetzen, wie manche behaupten; sie paßten das Christentum an, um einen neuen rassistischen Glauben zu schaffen. Rassisten, die öffentlich das Christentum verspotteten, hatten wenig Erfolg. Der bekennende Atheist Wilhelm Marr stellte seine Angriffe gegen das Christentum ein, als er bei wohlhabenden Rechten Geld für seine Agitation auftreiben wollte. Hitler säuberte seine Partei von Mitgliedern, die für einen öffentlichen Bruch mit dem Christentum eintraten. Den deutschen Konservativen war ein auf dem Sozialdarwinismus basierender Rassismus unbehaglich; sie sahen die Menschheit nicht gern als eine Gattung, die sich nur aufgrund überlegener Fähigkeiten in einem brutalen Überlebenskampf ihren Weg aus dem Urschleim zur Herrschaft gebahnt hatte. Als konservative Christen glaubten sie lieber daran, daß der Mensch durch einen einmaligen göttlichen Schöpfungsakt entstanden war. Viele Antisemiten, Nazis eingeschlossen, mochten nicht glauben, daß die Herrenrasse schlicht durch die natürliche Auslese zufällig entstandener Variationen im Überlebenskampf entstanden war. Arier standen über der Schöpfung, und die Verteidigung ihrer Position hing vom eigenen Willen ab, nicht von dummen biologischen Zufällen. Die Nazis waren daher nur selten Atheisten. Selbst Himmler sah in der Rasse die Grundlage für eine neue Religion. Und die radikalsten Antisemiten hofften, den Rassismus mit einem von seinen »jüdischen« Elementen gesäuberten Christentum vereinbaren zu können. Ein germanisches Christentum, und nicht nur eine rassistische Wissenschaft, würde den nordischen Idealismus retten.

Dem stand nur Jesus im Weg. Während der Dreyfusaffäre sprach sich herum, daß ein bekannter französischer Antisemit im Suff jeden unseligen Priester, der ihm über den Weg lief, beim Kragen packte und fragte:

»Wie ist es möglich, daß Jesus ein Jude war?« Fichte und Fritsch glaubten, er sei es nicht gewesen. Chamberlain, der ein »judenreines« Christentum anstrebte, verschwendete hundert Seiten, um zu beweisen, daß Jesus von einem römischen Soldaten und einer nichtjüdischen Frau abstammte. Das Blut Jesu war arisches Blut, sein Sieg über das Judentum der Sieg des arischen Idealismus über den jüdischen Ritualismus. Für Chamberlain war Christus nicht der Höhepunkt, sondern der Überwinder des Judaismus gewesen. Lagarde betonte wie viele andere, der Apostel Paulus habe die Botschaft Jesu mit jüdischen Ideen verseucht. »Kranke«, jüdisch verseuchte Priester hatten den Tod Jesu zu einer demütigenden und erniedrigenden Angelegenheit gemacht, weil sie den heroischen Vitalismus der alten Germanen gefürchtet hatten. Lagarde und Langbehn forderten ein »germanisches Christentum«. Der Pfarrerssohn Lagarde verehrte Luther als den größten deutschen Helden, dessen einziger Irrtum darin bestand, daß er zuviel von dem beibehielt, was am Christentum jüdisch und verderbt war. Viele Schriftsteller verwarfen die christliche Idealisierung der Passiven und Sanftmütigen und das rabbinische »schlechte Gewissen«, weil sie aggressive Instinkte unterdrückten und die Arier dazu verführten, mit minderwertigen Rassen gleichberechtigt zusammenzuleben. Man gründe eine Religion der Rasse, forderte Chamberlain, und der Jude werde sich genausowenig zu ihr bekehren können, wie er seine Schädelmaße ändern könne. Der jüdischen Infiltration der deutschen Gesellschaft wäre dann für immer ein Riegel vorgeschoben. Der populäre Philosoph Eugen Dühring meinte, der Kritiker Gotthold Ephraim Lessing müsse ein Jude gewesen sein, weil er die Aufklärung bewunderte. Auch die Fortschrittlichen *mußten* dem Blut und dem Geiste nach Juden sein, denn an ihren Werken sollt ihr sie erkennen. Chamberlain und Fritsch wollten beide ein neues Evangelium schreiben, in dem das Blut für die Religion genauso wichtig sein sollte wie der Glaube.

Kein geringerer als das Genie Richard Wagner schuf die geheiligte Musik für die Religion der Rasse. Für das deutsche Bürgertum war Wagner nicht nur der größte Komponist des Jahrhunderts, er war auch der oberste Kulturprophet der germanischen Seele. Seine Musik weckte in den Teilnehmern der kultischen Veranstaltungen religiöse Ehrfurcht vor ihren Führern. Wagners emporstrebende, unaufgelöste Akkorde drückten die Sehnsucht der germanischen Völker nach der Wiedergeburt ihrer heroischen Volksseele aus, eine mythische Nostalgie für die teutonischen Götter, die von einer weltlichen, auf Habgier basierenden Kultur, die keine Ideale und keine Opferbereitschaft mehr kannte, zerstört worden waren. Die antisemitische Petition von 1881 wurde in Bayreuth aufgesetzt und erhielt den Segen des Meisters, der die antisemitische Bewegung von ganzem Herzen unterstützte und auf den Beitrag stolz war, den er zu ihrem Aufstieg in den siebziger Jahren geleistet zu haben meinte. Wie einer seiner Schüler schrieb, war Bayreuth unter der Leitung von Wagners Frau Cosima ein Heiligtum, ein neues Jerusalem für rassistische Mystiker geworden. Wagners Anhänger organisierten sich in Vereinen und machten auch Chamberlain zu einem ihrer Helden.

Wagners 1876 in Bayreuth uraufgeführter Zyklus *Der Ring der Nibelungen* strotzt von teutonischer Mythologie. Seine Handlung erscheint heute den meisten so absurd, daß die Regisseure exotische Bühnenbilder und Kostüme einsetzen müssen, um ihr wenigstens einen Hauch von Glaubwürdigkeit zu verleihen. Trotzdem erkannte das Bürgertum in Wagners Geschichten von zum Untergang verurteilten Volkshelden und -heldinnen die ekstatische Klage über den Verfall des »germanischen« Idealismus in einer Welt, in der nur noch das Geldverdienen zählte. Im Opernhaus konnten sie an der deutschen Spiritualität partizipieren. Für Marr, für die Zeremonienmeister von Bayreuth und für Chamberlain, der Wagners Tochter heiratete, war *Der Ring* eine Dramatisierung der liturgischen Leidenschaft der Götter zu Beginn der arischen Geschichte. (Wagner selbst hoffte, eine Geschichte der Arier schreiben zu können.) Wagners *Götterdämmerung* war eine Metapher für die Vernichtung des auf Wald und Natur bezogenen nordischen Animismus durch den jüdischen Monotheismus. Die jüdische Rasse sei der geborene Feind der Menschheit, schrieb Wagner und für die städtische, industrielle und liberale Ordnung verantwortlich. Die rastlose, nervöse, sterile jüdische Volksseele war durch Assimilation dahingewelkt. Wirkliche Kunst wurzelte in der Loyalität zur eigenen Rasse; die Juden hatten in der Diaspora die sterilen Ideale einer kosmopolitischen Kultur angenommen. Als seelenlose Kritiker hatten sie viele Deutsche mit den Maßstäben rassischer Mischlinge, die jede Form zerstörten, vergiftet. Auch für Wagner war Jesus nordisch. Er forderte, Deutsche sollten auch getaufte Juden nicht heiraten, da ihr Gift auch das Blut späterer Generationen verseuche. Cosima Wagner beschimpfte in ihren Tagebüchern und zweifellos auch im Gespräch mit ihrem »Meister« unablässig die Juden als Würmer, Läuse, Insekten und

Bazillen, mit jenen schrecklichen Schimpfwörtern der Verwesung also, die bei den Nazis so beliebt waren.

Doch über die Wirkung von Wagners Kunst entscheidet der kulturelle Kontext. Theodor Herzl schrieb seine berühmte Aufforderung zur Gründung eines jüdischen Staates in einer einzigen fieberhaften Sitzung, nachdem er eine Wagnervorstellung in Paris erlebt hatte. Wagners rassistische Untertöne werden nur von einem Publikum verstanden, für das der Antisemitismus alltäglich ist; wir hören sie heute nicht mehr. Nach allem, was seine deutschen Zeitgenossen gehört und gelesen hatten, konnten sie jedoch die Botschaft kaum mißverstehen. Wagner selbst rief zur Vernichtung der Juden auf. Heute sind seine Verteidiger zu solchen Haßausbrüchen unfähig und betonen, er habe es nicht wörtlich gemeint. Dies bleibt ungeklärt, und es ist auch nicht relevant. Es genügt, festzustellen, daß dieses einflußreiche Genie wiederholt derartige Äußerungen gemacht hat und dafür von den Antisemiten hoch verehrt wurde.

Für den jungen Hitler war Wagner (neben seinen bombastischen architektonischen Phantasien) die zweite große Leidenschaft. Auf junge Leute, die eine große Kraft in sich fühlten, sie im Alltag jedoch kaum beweisen konnten, wirkten das spannungsgeladene Ringen der Wagnerschen Musik und die mystische Macht seiner Götter und Göttinnen erlösend. Der Wagnerkult schlug die nationalistischen Studenten in Berlin und Wien in seinen Bann. Als der Jude Gustav Mahler in Wien den Auftrag erhielt, Wagner zu inszenieren, kam es zu Unruhen. Wagners Familie, die Hitler seit 1922 mit Spenden unterstützte, feierte ihn in Bayreuth als den potentiellen Retter der germanischen Seele. Durch die Musik des Meisters fühlte sich Hitler in seinem Glauben bestätigt, daß er vom Schicksal auserwählt sei, der Messias eines wiedererstandenen Volkes zu werden.

1927 schloß sich der Kreis in der Kultstätte Bayreuth; Chamberlain wurde von Hitler begrüßt und zum Propheten der nationalsozialistischen Bewegung erklärt. Die Nazis verwendeten Wagners Musik in ihren Paraden, Festspielen, Filmen, Wochenschauen und Feiern vor dem Hintergrund einer Architektur, deren Dimensionen das normal Menschliche sprengten. Wagners erhabene, ahnungsvolle Musik zerstörte die emotionale Distanz, die für kritisches Denken Voraussetzung ist. Noch als sich im Zweiten Weltkrieg bereits die Niederlage abzeichnete, verließ Hitler seine preußische »Wolfsschanze«, um sich an der Bayreuther Quelle zu laben. Und noch in dem rauchenden Trümmerfeld, das die alliierten Bombenangriffe in Berlin hinterließen, organisierte Albert Speer 1945 ein letztes Konzert der *Götterdämmerung*.

Zu den Millionen begeisterten Lesern rassistischer Kulturpropheten wie Lagarde und Langbehn gehörten der Kaiser selbst, Kanzler Bismarck, Adlige und Offiziere, zahllose Hochschullehrer und Lehrer und die Mitglieder der Jugendbewegung, des Verbands Deutscher Studenten und des Alldeutschen Verbands. Die Popularität von Rassismus und Antimodernismus in der deutschen Mittel- und Oberschicht straft die Ansicht Lügen, der fanatische politische Antisemitismus sei größtenteils auf unwissende, ungebildete und naive Geister beschränkt, wie es außerhalb Deutschlands, Österreichs und Frankreichs tatsächlich der Fall war. Auch in den USA fand der politische Antisemitismus Millionen von Anhängern, wurde jedoch nie wirklich gefährlich, weil die herrschenden Eliten ihn ablehnten. In liberalen Ländern orientieren sich Studenten, wenn sie politisiert werden, nach links; doch die deutschen und österreichischen Studenten wandten sich, inspiriert von rassistischen Intellektuellen und reaktionären Professoren, nach rechts. Aktive antisemitische Gruppen reagierten an deutschen und österreichischen Universitäten schon bei der bloßen Erwähnung jüdischer Wissenschaftler mit höhnischem Gejohle. Sie ächteten jüdische Studenten und griffen sie manchmal sogar tätlich an. 1892 sah sich Caprivis Regierung zum Eingreifen gezwungen und drohte den Lehrenden mit der Streichung staatlicher Zuschüsse, falls sie diesen Aggressionen nicht im Namen der christlichen Toleranz ein Ende setzten. Die Hochschullehrer verwahrten sich empört gegen diesen Angriff auf die akademische Freiheit. Die ältesten deutschen Studentenorganisationen schlossen bis 1896 die Juden aus, und bis 1904 waren sie aus allen deutschen Studentenverbindungen verbannt. Die österreichischen Studenten waren dieser Entwicklung ein Jahrzehnt voraus. Ab 1930 wurden die deutschen Studentenvereinigungen schließlich von den Nazis dominiert. »Eine ganze Generation von Deutschen«, schreibt ein Historiker über jene Zeit, »hatte im Gymnasium und an der Universität großzügige Dosen Antisemitismus in sich aufgenommen.«[18] Die künftige Führungsschicht Deutschlands und ihre Anhänger wurden lange vor 1914 geformt.

10.
DIE GEGNER DES ANTISEMITISMUS

> Von all den vulgären Methoden, einer Erwägung der Auswirkungen sozialer und sittlicher Einflüsse auf den menschlichen Verstand auszuweichen, ist die vulgärste, die Verschiedenartigkeit im Benehmen und Wesen den verwurzelten natürlichen Unterschieden zuzuschreiben.
>
> *J. S. Mill*

Als die Konservative Partei antisemitische Losungen übernommen hatte, fiel es schwer zu glauben, wie die meisten Juden und Liberalen, daß der Rassismus lediglich ein Relikt des Urchristentums war, beschränkt auf die Ungebildeten und Machtlosen. Der politische Widerstand wurde von der jüdischen Gemeinschaft, den Fortschrittlichen und den Sozialdemokraten organisiert. Die Nationalliberalen, die man 1870 noch als »Partei der Juden« bezeichnet hatte, waren rasch nach rechts gedriftet. Wenn sie auch den Rassismus nicht ausdrücklich billigten, so unternahmen sie doch nichts gegen die Diskriminierung durch die Regierung, stellten keine jüdischen Kandidaten auf und arbeiteten zuweilen bei Wahlen mit Antisemiten zusammen. Wie die Kirche und die meisten Deutschen waren auch sie überzeugt, man könne als Nichtchrist kein echter Deutscher sein.

Die meisten Juden wollten sich assimilieren, ohne zum Christentum überzutreten, in der Hoffnung, daß die Juden eines Tages als Deutsche jüdischen Glaubens betrachtet würden. So hatten sie doch seit der Zeit Napoleons enorme Fortschritte gemacht: vom Ghetto zur konstitutionellen Gleichberechtigung, von Hausierern zu Geschäftsleuten und Freiberuflern mit akademischer Bildung. Doch die erneuten Anfeindungen in den Jahren von Caprivis Kanzlerschaft veranlaßten sie, 1893 mit der Gründung des Central-Vereins deutscher Staatsbürger jüdischen Glaubens zum Gegenangriff überzugehen. Seine hunderttausend Mitglieder unterstützten eine Vielzahl liberaler Forderungen, da sie nicht den Eindruck erwecken wollten, lediglich für eigene Interessen zu kämpfen; auch wußten sie, daß erfolgreiche liberale Reformen letzten Endes zu ihrem Schutz beitragen würden. Gut 13 000 Christen schlossen sich einem Verein zur Abwehr des Antisemitismus an, auch die Fortschrittspartei unterstützte das Vorhaben. Da Freiberufler in der Regel berufliche Kontakte zu jüdischen Kollegen unterhielten, war der Rassenhaß unter ihnen kaum verbreitet. Die deutschen Eliten verhielten sich insgesamt jedoch passiv. Im Gegensatz dazu setzten sich in den neunziger Jahren, auf dem Höhepunkt antisemitischer Unruhen in den Vereinigten Staaten, eine Reihe einflußreicher nichtjüdischer politischer und religiöser Führer gegen die Umtriebe zur Wehr. Selbst in Frankreich ergriff die Hälfte der Franzosen die Partei von Dreyfus. Auch wenn in der Praxis oftmals dagegen verstoßen wurde, galt eine Beschränkung der Bürgerrechte für religiöse Minderheiten in England und den Vereinigten Staaten stets als Verstoß gegen die Normen der zivilisierten Welt, wie stark die persönlichen Abneigungen gegenüber Juden auch immer gewesen sein mögen. Aber in Deutschland und Österreich betrachteten Millionen das Begehren der Juden nicht als eine Forderung nach der allgemeinen Staatsbürgerschaft, sondern als Versuch einer fremden Rasse, ihre Werte einer Kultur aufzuzwingen, die nicht ihre eigene war.

Liberale taten sich schwer, die Ursachen des Antisemitismus zu verstehen. Der berühmte deutsche Historiker Theodor Mommsen nannte den Antisemitismus »eine schauerliche Epidemie, wie die Cholera – man kann ihn weder erklären noch teilen. Man muß geduldig warten, bis sich das Gift von selber austobt und seine Kraft verliert«. Dieses Eingeständnis der Hilflosigkeit hielt jüdische Organisationen und Fortschrittliche nicht davon ab, Rassisten wegen Verleumdung anzuklagen, die Regierung zu einer Beendigung der Diskriminierung zu drängen, Antisemitismus in der Politik zu brandmarken und aufklärerische Schriften zu publizieren. Doch ihr Erfolg hing von einem liberalen Konsens in der deutschen Führungsschicht ab, den es bis in unsere Tage nicht gibt. Wie schon zuvor hofften fortschrittlich gesinnte Bürger, daß eine verbesserte Bildung den Rassismus mildern werde, doch das deutsche Bildungswesen selbst wurde von Antisemiten dominiert. Und wenn Rassisten wegen Verleumdung verurteilt wurden, so wurden die Urteile als Beweis für die Macht des Judentums gewertet, die zahlreichen Widerlegungen der rassistischen Schriften hingegen bewirkten wenig. Die starke Präsenz von Juden in der Wirtschaft, in den Städten, in der liberalen Politik und als Zwischenhändler auf dem Land genügte vielen Menschen, die ihre Modernisierungsängste personalisieren wollten. Was gebildete Konservative anging, so war das Thema allzu nützlich, um es einfach fallenzulassen.

Viele Juden trösteten sich mit dem Gedanken, daß Deutschland immerhin nicht Rußland war oder eine primitive östliche Bauernkultur. Vielmehr waren um 1900 die Sozialdemokraten die beliebteste Partei Deutschlands, die sich dem Rassismus widersetzte und eine friedliche demokratische Veränderung anstrebte. Der Central-Verein, ursprünglich streng antisozialistisch, empfahl der jüdischen Gemeinschaft einem Sozialdemokraten die Stimme zu geben, anstatt zuzulassen, daß ein Antisemit ein Amt erhält. Viele junge Juden unterstützten die Sozialdemokratie rückhaltlos, doch insgesamt wählten nie mehr als zwanzig Prozent der jüdischen Wähler sozialdemokratisch, obwohl die konservative Propaganda den Eindruck erweckte, alle Juden seien Linke. Von der Zeit Stoeckers bis hin zum Ende der Weimarer Republik widersetzten sich deutsche und österreichische Sozialisten dem Antisemitismus. Allerdings hatte sich Karl Marx, der Sohn eines konvertierten Juden, in seinen frühen Schriften deutlich antisemitisch geäußert. 1844 nannte er die Juden eine Nation von Kaufleuten, die Verkörperung des materialistischen Egoismus, beherrscht von Geld und Handel. Marx gab auch in seinen privaten Briefen rassistische Äußerungen von sich, aber er rief nie zu einer Diskriminierung der Juden auf, und er glaubte nicht an angeborene rassische Wesenszüge. Tatsächlich war er wie andere junge Linke (und später die Zionisten) überzeugt, der Sieg des Sozialismus werde die »Verzerrung« des jüdischen Charakters unter dem Kapitalismus beenden. Im System, das er und Engels entworfen hatten, blieb kein Raum für Antisemitismus.

Für Marxisten war die Rasse bedeutungslos, die Klasse hingegen war alles. Marx starb 1883, bevor der Antisemitismus in die Politik Einzug hielt. Im Jahr 1890 formulierte sein Mitstreiter Friedrich Engels den Standpunkt der Marxisten: »Der Antisemitismus ist also nichts anderes als eine Reaktion mittelalterlicher untergehender Gesellschaftsschichten gegen die moderne Gesellschaft, die wesentlich aus Kapitalisten und

Lohnarbeitern besteht, und dient daher nur reaktionären Zwecken unter scheinbar sozialistischem Deckmantel ...«[1] Engels, der Sohn eines christlichen Textilfabrikanten, bemerkte ironisch, daß er selbst einmal von der im Bürgertum beliebten Zeitschrift *Die Gartenlaube* als Jude bezeichnet worden sei. Das hatte bereits eine lange Tradition: Linke mußten Juden sein, damit das rassistische Stereotyp nicht ad absurdum geführt wurde.

George Mosse hat dazu festgestellt: »Millionen Deutsche, vorwiegend Linke, ließen sich niemals von der völkischen Ideologie gefangennehmen ...«[2] Bis 1890 erschien den Sozialisten der Antisemitismus als ein christlicher Anachronismus, und erst von da an kämpften sie für das Recht der Juden, Militäroffiziere oder Staatsdiener zu werden, auch wenn manche dies weiterhin für eine unbedeutende Auseinandersetzung innerhalb der Bourgeoisie hielten. Ähnlich zurückhaltend verhielten sich die französischen Sozialisten im Anfangsstadium der Dreyfus-Affäre. Was hatte ein Kampf für das Verbleiben eines jüdischen Offiziers in der französischen Armee mit ihrer Sache zu tun? Als sie aber erkannt hatten, daß die Kirche, das Militär und der Adel den Antisemitismus nutzten, um die Reaktion zu unterstützen, schalteten sie sich rasch in den Streit ein. In Deutschland bewirkte der Aufstand populistischer und konservativer rassistischer Kreise gegen Caprivi, daß die Linke erkannte, wie der Antisemitismus als Mittel gegen demokratische Reformen und gegen sie selbst eingesetzt wurde. 1892 formulierten die Sozialdemokraten ihre offizielle Haltung: Die Ausbeutung des Menschen durch den Menschen sei keine speziell jüdische Lebensweise, sondern der bürgerlichen Gesellschaft eigen, sie werde erst mit dem Niedergang der bürgerlichen Gesellschaft beendet werden. Der Antisemitismus war hier eine »reaktionäre« Bewegung, getragen von Junkern und Geistlichen. Im Gegensatz zu allen anderen Parteien wiesen die Führer der Sozialdemokraten sämtliche Angebote zurück, bei Stichwahlen mit Antisemiten zusammenzuarbeiten, obwohl sie in einigen Fällen davon profitiert hätten.

Für gewöhnliche Arbeiter waren die Kapitalisten die Feinde, ob Juden oder nicht; für manche Marxisten gab es überhaupt keine »Feinde« – das System brachte Ausbeuter wie Ausgebeutete hervor. Für den standhaften Marxisten war der Kampf gegen den Kapitalismus der Kampf gegen ein notwendiges, ausbeuterisches, aber letzten Endes zum Untergang verdammtes System; mit ethnischen Faktoren hatte dieser Kampf überhaupt nichts zu tun. Wie Karl Kautsky, der Führer der orthodoxen Marxisten, in seinem Werk *Rasse und Judentum* schreibt, gab es keine starren rassischen Züge. Die Erfahrung der Klasse bestimme das soziale Verhalten und die Ansichten. Das internationale Finanzkapital, gleich ob jüdisch oder nicht, sei vielmehr nur von zweitrangiger Bedeutung; in erster Linie gehe es um die Industriellen und die Besitzer der Produktionsmittel. Der Antisemitismus werde zu Ende gehen, glaubten die Marxisten, sobald die unweigerlichen Widersprüche des Kapitalismus und das Bewußtsein der Arbeiter seinen Zusammenbruch herbeiführen würden. Nach dem Ende des Kapitalismus würden Geldverleiher, Spekulanten, Industrielle und internationale Bankiers ebenfalls verschwinden, unabhängig von ihrer Rasse oder Religion. Dies war natürlich eine Fehleinschätzung, die die Marxisten mit den Liberalen teilten: Beide unterschätzten das politische Potential des Antisemitismus. Sozialisten gingen davon aus, der Rassismus sei ein Mittel, um die Aufmerksamkeit der gewöhnlichen Bürger von sozialer Ungerechtigkeit und Ausbeutung abzulenken. Im Zuge der Industrialisierung werde der Einfluß der feudalen Eliten beseitigt, und Bauern, Handwerker und der Mittelstand seien gezwungen, ein Teil des kapitalistischen Systems zu werden. 1893 hieß es in einem Parteitagsbeschluß der Sozialdemokraten, daß »die kleinbürgerlichen und kleinbäuerlichen Schichten zu der Erkenntnis kommen müssen, daß nicht bloß der jüdische Kapitalist, sondern die Kapitalistenklasse überhaupt ihr Feind ist und daß nur die Verwirklichung des Sozialismus sie aus ihrem Elende befreien kann«.[3] Indem die Sozialisten den Rassismus der unteren Mittelschichten und ihre Autoritätsgläubigkeit unterschätzten, steigerten sie nur die Ängste dieser Schichten. Dennoch standen, wie Peter Pulzer schreibt, »Antisemiten und Sozialdemokraten an den entgegengesetzten Polen der politischen Welt, und ihre gegenseitige Feindschaft war tief und anhaltend«.[4]

Der jüdische Sozialist Paul Singer wurde als Berliner Abgeordneter zweimal in den Reichstag gewählt, trotz der Gegenkandidatur von Hofprediger Stoecker. Er wurde von seinen Wählern aus der Arbeiterklasse als Held verehrt. Bei seinem Begräbnis in Berlin 1909 gab es eine noch nie dagewesene Massendemonstration. Die Obrigkeit war entsetzt. Daß Millionen von arischen Proletariern die angebliche Überlegenheit der Machtelite und des völkischen Blutes leugneten, ließ Selbstzweifel aufkommen, die beschwichtigt werden mußten. Von Stoecker bis hin zu Hitler versuchten rechte Politiker nur selten, den Sozialismus als Modell zu widerlegen. Statt dessen zogen sie es vor, auf den hohen Prozentsatz der Jüdischstämmigen unter den sozialistischen Publizisten zu verweisen als Beweis für ihre subversive Tätigkeit; den niedrigen Prozentsatz jüdischer Wähler der Sozialisten ignorierten sie. Für Nicht-Rassisten war es natürlich bedeutungslos, ob Juden an der Politik der Linken beteiligt waren oder nicht. Im Jahr 1878 recherchierte ein Reporter für eine jüdische Zeitung nach biographischen Einzelheiten, um ein Verzeichnis jüdischer Reichstagsabgeordneter zu erstellen. Der erste deutsche Jude, der als Sozialist in das Parlament gewählt wurde, gab an, er wolle nicht in dem Verzeichnis genannt werden, er sei schließlich als Sozialist gewählt worden.

Deutsche Liberale und Linke waren zu Recht der Ansicht, daß ihr Kampf für ein demokratisches Deutschland, das nicht von christlichen Werten allein dominiert sein sollte, auch ein Kampf gegen den Rassismus war. Doch erst nach der Niederschlagung der Nazis wurde im Zuge eines breiteren Verständnisses der modernen Genetik der Rassismus als bloßer Mythos entlarvt. Bis dahin gingen Anthropologen davon aus, daß Menschen mit ähnlichen physischen Merkmalen jeweils eigenen Rassen angehörten, mit jeweils unterschiedlichen geistigen und sittlichen Begabungen. Wir wissen inzwischen, daß die physischen Merkmale, die damals der Bestimmung der arischen oder germanischen »Rasse« dienten, auch viele andere Gruppen charakterisieren, einschließlich der Juden. Vielmehr verfügt jede ethnische Gruppe über ein breites Spektrum von Erfahrungen, Begabungen und Intelligenz, während die Unterschiede zwischen den verschiedenen Gruppen minimal sind und weit stärker von sozialen und kulturellen Faktoren abhängen als von dem mythischen Konstrukt der Rasse. Frühe Anthropologen gingen schlicht davon aus, daß die Kulturstufe einer ethnischen Gruppe auch ihre eigenen intellektuellen und sittlichen Begabungen widerspiegele. Inzwischen ist jedoch allgemein anerkannt, daß es unmöglich ist, Sozialisations- und Vererbungsfaktoren zu trennen – eine simple Tatsache, die rassistischen Mythen jegliche Grundlage entzieht.

Und selbst wenn es getrennte Rassen mit starren Merkmalen gäbe, so hätten die Juden, die in der Diaspora verstreut waren, den ständigen Zufluß neuen genetischen Materials erfahren, durch Assimilation, Zwischenehen und Konversion. In den ersten Jahrhunderten des Christentums war die Konversionsrate zwischen jüdischer und christlicher Religion sehr hoch, um 1890 lag der Anteil der Zwischenehen in Europa noch bei fünfzehn bis zwanzig Prozent.

Viele deutsche Juden profitierten nach ihrer Emanzipation spürbar von ihren Fähigkeiten, die für ein Überleben im Ghetto unabdingbar gewesen waren. In den achtziger Jahren wurden etwa sechzig Prozent der deutschen Juden in mittleren oder höheren Steuerklassen geführt. Soziologische Studien zeigen uns, auf welche Weise Minderheiten in bestimmte Berufe gedrängt werden. Doch die meisten deutschen Akademiker verabscheuten die Soziologie. Treitschke wollte die Soziologie vom Lehrangebot der Universitäten fernhalten. Er hielt sie für undeutsch und bezeichnete sie als Gefahr für die patriotische Einigkeit, weil sie Armut und Verbrechen als Folge der Ungleichheiten des Gesellschaftssystems erklärte. Die Obrigkeit zog rassische Erklärungsmuster für gesellschaftliche Mißstände vor.

Um 1900 hatte es den Anschein, als würden die Gruppierungen, die sich dem politischen Antisemitismus widersetzten, die Oberhand gewinnen. Eine neue Generation schätzte die Konstrukteure der deutschen Einheit nicht mehr so hoch, die Wählerschaft der Konservativen in den ländlichen Bezirken schwand, und die Rechte sah sich von der erfolgreichsten politischen Kraft der deutschen Geschichte herausgefordert, den Sozialdemokraten. Mit dem Segen des pensionierten Bismarck und des Kaisers blies Bernhard von Bülow, Reichskanzler von 1900 bis 1909, zum Gegenangriff. Er schmiedete ein Bündnis aus Industriellen und Großgrundbesitzern, Gruppierungen, die über die Frage der Getreidezölle im Clinch gelegen hatten. Die exportorientierten Industriellen fürchteten einen Zollkrieg, und die Gewerkschaften verlangten höhere Löhne als Ausgleich für die damals bereits höchsten Lebenshaltungskosten in Westeuropa. Bülow setzte seine Hoffnung darauf, das Volk durch eine globale imperialistische Politik von der Innenpolitik abzulenken und hinter sich zu einen. Die Industriellen erhielten lukrative Rüstungsaufträge für den Aufbau einer riesigen Flotte; die Großgrundbesitzer wurden mit erhöhten Schutzzöllen gekauft. Das Bündnis hatte die Unterstützung antisemitischer Populisten. Konservative und Alldeutsche beteiligten sich an dem Werbefeldzug für den Aufbau einer deutschen Flotte, um mit der britischen Flotte gleichzuziehen oder sie gar zu übertrumpfen. Historiker haben diese Allianz zu Recht als ein »Kartell der Angst« vor der Linken bezeichnet: »Zu den Junkern und Gutsbesitzern, den Bürokraten und

Offizieren gesellte sich eine ansehnliche Zahl Bankiers, Industrieller und Professoren. Zusammengehalten von gemeinsamen Ängsten und Interessen, bildeten diese Kräfte und die Einrichtungen, denen sie vorstanden, ein nahezu unüberwindliches Hindernis für wesentliche soziale und politische Reformen.«[5]

Die Industriellen forderten nunmehr härtere Regierungsmaßnahmen gegen die Arbeiter. Zeitungen wurden verboten, weil sie die Arbeiterstreiks unterstützten, und Arbeiter, die Versammlungen der Sozialdemokraten besuchten, wurden entlassen. Gutsbesitzer, denen bislang die Höhe der Arbeiterlöhne gleichgültig war, schlugen sich nun auf die Seite von Industriellen wie Kardorff und Krupp, die schon die geringste Lohnerhöhung als Frevel betrachteten. Im Reichstag protestierte Stoecker, daß solche Maßnahmen nur noch mehr Arbeiter der Linken in die Arme treiben würden. Mit kaltem Zorn nahmen seine ehemaligen Partner dies auf, enthoben ihn von seiner Führungsposition und schimpften ihn einen »Revolutionär«, als er gegen einen Gesetzesentwurf protestierte, der Reden gegen den Monarchen, die Religion und den Privatbesitz zu einem Verbrechen erklären sollte. Industrielle verlangten, er solle zum Schweigen gebracht werden, und die Kirchenbehörden folgten bereitwillig. Kurioserweise wiederholte Stoecker nun die Anklagen, die ihm einst die Anarchisten entgegengeschleudert hatten: »Als die soziale Frage in ihrer gewaltigen Bedeutung auftauchte, hat die Evangelische Kirche dazu keine Stellung genommen. Es galt und gilt den meisten für selbstverständlich, daß sie auf der Seite der Besitzenden steht.«[6] Stoeckers pietistischer Fundamentalismus scheiterte bei dem Versuch, eine Welt zu erklären, in der die Christen ebenso habgierig waren wie die Juden, und nunmehr widerlegten die evangelischen Autoritäten selbst die These von der angeblichen sittlichen Überlegenheit des Christentums. Bis zu seinem Tode 1909, jeglichen Einflusses beraubt und von Kirche und Kaiser verstoßen, hatte Stoecker jede Hoffnung aufgegeben. Seine Kirche war scham- und ehrlos geworden.

Im Jahr 1896 brüskierte Kaiser Wilhelm II. bewußt die Briten mit seinem Vorschlag, Deutschland solle Truppen zur Unterstützung der Buren schicken, als sich der Konflikt mit den britischen Besatzern anbahnte. Waffen wurden geschickt und mit ihnen das berühmte Telegramm an Ohm Krüger, den Held der Afrikaander, in dem der Kaiser ihn zur erfolgreichen Abwehr einer britischen Invasion beglückwünschte. Die

Briten waren empört, doch die Reaktion der deutschen Öffentlichkeit war geradezu begeistert, und ein Großteil der Schlagzeilen hatte rassistische Untertöne. Der Alldeutsche Verband, andere rechte Organisationen und große Teile der Mittelschicht betrachteten die holländischen Buren als rassische Brüder, die für eine nationale Befreiung von der imperialen Machtgier der Briten kämpften. Als der Krieg im Jahr 1899 ausbrach, bezeichneten Schriftsteller und Journalisten ihn als Rassenkampf des *germanischen Volkes*. Antisemitische Wortführer nannten die Briten einen »verjudeten« Haufen von Händlern, die beabsichtigten, germanische Bauern zugrunde zu richten wegen des Goldes und der Diamanten von Transvaal. Bernhard Förster, der Urheber der Antisemitenpetition von 1881, behauptete, England werde von Juden regiert. Als Beweis führte er die Premierminister Benjamin Disraeli und »Wilhelm Glattstein« (alias Gladstone) an. Hatte nicht der Jude Disraeli die Rasse zum Schlüssel der Geschichte erklärt und die Juden als die schlaueste Rasse aller Zeiten gepriesen? Disraelis Ausspruch wurde häufig von Antisemiten als eindeutiger Beweis angeführt für die Ambitionen des »internationalen Judentums«.

Als die Buren die ersten Schlachten gewannen, bejubelte die rechte Presse die überlegenen militärischen Tugenden ihrer teutonischen Blutsbrüder. Alldeutsche und Antisemiten förderten Demonstrationen und betonten die auffällig vielen jüdischen Namen in den Finanzkreisen Britisch-Südafrikas. Als die Briten die Frauen und Kinder der burischen Freiheitskämpfer in Lager pferchten, wo sie brutal mißhandelt wurden und viele an Seuchen starben, waren viele Deutsche überzeugt, daß es sich um einen Rassenkrieg handelte – einen Genozid oder Völkermord, wie wir heute sagen würden. Lange nach dem Krieg wurden in Deutschland Berichte über die unmenschliche Behandlung burischer Zivilisten veröffentlicht. Nach 1945 verwiesen viele Deutsche gar auf die britischen Lager als Vorläufer der Nazi-Todeslager, als seien die Juden lediglich an Seuchen und Unterernährung während des Krieges gestorben, wie »Revisionisten« noch immer behaupten.

Im Wahlkampf 1907 sprach Bülow innenpolitische Probleme überhaupt nicht an. Der Imperialismus war sein einziges Wahlkampfthema. Er wies die regierungstreue Presse an, die Wahl zu einem Kampf auf Leben und Tod gegen internationale Rivalen zu stilisieren, welche Deutschland zu einer zweitrangigen Großmacht degradieren wollten.

Dabei initiierte er eine massive Verleumdungskampagne und prangerte mit Heftigkeit den Verrat der Sozialdemokraten und Katholiken an, die das Flottenprogramm und das Kolonialabenteuer bekämpft hatten. Konservative, Alldeutsche, Mitglieder des Flottenvereins, antisemitische Parteien und verschiedene patriotische Verbände schlossen sich dem Kampf gegen die »Rote und Schwarze Internationale« an, der von riesigen Wahlspenden führender Geschäftsleute finanziert wurde. Bülow sprach ständig vom Feind im Innern, und die bürgerliche Presse tönte unablässig von dem deutschen Schicksal, der Treulosigkeit Frankreichs und Englands und dem Verrat der Katholiken und Sozialdemokraten. Es fehlte auch nicht an antisemitischen Parolen im Wahlkampf; der Alldeutsche Verband, der Bund der Landwirte, der Flottenverein und die Konservative Partei übernahmen die Initiative und ließen den antisemitischen Parteien - ebenso wie die Regierung -, illegal finanzielle Unterstützung zukommen. 1904 war ein Reichsverband gegen die Sozialdemokratie gegründet worden, dessen Vorstand aus Gutsbesitzern, Industriellen, Bankiers, hohen Beamten und Militäroffizieren bestand. Auch sie organisierten nun einen Feldzug gegen die »Schwarzen und Roten Verräter«. Einige Antisemiten behaupteten, daß viele Kardinäle und Päpste jüdischer Abstammung seien. Überraschend schlossen sich die Fortschrittlichen der patriotischen Welle an und unterstützten vier antisemitische Kandidaten bei Stichwahlen gegen die Sozialdemokraten.

Der Erfolg von Bülows Wahlkampf übertraf seine kühnsten Erwartungen. Die Sozialdemokraten verloren beinahe die Hälfte ihrer Sitze, behielten nur 43. Die konservativen Parteien errangen 84 Sitze; populistische Antisemiten erhielten sechzehn; und eine neu gegründete Wirtschaftliche Vereinigung, eine antisemitische Partei der Kleinunternehmer, gewann dreizehn Sitze. Stoecker und zwei seiner antisemitischen Mitstreiter gewannen ebenfalls in ihren Wahlkreisen. Das katholische Zentrum blieb aber stark, und seine Anführer, eingeschüchtert von Bülows heftigen Attacken, widersetzten sich fortan nicht mehr einer imperialistischen Politik. Die Lektion lautete offenkundig: Eine aggressive Außenpolitik, kombiniert mit einer Verleumdung der Sozialdemokraten, Katholiken und Juden, ließ die konservativen Kräfte ungeahnte Höhen erklimmen und schadete den Sozialdemokraten. Der Alldeutsche Verband wählte sofort einen der prominentesten und schärfsten Antisemiten Deutschlands zu seinem Präsidenten: Heinrich Claß, einen späteren Kampfgenossen von Hitler.

Bülows Triumph währte nur kurz. Er setzte seine Bemühungen fort, die Wohlhabenden zu besteuern, um den Anstieg der Militärausgaben zu decken. Verärgert ließen die konservativen Führer ihn fallen; der Kaiser setzte ihn freudig ab und ernannte Theobald von Bethmann Hollweg zum Kanzlei. Der Mann, der in den gefahrvollen Jahren vor 1914 die Außenpolitik bestimmte, war nicht mehr als ein Bürokrat, der sich redlich Mühe gab und in der internationalen Politik völlig unbedarft war. Im Vertrauen auf ihre Erfolgsformel griffen Konservative Bethmann an, weil ihnen seine Außenpolitik nicht aggressiv genug erschien. Statt den Reichstag hinter sich zu scharen, wie Caprivi es getan hätte, gab Bethmann nach. Erich Ludendorff, später Armeechef an der Westfront und ein fanatischer Antisemit, führte den Werbefeldzug der Armee für mehr Staatsgelder an. Bethmanns Staatssekretär im Schatzamt Wermuth, selbst ein Konservativer, dankte ab aus Verbitterung über die geforderten Summen und die gleichzeitige Weigerung, Steuern zu zahlen. Er hielt das Vorgehen des Militärs schlicht für unverantwortlich. Bethmann erhielt aber schließlich eine Steuer auf den Wertzuwachs ererbten Landes, die erste Steuer, die gegen den Widerstand der Konservativen durchgesetzt wurde.

Die Lebensmittelpreise stiegen immer weiter wegen Mißernten und hohen Verbrauchssteuern. Bis zum Jahr 1908 hatte die Armee die Völker der Herero praktisch ausgerottet, und es bot sich kein neues geeignetes »Hottentotten-Thema« an. Die Rechte war uneinig, verärgert über Bethmanns Steuer und sein Versäumnis, Frankreich bei der neuerlichen Marokko-Krise Paroli zu bieten. Für das Jahr 1912 wurden Wahlen angesetzt. Sozialdemokraten und Fortschrittliche kamen überein, sich gegenseitig bei den Stichwahlen zu unterstützen, beide zogen gegen die Militarisierung und ihre Folgen für die Verbraucher zu Felde. Die Nationalliberalen, inzwischen nur mehr dem Namen nach liberal, schlossen sich der Rechten an. Die Sozialdemokraten hatten bereits 1880 aufgehört, sich wie eine revolutionäre Partei zu gebärden. Inzwischen trachteten sie nach mehr Stimmen und konkreten Reformen zugunsten der Arbeiter. Der rasche Anstieg der Wählerstimmen und Marx' Irrtum bei der Vorhersage, der Kapitalismus werde zusammenbrechen (die Reallöhne waren seit 1870 drastisch gestiegen), brachten die neue Parteiführung – größtenteils Gewerkschafter und Reichstagsabgeordnete – zu der Überzeugung, innerhalb des Systems tätig zu werden. So wurden sie durch diesen neuen Pragmatismus noch gefährlicher für die Rechte, weil er mehr Wähler anzog. Die Sozialdemokraten waren jetzt die wichtigste Kraft für liberalen Fortschritt und friedliche soziale Reformen.

Die Wahlen von 1912 gerieten zu einem Debakel für die Rechte. Die Konservativen verloren 27 ihrer 84 Sitze; Antisemiten fielen von sechzehn auf neun Sitze, Nationalliberale von 54 auf 45. Die Sozialdemokraten hingegen machten trotz massiver Wahlmanipulation einen spektakulären Sprung von 43 auf 110 Sitze. Ein Drittel der deutschen Wähler hatte den Sozialdemokraten ein Viertel der Sitze im Reichstag verschafft, und mehr Stimmen als die konservativen Parteien und die Nationalliberalen zusammengenommen. Im Reichstag wurden nun massiv Forderungen nach demokratischen Veränderungen erhoben. Die Rechte war in Panik. In einem parlamentarischen System wären die Sozialdemokraten, die Fortschrittlichen und das Zentrum aufgefordert worden, eine Regierung zu bilden, doch dies war für den Kaiser und das Militär undenkbar. Verzweifelt und nicht gewillt, mit einer solchen Mehrheit zusammenzuarbeiten, war Bethmann gezwungen, sich auf außerparlamentarische Gruppierungen zu stützen: das Militär, die Aristokratie, die Bürokratie und den Hof. Somit hatte er sich für eine Unterdrückung der Demokratie im eigenen Land und für weiterhin aggressive Außenpolitik entschieden. Das Kartell der Angst überlebte.

In den Kreisen der Alldeutschen, Antisemiten und Veteranenverbände kursierten nun Vorschläge, das Wahlrecht zu beschränken oder einen Putsch zu inszenieren. Die Konservative Partei bezeichnete den Reichstag von 1912, den letzten bis 1918, seither als den »jüdischen Reichstag«. Es spielte keine Rolle, daß von den gewählten Abgeordneten lediglich sieben ihrer Religion nach und elf ihrer »Rasse« nach Juden waren. (Von den 3000 Abgeordneten im Reichstag von 1867 bis 1916 waren lediglich 52 bekennende Juden oder jüdischer Abstammung.) Indem die Rechte den Reichstag als »jüdisch« brandmarkte, konnte sie an der Überzeugung festhalten, daß ihre vernichtende Niederlage eine Folge jüdischer Manipulationen sei, und kein Ausdruck des Volkswillens. Preußische Konservative hätten eingestehen müssen, daß sie nicht mehr das wahre Deutschland repräsentierten; dies taten sie jedoch nie.

Folglich markierte das Jahr 1912 den Beginn der schärfsten antisemitischen Propaganda vor 1919. Der Vorsitzende des Bundes der Landwirte, der konservative Parteiführer Freiherr von Wangenheim, erklärte auf der Generalversammlung: »In diesem Kampfe hat sich das Hervordrängen des jüdischen Einflusses in der Presse, des jüdischen Geldes in der Wahl, des jüdischen Geistes in der zersetzenden und verhetzenden Arbeit in einer Weise geltend gemacht, daß ich glaube, wir werden ein Wiederaufleben eines idealeren, aber um so stärkeren Antisemitismus sehen.«[7] Die antisemitischen Parteien riefen nach einem Diktator, erzürnt darüber, daß die Massen blind den Dummheiten ihrer jüdischen oder verjudeten Führer folgten. Der Kaiser war bestürzt und konnte nicht glauben, daß die Wahlen von 1912 die aufrichtige Meinung seines treuen Volkes widerspiegelten; die Juden mußten schuld daran sein. Neugebildete antisemitische Gruppierungen riefen nach einem Diktator, der die Juden strafen sollte. Ein Kartell der schaffenden Stände wurde gegründet, eine Anspielung auf die angeblich schmarotzerhafte Tätigkeit der Juden. Im Jahr 1912 beschwor ein Verband gegen die Überhebung des Judentums die maßlos schädliche und erschreckende Gefahr, welche die Juden darstellten: die Reichstagswahlen von 1912 hätten unter dem Zeichen des deutschen Judentums stattgefunden. Millionen verwirrter und leichtgläubiger Deutscher hätten dem Judentum geholfen, das systematisch in jedem Bereich des deutschen Lebens darauf hinarbeite, die Deutschen zu verdrängen oder zu beherrschen und den jüdischen Einfluß bestimmen zu lassen in Politik und Wirtschaft sowie in Literatur, Kunst, Theater, Wissenschaft, Schulwesen, Rechtspraxis und nicht zuletzt in den Arbeiter- und Frauenbewegungen. Überall zeigten sich die Machenschaften des Judentums mit seinem grenzenlosen Kapital. Wie schon Richard Wagner gesagt habe: Ein Deutscher sein heißt, eine Sache um ihrer selbst willen tun, ein Jude sein heißt, aus allem ein Geschäft machen. Die Deutschen bräuchten den Willen zum Sieg.[8]

Nach 1912 nahmen die Streiks zu, und Theodor Fritsch pflegte Kontakte zu reichen Industriellen. Wie später Hitler war schon Fritsch der Überzeugung, die Macht ließe sich erringen, sofern der Antisemitismus dazu genutzt wurde, um die Rassisten der Ober- und der Unterschicht zu vereinen. Im Jahr 1912 brachte der Vorsitzende des Alldeutschen Verbandes Heinrich Claß ein boshaft antisemitisches Pamphlet heraus: *Wenn ich Kaiser wär'* – bereits im ersten Jahr wurden drei Auflagen verkauft. (Claß benutzte das Pseudonym Daniel Frymann; offiziell vertrat er vor 1917 keine antisemitischen Ansichten.) Er erklärte die Wahlen zu einer »Massenvergiftung deutscher Wähler« unter »Mitwirkung der Juden«, und das allgemeine, gleiche Wahlrecht nannte er eine »Unwahrheit«. Claß fügte hinzu, daß die »Halbblütigen« den »jüdischen Geist, die jüdische Gesinnung als Naturfolgen jüdischen Blutes in die obersten Schichten unseres Volkes« eingeführt hätten.[9] Er forderte eine Herrschaft des Adels und des Kaisers, nicht der jüdischen Parteien. Zeitungen in jüdischem Besitz oder mit jüdischen Mitarbeitern sollten »als solche kenntlich gemacht werden«.

Den Juden müsse untersagt werden zu wählen, zu unterrichten, ein öffentliches Amt zu bekleiden, in den Militärdienst einzutreten oder sich im Bankwesen, im Journalismus, Theater oder in der Kultur zu betätigen; ferner müsse man sie zwingen, doppelte Steuern zu entrichten; der Besitz von Grund und Boden sowie Pfandbriefen sollte ihnen ebenfalls untersagt werden. Sie würden Deutschland mit ihrem Unrat vergiften. Juden, die keine Staatsbürger wären, müßten vertrieben werden, und den übrigen sollte das Leben so vergällt werden, daß sie freiwillig gingen. Sie sollten ruhig den Zionisten nach Palästina folgen oder zwangsweise des Landes verwiesen werden.

Claß rief zu einem imperialistischen Krieg gegen Rußland auf; man kann davon ausgehen, daß er die Anwesenheit von Millionen Juden im Osten eines deutschen Reiches nicht geduldet hätte. Wie er schrieb, könne es durchaus wenige unschuldige Juden geben, doch sie müßten für die Schuld ihrer Stammesgenossen büßen, sonst werde »durch ihr Gift« das ganze deutsche Volk zersetzt werden. Die Deutschen müßten ihre natürliche menschliche Zuneigung überwinden: »Niemals in der Geschichte ist ein großes, begabtes, tüchtiges Volk so schnell und widerstandslos unter den Einfluß und die geistige Führung eines fremden Volkes von völlig anderer Veranlagung gekommen, wie jetzt das deutsche unter die jüdische Leitung.« Möglicherweise müsse man diese vollständig eliminieren. Claß ging es darum, »die Seele des deutschen Volkes zu retten«.[10] Dies war die Sprache der Todeslager.

Bis 1914 nahm eine beträchtliche Zahl von Konservativen aus der Ober- und Unterschicht diese Vorstellungen, die wir heute Nazi-Ideologie nennen, begeistert auf. Und sie taten dies, obwohl Deutschland damals noch nicht die Schrecken eines verlorenen Krieges, der Inflation und der Weltwirtschaftskrise erlitten hatte. Zur Zeit des Ersten Weltkrieges konnten die deutschen Juden gewiß sein, zu Opfern jeder rechten Bewegung zu werden, die an die Macht kam. Auch wenn noch keine Gesetze gegen sie erlassen wurden, waren sie stärker isoliert und verwundbar, als je zuvor, seit Napoleon die Ghettos geöffnet hatte. Der Antisemitismus war eine Zeitbombe; die Nazis sollten die Nutznießer werden, der Holocaust die Folge. Bis 1910 hatte der Mann, der das antisemitische Bündnis der Rechten aus Ober- und Unterschicht schmieden sollte, bereits den leidenschaftlichen Rassenhaß übernommen, der im Vielvölkerreich der Habsburger vorherrschte.

11.
DER KATHOLISCHE ANTISEMITISMUS IN DER HABSBURGER MONARCHIE

> Der Jude soll nicht länger unser Herr sein. Christus muß wieder unser Herr werden. Das ist der einzig gültige sittliche und katholische Antisemitismus.
>
> *Karl Freiherr von Vogelsand*
> *Mitbegründer der Christlichsozialen Partei*

Der Rassenhaß beherrschte die Politik im Reich der Habsburger, in dem Adolf Hitler und Adolf Eichmann die Jahre ihres Werdens verbrachten. Die Zeit von 1882 bis 1914 war geprägt von ständigen Krawallen und Demonstrationen der verschiedenen ethnischen Gruppen, die innerhalb des Vielvölkerreiches um politischen Einfluß kämpften. Schon 1848 hatte der katholische Antisemitismus unter den Deutschösterreichern erste Früchte getragen. Schließlich wurde er vom Wiener Bürgermeister Karl Lueger angeführt, dem Chef der Christlichsozialen Partei und nach Kaiser Franz Joseph bedeutendsten Politiker im Reich. Mit ihren Millionen von Wählern war Luegers Partei vor Hitlers Aufstieg die stärkste antisemitische Bewegung Europas. Im Jahr 1911, bei der letzten Wahl vor 1914, stimmten zwei Drittel der deutschösterreichischen Wähler für antisemitische Parteien. Es ist keineswegs überraschend, daß die Beteiligung der Deutschösterreicher am Holocaust vergleichsweise höher lag als die der Deutschen insgesamt.

Aufklärerisches Gedankengut hatte in der Habsburger Monarchie praktisch keine Rolle gespielt. Das feudale und ländlich geprägte Österreich des 18. Jahrhunderts besaß kein Bürgertum, das die neuen Ideen hätte übernehmen können. Kaiserin Maria Theresia ließ sich nur davon abhalten, wie ihr Vorgänger Ferdinand I. die Juden aus Wien hinauszuwerfen, weil ihre Berater betonten, welchen Schaden dies für die Wirtschaft bedeuten würde. Seltsamerweise war ausgerechnet ihr Sohn Joseph II., der Inbegriff eines aufgeklärten Herrschers, sozusagen die Ausnahme, die die Regel bestätigt. Er versuchte, die Leibeigenen zu befreien, Staatsdiener nach ihren Verdiensten zu ernennen und Kirchenbesitz zu verstaatlichen. Mit der Erklärung der freien Religionsausübung in seinem Toleranzedikt von 1781 gestattete er den Juden zwar die Einbürgerung, doch er zwang sie, sich in besonderen Gegenden niederzulassen, bestimmte Gewerbe zu meiden und ihre Kinder auf weltliche Schulen zu schicken. Nach seinem Tod im Jahr 1790 machten der Adel und der Klerus kurzerhand seine Reformen wieder rückgängig, und Österreich schloß sich den Preußen im Kampf gegen die französische Revolutionsarmee an. Nachdem er von Robespierre und Napoleon vernichtend geschlagen worden war, betraute der neue Kaiser den damaligen Graf Klemens von Metternich mit der Regierung. Metternich war ein erbitterter Feind der Revolution, deren Truppen seine Ländereien eingenommen hatten, und er war ein geborener Diplomat. Vorsichtig, kaltschnäuzig, ohne ein Fünkchen Idealismus ging er sehr zielstrebig und bedacht vor, um das klapprige Gerüst des Vielvölkerreiches zusammenzuhalten.

Friedrich Gentz, der Berater von Metternich, förderte junge katholische Intellektuelle, die die konterrevolutionäre Ideologie von der »Heiligen Allianz des christlichen Europa« - bestehend aus Kaiser und Zar - propagieren sollten. Sie attackierten die protestantische Reformation als den Ursprung des arroganten Individualismus, welcher nach seinem früheren Angriff auf die Heilige Kirche zwangsläufig mit den Lästerungen der Aufklärung und dem Terror eines Robespierre enden mußte. Höflinge lasen eifrig das Werk des deutschen Romantikers Novalis, der in dem Aufsatz *Die Christenheit oder Europa* (1799) in den höchsten Tönen die großartigen Tage pries, als Europa noch ein riesiges geistliches Reich unter der Führung des Vatikan gewesen sei, ehe die kalte Ungewißheit des Säkularismus und der Wissenschaft die Erlösung des Menschen gefährdete. Der Mensch sei nur noch ein Geächteter in dem Newtonschen Universum, in dem der Glaube lächerlich gemacht werde und der Mensch keinen Trost finde für seine Leiden. Metternichs Schreiber warfen den Europäern vor, sie hätten ihren mittelalterlichen Glauben und ihren Sinn für die feudalen Pflichten verloren. Auf diese Weise hätten sie den Weg frei gemacht für den zersetzenden Geist des protestantischen Individualismus, den Liberalismus des Bürgertums und den »jüdischen« Materialismus. Um das alte Herrschaftssystem zu stützen, hielten sie öffentliche Vorträge vor Fürsten, Adligen und Diplomaten. Gentz gab dabei den Ton an: »... Verstand - das ist aber eben die Todsünde der Juden.« Der ketzerische und krankhafte Geist von 1789 fasziniere diese »geborenen Repräsentanten des Atheismus, Jakobinismus, der Aufklärerei usw. Noch nie hat ein Jude ernsthaft an Gott geglaubt! ... alles Unglück in der modernen Welt kömmt, wenn man es bis in seine letzten Gründe verfolgt, offenbar von den Juden her, sie allein haben Bonaparte zum Kaiser gemacht ...«[1]

Dennoch plagten Forderungen nach Reformen das Reich. Im Jahr 1848 entlud sich die Unzufriedenheit, als Tausende Wiener Studenten und Freiberufler auf die Straßen gingen und ein Ende der Adelsprivilegien und der Macht der Kirche forderten. Sie forderten auch die bürgerlichen Freiheiten des Jahres 1789, einschließlich der Emanzipation der Juden. Da Metternich den bestürzten Kaiser nicht überreden konnte, die Rebellen niederzuwerfen, floh er, als sich auch die Tschechen, Ungarn und Italiener erhoben. Die Minderheitenvölker wollten nicht nur Reformen, sie verlangten auch Autonomie. Die Kaiserfamilie floh nach Innsbruck und organisierte von dort aus die Konterrevolution unter den frommen und treuen Bauern von Tirol. Kaiserliche Truppen schlugen schließlich die Tschechen und Italiener; die Revolution in Ungarn wurde in Blut ertränkt, allerdings erst nachdem ein gedemütigter Kaiser sich gezwungen sah, den Zaren um Hilfe zu ersuchen. Am Ende kam es zu einem brutalen Massaker unter den Wiener Studenten durch kroatische und kaiserliche Soldaten.

Im Jahr 1848 spielten die Juden erstmals eine bedeutende Rolle in der europäischen Politik, weil jüdische Studenten sich dem Kampf gegen den Despotismus anschlossen, und zwei Juden zu den Anführern zählten. Die kleine jüdische Gemeinde von Wien unterstützte anfangs die Revolution, wandte sich allerdings von ihr ab, als die Gewalttätigkeiten begannen. Die Teilnahme der Juden lieferte der österreichischen katholischen Obrigkeit die gewünschte Erklärung. Die katholische Führung weigerte sich einzugestehen, daß die große Mehrheit der Revolutionäre Katholiken waren, und behauptete, wie die Ultraroyalisten in Frankreich, die revolutionären Aufstände seien von überheblichen Juden, unverschämten Hetzern und Agitatoren geschürt worden. In katholischen Schriften wurde der revolutionäre Antiklerikalismus als eine Mischung aus jüdischem Unglauben und einem bösartigen Haß gegen christliche Lehrsätze und katholische Rituale gegeißelt.[2] Die Habsburger Regierung belegte die jüdische Gemeinde mit einer Geldstrafe, weil sie sie für die Revolution von 1848 verantwortlich machte, obwohl zu der Zeit lediglich zweihundert jüdische Familien die Erlaubnis hatten, in Wien zu leben.

Mehr als jeder andere westliche Staat war Österreich, »das Lieblingskind der Kirche«, vom katholischen Antisemitismus beherrscht: »In den Kreisen des österreichischen Klerus herrschte eine unnachgiebige Antipathie gegenüber dem Juden, weil er einem fremden, verfluchten Volk angehörte, den Leugnern des christlichen Erlösers, dem wahren Nachkommen des Teufels.«[3] Im Jahr 1848 veröffentlichte Pater Sebastian Brunner ein Pamphlet, in dem er behauptete, die Juden würden immer noch Ritualmorde durchführen; er betrachtete sie als »Anstifter all dessen, was in der modernen Gesellschaft schlecht und destruktiv war«.[4] Brunner war keineswegs ein Außenseiter, sondern Universitätsprediger in Wien und Gründer der *Wiener Kirchenzeitung*, dem offiziellen Organ des Klerus. In dieser Zeitung und in anderen Schriften griff er wütend die Juden, ihre Emanzipation und alle Reformen an. Ein solcher Haßausbruch war in Österreich weiter verbreitet als in der preußischen Geistlichkeit, weil die österreichische Kirche über eine weit größere Macht verfügte und mehr Privilegien auf dem Spiel standen.

Nach ihrem Triumph blockierten die kaiserliche Bürokratie, das Militär, die Aristokratie und der Klerus zwei Jahrzehnte lang jeden Reformversuch. Eine kaiserliche Verfassung, 1848 noch in Aussicht gestellt, um die Revolutionäre zu beruhigen, wurde von einem autoritären Regime abgelöst. Gegner des Regimes wurden des Landes verwiesen, ins Gefängnis gesteckt oder hingerichtet; brutal wurden die Minderheiten zum Schweigen gebracht. Im Jahr 1855 unterzeichnete Kaiser Franz Joseph ein Konkordat mit Papst Pius IX., in dem der Kirche nahezu mittelalterliche Rechte eingeräumt wurden. Der Antijudaismus war in einem neuen von der Kirche diktierten Lehrplan deutlich zu spüren. In einem bekannten Sprichwort heißt es: »Das Reich wurde von einem stehenden Heer aus Soldaten regiert, von einem sitzenden Heer Bürokraten und einem knienden Heer Geistlicher.«

Keines dieser Heere konnte den Niedergang aufhalten. Im Jahr 1859 schlugen die Italiener und die Franzosen die Habsburger Besatzungstruppen und schufen in der Folgezeit das Vereinigte Königreich Italien. Im Jahr 1866 folgte die endgültige Demütigung: Preußen besiegte Österreich binnen weniger Wochen. Der einstige Schiedsrichter Europas war nur noch eine zweitrangige Macht. Überdies hofften die Deutschen im Habsburger Reich im Gegensatz zu Franz Joseph keineswegs darauf, daß die Franzosen die Preußen 1870 schlagen mochten. Er hatte dabei das Gleichgewicht der Kräfte im Blick, doch seine Untertanen bewunderten die Tapferkeit ihrer ethnischen Brüder und gingen auf die Straße im wilden Siegestaumel darüber, daß die Deutschen den Erzfeind besiegt hatten. Die österreichische Polizei war gezwungen, Demonstrationen aufzulösen, in denen die Einheit mit dem neuen vereinten Deutschland gefordert wurde – ein Vorgeschmack auf den späteren *Anschluß*. Wirtschaftliche Macht war jedoch unabdingbar, wenn das Reich Bestand haben sollte. Dies bedeutete, daß die liberalen Deutschen besänftigt werden mußten. Sie forderten dieselben Reformen, die Bismarcks Reichstag verabschiedet hatte, und der Kaiser lenkte widerwillig ein; die Deutschösterreicher waren das am weitesten entwickelte Volk des Reiches, er war auf sie angewiesen. Die Niederlage zwang die österreichischen Reaktionäre, jene Rechte zu gewähren, die sie den Revolutionären verweigert hatten.

Im Jahr 1870 hatte das Reich eine liberale Verfassung und einen Reichsrat in Wien. Wie im Deutschen Reich wurden die Minister vom Kaiser ernannt, und sie waren nur ihm verantwortlich; er konnte auch nach Belieben das Parlament auflösen. In einem Vielvölkerreich mit zunehmenden ethnischen Unruhen wäre es für die herrschende Schicht fatal gewesen, ein allgemeines Wahlrecht einzuführen. Statt dessen sicherten strenge Quoten nach ethnischen Kriterien und nach Besitz den wohlhabenden Deutschen, dem Klerus und den Adligen die Vorherrschaft. In Zusammenarbeit mit dem deutschsprachigen oberen Bürgertum schränkte die Regierung einige Zunftmonopole ein, beseitigte Beschränkungen im Finanzwesen und gewährte den Juden und Slawen die Gleichheit vor dem Gesetz. Die Wahlrechtsbeschränkungen und der Schock der Niederlage bescherten den Deutschliberalen den Sieg bei den Parlamentswahlen von 1867. In der Gewißheit, daß die Zukunft ihnen gehörte, forderten sie die Trennung von Kirche und Staat. Voll Entsetzen erklärten katholische Wortführer, Robespierres Terror habe nun auch Österreich erreicht; die Liberalen beriefen sich hingegen auf die Tradition Josephs II. Papst Pius IX. bebte vor Zorn. Er, der einst ein Reformer war, wurde zu einem erbitterten Reaktionär, als Revolutionäre ihn 1848 aus Rom vertrieben und italienische Liberale mit dem Ziel der Vereinigung Italiens in den päpstlichen Ländereien Wahlen abhielten. Der Papst erklärte die Wahlen zu einem Sakrileg und kehrte mit Hilfe französischer Truppen an die Macht zurück.

Beim Gegenschlag festigte Pius IX. seine Machtstellung. Liberaler Katholizismus wurde zur Ketzerei erklärt, und in der berühmten Enzyklika von 1864 *Syllabus errorum* verurteilte der Papst Liberalismus, Wissenschaft und Modernismus. Er versuchte gar nicht erst, durch Argumente zu überzeugen: Die absolute Wahrheit von einer göttlichen Eingebung müsse lediglich verkündet werden. Religiöse Toleranz, weltliche Erziehung und die Trennung von Kirche und Staat wurden verdammt. Bei Streitigkeiten zwischen politischen Führern erklärte sich der Papst zur letzten Entscheidungsinstanz und erklärte, seine Entscheidungsgewalt bei Eheschließungen, Scheidungen und der Zensur stamme von Christus selbst und könne daher nicht von weltlichen Behörden beansprucht werden. Vor allem, betonte er, werde sich der Papst niemals mit dem Fortschritt, dem Liberalismus und der modernen Zivilisation aussöhnen. Im Jahr 1870 wurde das Dogma von der Unfehlbarkeit des Papstes in Fragen des Glaubens und der Sitte verkündet. Als in Europa sich liberales Gedankengut verbreitete, hob Pius IX. die alten Beschränkungen päpstlicher Macht auf. Die Liberalen waren verärgert, aber sie nahmen auf die ausgeprägte Frömmigkeit des österreichischen Kaisers Rücksicht und verteilten die Gesetzesnovellen auf mehrere Jahre. Die Neuerungen jedoch erinnerten stark an 1789: Die Zivilehe wurde legalisiert, das Schulwesen säkularisiert, Meinungsfreiheit toleriert. Zum Entsetzen des Klerus wurden die Juden vor dem Gesetz gleichgestellt.

Katholische Würdenträger distanzierten sich von dieser Kammer der Ungläubigen. Pius IX. erklärte die Gesetze für unheilig, zerstörerisch, verwerflich und null und nichtig.[5] Diese Gesetze zu befolgen, verkündeten die österreichischen Bischöfe, sei eine Beleidigung Gottes; Massen jubelnder Deutscher zogen aber durch die Straßen Wiens, und die liberale Presse überschlug sich vor Begeisterung. Unter dem Dorfvolk tobte hingegen der Zorn über den Sieg des »jüdischen Liberalismus«, und die örtliche katholische Presse beschimpfte unablässig die Juden. Als Repräsentant der Bauern abgelegener Bergdörfer in Tirol schrieb ein Geistlicher: »Wir werden den Schutz unserer Freiheit (...) nie mehr einem

Parlament anvertrauen, das unter den Kanonen der Judenpresse tagt.«[6] Handwerker und Bauern schimpften über die ungehinderte Macht des »unmoralischen und antichristlichen jüdischen« Kapitals. Wie im Deutschen Reich im Jahr 1873 kam es auch in Österreich zu einem Börsenkrach, nachdem liberale Reformen die traditionellen Beschränkungen für Kapitalanleger aufgehoben hatten und damit eine Welle der Spekulation, leichtsinniger Investitionen und des Betrugs auslösten. Hunderte von Aktiengesellschaften wurden gegründet, der Eisenbahnbau finanziert, Banken entstanden. Die Aktien mancher Firmen stiegen auf geradezu schwindelerregende Höhen. Kleine Investoren schwelgten in den Profiten ihrer Papiere, doch schon bald machten Banken, Gesellschaften und Unternehmen bankrott – Tausende wurden ruiniert. Der Kapitalismus hatte Einzug gehalten. Parlamentarische Untersuchungen deckten auf, daß liberale Politiker sich bei fragwürdigen Geschäften bereichert hatten, und die (sehr wenigen) Juden unter den Abgeordneten gerieten sofort unter Verdacht, wie auch die liberale Presse. Unter den Zeitungsbesitzern und Chefredakteuren nahmen die Juden eine beherrschende Stellung ein, und einige hatten genau zu der Zeit bei Finanzskandalen mitgewirkt, als ihre Blätter rosige Berichte lieferten über den Reichtum, der durch Spekulation erworben werden kann. Auch viele jüdische Investoren wurden ruiniert, und Christen waren stark an den betrügerischen Geschäften beteiligt, doch es gab keinen Zweifel: Die Wirtschaftskrise war das Werk »der Juden«. Die jüdische Gemeinde konnte nichts tun, um diesem Vorwurf zu entgehen. Der österreichische Zweig der Rothschilds hatte abenteuerliche Spekulationen und zweifelhafte Geschäfte vermieden, wurde aber dennoch verurteilt, weil er den Trubel unbeschadet überstand. Das Gerücht ging, die Rothschilds müßten auf irgendeine Weise von geheimen Kenntnissen profitiert haben. Der Liberalismus der deutsch-jüdischen Wählerschaft wurde als Beweis für ihre Komplizenschaft bei dem Schwindel gewertet.

In den siebziger Jahren scharte Albert Wiesinger, der Nachfolger von Brunner als Herausgeber der *Wiener Kirchenzeitung* eine Gruppe katholischer Intellektueller um sich und gab mit Bezug auf mittelalterliche Quellen und rassistische Literatur aus dem Deutschen Reich Pamphlete heraus, in denen »die Juden« als die Verantwortlichen für die Krise des ungezügelten Kapitalismus ausgegeben wurden – die hohe Beteiligung von Christen wurde stillschweigend übergangen. Der katholische Glaube wurde zur Lanze einer rassistischen Offensive gegen den Liberalismus und sein marktwirtschaftliches System. Der Katholizismus bot, im Gegensatz zum Protestantismus, eine Alternative auf sozialer Ebene, eine Vision, die später die intellektuelle Grundlage für die erstaunlich populäre Christlichsoziale Partei von Lueger werden sollte. Freiherr Karl von Vogelsang avancierte zum geistigen Vater von Luegers Partei.

Auf der Suche nach der rituellen und mystischen Größe der mittelalterlichen Kirche war der Preuße und Lutheraner Vogelsang zum Katholizismus übergetreten, eine romantisch verklärte Reaktion auf die freudlose Strenge des norddeutschen Protestantismus. Er zog nach Wien, in die Heimat der katholischen Frömmigkeit, zum barocken Symbol des erhabenen Glaubens und in das traditionellste Gesellschaftssystem Europas. Hier wurde Vogelsang Hauslehrer und Freund der Tochter von Fürst Metternich und ein Freund von Fürst Alois Liechtenstein, einem Mitglied der zweitbedeutendsten Familie Österreichs. 1875 wurde Vogelsang zum Chefredakteur der angesehenen Tageszeitung *Das Vaterland* ernannt, dem offiziellen Organ der katholischen Obrigkeit. Auf dem Titelblatt hieß es: »Unser Kampf gilt dem Geist von 1789.« In diesem Blatt propagierten Vogelsang und seine katholischen Gesinnungsgenossen eine inzwischen vergessene Ideologie katholischer Sozialreformen. Sie idealisierten die Zeiten des Mittelalters, übten mit diesen Vorstellungen Kritik an der modernen Gesellschaft und hofften, ihre Irrtümer zu korrigieren. In ihren Augen war die kommerzielle und städtische Gesellschaft die Sünde schlechthin, verschuldet von atheistischen Philosophen und materialistischen Juden, die von ihrem Ehrgeiz und ihrer Profitgier geblendet seien. Gemeinsam hätten sie die geheiligten, christlichen Grenzen des Gewinnstrebens beseitigt. Geistig verödet und in grenzenlosem Wachstumsglauben hätten die soziale Stabilität, überlieferte Werte und Gemeinschaftssinn dem skrupellosen Wettbewerb geopfert und Bereicherung zum höchsten Prinzip erhoben. Das Jahr 1789 habe keineswegs die Freiheit gebracht, schrieb Vogelsang, denn Freiheit sei das Recht, das Leben gemäß dem Sittengesetz zu gestalten.

Mit der Reise nach Süden gingen deutsche Romantiker gleichzeitig einen Schritt zurück: Die Habsburger Monarchie war immer noch eine bäuerlich und handwerklich geprägte Gesellschaft. Noch 1890 waren achtzig Prozent aller Beschäftigten Bauern, Landarbeiter, Handwerker oder Waldarbeiter. Wegen ihrer hohen Zahl war der christliche Antisemitismus stärker verbreitet als im Deutschen Reich. In ländlichen Gegenden herrschten mittelalterliche christliche Einstellungen, die alten Mythen waren noch lebendig, und der Gemeindepriester war die einzige Quelle für neue Ideen. Wie für islamische Fundamentalisten heutzutage, war es für katholische Denker Ketzerei, religiöse Gebote von bürgerlichen Gesetzen zu trennen. Vogelsang griff auch die häufige Klage der Dorfbewohner über jüdische Geldleiher, Bodenspekulanten und Zwischenhändler auf. Eng mit Gott und der Natur verbunden, war der Bauer der wichtigste Teil der christlichen Ordnung. Die Instinkte der Bauern seien im Glauben und in der Vergangenheit verwurzelt, gab Vogelsang an, und die Bauern seien sich im Gegensatz zu den Stadtbewohnern der Grenzen bewußt, die die Natur und Gott den grenzenlosen Begierden des Menschen gesetzt hätten. Wenn die städtische Mentalität sich auch auf das Land ausbreiten sollte und die Industrialisierung die Bauern von ihrem Land vertrieb, dann würden Gier und Profitmacherei den Glauben ablösen.

Vogelsangs Illusionen waren charakteristisch für seine intellektuellen Gesinnungsgenossen; das bäuerliche Leben erscheint nämlich den Betroffenen selbst keineswegs als rosig. (Trotz aller Anstrengungen zahlreicher Nazi-Führer strömten die Landbewohner in Scharen in die Städte.) Aber Vogelsang wollte glauben, daß moralisches Verhalten eine christliche Tugend sei und auf der Dorfgemeinschaft beruhe. Wenn diese sich aber auflösen sollte, so würden Werte verloren gehen, die in Generationen eng miteinander verknüpfter persönlicher Beziehungen zwischen den Dorfältesten, den Bauern, den Dorfhandwerkern und den Gemeindepfarrern entstanden seien. Die neue »jüdische« Wirtschaft würde eine Nation entfremdeter städtischer Massen hervorbringen, Einwohner riesiger Städte, ohne die Frömmigkeit jener, die täglich in der Nähe der Natur und Gottes lebten. Er stimmte mit Stoecker darin überein, daß ein atheistischer Sozialismus unweigerlich folgen wird, wenn die Frömmigkeit und die priesterliche Autorität unter den städtischen Arbeitern rasch schwand.

Wien war zur Zeit von Vogelsang nicht nur die Stadt der Aristokraten, Kaffeehäuser und Opern, wie häufig angenommen wird. Es war eine Stadt der Handwerker und Kleinunternehmer, die einen weit höheren Anteil an der Gesamtbevölkerung hatten als in allen anderen größeren Städten Europas. Wie jene, welche die dunklen Fabriken als Werk des Satans haßten, idealisierte auch Vogelsang das Handwerk und beklagte die Ablösung traditioneller Fertigkeiten durch die Technik und den

Verlust der Zunftaufsicht über Preise, Löhne und Qualität zugunsten des freien Unternehmertums. In Anlehnung an Thomas von Aquin forderte er gerechte Preise und Löhne, nicht die kargen Löhne, die von dem Markt diktiert wurden. Er pries das Leben der Lehrlinge, die zusammen mit der Familie des Meisters lebten und arbeiteten, im Gegensatz zu dem jämmerlichen Los der anonymen Lohnsklaven in riesigen Fabriken. Seine ideologische Verblendung und die Unkenntnis der Realität in den Zünften machten Vogelsang jedoch blind gegen die Ausbeutung der Gesellen, Lehrlinge und Käufer durch die Meister, samt und sonders Christen. Sollte die Fabrik die Oberhand gewinnen, fürchtete er, so würde Österreich überrannt von Millionen besitzloser, schlecht bezahlter und verzweifelter Arbeiter, die der Früchte ihrer Arbeit beraubt wurden. Ihr Lohn reichte gerade dafür, daß sie sich Tag für Tag jämmerlich zum Fabriktor schleppten, stets verfolgt von dem Schreckgespenst der Arbeitslosigkeit. Geistig verödet, in anonymen städtischen Siedlungen hausend, würde das Proletariat, dessen Familien- und Sittenleben zerrüttet sei, von den atheistischen Agitatoren der radikalen Linken verführt werden. Die Arbeiter würden die Opfer des Alkohols und der jüdischen Presse werden, diese würden »die Spuren einer christlichen Vergangenheit bei den unglücklichen Opfern selbst abtöten«.[7] Es gebe bereits eine gewalttätige, anarchistische Bewegung, die vor allem von Juden angeführt sei. In Zukunft könne sie jeden zerschmettern.

Wie die gesamte christliche Rechte war auch Vogelsang überzeugt, daß Sünde und Ketzerei die wahre Erklärung für soziale Mißstände seien, und umriß eine apokalyptische Vision: Der Atheist Robespierre hat die Habgier entfesselt, und zwar mit derselben Logik, mit der er auch die Feinde Christi befreit hat – die Wucherer, Spekulanten und Schmarotzer, die immer und überall auf der Seite kirchlicher und politischer Revolutionen gestanden hatten.[8] Die Wirtschaftskrise von 1873 war in seinen Augen die Folge einer Versuchung der geistig schwachen Österreicher durch die Verlockungen einer unmoralischen Orgie profitgieriger Spekulanten. Jüdische Börsen- und Warenmakler machten riesige Gewinne mit Produkten und Ernteerzeugnissen, die andere mit ihrer Arbeit geschaffen hatten; gottlose jüdische Liberale und Politiker profitierten noch von der folgenden Krise. Selbst die Werbesprüche der Marktgesellschaft betrogen die Verbraucher: »Der Kunde ist König!«

Die Wirtschaft korrumpierte die ganze Gesellschaft im Zuge der Ausbreitung über die Dörfer und Städte hinaus zu einem internationalen Netz »jüdischer Finanziers«, die keiner Nation loyal waren, lediglich nach gewinnträchtigen Geschäften strebten und Millionen von Bauern und Handwerkern ruinierten, indem sie billige Lebensmittel und Waren von ausgebeuteten Arbeitern aus dem Ausland importierten. Bankiers wie die Rothschilds verschafften sich angeblich ein Monopol für liquides Kapital, dem Ergebnis der Gaben der Natur und menschlicher Arbeit; unter hohem Gewinn verkauften sie es zu ihren Wucherzinsen. Das katholische Österreich, das letzte Bollwerk des Glaubens, war inzwischen so weit verkommen, daß diejenigen, die seit Jahrhunderten die Christen gehaßt hatten, bestimmten, wo das Geld investiert und welchen sozialen Bedürfnissen Rechnung getragen werden sollte.

> Immer mehr löst sich die soziale christliche Ordnung durch das Judentum auf. Der Arbeiter- und Handwerkerstand wandert in die Fabriken, der Grundbesitz in die Hände, die Häuser in das Eigentum und das Vermögen des Volkes in die Taschen der Juden. Durch die Wahlgesetze beherrschen sie die Wahlen, die Politik und den Reichsrat, folglich die Gesetzgebung, die Regierung und das Ministerium, und noch wenige Jahre eines solchen »Fortschritts« und Wien heißt Neu-Jerusalem und das alte Österreich – Palästina.[9]

Vogelsangs Vision erinnert an die Kreuzzüge. Seine Phantasien, heute unvorstellbar, waren im Wien des Jahres 1880 weit einsichtiger, wenn auch nicht weniger falsch. Hier herrschte ein wesentlich stärkerer Gegensatz zwischen Christen und Juden als in Berlin oder Paris, wo sich nur noch wenige Juden an die Vergangenheit im Ghetto erinnerten. Die Juden, die täglich aus dem Osten des Reiches in Wien eintrafen, wirkten dagegen mittelalterlich, und die Zahl der Juden insgesamt war viel höher. Von 1860 bis 1880 stieg der Anteil der jüdischen Bevölkerung in Wien von zwei auf zehn Prozent. Die Mehrheit waren verarmte Galizier, orthodox, jiddisch sprechend, ihren Sitten, ihrer Kleidung und ihrem Verhalten nach den Juden der christlichen Mythen ähnlich; sie erschienen den Christen geheimnisvoll und abstoßend, ja selbst einigen weltlicheren Juden. Hitler schrieb, er habe in Wien die Juden zum erstenmal gesehen, wie sie wirklich seien, wenn ihnen die Maske der christlichen Zivilisation abgezogen werde. Die gleiche Abneigung empfanden auch Tausende von

Hinterwäldlern aus den deutschsprachigen Provinzen, die um 1900 nach Wien strömten. Viele Wiener Juden konkurrierten, gemäß ihren Berufen im Ghetto, mit den ungelernten Christen um die wenigen Arbeitsplätze. Verarmt und vom Erfolgszwang getrieben, handelte ein Großteil der jüdischen Einwanderer als Hausierer mit Gebrauchtwaren und zog damit den Haß der Zünfte auf sich.

Wie auch die deutschen Rassisten fürchtete Vogelsang jedoch am stärksten die assimilierten Juden, nicht die orthodoxen, denn lediglich die weltlichen, erfolgreichen Juden dienten als Repräsentanten der Kräfte, die das Reich umwandelten: Die Waffen, welche die Juden benutzten, um ihr einziges Ziel, die Beherrschung der christlichen Welt, zu erreichen, seien ihr Geld, ihre Wirtschaft und ihre Zeitungen. Mit diesen Waffen befänden sich beinahe alle Regierungen und alle Völker in der Gewalt der Juden. Sämtliche Gesetze, die »Wucher- und Spekulantentum« im Wege gestanden hätten, mußten aufgehoben werden, alle Schranken zum Schutz der Christenheit niedergerissen, die Zünfte aufgelöst, die Gewerbefreiheit eingeführt, die Teilung des Grundbesitzes gesetzlich erlaubt, und die Wuchergesetze für null und nichtig erklärt werden.[10]

Wegen ihrer kleinen Zahl mußte die Macht der Juden ins Phantastische übersteigert werden; diejenigen, die nach religiösen Erklärungen für die dramatischen sozialen Veränderungen suchten, sprachen von einer beinahe okkulten Macht. Angesichts des nicht zu leugnenden Umstands, daß auch Tausende von Christen an der neuen Wirtschaftsweise maßgeblich beteiligt waren, benutzte Vogelsang eine suggestive Metapher, die rassistische Panikmache schürte und zur Vertreibung oder schlimmerem aufrief: Christen seien angesteckt worden durch den Judengeist.[11] Er und andere katholische Intellektuelle brauchten Verschwörungstheorien, in denen die Juden, die Freimaurer und atheistische Revolutionäre zu geheimen Machenschaften gegen die Nichtjuden und die alte Gesellschaft vereint wurden. Weltliche Erklärungen reichten da nicht aus. Bischof Keppler, berühmt für seine katholischen sozialen Anschauungen und seine christliche Nächstenliebe – ferner ein glühender Verehrer von Langbehn –, schrieb über das jüdische Volk, daß es »den Christenvölkern wie ein Pfahl im Fleische sitze, ihnen das Blut aussauge, sie knechte mit Ketten der Millionen und mit den Rohrzeptern getränkter Federn die öffentlichen Brunnen der Moral durch Einwerfen ekliger und eiteriger Stoffe vergifte«.[12] Tragischerweise verwandelten Vogelsang und seine katholischen Gesinnungsfreunde eine durchaus legitime ideologische Auseinandersetzung zu einem tödlichen Angriff auf eine ganze Rasse.

Vogelsangs Vorstellungen wurden von Karl Lueger, dem Vorsitzenden der Christlichsozialen Partei, in Politik umgesetzt; bis 1895 hatte sich seine Partei zur mächtigsten antisemitischen Partei Europas entwickelt. Im Jahr 1844 als Sohn eines Portiers und einer frommen Handwerkerstochter in Wien geboren, erwarb Lueger 1870 an der juristischen Fakultät den Doktortitel. Seine Klienten fand er unter den Kleinunternehmern und Handwerkern von Wien. Als katholischer Aktivist trat er in die Liberale Partei ein. Er ärgerte sich jedoch über die »Plutokraten« und Antiklerikalen in der Parteiführung und mischte sich ohne weiteres in den Biergärten unter die gewöhnlichen Wiener, schmähte die vermögenden Liberalen und die korrupten Verwaltungsbeamten und pries die Opfer des kleinen Mannes. Das Wahlrecht begünstigte damals noch stark die Reichen, doch im Jahr 1878 war der Bürgermeister und Anführer der Liberalen wegen Finanzskandalen gezwungen zurückzutreten, und Lueger wurde in den Rat gewählt. Jüngere, radikale Mitglieder bildeten eine populistische Fraktion, die sogenannte Vereinigte Linke, innerhalb der Liberalen Partei; Lueger schloß sich ihr sofort an. Angeführt wurden die Populisten von dem Juden Dr. Ignaz Mandl. Viele jüngere Juden waren für Reformen und widerlegten damit den Vorwurf, die Juden seien eine vereinte Kraft der Plutokraten. Mandl und Lueger, damals noch Verbündete, warben für ein allgemeines Wahlrecht, um ihre populistische und reformorientierte Politik voranzutreiben.

Im Verlauf seines Wahlkampfes erkannte Lueger den ausgeprägten Antisemitismus der Handwerker und Kleinunternehmer, der weit heftiger war als in Berlin, selbst in Stoeckers glorreichen Tagen. Lueger lernte auch seinen künftigen Rivalen um die Führung der antisemitischen Bewegung kennen: Georg Ritter von Schönerer, der ebenfalls die Absicht hatte, die liberale Führung zu stürzen. Schönerer hatte weder für den Katholizismus noch für den Reichspräsidenten etwas übrig. Als Anführer der österreichischen alldeutschen Bewegung war er ein simpler Rassist, Befürworter des *Anschlusses* und ein Todfeind der Slawen wie der Juden; er sollte Hitlers ideologisches Vorbild werden. Schönerer, der in Preußen aufgewachsen war, bewunderte die Hohenzollern und betrachtete die nachlässigen Deutschösterreicher mit der typisch preußischen Geringschätzung. Er war in der Landwirtschaft ausgebildet und wurde Gutsverwalter für Fürst Schwarzenberg in einem ländlichen Bezirk Österreichs nahe der ungarischen und tschechischen Grenze. Die Bauern teilten Schönerers Haß gegen die Slawen und Juden, und er wiegelte sie gegen jüdische Geldleiher und Zwischenhändler auf. Er drängte die Bauern, Bier zu trinken und damit den Juden zu boykottieren, der sich das Recht erworben hatte, die Weinsteuer einzutreiben. Mit einer erfolgreichen Kampagne gewann er 1873 einen Sitz im Parlament. Später erwarb ein Christ das Recht, die Steuer einzutreiben – sie blieb so hoch wie zuvor.

In Wien nahm Schönerer Kontakt zur Handwerkerbewegung auf. 1880 organisierten sich Tausende von Wiener Handwerkern und Gewerbetreibenden im sogenannten Österreichischen Reformverein zum Kampf gegen »jüdische, liberale Plutokraten«, die, wie die Handwerker behaupteten, ihre Rechte auf Geheiß jüdischer Spekulanten geopfert hätten. Die Handwerker verunglimpften auch jüdische Einwanderer aus dem Osten, die mit ihnen konkurrierten und für weniger Geld härter arbeiteten. Im Jahr 1882 hielt die Vereinigung für den Schutz der Handwerker ihre erste Versammlung ab, auf der die Forderung nach Gesetzen zur Begrenzung der Einwanderung und der Hausiererei erhoben wurde. »Wer sind diese Hausierer? Polnische Juden, ungarische Juden, russische Juden – Flüchtlinge vor einem zu Recht erbosten Volk; seht euch diese Leute an und sagt mir, ob sie je einen anständigen Handel erlernt oder irgendein anständiges Handwerk ausgeübt haben?«[13] Schönerer hetzte die Handwerker mit derart flammenden Worten auf, daß sie nicht veröffentlicht werden konnten. Sein Mitstreiter Robert Pattai machte das freie Unternehmertum verantwortlich für den verblüffenden Anstieg des Wohlstands der Juden, die beinahe die Hegemonie in der gesamten Wirtschaft erreicht hätten. Wenn die Reformen scheiterten, »dann müßten eben die vielbegehrten Ausnahmegesetze gegen das Judentum notwendig werden«.[14] Der Handwerker Franz Holubek ging noch weiter: Die Juden seien nicht länger ihre Mitbürger, sondern ihre Herren, Unterdrücker und Peiniger. In ihrer eigenen Hauptstadt seien die Christen geschwächt, zugrunde gerichtet, verleumdet. Man möge selbst urteilen, ob so ein Volk ein Recht hat, in einer zivilisierten Gesellschaft zu existieren.[15]

Wie in Deutschland wurden Petitionen eingereicht, und es kam zu Boykottaufrufen und Demonstrationen unter der Parole: »Kauft nicht von Juden!« In Dresden trafen sich 1882 österreichische Alldeutsche und Handwerker mit Stoecker und anderen europäischen Antisemiten beim ersten internationalen Kongreß der Antisemiten, bei dem alle Christen dazu aufgerufen wurden, sich zu vereinigen, um dem Trachten der Juden nach der Weltherrschaft Einhalt zu gebieten. Rassistische Flugblätter wurden in den Vierteln der Juden und im Foyer der Staatsoper verteilt, dem Symbol für die Wiener Kultur und ihre gebildete, im wesentlichen deutsche oder deutsch-jüdische Öffentlichkeit. Im Jahr 1881 wurde Zar Alexander II. ermordet, und eine Welle von Pogromen verwüstete ganze Landstriche. Sein Nachfolger Zar Alexander III. erklärte die Juden zu Feinden des Volkes und erließ eine Reihe antisemitischer Gesetze. In Wien und Berlin kursierten Petitionen, in denen ähnliche Gesetze gefordert wurden. Ferner sollte russischen Juden auf der Flucht verboten werden, deutschen Boden zu betreten. 1882 klagte ein Geistlicher in Ungarn chassidische Juden an, sie hätten ein christliches Mädchen am Sabbat vor dem Passahfest ermordet, um ihr Blut für religiöse Rituale zu mißbrauchen. Es kam zum Prozeß, die Angeklagten wurden freigesprochen, Krawalle brachen aus. Als Liberale gegen die Krawalle protestierten, entgegnete Pater Brunner, sie würden sich lediglich gegen die schamlosen, zerstörerischen und unerträglichen, das Volk zersetzenden Aktivitäten der jüdischen Herrschaft zur Wehr setzen.[16]

Im November 1882 versammelten sich etwa 3000 Deutschösterreicher zum 2.-Allgemeinen-Gewerbe-Tag. Damals »hatten sich buchstäblich alle Handwerker der Idee des Antisemitismus zugewandt, der eine Antwort auf alle Probleme zu geben schien«.[17] Zahlreiche Maßnahmen wurden vorgeschlagen: Juden sollten Sondersteuern zahlen, aus den Zünften ferngehalten werden. Juden sollte es untersagt sein, christliche Bedienstete anzustellen, ohne besondere Erlaubnis zu heiraten oder sich niederzulassen. Einige wollten sie wieder in die Ghettos werfen oder aus Österreich vertreiben. Ein Besucher der Versammlung, ein gewisser Franz Schneider, wollte sie gar ertränken lassen.

Angesichts der steigenden Popularität des Antisemitismus wurden die Liberalen lediglich von dem eingeschränkten Wahlrecht geschützt. Nur drei Prozent der Staatsangehörigen waren nämlich so wohlhabend, daß sie zur Stimmabgabe berechtigt waren – das Großbürgertum, der Adel und Teile der jüdischen Gemeinde. In den Jahren 1879 und 1882 wurden die Voraussetzungen gelockert, danach durften doppelt soviel Wiener wählen. Es zeichnete sich ab, daß zahlreiche Kandidaten ihren rassistischen Rivalen bald unterliegen würden. In Berlin brachte die Demokratisierung den Sieg des Liberalismus und des reformistischen Sozialismus; im unterentwickelten Österreich kündigten sich Reaktion und Rassismus an. Dennoch blieb die Mehrheit der Liberalen Partei ihren Prinzipien treu und verurteilte den Antisemitismus, obwohl ihre Führer wußten, daß sie dies Stimmen kosten werde. Die Partei forderte auch Franz Joseph auf, gegen die Pogrome des Zaren zu protestieren, aber er lehnte ab. Das Gesuch wurde als weiterer Beweis dafür gewertet, daß die Liberalen Werkzeuge der Juden seien. Innerhalb der Partei scharte Schönerer eine Gruppe um sich, um die Parteiführung zu stürzen. Von Schönerer überspielt, brauchte auch Lueger Erfolge. Seine Stunde schlug mit dem sogenannten Nordbahn-Skandal.

Im Jahr 1836 hatte die Regierung Salomon Rothschild die Konzession erteilt, eine riesige Geldsumme für den Bau von Eisenbahnstrecken zu beschaffen, die das Reich dringend benötigte. Als Belohnung für die Beschaffung des Geldes, das zum großen Teil von jüdischen Investoren stammte, und für andere Dienste war den fünf Rothschild-Brüdern der Titel eines Barons verliehen worden. Tausende Kilometer Schienen wurden gelegt; nach anfänglichen schweren Verlusten erwies sich die Eisenbahn, Nordbahn genannt, als überaus profitabel. Die Regierung machte sich daran, die Vertragsbedingungen für eine Verlängerung der Konzession im Jahr 1884 auszuhandeln. Eine Protestwelle folgte. Die Transportkosten und die Gewinne der Aktionäre seien zu hoch, hieß es; die Gewinne der Eisenbahn sollten genutzt werden, um die Tarife der nach Wien transportierten Lebensmittel zu senken. Die Gegenseite war der Ansicht, die Glaubwürdigkeit und das Ansehen der kaiserlichen Regierung stünden auf dem Spiel, wenn gegen die Konzessionsbedingungen verstoßen würde; Österreich benötigte nämlich hohe ausländische Investitionen.

Der Konflikt hätte durch eine Verhandlungslösung geschlichtet werden können; es handelte sich schließlich um eine Auseinandersetzung zwischen Liberalen und Populisten, nicht zwischen Deutschen und Juden. In der Tat wollten auch viele jüdische Abgeordnete eine Herabsetzung der Tarife. Doch ein Unternehmen der Rothschilds konnte die Antisemiten mit keinem Angebot zufriedenstellen. Sich für eine Verlängerung der Konzession auszusprechen hieß, sich selbst heftigen rassistischen Angriffen aussetzen. Immerhin war »allgemein bekannt«, daß das internationale Finanzkapital jüdisch beherrscht war, und die lukrative Konzession war nur ein weiterer Beweis für dessen enorme Macht über die Habsburger Dynastie auf Kosten der gewöhnlichen Untertanen. Wiens Bürger ließen sich inzwischen ohne weiteres einreden, daß globale Wirtschaftskonflikte in Wahrheit Schlachten in einem Rassenkrieg seien.

Schönerer führte den Aufschrei der Massen an. Während die Beratungen im Parlament sich in den Jahren 1884/85 dahinschleppten, gab es Massendemonstrationen vor dem Wiener Rathaus gegen das Eisenbahnmonopol. Schönerer sammelte Unterschriften in Rekordhöhe und erklärte die Angelegenheit zu einem simplen Gegensatz: »Die Juden gegen das Volk.« Die liberale Presse nannte ihn einen Sozialisten, weil er es auf die Gewinne der Aktionäre abgesehen hatte. Wütend entgegnete er, die Presse sei verjudet und von den Eisenbahngesellschaften bestochen.[18] Die Freiheit der Presse sei eine jüdische Erfindung, fügte er hinzu, das Parlament ein Werkzeug der Nordbahn-Juden. In Wahrheit wollte die Mehrheit im Parlament eine Reduzierung der Transportkosten zu Lasten der Aktionäre, doch das war den Anhängern von Schönerer nicht genug. Während der Debatte schallte es von der Zuschauergalerie: »Nieder das Parlament! Nieder mit den Nordbahn-Juden! Heil Schönerer!«[19]

Alldeutsche und Handwerker geißelten die »Verschwörung« der Juden und der ungarischen Vieh- und Getreidebarone mit dem Ziel, die Lebensmittelpreise zu erhöhen. Schönerer erklärte, in Ungarn bedeute Freiheit das Recht, Christen zu ermorden, eine Anspielung auf den aktuellen Ritualmordprozeß. In Tausenden von Petitionen wurden das Parlament und die von »Juden gekaufte« Presse angegriffen. In Karikaturen wurde Rothschild als Vampir dargestellt, der den Wienern den Lebenssaft aus den Adern saugt. Die Alldeutschen drängten die anderen Deutschösterreicher, sich den Hohenzollern anzuschließen, weil diese im Gegensatz zu Franz Joseph nicht von den Juden beherrscht würden. Schließlich schloß 1885 der Ministerpräsident mit Unterstützung der Liberalen einen Kompromiß, nach dem die Aktionäre auf einen Teil ihrer Gewinne verzichteten. Obwohl Salomon Rothschild nicht dazu verpflichtet war, unterzeichnete er die Vereinbarungen und verzichtete ohne große Worte auf seine Finanzrechte zum Wohle des Herrscherhauses. Mit großem Profit hätte er die Regierung rechtmäßig zwingen können, die Eisenbahn zu kaufen. Franz Joseph sprach ihm seinen Dank dafür aus, und dennoch hatte der Antisemitismus Mitte der achtziger Jahre seinen ersten Höhepunkt erreicht.

Schönerer wurde nun zum Idol der deutschen Ladenbesitzer, Handwerker und Büroangestellten, sein Porträt hing in zahllosen Geschäften, seine Schriften lagen in beinahe jeder Schenke zur Lektüre aus. Ein lebhaftes Geschäft blühte auf: Man kaufte Uhrenketten mit Bildern gehängter Juden, Pfeifen, Bierkrüge, Zigarettenspitzen und anderen Firlefanz mit typischen Karikaturen von Juden. 60 000 antisemitische Plakate wurden in der Stadt aufgehängt, selbst ein antisemitischer Lesesaal wurde eröffnet.[20] In Wien wurden Juden und jüdische Läden angegriffen. Eine ethnische Gruppe zu diffamieren war ungesetzlich, doch die Gerichte sprachen die Angeklagten frei, und sie wurden vom Mob gefeiert. Im Jahr 1885 gründete Schönerer den Verband der Deutschnationalen und übernahm das übliche Programm: Den jüdischen Finanziers mußten Zügel angelegt werden, die Zinssätze begrenzt, und den Bauern sollten Subventionen gewährt werden. Die jüdische Beteiligung an der Wirtschaft mußte begrenzt werden; sie durften keine Lehrer werden, und kein Jude aus Rußland oder dem östlichen Teil des Reiches durfte in den westlichen Teil umsiedeln. Im Jahr 1887 erklärte der Volkstribun im Parlament, daß die jüdische Rasse »übermütiger, hartherziger, ausbeutungssüchtiger und schadenfroher« sei als je zuvor: »... überall sehen wir sie im Kampfe gegen die bestehenden staatlichen Ordnungen, überall im Bunde mit den Elementen des Umsturzes.« Selbst reiche Juden würden die Revolution unterstützen; für sie habe die Rasse, nicht die Klasse höchste Priorität. Als asiatische Rasse würden sie alles hassen, was deutsch sei. Der Antisemitismus muß daher »von jedem treuen Sohne seiner Nation ... als der größte nationale Fortschritt in diesem Jahrhundert betrachtet werden«.[21]

Vor dem Höhepunkt des Antisemitismus in den achtziger Jahren hatten viele deutsche Juden in der österreichischen Liberalen Partei die Absicht gehabt, das Wahlrecht auszudehnen, gewöhnliche Bürger vor ökonomischen Härten zu bewahren und die Parteiführung den Wohlhabenden zu entreißen. Nun wurden sie selbst aus der Partei vertrieben, gemeinsam mit einigen Christen, die sich weigerten, rassistische Parolen zu übernehmen. Nunmehr blieben den jüdischen Reformern noch weniger Bundesgenossen als den Juden im Deutschen Reich, denn lediglich die österreichischen Sozialisten hießen sie willkommen. Lueger konnte die Alldeutschen nicht unterstützen, da sie illoyal gegenüber dem Reich und der Kirche waren, doch auch er organisierte Demonstrationen gegen die »Nordbahn-Juden« und entledigte sich alter jüdischer Partner.

Um Schönerer auszuschalten, wandte Lueger sich stärker den Anhängern von Vogelsang zu. Gemeinsam mit katholischen Geistlichen und Laien gründete Vogelsang nun die Christlichsoziale Partei. Unter den Gründungsmitgliedern waren zwei künftige Kardinäle, der Herausgeber der ersten antisemitischen Schrift in Österreich und seine Schirmherren, die Erzherzogin Maria Theresa und die Comtesse de Chambord aus der französischen Königsfamilie (Französische Royalisten und internationale Antisemiten waren seit langem Verbündete und blieben es bis 1945). Mit Billigung der Kirchenobrigkeit wurde die Gründungsversammlung 1890 in einer Kirche abgehalten. Das Parteiprogramm war bedrückend vertraut: Juden durften nicht unterrichten oder im Militär- oder Staatsdienst arbeiten, und in den Fächern Jura und Medizin sollten Quoten eingeführt werden. Der Teilnahme der Juden an bestimmten Zweigen des Einzelhandels sollte ein Ende bereitet werden. Handwerker und Bauern müßten geschützt werden, und die Juden vom Reichsgebiet ferngehalten werden; die Juden, die bereits hier lebten, seien als Ausländer zu behandeln, mit besonderen gesetzlichen und steuerlichen Auflagen.

Die Christlichsozialen benötigten einen Führer. Vogelsang, von Haus kein Politiker, war durch Krankheit geschwächt; Lueger, der populäre Verteidiger von Kirche und Reich, stellte seinen Antisemitismus einmal mehr unter Beweis. Er unterstützte eine Gesetzesvorlage, welche die Pogromopfer vom Reichsgebiet fernhalten sollte, und erklärte, sie hätten ihr Leid verdient. Die Juden müßten auch in Österreich gezähmt werden. Jedesmal, wenn ein Staat es den Juden gestattet habe, mächtig zu werden, sagte Lueger im Abgeordnetenhaus, sei der Staat rasch zusammengebrochen.[22] Er war mittlerweile sehr gefragt bei religiösen Versammlungen und führte einen beliebten antisemitischen Bürgerklub an; Rassisten, die zur Wahl kandidierten, bemühten sich eifrig um Luegers Unterstützung. Vogelsang stellte ihn den Adligen, hohen Geistlichen und Akademikern vor, und Lueger sprach bei einem Essen zu Ehren von Papst Leo XIII. einen Toast aus auf den endgültigen Sieg des Christentums über seine Feinde. Kurz darauf verkündete Vogelsang: »Jetzt haben wir den Führer für die Vereinigten Christen gefunden!«[23]

Im Jahr 1891 stellte Fürst Alois Liechtenstein das christlichsoziale Parteiprogramm im Parlament vor. Mit dem berühmten Satz von Otto Glagau »Die soziale Frage ist die Judenfrage« beginnend, fuhr er fort: Wo die Gesetze des Liberalismus herrschten, würden sich die Juden von selbst zusammenschließen, um andere auszubeuten. Wie im Parteiprogramm rief er zu einer Wiederherstellung der Zunftrechte auf, zur Durchsetzung gerechter Preise und Löhne und zur Gründung christlicher Banken – er war sich anscheinend nicht darüber im klaren, daß diese sich in ihren finanziellen Transaktionen und Zinssätzen keinen Deut von Banken in jüdischem Besitz unterschieden. Vor allem wollte der Fürst das geheiligte Land der Bauern geschützt wissen vor jüdischer Spekulation: Wo die üblen sozialen Verhältnisse gewaltige Gewinne für das jüdische Volk zur Folge hätten, müßten einschneidende Maßnahmen zum eigenen Schutze ergriffen werden. Die Juden dürften sich auch nicht das geringste Verdienst für einen Beitrag zum Vaterland an rechnen; sie seien einfach Spezialisten bei der Anhäufung des Eigentums ihrer Nachbarn.[24] Der Fürst wäre mit Sicherheit tödlich beleidigt gewesen, hätte ihm jemand gesagt, daß wenige Österreicher so große Schmarotzer waren wie er, der riesige Ländereien und ein verschwenderisches Leben im Müßiggang des Hofzeremoniells erbte, das bezahlt wurde von der Arbeit seiner Bauern.

Österreichische Historiker tun den Rassismus des beliebtesten Wiener Politikers mit dem Hinweis ab, Lueger sei lediglich ein Opportunist gewesen, kein ausgesprochener Antisemit. Natürlich kann niemand die inneren Überzeugungen eines Politikers kennen, doch das ist unerheblich. Schließlich hat Lueger den Rassismus öffentlich unterstützt. Er verteidigte im Parlament sogar die Anklage des Ritualmordes. 1871 veröffentlichte August Rohling, ein Domherr und Professor für hebräische Literatur an der Universität Prag, seine Schrift *Der Talmudjude*, ein Kompendium christlicher Behauptungen aus dem Mittelalter: Die heiligen Schriften des Judentums sollen angeblich den Juden vorschreiben, Christen zu betrügen, zu bestehlen und zu ermorden. Rohlings Buch erfreute sich im frommen Österreich großer Beliebtheit und wurde von christlichen religiösen Gesellschaften verteilt. Schönerers Anhänger griffen die Anklagen auf. Von 1870 bis 1914 wurden im Reich zwölf Prozesse wegen Ritualmords geführt. Wenn die Angeklagten freigesprochen wurden, beschuldigten Lueger und Schönerer die Staatsanwälte und Richter, jüdisches Gold angenommen zu haben.

Domherr Rohling bezeugte in einem Ritualmordprozeß, daß jüdische Schriften von den Juden verlangten, christliches Blut für ihre Rituale zu verwenden. Rabbi Samuel Bloch warf daraufhin Rohling Ignoranz vor und beschuldigte ihn des Meineids. Blochs Anklagen erwiesen sich als richtig, Rohling mußte seinen Lehrstuhl räumen. Die Liberalen standen auf der Seite von Bloch; der Tumult war Wiener Stadtgespräch. In einer berühmten Rede im Parlament im Jahr 1890 beharrte Lueger darauf, daß der Nachweis des Rabbiners, die Gesetze Moses würden nicht zu Ritualmorden aufrufen, ohne Bedeutung sei, schließlich seien die Juden des Alten Testaments ja berüchtigt für die Übertretungen dieser Gesetze, wie ihre eigenen Propheten überliefert hätten. Was keinesfalls angezweifelt werden könne, fügte Lueger hinzu, sei der unglaubliche, fanatische Haß und der unendliche Rachedurst, der die Juden verzehre, wenn sie ihre angeblichen oder tatsächlichen Feinde verfolgten.[25] Als offizieller Sprecher einer von der Kirche geförderten Partei konnte Lueger nicht den Rassismus eines Georg Schönerer übernehmen. Er löste das Problem, indem er erklärte, daß Juden nicht allein durch die Taufe Deutsche werden könnten, da dafür auch eine jahrhundertelange kulturelle Prägung nötig sei.

Die österreichische Oberschicht war weit weniger gewillt als ihr preußisches Pendant, den Antisemitismus als politische Waffe einzusetzen. Sie konnte sich angesichts der Niederlagen des Reiches kaum ihres Soldatenmutes rühmen, und Juden waren überdies stark vertreten im österreichischen Militär. Schönerer war eine Gefahr für das Reich und die Kirche, und Luegers Populismus war wie der von Böckel ebenfalls verdächtig. Da Lueger jedoch weit mehr Anhänger hinter sich wußte als Böckel, konnte er es sich leisten, jene Aristokraten anzugreifen, welche die kaiserliche Regierung verteidigten und nach Lueger als Diener dieses jüdisch-liberalen Staates tätig waren, indem sie sich weigerten, Christen aus schmachvoller jüdischer Leibeigenschaft zu befreien. Die Aristokraten sollten vielmehr dafür sorgen, daß das alte christliche Österreich nicht zerstört und von einem neuen Palästina abgelöst werde.[26]

Lueger mahnte, daß die Juden für die Pariser Kommune von 1870 verantwortlich gewesen seien (bis heute ein hartnäckiger Mythos der Rechten, obwohl die Beteiligung der Juden in Wahrheit verschwindend gering blieb), und er erinnerte die Kirchenoberen daran, daß die Kommunarden Geiseln aus dem Klerus erschossen hätten, unter anderen einen Erzbischof. Man müsse dafür sorgen, rief er aus, daß bei der nächsten Revolution die Juden und nicht die Erzbischöfe erschossen würden. Nicht die Juden seien von den Deutschen gepeinigt worden, sondern die Deutschen von den Juden. Wenn dies auszusprechen einen Antisemiten ausmache, dann sei er ein Antisemit.[27] Obwohl Lueger ständig auf dem Bild des reichen Juden beharrte, wußte er genau, daß in Wien unzählige arme Juden wohnten, und die große Mehrheit der österreichischen Juden lebte in elenden Verhältnissen in der Bukowina und in Galizien. Alljährlich starben Tausende den Hungertod.

Im Jahr 1890 führte Lueger die »Vereinigten Antisemiten« – Christlichsoziale und Deutschnationale – zu einem Wahltriumph, als sie beinahe ein Drittel der Sitze im Wiener Stadtrat errangen. Im kaiserlichen Reichsrat in Wien vereinten sie ebenfalls ein Drittel der deutschen Stimmen auf sich. Die Liberalen, die immer noch vor ihnen lagen, verloren ein Viertel ihrer Sitze. Mit Billigung Kaiser Franz Josephs ersuchten der Ministerpräsident und einige Bischöfe Papst Leo XIII. darum, einen Hirtenbrief zu verfassen, in dem Lueger und seine Priester gerügt wurden wegen ihrer antisemitischen Propaganda. Der Papst lehnte ab. Er bewunderte Luegers Ansichten zu sozialen Fragen und wollte eine Wiederbelebung des katholischen politischen Einflusses durch die Partei nicht behindern, gerade zu einer Zeit, als die Kirche in ganz Europa Niederlagen hinnehmen mußte. Franz Joseph fühlte sich persönlich gekränkt, als die Christlichsoziale Partei den Segen des Papstes für Lueger bekanntmachte. Die katholische Obrigkeit schlug sich auf die Seite Luegers, angeführt vom päpstlichen Nuntius und der Familie Metternich. Der junge Priester, der im Jahr 1913 Kardinal von Wien werden sollte und schließlich 1938 Hitlers Armee willkommen hieß, war ebenfalls ein Anhänger von Lueger. Als sich der Konflikt zwischen den Deutschen und den Slawen verschärfte, wurden die Deutschen in der Habsburger Monarchie von einer neuen, noch gefährlicheren Welle des Rassismus erfaßt.

12.
RASSENKONFLIKTE IM VIELVÖLKERREICH

> In Wien gibt es ein böhmisches Theater; eine italienische Oper französische und ungarische Sänger, polnische Klubs; im Bus spricht keiner Deutsch, in einigen Cafés liegen ungarische, tschechische, polnische, italienische Zeitschriften, aber nicht eine einzige deutsche Zeitung aus. Vielleicht sind Sie ein Deutscher reiner Abstammung, doch Ihre Frau wird eine Galizierin oder Polin sein, Ihr Koch ein Böhme, Ihr Kindermädchen eine Bosnierin, Ihr Diener ein Serbe, Ihr Kutscher ein Slowene, Ihr Barbier ein Ungar, Ihr Bankier ein Jude und Ihr Hauslehrer ein Franzose. Nein, Wien ist keine deutsche Stadt.
>
> *Anonym, 1878*

Katholischer Judenhaß und weltlicher Rassismus haben dazu beigetragen, daß der Antisemitismus sich in Deutschösterreich bis zur Jahrhundertwende im Vergleich mit anderen Ländern Westeuropas besonders stark ausgeprägt hatte. Schönerer wurde von Hunderttausenden bewundert; Millionen stimmten für Luegers Christlichsoziale Partei. Beinahe kriegerische Konflikte zwischen Deutschen und Slawen brachen damals aus, begleitet von heftigen Wutausbrüchen der Deutschen gegen den »jüdischen« Liberalismus und Sozialismus; sie hielten beide Bewegungen für pro-slawisch. In einer Redensart hieß es damals: »Die Habsburger verraten deutsches Blut für slawische Stimmen und jüdischen Reichtum.« Im Jahr 1911 stimmten zwei Drittel der Deutschösterreicher für antisemitische Kandidaten. Hitlers Soldaten wurden 1938 von vielen Österreichern begeistert empfangen, während der Mob spontan Juden angriff. Der Anteil der Österreicher, die sich den Nazis anschlossen, war doppelt so hoch wie der der Deutschen. Obwohl ihr Anteil an der Bevölkerung des

Dritten Reiches nur acht Prozent betrug, stellten die Österreicher vierzehn Prozent der SS-Mitglieder, vierzig Prozent des Personals in den Todeslagern und siebzig Prozent von Eichmanns Mitarbeitern.

Ein gewaltiges industrielles Potential und der Nationalismus – die Fähigkeit, sich die Loyalität eines ethnisch vereinten Volkes zu sichern – waren die Erfolgsrezepte der europäischen Nationen. In diesem Fall aber schwächten Industrialisierung und Nationalismus das Habsburger Reich, weil die Deutschen mit den Slawen zunehmend in Konflikt gerieten. Ungarn ausgenommen, war ein Drittel der Bevölkerung deutschsprachig, viele von ihnen wohnten in Nachbarschaft von Tschechen, Polen, Ruthenen, Slowenen, Serben, Kroaten, Bosniern oder Italienern. Deutsche beherrschten die Wirtschaft, die Verwaltung und das Militär; lediglich der slawische Adel und der hohe Klerus hatten teil an der Macht. Neue Eisenbahnen, Arbeitsplätze in der Industrie und neue Märkte führten den slawischen Bauern die unternehmerischen Möglichkeiten vor Augen, gleichzeitig wurden sie sich zunehmend ihrer einzigartigen Kultur und Traditionen bewußt, die von Intellektuellen und Politikern gepriesen wurden. Mit der Migration vom Dorf in die Stadt tauschten die Slawen Verwandtschaft und Freundschaften im Ort gegen ethnisches Selbstbewußtsein ein; die ehemaligen Bauern erfuhren schmerzlich am eigenen Leib die Dominanz der Deutschen bei den Arbeitsplätzen und Berufen, auf die sie gehofft hatten. Ethnisch geprägter Chauvinismus und der Ruf nach Autonomie waren die unweigerliche Folge.

Die Habsburger Monarchie war nicht durch kriegerische Eroberungen entstanden. Die Eliten, weder militaristisch noch nationalistisch eingestellt, übernahmen nicht den militanten Rassismus Kaiser Wilhelms II. und seines Hofes. Franz Joseph und seine Minister mußten einen Drahtseilakt vollführen. Die Minderheiten mußten durch Zugeständnisse besänftigt werden, wenn das Reich Bestand haben sollte. Doch jedes Zugeständnis hatte weitere Forderungen seitens der erbitterten Deutschen zur Folge, deren Karriere, Macht und Status von den »minderwertigen« Slawen gefährdet wurden. Den Juden drohte die größte Gefahr, weil Chauvinisten sie als Fremde betrachteten. Im Gegensatz zu anderen Völkern hatten die Juden kein eigenes Territorium. Ihre einzige Hoffnung war ein liberales Reich, in dem es weniger ethnische Konflikte als anderswo gab. Folglich unterstützten jüdische Liberale die Zugeständnisse an die slawischen Minderheiten und ernteten dafür den Dank des Kaisers. Der Antisemitismus aber nahm zu.

Bei der Niederlage im Krieg von 1866 zeigte sich Österreichs Verwundbarkeit. Preußische Agenten hatten vor dem Krieg die nationalen Bewegungen gefördert, um das Reich zu schwächen; panslawistische Russen agitierten ständig und nutzten jede Gelegenheit, die deutsche Herrschaft zu brechen. Entflammt von dem Andenken an die blutigen Kämpfe um ihre Unabhängigkeit, erlangten die Ungarn 1867 die Kontrolle über ihre inneren Angelegenheiten. Um die anderen Nationalitäten zufriedenzustellen, gewährte der Kaiser jeder Provinz ihren eigenen Landtag, insgesamt siebzehn, und eine gewisse Autonomie. Dies waren Zugeständnisse, mit denen er ihre Loyalität in künftigen Kriegen sichern wollte. In einem ersten Begeisterungstaumel unterstützte die Deutschliberale Partei jene Bestimmungen in der Verfassung, die jeder Nationalität das »unveräußerliche Recht« der Gleichheit garantierten. Die kaiserliche Verwaltung wurde aufgefordert, die Sprache der Mehrheit der heimischen Bevölkerung zu verwenden, und jeder sollte in seiner Sprache unterrichtet werden. Doch die Bestimmungen wurden nie durchgeführt, weil die Deutschen rasch erkannten, welche Gefahr dies für ihre Vormachtstellung bedeutet hätte. Einzig durch Beschränkungen des Wahlrechts blieb die vermögende deutsche Minderheit tonangebend in den Provinzen mit gemischtsprachigen Gemeinden. Die Liberalen waren vorschnell davon ausgegangen, daß die unterworfenen Nationalitäten die deutsche Kultur und Sprache vorziehen würden und daß ein Zensuswahlrecht weiterhin sie selbst begünstigen würde. Ein allgemeines Wahlrecht hingegen erschien 1870 als eine tödliche Gefahr.

Ohne den bäuerlichen Fatalismus ihrer Vorfahren forderten städtische, gebildete und ehrgeizige Slawen ihr Recht auf die eigene Sprache und verlangten den gleichen Zugang zu öffentlichen Ämtern. Da Böhmen, wo Tschechen und Deutsche lebten, die am weitesten industrialisierte Gegend des Reiches war, entwickelten zuerst die Tschechen nationale Einigungsbestrebungen. Tschechen hatten im Jahr 1848 einen unabhängigen Slawenkongreß einberufen, doch der Kongreß wurde von kaiserlichen Truppen zerschlagen. Verhängnisvollerweise begrüßten deutsche Liberale aus beiden Reichen diesen Sieg. Die Einheit und Unabhängigkeit, die sie für sich forderten, wollten sie anderen nicht gewähren. Angespornt von der Niederlage des Reiches und den Zugeständnissen an die Ungarn, breitete sich währenddessen die tschechische Nationalbewegung aus. Im Gegenzug legte die große deutsche Minderheit in Böhmen als erste ihre liberalen Prinzipien ab und ging zum Rassismus über.

Die vermögende Bildungsschicht in Böhmen war zum großen Teil deutsch, aber in der Minderzahl. Sie fürchtete um ihren Status, als eine der Bauernschaft entwachsene Generation von Tschechen ihren Herrschaftsanspruch in Frage stellte. Im ersten böhmischen Landtag 1871, der aus Tschechen und Deutschen bestand, hatte der wirtschaftliche Erfolg der Tschechen zur Folge, daß sie die Mehrheit stellten. Franz Joseph zog den Zorn der Deutschen auf sich, als er die tschechischen Führer fragte, welche Zugeständnisse in ihrem Sinne wären. Die Tschechen forderten sofort eine garantierte Mehrheit im böhmischen Landtag, ein Mitspracherecht bei militärischen Entscheidungen, bei der Außenpolitik und in Haushaltsfragen, sowie die Kontrolle über alle lokalen Angelegenheiten. Dieser Kränkung folgte noch die Beleidigung, denn sie setzten die deutschen Delegierten freudig davon in Kenntnis, daß sie den Deutschen natürlich das Recht auf ihre Sprache und Schulbildung garantieren würden.

Die Deutschen verließen erhobenen Hauptes den Landtag, ihre Wut sprang über auf die Alldeutschen, auf nationalistische Vereine in Deutschland und auf viele Wiener Liberale. Bismarcks Regierung sprach ebenfalls abfällig über die Forderung der Slawen nach Gleichberechtigung. Franz Joseph zog daraufhin sein Angebot an die Tschechen zurück. Wütend forderten die radikalen »Jungtschechen« eine tschechische Republik, warnten vor bewaffnetem Kampf und drohten, sich an die Franzosen oder gar die panslawistischen Russen, den Erzfeind der Österreicher, um Hilfe zu wenden. Ein passiver Widerstand gegen die deutsche Herrschaft war die Folge, und Böhmen mußte mit dem Kriegsrecht regiert werden. Im Jahr 1873 verließen die Tschechen den Reichsrat in Wien. Schönerer forderte die Anwendung von Gewalt. Der berühmte tschechische Historiker František Palacký, einst ein Anhänger der Habsburger, sagte gar eine Revolution voraus und fügte prophetisch hinzu: »Wir Slawen waren schon vor Österreich hier; wir werden auch noch hier sein, wenn Österreich sich aufgelöst hat.«[1] Der ethnische Konflikt, der den deutschösterreichischen Liberalismus und das Reich selbst beseitigen sollte, hatte begonnen.

Im Jahr 1879 entließ Franz Joseph den liberalen Ministerpräsidenten, den Urheber der liberalen Verfassung, weil die Liberalen, die keine weiteren Slawen ins Reich holen wollten, sich einem Budget für eine militärische Expansion nach Bosnien-Herzegowina widersetzten. Graf Eduard Taaffe wurde zum Ministerpräsidenten ernannt. Er war loyal dem

Kaiser gegenüber, aber keiner Gruppierung verbunden. Er versuchte, die Unterstützung der Slawen wiederzugewinnen, und bildete ein Kabinett, das sich im wesentlichen aus Polen und Tschechen zusammensetzte. Die Deutschen nannten es prompt den »eisernen Ring« – ein slawischer Ring, der sie zu erdrosseln drohte. Doch die Slawen im Kabinett waren alte Konservative, die durch versöhnliche Gesten regieren wollten. Die tschechischen Delegierten beendeten ihren sechsjährigen Boykott des Parlaments, und Neuwahlen wurden angesetzt. Um die Tschechen zufriedenzustellen, erhielten sie mehr Sitze zugesprochen. Obwohl die Deutschliberalen zutiefst gespalten waren, blieben sie die stärkste Partei im Parlament, allerdings hatten sie inzwischen neben slawischen Politikern auch Schönerer und Lueger als Gegner.

Taaffes Regierung löste 1880 einen Sturm der Entrüstung aus, als sie die Verwaltungs- und Gerichtsbeamten in Böhmen anwies, grundsätzlich die Sprache der Bittsteller und der Angeklagten zu verwenden. Dies war ein großartiger Erfolg für die Tschechen, denn beinahe alle gebildeten Tschechen waren zweisprachig. Die Deutschen verachteten die schwer zu erlernende tschechische Sprache. Selbst die Deutschliberale Partei protestierte gegen jeden Versuch, Österreich zu einem slawischen Staat zu machen.[2] Die jüngeren Deutschen wandten sich Schönerer und Lueger zu, und die Liberalen hofften immer noch auf eine Föderationslösung; sie wurden prompt als Verräter des deutschen Blutes angesehen. Nun forderten die Tschechen, daß ihre Sprache an der Universität Prag gleichberechtigt neben Deutsch stand, denn die Vorlesungen wurden dort traditionell auf deutsch gehalten. Taaffe willigte ein – Vorlesungen und Examen auf tschechisch wurden gestattet. Voller Zorn darüber, daß in den Hörsälen des ehrwürdigen Sitzes der deutschen Lehre eine reine Bauernsprache erklingen sollte, gerieten deutsche Studenten mit Tschechen in Streit. Von beiden Seiten wurden hetzerische Schriften in Umlauf gebracht. Die Tschechen wollten Anwärter, die kein Tschechisch sprachen, von den Ämtern in Böhmen fernhalten. In Prag, wo Deutsche in den fünfziger Jahren noch in der Mehrzahl gewesen waren, hatten die Tschechen sie inzwischen zahlenmäßig übertroffen und gründeten tschechischsprachige Schulen. Die Jungtschechen sympathisierten mit dem republikanischen Frankreich, dem traditionellen Feind einer deutschen Vormachtstellung im Osten. Die seit Jahrhunderten in Böhmen lebenden Sudetendeutschen übernahmen hingegen rasch Schönerers nazi-ähnlichen Rassismus.

Der Rassismus griff nun auf die Studenten über. Weltlicher eingestellt als die meisten Österreicher und gelenkt von den rassischen Lehren ihrer Professoren, hatten sie für den Antisemitismus der Katholiken wenig übrig. Sie strömten vielmehr zu den Alldeutschen und warben für eine Unterdrückung der Slawen sowie den Anschluß an das Deutsche Reich. »Jüdische« Lehren von der Gleichheit aller Rassen wurden als Bedrohung für das deutsche Volk diffamiert. Wie die preußischen Studenten bewunderten auch sie Turnvater Jahn.

Bis 1880 hatten Zehntausende von Studenten Petitionen für eine Zollunion mit Deutschland unterschrieben, den ersten Schritt zur Einheit. Zum Teil wurden die Studenten von Angst getrieben. Denn bis 1862 waren die Juden per Gesetz von Tätigkeiten im Gesundheitswesen ausgeschlossen, die Liberalen öffneten ihnen jedoch alle Berufe. 1881 waren sechzig Prozent der Ärzte und dreißig Prozent der Studenten Juden. Die meisten waren in der juristischen und in der medizinischen Fakultät eingeschrieben und rivalisierten mit nichtjüdischen Studenten um die wenigen Stellen. 1884 waren beinahe die Hälfte aller Studenten Juden. Einst hatten die Deutschen die Assimilation der Juden als Preis für ihre Emanzipation gefordert. Nun rief man nach Quoten für jüdische Studenten. Wenn die Juden sich assimilieren wollten, argumentierten deutsche Studenten, sollten sie Handwerker und Bauern werden.

Mit noch größerem Erfolg als in Berlin machte im Jahr 1881 die deutsche Antisemitenpetition die Runde in Wien. Deutsche Studenten in Prag hatten bis 1878 alle Juden aus ihren Verbindungen ausgestoßen, und bis 1883 hatten österreichische Studenten alle Juden aus ihren Burschenschaften verbannt. Eine schlagende Verbindung erklärte, daß Juden »als Deutsche nicht angesehen werden können, und zwar auch dann nicht, wenn sie getauft sind«.

Die Burschenschaften erklärten 1896, kein Deutscher solle sich mit einem Juden schlagen, wegen der tiefen sittlichen und psychischen Unterschiede zwischen Ariern und Juden und wegen der jüdischen »Ehrlosigkeit und Charakterlosigkeit«.[3] Als Krämervolk gebrandmarkt, bildeten jüdische Studenten ihre eigenen schlagenden Verbindungen. *Judenreine*, paramilitärische Turnvereinigungen bildeten sogenannte Elite-Sturmtruppen, die Leibgarde von Schönerer. Wagners Ouvertüren wurden als alldeutsche Hymnen gespielt, und Studenten schlossen sich seinem rassistischen Kult an, ersetzten den traditionellen Studentengruß »Grüß Gott«

durch »Heil« und sangen »Deutschland, Deutschland über alles« anstelle der österreichischen Nationalhymne: »Gott erhalte, Gott bewahre unsern Kaiser, unser Land.«

Österreicher jüdischer Abstammung identifizierten sich mit der deutschen Kultur und dem Nationalismus in der Hoffnung, sie würden als Deutsche jüdischen Glaubens angesehen werden, nicht als Menschen eigener Nationalität. Franz Joseph nannte sie einmal seine einzigen loyalen Bürger. Aber was sie auch taten, die Vorurteile verstärkten sich nur noch, vor allem weil so viele Juden an der ursprünglich in der Verfassung verankerten Aussicht auf religiöse und ethnische Toleranz und an ihrer Treue zur Liberalen Partei festhielten. Weil sie die Aussöhnung der Volksgruppen befürworteten, waren die Juden als Symbol für die Gefahr des modernen Säkularismus in Österreich isoliert, und sie wurden noch stärker gehaßt als die Juden in Deutschland. Das Leben Theodor Herzls, des späteren Anführers der Zionisten, veranschaulicht das Dilemma der Juden. Als Sohn eines wohlhabenden Finanzmaklers in Budapest und als Student an der Universität Wien trat Herzl im Jahr 1881 in eine deutsche schlagende Verbindung ein, erwarb sich seine Schmisse als Zeichen germanischer Mannhaftigkeit und teilte die studentische Begeisterung für das preußische Militär und ihre Verachtung für die Handelswelt - auch für das Geschäft seines Vaters. Bismarck war Herzls Idol, und er war ein Slawenfeind gewesen. Herzl selbst war nicht im geringsten religiös und regte an, die Juden sollten als Gruppe konvertieren oder bei Geburt getauft werden, um sich des bedeutungslosen Unterschiedes zu entledigen. In der Tat lag die Zahl der Konversionen unter den Wiener Juden höher als in irgendeiner anderen jüdischen Gemeinde Europas. Herzl war der Ansicht, der Antisemitismus sei ein Relikt des frühen Christentums und das jüdische Wesen sei infolge der Ghettoerfahrung entstellt. Mit der Zeit werde die Assimilation beides berichtigen. Doch 1883 beteiligte sich Herzls Verbindung an antisemitisch geprägten Gedächtnisfeiern zum Gedenken an Richard Wagner, und kurz danach wurden alle Juden ausgeschlossen. Herzl verabschiedete sich unter stillem Protest. Damals begannen die Zweifel, die ihn später zum Zionismus führten.

Eine Wiener Zeitung verkündete 1888 den Tod des deutschen Kaisers Wilhelm I. einen Tag zu früh, eine Sensationsmeldung, die in einer zweiten Extraausgabe noch am selben Tag berichtigt wurde. Schönerer nannte die Zeitung »jüdischen Unrat« und bestand darauf, daß die Geschichte bewußt inszeniert worden sei, um die Hohenzollern zu verunglimpfen. Er drang mit einer Gruppe von Gleichgesinnten in die Redaktionsräume der Zeitung ein und verlangte, daß die »jüdischen Teufel« vor Scham niederknien sollten. Diese weigerten sich, es kam zum Handgemenge, und Schönerers Leute schlugen um sich. Durch diese Straftat verlor er seine Immunität als Abgeordneter und seinen Titel und wurde zu vier Monaten Gefängnis verurteilt. Seine Anhänger erkannten, daß sie sich Lueger anschließen mußten, wenn sie die »jüdischen Liberalen« besiegen wollten. Hunderte prominente Wiener, auch Lueger, bekundeten ihre moralische Unterstützung für Schönerer, indem sie ihre Visitenkarten in seinem Gefängnis hinterlegten. Lueger selbst machte sich bei den Anhängern seines Rivalen beliebt: Als der Reichsrat Schönerer die Immunität entzog, verurteilte Lueger unter Krokodilstränen all jene Christen, die wie Judas Ischariot ihre Blutsbrüder verrieten.[4] 1889 weigerte sich die kaiserliche Regierung, dem Handwerkerführer Schneider eine Audienz beim Kaiser zu gewähren, weil er öffentlich den Mord an Juden propagiert hatte. Lueger verurteilte diese Entscheidung, und prompt führte Schneider seine Handwerker in Luegers Lager.

Bei den Wahlen von 1895 gewann Lueger mit seinen vereinigten Antisemiten beinahe ein Drittel der Sitze im Stadtrat und der deutschen Stimmen im Reichsrat; zur selben Zeit gewannen junge radikale Tschechen die Wahlen zum böhmischen Landtag. Die Dynamik des Rassenhasses setzte sich fort: Tschechen und Deutsche warfen sich gegenseitig Schmähschriften und Fäuste an den Kopf; Ungarn unterdrückten Slowaken, Ruthenen, Rumänen und Serben in ihrem Gebiet; Polen erstickten die Träume ukrainischer und ruthenischer Nationalisten; Slowenen bekämpften die Italiener in Triest. Im Parlament buhten Antisemiten die Liberalen und ihre »jüdischen Freunde« aus, weil sie sich geweigert hatten, gegen die Slawen Gewalt einzusetzen; Juden, Deutsche und Tschechen beleidigten und prügelten sich auf der Straße. Die Juden würden die Slawen nicht aus Toleranz unterstützen, sagte Lueger im Parlament, sondern weil sie die Deutschen haßten.

Der Reichsrat war im Jahr 1891 ganz in Anspruch genommen von den endlosen Forderungen nach Übersetzung der Reden seitens der Slawen, die zu stolz waren, Deutsch als offizielle Amtssprache anzuerkennen. Abgeordnete verließen demonstrativ den Saal, es gab Boykotte und

Handgreiflichkeiten. Klagen und Gerichtsverfahren arteten in ein Sprachengewirr aus; Dolmetscher hatten Hochkonjunktur. Das Rechts- und Schulwesen kam praktisch zum Erliegen. Jede Gruppe berechnete emsig, welche Änderung des komplizierten Wahlsystems ihr einen Vorteil verschaffe. Taaffe verlor die Unterstützung der Tschechen, die ihn mittlerweile für deutschfreundlich hielten. Ohne die Deutschen, die er so sehr gekränkt hatte, konnte er nicht länger regieren. Das war zuviel. Graf Taaffe hatte sich einst gerühmt, daß er regiere, indem er alle Nationalitäten in einem Zustand gleichbleibender und wohltemperierter Unzufriedenheit halte.[5] Doch dies gehörte inzwischen der Vergangenheit an. Seiner Koalitionspartner beraubt, trat Taaffe im Jahr 1893 wegen eines Streits um die Erweiterung des Wahlrechts zurück.

Sowohl Rassisten wie auch Liberale sahen sich mit einer neuen Bedrohung konfrontiert: dem Sozialismus. Drei Millionen österreichische Industriearbeiter schufteten jeden Tag für einen Hungerlohn. In den achtziger Jahren hatten Anarchisten Terror und Brandstiftung gegen Fabriken und ihre Besitzer eingesetzt. Taaffe ächtete sie, stellte die Industriezentren unter das Kriegsrecht und unterdrückte linke Presseorgane. Wie Bismarck verabschiedete auch Taaffe 1887 maßvolle Sozialgesetze, in der Hoffnung, das Proletariat als Gegengewicht gegen die Chauvinisten auf seine Seite zu ziehen. Die österreichischen Sozialdemokraten, die innerlich zerrissen waren, wurden 1888 von Viktor Adler vereint, einem gemäßigten Marxisten, der anarchistischen Neigungen in der Partei ein Ende bereitete und sie dem friedlichen Wandel verpflichtete. Allerdings lehnte sie Taaffes Reformen als unzureichend ab. Die österreichischen Sozialisten wurden stärker gefürchtet als ihre deutschen Genossen, weil sie gegen rassische Tabus verstießen: Im Namen der internationalen Gemeinschaft des Proletariats nahmen sie Tausende von slawischen Arbeitern in ihre Reihen auf. Damit nicht genug, forderten sie das allgemeine Männerwahlrecht. Adler wollte das Reich erhalten. Aber er war überzeugt, es könne nur dann weiterbestehen, wenn die Deutschen aufhörten, die Slawen zu beherrschen. Dieser »Rassenverrat« ging einher mit einer unverhohlenen Geringschätzung der Sozialisten für den politischen Antisemitismus. Einer ihrer Führer legte im Jahr 1887 die offizielle Haltung der Partei dar: Der Kampf zwischen den sogenannten arischen und jüdischen Rassen ließe sie kalt. Den Sozialisten sei es gleich, ob sie von einem Arier oder einem Semiten ausgebeutet werden. Solange es eine hinreichende Zahl arischer Ausbeuter gebe, hätten diese nicht das Recht, Protesten gegen die Ausbeutung mit Schuldzuweisungen an die Juden zu begegnen.[6]

Katholische Konservative wiesen darauf hin, daß Adler Jude war. Schönererianer bemerkten, er sei getauft und damit der lebende Beweis dafür, daß der jüdische Verrat durch die Konversion nicht beendet werde. Die Situation eskalierte, als am 1. Mai 1890, dem ersten Tag der Arbeit, Hunderttausende von Arbeitern durch Wien marschierten, die gefürchtete »Marseillaise« auf den Lippen. 1894 drängten sich noch mehr Menschen in den Straßen Wiens und anderer Städte und forderten das allgemeine Wahlrecht. Die frommen Deutschen aus ländlichen Dörfern und abgelegenen Alpenregionen setzten sich heftig gegen den »roten« Atheismus zur Wehr und waren entsetzt über die Gefahr für ihre Religion und ihren Besitz. Wie in Deutschland bot der hohe Anteil an Intellektuellen jüdischer Abstammung unter den sozialistischen Anführern der Rechten den Vorwand, Sachfragen aus dem Weg zu gehen und statt dessen von der jüdischen Unterwanderung zu sprechen. Zum erstenmal benötigte Lueger Leibwächter, als er Wahlkampfreden in Arbeitervierteln hielt und von Zwischenrufern unterbrochen wurde, die ihn mit Bierflaschen bewarfen. Lueger erklärte, die Juden Marx und Lassalle hätten die Partei der Arbeiter gegründet, wenn sie weiter für jene kämpften, würden sie nicht die kostbare Revolution erhalten, sondern die Herrschaft der Juden.[7]

Als der Sozialismus immer populärer wurde, strömten Hunderte von Geistlichen der Christlichsozialen Partei zu, wie Stoecker getrieben von der Abneigung und Feindseligkeit, die ihnen in den proletarischen Gemeinden entgegenschlug. Der charismatischste »Volksprediger« jener Zeit, der über die Landesgrenzen hinaus bekannte Jesuitenpfarrer Heinrich Abel, sprach 1891 in Wien: Sie wüßten sehr gut, wer in der Bewegung gegen das Christentum und die Christen marschiere und sie anführe, rief er aus. Das sei der Jude und die Geheimgesellschaften, und sie hätten ihre Agitation schon 1789 begonnen.[8] Geistliche gründeten eine große katholische Jugendbewegung, in Wirklichkeit ein Ableger der Christlichsozialen Partei. Trotz des Gejammers über die jüdisch dominierte Presse kontrollierte die katholische Rechte den größten Teil der Provinzblätter, und antisemitische Haltungen waren in ihnen bis 1945 weit verbreitet.

Luegers Wahlkämpfe wurden von Schönerers Anhängern unterstützt;

sie waren immer noch ohne Führung und in den meisten Bezirken geächtet. Die österreichische Kirchenobrigkeit mißbilligte Schönerers Angriffe auf das Herrscherhaus und die Millionen von katholischen Slawen. In Böhmen hingegen hatten die Alldeutschen Erfolg, weil der bürgerkriegsähnliche Zustand zwischen den Deutschen und Tschechen den deutschen Rassismus dort schürte wie nirgendwo sonst. Luegers Wahlkampfthemen waren die gleichen wie zuvor: Schutz für Kleinunternehmer vor jüdischen Großhändlern und dem Einfluß auf die Kredite sowie die Wiederherstellung der Zunftrechte. Vor allen Dingen mußten der Liberalismus und der Sozialismus, die beiden Plagen des Jahres 1789, bezwungen werden. Die Christlichsozialen seien allen christlichen Klassen und Nationalitäten gegenüber freundlich gesinnt, erklärte Lueger, sie würden lediglich eine einzige Nation bekämpfen, nämlich die Juden, nicht wegen der Religion dieses Stammes, sondern weil die Juden mit ihren Diebeshänden alles an sich rissen, was sie für heilig hielten: Vaterland, Nationalgefühl und nicht zuletzt das Eigentum. Der Antisemitismus sei eine rein ethische Bewegung.[9]

Bei den Wahlen zum Stadtrat von 1895 besiegte die Christlichsoziale Partei die Liberalen mit dem Wahlspruch »Antisemiten vereinigt euch!«. Die Rassisten gewannen damals die absolute Mehrheit in Wien, ein Ereignis, das sich in keiner größeren deutschen Stadt jemals wiederholte, nicht einmal unter den Nazis. Bei den Wahlen von 1896 erhielten die »Vereinigten Antisemiten«, wie Lueger die Koalition selbst nannte, 96 Sitze, gegenüber 42 Sitzen für die Liberalen. Der »schöne Karl« wurde zum »König von Wien« erklärt. Bilder von ihm prangten in Kneipen; Fotos, Gemälde, Medaillons und Spazierstöcke mit seinem Abbild wurden zu Hunderttausenden verteilt. Es herrschte ein lebhafter Handel mit antisemitischen Artikeln. Schönerer war ausgebootet; ohne Luegers Unterstützung konnte kein Alldeutscher die Wahl gewinnen. Der Stadtrat wählte den Bürgermeister von Wien aus seiner Mitte, 1895 wurde Lueger gewählt. »Lueger vor den Toren«, schrien die Liberalen, die Aktienkurse fielen auf einen neuen Tiefstand. Viermal wählte der Stadtrat Lueger zum Bürgermeister, doch Franz Joseph weigerte sich, ihn zu ernennen. Er hatte Angst, die Wirtschaft würde darunter leiden, falls Juden wegziehen sollten. Und vor allem wußte er, daß Lueger in diesem Amt das empfindliche ethnische Gleichgewicht des Reiches stören konnte. Lueger selbst machte die Angelegenheit noch schwieriger, indem er die ungarische Regierung inmitten heikler Verhandlungen angriff: Er nannte sie projüdisch und sprach von »Judapest«, angesichts des ausgeprägten Antisemitismus der Ungarn ein lächerlicher Vorwurf.

Der Kaiser versicherte der jüdischen Gemeinde, er werde Lueger nicht ernennen, doch zur selben Zeit zogen dessen Anhänger durch die Straßen und verprügelten Juden und Tschechen. Händler an der Börse wurden angegriffen, die Börse mußte nach Budapest umziehen. Der Ministerpräsident, der polnische Graf Kasimir Badeni, wurde im Parlament niedergebrüllt und in den Straßen mit Rufen wie »Polacke« oder »Judenliebhaber« verfolgt; der Kaiser wurde der »Judenkaiser« genannt. Im März 1897 wählten die Österreicher das Parlament nach einem neuen Wahlrecht, das auch Untertanen der niederen Klassen einschloß. Selbst das neue Wahlrecht bevorzugte noch immer die oberen Schichten, dennoch erhielten die Christlichsozialen 117 000 Stimmen gegenüber 10 000 für die Liberalen. Der österreichische Liberalismus war praktisch tot. Der Papst und der päpstliche Nuntius unterstützten Lueger öffentlich und bedrängten den Kaiser, obwohl slawische Kirchenführer davon abrieten. Im April 1897 gab Franz Joseph nach. Lueger löste Bürgermeister Grubl ab, der heftig attackiert wurde, weil er Freimaurer war und eine jüdische Frau hatte. Massen feierten wie im Taumel die ganze Nacht hindurch in Wien und anderen deutschen Städten. Rassisten aus allen Nationen, auch Stoecker und Ahlwardt, pilgerten nach Wien und kehrten neiderfüllt und beflügelt zurück.

Sigmund Freud, ein aufmerksamer Verfolger der Wiener Politik, erklärte, im Jahr 1895 habe er zum erstenmal in den grauenvollen Abgrund des Unbewußten geblickt. Theodor Herzl hielt sich während des Tumultes um Lueger in Wien auf. Er hatte bereits über den Prozeß gegen den führenden Antisemiten Frankreichs berichtet, den Royalisten Edouard Drumont, der angeklagt war, weil er den französischen Ministerpräsidenten beschuldigt hatte, Schmiergelder von Juden anzunehmen. Bereits damals hörte Herzl den Ruf der Massen in Paris: »Tod den Juden!« Und noch einmal während des berüchtigten Panamaskandals von 1892, obwohl es unter den Direktoren der Panama-Gesellschaft keine Juden gab. Die Dreyfus-Affäre Mitte der neunziger Jahre gab endlich den Ausschlag: Wenn solche Ausbrüche schon in Frankreich möglich waren, dem Land der Revolution von 1789, war es für die Juden an der Zeit, Europa zu verlassen. 1896 schrieb Herzl in Paris sein Werk *Der Judenstaat* und berief ein Jahr später den ersten zionistischen Weltkongreß nach Basel ein. Es war das Jahr des Pogroms in Kischinejow, bei dem 45 russische Juden unter Mithilfe der Kirche, der Polizei und des Zaren ermordet wurden. In den neunziger Jahren wanderten 500 000 Juden vom europäischen Kontinent nach England und Amerika aus.

Die *Kreuzzeitung* begrüßte den ersten Zionistenkongreß als Gelegenheit, alle Juden loszuwerden und schmähte alle Rabbiner, die ihn ablehnten. Wer konnte schon einem Volk trauen, das sich weigerte, ein Vaterland für seine eigene Religion zu errichten? Wer außer den Juden würde voller Überheblichkeit eine antichristliche Religion beibehalten und doch die Gleichberechtigung in einem christlichen Staat fordern? Wilhelm Marrs Zeitschrift behauptete hartnäckig, die jüdischen Antizionisten wüßten sehr wohl, daß Juden unfähig seien, Land zu bebauen oder einen Staat zu verteidigen. Ferner fürchteten sie angeblich, der Zionismus werde den Reichtum und die Macht der Juden zerstören, indem alle Juden nach Palästina gelockt werden. Marr und Schönerer forderten eine Zwangsausweisung, manche äußerten jedoch dieselbe Befürchtung wie später Hitler: Ein jüdischer Staat in Palästina würde lediglich die Araber ausbeuten und zu einer Ausgangsbasis für die Eroberung des Westens durch das internationale Judentum werden. Eine echte »Endlösung« müsse gefunden werden.

Lueger hatte 1897 zwar die Liberalen vernichtend geschlagen, doch die Sozialdemokraten hatten bei denselben Wahlen beinahe zwei Drittel der Stimmenzahl der Vereinigten Antisemiten erreicht, vor allem Stimmen aus den neuen industriellen Vororten Wiens. Luegers Partei war nunmehr das wichtigste Bollwerk gegen den Sozialismus; österreichische Konservative, die einst Luegers Massenwirkung mißbilligten, strömten ihr nun in Scharen zu. Organisatoren der Christlichsozialen Partei agitierten in ländlichen Gegenden und benutzten dabei dieselben antisemitischen Tiraden, die zur selben Zeit Böckel verwendete, um jüdische Geldleiher und Getreide- und Viehhändler zu verleumden. Unterstützt von Priestern und einer katholischen Laienorganisation, verfügte Lueger über eine viel breitere Basis als Böckel, auch weil die jüdischen Zwischenhändler im ländlichen Österreich weit bekannter waren als in Deutschland. Die Bauern, die unter einer langanhaltenden Agrarkrise stöhnten, waren außer Stande, mit Getreide und Agrarerzeugnissen aus dem Fernhandel zu konkurrieren. Viele wandten sich an jüdische Geldleiher, die häufig einen doppelt so hohen Zinssatz verlangten wie die Banken; diese waren ebenfalls in jüdischem Besitz und weigerten sich, armen Bauern so riskante Kredite zu gewähren.

Die von neuem aufflammenden slawischen Unruhen hatten Franz Joseph veranlaßt, Graf Badeni 1895 zum Ministerpräsidenten zu ernennen. Den Deutschen mißfiel, daß er Pole war, doch vor allem hatte er als Statthalter von Galizien gute Beziehungen zur jüdischen Gemeinde gepflegt. Badeni überging die Deutschen und stellte eine Regierung aus Polen, Tschechen und dem höheren Klerus zusammen. In den Jahren 1896 und 1897 stand seine Regierung auf dem Prüfstand, als die Deutschen in einer von Deutschen und Slowenen bewohnten Gegend randalierten, weil ein Slowenenkongreß Autonomie forderte. Sie forderten die Vertreibung der Slowenen. Auch die Tschechen riefen nach größerer Selbstverwaltung. Um sie zufriedenzustellen, hob Badeni das Kriegsrecht in Prag auf, entließ tschechische Radikale aus dem Gefängnis und setzte den Statthalter von Böhmen ab, einen Gegner der Tschechen.

Im April 1897 löste Badeni eine Flut rassischer Gewalttaten aus, als er anordnete, daß Regierungsbeamte in Böhmen und Mähren bis 1901 ebenso gut Tschechisch lesen und schreiben müßten wie Deutsch. Die deutsche Mittelschicht reagierte empört. Es kam in Wien und anderen Städten zu Ausschreitungen, im Parlament explodierten Feuerwerkskörper, und die Polizei warf widerspenstige Abgeordnete hinaus. Deutsche Restaurants weigerten sich, Tschechen zu bedienen, und umgekehrt; Tschechen ließen ihre Kinder nicht mehr auf deutsche Schulen gehen. Badeni duellierte sich mit einem Schönererianer, in deutschen Gemeinden im ganzen Reich kam es zu Massenprotesten und in allen Universitäten zu Demonstrationen gegen die Habsburger. In einer flammenden Rede auf den Stufen des Rathauses nannte Bürgermeister Lueger die Verordnungen einen Judaslohn für die Tschechen, weil sie Badeni unterstützten. Als seine Rede Krawalle auslöste, erklärte er dem Kaiser dreist, er könne für die Ruhe in der Stadt nicht mehr garantieren. Wien glich einem Heerlager, und viele verbliebene Liberale legten ihre gemäßigte Haltung ab: Theodor Mommsen, ein Unterstützer der Revolution von 1848, sagte, es sei an der Zeit, den Tschechen den Schädel einzuschlagen. Einige Deutsche taten dies wirklich, und einige Tschechen zahlten es ihnen mit gleicher Münze heim. Die Juden wurden von beiden Seiten angegriffen: Für die Tschechen waren sie Deutsche, für die

Deutschen Juden. Landtage wurden geschlossen und das Parlament war durch ständige Krawalle lahmgelegt. Badenis Versuche, randalierende Abgeordnete zur Ordnung zu rufen, hatten einen allgemeinen Auszug zur Folge. Rassistische antitschechische Karikaturen überfluteten die Presse, in denen Tschechen scharf angegriffen wurden, die zu erfolgreichen Bürgern aufgestiegen waren und damit dem Stereotyp des plumpen und dummen tschechischen Bauern widersprachen. Über die Hälfte der Deutschen im Reich beteiligten sich an Unruhen, an der Spitze das Sudetenland, Wien, Prag und Graz. Fünf kaiserliche Landesregierungen wurden gestürzt.

Schönerer trat nun gefährlicher denn je an die Öffentlichkeit. Kaiserliche Regierungsbeamte, einst das Rückgrat der neutralen Habsburger Verwaltung, zählten jetzt zu seinen fanatischsten Anhängern. In Böhmen und Mähren agitierten die Alldeutschen. Schönerer sammelte Zehntausende Unterschriften gegen Badenis Sprachenverordnungen, während alle, die zur Mäßigung und zu Verhandlungen aufriefen, nämlich Sozialisten und Liberale, beschimpft wurden wie nie zuvor. Stets waren Juden das Ziel der Angriffe, gleich welche Ansicht sie vertraten. Zum Entsetzen der Konservativen stimmten die Sozialdemokraten nicht gegen Badenis Sprachverordnungen und verurteilten den Rassismus. Bei der Parteikonferenz von 1899 forderten die Sozialdemokraten nationale Gleichberechtigung und eine Föderation aus verschiedenen Nationalitäten mit kultureller und politischer Autonomie. Sicherlich spekulierten die Sozialisten auf tschechische Stimmengewinne, doch die internationale Gemeinschaft der Arbeiter war ein marxistischer Glaubenssatz. Dennoch beklagten sich viele tschechische Proletarier darüber, daß die Deutschen und die Juden die Partei dominierten.

In Pamphleten wurden die Sozialdemokraten als von Juden angeführte Verteidiger der slawischen »Untermenschen« geschmäht. Häufig wurde angeregt, Tschechen und Juden in Lagern zu »konzentrieren«, andere wollten sie vertreiben. Um die Jahrhundertwende wurden, wie Mosse festgestellt hat, »jedes Jahr Zehntausende von antisemitischen Pamphleten unentgeltlich an alle Beamten und die oberen Zehntausend der Bevölkerung geschickt ...«[10] In westlichen Nationen gab es nichts Vergleichbares, nicht einmal in Deutschland. »Juden raus!« und »Tod den Juden!« tönten die Schlachtrufe auf Demonstrationen der Alldeutschen und gelegentlich bei den Christlichsozialen. Selbst wenn ein Jude Deutsch spreche, schrieb Schönerer, sei er nicht mehr Deutscher als ein Schwarzafrikaner. An Schenken und Restaurants tauchten Schilder auf: keine Tschechen, Juden oder Hunde.

In Wien forderten Menschenmassen die Absetzung von Badeni. Franz Joseph gab schließlich nach, erregte damit aber noch größeren Zorn bei den verschiedenen Nationalitäten. Das Kriegsrecht war nötig, um in vielen Städten die Ordnung wiederherzustellen, nachdem triumphierende Deutsche die Ernennung eines Deutschen als Ministerpräsidenten ankündigten – der prompt deutsche Fanatiker aus dem Gefängnis entließ. Nun randalierten die Tschechen, boykottierten deutsche Geschäfte, schmähten die Habsburger und weigerten sich, Deutsche im Restaurant zu bedienen. Öffentlich wurden Trinksprüche auf Frankreich, auf die Freiheit, auf den Panslawismus, selbst auf Rußland ausgesprochen. Bei einer Versammlung europäischer slawischer Delegierter 1898 löste ein russischer General Beifallsstürme aus, als er daran erinnerte, daß ein Koalitionsheer der Slawen anno 1410 die Ritter des Deutschen Ordens bei Tannenberg besiegt hatte. Die Unterschiede zwischen den Slawen sollten vergessen werden, mahnte er, statt dessen müßten sie sich gegen die Deutschen in beiden Reichen vereinen. Deutsche nannten Prag Klein-Moskau; in Deutschland entrüsteten sich die Konservativen zunehmend über die »slawische Überheblichkeit« und riefen zum Krieg gegen Rußland auf.

Tschechen gründeten in Wien ihre eigenen Schulen. Als Luegers Verwaltung sich weigerte, sie anzuerkennen, schickten die Tschechen ihre Kinder nach Böhmen in die Schule. Der böhmische Landtag wurde erneut funktionsunfähig, als die deutschen Abgeordneten auszogen. Die Universitäten von Linz, Graz und Innsbruck wurden wegen Gewalttaten geschlossen. Aufgestachelt von vielen Dozenten, griffen Schönerers Anhänger Juden als Slawenfreunde an. Bauern rebellierten in Galizien und drohten, alle Juden umzubringen. Im kaiserlichen Heer weigerten sich Tschechen, Anweisungen zu befolgen, die auf deutsch erteilt worden waren, der offiziellen Sprache des Militärs. Straßenkämpfe flackerten auf, die örtliche Verwaltung kam zum Erliegen. Die Regierung herrschte nun überwiegend durch Notstandsverordnungen. Es handelte sich um eine rassische Revolution, das Vorspiel zum deutsch-slawischen Konflikt, der schließlich 1914 ausbrach.

Lueger befand sich in der Defensive. Er mußte mit ansehen, wie Schönerer zum Idol von Millionen Deutschen wurde, mit Ausnahme der

Linken. Bei den Wahlen von 1901 vervierfachten Schönerers Nationalisten ihre Sitzzahl und zogen mit Luegers Partei gleich. Triumphierend zogen Schönerer und seine Anhänger in den Reichsrat ein, sangen die deutsche Nationalhymne und riefen: »Hoch und Heil den Hohenzollern!« und »Gott schütze den Hohenzollern-Kaiser!« Die antisemitische Deutsche Volkspartei erhielt ebensoviel Stimmen wie Lueger, und die Sozialdemokraten bezahlten ihren »Philosemitismus und Proslawismus« mit dem Verlust von vier ihrer vierzehn Sitze. Insgesamt stimmten mehr als die Hälfte der deutschösterreichischen Wähler für Kandidaten, die Gesetze zur Einschränkung der Bürgerrechte der Juden forderten. Die Liberale Partei war auf jene Bezirke zurückgedrängt, in denen mehr als die Hälfte der Wiener Juden lebten. Wäre das Wahlrecht nicht mit einem komplizierten Zensus verknüpft gewesen, so wären überhaupt keine Liberalen gewählt worden. Die Prophezeiung hatte sich erfüllt: Der Liberalismus war jetzt in der Tat jüdisch.

Die Wahlen von 1901 hatten gezeigt, daß achtzig Prozent der Deutschösterreicher Schönerer bewunderten. Doch in seinem Siegestaumel beging er einen verhängnisvollen Fehler: Er hatte die katholische Kirche wegen ihrer internationalen Organisation und ihrer unzähligen slawischen Gläubigen stets gehaßt. Die einzige Religion, die sich seiner Ansicht nach für echte Deutsche zieme, war das Luthertum, die geistige Verkörperung der preußischen Autokratie und deutscher rassischer Instinkte. Auf dem Höhepunkt seiner Popularität im Jahr 1900 startete Schönerer seine berühmte Los-von-Rom-Bewegung, er selbst konvertierte zum Luthertum und überzeugte zwischen fünfzig- und neunzigtausend Konvertiten mit dem Wahlspruch: »Ohne Juda, ohne Rom, wird gebaut Germaniens Dom.«

Gut zweihundert lutheranische Geistliche aus Deutschland, Stoeckers Bund zum Schutz deutschprotestantischer Interessen und lutheranische Laienvereinigungen unterstützten ihn. Die Hälfte der Konvertiten stammte aus den kämpferischen deutschen Gemeinden in Böhmen. Auch wenn Schönerer hoffte, die Konversion werde das deutsche Volk *beider Reiche* vereinen, zog er persönlich die vorchristliche germanische Stammesreligion vor. Die jüdische Bibel sei kein moralisches und religiöses Werk, schrieb er. Der Gründer des Christentums sei kein Arier gewesen. Nach seiner Konversion erklärte er: »Ich bin und bleibe ein Heide.«[11] Doch Schönerers Antikatholizismus, seine Forderung nach dem *Anschluß* und seine despotische Überheblichkeit stießen die Mehrheit der Deutschösterreicher ab.

Lueger griff die Gelegenheit beim Schopf. Die Christlichsoziale Partei organisierte Massendemonstrationen, in denen Schönerer des Hochverrats beschuldigt wurde; Franz Joseph, der Thronerbe Franz Ferdinand, der obere Klerus und der päpstliche Nuntius stellten sich auf ihre Seite. Die Glaubensgrundlage des ländlichen Österreich stand auf dem Spiel, und ganz Österreich fühlte sich an Bismarcks Angriffe gegen die Rechte der katholischen Kirche erinnert. Schönerer hatte seine Chance verspielt. Viele seiner Anhänger schlossen sich später den österreichischen Nazis an; die Kluft zwischen den beiden faschistischen Bewegungen, der klerikalen und der völkischen, blieb bestehen, bis schließlich Hitler im Jahr 1938 Schönerers Traum verwirklichte und die österreichischen Nazis sich gegenüber den klerikalen Faschisten der Christlichsozialen als die Herren aufspielten.

Als Bürgermeister konnte Lueger keine rassistischen Gesetze verabschieden. Deutsche konnten weder den Reichsrat unter ihre Kontrolle bringen, noch die Verfassung ändern; ohne die Zustimmung von Franz Joseph konnten keine Verordnungen erlassen werden. Bei seiner Antrittsrede versprach Lueger jedoch, den jüdischen Einfluß zu beschränken, indem er die Kontrolle »jüdischer« Aktionäre über die städtischen Versorgungswerke beenden werde, danach die Kosten zu senken und die Leistungen für den gewöhnlichen Kunden zu verbessern. Doch die Stadtversorgung von Wien – Beleuchtung, Gas, Straßenbahnen, Wasserwerke und ein Schlachthaus – war neben jüdischen Aktionären auch im Besitz britischer, französischer und nichtjüdischer Aktionäre. Natürlich hatten die erhobenen Tarife nichts mit der Abstammung oder der Religion der Aktionäre zu tun. Dennoch rühmte sich Lueger seiner »arischen« Siege über das internationale jüdische Kapital, als die Stadt die Gaswerke und das Schlachthaus erwarb, die Tarife für die Verbraucher senkte und Schulen und Krankenhäuser errichtete. Die Banken der Stadt weiteten ihr Angebot günstiger Darlehen für Kleinunternehmer aus und spielten den Handwerkern städtische Aufträge zu. Heime für Gesellen auf der Walze wurden errichtet, und die Verhältnisse in Waisenhäusern und Obdachlosenheimen verbessert. Die Familie Rothschild hatte solche wohltätigen Einrichtungen lange vor den Christlichsozialen gegründet, und Ignaz Mandl, der ehemalige jüdische Verbündete von Lueger, hatte diese Reformen bereits in den siebziger Jahren vorgeschlagen. Sogar viele Liberale hatten sie unterstützt. Weil sie die Zusammenhänge des internationalen Finanzsystems nicht begriffen, ließen sich Luegers Handwerker, Angestellte und Ladenbesitzer leicht davon überzeugen, daß vor allem Juden Geld anlegen würden, um Profit zu machen, die Christen nicht. In anderen europäischen Städten wurden ähnliche Reformen durchgeführt, doch lediglich in Wien waren sie mit den angeblichen Machenschaften der Juden verknüpft.

Den Bauern, dem wahren Volk, wie Lueger sie nannte, verschaffte die Christlichsoziale Partei günstige Darlehen und eine Versicherung gegen Naturkatastrophen; ferner versuchte sie, die Agrarpreise zu stützen. Die Schuld für die Agrarkrise der neunziger Jahre schob die Partei jedoch wie üblich den jüdischen Warenhändlern, Landspekulanten, Geldleihern und Zwischenhändlern zu, statt Unfähigkeit zahlreicher österreichischer Bauern, sich neuen Märkten und Konkurrenzsituationen anzupassen. Seit 1880 war ein hoher Anteil kleiner Bauernhöfe bankrott gegangen, und jüdische Zwischenhändler übernahmen den Verkauf, doch die Käufer waren fast ausschließlich Christen – deutsche Gutsbesitzer, wohlhabende Bauern oder reiche Industrielle –, und die Preise richteten sich natürlich nach Angebot und Nachfrage. Dennoch liefen kleine und mittlere Ladenbesitzer zu Lueger über. Der ländliche Antisemitismus war nützlicher denn je, vor allem zu einem Zeitpunkt, da der Sozialismus Wien und andere Städte bedrohte.

Lueger verdient Anerkennung für seine Reformen, aber Tadel dafür, daß er die Verknüpfung von Rassenzugehörigkeit und sozialen Mißständen noch verstärkt hat. Antisemiten aller Länder hoben ihn als den Mann hervor, der am besten gezeigt hat, auf welche Weise Konservative die Liberalen und die Sozialisten besiegen können. Bei einem Besuch in Rumänien, damals und bis 1945 die Heimat des heftigsten mystisch-christlichen Rassismus überhaupt, wurde Lueger als »König der Antisemiten« gepriesen. Lueger war schlicht ein Faschist, auch wenn österreichische Historiker dies leugnen. Bei großen Massenveranstaltungen nahm Lueger, als »Führer« bejubelt, die Paraden paramilitärischer Hilfstruppen ab, die ein »quasi-religiöses [und] quasimilitärisches Zeremoniell« mit einer »antisemitischen und antisozialistischen« Ideologie vereinigten.[12] Die Partei gründete einen Frauenbund, um den »jüdischen und sozialistischen« Verfall der Sitten aufzuhalten, der die Kirche, das Heim und die

Familie bedrohe. Wie auch ähnliche Organisationen der Nazis denunzierte der Frauenbund die gottlose Erwähnung der Gleichberechtigung für Frauen und nannte den Feminismus jüdisch und sozialistisch. Mit gut 20 000 Mitgliedern, nach paramilitärischen Grundsätzen organisiert, verfügte der Frauenbund über sein eigenes Presseorgan, in dem er den Hausfrauen einredete, sie müßten die rassische Reinheit bewahren, und christliche Mädchen ermahnt wurden, nicht für Juden zu arbeiten. Der Frauenbund veröffentlichte Listen jüdischer Händler, die von christlichen Käufern boykottiert werden sollten, vor allem in der Weihnachtszeit. Dasselbe taten die Nazis in den zwanziger Jahren dieses Jahrhunderts. Luegers Leute gründeten ebenso eine antisemitische christliche Lehrervereinigung genauso wie paramilitärische Jugendgruppen, eine Art Lueger-Jugend. Die Stadtverwaltung verteilte an Schulen ein antisemitisches Magazin für Kinder.[13]

Die Christlichsoziale Partei und ihre Anhänger verachteten die neuen kulturellen Strömungen im Wien der Jahrhundertwende, sie erblickten darin, zu Recht, eine Beleidigung ihrer traditionellen Frömmigkeit. Parteiideologen verteidigten die überlieferte christliche germanische Kultur gegen die, wie sie es nannten, Flut des jüdischen »sittlichen Nihilismus«. Sie stellten der Dekadenz der »Bastardkunst« die Frömmigkeit der mittelalterlichen Kunst gegenüber, schmähten sogar Offenbachs Operetten als »obszön und jüdisch«. Nach Ansicht der Kirche und der Partei wurde die christliche Sittlichkeit tödlich bedroht von der Sinnlichkeit der Gemälde von Klimt, von der ausgeklügelten Dekadenz der Geschichten Schnitzlers, von Ibsens Sozialkritik, Schönbergs atonaler Musik und Strindbergs Dramen voller Obszönitäten. Wenn auch diese Künstler keine Juden seien, behaupteten die Parteiideologen hartnäckig, so hätten doch jüdische Kritiker sie berühmt gemacht. Mit der Forderung nach Zensur bildete die Partei antisemitische Autoren- und Theatergruppen, um allein gute arische Kunst zu veröffentlichen und zu produzieren. Lueger ermutigte einen seiner Anhänger, zu Ostern eine polizeiliche Überwachung der Juden zu fordern, um sie von Ritualmorden abzuhalten. Vogelsang war überzeugt, jüdische Kaufleute und Börsenmakler würden sich mit ihren christlichen Mätressen in Biergärten treffen, um über das Osterfest zu lästern.

1907 klagte Lueger, das Schulwesen sei moralisch verseucht von den Juden, und verlangte eine Untersuchung, um zu ermitteln, wie viele österreichische Universitätsdozenten in Wahrheit getaufte Juden seien und subversiv agitierten. Katholischen Kirchenführern gegenüber erklärte er, eine große Aufgabe stehe ihnen noch bevor: die Eroberung der Universitäten.[14] Wie später einige faschistische Parteien bauten auch die Christlichsozialen paramilitärische Organisationen auf. Ein Parteiführer forderte 1898 eine Belohnung für jeden, der einen Juden erschoß. Ein anderer erklärte 1902 im Stadtrat unter lautem Beifall: »Jawohl, wir wollen die Juden vernichten.« Ihr Programm sei die »Beseitigung des Judentums«.[15] Lueger selbst rief 1894 zum Mord an den Juden auf. Ohne die Macht, rassistische Gesetze zu verabschieden, mußte sich die Christlichsoziale Partei aber damit zufriedengeben, Juden aus den Lehrberufen und aus der Stadtverwaltung zu verdrängen und jüdische Händler zu boykottieren.

Im Jahr 1901 tobte der Kampf um die Stimmen der Deutschen zwischen »Schwarzen« und »Roten«, Christlichsozialen und Sozialdemokraten. Lueger versuchte, christliche Gewerkschaften zu gründen, mit wenig Erfolg, weil er lediglich den schwachen Trost der Enzyklika *Rerum Novarum* von Leo XIII. von 1891 anzubieten hatte. Darin verurteilte der Papst zwar kapitalistische Ausbeutung, aber er verbot Streiks und sozialistische Agitation. Alle sollten demütig in dem Glauben arbeiten, das christliche Bewußtsein ihres Arbeitgebers werde ihnen eine gerechte Behandlung bescheren.

Doch der Sozialismus war weiter auf dem Vormarsch. 1905 wurde Viktor Adler ins Parlament gewählt. Die Sozialdemokraten verfügten über etwa fünfzig Zeitungen, die den Einfluß der Kirche auf die Politik anprangerten, und verschiedene Vorschläge für eine Föderation der Nationalitäten wurden unterbreitet, die allen ethnischen Gruppierungen die gleichen Rechte garantieren sollte. Die Sozialdemokraten machten ferner den verschiedenen Nationalitäten innerhalb der Partei Zugeständnisse und bildeten sieben nationale Tochterparteien: eine deutsche, tschechische, kroatische, slowenische, italienische, polnische und ruthenische Organisation. Auch führten sie sozialistische Feiertage ein, bildeten Jugendgruppen, Arbeitergruppen und feministische Frauengruppen – eine Gegenbewegung zu rivalisierenden katholischen Organisationen. Somit waren die Deutschösterreicher in zwei Lager gespalten. Weil das liberale Zentrum zusammengebrochen war, hatte die jüdische Gemeinde im Grunde keine Wahlmöglichkeit mehr.

Die Sozialdemokraten organisierten 1906 Massendemonstrationen für ein allgemeines Wahlrecht, und Lueger war unter dem Vorbehalt von Schutzklauseln für die Deutschen zum Kompromiß bereit. Schönerer beklagte sich erbittert, Lueger würde einer korrupten Dynastie helfen, indem er den slawischen Untermenschen mehr Stimmen einräume und mit den Juden und Sozialisten gemeinsame Sache mache. Da niemand mehr auf ihn hörte, verließ er die Politik, nachdem er bei den Wahlen von 1907 einem Sozialdemokraten unterlegen war. Sein Ruhm und seine Vorstellungen lebten aber in den Grenzgebieten weiter und sollten wiederaufleben, als die Sudetendeutschen im Jahr 1919 der neugegründeten Tschechoslowakei zugesprochen wurden.

1907 stimmte der Kaiser einer riskanten Entscheidung zu: Praktisch alle Männer über Vierundzwanzig konnten Abgeordnete ihrer Nationalität wählen; allerdings wurden die Deutschen durch Garantiesitze privilegiert. Die Christlichsozialen wurden größte Einzelfraktion im Reichsrat. Lueger herrschte immer noch in Wien und erzielte im ländlichen Österreich ein beachtliches Resultat. Der »schöne Karl« war nunmehr für den Thronerben Franz Ferdinand der erste Anwärter auf den Posten des Ministerpräsidenten. Selbst Franz Joseph zählte inzwischen zu Luegers Bewunderern.

Erstmals kandidierten Zionisten zur Wahl und zogen mit fünf Sitzen in den Reichsrat ein. Doch der große Schock der Wahlen von 1907 war der Sieg der Linken, die auf einen Schlag die zweitstärkste Partei im Parlament wurde. Die Panik der Rechten war vergleichbar mit der in Deutschland, als die Sozialdemokraten im Jahr 1912 ihren großen Triumph feierten. Die Oberschicht wandte sich Lueger zu. Von 1907 bis 1914 beherrschten Nationalitätenkonflikte und die Außenpolitik die Habsburger Politik wie nie zuvor. Es gab Ausschreitungen unter Tschechen, Deutschen und beinahe allen Minderheiten, und der ausgeprägte Nationalismus isolierte die Juden noch stärker. Selbst die Sozialdemokratie wurde gespalten, als die tschechischen, polnischen und ukrainischen Sozialisten sich für unabhängig erklärten.

Lueger, der schwer erkrankt war, empfing nun Antisemiten aus allen Ländern. Finanzskandale in der Regierung flogen auf, doch Lueger schwieg dazu; seine Beschuldigungen gegen die Juden waren nicht mehr glaubwürdig. 1911 wurde eine tschechische Schule in Wien geschlossen, das Parlament wurde bestreikt, und einmal mehr brachen Kämpfe zwischen Deutschen und Tschechen aus. Die Regierung stürzte, und Neuwahlen wurden abgehalten. Die Christlichsoziale Partei erhielt 37 Prozent der Stimmen der deutschen Wählerschaft. Die Deutschnationalen, Schönerers Erben, erhielten 31 Prozent, und die Sozialdemokraten 32 Prozent. Somit stimmten bei der letzten Wahl des Habsburger Reiches über zwei Drittel aller Deutschösterreicher für radikale Antisemiten. Dies war das Ergebnis der alldeutschen und christlichsozialen Bemühungen, sämtliche Fragen zu Rassenfragen hochzustilisieren. Doch Wien war nunmehr, wie Berlin, eine Festung der Sozialisten, in der die »Schwarzen« auf die Bezirke der Mittel- und Oberschicht und auf die deutschen Anhänger aus der Provinz beschränkt waren. Lueger konnte nicht länger von Reformen sprechen; dies war nun das Monopol der Sozialisten.

Lueger erlebte nicht mehr, wie sein geliebtes Wien ihn verstieß. Er starb am 10. März 1910. Eine Million Wiener nahmen an seinem Begräbnis teil, das im großen Stil inszeniert wurde: Ein langer Trauerzug folgte den schwarzen Kutschen, gezogen von schwarzen Pferden und begleitet von dumpfen Trommeln und Chopins Trauermarsch. Den Höhepunkt bildeten eine Hohe Messe und eine Aufführung von Mozarts Requiem im Stephansdom. Die Feierlichkeiten dauerten den ganzen Tag, Würdenträger der Kirche und der Politik aus ganz Europa nahmen an ihnen teil. Auch der junge Hitler stand in der riesigen Menge der Trauergäste.

Schönerer starb 1921. In seiner letzten Ansprache rief er zum Sturz des Reiches und zur Einheit mit Deutschland auf. Er schloß mit einem »Heil« für den künftigen Retter der Deutschen und Gestalter von Alldeutschland![16] Als 1917 der Donaumonarchie bereits die Niederlage drohte, gewährte der neue Kaiser Karl I. den tschechischen Nationalisten Amnestie, um die Alliierten milde zu stimmen. Er verlieh gleichzeitig, in der liberalen Tradition von Franz Joseph, dem alternden Einsiedler Schönerer wieder seinen Adelstitel. Schönerer erlebte den Fall des verhaßten Vielvölkerreiches noch mit, aber nicht mehr den Aufstieg von Deutschlands Retter, der sein Schwert erhob, um Deutschland und Österreich zu vereinigen, die Slawen zu erobern und die Juden zu vernichten.

13.
HITLER IN ÖSTERREICH

> Menschliche Kultur und Zivilisation sind auf diesem Erdteil unzertrennlich gebunden an das Vorhandensein eines Ariers. Sein Aussterben oder Untergehen wird auf diesen Erdball wieder die dunklen Schleier einer kulturlosen Zeit senken.
>
> *Adolf Hitler*

Wenn man den Rassismus der Deutschösterreicher betrachtet, war Hitlers Antisemitismus sicher nicht außergewöhnlich. Er war nicht einmal der schlimmste Rassist unter den Nazis, von denen sich viele noch 1937 beschwerten, daß er mit den Juden zu schonend umginge. Hitler wurde 1889 geboren und verbrachte seine Jugend wie Eichmann in der oberösterreichischen Provinzhauptstadt Linz. Dort und in Wien wurde er Zeuge des schärfsten rassistischen Aufruhrs in Europa und eignete sich eine ähnliche politische Einstellung an wie die Mehrheit der österreichischen Mittelschicht. Um 1919 gab es Hunderte von deutschen und österreichischen Aktivisten, die Hitler ähnlich waren, und Dutzende von naziähnlichen Organisationen. Und es gab Millionen, die bereit waren, sich einer im ganzen Land populären Bewegung anzuschließen.

Hitlers Vater, der uneheliche, schlecht ausgebildete Sohn einer Bäuerin, hatte es durch harte Arbeit zum k.u.k. Zollbeamten gebracht und war durch den schwierigen Aufstieg in den Mittelstand streng und verhärtet geworden. Er hatte den selbstgerechten Dogmatismus und das Prestigedenken eines Mannes entwickelt, der gegen große Widerstände und dank großer Selbstdisziplin Erfolg gehabt hat. Alois Hitler teilte den rassischen Nationalismus seiner Kollegen beim österreichischen Zollwachtdienst an der böhmischen Grenze, wo sich der Konflikt zwischen Tschechen und

Deutschen vor allem auf den Kampf um die besseren Posten konzentrierte. Während Hitlers Linzer Schulzeit demonstrierten die Deutschösterreicher beständig gegen tschechische Agitatoren und gegen die Juden. In Linz gab es auch eine starke sozialdemokratische Partei, die den Mittelstand durch ihre Angriffe auf das Eigentumsrecht und ihr Eintreten für die Rechte der Slawen scharf provozierte. Der junge Adolf muß viel lautes und wütendes Gerede über minderwertige Slawen und hochverräterische jüdische Liberale gehört haben. Denn sein Vater war ein schwerer Trinker und keineswegs schweigsam.

Adolf verbrachte die Sommerferien in der Regel im bäuerlichen Milieu, in der Gegend, aus der seine Mutter stammte und in der Schönerer seine politische Karriere begonnen hatte. Seine Mutter kam aus einer bäuerlichen Familie und hat den Antisemitismus ihrer Heimatregion vermutlich mit empfunden. Rassenunruhen waren damals häufig, und der junge Hitler hat wohl seine eigenen Erfahrungen gemacht. Außerdem war die Alldeutsche Partei in Linz gut organisiert. Sie hatte ihre eigene Presse und veranstaltete häufig Demonstrationen gegen Juden, Liberale und Slawen. Hitler prahlte später, er habe als Junge Propagandamaterial der Alldeutschen verteilt. Der einzige Lehrer, den er bewunderte, war ein alldeutscher Historiker und Lokalpolitiker. Hitler war dreizehn, als die Unruhen wegen der Badeni-Erlasse das Land erschütterten, die Beamten gegen die Regierung aufbrachten und Schönerer wieder Auftrieb gaben. Unmittelbar südlich von Linz forderten die Slowenen in gewalttätigen Demonstrationen Autonomie, und die schlimmsten Ausschreitungen von Deutschösterreichern ereigneten sich just zu dem Zeitpunkt, als Adolf eine Reihe persönlicher Niederlagen und Demütigungen erlitt.

In der Grundschule hatte er wegen der Stellung seines Vaters die Bauern- und Handwerkersöhne in seiner Klasse tyrannisieren können, von denen nichts anderes erwartet wurde, als daß sie ihrem Stand treu blieben. In der Realschule jedoch entwickelte sich Adolf zu einem verschlossenen, isolierten Jungen ohne Freunde. Angesichts überlegener Konkurrenten konnte er die Erwartungen seiner Lehrer, seiner Verwandten und vor allem die seines unbarmherzigen Vaters nicht erfüllen, der darauf bestand, daß er sich auf eine Karriere als Beamter vorbereitete. Adolf schnitt in allen Fächern außer Turnen und Zeichnen schlecht ab und drohte als Handwerker zu enden, wenn er nicht besser wurde. Obwohl in Linz insgesamt nur etwa tausend Juden lebten, waren vierzehn

Prozent seiner Schulkameraden Juden. Es muß Hitler tief gedemütigt haben, daß er vor ihren Augen versagte. Auseinandersetzungen zwischen jüdischen und nichtjüdischen Schulkindern kamen überall vor, doch in der haßerfüllten Atmosphäre Österreichs wurden sie von einer Mehrheit des angesehenen Mittelstands begrüßt.

Adolf wurde von seinem Vater unablässig schikaniert und offensichtlich oft geschlagen. Sein älterer Halbbruder verließ wegen der Wutanfälle des Vaters das Haus. Adolf war nun der älteste und einem gnadenlosen Druck ausgeliefert. Seine Mutter war zwar liebevoll bemüht, doch war sie durch die Ehe aus dem Bauernstand aufgestiegen und dürfte sich angesichts ihrer kindlichen Demut und der patriarchalischen Verhältnisse jener Zeit dem Willen ihres Ehemanns kaum widersetzt haben. Hitler sagte später, er habe seinen Vater respektiert, aber nicht geliebt, eine damals übliche Phrase, hinter der sich tiefe Feindseligkeit verbarg – in Hitlers Fall vielleicht gepaart mit Schuldgefühlen über die Erleichterung, die er als Fünfzehnjähriger empfand, als sein Vater 1903 plötzlich starb. Hitlers Mutter verstärkte die Minderwertigkeitsgefühle ihres Sohnes noch, indem sie den Toten regelrecht vergötterte. Die ständige Ermahnung, daß sein Vater unter ungleich härteren Bedingungen Erfolg gehabt hatte, muß für Adolf in der Tat bitter gewesen sein – bis er endlich selbst der allerhöchste Staatsbeamte wurde.

Hitler hätte die nicht bestandenen Prüfungen wiederholen können, verließ 1905 jedoch lieber die Schule mit einem schlechten Abschlußzeugnis und führte zwei Jahre lang ein untätiges Leben auf Kosten der Witwenpension seiner Mutter. Seine ganze damalige Selbstverachtung wurde deutlich, als er später seinen engsten Beratern erzählte, er habe sich nach seinem Schulabgang betrunken und das schlechte Abschlußzeugnis »versehentlich« als Toilettenpapier benutzt. Das weggeworfene Zeugnis wurde gefunden und dem Direktor der Schule gebracht, der den Jungen zu sich bestellte und zutiefst demütigte. Der Sechzehnjährige suchte Trost in einer Phantasiewelt und zog sich fast völlig von seinen Mitmenschen zurück. Hitler behauptete später, er habe sich dem Willen seines Vaters widersetzt und ihm mitgeteilt, daß er Künstler werden wollte. Es ist jedoch zweifelhaft, daß er die psychische Kraft besaß, sich gegen diesen Vater aufzulehnen, insbesondere wenn man den patriarchalischen Absolutismus jener Zeit in Betracht zieht. Hitlers Widerstand war innerlich, der heimliche Glaube, daß ihn die Kunst für die Niederlagen seiner Jugend entschädigen würde. Man kann sich des Verdachts nicht erwehren, daß er erst nach dem Tod seines Vaters vor seiner unterwürfigen Mutter damit prahlte, daß ihn sein künstlerisches Talent über die nüchterne Welt der Bürokraten und den Druck seiner Verwandten hinaushob. Höchstwahrscheinlich war diese Phantasie, die sich lediglich auf gute Noten im Zeichenunterricht stützte, sowohl notwendig als auch brüchig, denn er hütete sich, sie durch praktische Erfahrungen zu gefährden. Weder besuchte er eine Kunstschule, noch hatte er mit der kleinen Gemeinschaft jugendlicher Bohemiens in Linz Kontakt. Statt die geplante Karriere praktisch in Angriff zu nehmen, suchte er sich lieber einen Bewunderer, den er beeindrucken konnte: seinen einzigen Freund August Kubizek. Dieser bezeichnete sich als Adolf Hitlers »schweigenden Zuhörer«, und er konnte Hitler nicht an dessen Versagen erinnern, denn die beiden lernten sich erst kennen, als Hitler die Schule verlassen hatte.

Auch in seiner Lieblingslektüre fand Hitler Trost für sein angeschlagenes Selbstvertrauen. Er verschlang die populären und blutigen Sagen über die siegreichen Kämpfe der arischen Götter und Göttinnen – übermenschliche Taten, Erfolge, die er selbst zu erringen träumte. Kubizek berichtet, er habe mit Hitler eine Aufführung von Wagners *Rienzi* besucht, die Geschichte eines Diktators, der um die Vereinigung Italiens kämpft, ein Reich erobern und die Welt verändern will. Nach der Vorstellung eilte Hitler mit seinem Freund auf einen Hügel, wo er in einer seltsamen Ekstase von seiner göttlichen Mission als künftiger Retter der Germanen in deren ewigem Krieg gegen Juden und Slawen schwärmte. Der von unterdrückten Leidenschaften und Machtgelüsten erfüllte erfolglose Jugendliche fand Trost in den aufsteigenden, unaufgelösten Akkorden Wagners. Sie machten ihn sein Scheitern vergessen und versetzten ihn in das ekstatische, kriegerische Reich eines in der Kunst manifest gewordenen arischen Ideals, das ihm als Deutschem ja im Blut liegen mußte. Kubizek wurde später vom Führer persönlich in die Kultstätte Bayreuth eingeladen, um die Geschichte jener ersten Rienzi-Vorstellung Wagners Tochter zu erzählen, die zu Hitlers Verehrerinnen gehörte. Als Kubizek fertig war, sagte Hitler zu ihr, damals habe alles begonnen.

Selbst Hitlers sexuelle Phantasien als Jugendlicher waren von seiner Wagnerobsession beherrscht. Die wichtigste Erfahrung in seiner Jugend war die Liebe zu einer jungen Frau namens Stefanie, die er jedoch aus Schüchternheit und aus Angst vor erwachsenen Beziehungen nicht persönlich ansprechen wollte. Die Angst vor Zurückweisung ließ den gehemmten Jugendlichen, als Kubizek ihn mit seiner Schüchternheit aufzog, in eine Phantasiewelt geheimer Mächte und künftiger Erfüllung fliehen. Er spüre genau, erzählte er Kubizek, daß er und Stefanie Seelenverwandte seien, doch er könne sie erst um ihre Hand bitten, wenn er ein erfolgreicher Künstler geworden sei. Dann bat er den Freund sogar das Mädchen über seine Zukunftspläne zu informieren. Stefanie sei Brunhild, das blonde, nordische Ideal, erzählte er Kubizek, und er sei Siegfried, der furchtlose Held. Er werde sie aus dem Feuer retten, wie Siegfried in Wagners Zyklus *Der Ring*, oder vielleicht werde er auch Wotan sein, der Gott des Krieges, der Weisheit, der Dichtung und der Magie, Schöpfer von Himmel, Erde und Leben, und sie werde ihm in Walhalla als Walküre aufwarten. Frauen waren also für Hitler keineswegs normale Wesen, sondern entweder der bedrohliche, dunkle Quell des Lebens oder das hehre Objekt der schuldgeschwängerten Sehnsüchte seiner jugendlichen Phantasie. Nur wenn er ein Idol aus der Ferne verehrte, konnte er das Risiko des Scheiterns vermeiden und sich an seinem eigenen potentiellen Glanz berauschen. Während er den direkten Kontakt mit Stefanie mied, zeichnete er die Villen, in denen er mit Stefanie eine idyllische Zukunft erleben würde.

Hitlers Mutter, die den Männern in ihrem Leben stets dienstbare Hausfrau war, erlaubte ihm, auf ihre Kosten zu leben. 1907 hatte sie eine Krebsoperation und Hitler half, sie zu pflegen. Seine Mutter starb innerhalb weniger Wochen. Dann ging er nach Wien, um die Aufnahmeprüfung für die Kunstakademie zu machen. Es hielt ihn nichts mehr in Linz, wo es nur noch nörgelnde Verwandte und Zeugen seines Scheiterns gab. Er wollte in Wien Karriere machen. Doch er fiel bei der Aufnahmeprüfung durch. Und bei einem zweiten Versuch wurden seine Zeichnungen so negativ beurteilt, daß er nicht einmal zur Prüfung zugelassen wurde. Ein engagierter junger Künstler hätte sich über das Urteil der konservativen Akademiemitglieder verächtlich hinweggesetzt und unter den jungen radikalen Künstlern Wiens Gleichgesinnte gefunden, doch Hitler haßte die moderne Kunst. Steif, autoritär und voller Furcht, sich gehen zu lassen, konnte er auf die exakte Perspektive und die genaue Wiedergabe der Formen und Farben, wie sie von dem normalen Auge wahrgenommen werden, nicht verzichten. Die wenigen von ihm gezeichneten Menschen wirken wie Puppen. Er konnte nicht aus inneren Quellen schöpfen, um sich auszudrücken; und er verzichtete sein ganzes Leben lang darauf, seine Gefühle zu erforschen. Für die fortschrittlichen Künstler seiner Generation bot eine leere Leinwand alle Möglichkeiten, Hitler jedoch zeichnete solide Ausschnitte der architektonischen Realität, so steif und pedantisch wie auf einem Zeichenbrett, ohne emotionalen Gehalt, gute Bildpostkarten, nichts weiter. Die Prüfer an der Kunstakademie rieten ihm zu einem Architekturstudium. Doch er fürchtete, vielleicht erneut zu scheitern und zeichnete lieber gewaltige Bauwerke im stillen Kämmerlein. Schon in Linz hatte er seinem Freund auf stundenlangen Spaziergängen geschildert, wie er diese Stadt seiner Niederlagen eines Tages völlig abreißen und durch selbstentworfene Gebäude ersetzen würde – eine Phantasie, zu der er, wie seine Sekretärin schreibt, zurückkehrte, als er kurz vor dem endgültigen Scheitern in seinem Berliner Bunker saß.

Wie Luegers Kulturkommissare konnte auch Hitler die Freizügigkeit der Wiener Kultur nicht ausstehen. Erotische Entartung verkündeten die rotgelbe Haut der üppigen Körper und die eckig verzerrten Proportionen auf den Leinwänden Klimts und Schieles; Schnitzlers kunstvoller Zynismus, seine sentimentale Dekadenz und seine Geschichten über beiläufigen Sex waren eine Beleidigung für die Konservativen, und seine Novelle *Leutnant Gustl,* die von der Feigheit eines Soldaten handelt, erregte sogar das Mißfallen von Hof und Kaiser. Die atonale Musik Schönbergs, Weberns und Bergs löste Tumulte aus. Hitler haßte den Expressionismus, genau wie er später die Weimarer Kultur hassen sollte. Sein Bedürfnis nach den Sicherheiten der traditionellen Kunst wurde in einer Zeit, als die Kunst noch Anstoß erregen konnte, von Millionen geteilt. Selbst wenn Hitler Architektur studiert hätte, wäre er von der Avantgarde verachtet worden, denn die von ihm so bewunderten massiven Bauwerke Wiens wurden von den Modernen als überladene und pompöse Relikte verspottet. Wie Alldeutsche und Christlichsoziale lehnte auch Hitler die moderne Kultur als »jüdischen« moralischen Verfall ab – Ansichten, die auch in seiner bevorzugten Zeitung, dem vulgär-rassistischen *Deutschen Volksblatt* vertreten wurden. Hier wurde Hitler für seine Demütigungen entschädigt: Die moderne Kunst war »entartet«, »jüdisch«, »bastardisiert«. Für Hitler waren die Juden für »die Masse« der »unsauberen Produkte des öffentlichen Kunstlebens« verantwortlich, »für neun Zehntel allen literarischen Schmutzes, künstlerischen Kitsches und theatralischen Blödsinns«.[1] Diese Ansichten waren nicht außergewöhnlich. Schon lange vor der

Gründung der NSDAP wurden deren ästhetische Normen von zahllosen Antisemiten vertreten und fanden teilweise auch beim Bürgertum Zustimmung, das beim Gang durch die festungsartigen Museen Klassiker betrachtete, und nicht durch moderne Werke gestört werden wollte. Die Rassisten glaubten, die realistische und heroische nordische Kunst würde nur deshalb verachtet, weil Deutschland von französischem Geschmack und jüdischen Kritikern beherrscht war. Die Zurückweisung durch die Akademie war für Hitler deshalb eine tiefe Kränkung, weil sie von anerkannten Künstlern ausgesprochen wurde, die Hitlers eigene Maßstäbe verteidigten. Sie bedeutete die endgültige Bestätigung seines Scheiterns. Und wenn er kein Künstler war, war er ein Nichts. Nur der Glaube an die eigene rassische Überlegenheit war ihm nun noch als letzter und unüberwindlicher Schutz für sein Selbstvertrauen geblieben.

Weitere Schicksalsschläge folgten: Hitlers Bewunderer Kubizek, der ihm in eine Unterkunft in einem der ärmeren Viertel Wiens gefolgt war, wurde im Fach Bratsche als Student in die Kunstakademie aufgenommen. Hitler mochte dem Freund die eigene Niederlage nicht gestehen und behauptete, auch er sei aufgenommen worden. Tatsächlich jedoch verbrachte er seine Zeit in der Oper oder zeichnete neue Bauwerke für Wien, Bühnenbilder für Wagner-Opern und sogar ganze Städte. Auch entwarf er auf germanischen Sagen basierende Panoramaszenen von außerordentlicher Wildheit, und er plante sogar, Wagners *Wieland der Schmied* zu vollenden, eine sadistische Sage von Rache, Vergewaltigung und Mord. Abends ging er ruhelos in seinem Zimmer auf und ab, und schwadronierte vor seinem Freund über sein Schicksal als Retter der Nation. Als Kubizek herausfand, daß Hitler doch kein Akademiestudent war, und ihn deswegen zur Rede stellte, reagierte Hitler mit einer wütenden Schimpftirade gegen dumme Beamte, die kein Kunstverständnis hätten und sogar Frauen zum Studium zuließen.

Kubizek wurde in das Orchester der Akademie aufgenommen und hatte bald eigene Schüler. Als er Frauen zum Unterricht mit nach Hause brachte, muß Hitler vor Neid gekocht haben. Hitler nahm auch an einer Feier am Ende von Kubizeks erstem Studienjahr teil. Dort wurde nicht nur eine Komposition von Kubizek gespielt, sondern der Direktor der Schule gratulierte ihm sogar zu seinen guten Noten und riet ihm, sich beim Wiener Symphonieorchester zu bewerben. Das war zuviel. Als Kubizek aus den Sommerferien zurückkehrte, ließ Hitler eine Verabredung platzen und hinterließ auch keine Adresse. Er war nun wirklich ein absoluter Einzelgänger geworden, strich von wilden Sehnsüchten erfüllt durch die Straßen, spürte eine innere Kraft, die er durch nichts beweisen konnte, und war mehr denn je auf den Glauben angewiesen, daß der Wert eines Mannes nach seinen inneren rassischen Tugenden bemessen wird. Millionen teilten diese Ansicht, doch für den gescheiterten Hitler war sie die letzte Hoffnung. Wien zog viele junge Leute aus der Provinz an, wurde jedoch für die meisten zu einem Ort des Scheiterns. Die Einwohnerzahl stieg rapide, weit schneller als in Paris oder London; die Wohnungsnot war entsetzlich, die Arbeitslosigkeit hoch, und die Polizei schickte permanent Neuankömmlinge in ihre Heimatdörfer zurück. Auch in anderen Ländern waren Rechtsradikale häufig Menschen, die es aus der Provinz in die Großstadt verschlagen hatte. Schockiert über das Stadtleben und über die unverhohlene Verachtung traditioneller Ansichten, wie sie von den Anarchisten und der sozialistischen Presse gepredigt wurde, schlossen sich viele Provinzler faschistischen Zirkeln an, die das Weltbild ihrer Heimat wenigstens symbolisch und in Mythen bewahrten. Sie errichteten eine rassistische Mauer zwischen sich und denjenigen Fremden, deren Erfolg allzu offensichtlich war.

In *Mein Kampf* erzählt Hitler die erfundene Geschichte von einem Jungen, der aus einer ländlichen Stadt in die Großstadt kommt, um Arbeit zu finden, jedoch durch Armut, moralische Korrumpierung und den herzlosen Zynismus der Großstadt dem Volk verloren geht. Hitler verabscheute Wien, die zweite Stadt, in der er scheiterte. Er sollte Großstädte sein Leben lang hassen. Später in seinem rassereinen Reich im Osten, sollten sie dem Erdboden gleichgemacht werden. Hitler war nicht der Typ, der die freie und leichte Lebensart vieler Einwohner Wiens genossen hätte, das zumindest oberflächlich eine Stadt des Weines, des Tanzes, der leichten Oper und der kultivierten Distanz zu wilden Gefühlswallungen war – die ideale Kultur, um einen Provinzler zu schockieren. Hitler mied das intellektuelle Gespräch und den geistreichen Witz.

Hitler verkaufte eigene Zeichnungen an Touristen, um seine Waisenrente und eine kleine Erbschaft aufzustocken. Möglich, daß er tatsächlich einen Streit mit einem jüdischen Händler hatte, der vor Gericht endete, doch solche Begegnungen werden zu oft angeführt, um zuviel zu erklären. Wie bei allen Rassisten bedurfte es auch bei Hitler keiner direkten persönlichen Erfahrungen, um später zum Antisemiten zu werden. Tatsächlich taugt der Jude dann am besten als Symbol, wenn man sich durch die Vielschichtigkeit des Juden als Mensch nicht stören läßt. Hitler war gezwungen, in ein Männerwohnheim zu ziehen, eine Institution, die teilweise von den Rothschilds finanziert und deshalb um so mehr gehaßt wurde. Er lernte auch Suppenküchen kennen, wenn er versuchte, seine Postkarten in Vierteln zu verkaufen, die von armen, erst kürzlich angekommenen Slawen und orthodoxen Juden aus dem Osten bewohnt wurden. Allein das Bewußtsein, daß er zur Herrenrasse gehörte, dürfte ihn vor völliger Verzweiflung bewahrt haben. In den Armenvierteln begegnete er zum ersten Mal Juden aus dem Osten, deren orthodoxe Kleidung, Religion und jiddische Sprache die rassische Bedrohung symbolisierten, die so viele Wiener fürchteten. Viele dieser Ostjuden waren kleine Händler, doch Hitler war – sehr zum eigenen Verdruß – genau dasselbe. Seinen Antisemitismus führte Hitler fälschlicherweise auf die Begegnung mit orthodoxen Juden zurück. Diese unsauberen und abstoßend unheroischen »Kaftanträger« waren an jedem »Unrat« und jeder »Schamlosigkeit« beteiligt. »Sowie man nur vorsichtig in eine solche Geschwulst hineinschnitt«, schrieb Hitler, »fand man wie die Made im faulenden Leibe, oft ganz geblendet vom plötzlichen Lichte, ein Jüdlein.«[2] Antisemiten sind auf Stereotype angewiesen; verderbtes Blut muß sich in verderbten Gesichtszügen enthüllen. Doch es waren die erfolgreichen Juden, die Hitler das eigene Scheitern am schmerzlichsten bewußt machten. Nichts löste bei dem erfolglosen Antisemiten schlimmere Aggressionen aus, als der erfolgreiche Jude als lebender Gegenbeweis der arischen Überlegenheit. Hitler betonte, daß kein Jude je etwas Wertvolles geschaffen habe; was immer die Juden erreicht hatten, mußte notwendigerweise das Ergebnis einer internationalen Verschwörung sein. Hitlers Gewaltbereitschaft und sein messianisches Überlegenheitsgefühl wurden durch seinen Existenzkampf verstärkt. Sein Bild von den Juden durfte nicht erschüttert werden, sonst wäre er ein Nichts gewesen und hätte sich selbst für seine Lage verantwortlich machen müssen.

Rassisten trennen scharf zwischen Gut und Böse, um die Unsicherheit und die Zweifel komplexer Urteile zu vermeiden. Hitlers bevorzugtes Hetzblatt veröffentlichte unter der Überschrift »Kauft nur bei Christen« rassistische Rührstücke – unbewiesene Geschichten von jüdischen Kaufleuten, Bankiers, Rechtsanwälten und Ärzten, die Arier betrogen. Taaffes Polizei zog die schlimmsten Ausgaben aus dem Verkehr und verbot den

Verkauf des Blattes in staatlichen Geschäften, doch es war in Hunderten von Kneipen und Restaurants als Lektüre ausgelegt. Auch phantastische Geschichten über die Verunreinigung arischen Bluts durch Geschlechtsverkehr - ideologisch legitimierte Pornographie - gab es in Hitlers Lieblingsblatt im Überfluß. Die Liberale Partei hatte 1873 aus Gesundheitsgründen die Prostitution legalisiert, um sie besser kontrollieren zu können, doch die rassistische Presse nahm die Legalisierung als Beispiel für die Verdorbenheit des jüdischen Liberalismus. Kubizek berichtet, Hitler sei mehrmals mit ihm durch das Rotlichtviertel gestreift und habe sich darüber ausgelassen, wie wichtig es sei, sein Blut bis zur Heirat rein zu halten. Homosexualität war ebenfalls gefürchtet und verhaßt und wurde auf »jüdisches Blut« zurückgeführt. Daß die Sozialdemokraten für die Rechte der Homosexuellen eintraten, war für die Antisemiten der Beweis, daß Homosexualität tatsächlich eine jüdische Krankheit war. Lange bevor die Nazis Homosexuelle ermordeten, schlugen rechtsgerichtete Banden in Wien und Berlin Schwule zusammen, nicht nur, um sie auszurauben oder als »Sport«, wie es in westlichen Ländern häufig vorkam, sondern mit dem »edlen Motiv«, die Reinheit der Rasse zu schützen. Die antisemitischen Blätter verunglimpften die »jüdische« Presse, weil sie Anzeigen mit spärlich bekleideten Frauen veröffentlichte. Selbst Ratenkäufe waren ein Beweis, daß jüdische Einzelhändler Nichtjuden in die Verschuldung trieben.

Als Hitler in den zwanziger Jahren für politische Ämter kandidierte, brachte er den völkischen Flügel der NSDAP zum Schweigen, denn dieser schreckte christliche Wähler ab. In Wien jedoch suchte er Trost in den extremsten Formen rassischer Überlegenheitsgefühle und studierte eifrig die Schriften des Fanz von Liebenfels, eines ehemaligen Mönchs und fanatischen Schönerer-Anhängers, der mit Hingabe den Kult des blonden, durchtrainierten arischen Kriegers predigte. Liebenfels veröffentlichte unter dem Zeichen des Hakenkreuzes eine nach der germanischen Göttin des Frühlings *Ostara* benannte Zeitschrift, in der er die Ausrottung minderwertiger Rassen propagierte. *Ostara* hatte eine Auflage von 100 000 Exemplaren und lag wie das *Volksblatt* in Gaststätten aus. Liebenfels war »von Visionen über die sexuelle Impotenz des arischen Mannes gequält« und fürchtete die weibliche Sexualität, weil er meinte, daß sie die arische Frau zu rassisch minderwertigen Männern hinzöge.[3] Eva Braun, Hitlers Geliebte und am Ende seine Frau, hat angedeutet,

Hitler sei sexuell nicht besonders aktiv gewesen. Trotzdem wurde viel über mögliche sexuelle Ausschweifungen Hitlers spekuliert. Sein Sexualleben ist jedoch, ob bizarr oder langweilig, in unserem Zusammenhang uninteressant. Es ist die rassisch orientierte Sexualpolitik, die sich schädlich auswirkt. Hitlers von Wagner inspirierte Phantasien über »Stefanie« hatten eine dunkle rassistisch-pornographische Kehrseite: blonde nordische Frauen, die von jüdischen Bordellbesitzern verlockt und durch die finsteren Kräfte minderwertiger Rassen gefährdet werden. Sein bevorzugtes Hetzblatt »enthüllte«, daß »jüdische« Zuhälter, Bordellbesitzer und Mädchenhändler arische Jungfrauen verführten, um deren Blut zu vergiften. Für Hitler und Gleichgesinnte reichte schlichte Pornographie nicht aus. Interrassischer Sex hatte einen konspirativen Zweck. Laut *Ostara* zerstörten die minderwertigen Rassen durch Geschlechtsverkehr das Blut der höheren. Juden nahmen diese in Schutz, indem sie Assimilation und Toleranz predigten, was in Hitlers obszönen Worten zur »Verführung von Hunderten und Tausenden von Mädchen durch widerwärtige, krummbeinige Judenbastarde« führte, also ein bewußter Schachzug im Rassenkampf war.[4]

Ostara könnte Hitlers Glauben an die eigene rassische Überlegenheit erschüttert haben, denn in der Zeitschrift erschien ein Schaubild, auf dem die Leser ihre Gesichtszüge mit dem arischen Ideal vergleichen konnten. Wenn Hitler sich des Schaubilds bediente – und wer hätte dem widerstehen können? –, dann schnitt er, wie Robert Waite gezeigt hat, nur wenig arisch ab.[5] Ein Schock, der bewirkt haben muß, daß er sein Verhalten um so arischer zu gestalten versuchte. Später verbot die NSDAP ihren Funktionären, weiterhin auf dem blonden, blauäugigen Ideal zu beharren, und erklärte Hitler zum höchsten arischen Typus. Vielleicht fürchtete Hitler sogar, jüdische Vorfahren zu haben, obwohl er, wie heute bewiesen ist, keine hatte. Auch die Furcht, von jüdischem Blut verseucht zu sein, hätte ihn sicherlich dazu getrieben, das Gegenteil zu beweisen. Die Sorge um die Reinheit seines Blutes mag auch der Grund gewesen sein, warum er sein Leben lang vermied, seine Körpersäfte durch Alkohol-, Nikotin- oder Fleischgenuß zu vergiften. Fritsch und die Völkischen lebten ebenso abstinent. Angesichts der Rassenvermischung im Lauf der Jahrhunderte konnte kaum ein Deutscher sicher sein, daß er keine jüdischen Vorfahren hatte. Hitler war sich bewußt, daß keine Rasse wirklich rein war, doch er ging von einer relativen Reinheit der Arier aus und hoffte, diese ganz wiederherstellen zu können, wenn er die Quelle der Verunreinigung vernichtete.

In dem verzweifelten Bestreben, seine Größe zu beweisen, nutzte er die eine große Fähigkeit, die er besaß, und versuchte die Obdachlosen mit seinem Rednertalent zu beeindrucken. Wegen seiner endlosen Tiraden wäre er fast aus dem Männerwohnheim geflogen. So überzeugend war seine Redekunst, daß manche Historiker sie fälschlicherweise als wichtige Ursache für seinen Aufstieg betrachten. Hitlers Faszination als Redner lag jedoch in seiner einfachen Weltsicht begründet. Die Stimme der Vernunft ist vorsichtig und nachdenklich, und der konsensorientierte Politiker spricht ruhig und wenig leidenschaftlich. Dagegen verfügt der Demagoge, der die komplexen Probleme der Realität auf simple Parolen reduziert, dank seiner krassen, wuterfüllten Vereinfachungen über ein dröhnendes Charisma. Der harte, dramatische Sprechrhythmus, den wir aus alten Wochenschauen kennen, war bei der radikalen Rechten (und Linken) weit verbreitet: Böckel, Ahlwardt und Lenin sollen dieses Talent (wenn's denn eins ist) besessen haben; Streicher und Goebbels hatten es mit Sicherheit, und in den USA konnten Father Coughlin und Gerald L. K. Smith ihnen durchaus das Wasser reichen. Diese Demagogen setzten ihren eigenen Haß und den ihres Publikums frei, das mit der Ekstase einer Erweckungsversammlung reagierte. Genau wie sie begeisterte auch Hitler nur jene, die seine Wut teilten; »Sieg Heil« wurde gebrüllt, weil er alles vermied, was neu, komplex oder nachdenklich gewesen wäre, und nur wiederholte, was sein Publikum in einer jahrzehntealten rassistischen Kultur bereits absorbiert hatte.

Außer rassistischem Schund las Hitler nicht viel, seine politischen Ansichten waren durch Erfahrungen geprägt. Als er nach Wien zog, hatte die rassische Konfrontation in der Stadt ihren Höhepunkt erreicht. Hitler hatte keine Ahnung von der parlamentarischen Praxis im westlichen Ausland, doch er besuchte häufig das Parlament in Wien, das damals durch ethnische Konflikte gelähmt war. Die Parlamentarier waren in Volksgruppen gespalten, und man erwartete von ihnen, daß sie die Interessen ihrer jeweiligen ethnischen Gruppe über die des Staates stellten. Pragmatische Verständigung war Verrat an der eigenen Rasse. Hitler kam schnell zu dem Schluß, daß Politik ein Krieg zwischen den Rassen, Demokratie eine tödliche Bedrohung für das deutsche Blut und rassische Loyalität die höchste Tugend sei. Wie Hunderttausende anderer Deutschösterreicher glaubte auch er, »daß nicht die Erhaltung eines Staates oder gar einer Regierung höchster Zweck des Daseins der Menschen ist, sondern die Bewahrung ihrer Art«.[6] Die Deutschen mußten das »parlamentarische Mehrheitsprinzip« abschaffen, das »gegen den aristokratischen Grundgedanken der Natur« verstieß. Sie sollten ihren rassischen Instinkten vertrauen und mit ihrem Blut denken.[7] Der Krieg zwischen den Rassen war der Kern der nationalsozialistischen Ideologie, und in Österreich hatten die ethnischen Differenzen viel mit der Verteilung von Arbeitsplätzen, dem sozialen Status und der Höhe des Einkommens zu tun. Laut Kubizek erging sich Hitler nach seinen Besuchen im Parlament häufig in wilden Schimpftiraden über den Verrat der Habsburger an der germanischen Rasse. Die Konzessionen des Vielvölkerstaats an die ethnischen Minderheiten schmälerten den gescheiterten Existenzen wie Hitler ihre ohnehin mageren Berufschancen und fügten ihnen tiefe psychische Wunden zu.

Die Antisemiten in Deutschland identifizierten die Juden mit dem Liberalismus. Als Hitler nach Wien kam, war dies kein Vorurteil mehr, denn fast alle Wählerstimmen für die Liberalen kamen aus den jüdischen Vierteln, und der Liberalismus war am Ende. Der Sozialismus war die große Bedrohung. In Linz waren die Sozialdemokraten bereits die Mehrheitspartei. Während Hitler in Wien lebte, erhielten die Sozialdemokraten in Österreich ein Viertel und in Deutschland ein Drittel der Wählerstimmen. Um sich beim Proletariat einzuschmeicheln, behauptete Hitler fälschlicherweise, er habe als Bauarbeiter dessen Schicksal geteilt und erfahren, daß der Sozialismus ein jüdischer Betrug sei. Wenn Hitler wirklich mit Arbeitern sprach, waren sie vermutlich Mitbewohner in seinem Obdachlosenasyl. Diese Leute hätten alles abgelehnt, schrieb Hitler,

> die Nation, als eine Erfindung der »kapitalistischen« (Wie oft mußte ich nur allein dieses Wort hören) Klassen; das Vaterland, als Instrument der Bourgeoisie zur Ausbeutung der Arbeiterschaft; die Autorität des Gesetzes, als Mittel zur Unterdrückung des Proletariats; die Schule, als Institut zur Züchtung des Sklavenmaterials, aber auch der Sklavenhalter; die Religion, als Mittel der Verblödung des zur Ausbeutung bestimmten Volkes; die Moral als Zeichen dummer Schafsgeduld usw. Es gab da rein gar nichts, was so nicht in den Kot einer entsetzlichen Tiefe gezogen wurde.[8]

Im Gegensatz zu Stoecker und Lueger hatte Hitler am Kapitalismus nichts auszusetzen. Er wollte lediglich die Arbeiterin zum Zwecke der Arterhaltung pfleglich behandelt wissen, »wenigstens in den Monaten, da sie unter dem Herzen schon den kommenden Volksgenossen trägt«.[9] Der Fortbestand der Rasse mußte gesichert werden. Wie Hitler behauptete, hatte die »Entdeckung«, daß die Juden den Sozialismus anführten – was er aus den jüdischen Namen auf sozialistischen Schriften schloß – sein Leben grundlegend verändert. Er fand es jedoch sinnlos, den Marxismus zu widerlegen. Was er wissen mußte, stand in seinen Hetzblättern. Der Marxismus dagegen war ein vom Rassenfeind produziertes geistiges Gift, das dieser selbst nicht ernst nahm. In Hitlers Wiener Zeit erhielten die Sozialdemokraten die Hälfte der slawischen Stimmen und vereinten den Klassen- und den Rassenfeind unter der Parole »Das Proletariat hat kein Vaterland«. Hitler konterte: »Nur die Kenntnis des Judentums allein bietet den Schlüssel zum Erfassen der wirklichen Absichten der Sozialdemokratie.«[10] Er argumentierte wie Luther, wenn er behauptete, es sei nutzlos, mit Juden zu debattieren. Sie seien »wahre Teufel … deren Tätigkeit … zum Zusammenbruch der menschlichen Kultur und damit zur Verödung der Welt führen muß«.[11] Auch glaubte er wie Luther, Lueger und Schönerer, keine noch so intensive Überzeugungsarbeit könne an der »teuflischen Gewandtheit« der Juden etwas ändern. Um ihre »unseligen Opfer« zu schützen, müsse man »den Verführer und Verderber … an die Wand schlagen«.[12] Denn: »Siegt der Jude mit Hilfe seines marxistischen Glaubensbekenntnisses über die Völker dieser Welt, dann wird seine Krone der Totenkranz der Menschheit sein, dann wird dieser Planet wieder wie einst vor Jahrmillionen menschenleer durch den Äther ziehen.«[13]

Gewaltsame ethnische Konflikte bringen bekanntlich brutale, tödliche und paranoide Unterscheidungen zwischen Freund und Feind hervor. Unter den antisemitischen Bewegungen waren die Alldeutschen in dieser Beziehung besonders radikal: Was immer die Juden unterstützten, was immer sie sagten, was immer ihre soziale Rolle war, sie hatten das Ziel, die germanischen Völker zu vernichten. Schon in Wien glaubte Hitler wie Tausende andere auch, daß die Juden einer einheitlichen rassischen Verschwörung angehörten: Jüdische internationale Finanziers beuteten die Arbeiter aus, damit jüdische Sozialisten sie zur Revolution treiben konnten; jüdische Demokraten griffen den autoritären Militärstaat an, um die Starken besiegen zu können; jüdische Intellektuelle zogen christliche Werte in den Dreck, um der feindlichen Rasse ihre Kraft zu entziehen; das internationale jüdische Kapital stürzte die Weltwirtschaft in die Krise und löste zum Vorteil der eigenen Rasse Revolutionen und Kriege aus. Für Hitler war jeder Jude ein tödlicher Feind der Zivilisation. Wenn die Deutschen dies nicht sahen, dann, weil die Juden in Jahrhunderten halbherziger Unterdrückung durch die Christenheit die Fähigkeit entwickelt hatten, ihre wahren Motive zu verbergen und die Stärken ihrer Feinde zu ihrem Vorteil zu nutzen.

Es wäre ein beklagenswerter Irrtum anzunehmen, daß ein Österreicher zum Führer der Nazis werden *mußte,* doch die Erfahrungen des jungen Hitler waren von Nutzen, und er war sich dessen bewußt. Man kann sagen, daß er von Schönerer die Ideologie und von Lueger die Strategie übernahm, wobei er natürlich beides den deutschen Verhältnissen von 1919 anpaßte. Obwohl er fast nie die Verdienste anderer anerkannte, lobte er sowohl Schönerer als auch Lueger. Schönerers Alldeutsche hätten enthüllt, daß die Habsburger Österreich an ein wertloses Völkergemisch verkauften, und sie hätten »den herrlichen Begriff der Vaterlandsliebe aus der Umarmung dieser traurigen Dynastie« befreit.[14] Hitler freute sich auf den Zusammenbruch dieses »unmöglichen Staates« und auf die Stunde der Freiheit für sein geliebtes österreichisches Volk. Nur so würde »der Anschluß meiner geliebten Heimat an das gemeinsame Vaterland, das Deutsche Reich« möglich sein.[15] »Wußten wir nicht als Jungen schon, daß dieser österreichische Staat keine Liebe zu uns Deutschen besaß?«[16] beschreibt Hitler seine alldeutsche Einstellung als Schüler. Auch Schönerer »kannte die Sehnsucht derjenigen, die in schmerzlicher Ergriffenheit die Stunde ersehnen, die sie wieder an das Herz der treuen Mutter zurückkehren läßt«.[17] Hitler kritisierte jedoch, daß Schönerers Alldeutsche ihre Energie in einem zum Untergang verurteilten Parlament von politischen Amateuren verschwendeten. Aus diesem Grund hätten die Massen die Alldeutschen nie verstanden. Außerdem habe die jüdische Presse ihre Ideen verzerrt dargestellt und Schönerer sich mit seinen feurigen Reden nie an die Massen auf der Straße gewandt – ein Fehler, denn: »Völkerschicksale vermag nur ein Sturm von heißer Leidenschaft zu wenden.«[18] Auch Schönerers Angriffe auf den Katholizismus sah Hitler kritisch: »Dem politischen Führer haben religiöse Lehren und Einrichtungen seines Volkes immer unantastbar zu sein.«[19] Hitler verbot den Mitgliedern seiner Partei, das Christentum anzugreifen, obwohl viele den Haß der Alldeutschen auf den Katholizismus teilten.

Lueger war nach Hitlers Ansicht politisch geschickter gewesen: Er nahm auf die religiösen Empfindlichkeiten der Massen Rücksicht und gewann dadurch die Unterstützung der katholischen Kirche, die normalerweise eine Waffe der Habsburger war. Auch stieß er die alten Eliten nie vor den Kopf. Und er wußte, daß alle »großen Bewegungen ... Volksbewegungen sind, Vulkanausbrüche menschlicher Leidenschaften ... aufgewühlt durch die ... Not oder durch die Brandfackel des ... Wortes«.[20] Kompromisse mit Parlamentariern hielt Hitler für fatal; man mußte sich direkt an die Massen wenden. Im Gegensatz zu Schönerer versäumte Lueger nicht, sich um die wirtschaftlichen Bedürfnisse des Mittelstands zu kümmern. Er begriff »die Bedeutung der sozialen Frage«.[21] Außerdem baute er auf die Macht des christlichen Antisemitismus, allerdings mit einem fatalen, aber unvermeidlichen Nachteil: Die Abhängigkeit von der Kirche zwang ihn zu dem Zugeständnis, daß der richtige Glaube die Rassenzugehörigkeit nebensächlich machte; »ein Guß Taufwasser« genügte, und der Jude war gerettet. Der christlichsoziale Rassismus war in Hitlers Augen zu halbherzig; die Juden waren letztlich in Sicherheit, und sie wußten es. Die Umstände zwangen Lueger zum Opfer der Wahrheit, daß nämlich die Rassenzugehörigkeit entscheidend war. Weil er den Vielvölkerstaat unbedingt retten wollte, hatte er gegenüber den Slawen nicht den ganzen Furor teutonicus entfesseln können. Hitler berichtet von seiner »inneren Ergriffenheit« bei Luegers Beerdigung, schreibt jedoch, sein Werk sei vergeblich gewesen. »Hätte Dr. Karl Lueger in Deutschland gelebt, würde er in die Reihen der großen Köpfe unseres Volkes gestellt worden sein; daß er in diesem unmöglichen Staate wirkte, war das Unglück seines Werkes und seiner selbst.«[22] Vor allem jedoch erklärte sich Luegers Erfolg durch die Tatsache, daß der Haß auf den wirklichen Feind konzentriert werden mußte, auf die Juden. Bei Lueger lernte Hitler seine wichtigste und verhängnisvollste Lektion: »Überhaupt besteht die Kunst aller wahrhaft großen Volksführer in allen Zeiten ... darin, die Aufmerksamkeit eines Volkes nicht zu zersplittern, sondern immer auf einen einzigen Gegner zu konzentrieren.«[23]

Lueger war für Hitler der letzte große Deutsche in Österreich gewesen, ein größerer Staatsmann als all die Diplomaten jener Zeit zusammengenommen.[24] Doch es war die Aufgabe des Deutschen Reichs, das Schicksal des germanischen Volkes in die Hand zu nehmen. Taktisch war Hitlers Außenpolitik von den Folgen des Ersten Weltkriegs bestimmt, doch die Strategie hatte er in Wien gelernt. Deutschlands Hauptziel mußte die Einheit sein und ein rassischer Eroberungskrieg gegen die Slawen. Auch mit diesen Zielen stand Hitler keineswegs allein. Wie für Millionen von Deutschösterreichern aus der Mittel- und Oberschicht war der Krieg von 1914–1918 auch für ihn die unvermeidliche Konfrontation zwischen Germanen und Slawen. Daß er ausgerechnet durch einen Konflikt zwischen Serben und Deutschen ausgelöst wurde, schien dafür eine überwältigende Bestätigung zu sein.

Als der Krieg näherrückte, war Hitler außer sich vor Begeisterung. 1909 hatte er sich nicht für den österreichischen Militärdienst gemeldet, weil er nicht für Habsburg, sondern für Deutschland kämpfen wollte. 1913 ging er nach München. Wie er in *Mein Kampf* schrieb, hatte er schon, als für Lueger die Totenglocken läuteten, den kommenden Krieg geahnt, denn damals »zuckten bereits die Flämmchen auf dem Balkan von Monat zu Monat gieriger hervor«. Nichts habe diesen Staat der Rassenschande mehr retten können; er habe damals schon gewußt, daß das Habsburgerreich nicht überleben werde. Nur sein Untergang habe den Deutschen die Erlösung bringen können. Der Krieg wurde von Hitler als glanzvolle Gelegenheit betrachtet, alte Fehler wiedergutzumachen und seine männlich-rassischen Instinkte freizusetzen, die er seit seiner Jugend in sich gefühlt, aber unterdrückt hatte. »Ich schäme mich auch heute nicht, es zu sagen«, schrieb er über seine Gefühle bei Kriegsausbruch, »daß ich überwältigt von stürmischer Begeisterung in die Knie gesunken war und dem Himmel aus übervollem Herzen dankte, daß er mir das Glück geschenkt, in dieser Zeit leben zu dürfen.«[25] Es existiert ein berühmtes Foto, das Hitlers freudig erregtes Gesicht in einer Menschenmenge zeigt, die sich zur Proklamation der Kriegserklärung auf dem Münchner Odeonsplatz versammelt hatte. Hitler meldete sich sofort freiwillig. Die meisten Europäer reagierten mit Ausnahme vieler Sozialisten verhalten positiv auf den Kriegsausbruch, bei den Nationalisten aber löste er einen Taumel der Begeisterung aus. In Mitteleuropa begrüßten Millionen einen Konflikt der Rassen um die Vorherrschaft auf dem Kontinent. Die meisten rechneten mit einem kurzen Krieg, doch bis 1915 hatten Maschinengewehre, Schnellfeuergeschütze und der Grabenkrieg von der alten ritterlichen Kriegführung nichts übrig gelassen. Bei vielen Zivilisten galt schon der Hinweis, daß auch im Feind etwas Gutes stecken könnte, als Hochverrat. Als die Zahl der Toten stieg, fielen auch Vernunft und Mitgefühl dem Krieg zum Opfer. Nicht zuletzt durch die Regierungspropaganda in allen Ländern wurde der Haß zwischen den Nationen und Nationalitäten im Krieg weiter angefacht.

Hitler gefiel das schreckliche und radikale Freund-Feind-Denken des Krieges. Als Meldegänger hatte er zwar noch immer eine einsame Aufgabe, doch er ließ sich nicht mehr ziellos treiben. Er diente nun der vornehmsten und populärsten Sache. Obwohl er für Tapferkeit im Gefecht dekoriert wurde, gehörte er nicht zu den Soldaten, die befördert wurden; er sollte nie ein guter Vermittler sein. Der Krieg bestätigte seinen Glauben an eine Verschwörung gegen die Deutschen. Von der Front schrieb er, der deutsche Soldat habe nur einen Gedanken: den äußeren Feind zu besiegen und dann in der Heimat die Rechnung mit den Juden zu begleichen. Später meinte er, die Deutschen hätten siegen können, »hätte man zu Kriegsbeginn zwölf- oder fünfzehntausend dieser hebräischen Volksverderber so unter Gas gehalten wie Hunderttausende unserer allerbesten Arbeiter«, und er vertrat die Ansicht, daß »ehe man Feinde besiegt, erst der Feind im Inneren vernichtet werden muß«.[26]

Nach der Niederlage von 1918 wurden die Ansichten und der Haß des jungen Hitler von Millionen verbitterter Deutscher geteilt. Der gescheiterte, nun zum verwundeten und dekorierten Helden gewandelte junge Mann, wurde zusammen mit Hunderttausenden in Deutschland und Österreich ein eingeschworener Feind der Weimarer Republik, die er als Schöpfung der rachsüchtigen Alliierten und des internationalen Judentums betrachtete. Österreich-Ungarn war untergegangen, und slawische Staaten waren neu entstanden. Rußland war bolschewistisch, »jüdische« Sozialisten beherrschten die Weimarer Republik, der Kommunismus drohte. Millionen waren nun für die Ideen eines Hitler empfänglich geworden. Wie Hitler schrieb, hatte er in Wien gelernt, wem der deutsche Mittelstand im Falle einer Katastrophe folgte und wen er vernichtete. Die NS-Ideologie war keineswegs die Schöpfung eines Psychopathen und einiger weniger Gefolgsleute. Sie war eine extreme Version von Ideen, die Millionen schon seit langem vertraut waren. Nicht daß ein besessener Fanatiker irgendwie an die Macht gelangte, ist die Tragödie, sondern daß sein militanter Rassenhaß von Millionen seiner deutschen und österreichischen Landsleute geteilt wurde.

14.
DER ERSTE WELTKRIEG

Und so sehr mein Haß gegen die Raubtiernatur der Gegner fortlodert, ebenso heiß ist auch mein Zorn und meine Empörung über die deutschen Gewaltpolitiker, die uns durch ihre Überhebung und ihre Dummheit in diesen Abgrund gerissen haben. Wir hätten im Laufe des Krieges wiederholt den Verständigungsfrieden haben können, wenn nicht die maßlosen Ansprüche des alldeutsch-militaristisch-konservativen Konzerns ihn unmöglich gemacht hätten.

Friedrich Meinecke

Im Jahr 1912 erteilten die Wähler dem Obrigkeitsstaat eine eindeutige Absage. Doch dieser war durch die undemokratische Verfassung Preußens geschützt und besaß mit der Außenpolitik noch immer eine wirksame Waffe gegen Demokratisierung und Sozialreform. Das Militär wollte den Krieg und drängte Österreich-Ungarn, oft ohne das Außenministerium zu informieren, zu einer aggressiveren Politik. Reichskanzler Bethmann Hollweg, der die undankbare Aufgabe hatte, Europa davon zu überzeugen, daß Deutschland keine aggressiven Absichten verfolgte, setzte 1913 im Reichstag den größten Militärhaushalt der deutschen Geschichte durch, galt bei Hofe jedoch trotzdem als schwach. Freunden gegenüber beklagte er, daß Deutschland Frankreich, Rußland und England durch eine unverantwortliche Außenpolitik gegen sich aufgebracht hatte, die die Linke im eigenen Land schwächen sollte. Als der Kaiser ein Verbot der Sozialdemokraten forderte, erhob Bethmann Einspruch, was ihm sofort den Spitznamen »der jüdische Kanzler« einbrachte, obwohl dieser pflichtbewußte Bürokrat ein williges Werkzeug der Eliten blieb.

Die führenden Reichstagsabgeordneten wurden nie über seine Außenpolitik informiert; Staatsgeheimnisse durften nicht mit Zivilisten und Sozialisten geteilt werden, und die Rechte wußte, daß ein gut informierter Reichstag eine Politik der Versöhnung gefordert hätte. Deutschlands absolute Forderungen waren unerfüllbar: Nur wenn die Russen ihre Balkanpläne aufgaben, wenn sich die Franzosen mit dem Status einer zweitklassigen Macht abfanden und wenn die Briten Deutschland erlaubten, den Kontinent zu beherrschen, und sie zu einer gleichwertigen Seemacht aufsteigen ließen, war ein Krieg zu vermeiden. Kein Realist konnte erwarten, daß auch nur eine dieser Forderungen erfüllt würde.

Nicht allein Deutschland betrieb aggressive Außenpolitik, doch nur in Deutschland, Österreich und Rußland war sie ein Ersatz für Reformen. Die französische Republik und die britische Regierung waren nicht gefährdet, Österreich-Ungarn jedoch drohte ohne einen Krieg die Auflösung, und die Eliten in Deutschland und Österreich sahen ihre Macht und ihre Privilegien durch die zunehmende Macht der Linken bedroht. Außerdem hielten sowohl die deutschen Nationalisten als auch die russischen Panslawisten einen Krieg um die rassische Vorherrschaft für notwendig. Es gab keine Kriegsschuld in einem eindeutigen Sinne; der Krieg war die ehrenhafte Profession des Adels, und nur wenige sahen voraus, daß das Gemetzel eines modernen Krieges die Jugend Europas dahinraffen würde.

Als die Front im Westen in einem blutigen Grabenkrieg erstarrte, blühten in allen kriegführenden Ländern Nationalismus und ethnischer Haß. Zukunftsängste wurden unerträglich, und die von der Regierungspropaganda verkündeten rassischen Stereotype wurden nahezu allgemein akzeptiert. Da die Juden auf allen Seiten kämpften und noch immer als *ein* Volk galten, schwebten sie in der größten Gefahr. In Publikationen der Alliierten wurden sie beschuldigt, ihre liberalen Prinzipien zu verraten, wenn sie für den Obrigkeitsstaat kämpften; in deutschen Publikationen hieß es, sie würden insgeheim die Alliierten unterstützen, da diese Liberale seien. Tatsächlich unterstützten die jüdischen Gemeinschaften die Kriegsanstrengungen ihres jeweiligen Landes, wobei die russischen Juden verständlicherweise am wenigsten Begeisterung zeigten. Die deutschen Juden hofften, ihre Opfer im Krieg würden die Allgemeinheit von ihrem Patriotismus überzeugen, und tatsächlich wurde der Antisemitismus in Deutschland zunächst im Namen der nationalen Einheit gedämpft. Als der Krieg weiterwütete und unter den eingezogenen Zivilisten massenhaft Opfer forderte, versuchten alle Regierungen, die Unterstützung ihrer Völker mit der Verkündung hoher moralischer Ziele zu sichern. Die Alliierten erklärten, die Welt für die Demokratie sichern zu wollen, obwohl auch das autoritär beherrschte Rußland mit ihnen verbündet war. Deutschland hatte keine derart universale Botschaft, berief sich jedoch auf die Verteidigung der überlegenen germanischen Kultur. Die Juden waren dabei ausgeschlossen.

Auf deutscher Seite wurde der Rassismus vom Militär aktiv gefördert und war bald schon schlimmer als vor dem Krieg. Als die Juden der Drückebergerei beschuldigt wurden, veranlaßte der Generalstab das Kriegsministeriums eine Zählung der Juden an der Front durchzuführen. Die Ergebnisse wurden nie veröffentlicht, denn sie zeigten, daß der Anteil an gefallenen Juden dem an gefallenen Stadtbewohnern entsprach und nur wenig unter dem Durchschnitt der Gesamtbevölkerung lag, während die Bauern am schwersten zu leiden hatten. Wenn man in Betracht zog, daß Soldaten mit außergewöhnlicher Bildung oder besonderen beruflichen Fähigkeiten besonders oft für Aufgaben hinter der Front gebraucht wurden, waren die jüdischen Verluste sogar höher, als zu erwarten gewesen wäre. Außerdem wurde fast die Hälfte der deutschen Juden, die im Krieg gedient hatten, dekoriert. In einer Armee, die dafür berüchtigt war, daß sie jüdische Soldaten mit Verachtung behandelte, waren diese Orden sicher doppelt verdient. Der Antisemitismus an der Front war so stark, daß deutsch-jüdische Offiziere oft überrascht waren, daß man ihre Befehle befolgte.

Im Reichstag protestierten nur die Sozialdemokraten und Fortschrittlichen gegen die schlechte Behandlung der jüdischen Soldaten, doch ihre Beschwerden wurden als Philosemitismus abgetan. Kein Beweis jüdischer Tapferkeit in der Schlacht durfte den hochgeschätzten Mythos von der Überlegenheit des preußisch-germanischen Kriegers zerstören, denn auf diesem Mythos beruhte der historische Anspruch der Elite auf ihre Vorrechte. Jüdische Gruppen forderten als Lohn für den Patriotismus der jüdischen Gemeinschaft ein Ende der Diskriminierung. Doch es wurde auch behauptet, die Juden kämpften nicht aus Liebe zu Deutschland so tapfer, sondern nur um Rußland für seinen berechtigten Antisemitismus zu strafen. Kein Wunder, daß der Zionismus in diesem Klima unter jüdischen Soldaten populär wurde.[1]

Jüdische Geschäftsleute stellten ihre Talente in den Dienst der deutschen Kriegsanstrengungen. Der bekannteste von ihnen, Walther Rathenau, warnte 1914 die Oberste Heeresleitung, Deutschland werde den Krieg verlieren, wenn nicht große Mengen an Rohstoffen gesammelt würden. Er wußte im Gegensatz zu den meisten Generälen, daß die Industriekapazität ein kriegsentscheidender Faktor sein würde. Rathenau erhielt die Aufgabe, die deutsche Industrieproduktion zu organisieren. Trotzdem symbolisierte der Jude auch weiterhin Verrat, und nichts was die Juden taten, konnte daran etwas ändern. Als 1916 das Gerücht aufkam, die in verschiedenen wirtschaftlichen Ämtern arbeitenden Juden würden dem Land schaden, verlangte sogar der gemäßigte Zentrumsabgeordnete Matthias Erzberger von der Regierung, die tatsächliche Anzahl von Juden auf diesen Posten zu ermitteln. Rathenau wurde als Leiter der Kriegsrohstoffabteilung verdächtigt, andere Juden zu begünstigen. Der Bund der Landwirte und die Konservativen unterstützten Erzbergers Forderung; die Sozialdemokraten reagierten mit der Forderung nach einer Untersuchung über die Mitglieder der Oberschicht, die für den Krieg keine Opfer brachten. Der Vorsitzende des Vereins zur Abwehr des Antisemitismus, Georg Gothein, wies darauf hin, daß die Juden, hätte man sie nicht von der Offizierslaufbahn ausgeschlossen, Deutschland nicht nur mit ihren ökonomischen Fähigkeiten hätten dienen können. Walther Rathenau hatte im Frieden kein Patent als Reserveoffizier erhalten. Das Gutachten ergab, daß Juden in Regierungsämtern nicht überrepräsentiert waren, was kaum überraschte, angesichts ihrer Diskriminierung vor dem Krieg. Niemand zählte die adligen oder die nichtjüdischen Drückeberger. Nach dem Krieg wurden Rathenau und die jüdischen Industriellen als die Drahtzieher der Niederlage diffamiert, obwohl sich die Historiker einig sind, daß Deutschland ohne Rathenaus Leistung den Krieg nicht annähernd so lange durchgehalten hätte.

Als der Krieg sich in die Länge zog und die Verluste stiegen, wurden die antisemitischen Publikationen giftiger denn je, und das Kriegsministerium wurde mit unbewiesenen Gerüchten über jüdische Drückeberger Schwarzmarkthändler und Umstürzler überschwemmt. Der Philosoph Max Hildebert Boehm schrieb, einstweilen hätten »die Weltjuden die Macht über die Erde« und seien »nicht gesonnen, sie aus der Hand zu geben«, deshalb gelte es, »bis zum letzten Blutstropfen gegen die verhohlene Verjudung des Europäismus und vor allem des Deutschtums« zu kämpfen.[2] Im Jahr 1916 schickten Theodor Fritsch und Alfred Roth als

Vertreter antisemitischer Gruppen ein Memorandum an den Kaiser, in dem sie behaupteten, jüdische Spekulanten würden vom Krieg profitieren, indem sie lebenswichtige Rohstoffe aufkauften. Die Alldeutschen machten nicht nur die britische Blockade, sondern auch jüdische Kriegsgewinnler für die Nahrungsmittelknappheit und Defizite in der Industrieproduktion verantwortlich, wobei sie die gewaltigen Kriegsgewinne alldeutscher Industrieller geflissentlich verschwiegen – so etwa die Gewinne des »Ultrapatrioten« Krupp, den man zu Beginn des Krieges mit höheren Preisen hatte bestechen müssen, damit er keinen Stahl mehr für die Munitionsherstellung an Frankreich verkaufte. Als die Briten den Juden in der Balfour-Deklaration eine nationale Heimstätte in Palästina versprachen, wurden die Juden beschuldigt, die Alliierten bestochen zu haben und sie heimlich zu unterstützen. Ende 1917, als in Deutschland Hunger herrschte, tauchte das völkische Symbol des Hakenkreuzes bei neuen, noch militanteren rassistischen Organisationen auf.

Deutsche Militärführer, Industrielle, Adlige und Akademiker forderten im Falle eines Sieges die Annexion von Teilen Belgiens, der Niederlande, Frankreichs und Westrußlands sowie weitere Gebiete in Osteuropa und in Übersee. Mit Ausnahme der Sozialdemokraten traten alle deutschen Parteien in gewissem Umfang für Annexionen ein. Kriegszieldiskussionen waren kein spezifisch deutsches Phänomen, doch die Ziele des Alldeutschen Verbands, des Bunds der Landwirte und der patriotischen Vereine waren extremer und gingen mit Angriffen auf das »internationale Judentum« und der Forderung nach »Lebensraum« einher. Über den Industriellen, Kriegsgewinnler und führenden konservativen Politiker Alfred Hugenberg deponierten Industrielle mehrere Millionen Mark auf Schwarzkonten, mit denen sie Zeitungen und Zeitschriften förderten, die extreme Kriegsziele vertraten. Deutschlands Herrscher fürchteten, die Bevölkerung werde nicht mehr lange die erforderlichen Opfer bringen, wenn ihr nicht große Territorialgewinne in Aussicht gestellt wurden, nachdem die Demokratieversprechen der Alliierten nach dem Ausscheiden Rußlands und dem Kriegseintritt der Vereinigten Staaten wesentlich glaubwürdiger geworden waren.

Im Jahr 1916 streckte Bethmann Hollweg vorsichtig Friedensfühler aus, wurde jedoch durch die Rücktrittsdrohung von Deutschlands berühmtesten Feldherren Ludendorff und Hindenburg zu einem Rückzieher gezwungen. Im selben Jahr brach der linke Flügel der Sozialdemokraten mit der Mutterpartei, um für einen Frieden ohne Annexionen zu agitieren. Inzwischen war klargeworden, daß eine humane und gerechte Beendigung des blutigen Patts für alle Länder weit vorteilhafter sein würde als potentielle Geländegewinne. Der abgespaltene linke Flügel der SPD, die Unabhängige Sozialdemokratische Partei Deutschlands (USPD), wurde rundheraus als Partei jüdischer Hochverräter denunziert, die man erschießen sollte. Auch Bethmann Hollweg und Karl I., der Nachfolger des österreichischen Kaisers Franz Josef, wurden wegen ihrer Friedensbemühungen beschuldigt, im Interesse der Juden zu handeln. Im Sommer 1917 brachte das katholische Zentrum eine Resolution für einen Frieden ohne erzwungene Annexionen oder Reparationen zur Abstimmung. Ludendorff wies den Vorschlag im Namen der Obersten Heeresleitung und des Kaisers empört zurück. Rußland stand kurz vor der Niederlage, und Ludendorff wollte ein Reich im Osten errichten. Ein Frieden ohne Annexionen, betonte er, würde bedeuten, daß Fortschrittliche und Sozialdemokraten im Nachkriegsdeutschland regieren würden.

Alldeutsche, Mitglieder des Bunds der Landwirte, Veteranenverbände, Mitglieder der Deutschkonservativen Partei und antisemitische Gruppen organisierten eine wilde Kampagne gegen die Friedensresolution. Unter Führung von Admiral Alfred von Tirpitz, dem Befürworter des uneingeschränkten U-Boot-Krieges, wurde eine Vaterlandspartei gegründet, die der Friedensresolution energisch entgegen trat und gewaltige Annexionen forderte. Bis 1918 hatte die Partei Zehntausende von Mitgliedern, und sie wurde von der Schwerindustrie mit riesigen Summen unterstützt. Das ungeheure Gemetzel von Verdun hatte sogar einen Teil des Generalstabs demoralisiert; doch die höchsten Militärführer warnten entschieden vor den negativen Konsequenzen für die Moral, falls das Heer durch die Resolution »einen Dolchstoß in den Rücken« erhielte. Trotzdem wurde die Friedensresolution im Juli 1917 mit den Stimmen der Sozialdemokraten, des Zentrums und der Fortschrittlichen gegen die Stimmen der Nationalliberalen und Deutschkonservativen verabschiedet, und die verzweifelten Alldeutschen verkündeten: »Der Reichstag der Judenwahlen wird einen Judenfrieden machen!«[3]

Wer zu einem Verständigungsfrieden aufrief, wurde in allen europäischen Ländern in der Presse beschimpft und häufig sogar wegen Unterstützung des Feindes ins Gefängnis geworfen. Nur in Deutschland gelang es jedoch, Millionen einzureden, der Aufruf zum Frieden sei nur ein weiteres Beispiel für einen gemeinsamen Hochverrat von Juden, Katholiken und Sozialisten unmittelbar vor dem deutschen Triumph. Bethmann Hollweg wurde wegen seiner vorsichtigen Unterstützung der Friedensresolution und seines Widerstandes gegen den uneingeschränkten U-Boot-Krieg von den Alldeutschen, von diversen patriotischen Vereinen, von H. S. Chamberlain und von Theodor Fritsch als Werkzeug der Juden beschimpft. Schließlich wurde er durch die Generäle zum Rücktritt gezwungen und durch einen Erfüllungsgehilfen des Militärs, Georg Michaelis, ersetzt. Deutschland war zu einer Militärdiktatur geworden. Die Generäle mißachteten die Friedensresolution, doch sie vergaßen sie nie. In der Weimarer Republik behaupteten die Rassisten steif und fest, sie sei verabschiedet worden, weil der 1912 mit jüdischem Gold gekaufte Reichstag das Deutsche Reich habe sabotieren wollen.

Ende 1917 hieß es in den alldeutschen Schriften, der Krieg finde in Wirklichkeit zwischen den Deutschen und dem Judentum statt, und für die Juden habe »der Kampf ums Dasein begonnen«.[4] Der alldeutsche Publizist Professor Hans von Liebig schickte an verschiedene militärische und politische Führer ein Memorandum über die Umsturzbestrebungen der Juden, in dem er Bethmann Hollweg als »Kanzler des deutschen Judentums« bezeichnete.[5] Im Winter 1917/18 war es in den höchsten Kreisen allgemein üblich geworden, vom »jüdischen Reichstag« zu sprechen, insbesondere, als der Kaiser gezwungen war, zur Hebung der deutschen Moral für die Zeit nach dem Sieg demokratische Reformen zu versprechen. Wenn Deutschland geschlagen würde, so behaupteten die Alldeutschen, dann werde der jüdische Reichstag einen jüdischen Frieden schließen und Deutschland zu hohen Reparationszahlungen zwingen, und die jüdisch beherrschten Sozialdemokraten kämen an die Macht, die schon immer gegen die Militärausgaben gekämpft hätten. Hatten nicht die »jüdischen Führer« der Sozialisten, Rosa Luxemburg und Karl Liebknecht, schon 1914 erklärt, das Proletariat solle diesen »kapitalistischen« Krieg nicht unterstützen? Als Lenin einen Frieden ohne Annexionen forderte, jubelte die Rechte über diesen sicheren Beweis für die »jüdisch-bolschewistische« Weltverschwörung. Jüdische Zeitschriften berichteten über ein starkes Wiederaufleben des Antisemitismus; selbst in anderen Ländern brachten Juden ihr Unbehagen über den wachsenden Rassismus in Deutschland zum Ausdruck.

Im Jahr 1917 ergriffen die Bolschewiki in Rußland die Macht, und schon bald begannen die Friedensverhandlungen. Im März 1918 demonstrierten die deutschen Generäle, was der Westen zu erwarten hatte, wenn Deutschland den Krieg gewann. Durch den Friedensvertrag von Brest-Litowsk erhielt Deutschland ein Drittel des besiedelten Landes einschließlich der Bevölkerung Rußlands, die Hälfte der russischen Schwerindustrie und fast alle Kohleminen. Nur die Sozialdemokraten waren gegen diese drakonischen Friedensbedingungen. Außerdem begann der Generalstab sofort einen Gürtel von Satellitenstaaten in Polen, der Ukraine und Rußland zu organisieren, der sich bis in den Kaukasus hinein erstrecken sollte. Die Eroberung von Lebensraum war nie ein Ziel, das nur von den Nazis vertreten wurde. Ludendorff und seine Offizierskollegen brauchten vierzig Divisionen, um den Osten zu befrieden, und beeinträchtigten damit die Kriegsanstrengungen im Westen. Auch die Verwendung ausländischer und jüdischer Zwangsarbeiter war keine Erfindung der Nationalsozialisten. Auf entsprechende Forderungen von Industriellen deportierte das Heer 66 000 belgische Arbeiter nach Deutschland; auch etwa 30 000 Juden aus dem Osten, die vor Pogromen geflohen waren, wurden gezwungen, in der Rüstungsindustrie zu arbeiten.

Für die Rechte waren die Bolschewiki eine Tarnorganisation des internationalen Judentums. Antisemiten auf der ganzen Welt hegten diese Ansicht, doch in Deutschland war sie in in den höchsten Kreisen vorherrschend. »Die Verhandlungen mit den Juden in Brest-Litowsk«, schrieb Ludendorffs Berater Oberstleutnant Max Bauer, Verbindungsoffizier zur Regierung und Vertrauensmann der Alldeutschen in der Obersten Heeresleitung, »hatten den großen Vorteil, daß die Ziele der internationalen Geheimbünde durch den großmäuligen Juden Trotzki verraten wurden … Die internationalen Geheimbünde maßen sich das Recht an, durch ihre Umsturzbestrebungen in die Geschicke der Völker einzugreifen. Demgegenüber haben die monarchischen Staaten die heilige Pflicht, für die monarchischen Grundsätze auch außerhalb ihrer Grenzen einzugreifen.«[6] Begeistert von Rußlands Zusammenbruch, erklärten die Alldeutschen, Deutschland stehe an der Schwelle zur Weltmacht, wenn nur die »rot-goldene Internationale« gebrochen werde.

Im Frühjahr 1918 scheiterte Ludendorffs letzte Offensive, amerikanische Truppen trafen ein, und die Moral der Armee sank rapide. Am 14. August erklärte Ludendorff einem schockierten Reichstag, Deutschland benötige einen Waffenstillstand und eine republikanische Regierung, um die Alliierten zu besänftigen; im September wurde die völlig überraschte Öffentlichkeit informiert. Bis ganz zum Schluß hatte die Militärzensur nur Siegesmeldungen zugelassen, und selbst den Reichstag hatte man nicht richtig informiert. Die Niederlage erschien geradezu unwirklich: Rußland hatte kapituliert, Deutschland hatte nichts von seinem Territorium verloren, und seine Truppen marschierten intakt und diszipliniert nach Hause. Kein Politiker wagte es, von einer Niederlage zu sprechen. Selbst die Führer der Sozialdemokraten hießen die Truppen offiziell als Sieger willkommen. Schon jetzt breitete sich die berühmte »Dolchstoßlegende« aus: Die deutschen Soldaten waren durch den Zusammenbruch der Heimatfront verraten worden. »Jüdische« Drückeberger, Kriegsgewinnler und streikende Sozialisten wurden für die Niederlage verantwortlich gemacht, und nicht die Eliten, deren Politik in die Katastrophe geführt hatte. In Wirklichkeit hatte es in Großbritannien und Frankreich mehr Streiks gegeben als in Deutschland und nichtjüdische Industrielle hatten am meisten vom Krieg profitiert. Der Öffentlichkeit wurde nicht mitgeteilt, daß sich im Frühjahr 1918 viele deutsche Einheiten geweigert hatten weiterzukämpfen und jene verhöhnt hatten, die es taten. Tragischerweise wurde der Rassismus dazu benutzt, den enttäuschten Massen ein Ventil zu verschaffen und die alten Herrscher zu schützen. Viele Linke spielten dem Obrigkeitsstaat in die Hände, indem sie Offiziere auf der Straße beleidigten und zusammenschlugen. Im November 1918 riet die Armeeführung ihren Offizieren, in der Öffentlichkeit keine Uniform mehr zu tragen.

Ludendorff hatte gehofft, das Heer für weitere Schlachten umgruppieren zu können. Als diese Illusion verflog, bestand er auf einen Waffenstillstand, der auf Wilsons Vierzehn Punkten basierte, über die er sich lustig gemacht hatte, als der Sieg noch bevorzustehen schien. Als man Kaiser Wilhelm II. mitteilte, daß er abdanken müsse, antwortete er zornig, »er denke gar nicht daran, wegen der paar 100 Juden und der 1000 Arbeiter den Thron zu verlassen«.[7] Ludendorff hatte schon vor dem Krieg geglaubt, daß jüdische Sozialisten und das katholische Zentrum Deutschlands Vorbereitungen auf den »unvermeidlichen Krieg« sabotierten, indem sie die Militärausgaben beschnitten – schuldig waren die Juden und andere, die sich in »künstliche Juden« verwandelt hatten. Auch die Weimarer Republik war ihr Werk. Als Ludendorff 1919 von einer tiefen Depression und vielleicht auch von den Geistern der Toten gequält wurde, war er mehr als andere auf Verschwörungstheorien angewiesen. Der Schlüssel zur Weltgeschichte, schrieb er später, »liege insonderheit in dem Wirken der geheimen überstaatlichen Mächte, des Juden mit seinen Wahnlehren von der Christenlehre bis zum Kommunismus und Bolschewismus und Roms mit entsprechenden Irrlehren, die wie beim Juden, in der Bibel und im Okkultismus wurzelten«.[8]

Im Jahr 1919 widmete sich Ludendorff der Aufgabe, den »Sumpf international-pazifistisch defaitistischen Denkens« des Judentums und des Vatikans trockenzulegen, weil diese angeblich das rassische Erbe und den Nationalcharakter der Deutschen systematisch zerstörten.[9] Zusammen mit seiner Frau brachte er zahlreiche Pamphlete zur Weltverschwörung heraus, von denen sich eines eine halbe Million Mal verkaufte. Ludendorff arbeitete mit Tausenden von Gleichgesinnten zusammen, und er nutzte sein hohes Ansehen, um für die extreme Rechte, einschließlich der Nazis, bei alten Bekannten aus Industrie und Heer gewaltige Summen aufzutreiben. 1923 verkündete er öffentlich seine Partnerschaft mit Hitler, er nahm am Hitlerputsch teil und wurde 1924 als Abgeordneter der NSDAP in den Reichstag gewählt. Für ihn und Hitler war der Krieg von 1914–1918 nur die erste Schlacht gewesen. In seinem Buch *Kriegführung und Politik* forderte Ludendorff eine Diktatur für Deutschland, um alle Ressourcen für den nächsten, totalen Krieg zu mobilisieren. Zunächst jedoch müsse Deutschland »judenrein« werden. Nach 1933 beschwerte er sich, wie viele Nazis in den ersten Jahren der NS-Herrschaft, daß Hitler zu sanft mit den Juden umgehe.

Die deutsche Öffentlichkeit war über die scheinbar so plötzliche Wende des Krieges entsetzt und für Verschwörungstheorien aller Art empfänglich. Der Alldeutsche Verband gründete einen Judenausschuß, um »die Lage zu Fanfaren gegen das Judentum und die Juden als Blitzableiter für alles Unrecht zu benutzen«. Der Führer des Verbands, Heinrich Claß, zitierte Heinrich von Kleist, der während des Napoleonkriegs bezüglich der Franzosen gesagt hatte: »Schlagt sie tot, das Weltgericht fragt Euch nach den Gründen nicht.«[10] In einem vielgelesenen Pamphlet von 1919 behauptete der alldeutsche Publizist Liebig, das internationale Judentum habe den Krieg angezettelt, um aus dem Tod von Millionen Gewinn zu schlagen. Später wurde Liebig aus dem Alldeutschen Verband ausgeschlossen, weil er von einem im 18. Jahrhundert konvertierten Juden abstammte. Allerdings war selbst Himmler gewillt, seinen SS-Leuten einen derartigen Makel in ihrer Ahnenreihe zu verzeihen.

Was die Konservativen seit 1871 gefürchtet hatten, geschah nach dem Krieg: Die Monarchie wurde durch eine von den Sozialdemokraten regierte demokratische Republik ersetzt; das Österreichisch-Ungarische Reich löste sich auf, mit Hilfe mißgünstiger Verbündeter errangen »minderwertige Slawen« in Gebieten die Herrschaft, wo einst die Deutschen die Herren gewesen waren; Wien war nicht mehr die Hauptstadt eines Reichs, sondern einer unbedeutenden, ebenfalls von Sozialdemokraten regierten Republik, die sich mit Deutschland nicht vereinen durfte. In Rußland hatten die Bolschewiki gesiegt, und rote Revolutionäre streiften durch die Straßen von Berlin, Wien, München und Budapest. In Ungarn entstand eine Sowjetrepublik unter dem Juden Béla Kun, den Lenin aus einem russischen Kriegsgefangenenlager befreit und nach Ungarn geschickt hatte. Überall in Deutschland bildeten sich linke Arbeiter- und Soldatenräte. Im Januar 1919 brach in Berlin eine kommunistische Revolution aus, und im Februar wurde in München eine Räterepublik ausgerufen. Deutschland war betäubt von der Niederlage, der Revolution und einer drohenden Hungersnot durch die alliierte Blockade, es wurde zum Paria unter den Nationen und für seine angebliche Kriegsschuld zu einem drakonischen Friedensvertrag gezwungen.

Millionen fürchteten, Deutschland werde unter kommunistische Herrschaft geraten. Das historisch beispiellose Phänomen des Bolschewismus war die erste machtvolle Herausforderung des Westens, ein Traditionsbruch, den selbst Marxisten nicht erwartet hatten. Es herrschte dringender Erklärungsbedarf, wer die gewaltigen Unterschiede zwischen Rußland und dem Westen nicht kannte, dem schien ein bolschewistischer Sieg überall möglich. Seit 1789 meinten Reaktionäre, Revolutionen würden von Atheisten, Freimaurern und Juden verursacht. Die Hysterie über die Ansteckungskraft des »jüdischen Bolschewismus« war keine deutsche Spezialität. Weltweit wurden die »Protokolle der Wegen von Zion« publiziert – ein von der zaristischen Geheimpolizei gefälschtes Dokument über ein angebliches Geheimtreffen mittelalterlicher Rabbiner, die planten, durch wirtschaftliche Katastrophen, Kriege und Revolutionen die Herrschaft über die christliche Zivilisation zu erringen.

In den Vereinigten Staaten benutzte die radikale Rechte die Protokolle, um den Erfolg der Bolschewiki zu erklären, und das Außenministerium wurde mit Gerüchten überschwemmt, die deutschen Juden hätten den russischen Separatfrieden mit Hilfe des Marxismus herbeigeführt. Methodistische und baptistische Priester, die als Missionare in Rußland gearbeitet hatten, »berichteten« über die Ausbreitung des jüdischen Kommunismus. Einige informierten sogar Ausschüsse des Kongresses. Deutsche »Experten« für »jüdische Angelegenheiten« waren behilflich, die berüchtigten antisemitischen Artikel in Henry Fords *Dearborn Independent* zu schreiben, der Anfang der zwanziger Jahre von Ford-Autohändlern verteilt wurde. Mächtige antisemitische Organisationen, darunter der Ku-Klux-Klan, Father Coughlins Bewegung für Soziale Gerechtigkeit und das Christliche Komitee von Reverend Gerald L. K. Smith, behaupteten steif und fest, der Kommunismus sei jüdischen Ursprungs. Es spielte keine Rolle, daß die Mitglieder der kommunistischen Partei in den USA 1923 fast zur Hälfte finnischen Ursprungs waren. Trotzdem blieb die radikale amerikanische Rechte vergleichsweise wirkungslos, eine Bewegung der Unterschicht, die mit den Mächtigen keine politischen Bündnisse schließen konnte.

In Deutschland und Österreich jedoch glaubten auch in der Elite Hunderttausende an die Bedrohung durch den »jüdischen Bolschewismus«, insbesondere, da sie nun von sozialdemokratischen Parteien regiert wurden, die schon immer als jüdische Tarnorganisationen galten. Auch die Bolschewiki in Rußland hatten schließlich unmittelbar nach dem Sozialisten Kerenski die Macht übernommen. Doch in Rußland war die Revolution durch Hungersnöte auf dem Land, den Landhunger der Bauern, eine lange Reihe blutiger Niederlagen im Krieg und den Zusammenbruch einer rückständigen Wirtschaft ohne liberale Tradition verursacht worden. Die deutschen Bauern waren Anhänger des Privateigentums und die deutschen Sozialisten Anhänger der Demokratie, und der Hunger war nur eine kurzfristige, auf die Städte beschränkte Erscheinung. Rückblickend sehen die Historiker keine Anzeichen dafür, daß eine kommunistische Revolution in Deutschland möglich war, doch wissenschaftliche Urteile sind nicht geeignet, die Ängste der Vergangenheit zu zerstreuen.

Die deutsche Öffentlichkeit wurde durch eine Flut von Pamphleten über die angeblich führende Rolle der Juden unter den bolschewistischen Führern aufgehetzt. Sie wußte nicht, daß nur sieben Prozent der bolschewistischen Führungsspitze jüdischer Abstammung waren, obwohl die Juden in den Bevölkerungsgruppen, aus denen sie sich rekrutierte, etwa zwölf Prozent ausmachten. Zar Nikolaus II. hatte die Minoritäten in seinem Reich streng regiert, daher waren sie unter den Revolutionären fast alle überrepräsentiert. Da jeder demokratische Protest gefährlich war, hatten sie nur die Wahl gehabt, heimlich für radikale Veränderungen zu agitieren, das Land zu verlassen oder sich der zaristischen Autokratie zu unterwerfen. Von 1900 bis 1920 flohen mehr russische Juden aus dem Land, als sich je für die Revolution entschieden. 1920 bestand die größte ethnische Minderheit in der bolschewistischen Führung aus deutschstämmigen Russen, erst danach kamen Juden, Georgier und Armenier. Diese Tatsachen paßten zu keinem der rassischen Stereotype. Da die Revolutionäre häufig ihre Namen änderten, um sich vor der Geheimpolizei zu tarnen, war es nicht schwer zu behaupten, daß ein bestimmter Bolschewik Jude sei. Alfred Rosenberg, der selbsternannte »Kommunismus-Experte« der Nazis, behauptete, Lenin sei der einzige Nichtjude in der bolschewistischen Führung. Er behauptete auch, das Weltjudentum habe die Revolution finanziert, die russischen Arbeiter seien Sklaven und die Bolschewiki hätten die alten deutschen Eliten vernichtet und ganze Dörfer ausgerottet. Heute noch macht die rechtsextreme russische Bewegung Pamjat die Juden für die Revolution von 1917 verantwortlich und behauptet, Lenins Mutter sei Jüdin gewesen.

Die meisten russischen Juden begrüßten die Abdankung des Zaren, doch das taten auch die meisten Angehörigen von Minderheiten und die Liberalen sowie die Alliierten, die erleichtert waren, nicht mehr mit einem tyrannischen Regime verbündet zu sein. Die Regierung Kerenski hatte liberale Reformen und ein Ende der Unterdrückung religiöser und ethnischer Minderheiten versprochen. Die große Mehrheit der politisch aktiven russischen Juden hatte den Bolschewismus nie unterstützt. Selbst marxistische Juden hatten die Menschewiki vorgezogen, die die bolschewistische Diktatur ablehnten und sich für ein demokratisches Rußland einsetzten. Auch die deutschen Sozialdemokraten, selbst die radikale Rosa Luxemburg, hatten den Erfolg der Bolschewiki gefürchtet. Erst während des Bürgerkriegs in der Sowjetunion, als nur noch die Wahl zwischen Lenin und den Zaristen bestand, entschied sich eine Vielzahl junger Juden für die Bolschewiki - doch sie waren Atheisten, denn nur diese konnten Parteimitglieder werden. All diese Tatsachen paßten nicht zu den Dogmen der Rassisten und wurden konsequent ignoriert. Als jedoch die Bolschewiki eine Kampagne gegen den Antisemitismus starteten und Millionen von Plakaten mit der Aufschrift »Antisemitismus ist konterrevolutionär, Antisemitismus ist unser Klassenfeind« verteilten, war dies für Millionen von Rassisten der Beweis, daß der Bolschewismus jüdisch war.[11] Die Parolen entsprachen der Wahrheit: Jüdische Gemeinden, die auf dem Weg der weißen Armeen oder der ukrainischen Nationalisten lagen, wurden häufig Opfer von Massakern; bis 1921 wurden in Rußland und Polen über 100 000 jüdische Zivilisten getötet.

Im November 1918 proklamierte Kurt Eisner, ein jüdischer Sozialdemokrat, der als Kriegsgegner im Gefängnis gesessen hatte, in München den republikanischen »Freistaat Bayern«. Er bildete mit Unterstützung der Arbeiter- und Soldatenräte eine sozialistische Regierung und hielt Wahlen für eine verfassunggebende Versammlung ab. In ländlichen Bezirken rekrutierten bewaffnete konterrevolutionäre Organisationen Hunderttausende mit Parolen wie »Israel ist König von Bayern!«. Auch wurde Eisner als jüdischer Hochverräter beschimpft, weil er amtliche Dokumente veröffentlichte, die eine deutsche Mitschuld am Ausbruch des Krieges nahelegten. Bei den Wahlen im Januar 1919 erlitt Eisner eine schwere Niederlage. Er hielt sich an die demokratischen Spielregeln und war im Begriff zurückzutreten, als er von einem adligen Mitglied der antisemitischen Thulegesellschaft Fritschs erschossen wurde. Einige Anarchisten riefen daraufhin eine am sowjetischen Modell orientierte Rätediktatur aus, und drei Russen, einer davon Lenins Pressesprecher und die anderen zwei Juden, rekrutierten eine kleine »Rote Armee«, schlossen die Banken und ließen neues Geld drucken. Die große Mehrheit der Bayern einschließlich der jüdischen Gemeinschaft und der Sozialdemokraten waren gegen die Rätediktatur, doch es half ihnen nichts. Armee-Einheiten und Tausende von bewaffneten Rechtsradikalen strömten nach München, um die Rätediktatur niederzuwerfen. Die Kommunisten erschossen zwanzig Geiseln, doch die Rechtsextremen brachten Hunderte um, darunter auch unbewaffnete »Verdächtige«, von denen viele Juden waren. Wie aus Memoiren hervorgeht, halfen nur sozialistische Arbeiter, Juden vor der Verhaftung zu schützen. Hitler lag verwundet im Lazarett, als er von der Niederlage im Weltkrieg hörte und fiel in eine tiefe Depression, die mit einem hysterischen Ausbruch über seine Rolle als künftiger Retter des Vaterlands endete. Nach seiner Genesung eilte auch er nach München, um gegen den bayerischen Sowjet zu den Waffen zu greifen. Nachdem

Freikorps und Reichswehr die Linke blutig niedergeworfen hatten, wurde Hitler von der Armee als »Experte« für die jüdisch-bolschewistische Bedrohung rekrutiert. Als Zeuge sagte er für das Heer vor Standgerichten gegen Linke aus, die anschließend erschossen wurden. Er war damit zum bezahlten Agenten der angesehensten Institution Deutschlands geworden und bekämpfte wie diese die Folgen eines verlorenen Krieges. Dies war sein erster Vorstoß in die Politik.

Im November 1918 hatte sich in ganz Deutschland der Ruf nach einer Republik erhoben. Nach der Abdankung des Kaisers strömten Menschenmassen auf die Straßen Berlins. Viele sangen die Internationale und forderten eine Räteregierung nach sowjetischem Vorbild. Aus Angst vor einer Revolution rief Friedrich Ebert (obwohl er der Republik eine konstitutionelle Monarchie vorgezogen hätte) dazu auf, eine verfassunggebende Nationalversammlung zur Gründung einer demokratischen Republik zu wählen. Denn wie er selber sagte, haßte er die Revolution wie die Sünde.[12] Dann traf er die verhängnisvollste Entscheidung seiner Karriere. Die Oberste Heeresleitung wurde damals von General Wilhelm Groener repräsentiert, und Ebert stellte – ohne seine Kollegen zu konsultieren – eine geheime Telefonverbindung zu ihm her und bat das Heer, die Republik zu unterstützen. Groener versprach dies, jedoch nur unter der Bedingung, daß die Regierung auf eine Säuberung des Offizierskorps und auf die Aufstellung der von den Arbeiterräten geforderten Volksmiliz verzichtete. Außerdem sagte Groener, das Heer erwarte, daß die Regierung den Bolschewismus bekämpfe und stelle sich ihr zu diesem Zweck zur Verfügung. Beglückt über die Unterstützung des Heeres stimmte Ebert zu. Damit hatten die Feinde der Demokratie die Erlaubnis erhalten, anstelle der Regierung zu entscheiden, wen sie bekämpften und, wie sich herausstellte, auch, wer als Bolschewik zu gelten hatte. Die Furcht vor Radikalismus und Chaos hatte Ebert dazu verführt, die Traditionen der Sozialdemokratie zu mißachten, die immer für eine zivile Kontrolle des Militärs gekämpft hatte. Groener verlangte nun von Ebert und seinem Militärbeauftragten Gustav Noske, die Soldatenräte nach Hause zu schikken. Sie gehorchten. Die Regierung hatte nun keine Aussicht mehr, die Institutionen von ihren Feinden zu säubern. Ihre Begeisterung für eine Säuberung war jedoch ohnehin gering. Angesichts von Niederlage, Besetzung und britischer Blockade, hätte eine Säuberung so gewirkt, als sei die Linke wirklich das Werkzeug einer internationalen Verschwörung gegen

Deutschland. Ebert und die Alliierten wollten die alten Mächte nicht zerstören, um den Kommunismus zu verhindern.

Im Gegensatz zu den Armeen der westlichen Nationen war die deutsche Armee eine mächtige politische Institution, die politisch die Eliten repräsentierte. Trotz der schrecklichen Verluste und des dramatischen Zustroms bürgerlicher Offiziere, waren 1920 immer noch 22 Prozent des Offizierskorps Adlige, obwohl der Anteil des Adels an der Gesamtbevölkerung nur etwa ein Zehntelprozent betrug. Paradoxerweise erleichterten es gerade die der Reichswehr durch den Versailler Vertrag auferlegten Beschränkungen, sie zu einem autoritären Staat im Staate zu machen. 1927 stammten achtzig Prozent der Offiziersanwärter aus der Eliteschicht, 44 Prozent waren Söhne aktiver oder ehemaliger Offiziere und nur fünf Prozent stammten aus Schichten, die vor 1914 als inakzeptabel gegolten hätten. Natürlich hofften die Offiziere, eines Tages die Republik stürzen zu können. Die höheren Offiziere standen der Deutschkonservativen Partei nahe, die sich inzwischen in Deutschnationale Volkspartei (DNVP) umbenannt hatte und sogar noch antisemitischer eingestellt war als vor dem Krieg. Jüngere Offiziere zogen die extreme Rechte vor. 1919 zweigten einige Reichswehreinheiten Geld und Waffen für rechtsradikale Organisationen ab und führten mit ihnen gemeinsame Aktionen gegen Kommunisten, Sozialdemokraten und Gewerkschaftler durch. Hitler arbeitete noch immer als Agent der Reichswehr und besuchte das Hauptquartier der späteren NSDAP erstmals, um zu sehen, ob man sie unterstützen sollte. Vermutlich waren es auch Finanzmittel der Reichswehr, mit denen die NSDAP 1920 ihr Zentralorgan, den *Völkischen Beobachter*, erwarb.

Im Herbst 1918 hatte die Oberste Heeresleitung den rangniedrigeren Offizieren weder mitgeteilt, daß die Gefahr einer vollständigen Niederlage bestand, noch sie informiert, daß die Oberste Heeresleitung, und nicht die Politiker, den Waffenstillstand gefordert hatte. Angesichts des wachsenden Ungehorsams der Truppen an der Front im Sommer 1918 hatten die Generäle Angst, ihre Ohnmacht öffentlich zuzugeben. Als die radikale Opposition in der Heimat wuchs und überall Arbeiterräte entstanden, entließ die Militärführung nur Divisionen in die Heimat, von denen sie wußte, daß sie von der Linken nicht beeinflußbar waren. Im Bewußtsein, daß die Alliierten Gewaltanwendung durch das Reichsheer nicht dulden würden, ermutigte sie Offiziere, sogenannte Freikorps, also bewaffnete und häufig auch uniformierte Freiwilligenverbände, zu bilden. Die Freikorps, von denen viele extrem antisemitisch waren, rekrutierten Zivilisten und kämpften in regelrechten Schlachten oder als Guerillaeinheiten, um die deutsche Herrschaft in Polen und den baltischen Staaten aufrechtzuerhalten und während des Polnisch-Russischen Krieges die Bolschewiki zurückzuschlagen. Nach dem geheimen Abkommen zwischen Ebert und Groener verlegte das Heer zügig Freikorps nach Westen, um in verschiedenen Teilen Deutschlands »die Ordnung wiederherzustellen«.

Wenn Ebert und sein Kriegsminister Noske je vorgehabt hatten, die Armee zu demokratisieren oder Arbeiter im Kampf für die Republik einzusetzen, dann ließen sie diese Idee schnell fallen, als der kommunistische Spartakusbund in Berlin einen Umsturzversuch unternahm. Rosa Luxemburg und Karl Liebknecht, die Führer des Spartakusbundes, hatten vor dem Krieg mit den Sozialdemokraten gebrochen, weil sie deren bürokratischen Pragmatismus ablehnten und über ihre Unterstützung des Krieges empört waren. Während des Krieges hatten ihre mutigen, öffentlichen Antikriegsreden ihnen Gefängnisstrafen und Morddrohungen eingebracht. Ihr Engagement galt der Rechten als ein weiterer Beweis für eine jüdisch-bolschewistische Verschwörung. Es spielte keine Rolle, daß beide Atheisten mit einer weit überwiegend nichtjüdischen Anhängerschaft waren oder daß die Mehrheit der Juden über ihre revolutionären Ideen entsetzt war. Nachdem die Anträge der Spartakisten von den Arbeiterräten mit großer Mehrheit abgelehnt worden waren, organisierten sie im Januar 1919 einen bewaffneten Aufstand in Berlin. Rosa Luxemburg sah sein Scheitern voraus, wollte die Aufständischen jedoch nicht im Stich lassen. Ebert setzte Freikorps und Reichswehreinheiten gegen die Linke ein. Diese erschossen auch unbewaffnete Arbeiter, und sie nahmen Rosa Luxemburg und Karl Liebknecht gefangen und ermordeten sie. Die deutsche Linke war damit unwiderruflich gespalten. Die neue Kommunistische Partei Deutschlands wurde moskauhörig, und Lenin klagte die Sozialdemokraten als Verräter der Revolution an.

Vier Tage nach der Niederschlagung des Spartakusaufstands fanden die Wahlen zur verfassunggebenden Nationalversammlung statt. Die Sozialdemokraten erzielten ein historisches Rekordergebnis von 38 Prozent der Stimmen, die früheren Fortschrittlichen erhielten, nun als Deutsche Demokratische Partei (DDP), zwanzig Prozent und das katholische

Zentrum ebenfalls zwanzig Prozent. Diese drei Parteien bildeten als »Weimarer Koalition« die Regierung. Zum ersten Mal war eine parlamentarische Mehrheit, und zwar eine große Mehrheit, für die demokratische Republik. Dennoch war die alte Elite des Obrigkeitsstaats gerettet. Selbst wenn die Sozialdemokraten Militär und Beamtenschaft säubern und sozialistische Reformen hätten verabschieden wollen, hätten sie ihre Koalitionspartner dafür nicht gewinnen können. Doch die Rechte war in die Defensive geraten; ihre Macht und ihre Privilegien waren bedroht. Die in DNVP umbenannte Deutschkonservative Partei hatte mit acht Prozent das schlechteste Wahlergebnis ihrer Geschichte eingefahren. Die neue Nationalversammlung trat bestimmungsgemäß in Weimar zusammen und schuf eine vorbildliche liberaldemokratische Verfassung. Sie wurde unter Leitung des führenden deutschen Verfassungsrechtlers Hugo Preuß entworfen und trat im August 1919 in Kraft. Preuß war vor 1914 in seiner akademischen Karriere behindert worden, weil er Jude war. Nun klagte die Rechte, die Republik sei eine Schöpfung des jüdischen Sozialismus mit einer von einem Juden entworfenen Verfassung.

Der inzwischen zum Reichspräsidenten gewählte frühere Sattler und Gewerkschaftsführer Friedrich Ebert wurde von den Konservativen verachtet. Er war höchst gemäßigt eingestellt, doch für die Konservativen war schon der demokratische Liberalismus die fleischgewordene Revolution. Zum ersten Mal waren Minister und Regierungen den politischen Parteien und den Wählern verantwortlich und konnten nicht mehr von einem Monarchen nach Hause geschickt werden. Die Rechte war mit dem Makel des verlorenen Krieges behaftet und hatte ihr altes Ansehen verloren. Ihre Ängste wurden verstärkt, als die neue Regierung der Diskriminierung im deutschen Beamtentum ein Ende machte und Liberale, Sozialdemokraten und Juden in die einstige Domäne der Rechten einbrachen. Noch schockierender war für sie, daß mit Paul Hirsch ein Sozialdemokrat jüdischer Abstammung Bismarcks heiliges Amt als preußischer Ministerpräsident erhielt. Hans von Seeckt, vor Hitlers Machtergreifung der politisch wichtigste General in Deutschland, sagte über Hirsch: »Für diese Stelle scheint er ganz ungeeignet, vor allem als Jude.« Preußen war nun eine Hochburg der Demokratie; das Allerheiligste der alten Garde und der letzte Stützpunkt für eine Konterrevolution schienen verloren.

Trotzdem sollte der neuen Republik weder die Zeit noch die Stabilität beschieden sein, die zur Schaffung eines liberalen Deutschlands notwendig gewesen wären. Der erste Schlag kam im Mai 1919, als die harten Bedingungen des Versailler Vertrags diktiert wurden. Deutschland mußte sich seiner Kriegsschuld bekennen und die ungeheure Summe von 132 Milliarden Goldmark an Reparationen bezahlen. Das Land verfügte nur über knapp 2,4 Milliarden Goldmark an Reserven, und sein Bruttosozialprodukt im Jahr 1913 hatte sich nur auf etwa 50 Milliarden belaufen. Ein Teil der Summe konnte in Warenlieferungen abgedeckt werden, doch die Produzenten in anderen Ländern wollten ihre Märkte nicht von einer Flut deutscher Güter überschwemmt sehen. Trotzdem mußte Deutschland den Alliierten Handelsrechte einräumen, ohne selbst entsprechende Rechte zu erhalten. Das Heer wurde auf 100 000 Mann beschränkt; Offensivwaffen, Panzer und Offiziersschulen wurden verboten. Die Luftwaffe wurde abgeschafft und die Marine zur Bedeutungslosigkeit reduziert und ihrer Unterseeboote beraubt. Die Handelsflotte sollte konfisziert werden. Deutschland verlor seine Kolonien und Investitionen in Übersee und etwa dreizehn Prozent seines europäischen Territoriums. Die mehrheitlich von Deutschen bewohnte Stadt Danzig fiel an Polen und das reiche Saarland an Frankreich, wobei die Einwohner nach Ablauf von fünfzehn Jahren über die Zugehörigkeit zu Deutschland oder Frankreich abstimmen sollten. Das Rheinland sollte von alliierten Truppen besetzt werden, und Deutschland wurde die Aufnahme in den Völkerbund verwehrt, aus dem de facto ein internationales Gremium zur Durchsetzung der Friedensregelungen wurde. Die Alliierten verlangten das Recht, hunderte deutscher Führungspersönlichkeiten einschließlich des Kaisers als Kriegsverbrecher vor Gericht zu stellen, und alliierte Kommissionen sollten die Einhaltung des Friedensvertrags überwachen.

Aus dem in Brest-Litowsk geschlossenen Friedensvertrag und den deutschen Kriegszielen zu schließen, hätte ein siegreiches Deutschland vermutlich ähnlich harte oder gar noch härtere Bedingungen diktiert. Nach einem Krieg von historisch einmaligen Ausmaßen konnte es für die Besiegten keine Gnade geben, und Frankreich, auf dessen Territorium der Krieg stattgefunden hatte, brauchte einen harten Vertrag, damit Deutschland nicht trotz seiner Niederlage als die stärkere Macht aus dem Krieg hervorging. Am Ende erhielt Deutschland wesentlich mehr Geld an Krediten, als es an Reparationen bezahlen mußte. All dies war jedoch ohne Bedeutung für die Stimmung in der Öffentlichkeit.

Die Regierung weigerte sich zunächst, den Vertrag zu unterzeichnen, doch die Alliierten drohten mit einer Wiederaufnahme der Feindseligkeiten. Es war von bewaffnetem Widerstand die Rede, doch Regierung und Armeeführung fürchteten mit Recht, daß Frankreich in diesem Fall eine Zerstückelung Deutschlands durchsetzen würde, und aus der Provinz wurde berichtet, daß die Bevölkerung kriegsmüde sei und den Widerstand nicht mittragen würde. Viele jüngere Offiziere wollten kämpfen, und Ebert sagte zu Groener, die Regierung werde tun, was immer das Heer wünsche. Groener informierte Ebert privat, daß Deutschland bei einer Wiederaufnahme der Feindseligkeiten nicht zu verteidigen wäre; Hindenburg schützte seinen Ruf, indem er sich aus der Diskussion völlig heraushielt. Die Armeeführung hoffte, der Volkszorn werde die Republik treffen. Die Mehrheit der sozialdemokratischen Abgeordneten in der Delegation des Reichstags stimmte zunächst gegen die Unterzeichnung des Vertrags; trotzdem wurden sie, und nicht die militärische Führung, am häufigsten des Verrats an Deutschland bezichtigt. Als sich die Regierung schließlich doch zur Unterzeichnung gezwungen sah, nahm sie ihren Gegnern das Versprechen ab, sie für die Entehrung Deutschlands nicht verantwortlich zu machen. Die Zusage wurde fast sofort gebrochen. Den Preis für den verlorenen Krieg bezahlte die erste demokratische Republik auf deutschem Boden, während die eigentlichen Verantwortlichen durch den harten Vertrag gestärkt wurden. Er war ein Geschenk des Himmels für die extreme Rechte. Hitler und Hunderte anderer Ultranationalisten wüteten gegen die »Novemberverbrecher« und »jüdischen Sozialisten«, die angeblich Deutschland verraten hatten.

Österreich hatte noch mehr zu leiden. Das Habsburgerreich verlor drei Viertel seines Territoriums, einschließlich des von Deutschstämmigen bewohnten Sudetenlands. Der Sozialdemokrat Karl Renner unterzeichnete den Vertrag, und sein Parteigenosse Otto Bauer nahm als Außenminister an der Friedenskonferenz teil. Für das militärisch schwache, politisch erschütterte und territorial zerstückelte Österreich war gewaltsamer Widerstand gegen die Forderungen der Alliierten völlig undenkbar. Und doch war die Dolchstoßlegende in Österreich sogar noch weiter verbreitet, zum Teil, weil dort Anfang 1918 über eine Million Arbeiter gestreikt hatten. Außerdem wählten in Österreich mehr Juden sozialdemokratisch als in Deutschland; sie hatten keine politisch relevante demokratische Alternative. Für den alliierten Sieg im Weltkrieg sei allein die Zersetzung und Verdummung des deutschen Volkes durch jüdisches Gift verantwortlich, verkündete ein führender Christlichsozialer, der inzwischen einen populären antisemitischen Bund anführte.[13] Christlichsoziale und Alldeutsche wüteten über die »roten Juden«, die an der Niederlage Schuld seien, und schon vor Kriegsende nahmen in Wien die tätlichen Angriffe auf Juden zu. Zum ersten Mal wurden solche Verbrechen von der Reichsregierung nicht bestraft – ein böses Vorzeichen. Die Lage verschlimmerte sich, als Tausende von Ostjuden vor den Massakern der russischen Antibolschewiken und ukrainischen Nationalisten nach Deutschland und Österreich flohen. Nur die Sozialdemokraten halfen ihnen, bei allen anderen Parteien verschärfte sich der Antisemitismus.

Viele Freikorpsführer hofften, Seeckt und das Heer würden sie gegen die Republik führen, aber Seeckt wußte, daß die Freikorps den Alliierten nicht gewachsen waren. Im Sommer 1920 glaubten die berüchtigte Brigade Ehrhardt und andere Freikorpseinheiten, die baltischen Staaten und Polen erobern zu können, um eine Basis für den Sturz der Weimarer Republik zu schaffen und Deutschland von Sozialisten und Juden zu »säubern«. Als die bolschewistische Bedrohung im Osten 1921 gebannt schien, zwangen die Alliierten jedoch die Weimarer Regierung, die Freikorps zurückzurufen. General Walther von Lüttwitz schäumte vor Wut und verlangte von Ebert, den Rückzugsbefehl zurückzunehmen. Als Ebert sich weigerte, veranlaßte Lüttwitz Kapitänleutnant Hermann Ehrhardt, der geschworen hatte, er werde nie für die »jüdische« Flagge der Republik kämpfen, seine Brigade nach Berlin zu führen. Ebert und Noske, die ihren Teil des Abkommens mit der Reichswehrführung treulich erfüllt hatten, baten nun die Generäle, auch das ihre zu tun und die Republik zu schützen. Zu ihrem Entsetzen erklärte jedoch der Generalstabschef Seeckt, Truppe schieße nicht auf Truppe. Dies entsprach nicht der Wahrheit, denn die Reichswehr hatte oft genug auf ihre uniformierten Kameraden in den Arbeiter- und Soldatenräten gefeuert. Doch sie ließ sich nicht gegen Ultrarechte einsetzen, ob uniformiert oder nicht. Die Weimarer Regierung floh, und Wolfgang Kapp, ein früherer preußischer Beamter, Freund Ludendorffs und Mitglied antisemitischer Gruppen, übernahm die Führung des Putsches. Die Heeresleitung war nicht bereit, für Kapp zu kämpfen, da sie wußte, daß die Franzosen nur auf einen Vorwand zum Einmarsch warteten. Die Generäle warteten ab, ob der Putsch Erfolg haben würde. Die Berliner Polizei nahm offen für die Putschisten Partei.

Ebert und Noske waren nun auf die Hilfe der militanten Arbeiter angewiesen, die sie einst so gefürchtet hatten; sie waren als einzige größere Gruppe zur Verteidigung der Republik bereit. Die Regierung rief zum Generalstreik auf und öffnete ihre Waffenarsenale. Berlin und das Reich waren gelähmt. Die Regierung Kapp gab Befehl, alle Streikenden zu erschießen, machte jedoch einen Rückzieher, als die Reichswehrführung und ihre zivilen Anhänger erkannten, daß dies eine linke Revolution und eine Invasion der Franzosen auslösen würde. Der Putsch brach innerhalb einer Woche zusammen. Ehrhardt hatte ein Pogrom gegen die Juden entfesseln wollen, war jedoch von Kapp zurückgehalten worden.[14] Nur dreizehn der Offiziere, die Kapp unterstützt hatten, wurden bestraft, und ihre Strafen waren lächerlich gering – ein Vorgehen, dem die Justiz treu blieb, bis ihr Hitlers Erfolg einen Staat bescherte, den sie gerne verteidigte.

Tausende von Heeres- und Marineoffizieren warben für Kapp, ohne sich direkt einzumischen. Viele übernahmen das Hakenkreuz, das von der Brigade Ehrhardt getragen wurde. Offiziersanwärter griffen regelmäßig Juden an. Die Reichswehr, die sich lautstark als unpolitisch bezeichnete, duldete trotzdem antisemitische Propaganda.[15] »Solange der Sturz der republikanischen Regierung Aussicht auf Erfolg hatte«, schreibt Henry A. Turner in seinem Buch *Die Großunternehmer und der Aufstieg Hitlers* zur Haltung der Industrie während des Kapp-Putschs, »hielten die führenden Männer der Wirtschaft an einer Haltung fest, die sie als ›Neutralität‹ bezeichneten.«[16] Kurz gesagt, die DNVP und die führenden Unternehmer hätten den bewaffneten Aufstand rechtsgerichteter Revolutionäre unterstützt, wenn er erfolgreich gewesen wäre, und dies schon *bevor* die Katastrophen der Inflation und der Weltwirtschaftskrise den Nationalsozialisten Millionen von Wählerstimmen bescherten – jene Katastrophen, von denen oft behauptet wird, erst sie hätten deutsche Industrielle dazu gebracht, Hitler zu unterstützen.

Die Mitglieder der USPD verabscheuten Eberts Kooperation mit den alten Mächten und verlangten, die Reichswehr müsse den gewählten Repräsentanten des Volkes verantwortlich sein, so wie es die Verfassung vorschrieb. Ebert ließ diese Kontrolle nicht zu, und die Spaltung der linken Wählerschaft vertiefte sich. Als im Juni 1920 die ersten Reichstagswahlen stattfanden, waren die Bedingungen des Versailler Vertrags bekannt, der Spartakusaufstand niedergeschlagen und die Rechte wieder erstarkt, während die SPD viele Anhänger verloren hatte, weil sie, solange die Rechte machtlos war, keine durchgreifenden Reformen verwirklicht hatte. Bei den Wahlen verlor die SPD fast die Hälfte ihrer Sitze, die DDP über die Hälfte und das Zentrum ein Drittel, der größte Stimmenverlust seit Gründung der Partei. Die DNVP konnte ihre Stimmen verdoppeln. Die Republik hatte ihre klare Mehrheit verloren, und die Konservativen verfügten noch immer über ihre zentralen Machtbasen in Armee, Verwaltung und Wirtschaft. In ihrem Feldzug zur Zerstörung der Republik war der Antisemitismus eine wichtige Waffe. Ab 1920 wurde Deutschland von einer beispiellosen antisemitischen Welle überschwemmt.

15.
DIE ANTISEMITISCHE WELLE NACH DEM KRIEG

Wir wenden uns nachdrücklich gegen die seit der Revolution immer verhängnisvoller hervortretende Vorherrschaft des Judentums in Regierung und Öffentlichkeit.

Grundsätze der Deutschnationalen Volkspartei (DNVP), 1920

Der Antisemitismus der Nationalsozialisten war nicht allein Ursache, sondern auch Symptom jener Kräfte, die zur Judenvernichtung führten. Die nationalsozialistische Bewegung war nur ein kleiner Teil einer gewaltigen reaktionären und antisemitischen Welle, die Deutschland nach dem Krieg überflutete. So vereinigte sich 1918 die elitäre Deutschkonservative Partei mit der Deutschvölkischen Partei im Kampf gegen die »Judenherrschaft« zur DNVP. Wie es in einer offiziellen Schrift der Partei hieß, »schlug die antisemitische Glut, durch die deutschnationale Aufklärungsarbeit entfacht, in hellen Flammen auf«.[1] Bis 1924 war die Wahlkampfpropaganda der DNVP genauso rassistisch geworden wie die der Nazis, und viele Ortsvereine der DNVP wurden von den Völkischen dominiert. Wie George Mosse berichtet, glaubten die Parteiführer der DNVP, daß die antisemitische Welle »den kommenden Wahlkampf … ganz außerordentlich erleichtern« würde. Deshalb übernahm die Partei das jüdische Stereotyp der Völkischen in ihrer Wahlpropaganda. »Während sich«, schreibt Mosse, »angesehene Persönlichkeiten der DNVP in Zylinder und Frack … auf dem parlamentarischen Parkett bewegten, verbreiteten ihre Helfer an den Straßenecken rassistische Propaganda.«[2] Große Mengen antisemitischer Literatur wurden gedruckt. Der spätere Parteichef Graf Kuno von Westarp schrieb 1922 über seine Reden vor deutschnationalen Parteiversammlungen: »Meiner Erfahrung nach erhob sich in fast allen politischen

Versammlungen, wenn Kritik an den politischen Zuständen geäußert wurde, der Ruf ›die Juden‹. Außerdem bemerkte ich oft, daß eine eher schläfrige Versammlung plötzlich hellwach wurde und applaudierte, sobald ich auf die Juden zu sprechen kam … Wenn eine Versammlung ein Erfolg werden sollte, durfte man die Judenfrage nicht außer acht lassen.«[3]

Auch der Alldeutsche Verband bekannte sich 1919 rückhaltlos zu Ideen, die denen der Nationalsozialisten sehr verwandt waren. Und der seit 1921 Reichslandbund genannte, von Großgrundbesitzern, Adligen und Offizieren unter dem Zeichen des Hakenkreuzes geführte Bund der Landwirte, verstärkte seinen Antisemitismus und sagte dem entartenden und zersetzenden Einfluß des Judentums den Kampf an. 1919 zählte der Deutschvölkische Schutz- und Trutzbund über eine Viertelmillion Mitglieder, die den »unterdrückenden und zersetzenden Einfluß des Judentums« bekämpften. Allein im Jahr 1920 verteilte der Bund über sieben Millionen Flugblätter »mit überaus aggressiver, aber höchst skurriler antisemitischer Propaganda«.[4] Insgesamt wurden etwa zwanzig Millionen Schriften verteilt. In einem örtlichen Aufruf erklärte der Bund: »Es ist unbedingt notwendig, die Juden zu töten …!«[5] Seine Mitglieder waren vor allem Angestellte und Freikorpsmitglieder. Auch die Bauernverbände und die katholische Presse waren nach dem Krieg rassistischer geworden.

In den neuen Staaten im Osten, die auf Kosten ihrer Minderheiten ihre neue Identität stärkten, verschärfte sich die Diskriminierung der Juden. Viele wanderten nach Österreich aus, wo sie jedoch mit Ausnahme der Sozialdemokraten auf eine äußerst feindselige Bevölkerung stießen. In der Christlichsozialen Partei warfen viele Mitglieder die alten christlichen Hemmungen Luegers ab und wandten sich einem biologischen Rassismus zu. Die angesehenste katholische Zeitschrift in Österreich griff die Juden regelmäßig an; antisemitische Artikel und Kommentare waren in zahllosen katholischen oder christlichsozialen Zeitungen alltäglich.[6] Leopold Kunschak, ein Führer der Christlichsozialen, forderte, die Juden wieder in Ghettos oder in besondere Lager zu stecken. Bis Ende 1921 dominierten die Sozialdemokraten den Wiener Stadtrat, dann jedoch wurde die Christlichsoziale Partei wieder an die Macht gewählt und ging daran, die Teilnahme der Juden am öffentlichen Leben einzuschränken. Sie hätte gerne strengere Beschränkungen beschlossen, doch Österreich war von Auslandskrediten abhängig, und die Alliierten pochten darauf, daß die Rechte von Minderheiten geschützt wurden. Trotzdem demonstrierten

Zehntausende gegen die Juden, und diese wurden auf offener Straße und in den Universitäten tätlich angegriffen. Österreichische Nazis unter Walter Riehl lieferten sich regelrechte Straßenschlachten mit Sozialdemokraten und Juden und beschädigten jüdische Geschäfte. Gemeinsam mit Hunderttausenden von Österreichern forderte der christlichsoziale Bürgermeister von Wien, die aus dem Osten eingewanderten Juden auszuweisen. Manche wollten auch »Konzentrationslager« einrichten. Zionisten, jüdische Veteranen und Sozialdemokraten wehrten sich, wurden jedoch oft von der Polizei daran gehindert.

In Deutschland hatte die rassistische Vaterlandspartei unter Kapp, Ludendorff, Tirpitz und Oberstleutnant Bauer mehr Mitglieder als die SPD und – aus geheimen Quellen der Reichswehr – mehr Geld. Die Thulegesellschaft rekrutierte unter dem Zeichen des Hakenkreuzes Tausende von neuen Mitgliedern, die die konkrete Vernichtung der jüdischen Rasse anstrebten, die angeblich den Krieg verloren und die Novemberrevolution verursacht hatte. In den vom »Stahlhelm«, dem mit einer Million Mitgliedern einflußreichsten deutschen Veteranenverband, publizierten Schriften wimmelte es von Geschichten über deutsche Heldentaten an der Front und über den Verrat von Juden und Sozialdemokraten in der Heimat. Die rassistische Haltung des Verbands wird in einer 1924 abgegebenen Erklärung seiner nationalen Führung deutlich: »Der Stahlhelm hat vier Jahre für das deutsche Volk und somit für die Erneuerung und Zukunft der germanischen Rasse gekämpft und gelitten. Das Gefühl, deutsch zu sein, muß so stark gemacht werden, daß in Zukunft fremdrassige Einflüsse, welcher Art sie auch sein mögen, nicht wie in unseren Tagen eine unheilvolle Rolle spielen können.«[7] Für viele Veteranen war der Krieg der Höhepunkt ihres Lebens gewesen, ein Kreuzzug, in dem deutsche Krieger blutige Opfer für das Vaterland brachten. Auch die Veteranenverbände in den Ländern des Westens waren in aller Regel konservativ, doch sie waren keine rassischen Eiferer, die Verräter an der Heimatfront für einen verlorenen Krieg verantwortlich machten. Dagegen träumten die Mitglieder des Stahlhelm von dem Tag, an dem sie gegen die »Judenrepublik« und die Alliierten zu den Waffen greifen, die Vergangenheit wiedergutmachen und ihre Kameraden für ihre Opfer entschädigen könnten. Jüdische Veteranen gründeten ihre eigenen Organisationen, um Juden vor physischen Angriffen zu schützen, und die sozialdemokratische Arbeiterschaft stand ihnen dabei oft zur Seite.

Im Jahr 1920 kämpften ungefähr 300 000 Mann in Freikorps im Osten sowie gegen Linke und Streikende in der Heimat. Wie Robert Waite schreibt, »hingen viele von ihnen einer Doktrin an, die sich in keiner Weise von der politischen und sozialen Menschenverachtung unterschied, der sich selbst Nationalsozialismus nennen sollte«.[8] Die Reichswehr finanzierte und organisierte die Freikorps, und geheime Regierungsgelder standen dabei zur Verfügung. Die Reichswehrführung betrachtete die Freikorps als Kerntruppe einer neuen Wehrmacht, und sie marschierten oft gemeinsam mit regulären Truppen. Häufig wurden auch unbewaffnete Gegner erschossen; Juden waren immer besonders gefährdet. Viele Industrielle und Großgrundbesitzer beteiligten sich an der Finanzierung von Freikorpseinheiten, und adlige Großgrundbesitzer ließen sie auf ihren Gütern lagern, wo sie als Gegenleistung aufsässige Landarbeiter disziplinierten.

Die Kämpfe um die Wiedergewinnung der ehemals von deutschen Adligen beherrschten baltischen Staaten waren brutal. Im Kampf gegen die einheimische Bevölkerung und irreguläre bolschewistische Truppen haben die mit Totenkopfemblem und Hakenkreuz geschmückten Freikorpsmitglieder ihre Gefangenen, unter ihnen unbewaffnete Verdächtige, ohne Rücksicht auf Alter oder Geschlecht erschossen, erdrosselt oder erschlagen. Sie vergewaltigten und ermordeten gefangene Krankenschwestern und erschossen deren Patienten. Ganze Dörfer wurden vernichtet, wenn ihre Bewohner in Verdacht gerieten, den Kämpfern gegen die deutsche Herrschaft zu helfen. Die Greueltaten waren kein Geheimnis; Freikorpsmitglieder prahlten zuweilen damit. Der in Polen kämpfende Jungdeutsche Orden orientierte sich am Vorbild der Deutschen Ritter und benützte, wie später die Nazis, mittelalterliche Symbole auf seinen Bannern und Insignien. Der Orden stand der DNVP nahe, hatte ungefähr 200 000 Mitglieder und vertrat einen völkischen und gewalttätigen Antisemitismus. Viele Freiwillige bei den Freikorps waren Studenten, die einem verklärten Idealbild ihrer im Krieg gefallenen Brüder und Väter nachstrebten. Viele stammten aus vor dem Krieg gegründeten völkischen Gruppen, die ebenfalls den Reichswehroffizieren bei Auswahl, Ausbildung und Indoktrination von Rekruten halfen. Als die Weimarer Regierung die Freikorps auf Befehl der Alliierten zurückrief, erhob sich ein wilder Aufschrei, weil die »Judenrepublik« den Feinden Deutschlands gehorchte.

Laut James N. Diehl »hatten Millionen mittelständischer Deutscher an antisozialistischen paramilitärischen Aktivitäten entweder teilgenommen oder sie unterstützt«, bevor die Nazis zu einer populären Bewegung wurden. »Dies erklärt zum Teil, warum so viele ›anständige‹ Deutsche die brutalen Aktionen der Nationalsozialisten während ihres Aufstiegs zur Macht nicht wahrnahmen, tolerierten oder sogar offen begrüßten« und sich später »mit der Gewalt, dem Terror und den Morden des NS-Regimes bereitwillig abfanden«.[9] Der Oberbefehlshaber der Freikorpseinheiten im Baltikum, General Graf Rüdiger von der Goltz, machte Wahlkampf für Hitler, weil dieser Lebensraum im Osten versprach. Auch Wilhelm Weiß, der spätere Teilnehmer des Hitlerputsches und Chefredakteur des *Völkischen Beobachters,* kämpfte in einem Freikorps. Himmlers Adjutant, General Karl Wolff, der im Holocaust Hunderttausende von Juden in den Tod schicken sollte, war ebenfalls Freikorpsmitglied. Kapitänleutnant Ehrhardt, der Führer der nach ihm benannten Brigade, wurde auf Hitlers persönliche Empfehlung ein hoher Offizier der SS und gehörte der ersten nationalsozialistischen Fraktion im Reichstag an.

Auch bei der Geistlichkeit wuchs der Antisemitismus. Liberale Christen von heute sind der Ansicht, daß die Kirchen eine humanistisch geprägte Moral vertreten sollten und empfinden es als peinlich, daß sie kaum gegen den Naziterror protestierten. Im damaligen Deutschland waren es jedoch größtenteils, wenn auch nicht ausschließlich, weltlich gesinnte Fortschrittliche und atheistische Linke, die gegen die rassistische Rechte Widerstand leisteten. Die obrigkeitshörigen Würdenträger der lutherischen Kirche standen der DNVP nahe, und ihre Predigten in der Weimarer Zeit waren nicht selten mit Vorwürfen gegen Liberale linke und Juden durchsetzt. Ihr häufig angeführter Antikommunismus kann nicht als Grund für ihre Republikfeindlichkeit gelten; keine der Weimarer Regierungen war auch nur ansatzweise kommunistisch. Viele Geistliche waren eher durch Angst vor liberalem Pluralismus und durch Eigennutz motiviert. 1919 strich der sozialdemokratische Kultusminister Adolf Hoffmann die staatliche Unterstützung für die Evangelische Kirche, schaffte Religion als Pflichtfach an den Schulen ab und führte die Gleichberechtigung von Judentum, Katholizismus und Protestantismus ein. Evangelische Pfarrer und die Gemeindepresse wetterten daraufhin gegen atheistische jüdische Sozialisten, Stoeckers Ansichten erlebten eine Renaissance. Auf dem Land unterstützten einige Geistliche paramilitärische Organisationen. Als die Sozialdemokraten in den zwanziger Jahren ihre Mehrheit verloren, wurden Hoffmans Reformen völlig verwässert.

Die politische Entwicklung von Pfarrer Martin Niemöller, der nach dem Zweiten Weltkrieg für seine antinationalsozialistische Haltung berühmt wurde, ist in diesem Zusammenhang aufschlußreich. Er wurde zwar von Hitler in den dreißiger Jahren ins Gefängnis geworfen, weil er sich der nationalsozialistischen Gleichschaltung der Kirche widersetzte, war jedoch vorher lange Zeit pronationalsozialistisch eingestellt gewesen. Nach seinem Abschied als U-Boot-Kommandant im Jahr 1919 organisierte er als Theologiestudent ein »akademisches Schutzkorps« zur Unterstützung des Kapp-Putsches. Er stimmte 1924 und 1933 für Hitler, begrüßte die Anwesenheit uniformierter SA-Männer in seinen Gottesdiensten, und der Altar in seiner Kirche war mit Hakenkreuzen geschmückt. Daß sein Gesinnungswandel in den dreißiger Jahren von vielen als Beispiel für den kirchlichen Widerstand gegen den Nationalsozialismus hochgehalten wird, weist auf den erschreckenden Mangel an positiven Beispielen hin. Für die Juden tat Niemöller nichts. In anderen Ländern war die Kirche weder reaktionär noch rassistisch. In Skandinavien war die lutherische Kirche liberal. Die calvinistischen Geistlichen in Frankreich, die selbst diskriminiert wurden, schützten unter dem Vichy-Regime häufig Nazi-Verfolgte und gingen dabei große persönliche Risiken ein.

Natürlich wurde die Weimarer Republik in den Universitäten ständig vom Katheder aus attackiert. Franz Neumann, der berühmte marxistische Gelehrte, der damals an vier deutschen Universitäten studierte, berichtet, wie Professoren die extremsten annexionistischen Kriegsziele formulierten und die Weimarer Republik, die Demokratie und die Juden als antideutsch denunzierten. Neumann schützte einen neuernannten, sozialdemokratischen Professor vor physischen Angriffen der Studenten und mußte eigens eine Studentengruppe gründen, um den von Professoren offen gepredigten Antisemitismus zu bekämpfen.[10] Als die Regierung akademische Posten nur noch nach Qualifikation und unabhängig von ethnischer Herkunft und politischer Haltung vergeben wollte, wurden ihre Anstrengungen durch die Besitzstandswahrung und den Eigennutz von Hochschullehrern vereitelt, die sich auf eine akademische Freiheit beriefen, welche sie den Juden oder Fortschrittlichen nie zugestanden hatten. Viele frühere Mitglieder der Jugendbewegung hatten ihren Idealismus im Grabenkrieg verloren und sich rassistischen paramilitärischen

Gruppen angeschlossen. Die meisten Studienanfänger, darunter viele Veteranen, unterstützten die radikale Rechte; alle patriotischen Studentenorganisationen hatten die Juden ausgeschlossen. Die katholischen Studentengruppen, die der Diskriminierung der Juden einst kritisch gegenüber gestanden hatten, weil sie der Intoleranz der Protestanten nicht Vorschub leisten wollten, hatten nun das Gefühl, im Krieg ihre Staatstreue bewiesen zu haben. Die Führung der katholischen Kirche mußte ihnen verbieten, Katholiken jüdischer Abstammung zu diskriminieren, doch die meisten Organisationen schlossen sie dennoch aus, ohne daß die Kirchenleitung es verhindert hätte.

Studenten aus der Oberschicht blieben wie ihre Eltern meist den Konservativen treu, doch Studenten aus dem Mittelstand orientierten sich weiter nach rechts. In den Wirtschaftskrisen der Nachkriegszeit war ein Universitätsabschluß keine Garantie mehr für eine Anstellung, und die Republik hatte den öffentlichen Dienst auch den Juden und Sozialdemokraten geöffnet. Der dramatische Anstieg der Studentenzahlen verschärfte den Konkurrenzdruck noch, und Demokraten, Sozialdemokraten und Juden waren häufig verbalen und physischen Angriffen ausgesetzt. Besonderen Zorn erregten jene wenigen Professoren, die eine gewisse deutsche Mitschuld am Krieg zugaben. Auch Vergleiche zwischen dem Versailler Vertrag und dem – tatsächlich viel schlimmeren – Friedensvertrag von Brest-Litowsk riefen große Empörung hervor, weil sie implizierten, daß die Deutschen nichts Besseres verdient hatten als die Slawen. Jüdische Dozenten wurden prinzipiell angegriffen, gleichgültig, was sie sagten. Die meisten Hochschullehrer unterstützten entweder rechtsgerichtete studentische Aktivisten, wobei sie lediglich vor Gewaltakten zurückschreckten, oder sie behaupteten, »unpolitisch« zu sein und zogen sich völlig auf ihr Fachgebiet zurück. Als die Angriffe gegen Juden und liberale Akademiker zunahmen, drohte die Regierung den Universitäten, die finanzielle Unterstützung zu streichen. Und 1927 hob ein sozialdemokratischer Kultusminister die staatliche Anerkennung der Burschenschaften auf.

Was Österreich betraf, so war »keine andere Gruppe«, wie Bruce F. Pauley feststellt, »so rassistisch, leidenschaftlich und aktiv antisemitisch wie die Studenten an den Universitäten«. Dreißig Prozent der Universitätsstudenten waren jüdisch, und nach dem Studium war der Konkurrenzkampf um einen Arbeitsplatz hemmungslos. Veteranen griffen häufig jüdische Studenten an; »der Antisemitismus«, schreibt Pauley, »war so allgemein verbreitet, daß man ihn fast als gegeben hinnahm«.[11] Alldeutsche und Katholiken machten gemeinsame Sache, und die Studentenverbindungen übertrafen sich gegenseitig mit rassistischen Erklärungen. 1923 feierten österreichische Nazis Hitlers Putschversuch, indem sie unter den Augen der untätigen Polizei jüdische Studenten zusammenschlugen. Viele Hochschullehrer schlossen sich der studentischen Forderung an, die Juden aus dem öffentlichen Leben in Österreich hinauszudrängen, und manche organisierten gemeinsam mit Studenten Vorlesungen über die »Judenfrage«. An den österreichischen Universitäten ging es gewalttätiger zu als in Deutschland, und Delegationen österreichischer Studenten versuchten ihre deutschen Kommilitonen zu einer rassistischeren Haltung zu überreden.

Deutsche Studentenorganisationen feierten die Ermordung des führenden Zentrumspolitikers und ehemaligen Finanzministers Matthias Erzberger. Er hatte die Friedensresolution von 1917 unterstützt und die Delegation geleitet, die den Versailler Vertrag hatte annehmen müssen. Für diese »Verbrechen« wurde er als Marionette der Juden angegriffen. So wurden auch diejenigen verteufelt, die genau wußten, daß es zu dem Vertrag keine Alternative gegeben hatte, da das Heer sich weigerte, weiterzukämpfen. Erzberger wurde außerdem gehaßt, weil er vor dem Krieg den Imperialismus bekämpft und korrupte Finanzgeschäfte zwischen Kolonialfirmen und der Regierung sowie Morde an Afrikanern aufgedeckt hatte. Auch daß er zur Bezahlung der Reparationen lieber eine Vermögensteuer und eine progressive Einkommensteuer hatte einführen wollen, als den normalen Verbraucher zu belasten oder mehr Banknoten zu drucken, hatte ihn nicht überall beliebter gemacht. Nach bösartigen Angriffen und einem Verleumdungsprozeß, in dem ihn die Richter in einigen absurden Anklagepunkten für schuldig befanden, trat er 1920 als Finanzminister zurück. 1921 wurde er durch Mitglieder einer rechtsradikalen Geheimorganisation erschossen. Die Rechte jubelte, doch in Heidelberg kam es zu wütenden Ausschreitungen durch Sozialisten, obwohl ihn die Linke als exponierten Freund des Kapitalismus immer abgelehnt hatte.

Walther Rathenau, der Außenminister der Republik, wurde im Oktober 1922 von der rechten »Todesschwadron« Organisation Consul ermordet. Die von Karl Helfferich geführte DNVP hatte ihn am selben Tag im

Reichstag als Erfüllungsgehilfen der Alliierten und der Bolschewiki gebrandmarkt, obwohl er mit dafür gesorgt hatte, daß die Reichswehr in der Sowjetunion heimlich Manöver abhalten konnte. Auch in Rathenaus Fall hatte das tiefverwurzelte Feindbild des Juden bewirkt, daß er nichts hatte tun können, um sich vor der Wut der Rechten zu schützen. »Knallt ab, den Walther Rathenau, die gottverdammte Judensau«, lautete eine beliebte Parole der Freikorps. Die Alldeutschen haßten ihn, weil er Kriegsgewinnler angriff, ohne sie mit dem obligatorischen Attribut jüdisch zu versehen, und sie schäumten vor Wut, als er hohe Steuern auf ererbten Reichtum und eine hohe Einkommensteuer zur Bezahlung der Reparationen forderte. Ludendorff stimmte in den Chor der Verleumder mit ein und bezeichnete Rathenau als jüdischen Verräter und Defätisten. Rathenau war ein Gegner des Sozialismus gewesen. Trotzdem zogen nach seinem Tod unzählige Arbeiter durch Berlin, um ihre Solidarität mit der Republik zu demonstrieren. Ironischerweise mußte auch die DNVP, als sie 1924 in die Regierung eintrat, Kompromisse mit den Alliierten schließen und wurde sofort als Werkzeug der Juden verleumdet.

Ökonomisch hatten diejenigen Schichten unter dem Krieg besonders zu leiden, die bereits besonders antisemitisch eingestellt waren. Die Rüstungsaufträge gingen an die Großindustrie, was den Handwerkern und kleinen Geschäftsleuten schadete. Sie bekamen nur noch beschränkten Zugang zu Rohstoffen und Krediten und machten Walther Rathenau dafür verantwortlich. Proletarier in kriegswichtigen Unternehmen wurden dagegen relativ gut bezahlt. Bis 1917 hatten ein Drittel aller Handwerker ihre Werkstatt schließen müssen, und die Einzelhändler machten aufgrund von Güterknappheit, Rationierung und Schwarzhandel schlechte Geschäfte. Die Bauern litten unter den Preiskontrollen für Nahrungsmittel, die die Regierung zur Bekämpfung von Inflation und Hunger verhängte. Engpässe bei Dünge- und Futtermitteln, Treibstoff und Ackergerät schadeten ihnen ebenso wie die von der globalen Überproduktion für den Krieg verursachte Agrarkrise der Nachkriegszeit. Ab Mitte der zwanziger Jahre führten kleine Bauern ständig Klage, daß sich der »jüdisch-sozialistische« Staat mit den Verbrauchern und den »jüdischen« Händlern an der Warenbörse verbündet hätte und der »jüdische« Reichstag den Staatssozialismus gegen das christliche Landvolk durchsetze. Beamte und Pensionäre wurden von der Inflation während des Krieges, die den Wert der Mark um die Hälfte verminderte, schwer geschädigt. Als auch die Juden Beamte werden konnten, wurde der Haß noch bitterer.

Die große Inflation von 1921–1923 wirkte sich verheerend auf den Mittelstand aus. In der Regel wurden jüdische Währungsspekulanten beschuldigt, von der Inflation zu profitieren, indem sie den internationalen Markt mit Milliardenbeträgen überschwemmten, aber nichtjüdische Spekulanten taten dasselbe. Bankiers und Kreditgeber, darunter viele Juden, gehörten häufig zu den Opfern. Dank ihrer Verbindungen hatten manche großen Geschäftsleute die Macht, Kredite bei der Reichsbank aufzunehmen, deren Zinssatz weit unter der Inflationsrate lag, was ihnen erlaubte, preisgünstig Sachwerte zu erwerben. »Viele Industrielle trugen dazu bei, die Inflation zu beschleunigen, profitierten von ihr, drückten sich um ihren Anteil an der Steuerlast – alles auf Kosten derjenigen, die weniger als sie in der Lage waren, die rapide Entwertung der Währung auszunutzen.«[12]

Für die Opfer der Inflation wurden die traditionellen Regeln klugen und anständigen Haushaltens plötzlich pervertiert. Was einst als leichtsinniges Verhalten gegolten hatte, war nun der einzige Weg zu überleben. War man verschwenderisch gewesen und hatte nichts gespart? Gut. Hatte man sorglos einen riesigen Schuldenberg aufgehäuft? Hervorragend. Hatte man weitsichtig geplant, hart gearbeitet und Ersparnisse für die Ausbildung der Kinder und den eigenen Ruhestand beiseite gelegt? Ein Fehler. Lebte man von einer festen Pension oder lebenslangen Ersparnissen? Wie unvorsichtig. Wer das Spiel nach den althergebrachten Regeln des Mittelstands weiterspielte, war zum Untergang verurteilt. Das Aufschieben von Bedürfnissen hatte zur Folge, daß sie nie erfüllt wurden. Selbst die alten Märchen machten keinen Sinn mehr: Die fleißige, sparsame Ameise machte sich zum Narren, und die verschwenderische Grille triumphierte. Ein gesparter Pfennig war ein verlorener Pfennig. »Spare in der Zeit, so hast du in der Not«, war zu einem bitteren Scherz geworden.

Der Mittelstand mit seiner Arbeitsethik, seinem Sparsamkeitsideal und der Gewohnheit, für die Zukunft vorzusorgen, wurde durch die Inflation nicht nur ruiniert, sondern geriet auch in eine Identitätskrise; er verlor seinen Stolz und fand in Arbeit und Leben keinen Sinn mehr. Für Millionen wurde die einst so geschätzte Selbstbestimmung zu einer Farce, als nämlich scheinbar irrationale Kräfte ihr Schicksal bestimmten. 1924 gelang es der Regierung, die Inflation zu stoppen, doch viele waren bereits ruiniert – Opfer die nun ihrerseits Opfer suchten. Die Wirtschaftslage hatte Spekulanten, Schuldner und Besitzende begünstigt, die sich häufig auf Kosten fremder Arbeit bereichert hatten. Nach Jahrzehnten des Antisemitismus hatte der deutsche Mittelstand die Wahnidee, genau zu wissen, wer diese Inflationsgewinnler waren. Das Gewaltpotential war enorm, und der jahrzehntelange Antisemitismus sorgte für die Zielscheibe.

Die schlimmsten Inflationsjahre fielen mit den höchsten Reparationsforderungen der Alliierten zusammen. In einer Krise zieht die Öffentlichkeit einfache Schlüsse, und in Deutschland boten die alten Mythen dafür eine hervorragende Basis: Die Juden kontrollierten die internationale Währungsspekulation, die Kreditmärkte und die Börsen des Westens, während internationale Bankiers die Bedingungen für die Reparationszahlungen stellten. Im Lauf der Jahrzehnte waren rassistische Erklärungen für soziale Mißstände zur Norm geworden. Doch die überwältigende Mehrheit der Juden gehörte zu den Verlierern, weil sie Einzelhändler oder Kreditgeber waren, während die Juden an den Industrien, die große Inflationsgewinne machten, nur wenig beteiligt waren. Kriegsgewinnler wie Hugenberg und Claß erregten sich über die angeblichen Raubzüge der Juden, wo sie doch selbst zu den Gewinnern zählten. Die Republik helfe den Opfern nicht, behaupteten Rechte, weil sie nach der Pfeife des internationalen Judentums und der rachsüchtigen Alliierten tanze.

Man vermied es, die Fehler des Systems zu analysieren, denn dies hätte nur der Linken genützt. Die mittelständischen Opfer hörten nicht auf die Argumente der Sozialdemokraten, die für sie schon seit Jahrzehnten Verräter waren. 1922 erschien in Deutschland Henry Fords berüchtigte Sammlung rassistischer Artikel aus dem *Dearborn Independent,* übersetzt von Theodor Fritsch, unter dem Titel *Der Internationale Jude – ein Weltproblem.* Das Pamphlet, das eigentlich von einem ausgebürgerten Preußen stammte, wurde von den Ford-Niederlassungen in Europa verteilt. Hitler bewunderte das Werk des angesehenen Automagnaten, aber Fritsch erklärte in einer Fußnote, Ford sei nicht radikal genug, weil er einräumte, daß es auch einige gute Juden gebe. Das wüßten die Deutschen besser, erklärte Fritsch.

Das Bedürfnis, ausländische Feinde für das eigene Elend verantwortlich zu machen, stieg ins Unermeßliche, als die Franzosen im Januar 1923 wegen einer minimalen Verzögerung der Reparationszahlungen das

Ruhrgebiet besetzten. Die deutsche Regierung wäre gestürzt, wenn sie die zur Bezahlung der Reparationen notwendigen Steuern erhoben hätte, und hatte lieber Geld gedruckt, um die Reparationen mit abgewerteter Mark zu bezahlen. Raymond Poincaré, der 1920 als Präsident der französischen Republik zurückgetreten war, weil er die Bestimmungen des Versailler Vertrags zu milde fand, setzte sich nun als Ministerpräsident und Außenminister für eine rigorose Durchsetzung des Versailler Vertrags ein und wurde mit seiner ständigen Forderung, Deutschland zu bestrafen und schwach zu halten, von der Mehrheit der Franzosen unterstützt. Er versuchte nun, mit französischen Truppen einen Satellitenstaat im Rheinland zu errichten. Gleichzeitig besetzten von Frankreich unterstützte polnische Truppen deutsche Teilgebiete Schlesiens. In einer Zeit, als nur eine Politik der Versöhnung der Sicherheit Frankreichs gedient hätte, setzten Poincaré und die französische Rechte auf Konfrontation und stärkten damit nur die militante deutsche Rechte.

Bis zum Sommer 1923 hatten Ruhrbesetzung und Inflation die gemäßigten Stimmen zum Schweigen gebracht. Die deutsche Regierung rief zum passiven Widerstand im Ruhrgebiet auf – zu Demonstrationen, Streiks und Bummelstreiks –, und sie druckte noch mehr Banknoten, um die Wirtschaft in Gang zu halten. Die Franzosen reagierten auf den Widerstand, indem sie Tausende von Deutschen aus ihren Wohnungen und von ihren Arbeitsplätzen vertrieben. Die Söhne der Opfer schlossen sich häufig militanten rechtsgerichteten Gruppen an, die Vergeltung versprachen. Die deutschen Gewerkschaften riefen zum Generalstreik auf, doch deutsche Fabrik- und Minenbesitzer lieferten weiterhin Kohle und andere Waren und unterstützten so um des eigenen Vorteils willen die Besatzer. Daß die Industriellen selbst solche Kompromisse schlossen, hinderte sie nicht daran, die Weimarer Republik auch weiterhin wegen ihrer Kompromißbereitschaft anzugreifen. Millionen Deutsche hofften, die Weimarer Republik werde einer Diktatur zum Opfer fallen. Wie Henry A. Turner berichtet, verkündete der Hauptvorstand des Vereins Deutscher Eisen- und Stahlindustrieller 1923 öffentlich: »Das parlamentarische Regierungssystem ist gescheitert. Nur Männer mit starkem Willen und klaren Zielen, die vom Vertrauen des Volkes getragen werden, können uns helfen, die gegenwärtige Notlage zu überwinden.«[13] Schon vor dem Hitlerputsch versuchte der Freikorpskommandeur Major Ernst Buchrucker mit zwanzigtausend Mann zu putschen, doch nach einer dramatischen Konfrontation gelange es Seeckt, ihn festzunehmen und seine Männer zu entwaffnen. Mit alten Soldatenliedern auf den Lippen rückten Buchruckers Einheiten ins halbfeudale Mecklenburg ab, wo sie auf den Landgütern der Junker auf eine neue Gelegenheit zur Zerschlagung der »Judenrepublik« warteten. Buchrucker schloß sich nach vierjähriger Festungshaft prompt den Nazis an. Dort hatte inzwischen ein anderer Putschist die Führung übernommen.

Nach dem Sturz der bayerischen Räteregierung war München eine Hochburg der radikalen Rechten. In Bayern, hieß es in einem damals beliebten Spruch, kann ein Anhänger der Republik nur ein Tourist, ein Verrückter oder ein Jude sein. Länder mit sozialdemokratischen Regierungen verboten paramilitärische Aktivitäten, doch im Gefolge des Kapp-Putschs gelang es Gustav von Kahr, sich mit Unterstützung der bayerischen Reichswehreinheiten und paramilitärischer Gruppen praktisch zum Diktator von Bayern aufzuschwingen. Kahr führte mit der katholischen Bayerischen Volkspartei die größte Partei in Bayern. 1920 ersetzte er die rechtmäßig gewählten Sozialdemokraten durch Führer rechter Verbände, Geheimbündler und reaktionäre Geschäftsleute, wodurch die Vielzahl ultrarechter Gruppierungen weiter gestärkt wurde. Die NSDAP war damals noch ein kleiner verschworener Haufen. Hunderttausende Deutsche und Österreicher hatten sich, oft unter Führung von Kriegsveteranen, unter antisemitischen und antibolschewistischen Parolen in einer Vielzahl völkischer Gruppen, Heim- und Bauernwehren und sogar Turn- und Bergsteigervereinen organisiert und bewaffnet. Der bayerische Wehrverband »Organisation Escherich« (Orgesch) hatte 300 000 Mitglieder und Verbindungen zu ähnlichen Gruppen in Österreich. Die Orgesch stellte in Bayern »eine Macht dar« und verfügte über etwa 2,5 Millionen Infanteriegewehre, 130 000 leichte und 3000 schwere Maschinengewehre sowie 30 Flugzeuge. Ihr stellvertretender Kommandeur Rudolf Kanzler sagte 1920:

> … von bezahlten Judenknechten wurde der Dolch in den Rücken der Frontheere gestoßen … Von Judenscharlatanen wurde die Revolution gemacht, es wurde uns Frieden und Brot, Arbeit und Ruhe versprochen; nichts von alledem ist gehalten worden. Im Gegenteil, Bestechung, Korruption, das Schiebertum hat … Platz gegriffen … Wir müssen alles aufbieten, um der Judenregierung, d. h. dem internationalen Juden- und Schiebertum, Einhalt zu gebieten … Darum müssen wir völkisch uns

> zusammenschließen, das internationale Judengesindel, das uns aussaugt bis zum letzten Blutstropfen, beseitigen. Die Bolschewisten drängen von allen Seiten gegen uns, um sich mit den vom Judengelde bezahlten, irregeleiteten Brüdern unseres eigenen Stammes zu vereinigen und uns die bekannte Seligkeit aufzudrängen ...[14]

Die bayerische Regierung und die bayerische Reichswehr arbeiteten mit der Orgesch, den Nazis und anderen paramilitärischen Gruppen zusammen. Tatsächlich hofften Kahr und sein Verbündeter, der Oberbefehlshaber der bayerischen Reichswehreinheiten Otto von Lossow mit einer vereinigten Streitmacht gegen die Weimarer Regierung zu marschieren. Als der Münchner Polizeichef von einem Reporter gefragt wurde, was er tun würde, wenn die Arbeiter wie gegen Kapp auch gegen Kahr einen Generalstreik ausriefen, sagte er, er würde die Arbeiter der Reihe nach erschießen, bis der Streik aufhöre. Stresemann fürchtete, die Reichswehr werde die Republik nicht verteidigen, weil die extreme Rechte unter jungen Offizieren so populär war.

Hitler stand noch immer als einer von vielen sogenannten Bildungsoffizieren auf der Gehaltsliste der Propaganda- und Presseabteilung der bayerischen Reichswehr und hielt in der Öffentlichkeit Reden über die Ungerechtigkeiten des Versailler Vertrags, über die Übel des Weimarer »Sozialismus« und über die Notwendigkeit, Deutschland von den Juden zu säubern. In dieser Funktion lernte er die kleine, 1919 von Anton Drexler gegründete »Deutsche Arbeiterpartei« kennen, eine kleine Gruppe von Handwerkern, Bankangestellten und Ladenbesitzern. Sie war für Hitler die ideale politische Organisation: Sie war klein und unbedeutend, und sie bot einem dynamischen Führer den Raum, den es in größeren Parteien nicht unbedingt gab. Hitler nutzte die Chance, in der Partei die persönliche Vorherrschaft zu erringen, und tat sich als engagierter Spendensammler und Bierhallenprophet in München hervor. Dabei zog er als Redner beträchtliche Zuhörermengen an, insbesondere, wenn verkündet wurde, daß er über die Juden sprach.

Unglücklicherweise wurden die Unterlagen der NSDAP nach dem Putsch von 1923 vernichtet, so daß man heute nicht mehr genau weiß, wer die frühen Nazis finanzierte. Beträchtliche Summen kamen von den Zuhörern Hitlers und von den Parteimitgliedern, die Beiträge, Veranstaltungsgebühren und Sonderzahlungen entrichten mußten. Einige angesehene Münchner Familien einschließlich der Wagners und der Bechsteins, Mitglieder des bayerischen Königshauses und andere Fürsten leisteten ebenfalls ihren Beitrag. Es gab Hitler großen Auftrieb, als General Ludendorff sich ihm anschloß, ihn öffentlich unterstützte und noch mehr Geld aus Armee und Wirtschaft für die Bewegung auftrieb. Auch viele kleine Geschäftsleute gaben ihr Scherflein. Rassistische Reaktionäre erhielten damals routinemäßig Gelder von pensionierten Offizieren, Gutsbesitzern und russischen Emigranten einschließlich des russischen Thronfolgers – den ja die jüdischen Bolschewiki um sein Erbe gebracht hatten. Auch Deutsche, die durch die Bestimmungen des Versailler Vertrags ihren Besitz verloren hatten, leisteten ihren Beitrag, so etwa Adlige aus den verlorenen Territorium des Habsburgerreichs. Sie trauerten dem Verlust ihrer Güter an die verhaßten Slawen nach und unterstützten jeden, der sie mit Gewalt wiederzugewinnen versprach.

Viele Spenden waren anonym oder wurden durch Scheinfirmen geleistet; Ladenbesitzer, Bierbrauer oder Gastwirte hätten sonst vielleicht antinazistische Kunden verloren. 1923 prahlte Hitler damit, daß der Alldeutsche Verband unter Heinrich Claß ihm für einen Zusammenschluß eine Million Mark geboten hätte. Selbst um diesen Preis war Hitler jedoch nicht bereit, seine Anhänger zu verprellen oder seine persönliche Macht zu schmälern, indem er die Nazis in einen reaktionären Verband der Oberschicht integrierte. Einige seiner Anhänger beschwerten sich ohnehin schon über seine Vorliebe für die Reichen und fürchteten, er könnte seine alten Kampfgenossen verraten.

Hitler betonte von Anfang an nur jene Teile des vor seinem Parteieintritt geschriebenen Parteiprogramms, die auf potentielle Geldgeber nicht abschreckend wirkten. Die alte Deutsche Arbeiterpartei hatte nicht nur jüdische Finanziers, sondern auch nichtjüdische Industrielle angegriffen. Hitler machte damit Schluß. Das internationale Finanzjudentum war die einzige Form von Kapitalismus, die Hitler je attackierte. Er fügte dem Parteinamen das Adjektiv »nationalsozialistisch« hinzu, damit der Begriff »Arbeiterpartei« nicht mehr so deutlich im Vordergrund stand. Nationalsozialismus bedeutete die Zusammenarbeit aller Klassen für das gemeinsame Wohl und roch nicht nach marxistischem Klassenkampf und Internationalismus. Vor allem jedoch konzentrierte sich Hitler, wie er es von Lueger gelernt hatte, auf einen einzigen Feind. Bei seinen beliebten Reden in München waren immer die Juden die Zielscheibe. SA-Mitglieder wurden aufgefordert, die Treffen anderer Gruppen zu besuchen und zu verlangen, daß die Sprecher sich über die Juden äußerten. Doch Hitler war noch immer nur ein Agitator unter Hunderten; 1922 hatte seine Organisation 47 000 Mitglieder und war nur eine von vielen ähnlichen, zum Teil beträchtlich größeren Gruppen wie der Orgesch, dem jungdeutschen Orden, dem Bund Oberland, der Reichsflagge, dem Roßbach-Bataillon, dem Wikingbund, dem Blücherbund, der Brigade Ehrhardt und vielen anderen. Am radikalsten war die Organisation Consul. Sie hoffte, durch die Ermordung linker Politiker eine Revolution von links zu provozieren, damit Reichswehr und paramilitärische Verbände die Linke niederwerfen und eine Diktatur errichten konnten, war an der Ermordung Rathenaus beteiligt und wurde von der bayerischen Polizei gedeckt.

Paramilitärische Kampfverbände waren illegal. Als jedoch Kahrs Polizeichef von Journalisten gefragt wurde, ob es in Bayern solche Verbände gebe, antwortete er, er wäre froh, wenn es mehr wären. Und auf die Frage, ob ihm klar sei, daß in Bayern politische Morde begangen würden, sagte er: »So, so, aber zu wenig.«[15] Er marschierte im Putsch von 1923 mit Hitler. Kahrs Regierung unterstützte die Kampfverbände und bremste sie nur, wenn sie allzu offen das Gesetz brachen oder Kahr selbst attackierten. Seine Polizei warnte die rechten Kampfverbände oft vor ihren Gegnern und gegen sie geplante Aktionen. Der Wagenpark der Regierung stand für rechte Demonstrationen zur Verfügung. Armee-Einheiten schulten und bewaffneten die Paramilitärs und stellten ihnen in Krisenzeiten Waffen zur Verfügung.

Hitler brachte in seinen Reden nicht nur seine persönlichen Ansichten zum Ausdruck. Er artikulierte die aggressiven Impulse von Hunderttausenden von Straßenkämpfern, von Reichswehrmitgliedern, von Angehörigen der bayerischen Regierung und unzähligen Zivilisten. Im Jahr 1923, als die Franzosen das Ruhrgebiet besetzten und die Reichsmark ihren Wert verloren hatte, erhob sich die lautstarke Forderung, die Juden aus Deutschland zu vertreiben. Viele wollten sie erschießen lassen. In Wien demonstrierten Tausende unter Transparenten, die die Ermordung der Juden forderten. Die NS-Presse forderte spezielle Sammellager und machte finstere Andeutungen über das »Endziel« der radikalen Ausmerzung der Juden. Hitlers Themen waren schon lange Allgemeingut, bevor er seine erste Rede hielt – die Juden hatten die Niederlage von 1918, den Bolschewismus und die Republik verursacht; sie hatten den Versailler

Vertrag diktiert, beherrschten den Schwarzen Markt und verursachten die Inflation. Sie waren nur der eigenen Rasse gegenüber loyal und untergruben den deutschen Volkscharakter mit gemeinen Angriffen auf die christliche Moral. Hitlers Redekunst war die kontrollierte Wut; seine Mordlust war für die Zuhörer unüberhörbar. Ein Reporter berichtete von einer nationalsozialistischen Versammlung in den zwanziger Jahren, auf der die Zuhörer Hitlers Tiraden wiederholt mit dem Ruf »Tod den Juden« unterbrachen. Hitler selbst betonte, der jüdische Einfluß werde niemals verschwinden, und die Vergiftung des Volkes werde nicht enden, bevor der jüdische Virus aus dem Deutschen Volkskörper entfernt sei.[16]

Hitlers Zuhörer waren keine ungebildeten Schlägertypen. Es wurde berichtet, daß sie nach Kleidung und Verhalten gewöhnliche Bürger wären. Als Hitler 1921 in Berlin vor einer Vereinigung angesehener Geschäftsleute sprach, antwortete er auf die Frage, wie er denn das »Problem« der Juden und Marxisten lösen wolle, seine Partei werde sie in Konzentrationslager stecken.[17] In München nannte Hitler als Fernziel die Eroberung Osteuropas, und bemerkte, das Hab und Gut der jüdisch-bolschewistischen Untermenschen in Rußland wäre in den Händen deutscher Industrieller und arischer Siedler besser aufgehoben. Wie Millionen Deutsche und Österreicher machte auch Hitler die Tschechoslowakei als eine künstliche Ansammlung von Territorien ohne Nation und ohne Volk verächtlich – ein Land, das von Rechts wegen deutsch sei und auch wieder deutsch sein werde.

Hitler hoffte, alle paramilitärischen Gruppen Münchens unter seiner Führung vereinen zu können, doch die Konkurrenz war groß, und zu den Konkurrenten gehörte auch Kahr. Gegen Ende 1923 verfügte Hitler jedoch über etwa 55 000 organisierte Anhänger. Inspiriert von Mussolinis Marsch auf Rom im Jahr 1922, der von der italienischen Polizei und Armee unterstützt worden war, ergriff Hitler die Initiative.

Der Putschversuch vom 8. und 9. November 1923, in dessen Verlauf Hitler mit 3000 Anhängern auf die Feldherrnhalle marschierte, wurde durch Polizei und Reichswehr niedergeschlagen. Für Hitler war es dennoch ein persönlicher Erfolg. Der kaum bekannte Putschführer machte Schlagzeilen in der nationalen und internationalen Presse. Nun war *er* die Hoffnung für alle, die glaubten, die Weimarer Republik habe sie an die Alliierten und die Juden verkauft. Hitlers Gruppierung wurde nicht allein deshalb zur Massenbewegung, weil ihr Anführer Charisma besaß oder ihr

Programm besonders einzigartig gewesen wäre. Sie wuchs, weil ihm das gewagte Spiel von 1923 die Chance eröffnete, Hunderttausende von rassistischen Nationalisten zu führen, die darauf brannten, sich jedem Revolutionär anzuschließen, der für die gemeinsame Sache sein Leben zu riskieren bereit war. Hitler brauchte jetzt nur noch die notwendigen Bündnisse zu schmieden und die Ängste der Konservativen in der Unter- und Oberschicht für seine Zwecke zu nutzen. Die Konterrevolution hatte ihren Führer gefunden.

16.
KULTURKAMPF

> Die Metropole begann ihre rassenzersetzende Arbeit ... Ein Rassenchaos aus Deutschen, Juden und widernatürlichen Straßenrassen war weitverbreitet. Die Folge war entartete Kunst.
>
> *Alfred Rosenberg*

Wie die Politik glich auch die Kultur der Weimarer Republik einem Schlachtfeld. Für den größten Teil der Avantgarde war die Kunst eine Waffe gegen das deutsche Großbürgertum und die Obrigkeit; folglich wurden die neuen Werke mit Entsetzen und Begeisterung aufgenommen. Den einen war es ein Schlag ins Gesicht, geradezu »Kulturbolschewismus«; den anderen der endgültige Bruch mit der stupiden Frömmigkeit des Kaiserreiches. Viele europäische Künstler trachteten zwar nach der Befreiung von den herkömmlichen kulturellen Werten, doch in Deutschland hatte das Trauma der Niederlage den größten Bruch mit der Vergangenheit zur Folge. In keiner anderen Zeit haben Theater Film, selbst Musik und Tanz solch enorme politische Bedeutung erlangt.

Die neuen kulturellen Strömungen waren bereits vor 1914 sichtbar geworden, durch den Schock des Krieges wurden sie aber einer breiten Öffentlichkeit bewußt. Für die Avantgarde der Vorkriegszeit war in den kaiserlichen Museen kein Platz gewesen. Von »Seinen« Künstlern wurde erwartet, daß sie die Tradition achteten und sich an die alten Werte hielten: in der Musik an Wagner oder die Klassiker; im Theater an das traditionelle Repertoire. Ibsen und Strindberg wurden als Feinde der Gesellschaft betrachtet, und Künstler, deren Bilder die Obrigkeit herabsetzten oder die Sittlichkeit verletzten, wurden wegen Verleumdung angeklagt. Die offiziell anerkannte Kunst des Kaiserreichs verehrte den sentimentalen Realismus, die ländliche Idylle und die idealisierten Darstellungen der alten Ordnung. Ein Kunststudent begann seine Ausbildung womöglich damit, die verschiedenen Posen preußischer Militärs abzubilden oder idealisierte Szenen aus dem Dorfleben zu malen. Für die Konservativen hatte die Kunst, ebenso wie die Politik, wirklichkeitsnah zu sein, nationalistisch, germanisch und christlich. Im Jahr 1919 setzte sich ein sozialdemokratischer Kultusminister für die künstlerische Freiheit ein, obwohl republikanische Politiker die revolutionären Manifeste der Künstler und deren Ansicht, die Republik sei zu feige, die Reaktion zu bekämpfen, argwöhnisch beobachteten. Da die Regierung jedoch nicht gewillt war, die künstlerischen Ausdrucksformen zu zensieren, warf die Rechte ihr »Kulturbolschewismus« vor, selbst nachdem die kommunistischen Führer ihre Begeisterung für radikale Kunstformen längst abgelegt hatten und Moskau solche »Höhenflüge des anarchistischen Nihilismus« verurteilte.

Im Jahr 1919 nahm George Grosz an einem dadaistischen »Happening« teil. Ein Arbeiter an einer Nähmaschine rackerte wie der Teufel, produzierte aber nichts; er eiferte mit einem Maschinenschreiber um die Wette, der lauter unsinniges Zeug in seine Maschine hämmerte; über der ganzen Szene hing ein Schwein in preußischer Militäruniform. Viele Zuschauer empfanden dies als geschmacklos und unpatriotisch. Es war eine Parodie auf die sinnlosen Opfer in den Schützengräben, verschuldet von denjenigen, die ohne rationalen Zweck die neueste Technologie des Mordens eingesetzt hatten. Der Krieg erschien als ein blutiges Theater des Absurden, dem kein künstlerisches Abbild auch nur annähernd gerecht werden konnte. Der Dadaismus, erfunden im Jahr 1916 von deutschen Flüchtlingen in der Schweiz, kultivierte bewußt das Absurde; einige erklärten gar die Kriegshetzer der herrschenden Elite zu den ersten Dadaisten. Ein Künstler bemerkte, es sei die äußerste dadaistische Tat, wahllos auf eine Menge aus Unbekannten zu schießen. Waren denn nicht die Leichen an der Front die endgültige Widerlegung aller aufgesetzten Empfindsamkeiten, aller patriotischen Platitüden und jeglicher Vernunft? Wir müssen, erklärten die Dadaisten, den falschen Idealismus der Kunst ebenso zerstören, wie der Krieg die alten heroischen Mythen zerstört hat. Wer hat denn eigentlich die zivilisierten Werte vernichtet, wenn nicht die hochdekorierten Männer der Ehre, der Pflicht und des Ruhmes?

Mit Vernunft ließen sich weder der Krieg noch der Dadaismus erfassen. Warum nicht die Leinwand mit zufälligen Klecksen schänden, mit Streifen, Farbtropfen, Schlitzen und durchlöcherten Gegenständen? Schöne Kunst war eine Lüge; Häßlichkeit die Wahrheit. Die berühmte Toilette von Marcel Duchamp, vollkommen realistisch gemalt, schockierte eine Öffentlichkeit, die es vorzog, fäkale Wirklichkeiten auszuklammern, wenn sie über schöpferische Werke sinnierte. Aber wenn ein Duchamp den Unrat in den Schützengräben gemalt hätte, wie Otto Dix es später als Vertreter der Neuen Sachlichkeit tat, so hätte er weit stärker den Publikumsgeschmack beleidigt. Der rumänische Dadaist Tristan Tzara sagte einmal, Dada bedeute gar nichts. Doch die zufällige Handlung, die Collage aus zusammenhanglosen Gegenständen und das automatisierte Schreiben symbolisierten die Nichtigkeit einer Gesellschaft, die wegen hohler Platitüden millionenfache Opfer forderte. Dada sei deutscher Bolschewismus, sagte ein Künstler Die Konservativen stimmten zu, und viele bemerkten, daß der führende Verlag dadaistischer Kunst und kommunistischer Literatur ein jüdisches Unternehmen war, der Malik Verlag.

Viele wollten die Symbole, Bilder und Metaphern der Triebe erkunden, welche den Menschen zerstörerisch werden ließen und die Gesellschaft unberechenbar; sie gingen zu Sigmund Freud, der 1922 auf einem Kongreß in Berlin seine Auffassung vom Es, Ich und Über-Ich präsentierte. 1916 hatte er geschrieben, das Schlachten von Tieren zeige, daß die Zivilisation die zerstörerischen Triebe, die das Gemeinwesen bedrohten, nicht beseitigt habe, sondern nur unterdrückt. Ein psychisches Bewußtsein und ein langsamer Fortschritt ließen sich nur erreichen, wenn die rationalen Gebilde niedergerissen würden, die die Menschen errichtet hätten, um die Wahrheiten zu verdrängen, die sie so fürchteten. Trostspendende Illusionen müßten zerschlagen, innere Schrecken unter Kontrolle gebracht werden. Künstler versuchten daher unter die Oberfläche zu dringen, auf der Suche nach Symbolen für die verborgene Psyche, die, wie sie meinten, im Krieg mit brutaler Gewalt ausbreche. Salvador Dali fand die Psyche in der freien Assoziation, unverzerrt von rationalen Erklärungen; er malte seine persönlichen Zwangsvorstellungen und »Traumbilder«. Marc Chagall ließ Erinnerungen an seine Kindheit im *Schtetl* ohne Rücksicht auf rationale Gegebenheiten wie Raum, Zeit und Schwerkraft zum Vorschein kommen. Die nach innen gekehrten Oberflächen von Giorgio de Chiricos verlassenen, fensterlosen Gebäuden schufen eine beklemmende Vorahnung des unbekannten Bösen. Für die europäischen Künstler der Nachkriegszeit waren Einsamkeit, Entfremdung und Angst vernünftig; Optimismus und Fortschritt waren Illusionen. Die traditionelle Kunst hätte die Traumata des Krieges, der Revolution und des wirtschaftlichen Zusammenbruchs, die eine ganze Generation überwältigt hatten, niemals abbilden können. Wer nach künstlerischer Wahrheit trachtete, mußte in die Heilanstalt gehen, zum Infantilen, mußte primitive Gesellschaftsformen ausloten – auf der Suche nach dem Unbewußten.

Für die Rechte waren die Lehren von Freud und seinen Anhängern die jüngsten Beispiele einer »jüdischen Wissenschaft«, die obszöne Vorstellungen von kindlicher Sexualität, inzestuösem Verlangen und mörderischen ödipalen Gefühlen verbreitete – der letzte Angriff auf die Werte der nordischen Familie. Atheistische und radikale Juden, die ihren eigenen Glauben verloren hatten, verschmähten die Religion als eine infantile Sehnsucht nach Trost in der Welt und behaupteten, das Leben sei nichts als ein sinnloser Kampf voller Unrecht bis zum Tod. Ein aufgebrachter konservativer Wissenschaftler fragte, was man denn noch über die Freudsche Lehre wissen müsse, außer daß sie von einem Juden stamme. Die radikale Rechte setzte neben den Juden Marx den Juden Freud auf ihre Schwarze Liste. Konservative Psychologen hielten sich lieber an Jungs archetypischen Rassenmythen. Jung griff 1934 Freuds »jüdische Einstellungen« an und behauptete, Freud habe das nordische Unbewußte nie verstanden, noch den einzigartigen germanischen Idealismus, der den Nationalsozialismus hervorgebracht habe. Die arische Seele sei, im Gegensatz zu Freuds Thesen, alles andere als eine bloße Mülltonne unberechenbarer infantiler Begierden und ungelöster Familienprobleme.[1] Das Berliner Psychoanalytische Institut, 1920 gegründet, wurde verunglimpft als jüdisch-marxistischer Versuch, den Glauben an traditionelle Werte zu zerstören, genau wie Marx geglaubt habe, die Moral diene lediglich der Verteidigung von Klasseninteressen. Konservative verschwiegen die offizielle Lehrmeinung der Kommunisten, die die Freudsche Lehre als die endgültige Parodie des bourgeoisen Individualismus ausgab, während mit Hilfe Pawlowscher Verhaltenssteuerung die kollektive Persönlichkeit des Sowjetmenschen geschaffen werde. Die Nazis gingen noch weiter: Die Freudsche Lehre sei ein Anschlag auf die Arier durch jene, die besessen seien von Sexualtrieben primitiver Völker wie den Juden. Die Psychoanalyse sei lediglich ein Gewerbe der Juden, die es auf eine Klientel reicher Hysteriker abgesehen hätten.[2]

Einigen Künstlern wie Georg Grosz waren Dada und Freuds Lehre zu abgehoben, um sie für einen revolutionären Angriff auf die Mißstände der herrschenden Klasse anzuwenden: Pinsel und Stifte müßten Waffen sein, aber sie seien nur leere Strohhalme.[3] Damit verließ Grosz Dada und zeichnete und malte unvergeßlich ätzende, brutale Karikaturen der sogenannten Eliten. Die Ikonen der Rechten, Ludendorff und Hindenburg, stellte er als aufgedunsene »Vampire der Menschheit« dar, als bezahlte Killer »Zuhälter des Todes« für Industrielle, die frische Opfer für künftige Kriege benötigten. Offiziere wurden als Mörder dargestellt, ihr ungeschlachter Schweinskopf versteckt hinter der Vogelscheuche der Republik. Anstelle von Kriegshelden porträtierte Grosz Veteranen ohne Gliedmaßen, mit nackten Stummeln, übergangen wie liegengelassener Abfall; sie kauern auf Brettern mit Rollen und halten Dosen hoch, während fette, groteske Großbürger und schädelgesichtige Generäle an ihnen vorüberziehen und ihre Huren und Geldbeutel umklammern. Aristokraten mit Monokel, dekorierte Offiziere und fette Industrielle, deren Genitalien sichtbar sind, wippen nackte Huren auf ihren Knien – Scheusale, die mit Tieren Unzucht treiben – und sprechen von Vaterland und Ehre im Gestank von Blut, Whisky und Sex. Ein schweineähnlicher Reicher diniert unter einem Kruzifix, umgeben von Weinflaschen, Cognac und verstümmelten Veteranen, und lamentiert: »… diese Kriegsverletzten wachsen sich nachgerade zur Landplage aus.«

Geschäftsleute, Kriegsgewinnler und Drahtzieher der Börse werden von Grosz als schweinische Ausbeuter und blatternarbige Schmarotzer dargestellt, deren Korruption in den Linien und Farben kraß zum Vorschein kommt. Er erregte den Betrachter um so mehr, weil er Arier und keine Juden stereotypisch zeichnete, als verdorbene Symbole der Korruption und der Gier. Seine »Besitzkröten« waren nicht die üblichen entstellten jüdischen Puppenmeister, sondern ein riesiger derber nordischer Industrieller mit platter Nase und Kanonen unter den Armen, der auf einem Berg aus Geldscheinen und Fabriken sitzt: »Was heißt Reparationsschuld – ich werde mir doch nicht den Sitz unterm Arsch wegziehen lassen.« Ein anderer Nordischer verschlingt ein üppiges Mahl und dankt Gott dafür, daß die französische Besatzung ihm nicht den Appetit verdorben habe, denn die Arbeiter würden die Zeche zahlen. Ein Staatsdiener mit scharfkantigem Gesicht und Monokel fordert: »Juden raus!«

Grosz nahm sich genau die sozialen Mißstände vor, die Konservative den Juden in die Schuhe schoben, und schrieb sie dem Großbürgertum und den alten Herrschern zu. Auf einer anderen Zeichnung hängt ein verstümmelter Soldat am Kreuz, und der priesterliche Segen wird an tote Soldaten ausgegeben, während Offiziere und Politiker mit blutigen Händen zynisch applaudieren. Bei Grosz waren christliche Arier für den moralischen Verfall verantwortlich. Mit treffenden Bildern, die stärker provozierten, als Worte es vermochten, wurden Deutschlands Herrscher als trunkene Mörder porträtiert mit leichenhaften Gesichtern, gerötet von derbem Sex. Nicht einmal vor Wagner machte Grosz halt: Die Rheinjungfern fummeln auf einer Zeichnung an ihren Genitalien herum – Kulturbolschewismus und Sakrileg in einem. Grosz' Beleidigungen lagen um so tiefer, als seine cartoonähnlichen Karikaturen in Hunderttausenden von Kopien an die Öffentlichkeit gelangten. Die Regierung stellte Grosz dreimal wegen Blasphemie und Verunglimpfung der öffentlichen Moral vor Gericht.

Berlin war inzwischen zur Theaterhauptstadt der Welt geworden, seine experimentellen und revolutionären Stücke attackierten den Traditionalismus. Im Jahr 1896 hatte ein Verleger noch vier Monate im Gefängnis verbracht, nur weil er ein Stück gedruckt hatte, in dem die Revolution von 1789 gepriesen wurde. 1919 widmete sich Erwin Piscators Theater der Schaffung eines revolutionären, proletarischen Klassenbewußtseins. Das neue Theater verschmähte den Individualismus und präsentierte namenlose Charaktere, universale Symbole der menschlichen Misere und verkündete revolutionäre Parolen inmitten einer bildlich dargestellten, utopischen Zukunft. Gottfried Benn meinte, schon die Wirklichkeit sei ein kapitalistisches Konzept. Klassiker wurden mit revolutionären Texten neu geschrieben, die das Theaterpublikum noch stärker gegen das Theater aufbrachten, ein Publikum, das dazu erzogen worden war, die geheiligten Werke zu bewundern, die nunmehr parodiert und gegen das Publikum selbst gewandt wurden. Die Zuhörer wurden sogar in die Handlung auf der Bühne mit einbezogen, als würden sie an der Revolution teilnehmen; die Aufführungen endeten gelegentlich mit einem Aufruf zur Weltrevolution und aufrüttelnden Gesängen der kommunistischen »Internationale«. Über Piscators Theater wurde selbst im Reichstag gesprochen und geschimpft.

1920 randalierten in Österreich Studenten, als der Satiriker Karl Kraus Stellen aus seinem Werk vorlas, in denen der Kaiser und seine Generäle lächerlich gemacht wurden. Eine Inszenierung von Arthur Schnitzlers *Reigen* löste im selben Jahr in Wien einen Entrüstungssturm aus, weil das Stück einen Zirkel sexueller Intimitäten beschreibt, der Individuen aus allen Klassen in einem Tanz der Dekadenz miteinander verbindet, die letzte authentische Beziehung zwischen den entfremdeten Gruppen einer sterbenden Kultur. Ebenso empörend waren Stücke über Alkoholismus, verbotenen Sex, Abtreibung, Armut, Kranke und Verrückte. Es gab Tumulte, Demonstrationen und kleinere Krawalle während dieser Aufführungen. Paramilitärische Trupps, auch die Nazis, kletterten während der Aufführung auf die Bühne, zerschlugen die Kulissen und verprügelten die Schauspieler. Der außerordentlich hohe Anteil an Juden unter den Intendanten, Autoren, Regisseuren, Schauspielern und Kritikern bot den Konservativen die Gelegenheit, das neue Theater als einen neuerlichen jüdischen Frevel darzustellen. Die langatmigen Deklamationen und Abstraktionen verhinderten den dauerhaften Einfluß des Expressionismus, aber Bertolt Brechts Parodien der bürgerlichen Werte verfehlen noch heutzutage ihre Wirkung nicht. Wie Grosz zielte auch Brecht auf eine breite Zuhörerschaft, etwa mit den beliebten Stücken *Die Dreigroschenoper* und *Aufstieg und Fall der Stadt Mahagonny.* Die *Dreigroschenoper* satirisch und geistreich zugleich, wurde 1928 uraufgeführt. Die beklemmende Düsternis der Inszenierungen, die flotten Melodien und die bissigen Texte verspotteten die Ambitionen der Mittelschicht. Selbst Kurt Weills Musik war beleidigend - die Negermusik, die den Rechten und den Nazis verhaßt war. Capt'n Macheath, der Held der *Dreigroschenoper,* ist ein Dieb, Vergewaltiger und Mörder, kein Bühnenheld in einem Musical, das in erster Linie unterhalten soll. Er und sein Komplize, der Polizeichef, verkörpern die legale Kriminalität der Obrigkeit; beide begannen als Soldaten des Imperialismus und machten aus niederen Rassen »ihr Beefsteak Tartar«. In einer späteren Fassung der *Dreigroschenoper* machte Brecht aus Macheath einen Bankdirektor, denn: Was ist ein Einbruch in eine Bank gegen die Gründung einer Bank? Dieselben Personen wachen über die Gesetze und brechen sie, alle Verbrecher sind beherrscht von demselben Geschäftsgeist. Brecht hält keine Moralpredigt, noch empört er sich, vielmehr scheint er die Art zu bewundern, mit der die herrschende Klasse den kleinen Mann das hehre Prinzip der Gerechtigkeit lehrt, während sie ihn ausraubt. Die Bosse wissen am besten: »Erst kommt das Fressen, dann kommt die Moral.« Brechts humorvolle Entlarvung der

Stützen der Gesellschaft erboste seine Gegner mehr als expressionistische Grundsätze es je vermocht hätten. Wie es in seinen »Sieben Todsünden« heißt: »Denn wovon lebt der Mensch? Indem er stündlich den Menschen peinigt, auszieht, anfällt, abwürgt und frißt.«

Deutschland produzierte damals mehr Filme als die anderen Länder Europas zusammen. Die meisten waren Kitsch, aber in einigen wurden neue Techniken und Stoffe verarbeitet, die darauf abzielten, aufzurütteln oder Anstoß zu erregen. Verbrecher und Verbrechen wurden zu Helden, und der Horrorfilm etablierte sich. Wissenschaftler waren nicht länger unantastbar, sondern ebenso diabolisch wie die Mordwerkzeuge, die sie in den Jahren 1914 bis 1918 geschaffen hatten. Zahlreiche Filme behandelten Sexualmorde oder Serienmörder, etwa in Fritz Langs eindrucksvollem Film *M - Eine Stadt sucht einen Mörder*. Der Kindesmörder wird nicht von der Polizei der gerechten Strafe zugeführt, sondern von Verbrecherorganisationen, die ihre Arbeit und ihren Ruf gefährdet sehen. *Das Kabinett des Dr. Caligari* zeigt einen kaltblütigen Mord an einem Unschuldigen durch einen willenlosen Humanoiden in einer Welt, die in Wahrheit eine Nervenklinik ist, von deren Insassen sie beherrscht wird; für die Kinobesitzer wurde ein Happy-End gedreht, damit die Kassen klingeln. Die galoppierende Inflation und die Traumata der Depression erweckten den Anschein, jeder sei unentrinnbar gefangen in der tödlichen Umklammerung irrationaler und zerstörerischer finsterer Mächte. *Nosferatu* und andere Vampirfilme spielen mit der Todeslust, mit mörderischen Parasiten und der Erotik der Keuschheit des Blutes. In *Der letzte Mann* wird eindrucksvoll dargestellt, wie ein Mann seinen Status als Angehöriger der Mittelschicht verliert und als Toilettenwärter endet. In dem damals berühmtesten Film *Der Blaue Engel* verführt eine Nachtclubsängerin einen geplagten Schullehrer und erniedrigt ihn, das höchste Symbol der Ehrbarkeit der Mittelschicht und der Tugendhaftigkeit des Staatsdieners, der von seiner sexuellen Abhängigkeit in den Wahnsinn getrieben wird.

Filme enthüllten die Geheimnisse des angesehenen Bürgers: Inzest, Sadismus, Geschlechtskrankheiten. Prostituierte und Drogen wurden verherrlicht, Puritanismus verspottet. Conrad Veidt spielte 1919 einen überaus angesehenen Homosexuellen der Oberschicht, der das Opfer einer Erpressung wurde. Der Film schließt mit einer kurzen Ansprache des berühmten Dr. Magnus Hirschfeld, des Gründers des Instituts für Sexualwissenschaft, der von einem fernen Tag spricht, an dem solches Leid nicht mehr zugelassen werde. Die konservative Presse empörte sich, daß Hirschfeld Jude und Sozialist sei, dessen Genossen Sozialdemokraten im Reichstag seit langem die Rechte der Homosexuellen unterstützt hatten. Der Film löste Krawalle aus; Hirschfeld wurde brutal zusammengeschlagen, zum Entzücken der Nazi-Presse. Bei einer öffentlichen Lesung in Wien 1921 fielen Nazis über Hirschfeld und die Zuhörer her, feuerten mit Pistolen, warfen Stinkbomben und grölten antisemitische Parolen. Homosexualität wurde zur jüdischen Krankheit erklärt, Himmler begann, Listen von Homosexuellen zu erstellen. Andernorts riefen religiöse Eiferer nach strengen Gesetzen gegen sexuelle Freizügigkeit, doch die Sittlichkeit war in Deutschland und Österreich nach wie vor eine Frage der Rassenideologie. Alfred Rosenberg erklärte, die Filmindustrie sei beherrscht vom jüdischen Geschäftsgeist und machte mit der Schändung des gesunden Volksempfindens Gewinne.

Durch den Antimilitarismus fühlten sich die meisten Deutschen beleidigt. Die führende Zeitschrift der Kulturkritik, die *Weltbühne*, machte die geheimen Verstöße des Militärs gegen die Abrüstungsbestimmungen des Versailler Vertrages publik. Im Redaktionsstab waren viele Juden angestellt, und »die antisemitischen Kritiker machten das meiste daraus«.[4] Das Buch *Im Westen nichts Neues* von Erich Maria Remarque wurde von Rechten nicht nur, weil es ein Bestseller war, verschmäht, sondern weil Remarque selbst in den Schützengräben gekämpft hatte. Millionen konnten den Gedanken nicht ertragen, die Opfer der Söhne, Brüder und Väter seien auf den heuchlerisch-zynischen Patriotismus der Oberschicht zurückzuführen. Für die dekorierten Repräsentanten der preußischen Kriegerelite war das Buch Kulturbolschewismus der schlimmsten Sorte, und Remarques Schilderung des verlorenen Patriotismus war Hochverrat. Bei der Premiere der Romanverfilmung 1930 ließen SA-Männer Mäuse laufen und warfen Stinkbomben. Der Film hatte so weitreichende Krawalle zur Folge, daß ängstliche Bürokraten ihn verbieten ließen. Der Satiriker Kurt Tucholsky schrieb:

> Sühne, Buße, Absolution? Gibt es eine Zeitung, die heute noch, immer wieder ausruft: »Wir haben geirrt! Wir haben uns belügen lassen!« Das wäre noch der mildeste Fall. Gibt es auch nur eine, die nun den Lesern jahrelang das wahre Gesicht des Krieges eingetrommelt hätte, so, wie

> sie ihnen jahrelang diese widerwärtige Mordbegeisterung eingebleut hat? »Wir konnten uns doch nicht beschlagnahmen lassen!« Und nachher? Als es keinen Zensor mehr gab? Was konntet ihr da nicht? Habt ihr einmal, ein einziges Mal nur, wenigstens nachher die volle, nackte, verlaust-blutige Wahrheit gezeigt? Nachrichten wollen die Zeitungen, Nachrichten wollen sie alle. Die Wahrheit will keine.[5]

In der Malerei klammerte sich der durchschnittliche Museumsbesucher an den sentimentalen Realismus, als suche er eine Zuflucht vor den unfaßbaren Horrorvisionen. Wer krampfhaft an der Sicherheit festhielt, die eine wiedererkennbare Realität ihm bot, wurde von den neuen Kunstformen verwirrt. Wassily Kandinskys abstrakte Gemälde raubten dem Betrachter jede Orientierung. Für die meisten war es das Werk von Kindern oder Verrückten. Es dauerte fünfzig Jahre, ehe die abstrakte Kunst eine gängige Büro-Dekoration wurde, ohne den Hauch von Anarchie. Klee, Kokoschka, Beckmann, Kirchner Barlach, Feininger, Marc, Dix – ihnen allen wurde »Entartung« oder Unvermögen vorgeworfen, oder beides. Die Museen mußten die Gemälde schützen, damit sie nicht bespuckt, aufgeschlitzt oder mit Kot beschmiert wurden. Emil Nolde, dem es möglich schien, moderner Künstler und Nazi zugleich zu sein, wurde mit seinem Tryptichon über das verzerrte, groteske und bittere Leben Christi berühmt. Die Regierung ließ es aus einer Wanderausstellung entfernen; später erteilten die Nazis Nolde Ausstellungsverbot. Einige Nazis hielten den deutschen Expressionismus für vereinbar mit ihren Werten, doch sie wurden ignoriert. Viele konservative Museumsdirektoren und Künstler, die keine Nazis waren, stimmten mit ihrer Definition der »entarteten Kunst« überein. Hier konnte es sich nur um den »künstlerischen Bolschewismus« von »jungen Juden« handeln. Auch wenn es tatsächlich keine bekannten jüdischen bildenden Künstler gab, erklärte Rosenberg, daß die ideale Schönheit der nordischen Art zerstört worden sei durch demokratische, die Rasse verderbende Lehren und die wohlgeplanten, zersetzenden Aktivitäten der Juden.[6]

Auf ähnliche Weise schockierte Arnold Schönbergs atonale Musik die allermeisten Konzertbesucher. Die deutsche Rechte wiederum, die wußte, daß Schönberg ein getaufter Jude war, erinnerte an Wagners Warnung vor einer rassischen Korrumpierung der Künste. Die meisten Schüler von Schönberg waren Christen, doch das machte keinen Unterschied. Als die

Regierung der Republik ihm einen Lehrstuhl an der Preußischen Akademie der Künste verschaffte, protestierten erzürnte Konservative vehement. Rosenberg behauptete, die Weimarer Republik fördere die atonale Musik, weil sie dem Rhythmus des Blutes und der Seele des deutschen Volkes widerspreche.[7]

Die neue Architektur wurde ebenfalls verunglimpft. Die Bauhaus-Schule vereinte handwerkliche Fertigkeiten und Architektur zu einem Gesamtkunstwerk, mit dem Ziel, der Technik gemäß zu bauen. Die alte Bauweise wurde aufgegeben, nach der aus einer Palette alter Baustile Strukturen zu rein dekorativen Zwecken ausgewählt wurden. Führende Vertreter des Bauhauses hielten sich mit ideologischen Äußerungen zurück. Dennoch wurde das Bauhaus aus Thüringen, das bereits 1930 den Nazis zuneigte, vertrieben, weil die örtlichen Handwerker diese Konkurrenz fürchteten. Bauhaus wurde als jüdische Entartung des traditionellen Baustils bezeichnet; man behauptete, Bauhaus-Künstler würden Kirchen entwerfen, die wie Filmpaläste aussähen, oder gar wie Synagogen.

In den Kabaretts der Weimarer Republik herrschte ein ironischer, sarkastischer und bitterer Geist. Nichts war der komischen Revolverschnauze und dem feinsinnigen Humor der Entertainer heilig. Der Witz der Kabarettisten entlarvte die Betrügereien der wohlhabenden Herrscher Deutschlands, während diese die Nation durch die Katastrophen der Inflation und Weltwirtschaftskrise »führten« und gleichzeitig zur Enthaltsamkeit rieten. (Hollywood und der Broadway kommen da längst nicht mit. Ihren Versionen des Kabaretts sind die Zähne gezogen.) Empörte Konservative, denen es schwerfiel, dem brillanten verbalen Feuerwerk etwas zu entgegnen, murrten statt dessen verärgert (und zutreffend), daß die meisten Texte und Drehbücher der satirischen Lieder und Dialoge von Juden geschrieben worden seien.

Als Außenseiter waren die jüdischen Jugendlichen skeptischer gegenüber all denen, die hochtrabend von traditionellen Werten sprachen, während sich das Elend weiter ausbreitete. Sie konnten sich sogar über ihre eigene mißliche Lage und die der jüdischen Gemeinde lustig machen und sie karikieren, häufig sehr zum Mißfallen anderer Juden. Der jüdische Komiker und der jüdische Radikale hielten beide Abstand zu traditionellen Einstellungen. Im Deutschland nach dem Ersten Weltkrieg, als die sozialen Gegensätze am schärfsten zutage traten und die Nation stark polarisiert war, erfreute sich das Kabarett großer Beliebtheit. Die kratzigen Stimmen von Claire Waldorf, Kurt Tucholsky und zahlreichen anderen erhielten wegen ihrer eigenen Verletzlichkeit eine bittere Schärfe, auch wegen der Macht jener die sie und die zivilisierte Gesellschaft bedrohten. Tucholsky, der bissigste Kritiker der Weimarer Republik, verleugnete seine jüdische Abstammung; er wußte, das würde nichts helfen: Die Rechte brauchte jüdische Widersacher. Ende der zwanziger Jahre suchten Nazis die Kabaretts auf, um die Veranstaltungen einfach zu sprengen, statt zu versuchen, dem entlarvenden Witz Paroli zu bieten. Ironie und Komik hatten im Dritten Reich keinen Platz.

Die sexuelle Freizügigkeit der Weimarer Republik beleidigte die Traditionalisten, viele Deutsche bekämpften die Porno-Shows, sadomasochistischen Zurschaustellungen und Bälle mit Transvestiten und Homosexuellen als jüdisch; häufig warteten Schläger vor der Tür und verprügelten die Besucher, die von solchen Veranstaltungen kamen. Auch die Sozialdemokraten blieben nicht verschont, weil sie lange Zeit den Paragraphen aus dem Strafgesetzbuch streichen wollten, der homosexuellen Geschlechtsverkehr verbot. Die emanzipierten Frauen von Wien und Berlin – mit kurzen Röcken, Bubikopf und Zigaretten – waren das Ziel gleichsam puritanistischer Attacken. Die Gleichberechtigung der Frauen war in der Verfassung garantiert, wurde von Sozialisten gepriesen und war notwendig geworden durch den Einsatz von Frauen als Arbeitskräfte während des Krieges. Als jedoch eine hohe Arbeitslosigkeit das traditionelle Selbstbild der Männer erschütterte, forderten Millionen eine Umkehr zur patriarchalischen Gesellschaft. Während der Kaiserzeit hatten Sozialdemokraten und Fortschrittliche eine Erleichterung der Scheidungspraxis gefordert, freien Zugang für Frauen zu allen Berufen und gesetzliche Abtreibungen. Die Rechte hatte dem stets hartnäckig entgegengehalten, wie ein österreichischer Nazi einmal bemerkte, daß das Judentum einen systematischen, zähen Kampf gegen das sittlich aufrechte deutsche Volk führe.

Anfang der dreißiger Jahre betrachteten Reaktionäre die Weimarer Kultur als eine durch und durch jüdische Kultur. Gewiß, wie Walter Laqueur bemerkt hat,

> … ohne die Juden hätte es keine »Weimarer Kultur« gegeben … Die Juden standen in der ersten Reihe einer jeden neuen kühnen, revolutionären Richtung. Sie waren führend unter den expressionistischen

> Dichtern, den Romanciers der zwanziger Jahre, den Theaterregisseuren und eine Zeitlang unter den führenden Persönlichkeiten des Kinos. Ihnen gehörten die maßgeblichen liberalen Zeitungen ..., und auch viele Redakteure waren Juden. Viele tonangebende liberale und avantgardistische Verlage befanden sich in jüdischer Hand ... Viele namhafte Theaterkritiker waren Juden, und Juden beherrschten die leichte Unterhaltung.[8]

Der hohe Anteil der Juden an der Avantgarde konnte aber nicht den Rassismus rechtfertigen. Die Weimarer Kultur war, mit Peter Gays berühmter Wendung, die »Kultur der Außenseiter«. Als Jude in Deutschland zu leben bedeutete, einer Kultur innerhalb einer Kultur anzugehören, beide genau zu kennen, aber weder die eine noch die andere zu akzeptieren, noch von ihnen akzeptiert zu werden. Jüdische Künstler und Intellektuelle waren sich darüber im klaren, daß ihre Werke nicht als Kunstwerke betrachtet wurden, sondern als Ausdruck rassischer Neigungen. Die jüdische Beteiligung an der Avantgarde war eine Folge der Ausgrenzung der Juden aus der deutschen Gesellschaft. Mit Hilfe des Rassismus konnten Traditionalisten die unbequeme Wahrheit verdrängen: Die größte schöpferische Kraft der damaligen Zeit hatte es auf alles abgesehen, an das sie glaubten.

Die weitreichende Wirkung der Weimarer Avantgarde hat dazu geführt, daß die Bedeutung einer weit populäreren Kultur jener Jahre vernachlässigt wurde, einer Kultur die auf der traditionalen Ästhetik beruhte und zum großen Teil den künstlerischen Stil der Nazis vorwegnahm. Experimentelle Arbeiten und verbotene Themen wurden zahlenmäßig weit übertroffen von herkömmlichen und vertrauten Filmen, Romanen und Gemälden. Hier waren noch immer die üblichen deutschen Helden anzutreffen: die preußische Offiziersschicht, der Adel, Friedrich der Große und Bismarck. Der Krieg wurde noch immer glorifiziert, und Soldaten kämpften aus patriotischem Idealismus. In Wien gründete die Christlichsoziale Partei ein *judenreines* Theater wie ihre Vorläufer bereits 1890. Wie Laqueur schreibt, konnten Autoren der Avantgarde nicht annähernd konkurrieren mit den Verkaufszahlen von Romanen mit germanischen und religiösen Themen, Sagen über die persönliche Suche nach Gott, quasi-wagnerischem Forschen nach dem Heiligen Gral, nichtexperimentellen Arbeiten ohne jegliche Gesellschaftskritik. Bestseller-Autoren mieden Berlin und zeichneten eine Vergangenheit, die von Deutschen bevölkert war, frei von dem Zynismus der Weimarer Zeit, Deutschen, die in einer provinziellen »Heimat« Wurzeln geschlagen hatten – daher der Name des Genres: Heimatkunst. Geschichten voller sentimentaler Nostalgie über die schwindenden Tugenden des ländlichen Deutschlands und den Bauern waren zahlreich. Ihre Protagonisten waren nach wie vor jüdische Bodenspekulanten und Geldleiher. Die deutsche Romantik lebte wieder auf, wie das Werk von Kleist, der literarischen Stimme der Befreiungskriege. Kleist war besonders beliebt bei jenen, die nach der Kriegsniederlage weiterhin die Opfer ihrer Väter und älteren Brüder verherrlichten, den »unmännlichen« Pazifismus der Linken schmähten, den Materialismus der Wirtschaft und die politischen Kompromisse der Republik verachteten.

Arthur Dinter beschreibt in *Die Sünde wider das Blut* (1921), einem großen Bestseller, einen reichen Juden, der eine unschuldige Arierin schändet. Als Anhänger der völkischen Ideologie glaubte Dinter, daß die arische Frau durch den Verkehr mit einem Juden für immer die Fähigkeit verloren hatte, rassisch unverseuchte Nachfahren zu gebären – eine Metapher für die Schändung des Vaterlandes durch die Republik. Dinter schrieb auch populäre Bücher, in denen er nach einem neuen Luther rief. Wie der große Reformer war auch er überzeugt, die Juden seien die Reinkarnation des Teufels. Als Anführer der Nazis in Thüringen wurde Dinter aus der Partei ausgestoßen wegen seiner Angriffe gegen den Katholizismus, zu einer Zeit, als die Partei die Stimmen der Katholiken benötigte. Die christliche Rechte hatte ihre eigene Variante ideologischer Softpornos: Ein berühmtes Plakat zeigt eine spärlich bekleidete blonde Frau am Kreuz und einen Juden mit einem Messer, der lüstern auf ihren gekreuzigten Körper schielt – eine erotische Phantasie als Ideologie verbrämt, um den puritanischen Voyeur zu entschuldigen.

Peter Gay beschreibt die Wortführer der deutschen Hochschulen, die eine Welt voller Feinde sahen: die entmenschlichte Maschine, den kapitalistischen Materialismus, den gottlosen Rationalismus, die wurzellose Gesellschaft, die kosmopolitischen Juden und das große, alles verschlingende Monstrum, die Großstadt.[9] Theologen, Historiker Philosophen und Professoren mußten mit der Bitternis der Niederlage und des Statusverlusts leben und denunzierten um so schärfer den »jüdischen« Liberalismus, gaben ihm die Schuld an der kulturellen Mittelmäßigkeit, der demokratischen Gleichmacherei und dem Radikalismus der Arbeiterklasse. Eckart Kehr verbaute sich seine akademische Karriere, als er nachwies, daß deutsche Industrielle und Adlige auf die internationale Krise drängten, die zum Ersten Weltkrieg führte, in der Hoffnung auf Profite und auf eine Einheitsfront gegen die demokratische Linke. Sozialdemokratische und jüdische Gelehrte konnten lediglich durch die Bemühungen republikanischer Beamter in der Wissenschaft Fuß fassen. Das Kultusministerium stellte Gelder für unabhängige Forschungsinstitute bereit, um die Wissenschaftler zu beschäftigen, die den amtierenden Gelehrten als untragbar erschienen. Deutsche Emigranten, die für ihre Beiträge zum amerikanischen Universitätsleben berühmt wurden, waren in der Regel Sozialdemokraten, Fortschrittliche oder Juden, die aus diesen Instituten fliehen mußten, nicht aus den Fakultäten der Universität. Die Professoren waren vielfach noch kaisertreu. Bis 1931 wurde die Unterstützung der Nazis durch Akademiker nur deswegen gebremst, weil man deren Gefolgschaft aus der unteren Mittelschicht verachtete.

Ludwig Klages war einer von vielen Intellektuellen, die die Errichtung einer stark heidnisch geprägten, teutonischen Aristokratie im neuen Deutschland verlangten. Nicht alle Intellektuellen waren darüber erfreut. Die Dozenten und Studenten in Österreich hatten weniger Bedenken. Ende der zwanziger Jahre waren die österreichischen Nazis die einflußreichste politische Kraft in Studentenverbindungen. Die *Protokolle der Weisen von Zion* waren sehr beliebt, rassistische Plakate und antisemitische Schriften gab es in Hülle und Fülle. Nationalsozialistische Studenten riefen zum Mord an prominenten Juden auf und schlugen häufig jüdische Studenten brutal zusammen. Die *New York Times* berichtete, die Universität Wien gliche einem Schlachtfeld. Der Universitätspräsident war ein Anhänger der Nazis.

Bis 1929 hatten Reaktionäre in den deutschen Universitäten die Vorherrschaft erlangt. Hermann Hesse verzichtete 1931 auf eine Mitgliedschaft in der Sektion für Dichtkunst der Preußischen Akademie und protestierte dagegen, daß sie demokratische und pädagogische Ideale verraten habe. Martin Heidegger der berühmte deutsche Philosoph, verunglimpfte den Kosmopolitismus des liberalen Idealismus und beharrte darauf, der höchste ethische Imperativ laute, sich den großen Bewegungen anzuschließen, wie dem Nationalsozialismus, der den historischen Auftrag des Geistes und die heilige Mission des *Volkes* ausdrücke. Er trat

1933 in die NSDAP ein und verdrängte als Rektor der Universität Freiburg Liberale und Juden aus dem Lehrkörper, auch seinen eigenen Mentor. Heidegger organisierte paramilitärische Studentenlager und erklärte ihnen, sie müßten die Vernunft und den Intellekt, wie der Westen sie verstehe, ablegen. Man könne nicht von anderen erwarten, den Haß der Studenten auf die Weimarer Republik zu verstehen. »Der Führer selbst und allein ist die heutige und künftige deutsche Wirklichkeit und ihr Gesetz.«[10] Bis 1945 Parteimitglied, prangerte Heidegger selbst nach dem Krieg, als keine Gefahr drohte, die Verbrechen der Nazis nicht an. Professor Konrad Lorenz, der berühmte Verhaltensforscher, haßte die städtische Industriegesellschaft und trat 1938 den österreichischen Nazis bei. Im Jahr 1940 verteidigte er das Euthanasie-Programm. Er begrüßte die »rassische Idee« als Grundlage des Staates und hegte die Hoffnung, mit Hilfe der Selektion würden lediglich nützliche und starke Nachkommen geboren. Ein fehlgeleitetes Humanitätsdenken, schrieb er, habe Deutschland die Bürde der sozial Schwächeren und einer von der Gewöhnung an häusliches Leben verschuldeten Degeneration hinterlassen. Lorenz bekehrte ebenfalls seine Studenten zu Nazis, doch nach dem Krieg versuchte er seine Aktivitäten zu verschleiern.

Werner Sombart, Deutschlands berühmter Volkswirtschaftler, übernahm das völkische Bild des Judentums und übertrug es in ökonomische Grundsätze. Die Juden, ein entwurzeltes, städtisches Volk, feindselig gegenüber der Natur, unproduktiv und getrieben vom hemmungslosen Bereicherungsdrang, seien beherrscht von einer unnatürlichen Rationalität, geborene Repräsentanten der liberalen Weltsicht des abstrakten Bürgers.[11] Der jüdische Geist müsse ausgerottet werden, behauptete Sombart, und die deutsche Wirtschaft müsse von Fabrikanten und Ingenieuren im Geiste des nationalen Sozialismus geleitet werden. Die Wirtschaft müsse zum Wohle der rassischen Gemeinschaft geführt werden, statt wie bisher nur immer mehr Konsumgüter herzustellen. Auch er schloß sich den Nazis an.

Oswald Spengler löste mit seinen Schriften einen regelrechten Kult aus, dem junge, rechte Intellektuelle anhingen. Die absurden Kreationen der Weimarer Avantgarde, erklärte er, zeigten, daß die Tage der wahren Kultur vergangen seien, das zwanzigste Jahrhundert werde dem Ingenieur, dem Imperialisten, dem Soldaten und dem Diktator gehören. Wie die Ideologen der Nazis lehnte auch Spengler den Finanzkapitalismus wie den Marxismus ab und forderte eine autoritäre Kontrolle der Wirtschaft und der Politik, um der Militanz der Arbeiterbewegung ein Ende zu setzen. Vor allem müsse eine neue Elite die Massen vereinen und inspirieren, mit dem aufopfernden Idealismus, der nötig sei, um imperiale Ziele zu verfolgen. Jeder müsse gemäß seinem Platz im Leben seine Pflicht erfüllen, ohne Klage. Spengler war der Auffassung, die Weimarer Republik sei kein Staat, sondern ein Geschäftsunternehmen, dem der Wille und der Idealismus fehle, den Anforderungen der Zukunft zu genügen. Deutschland werde untergehen, behauptete er, wenn es nicht die Industrie und die Technik fördere, den »jüdischen« Krämergeist bezwinge und seine alte Treue zu Blut und Rasse wiederherstelle, in einem faustischen Eroberungsgeist das unproduktive Judentum und die Schranken der christlichen Sittlichkeit überwinde. Die Nazis widersprachen allein Spenglers Ansicht, daß den Orientalen, nicht den Ariern die Zukunft gehöre.

Die Weimarer Kultur zog den Zorn der Traditionalisten in allen Nationen auf sich, doch nur in Deutschland war der kulturelle Gegenangriff verknüpft mit der Auffassung, die konstitutionelle Demokratie müsse zerstört werden, die Linke geächtet und die Juden bestraft.

Zu all dem ließ eine große Zahl konservativer deutscher Intellektueller den Ruf nach einem »Führer« ertönen, der im Sinne des Blutes und der Rasse herrsche, um die Kultur einer Rassengemeinschaft zu retten. Hans Grimm stellte in seinem äußerst populären Roman *Volk ohne Raum* (1926) die Forderung auf, daß Deutschland sich im Osten mehr Lebensraum erobern müsse, um das Wachstum der Rasse aufzufangen. Grimm versicherte Hitler persönlich seine Loyalität. Die Arbeiten von Chamberlain, Treitschke, Langbehn, Lagarde und völkischen Ideologen wurden wiederentdeckt. Einige rassische Gemeinschaften wurden ins Leben gerufen, mit Totenkult, teutonischen Riten und der Überzeugung, die nordische Rasse müsse sich ständig weiter vermehren, um ihre Erbmasse zu retten. Heinrich Himmler und Rudolf Höß, der Veteran eines Freikorps und künftige Kommandant von Auschwitz, gehörten vermutlich derselben Gemeinschaft an. Konservative Pädagogen gründeten in den zwanziger Jahren besondere Berufsschulen, um die Stadtjugend nützliche Berufe zu lehren, sie in dem Ackerbau ihrer Vorfahren zu unterrichten und in ihnen eine Verachtung für den »sittlichen Verfall« der Juden und Sozialisten zu wecken – Gedanken, die später vom nationalsozialistischen

Bildungswesen übernommen wurden. Gemeinschaftsgruppen führten Volkstänze vor und stellten Trachten und Kultur zur Schau. Wie die Nazis waren auch sie der Ansicht, der Tanz in den Ballsälen sei kaum verhüllte Erotik und Jazz die degenerierte Musik schwarzer »Untermenschen«. 1927 wurde ein Kampfbund für deutsche Kultur gegründet von konservativen Führern, die beinahe sämtliche Formen der Weimarer Kultur verunglimpften. Im Rahmen von »Herbert-Löns-Abenden« – er war der Dichter der Lüneburger Heide – feierten die Nazis germanische Autoren des »Volkes und der Heimat«. Langweilig inszenierte Schauspiele illustrierten die teutonische Vergangenheit, mit Massenchören, die, in alte Trachten gekleidet, Hymnen zum Ruhme der alten germanischen Naturgottheiten anstimmten, und nicht das Martyrium eines gefolterten jüdischen Gottes besangen.

Nationalsozialistische Künstler und Kritiker verwarfen den perspektivischen Relativismus des Kubismus, den Subjektivismus des Expressionismus und jede Kunst der inneren Erfahrung. Rosenberg wiederholte beharrlich, daß die gesamte große Kunst die rassische Schönheit wiedergebe. Angefangen bei den Griechen, habe die Kunst den semitischen oder den haarig-negroiden östlichen Rassentyp stets nur für die Darstellung von Dämonen eingesetzt, von Lüstlingen und Verbrechern; kein wahrer Künstler habe jemals sein Ideal der Schönheit, des Heldentums oder der Ehre in der Person eines Juden dargestellt. Jüdische Kritiker – geistige Syphilitiker und bastardisierte Mestizen – seien verantwortlich für den Erfolg der Weimarer Kultur. Man müsse sie vertreiben, verlangte er, denn sie hätten die Kultur, die Presse und die Wirtschaft in den Dienst der Juden gestellt. 1937 veranstalteten die Nazis ihre berühmte Ausstellung »entarteter« Kunst mit folgenden Losungen: »Es ist nicht die Aufgabe der Kunst, im Unrat um des Unrats willen zu wühlen, den Menschen nur im Zustand der Verwesung zu malen, Kretins als Symbol der Mutterwerdung zu zeichnen und krumme Idioten als Repräsentanten der männlichen Kraft hinzustellen.« Dies sei keine Kunst, es sei die Enthüllung der jüdischen Rassenseele.

Die nationalsozialistische Ideologie und Kultur waren extreme und vulgäre Verzerrungen der Themen, die in den Schriften einer Vielzahl konservativer Intellektueller zu finden waren. Als die Nazis an die Macht kamen, ächteten sie die Avantgarde, und Goebbels bemühte sich um eine einheitliche Ästhetik traditioneller Kunstformen, die ohne weiteres für

Millionen verständlich war. Experimente und Gesellschaftskritik wurden verbannt und beunruhigende Themen gestrichen, ersetzt durch einen populären Realismus, Kriegsthemen und völkische Bilder; dies entsprach genau dem Geschmack der unteren Mittelschicht. Die Symbole eines rassisch erneuerten Deutschlands wurden von heldenhaften Monumenten repräsentiert: Bäuerliche Venus, arische Krieger und Akte sowie verherrlichte Bauern zierten die Leinwände und füllten die Bildhauerstudios. Die Filme waren stets Variationen der Themen fürs Herz und für das Heimatgefühl, daneben auch einige kunstvolle Propagandafilme, wie die Dokumentarfilme von Leni Riefenstahl oder die berühmten Spielfilme *Jud Süß* und *Der Ewige Jude.* Albert Speer ließ traditionelle neoklassizistische Baustile wieder aufleben: endlose Säulenreihen, auf einer Treppe errichtet, mit dem Ziel, das Individuum zwergenhaft erscheinen zu lassen, wie auch in seiner Choreographie der Massenveranstaltungen im Freien, dem kunstvoll inszenierten Spektakel des nationalsozialistischen Ritus, bei denen der einzelne in einer Masse unterging, die die Hand zum Gruß erhob.

Die Nazis ließen dem Intellekt keinen Raum zur Entfaltung. Private und Klassenidentitäten, für die Weimarer Kultur so entscheidend, wurden nunmehr ertränkt in öffentlichen Prunkveranstaltungen durch die markigen, endlosen Reden der Parteifunktionäre. Die Stimmung wurde vorgegeben durch Flaggenparaden, Fackelzüge, Pauken und Trompeten bewaffneter Kolonnen, die in riesiger Zahl zu Kriegsmusik oder Wagnerklängen marschierten. Gewaltige Marmormonolithe, Altäre für den kriegerischen Ruhm und Tod, sollten das Individuum einschüchtern und zu sinnlosen Selbstopfern für eine mythische Stammesgemeinschaft anspornen. Es genügte nicht, die Weimarer Kultur zu zerschlagen oder Unmut zu bestrafen – die Nazi-Kultur mußte die Zustimmung der Massen erzeugen.

Im Jahr 1933 fiel die Literatur der Avantgarde den Flammen zum Opfer. Im Zuge eines gigantischen Exodus schöpferischer Talente verlor Grosz 1933 seine Staatsbürgerschaft, Tucholsky 1934 und Brecht 1935. Österreichische Juden wurden von der christlichsozialen Regierung aus dem Kulturleben verdrängt; 1937 waren die Presse, das Verlagswesen und die Theater *judenrein.* Die Direktion von Wiens angesehenstem Theater erklärte, der Tag sei gekommen, an dem die Bühne des Burgtheaters von dem jüdischen Unrat gereinigt werden könne, den Schnitzler und seinesgleichen hier hinterlassen hätten. Die deutsche und die österreichische Kultur haben sich nie davon erholt. Die Rechte aber triumphierte. Friedrich Hussong, einer der Autoren, die das neue Regime begrüßten, schrieb dazu:

> Es ist etwas Wunderbares geschehen. Sie sind nicht mehr da … Sie nahmen für sich in Anspruch, der deutsche Geist zu sein, die deutsche Kultur, die deutsche Gegenwart und die deutsche Zukunft. Sie vertraten Deutschland vor der Welt und vor sich selber … Alles andere war ein Irrtum, Minderwertigkeit, Kitsch, Bedauernswürdigkeit, hassenswerte Borniertheit … Sie erteilten den Ritterschlag des Geistes und des Europäertums. Was sie nicht genehmigten, war nicht vorhanden … Sie machten sich und andere … Wer ihnen gefügig war, den kreierten sie, der kam auf ihre Theater, der durfte singen und *wurde* besungen, der wurde der Welt notiert, photographiert, suggeriert, bis sie an ihn glaubte; … seine Ware wurde gelobt, ob's Käse war oder Relativität, Fettpuder oder Zeittheater, Hühneraugenpflaster oder Menschenrechte, Abtreibungspropaganda oder Justizvertrauenskrise, Demokratie oder Bolschewismus, verderbte Negermusik oder Nackttänze. Mit einem Wort: Niemals gab es eine schamlosere Diktatur als die der »demokratischen Geistigkeit« und der Zivilisationsliteraten.[12]

17.
DER AUFBAU DER NSDAP

Wir werden die Macht mit allen nötigen Mitteln ergreifen, selbst legalen.

Charles Maurras, französischer Royalist und Antisemit

Nach seinem gescheiterten Putsch erschien der Name Hitlers in ganz Europa auf den Titelseiten. Bei seinem Prozeß wegen Hochverrats drängten sich im Februar 1924 die Reporter. Der Staatsanwalt war während der gesamten Verhandlung in die Defensive gedrängt. Die Richter ließen Hitler stundenlange Propagandareden halten und schritten nicht ein, als er die Republik als eine »Judenregierung« der »Novemberverbrecher« bezeichnete. Die Führer der Republik, wiederholte er mehrmals, seien die wahren Verräter. Er sei ein revolutionärer Patriot, der getan hatte, was Millionen andere ebenfalls wollten. Daß sich die Reichswehr ihm nicht angeschlossen hatte, erwähnte Hitler mit keinem Wort; das Militär sollte er noch benötigen, um an die Macht zu kommen. Statt dessen zeigte er sich hocherfreut darüber, daß Polizisten, keine Soldaten, auf ihn geschossen hatten: »Einmal wird die Stunde kommen, daß die Reichswehr an unserer Seite stehen wird.«[1] Er wußte, daß die Militärs seine Ansichten teilten. Wie Generaloberst Werner von Fritsch, der künftige Chef der Heeresleitung, einmal sagte, durften sie sich nicht Ebert, den Pazifisten, den Juden, Demokraten und den Franzosen ergeben, die seien »alles das Gleiche, nämlich die Leute, die die Vernichtung Deutschlands wollen«.[2] In seiner ihm gewährten Schlußrede erklärte Hitler, die Geschichte werde ihn und Ludendorff richten als Deutsche, die »das Beste gewollt haben für ihr Volk und Vaterland …« Das Gericht könne sie zwar verurteilen, doch »die Göttin des ewigen Gerichts der Geschichte wird lächelnd den Antrag der Staatsanwaltschaft und das Urteil des Gerichts zerreißen; denn sie spricht uns frei«.[3]

Der vorsitzende Richter konnte nur mit Mühe seine Kollegen davon überzeugen, daß Hitler schuldig gesprochen werden müsse, schon allein, weil er geständig war; doch sie einigten sich auf die Mindeststrafe.

Bei der Urteilsverkündung erklärte der Vorsitzende: Das Gericht sei überzeugt, daß die Angeklagten »bei ihrem Tun von rein vaterländischem Geiste und dem edelsten selbstlosen Willen geleitet waren«. Sie seien überzeugt gewesen, »daß sie zur Rettung des Vaterlandes handeln müßten« wegen des »Hochverrats von 1918«.[4] Hitler wurde zur Mindeststrafe von fünf Jahren Haft verurteilt. Nach dem Gesetz hätte er die ganzen fünf Jahre absitzen müssen und war als Österreicher auszuweisen. Statt dessen war er nach fünf Monaten auf freiem Fuß, auf eine Abschiebung wurde verzichtet, weil er sich als guter Deutscher erwiesen habe und die Staatsbürgerschaft somit keine Rolle spiele. Umgeben von Bewunderern und Gleichgesinnten, überschüttet von Spenden, schrieb Hitler im »Gefängnis« *Mein Kampf*.

Hitlers Richter haßten die Republik; der Vorsitzende war ein ausgesprochener Anhänger von Hitler. Seit Bismarck waren die Richter berüchtigt für ihre willkürlichen Urteilssprüche gegen Fortschrittliche und Sozialdemokraten. Sie waren Beamte auf Lebenszeit und hatten eine stärkere Kontrolle über den Prozeßverlauf und die Urteilsfindung als Richter in anderen Ländern. Sie betrachteten es als ihre Aufgabe, den »Feind im Innern« zu bekämpfen. In der Weimarer Zeit erhielten deutsche Rechtsextremisten, sogar Mörder, wegen ihrer »ehrenhaften Motive« lächerlich geringe Strafen. Zugleich wurden alle Anführer der revolutionären Linken in Bayern hart bestraft, während nur ein Mann wegen des Kapp-Putsches verurteilt wurde. Obwohl es verboten war, zum Mord an Regierungsmitgliedern aufzurufen oder rassistische Äußerungen zu tun, ließen die Richter es nicht nur zu, sondern erwiesen sich in ihren schriftlichen Urteilsbegründungen häufig selbst als antisemitisch. Während Hitlers Prozeß trafen sich die Abgeordneten der DNVP und riefen ein donnerndes »Heil«, als Ludendorffs Freispruch verkündet wurde; auf Hitlers Schuldspruch machten sie lautstark ihrem Unmut Luft. Die *Kreuzzeitung* pries Hitlers Versuch, Deutschland von dem internationalen Judentum zu befreien. Die konservative Presse war Hitler und Ludendorff wohlgesinnt, ebenso die *Berliner Börsen-Zeitung*, die angeblich von Juden dominiert gewesen sein soll.[5]

Im Mai 1924 stürzte die Regierung, als die Sozialdemokraten sich weigerten, den Acht-Stunden-Tag aufzugeben, den sie für die Arbeiter durchgesetzt hatten. Inmitten der Inflationszeit und angesichts der französischen Besatzung errang die DNVP bei den Wahlen ihren größten Erfolg überhaupt. Zum erstenmal war sie die zweitstärkste Partei, nur übertroffen von den Sozialdemokraten. Die USPD, 1920 noch zweitstärkste Partei, hatte sich 1922 wieder der SPD angeschlossen, ihre Wählerschaft war aber praktisch vollständig zur Kommunistischen Partei übergelaufen. Auch die gemäßigten Parteien erlitten dramatische Einbrüche. Vom Gefängnis aus hatte Hitler Julius Streicher für die Führung der Nazis auserwählt. Streicher organisierte einen »völkischen Block« und errang 32 Sitze, damit übertraf er das einst starke Mitglied der Weimarer Koalition, die Deutsche Demokratische Partei. Streicher, Ludendorff und Ehrhardt zogen als Abgeordnete der Nationalsozialisten in den Reichstag ein. Im Jahr 1919 hatten etwa neunzig Prozent der Wähler für Parteien gestimmt, welche die Republik unterstützten; 1924 tat dies nur noch die Hälfte der Wähler. Verhängnisvollerweise stimmte annähernd ein Drittel der Wähler für Parteien, die während des Wahlkampfes auf antisemitische Losungen gesetzt hatten. Die Wahlen zeigten, daß in Zeiten sozialer Probleme jeder einen hohen Stimmenanteil erreichen konnte, der die rassistische Rechte hinter sich vereinigte. Hätten die Franzosen einen militärischen Aufstand nicht mit Sicherheit niedergeschlagen, so ist es zweifelhaft, ob die Republik die Stürme der Jahre 1923/24 überhaupt überstanden hätte.

Bei den bayerischen Landeswahlen von 1924 erhielt der völkische Block 17 Prozent der Stimmen gegenüber 33 Prozent für die regierende Bayerische Volkspartei (BVP), obwohl Ludendorff und Streicher bekannte Antikatholiken waren. Der Block war nun die zweitgrößte politische Organisation in Bayern, und die BVP, unterstützt vom Klerus, war selbst antisemitisch eingestellt, wenn auch nicht ganz so stark wie die Nazis. Im Dezember war Hitler wieder frei. Der bayerische Landespolizeichef hielt ihn als Demagogen für gefährlich. Das Innenministerium bewirkte jedoch seine Entlassung.

Die NSDAP und die SA hatten nun großen Zulauf. Die Angehörigen der SA waren nicht einfach hirnlose Schläger, sondern Schläger mit einer Ideologie. Die Geschichte der frühen SA-Mitglieder ist sehr aufschlußreich. Sie konnten sich kaum unmittelbare Aufstiegschancen erhoffen und waren daher motivierter und engagierter als spätere Mitglieder. Nur wenige Proletarier traten der SA bei; waren sie arbeitslos, so schlossen sie sich den Kommunisten an, sonst blieben sie den Sozialdemokraten treu. Katholiken mißfiel der Antikatholizismus einiger Nazis. Anfangs schlossen sich ihnen nur wenige Bauern an. Die Nazis waren auf dem Dorf noch nicht vertreten, wo lokale Bauerngruppen dominierten, die oft reaktionär und antisemitisch eingestellt waren. Die untere Mittelschicht war in der Basis stark überrepräsentiert. Die Oberschicht war besonders stark in der Parteiführung vertreten, und zwar von Anfang an. Im Jahr 1924 kamen gut zwölf Prozent aller NSDAP-Mitglieder aus der Oberschicht, obwohl sie nur drei Prozent der Bevölkerung repräsentierte. Sechs Prozent waren Studenten.

Die Söhne der Adligen, Offiziere oder hohen Staatsdiener unter den ersten Nazis beseelte ein Gefühl nationaler Demütigung und persönlicher Enttäuschung. Die Symbole und Ziele der SA verschafften ihnen ein neues Selbstwertgefühl. Die Söhne aus Offiziersfamilien traten häufig ein, weil ihnen durch den Versailler Vertrag eine Laufbahn im Militär verwehrt war und die Sturmabteilung eine paramilitärische Ausbildung bot. Die Mehrheit der frühen Nazis waren aber Handwerker, Ladenbesitzer, untere Staatsdiener und Kleinunternehmer, Gruppen, die von der Inflation und der Macht der Großindustrie am stärksten bedroht wurden – dieselben Gruppen, die Ende des 19. Jahrhunderts am stärksten rassistisch eingestellt waren. Viele SA-Mitglieder, vor allem arbeitslose Provinzler, zogen von einer Gelegenheitsarbeit zur nächsten, waren oft gezwungen, Seite an Seite mit dem verhaßten Feind zu arbeiten, und sahen sich, wie Hitler in Wien, dem Spott der Marxisten über ihre provinziellen Ansichten ausgesetzt. Zuwanderer in die großen Städte waren in der SA und in faschistischen Bewegungen in ganz Europa zahlreich vertreten. In den Städten ließen rechte Bewegungen die verlorenen Mythen von Blut und Boden wiederaufleben. Der Mythos von der Überlegenheit des nordischen Blutes tröstete all jene, die ihren früheren sozialen Status verloren hatten oder nie viel besessen hatten: angelernte Handarbeiter, Diener, Lagerarbeiter, kleine Beamte, Fleischer, Bäcker. Die Uniform und die Rituale der SA verstärkten das Gefühl der Überlegenheit. In marschierenden, uniformierten Kolonnen, dekoriert mit Symbolen der Germanen und Hakenkreuzen, durchlebten Kriegsveteranen, vor allem arbeitslose Unteroffiziere, noch einmal die alten Schlachten und die Männerfreundschaften an der Front.

Wie schon für Hitler so war auch für sie die Politik die Fortsetzung des Krieges mit anderen Mitteln.

Viele frühe SA-Mitglieder kamen aus besetzten Gebieten. Für sie war die Befreiung Deutschlands ein dringliches persönliches Anliegen. Ludendorff und Hitler, der General und der Gefreite, symbolisierten die Einheit von Ober- und Unterschicht. Zu den gewalttätigsten Mitgliedern der SA und paramilitärischen Verbände zählten, vor allem in Österreich, jene, deren Familien ihr Heim, ihren Rang und ihre Arbeit verloren hatten nach den Grenzrevisionen von 1919. Ein wesentlicher Bestandteil von Versammlungen der Nazis war die feierliche Verlesung der verlorenen Gebiete, der heiligen Länder, in denen einst Deutsche geherrscht hatten und nun die Slawen regierten. Der ethnische Haß war immer schon dort am stärksten ausgeprägt, wo Deutsche oder Österreicher mit Slawen in Berührung kamen. In die SA einzutreten hieß, an dem Glauben festzuhalten, daß man zurückkehren würde, bewaffnet, um die Mission der Freikorps zu vollenden, das Land der Väter zu retten.

In ganz Osteuropa gediehen faschistische Bewegungen unter den Zehntausenden, die ähnliche Schicksale erlitten hatten. Etwa zwei Drittel des ungarischen Königreichs gingen 1918 verloren. Von Heim, Land und Geschäft vertrieben, lehnten die Ungarn einmütig die Friedensverträge ab. Viele vertriebene Ungarn zählten zu den Anhängern von Horthy, der das »sündige« Budapest von Juden säuberte, nachdem die Kommunisten unter Bela Kun geschlagen waren. Doch selbst Kun hatte um die Rückeroberung verlorener Gebiete gekämpft. Die Deutschen im Sudetenland, Schönerers alter Hochburg, traten in die SA ein oder in die noch radikaleren Organisationen der Sudetendeutschen.

Die Mitgliederzahlen der Sturmabteilung schnellten sprunghaft in die Höhe, gleichzeitig baute Hitler die Schutzstaffel (SS) auf, eine Elitetruppe, die allein ihm verpflichtet war. Viele SA-Mitglieder hofften darauf, die Eliten abzulösen; im Kampflied der SA wurde der Marsch gegen »Rote *und* Reaktionäre« besungen. Hitler mußte der Oberschicht Zugeständnisse machen, um an die Macht zu gelangen; einige SA-Mitglieder verbreiteten sogar gegen ihn gerichtete Manifeste. Die SS-Offiziere waren zuverlässiger. Aus der Mittel- und Oberschicht rekrutiert, sollten sie bereitwillig jede radikale Tendenz innerhalb der Partei im Keim ersticken. Gegen Ende des Krieges nahm die Waffen-SS zwar auch Wehrdienstpflichtige auf, doch zwei Drittel waren bereits eingetreten, ehe Hitler an die Macht gelangt war, zu einer Zeit, als die Ideologie, nicht der Opportunismus die wesentliche Rolle spielte. Noch 1938 erhielt lediglich ein Viertel der SS-Mitglieder einen Lohn für ihre Dienste. Sie hatten häufig in Eliteeinheiten an der Front gedient oder waren in äußerst nationalistisch gesinnten Familien mit großem Respekt vor Autorität aufgewachsen, mit einer Ergebenheit, die sich ohne weiteres auf Hitler übertragen ließ. SS-Offiziere wählten ihre Frauen nach rassischen Gesichtspunkten aus und reichten Unterlagen ein mit dem Nachweis, daß seit 1750 kein jüdisches Blut in der Familie gewesen war. Da die Aufgabe der »rassischen Reinigung« eine Besonderheit der SS war, erschien sie den Eliten weniger bedrohlich als die populistisch angehauchte SA. Folglich wählten mehr Söhne der Eliten die SS als die SA. Immerhin hatte die konservative Partei seit 1893 rassistische Losungen benutzt, um Reformen abzuschmettern, und der Populismus war seit Stoeckers Tagen als eine Gefahr angesehen worden.

Zu den brutalsten SS-Mitgliedern zählten die fünfzig späteren Kommandanten der Konzentrationslager und etwa Vierzigtausend, die später das Personal der Todeslager ausmachten; allerdings gehörte weder das gesamte Personal der SS an, noch waren sie alle Deutsche. Aufseher in den Lagern waren in der Regel gescheiterte Handwerker oder Bauern, Ladenbesitzer, Söhne von unteren Staatsdienern oder Polizeibeamten. Die meisten stammten vom Dorf oder aus Kleinstädten, hatten in der Schule oder bei der Arbeit versagt und Schwierigkeiten mit den Behörden gehabt. Über ein Drittel der SA- und SS-Mitglieder waren gläubige Christen, darunter die meisten Lagerkommandanten. Es gehörte sich nicht, Atheist zu sein; Atheismus wurde mit jüdischem Bolschewismus gleichgesetzt.

Die SA und die SS boten all denen eine Rückkehr zur Kameradschaft und Blutsbrüderschaft der Schützengräben, die keinen Ersatz für das dramatische Erlebnis finden konnten, das ihrem jungen Leben Sinn gegeben hatte. Den jüngeren Ungedienten boten die Nazis einen Ersatz für das heldenhafte Erlebnis der Väter und Brüder. Der Kult der Rasse und des Blutes ließ die Nazis glauben, sie seien Revolutionäre, keine einfachen Mörder, sie seien Idealisten, die die schwere, aber notwendige Aufgabe auf sich genommen hätten, die Feinde Deutschlands und des ganzen nordischen Menschengeschlechts zu vernichten.

Um an die Macht zu gelangen, mußte Hitler jedoch seine militantesten Anhänger zügeln und den Populismus der SA bändigen. Das Einzigartige an Hitler ist nicht seine Absicht, die Juden zu vernichten, sondern das politische Geschick, mit dem es ihm gelang, die Treue seiner radikalen Anhänger zu sichern, und zugleich die traditionelle Führungsschicht zu überzeugen, ihn als *Führer* zu akzeptieren. Unmittelbar nach seiner Entlassung versicherte Hitler dem bayerischen Landespräsidenten, der Putsch sei ein schrecklicher Fehler gewesen. Noch im Gefängnis änderte Hitler seine Strategie. Statt die Macht mit einem bewaffneten Staatsstreich zu ergreifen, mußten sie im Reichstag gegen katholische und marxistische Abgeordnete antreten. Auch wenn es länger dauere, sie zu überstimmen, als sie zu erschießen, so garantiere zumindest ihre eigene Verfassung den Erfolg.[6] Seine große Wählerschaft machte ihn attraktiv für die Konservativen, und Hitler lief Gefahr, jene zu vergraulen, die argwöhnten, er wolle sich kaufen lassen. Putschisten mußten zu Wahlkämpfern gewandelt werden.

Von 1924 bis 1928 konnten die Nazis und die extreme Rechte nur wenige Erfolge verbuchen. Die Inflation wurde gestoppt, die deutschen Reparationen neu verhandelt, die französischen Truppen begannen mit dem Abzug. Die Sozialdemokraten waren nicht mehr in der Regierung, und Deutschland wurde in den Völkerbund aufgenommen. Die Inflation war zu Bedingungen gestoppt worden, welche die Großindustrie begünstigten. Unter dem Protest der Sozialdemokraten wurden längere Arbeitstage legalisiert, und neue Steuergesetze begünstigten die Reichen. Fabriken, die benötigt wurden, um Rohstoffe oder Fertigwaren zur Begleichung der Reparationen zu liefern, erhielten stattliche Subventionen, doch die schädliche Devisenspekulation von Unternehmen wurde eingeschränkt. Diese Maßnahmen, im Verein mit kurzfristigen Darlehen amerikanischer und britischer Banken, regten die Produktion und den Handel an, ließen die Löhne und Gehälter steigen und senkten die Zahl der Konkurse und der Arbeitslosen. Wirtschaftliche Stabilität und eine gewisse politische Mäßigung waren die Folge.

In Österreich aber ließ der antisemitische Radikalismus nie nach. Riesige Demonstrationen mit Parolen wie »Tod den Juden« wurden 1925 in Wien während des Treffens der Zionisten abgehalten, und der Rassismus war in Wandervereinen, Turnerbünden und Vereinigungen von Ärzten und Anwälten stetig auf dem Vormarsch. Die Heimwehr mit ihren 400 000 Mitgliedern befand sich Ende der zwanziger Jahre auf dem Höhepunkt ihrer Popularität. Angeführt von Fürst Ernst von Starhemberg, stammte der größte Teil der Angehörigen aus der katholischen Bauernschaft. Der populäre Antisemitische Bund vereinte zahlreiche Splittergruppen, und die Großdeutsche Volkspartei war noch rechtsextremer als die NSDAP. Die regierende Christlichsoziale Partei blieb weiterhin antisemitisch, und der Zustrom von Juden aus dem Osten förderte den Rassismus der Mittel- und Oberschicht. Da es keine liberale Partei mehr gab, stimmten 75 Prozent der jüdischen Wähler für die Sozialdemokratie und verstärkten damit noch die Ängste der Mittelschicht.

Hitler benötigte Zeit, um die Partei zu einer politischen Organisation umzustrukturieren; dabei war es ihm zwei Jahre verboten, öffentliche Reden zu halten. Die Rekrutierung ging jedoch weiter, die Mitgliederzahl stieg von 27 000 im Jahr 1925 auf 75 000 im Jahr 1927; vor der Weltwirtschaftskrise erreichte sie etwa 125 000. Zu Beginn wurde viel Zeit und Energie bei dem Versuch vergeudet, Stimmen aus dem Proletariat zu gewinnen. Im Jahr 1927 begannen die Nazis aber eine Werbekampagne in ländlichen Gegenden und hatten prompt Erfolg. Sie profitierten auch von den Reparationsbestimmungen des Dawes-Plans, die immer noch schwer drückten. Deutschland mußte die Tilgung der neuen Anleihen mit Pfändern garantieren, die der Reichsbahn und, zum Leidwesen der Verbraucher, den Einkünften aus Einfuhr- und Verbrauchssteuern entnommen wurden. Der großen Mehrheit der Deutschen waren Reparationszahlungen jeglicher Art verhaßt, selbst die Zugeständnisse der Alliierten unterstrichen noch die deutsche Hilflosigkeit. Ludendorff, Abgeordneter der NSDAP rief im Reichstag: »Es ist eine Schande für Deutschland. Ich habe vor zehn Jahren Tannenberg gewonnen. Sie haben heute hier das jüdische Tannenberg gemacht!«[7]

Die radikale Rechte geriet in Rage, als nach der Kampagne gegen den Dawes-Plan, der als Schöpfung des internationalen jüdischen Finanzkapitals galt, die Mehrheit der DNVP für den Plan stimmte, angetrieben von Geschäftsleuten, die es auf die Anleihen abgesehen hatten. Schlimmer noch, 1924 trat die DNVP zum erstenmal in eine Regierungskoalition ein. Die Nazis und andere Rechte reagierten erbittert über den »Ausverkauf« an die »Judenrepublik«, aber bei den zweiten Wahlen von 1924 zeigte sich eine neuerliche, allerdings halbherzige Unterstützung der Republik durch die Wähler. Die Sozialdemokraten legten zu, die Konservativen aber erreichten einen neuen Höchststand. Der völkische Block der Nazis ging von 32 auf 14 Sitze zurück, allerdings glichen rassistische Splittergruppen die Differenz aus, insbesondere eine neue Wirtschaftspartei, die sich an die Opfer der Inflation wandte.

Als Feldmarschall Hindenburg 1925 zum Präsidenten gewählt wurde, glaubten die Konservativen, der unverhohlene Monarchist werde das Ableben der Republik und die Rückkehr zum Obrigkeitsstaat einleiten. Sie behielten recht, doch es sollte bis 1933 dauern. Das Wahlergebnis von 1928 konnte nämlich als starker Vertrauensbeweis für die Republik gewertet werden. Die DNVP verlor beinahe ein Drittel ihrer Sitze und erhielt nur noch vierzehn Prozent der Stimmen; die Sozialdemokraten gewannen dreißig Prozent und wurden die stärkste Partei. Die Kommunisten erhielten elf Prozent der Stimmen. Die Rechte glaubte oder gab sich diesen Anschein, daß sich der Kommunismus kaum von der Sozialdemokratie unterscheide und äußerte Ängste vor einer Koalition der Linken. In Wahrheit waren die beiden Parteien erbitterte Gegner. Stalin behauptete hartnäckig, die Sozialdemokraten würden lediglich den Kapitalismus bewahren und das Proletariat verraten. Er wies die Kommunisten an, die »Sozialfaschisten« der SPD abzuweisen, und sie gehorchten.

Wegen des Erfolgs der Linken rückten alle anderen Parteien weiter nach rechts und schufen eine Stimmung, in der die NSDAP salonfähig wurde. Einst der Stützpfeiler republikanischer Koalitionen, wurde das katholische Zentrum nun von dem antirepublikanischen Prälaten Kaas geleitet, der Karl Lueger vergötterte. Kaas pries Mussolinis »korporativen Staat« als die Verwirklichung der katholischen Soziallehre und stimmte mit dem Vatikan überein, daß das alte Bündnis des Zentrums mit »atheistischen Sozialisten« gegen christliche Grundsätze verstoße. Der größte Teil der gemäßigten Geschäftsleute aus Stresemanns Deutscher Volkspartei (DVP) neigte dazu, Rassisten und Reaktionäre zu unterstützen. Auf einen Streik, der von der Schlichtungskommission der Regierung zugunsten der Arbeiter beendet wurde, folgte die Verdrängung gemäßigter Mitglieder aus der DVR. Als die Unternehmer mit einer Aussperrung gegen das Gesetz verstießen, konnten die Arbeiter, die von der Arbeitslosenversicherung profitierten, so lange durchhalten, bis ihre Anwälte den Prozeß gewonnen hatten. Industrielle griffen die Arbeitslosenversicherung und die verbindlichen Tarifverträge der Sozialdemokraten als »kalten Sozialismus« an. Viele hielten nach einem deutschen Mussolini Ausschau, denn die Wirtschaftspolitik von *Il Duce* wurde eindeutig von den Industriellen diktiert. Stresemann rügte wütend, aber vergeblich seine Parteigenossen dafür, daß sie Losungen der radikalen Rechten übernahmen. Selbst die Deutsche Demokratische Partei (DDP), einst die Hauptstütze der Weimarer Republik und wegen ihres Liberalismus als »jüdische Partei« diffamiert, attackierte nun die »Wohlfahrtspolitik« der Regierung, kehrte der Demokratie den Rücken und verhandelte über ein Bündnis mit Stellvertretern des Jungdeutschen Ordens, des paramilitärischen Freikorps, das sich unter dem Eisernen Kreuz der Deutschen Ordensritter gebildet hatte. Bereits vor der Weltwirtschaftskrise liebäugelten viele Wirtschaftsführer mit der radikalen Rechten.

Der Schock des Wahlergebnisses von 1928 schürte in der DNVP das Verlangen nach stärkerer Unterstützung durch die Öffentlichkeit. Die Partei kehrte zu einer kompromißlosen Haltung zurück und Graf von Westarp, der Parteivorsitzende trat zurück. Wenn er auch als gemäßigter Konservativer galt, hatte ihn eine jüdische Zeitschrift »antisemitischer Ausbrüche« bezichtigt.[8] Die Konservativen verloren die Unterstützung ihrer Kernwählerschaft. Polizeiberichte deuteten an, daß viele Armeeoffiziere, Adlige und Beamte an Versammlungen der Nazis teilnahmen. Reaktionäre aus Landwirtschaft und Industrie wählten den Führer des rechten Flügels Alfred Hugenberg zum neuen Vorsitzenden. Als ehemaliger hoher Beamter im Preußischen Finanzministerium war Hugenberg ins Bankgeschäft gewechselt und Vorsitzender des Direktoriums von Krupp geworden; dann wurde ihm mit der Ernennung zum Direktor des einflußreichen Kohle- und Stahlsyndikats des Rheinlands und Westfalens die höchste Ehre zuteil, die ihm seine Freunde in der Industrie verschaffen konnten. Während des Krieges hatte Hugenberg eine maximale territoriale Ausdehnung Deutschlands gefordert und nach der russischen Kapitulation mit Ludendorff zusammen einen Plan ausgearbeitet zur wirtschaftlichen Ausbeutung eines deutschen Reiches im Osten.

Industrielle hatten Hugenberg enorme Summen anvertraut, um sie konterrevolutionären Organisationen zu spenden.[9] Wieviel er den Nazis zukommen ließ, ist unbekannt, doch alle diese paramilitärischen Gruppen verfolgten die gleichen Ziele. Mit Hilfe seiner immensen Kriegsgewinne erwarb sich Hugenberg ein Medien-Imperium aus Zeitungen, Zeitschriften, Wochenschauen, eine Nachrichtenagentur sowie die größte Filmgesellschaft Deutschlands, die Ufa, und setzte sie für die Verbreitung rechter Parolen ein. Er begrüßte zwar Hitlers Putsch, doch er zog eine von den alten Regenten angeführte Konterrevolution einer populistischen

Machtergreifung von unten vor. Er hatte durchaus politische Ambitionen, doch als Repräsentant der reaktionären Eliten konnte er den Groll der unteren Mittelschicht gegen die Oberschicht nicht überwinden. Er wollte Bündnisse mit der extremen Rechten, um auf ein autoritäres, wirtschaftsfreundliches Regime hinzuarbeiten und die Sozialdemokraten zu zerschlagen. Der niedrige Stimmenanteil der NSDAP ließ hoffen, daß die Konservativen jedes Bündnis dominieren würden; es gab aber bereits andere Anzeichen. Die Nazis verbuchten bei Kommunalwahlen ihre ersten Erfolge. Bei ihrem ersten richtigen Sieg im Juni 1929 konnten sie die Stadtratswahl in Coburg für sich entscheiden und übertrafen die DNVR. Bezeichnenderweise war das Hauptthema der Wahl das Schicksal eines nationalsozialistisch gesinnten Regierungsbeamten, der wegen seiner heftig antisemitischen Reden entlassen worden war.[10]

Hugenberg buhlte mit der Reparationsfrage um die radikale Rechte. Deutschland konnte die Tilgungen nach dem Dawes-Plan nicht aufbringen, die Alliierten senkten mit dem Young-Plan von 1929 die Reparationszahlungen und beendeten die Kontrolle über das Bankwesen und die Reichsbahn. Die Franzosen willigten ein, alle Besatzungstruppen bis Juni 1930 abzuziehen. Den Wirtschaftsexperten, Bankiers und gemäßigten Politikern erschienen dies vernünftige Lösungen für handfeste Meinungsunterschiede; nach Ansicht der deutschen Öffentlichkeit konnten die Opfer der Gefallenen durch keinen Kompromiß gesühnt werden. Indem Hugenberg die Reparationen zur Sprache brachte, riß er tiefe psychische Wunden erneut auf. Die Öffentlichkeit war schockiert, als sie erfuhr, daß die neu berechneten Tilgungen nicht vor 1988 enden würden. Die Sünden der Väter sollten noch die Urenkel verfolgen! Der Rechten bot sich nunmehr eine weitere Gelegenheit, Unzufriedenheit zu schüren.

Im Juli 1929 knüpfte Hugenberg ein Bündnis gegen den Young-Plan, um noch vor seiner Ratifizierung im Reichstag zu protestieren. Unter anderen schlossen sich ihm und den Konservativen Heinrich Claß und die Alldeutschen an, Hitler und die Nazis, Seldte und der Stahlhelm, Admiral von Tirpitz, Fritz Thyssen vom einflußreichen Reichsverband der deutschen Industrie, vierhundert Repräsentanten verschiedener nationalistischer und rassistischer Gruppierungen und eine Reihe Adligen. In einer Petition wurde gefordert, daß der Reichstag ein Gesetz gegen die »Versklavung des deutschen Volkes« verabschiede, die »Kriegsschuldlüge« widerrufe, sich weigern solle, irgendwelche weiteren Reparationen zu bezahlen, und den sofortigen Abzug fremder Truppen fordern müsse. Darüber hinaus sollte jeder Minister, der Deutschland irgendwelche künftigen Zahlungen auferlege, als Verräter bestraft werden – eine Klausel, die Deutschland unregierbar gemacht hätte. Annähernd sechs Millionen Deutsche stimmten in einem Referendum für diese Forderungen, aber 21 Millionen waren nötig, damit sie Gesetzeskraft erlangten; so wurde der Young-Plan im August 1930 verabschiedet.

Hitler profitierte von der Kampagne. Seine Reden wurden von Hugenbergs Medien-Imperium verbreitet; mit den angesehensten Eliten verbündet, erhielt er Zugang zu einflußreichen Kreisen. Dies hatte Hitler mit einem unbedeutenden Stimmenanteil erreicht, und dabei, ohne irgendwelche Zugeständnisse zu machen, seinen Ruf als Mann mit Prinzipien gefestigt. Angesichts der Publizität seiner Reden und seiner deutlichen Parolen konnte kein Konservativer Unwissenheit heucheln über Hitlers Absicht, den Juden Gewalt anzutun. Das störte viele Konservative nicht weiter, hatten sie doch seit 1893 selbst darauf gehofft, den Juden die Bürgerrechte wieder zu entziehen.

Für eine dauerhafte Stabilität hätte die Weimarer Republik eine lange Periode relativen Wohlstands und den Aufstieg einer Generation benötigt, deren Erinnerung an den Krieg und seine schrecklichen Folgen verblaßten, während gleichzeitig Arbeitsplätze geschaffen, Karrieren aufgebaut und die Forderungen der Alliierten reduziert wurden. Doch 1930 waren die ersten Auswirkungen der Weltwirtschaftskrise zu spüren. Westliche Nationen mit alten, gefestigten Verfassungstraditionen konnten sie überstehen, doch die Weimarer Republik, das ungeliebte und verhaßte Produkt der Niederlage, hatte selbst in guten Zeiten zu viele Feinde. So kurz nach dem verlorenen Krieg und der Inflation war der wirtschaftliche Zusammenbruch der Höhepunkt der Katastrophen, die keine andere Demokratie durchzustehen hatte. Noch ehe die allgemeine Not gelindert werden konnte, war es bereits zu spät. Im September 1930 war die NSDAP die zweitgrößte Partei in Deutschland; im Sommer 1932 erzielte sie den bislang höchsten Stimmenanteil einer Partei in der deutschen Geschichte.

In diesem Jahr war das Elend, die Verzweiflung und die Wut der deutschen Mittelschicht noch größer als anderswo. Ein verlorener Krieg und die Inflation hatten die Ersparnisse, die Renten, die Löhne, die festen Einkommen und die Selbstachtung von Millionen Deutschen vernichtet.

Beinahe die Hälfte des Kapitals der Mittelschicht war 1924 verlorengegangen; die Folgen der Weltwirtschaftskrise sechs Jahre später waren weit schlimmer. In den zwanziger Jahren waren über eine halbe Million Gewerbetreibender oder Freiberufler gezwungen, sich eine Fabrik- oder Handarbeit zu suchen - wenn sie konnten. Anfang der dreißiger Jahre wurden Hunderttausende von kleinen Geschäften und Bauernhöfen geschlossen, 40 000 Geschäfte allein 1930. In Rekordgeschwindigkeit verloren Ladenbesitzer ihre Kunden, stürzten die Umsätze ab, fielen die Gehälter, brachen Banken zusammen, wurden Anleger ruiniert und Hypotheken auf Bauernhöfe eingefordert. Hunderttausende von Verkäufern, Büroangestellten und Beamten wurden entlassen, darunter auch 40 000 Lehrer. Über ein Drittel der ausgebildeten Ärzte mußte eine Anstellung bei der Kirche annehmen. Im Jahr 1930 kamen drei Universitätsabsolventen auf jede freie Stelle. Das war erst der Anfang, doch es war bereits zu spät.

Die Wut der Mittelschicht richtete sich gegen die sozialdemokratischen Gewerkschaften und kommunistischen Arbeiter. Kleinunternehmer klagten die Großindustrie an. Die Arbeitslosigkeit schnellte von 1928 bis 1932 von 9 auf 25 Prozent. Wer noch eine Stelle hatte, erhielt weniger Lohn, und ein Drittel war lediglich teilzeitbeschäftigt. Diese Zahlen berücksichtigen nicht all diejenigen, die vergeblich eine erste Stelle suchten und kein Arbeitslosengeld erhielten. Diese Gelder, früher sechs Monate lang ausbezahlt, wurden jetzt auf sechs Wochen gekürzt. Militante Aktionen schienen die einzige Hoffnung für Arbeitslose, die Mitgliederzahlen der KPD stiegen sprunghaft an. Von 1930 bis 1933 spielten sich millionenfach persönliche Tragödien ab, verursacht von Kräften, die ihre Opfer nicht begreifen konnten; das herkömmliche Krisenmanagement verschlimmerte nur ihre Not. So wuchs die Unterstützung für die Nazis.

In anderen westlichen Nationen hatte die radikale Rechte mit starken liberalen Traditionen zu kämpfen, doch in Deutschland erhielten 1932 die Kommunisten 14 Prozent der Stimmen und die NSDAP 37 Prozent. Der Rassenhaß übertönte die Stimmen der verhaßten Politiker und ihrer Wirtschaftsexperten, die die Notwendigkeit weiterer Opfer verkündeten, um das Vertrauen der internationalen Banken und Geldgeber zu gewinnen. Als die kurzfristigen Kredite amerikanischer und britischer Investoren nach dem Börsenkrach plötzlich zurückgezogen wurden, erreichte der Mythos von einer Koalition der Alliierten und der »jüdischen« internationalen Bankiers mit der Absicht, Deutschland zu vernichten, geradezu monströse Ausmaße. In Österreich wurden Juden terrorisiert, ihre Läden boykottiert, zertrümmert und zerbombt. Walter Riehl, Kopf der österreichischen Nazis, forderte Konzentrationslager für die Juden im Osten und Kastration der Juden, die Geschlechtsverkehr mit arischen Frauen gehabt hatten. Lediglich die Schwäche und die völlige Abhängigkeit von Anleihen der Alliierten hielt die christlichsoziale Regierung davon ab, noch schlimmere antisemitische Greueltaten zuzulassen. Christlichsoziale Geistliche vermischten nunmehr religiöse Begründungen des Judenhasses mit rassischen. Bruce Pauley schreibt dazu: »Es ist äußerst zweifelhaft, ob – mit Ausnahme der Frage des Anschlusses – irgendein anderes Einzelthema ... bei einem so großen und repräsentativen Teil der österreichischen Bevölkerung Anklang fand wie der Antisemitismus.«[11] In Deutschland brach die letzte demokratische Regierung 1930 zusammen und wurde von einer Regierung per Notverordnung abgelöst.

Von 1930 bis zu Hitlers Ernennung im Jahr 1933 hatte kein Kanzler eine Mehrheit im Parlament hinter sich. Im März 1930 wurde Heinrich Brüning Kanzler, ein Schützling von Prälat Kaas. Als Militarist und Antisozialist wollte Brüning eine über den Parteien stehende Regierung; er meinte damit aber ein Kabinett, das von der DNVP und der DVP gestützt wurde. Obwohl die Sozialdemokraten die bei weitem populärste deutsche Partei waren, gewährte Hindenburg Brüning die Befugnis, per Notverordnungen zu regieren, eine Befugnis, die er dem Sozialdemokraten Müller stets verwehrt hatte. Brüning erklärte sofort, er werde rücksichtslos noch schärfere Sparmaßnahmen durchsetzen und notfalls Neuwahlen ausrufen. Brünings Sparkurs betraf nicht alle: Er entließ Regierungsmitarbeiter, setzte die Steuern für untere Einkommensgruppen herauf, senkte Gewerbe- und Vermögenssteuern und machte den Einfluß der Regierung geltend bei der Schlichtung von Tarifkonflikten zugunsten der Industriellen. Er erhöhte die Beiträge der Arbeitgeber zur Arbeitslosenversicherung, doch sein übriges Programm entsprach genau den Vorstellungen der Unternehmer. Viele Deutsche bezeichneten Brüning als den »Hungerkanzler«. Als Brüning nicht die erforderliche Mehrheit für die Verabschiedung seiner Verordnungen erhielt, trat er nicht zurück, sondern setzte für September 1930 Neuwahlen an.

Aufgrund der Verzögerung hatte Brüning Gelegenheit, noch schärfere Sparmaßnahmen auszuarbeiten, die er in Kraft setzen konnte, solange der Reichstag nicht zusammentrat. Bei der Beliebtheit der Sozialdemokraten konnte Brüning nach den Neuwahlen keine Mehrheit erwarten; womöglich hoffte er, Hindenburg werde ein autoritäres Regime zulassen. Doch die Wut in der Bevölkerung, die Enttäuschung und der Rassismus kochten über, und scheinbar aus dem Nichts wurde die NSDAP die zweitgrößte Partei in Deutschland; sie machte einen Sprung von 12 Sitzen auf erstaunliche 107. Die Stimmenzahl der DNVP fiel dramatisch ab; selbst die Kommunisten überholten sie. Die Sozialdemokraten blieben mit 143 Sitzen stärkste Partei. Keine zwei Jahre später, im Juli 1932, verbuchten die Nazis mit 230 Sitzen den bis dahin größten Wahlsieg in der deutschen Geschichte; der Anteil der Konservativen fiel noch weiter ab. Millionen Konservative der Ober- und Unterschicht waren zu Hitler übergelaufen. Die Folgen der Wirtschaftskrise versetzten der Republik den Todesstoß. Erstmals in der europäischen Geschichte gelang es einer einzigen Partei, durch den geschickten Einsatz antisemitischer Parolen, den sozialen Unmut von Millionen zu kanalisieren. Es stimmt, daß es ohne den Krieg und seine traumatischen Folgen keine Machtübernahme der Nazis gegeben hätte; aber es stimmt auch, daß es ohne die Wirkungsweise und den Einfluß des Antisemitismus in der deutschen Geschichte keine nationalsozialistische Bewegung gegeben hätte, die in der Lage gewesen wäre, die Macht zu übernehmen.

18.
DER ANTISEMITISMUS UND DIE NSDAP-WÄHLER

> Wenn wir die Macht des Staates in Händen halten, werden wir diesen internationalen rassischen Parasiten vollständig vernichten.
>
> *Flugblatt der NSDAP für den Wahlkampf, 1927–1928*

Es scheint so offensichtlich: Eine Stimme für die Nazis war eine Stimme gegen die Juden. Doch erklären uns die Historiker, daß die meisten NSDAP-Wähler sich von anderen Themen leiten ließen und nur etwa zehn Prozent von ihnen die Partei wegen ihres Antisemitismus unterstützten. Wenn diese These richtig wäre, dann blieben die Ursachen des Holocaust tatsächlich im Dunkeln, und die Intensität und Wirkungsweise des Rassismus in der deutschen Geschichte hätten keine Bedeutung. Aber sie ist falsch. In pluralistischen, pragmatisch ausgerichteten Gesellschaften neigen die Wähler dazu, die Themen zu trennen, und so ist es vonnöten, ihre jeweilige Zugkraft gegeneinander abzuwägen. Überzeugte Rassisten aber ziehen keine solche Trennlinie; für sie sind fast alle Fragen Rassenfragen. Für Millionen Deutsche war eine breite Palette sozialer Mißstände rassisch begründet. Wenn etwa behauptet wird, viele hätten Hitler wegen seines Antikommunismus unterstützt, so sollte man sich vor Augen führen, daß die meisten NSDAP-Wähler den Kommunismus für jüdisch hielten.

Die Ideologie der Nazis wird häufig als ein Konvolut zusammenhangsloser und widersprüchlicher Ideen abgewertet, als purer Opportunismus. In Wahrheit liegt der Schlüssel zum Wahlerfolg der Nazis in ihrer Fähigkeit, antisemitische Mythen mit den konkreten Nöten von Millionen von Deutschen zu vereinen, ein Phänomen, das in anderen westlichen

Gesellschaften undenkbar gewesen wäre. Nach Hitlers Meinung konnte es nur eine Art der Revolution geben. Sie war weder wirtschaftlich noch politisch, noch sozial, sondern rassisch.[1] Indem die Nazis alte Stereotypen neu formulierten, vereinten sie Wählerschaften, die sonst durch entgegengesetzte Interessen gespalten waren. Die Nazis lösten ein nachhaltiges Echo aus bei Millionen, die bereits für den Antisemitismus empfänglich waren und keine Ahnung von den komplexen Veränderungen der Gesellschaft hatten, deren Folgen sie zu spüren bekamen. In einem Flugblatt der Nazis von 1922 werden die Juden beschuldigt, den Krieg und die Revolution gegen Kaiser und Vaterland verursacht und eine liberale, von jüdischen Sozialisten kontrollierte Republik geschaffen zu haben. Deutsche Juden hätten die Spartakisten angeführt; der Bolschewismus sei ein Werkzeug der russischen Juden. Die Juden würden riesige Kriegsgewinne einfahren und das Vaterland sabotieren. Sie würden den Schwarzmarkt anführen, während ihre Marionetten anständige Bürger viel zu stark besteuerten und die Juden vor den Folgen ihrer Verbrechen schützten. Jüdische Sozialdemokraten würden mit ihren rassischen Brüdern in den Ländern der Alliierten zusammenarbeiten und mit Hilfe der Reparationen den deutschen Reichtum dem jüdischen internationalen Finanzkapital ausliefern, während jüdische Bankiers und Zwischenhändler gnadenlos die Arbeiter Bauern und Kleinunternehmer ausbeuteten.

Extreme Antisemiten waren schon immer überzeugt, daß die Juden ohne Rücksicht auf ihre Klasseninteressen zusammenhalten und ihren Einfluß dazu verwenden, die christliche Zivilisation zu zerstören. Jüdische Finanziers sorgen für den wirtschaftlichen Ruin, jüdische Bolschewiki nutzen die darauf folgende Notlage schamlos aus, jüdische Liberale predigen Toleranz und lassen den Feind durch die Tore ein. Hitler meinte, selbst wenn die *Protokolle der Weisen von Zion* eine Fälschung seien, würden sie im wesentlichen die Wahrheit enthalten. Wer geblendet sei vom liberalen Humanitarismus und von jüdisch-marxistischen Fiktionen vom Klassenkampf, werde nie die Einigkeit, die Verschlagenheit und den verderblichen Einfluß der Juden erkennen, einen Zusammenhalt, der über alle sozialen Unterschiede hinausgehe, den Zusammenhalt einer Rasse, die sich im Krieg befände.

Die Bauern im protestantischen Norddeutschland verschafften der NSDAP ihren ersten großen Erfolg außerhalb Bayerns. Hier vermischten die Nazis den traditionellen ländlichen Antisemitismus und die konkreten Bedürfnisse der Bauern mit der völkischen Blut-und-Boden-Ideologie, aus der die Rassenpolitik sich ableitete. Alfred Rosenberg und Heinrich Himmler hielten die Bauern für den »Jungbrunnen des Volkes«. Der Agrarexperte der NSDAP, Walther Darré, schreibt dazu, der einzige echte Besitz der deutschen Nation sei ihr gutes Blut. Wolle man die Erbmasse rein halten, könne man nur mit der Ausrottung des schwächeren Blutes beginnen.[2] Kein Ideologe der Nazis glaubte, ein Arier habe notwendigerweise reines Blut, auch Hitler nicht. Die rassische Reinheit war das angestrebte Ziel, und der Bauer, seit Jahrhunderten isoliert, bildete das Reservoir des germanischen Blutes, die Ausgangsquelle für die selektive Züchtung, die nötig war, um die Rasse zu reinigen. Sollten jüdische Spekulanten und Gläubiger weiterhin den Bauern vom Land vertreiben, so wäre die Chance, das Volk zu retten, für immer verspielt. Auf irgendeine Weise mußte den Juden Einhalt geboten werden. Was bei den Reaktionären des 19. Jahrhunderts der Wille zur Unterdrückung gewesen war, wurde bei den Nazis der Wille zur Vernichtung.

Für die Bauern entfremdete sich das neue Deutschland von all dem, was sie im alten Reich verehrt hatten. Sie stöhnten unter der Hauptlast der Kriegsopfer, waren weniger gebildet als die Städter und übernahmen bereitwillig den Zweckoptimismus des Oberkommandos und die »Dolchstoßlegende«. Seit 1850 waren die Einstellungen der Bauern von den örtlichen Geistlichen, den Lehrern und der Presse geprägt worden, alles standhafte Verteidiger von Kaiser, Militär und Aristokratie, feindselig gesinnt gegen Liberale, Linke und Juden. Die Unterstützung für die demokratischen Werte, die den extremen Rassismus in Westeuropa und in deutschen Groß- oder Industriestädten in Schranken hielten, war auf dem Land schwach. Der dörfliche Antisemitismus wurde von einer strengen Religiosität und von der Angst vor der Marktwirtschaft geschürt. Die Sozialdemokraten mit ihrem schwachen Rückhalt auf dem Land richteten sich nach den Bedürfnissen ihrer Wählerschaft. In den Jahren 1919–1920 hielten sie zum Schutz der Verbraucher und Arbeiter an den Obergrenzen der Lebensmittelpreise während des Krieges fest. Als Marxisten wollten sie die Bauern nicht vor dem Import billiger Lebensmittel schützen. Bereits im Jahr 1919 hieß es in dem Aufruf »Das Land erwacht«: »Wählt keine städtischen Berufs-Parteiredner und Juden, die für unsere engere Heimat kein Interesse haben, sondern sie dem inneren und äußeren Feinde preisgeben werden.«[3] 1923 bestimmten Geschäftsleute die Wirtschaftspolitiker der Weimarer Republik; auch sie taten nichts zum Schutz des rückständigsten Wirtschaftssektors und führten an, wegen des freien Handels würden die Bauern zu effektiveren Anbaumethoden greifen und so einen Handelskrieg vermeiden, der den Industrieexporten schade. Ohne Schutz war der kleine Bauer häufig gezwungen, seine Erzeugnisse unter Preis zu verkaufen, weil nach dem Krieg eine weltweite Schwemme an Agrarprodukten herrschte. Da sein Schicksal von wechselnden Bodenpreisen und Entscheidungen auf fernen Märkten abhing, sah der Bauer sich mit Veränderungen konfrontiert, auf die er keinerlei Einfluß hatte. Es war leicht, ihn davon zu überzeugen, er befinde sich in den Klauen feindseliger internationaler Kräfte und ihrer Marionetten in der Weimarer Regierung.

Während der Inflation konnten die Bauern ihre Schulden mit billigem Geld zurückzahlen, doch im Jahr 1924 wurde die Reichsmark eingeführt, kurz nachdem die Ernte für wertlose alte Mark verkauft worden war. Neue Maschinen und Saatgut für die Frühjahrssaat mußten mit der teuren neuen Reichsmark gekauft werden. Bauernverbände behaupteten, die *Judenrepublik* würde sie den jüdischen internationalen Finanziers opfern, die von den Reparationen profitierten. Im Jahr 1923 waren diejenigen Sprecher der konservativen DNVP auf dem Land am beliebtesten, die gegen die Juden zu Felde zogen. Die DNVP verdoppelte 1924 ihren Stimmenanteil, und die NSDAP, noch kaum organisiert, gewann in zwei ländlichen Wahlbezirken nahezu vierzig Prozent der Stimmen. Weit stärker als in der Vorkriegszeit erschien das große Wählerpotential des politischen Antisemitismus im ländlichen Deutschland.

Als die Nazis eine verstärkte Werbekampagne in ländlichen Bezirken begannen, brachen die Preise für Fleisch- und Milchprodukte zusammen und die Abgaben, Schulden und Zinsen für die Darlehen an Bauern schnellten in die Höhe. Die Importe billiger Lebensmittel nahmen mit rasender Geschwindigkeit zu, und unzählige Höfe mußten schließen. Bei den Wahlen von 1928 gewannen drei kleine Bauernparteien insgesamt 21 Sitze. Zehn davon hatte die Christlichnationale Bauern- und Landvolkpartei, die in Schleswig-Holstein gegründet worden war, im Bündnis mit einer gewalttätigen Einheit des Stahlhelms, die eine »gehässige Flut antisemitischer und antirepublikanischer Propaganda produzierte und sich dabei im wesentlichen nicht von den Nazis unterschied«.[4] Die Bauernparteien gaben aber nicht allein den Juden die Schuld für ihre

Misere, sie schmähten auch die Verbraucher, die billige Lebensmittel forderten, die Großgrundbesitzer, die ihre Bedürfnisse ignorierten, Steuereintreiber, die das Land säumiger Bauern konfiszierten, und die großen Konzerne, welche die Inflation auf Kosten des »kleinen Mannes« gestoppt hatten.

Wegen ihrer landesweiten Ambitionen konnten die Nazis schwerlich allein die Interessen der Bauern unterstützen. Die Macht konnte nur errungen werden, wenn verschiedene Wählerschichten um eine Frage vereint wurden, die jenseits von Klassengrenzen lag. Himmler, der Propagandachef im Jahr 1926, wandte sich mit dem Aufsatz »Bauer wach auf!« an die Bauern. Solange die Bauern von der Inflation profitiert hätten, schrieb er, hätten sie nicht auf die Nazis gehört, und jetzt würden sie ihren Landsleuten die Schuld an ihrem bitteren Los geben. Ihre Rassenkameraden seien aber nicht ihre Feinde. Sie seien die Opfer der »Düngerjuden«, der »Getreidejuden« und der »jüdischen« Kaufleute und Warenhändler, die ihnen Produkte teuer verkauften, ihr Getreide und Vieh billig einkauften und dann zu hohen Preisen an die Städter wieder verkauften.[5] Auf unzähligen Flugblättern wurde den Bauern eingeschärft, daß »Bankjuden«, »Börsenjuden« und »Warenjuden« sie als ihre Sklaven halten würden. Jüdische Geldleiher würden Wucherzinsen von den Bauern verlangen und damit jüdischen Spekulanten ermöglichen, deutsches Land zu erwerben. Amerikanische Juden, hieß es auf einem Plakat, würden die Bauern ruinieren, indem sie mit riesigen Gewinnen billiges Fleisch nach Deutschland exportierten: Zweitausend Ochsen würden in den amerikanischen Fleischfabriken stündlich zur Schlachtbank geführt.[6] Der Bauer konnte nicht wissen, daß das Geschäft mit Tiefkühlfleisch weder ausschließlich Juden noch Amerikanern gehörte, noch daß es sich nach den Marktgesetzen richtete. Das Flugblatt »Die letzte Kuh« zeigt, wie das Tier vom Hof eines Bauern gezogen wird, während ein entstellter Jude die Pfändung seines neuen Besitzes überwacht – das »Ergebnis der Young-Politik!«. Das internationale Judentum erpreßte angeblich riesige Reparationen, und die Weimarer Verräter zahlten sie ab, indem sie sich fremdes Kapital zu Wucherzinsen liehen; auf diese Weise werde die deutsche Arbeit und das deutsche Vermögen den jüdischen Finanziers zugespielt, die in erster Linie die Reparationszahlungen ausgehandelt hätten. Natürlich waren weder Young noch Dawes Juden. Die Deutschen würden vom häuslichen Herd vertrieben werden, während das internationale Geld und das jüdische Kapital das Land in Besitz nehmen würden. Lediglich die Nazis hätten den eisernen Willen, diese Maskerade zu beenden und das »jüdische Weltfinanzmonopol« zu zerschlagen.[7]

Die NSDAP war die einzige landesweit operierende Partei, die Bauern Schutz vor allzu hohen Kosten, allzu niedrigen Preisen, billigen Importen und hohen Zinsen versprach. Solche Reformen hätten aber Opfer von anderen Bürgern erfordert. Indem die Nazis den Reformbedarf in einen Aufruf zu rassistischer Gewalt ummünzten, umgingen sie die notwendigen Opfer. Höhere Preise für Agrarprodukte müßten den Verbraucher nicht belasten, erklärte ein Flugblatt, wenn sie nicht von den »Wuchergewinnen« der Juden verursacht würden. Höhere Bodenpreise wurden zugesichert, sobald es Juden verboten wäre, Hypotheken auszugeben oder mit Land zu spekulieren, und wenn »Judenwucher« durch billige Kredite ersetzt würde. Bauern zahlten einen festen Steuersatz für ihren Besitz, in schlechten Erntejahren litten sie daher große Not. Die Nazis versprachen Sätze, die sich proportional nach den Erträgen richteten, ein Ende der hohen Steuern, die von jüdischen Politikern erhoben worden seien, und Zölle zum Schutz vor jüdischen Lebensmittelimporteuren.

Tausende von Nazi-Rednern, die sich die Diktion der Parteischulung eingeprägt hatten, gaben ihren Zuhörern die Möglichkeit, ihren Ärger an dem Erzfeind auszulassen. Wie zuvor Böckel, und in Begleitung einiger seiner alten Anhänger, suchten sie Schenken auf und besuchten Kreisausstellungen, Tierschauen und Dorffeste, diskutierten über die Ernte, das Wetter, die Preise und das Übel der Juden. Uniformierte SA-Männer waren bei der Einweihung von Kriegerdenkmälern zahlreich vertreten. Im Gegensatz zu traditionellen Rednern vermieden sie langatmige rhetorische Wendungen und verwendeten plumpe rassistische Parolen, um sich vor konkreten Lösungsvorschlägen zu drücken, die nur Wählerstimmen gekostet hätten. Der verschuldete oder bankrotte Bauer konnte über seine eigene Mißwirtschaft hinwegsehen oder die Folgen eines brüchigen Wirtschaftssystems, das in Wahrheit von Christen beherrscht wurde. Mit schier religiösem Eifer schrie er seine Zustimmung heraus und lauschte Rednern, die Hitler und Goebbels nachäfften und mit ihrem Gekreische die Bauern ermunterten, ihrem Ärger Luft zu machen.

Mit ihrer Agitation wurde die NSDAP die erfolgreichste Partei auf dem Land und erwarb sich eine einzigartige Glaubwürdigkeit unter den Dorfbewohnern, die den städtischen Politikern mißtrauten. Im Gegensatz zu anderen Parteien halfen die Nazis bei der Organisation von Demonstrationen und Blockaden, mit denen gegen die Zwangsversteigerungen des Besitzes von bankrotten Bauern protestiert wurde. Während es in Teilen von Deutschland zu Steuerrevolten kam, zogen die Nazis häufig mit örtlichen Demonstranten vor die Gefängnisse oder belagerten Gerichte, in denen Bauern verurteilt wurden oder einsaßen, weil sie sich geweigert hatten, ihre Steuern und Schulden zu zahlen. Militante Bauern waren rasch überzeugt, daß die Nazis, im Gegensatz zu anderen Politikern, auch meinten, was sie sagten. Schnell verfügte die NSDAP über ein Netz lokaler Parteiorganisationen wie keine andere Partei; diese warben Bauern an, die den lokalen Dialekt beherrschten und in Bauernverbänden tätig gewesen waren – wichtige Anhänger in abgeschiedenen Gemeinden, die nur ihren eigenen Leuten trauten.

Andere politische Parteien kämpften nur im Wahlkampf um Wählerstimmen; die unzähligen SA-Paraden, Fackelzüge, Gedenkfeiern für die Kriegsgefallenen und patriotischen Liederfeste dagegen zogen das ganze Jahr über die Massen an. Dies war eine Form des politischen Theaters, die den stadtorientierten Politikern fremd war, in der tristen, wolkenverhangenen deutschen Provinz aber als eine Art organisierter Unterhaltung gut ankam. SA-Mitglieder marschierten, häufig mit der ausdrücklichen Zustimmung des protestantischen Dorfpfarrers, zum Gottesdienst in Kirchen, die mit Hakenkreuzen beflaggt waren, und beeindruckten die Dorfbewohner mit ihrer Frömmigkeit. Die Schriften der Partei drängten alle Christen, sich anzuschließen, um den jahrhundertealten Kreuzzug der Christen gegen den Erzfeind zum Abschluß zu bringen. Katholische wie protestantische Politiker hieß es darin, hätten das Volk vernachlässigt, indem sie Koalitionen mit weltlichen Liberalen und atheistischen Kommunisten eingegangen seien. Auf Plakaten wurde großartig verkündet, in Deutschland beklagten sich die Juden über die religiöse Diskriminierung, während in Rußland die jüdischen Kommunisten christliche Bauern abschlachteten, um eine Nation der Atheisten zu errichten. Natürlich verschwiegen die Wahlkämpfer der Nazis den Feldzug der Sowjets gegen das Judentum.

Ihre besten Ergebnisse erzielten die Nazis in eng verbundenen Gemeinden von protestantischen Kleinbauern, die äußerst isoliert lebten – strenggläubige und rückständige Bauern, die am meisten unter der Marktwirtschaft litten, wie auch unter dem »sittlichen Verfall« des »sündigen, sozialistischen und jüdischen Berlins«. Mit Wort und Tat demonstrierten die Nazis, daß sie nicht einfach zynische Politiker waren, sondern eine unnachgiebige germanische Volksbewegung von unten, wahre Verteidiger der Volksseele und der alten Werte. Auch wenn die NSDAP 1924 landesweit lediglich auf sieben Prozent der Stimmen kam, erhielt sie in einigen ländlichen Wahlbezirken zwölf bis fünfzehn Prozent. Im Jahr 1929 übertrafen sie die DNVP – die Partei, wie die Nazis bemerkten, die mitgeholfen hatte, die Inflation auf Kosten der Bauern zu stoppen, habe die Juden zwar geschmäht, aber keine Gesetze gegen sie durchgesetzt und nichts getan, um den Kleinbauern zu helfen. Von 1926 an gewann die NSDAP die Unterstützung einer Vielzahl von Bauernverbänden und Schutzbünden, viele schlossen sich ihren Reihen an. Schon 1930 hatte sie Millionen von Anhängern. Jungbauern, die unzufrieden mit den alten Organisationen waren und um ihr ererbtes Land fürchteten, schlossen sich begeistert der rassischen Revolution an.

Die dörflichen Katholiken aber blieben dem Zentrum oder der katholischen BVP treu. Gemeindepfarrer sprachen gegen die Nazis, und die Kirchenobrigkeit untersagte Katholiken den Eintritt in die Partei. Der Bischof von Mainz weigerte sich sogar, Nazis die Sakramente zu erteilen. Nichts davon läßt aber auf eine Sympathie für Juden schließen, denn die katholische Lokalpresse und die Kirchenobrigkeit waren rassistischer eingestellt als vor dem Krieg. Im Jahr 1919 bildeten Katholiken, häufig unterstützt oder angeführt von Priestern, zahlreiche antisemitische, paramilitärische Bünde in Deutschland und Österreich. Doch das Zentrum fürchtete die historischen Bindungen der Protestanten zur Rechten und ihre Angriffe gegen die »Schwarze Internationale«. Streichers und Ludendorffs beißender Antikatholizismus jagte den Katholiken Angst ein. Hitler wies Ludendorff zurecht: Er brauche für die Gründung einer großen politischen Bewegung die Katholiken aus Bayerns ebenso wie die Protestanten Preußens.[8] Mit dem Ausschluß von Antikatholiken demonstrierte Hitler seinen Katholizismus. Seine Wahlkämpfer wiederholten beharrlich, sie würden sich nicht deshalb gegen das Zentrum stellen, weil es katholisch sei, sondern weil seine Führer sich mit atheistischen Sozialisten verbündet hätten und den Alliierten in die Hände arbeiteten. Die Kirche mochte die Juden ja seit Jahrhunderten geschmäht haben, doch das Zentrum habe keinerlei Gesetze gegen sie erlassen: Der wahre Prüfstein der Christlichkeit einer Partei sei ihre Haltung in der Judenfrage.[9]

Die Einheit der Christen sei wichtig, wurde den katholischen Bauern mitgeteilt, weil der »jüdische Sozialismus« die Absicht habe, ihr Land zu stehlen, genau wie es die »Juden-Bolschewiki« in Rußland getan hätten. In den Wahlkampfblättern der Nazis wurde später den Juden die Schuld an Stalins mörderischer Zwangskollektivierung gegeben – auch die deutschen Bauern seien dazu verdammt, zum Kolonialbesitz des Weltjudentums zu verkommen. Laut Hitler müsse man im russischen Bolschewismus den Versuch des Judentums erkennen, im 20. Jahrhundert die Weltherrschaft zu erlangen.[10] In einem weitverbreiteten Flugblatt hieß es: »Wollt ihr, daß Euer treuer Dorfpfarrer ermordet wird?« – »Wollt ihr, daß Ihr nicht mehr über Eure Ernte verfügen dürft, sondern künftighin der Jude im bolschewistischen Parteibüro?« Jüdische Bolschewiki seien »Menschen, die ohne Gott regieren wollen. Zu diesen hat Christus einmal gesagt: Der Teufel ist euer Vater.«[11] Als die Wirtschaftskrise die katholischen Bauern ins Elend stürzte, wählten auch sie die NSDAP; und 1932 hatten sie beinahe den Anteil der ländlichen Protestanten erreicht. Unter den Katholiken insgesamt war die NSDAP jedoch nicht so erfolgreich. 1932 erhielt sie in Bayern 33 Prozent der Stimmen, während der Landesdurchschnitt knapp über 37 Prozent lag. Doch die Zurückhaltung der katholischen Kirchenobrigkeit schwand, und im März 1933 betrug die Differenz zwischen katholischen und protestantischen Stimmen für die NSDAP weniger als ein Prozent.

Die Nazis verschafften sich problemlos die Gefolgschaft der Handwerker und Kleinunternehmer, dem Rückgrat antisemitischer Bewegungen seit Anfang der achtziger Jahre des 19. Jahrhunderts. Der dramatische Zuwachs der Industrieproduktion und die Zunahme von Kaufhäusern und großen Einzelhandelsgeschäften in jüdischem Besitz verärgerten die Handwerker und Kleinunternehmer, die bereits vom Krieg und der Inflation angeschlagen waren. Keine Weimarer Regierung unternahm einen Versuch, sie vor der Macht der Gesellschaften und der Handelsketten zu schützen. Kaufhäuser, die zu 75 Prozent in jüdischem Besitz waren, unterboten die Handwerker, indem sie firmeneigene Werkstätten einrichteten. Nach dem Krieg versuchten sich Landflüchtige und Veteranen vielfach im Kleinhandel, dem Gewerbe, das am ehesten zum Konkurs neigte. Die Inflation trieb die Kosten für neue Waren über den Preis, den die Kleinhändler für alte Waren verlangen konnten, und das Ende der Inflation im Jahr 1924 ließ die Zinssätze kräftig wachsen. 1924 gab es mehr Konkurse als in all den Jahren seit dem Krieg zusammen. Die Produktion der Handwerker, häufig die Zulieferer von Kleinhändlern, ging um die Hälfte zurück; von 1928 bis 1932 fielen die Umsätze um vierzig Prozent, und die Zahl der Betriebsschließungen bei Ladenbesitzern und Handwerkern schnellte in die Höhe. Die Mitgliederzahl der Vereinigung der Handlungsgehilfen, der DHV, die seit Jahrzehnten schon rassistisch geprägt war, stieg von einer Viertelmillion 1924 auf eine halbe Million 1932. Sobald Einzelhändler und Handlungsgehilfen sich zu politischen Aktionen organisierten, wurden sie ohne Schwierigkeiten von den Nazis rekrutiert. Die Angestellten in Unternehmen und in der Verwaltung wandten sich ebenfalls rasch der radikalen Rechten zu, bedroht von Arbeitslosigkeit oder dem Absinken in das verhaßte Proletariat.

Handwerker, Einzelhändler und Angestellte wurden in ihrem Glauben an überlieferte Normen und persönlichen Erfolg schwer erschüttert. Ebenso wie die Bauern schienen sie gefangen von irrationalen Kräften, die sie weder begreifen noch beeinflussen konnten. Der Antisemitismus lieferte Erklärungen und Feinde; so konnten sie sich ihre Selbstachtung und ihren Traditionalismus bewahren. In München haben zunächst Kleinunternehmer die paramilitärischen Verbände unterstützt, ihnen Gelder und Lastwagen zur Verfügung gestellt, um die SA-Mitglieder zu antisemitischen Demonstrationen und Kampfplätzen während des Hitler-Putsches zu transportieren.

Nürnberg, die nazifreundlichste Stadt Deutschlands und der Ort der alljährlichen Zeremonie des »Parteitags«, war eine Stadt der Handwerker und Ladenbesitzer; beinahe sämtliche Funktionäre der Stadt waren Kaufleute oder Gewerbetreibende. Nahezu die Hälfte der Stadtbewohner stimmten bei der Präsidentschaftswahl von 1932 für Hitler statt für Hindenburg. Julius Streicher galt hier als Held, weil er wegen Verleumdung von Juden so lange im Gefängnis saß. Streicher, der 1925 in den bayerischen Landtag gewählt wurde, war der beliebteste Parteiredner und Spendensammler in der Zeit, als es Hitler 1926 und 1927 untersagt war, in der Öffentlichkeit zu sprechen. Sein vulgärer Rassismus richtete sich an den einfachen Mann, sein Organ war *Der Stürmer,* voller endloser Geschichten – »gesammelt von anonymen Quellen« – von jüdischen Gläubigern, die mit Hilfe jüdischer Anwälte und der jüdischen Republik arische Kriegswitwen betrogen und zu Tode hetzten und voller (illustrierter) Berichte von christlichen Jungfrauen, die gezwungen wurden, den

Lüsten der rasseschändenden jüdischen Bosse nachzugeben. Unheimliche Geschichten von jüdischen weißen Sklavenringen, stets in fernen Ländern, standen neben Geschichten von Juden, die anständige Leute um ihre Ersparnisse brachten, Geschäftsleute um ihre Kunden und Bauern um ihr Land. Die alten Legenden von koscheren Schlächtern, die verseuchtes Fleisch an unvorsichtige *Gojim*, Nichtjuden, verkauften, wurden wiederbelebt, ebenso Berichte von falschen Ratschlägen, faulen Geschäften und schäbigen Waren.

Kleinhändler und Handwerker gehörten vielen verschiedenen Organisationen an, Hitler aber bot ihnen eine straff organisierte, landesweite Partei, die nicht mit dem Makel des Republikanismus behaftet war. Natürlich beschränkten sich die Nazis auf den »einzigen Feind«. Als Kleinunternehmer und Handwerker die Machenschaften der Großunternehmer anprangerten, wiederholten die Nazis beharrlich, daß es eine »jüdisch-marxistische« Heuchelei sei, seine deutschen Landsleute zu beschuldigen; einzig die Juden seien die Nutznießer des Elends, und die »Novemberverbrecher«, die die Einzelhändler im Namen der »Kriegsschuld« zugunsten der »Reparationsjuden« besteuerten und über die Dummheit jener lachten, die sich in verschiedene Parteien aufsplitterten.[12] Die Nazis beteten die alten Mythen der Zünfte nach und erklärten, daß die rasche Ausdehnung jüdischer Kaufhäuser auf die »unchristlichen« Methoden zurückzuführen seien. Die niedrigen Preise in den Kaufhäusern seien die Folge des Imports schäbiger Waren durch jüdische Warenhändler. Kaufhäuser, beobachtete Streicher, konnten billig russische Waren einkaufen, weil die jüdischen Bolschewiki christliche Arbeiter zum Nutzen von deutschen Juden ausbeuteten – eine Erfindung, die kaum zu widerlegen war und den Nürnberger Einzelhändlern gefiel, die bereits rassistisch eingestellt waren und vor dem Ruin standen. Die Nazis verschwiegen, daß alle Kaufhäuser jüdisch oder nicht, von den großen Umschlagsmengen und den geringen Gewinnspannen pro Stückeinheit profitierten. Dies einzugestehen hätte bedeutet, den Kleinhändlern klarzumachen, daß allein modernere Wirtschaftsmethoden ihr Überleben sichern könnten.

Solche Fiktionen taten dem Stolz der gescheiterten Ladenbesitzer gut, und sie konnten die Schuld für ihren Konkurs der jüdischen Unmoral und Verachtung für die christlichen Händler zuschreiben – alles Männer von würdevollem Äußeren und Auftreten, die Qualitätsprodukte aus deutscher Handwerksarbeit zu fairen Preisen verkauften, eine enge Bindung zu ihren Kunden unterhielten und sie weise bei der Auswahl der geeigneten Artikel berieten. Ein weitverbreitetes Plakat zeigt einen gigantischen Kraken mit Hakennase, der auf einem Kaufhaus thront und seine Fangarme ausstreckt, um Einzelhandelsgeschäfte zu zerschlagen. Dieses populäre Zerrbild verdeckte tatsächlich die Heuchelei jeglicher Geschäftsbeziehungen. In Wahrheit war nämlich der kleine Einzelhändler von cleveren Verkaufsstrategen ausgebootet worden, die einfach der Logik des Marktes gefolgt waren, angetrieben von der Notwendigkeit, sich gegen christliche Konkurrenz zu wappnen. Da war die Botschaft der Nazis wesentlich populärer: Jüdische Schwarzmarkthändler untergruben während des Krieges eure Gewinne und euren Patriotismus; jüdische Währungsspekulanten ruinierten euch während der Inflation; jüdische internationale Finanziers bestahlen euch durch die Reparationen; marxistische Verbrauchergemeinschaften drängten euch an die Wand, während jüdische Kaufhäuser ihre Gewinne jedes Jahr verdoppelten.

Auf einem Flugblatt war zu lesen, Selbstmorde seien überaus häufig, zahllose anständige deutsche Familien würden in hilflosem Elend leben während einer Depression, die von dem internationalen Judentum verursacht worden sei und von seinen deutschen Komplizen, den Eigentümern riesiger kapitalistischer Kaufhäuser, »Ladenketten« und Billigkaufhäusern. »Zerbrecht die Würgpaläste der Warenhäuser! Zerstört die schmarotzenden Konsumanstalten!« Bei der Präsidentschaftswahl von 1932 mahnten die nationalsozialistischen Blätter, daß die Presse, die Hindenburg unterstützte, Kleinanzeigen für jüdische Kaufhäuser druckte, obwohl die Handwerker und Händler »am offenen Grabe ihrer Existenz« ständen. »Laßt es nicht zu, daß sich die Parteien, die den Mittelstand vernichtet haben, nun aus Furcht vor der Abrechnung hinter der ehrwürdigen Gestalt des Generalfeldmarschalls verstecken! Wählt Hitler!«[13] Die Anzeigen der Großunternehmen, die in der nationalsozialistischen Presse erschienen, wurden natürlich mit keinem Wort erwähnt.

Überall in Europa hatten Konservative schon lange den Massenkonsum als Ergebnis von Verbrauchermanipulation beklagt. In Deutschland waren die Anklagen in rassistische Begriffe gekleidet. Treitschke verglich die Kaufhäuser mit »pestbringenden« orientalischen Basaren, die von polnischen Juden geführt wurden. Andere griffen Modehäuser wegen ihrer Schamlosigkeit an, die den guten Geschmack der deutschen Frau zu untergraben drohte; ihr Geschmack war noch nicht gestört durch die Mode der Pariser Prostituierten, angeworben von französischen Homosexuellen, die wiederum für jüdische Textilhändler arbeiteten. Heutzutage betrachten wir Mode als einen Ausdruck der Persönlichkeit, seltsamerweise, und es fällt uns schwer, die konservative Prägung einer Kultur zu verstehen, in der das Landvolk zum größten Teil noch die Trachten der Vorväter trug und die Landestraditionen pflegte, statt sich der suspekten Welt des Glamour, der Sinnlichkeit und der Verschwendung hinzugeben. Fichte hätte das verstanden.

Erneut stellten die Nazis ihre Besorgnis mit Aktionen unter Beweis. Jedesmal, wenn ein neues Kaufhaus eröffnete, war dies von Gegendemonstrationen der Nazis begleitet. Julius Streicher leitete eine Massenveranstaltung in Nürnberg, auf der die Direktion eines Nürnberger Kaufhauses in jüdischem Besitz verunglimpft wurde; er griff scharf die örtlichen Sozialdemokraten an, die das Unternehmen offiziell begrüßt hatten. Die Juden würden nur solange Niedrigpreise anbieten, bis sie die anderen Händler ruiniert hätten und die Leute nach Belieben übervorteilen könnten, erklärte er. Die Nazis bildeten einen Kampfbund für den gewerblichen Mittelstand. Sie starteten unter der Losung »Kauft nicht von Juden« eine Kampagne gegen die sozialdemokratischen Verbraucherkooperativen und Kaufhäuser, darunter auch die Billigkaufhäuser von Woolworth. Der SA-Mann stand vor der Tür mit gekreuzten Armen, den Schlagstock griffbereit – Einschüchterung im Dienst der arischen Einzelhändler. »Tretet in den Kampfbund ein!« mahnten Flugblätter der Nazis, denn sie würden den Kaufhäusern und den Verbraucherkooperativen den offenen Krieg erklären. Wie die Christlichsozialen im Vor- und Nachkriegswien, verteilten die Nazis zur Weihnachtszeit besonders eifrig Zeichnungen mit Christus am Kreuz, auf denen stand: »Weihnachten ist ein christliches Fest!« Doch der christliche Kaufmann litt Not, obwohl seine Preise korrekt waren: Die Deutschen sollten Freude durch die Gewißheit erlangen, daß sie nur von Deutschen gekauft haben und weiterhin kaufen werden.[14] Die Nazis erstellten Listen mit bevorzugten christlichen Händlern und straften Parteimitglieder, deren Frauen als Kunden in jüdischen Läden ausgemacht wurden. Sie sammelten Unterschriften und besetzten die Stadtratssitzungen, um gegen Lizenzen für Kaufhäuser zu protestieren. Dies waren Aktionen, die Hitler in Luegers Wien beobachtet hatte. Ihre Reichstagsfraktion brachte Gesetzesvorlagen ein, in denen günstige

Kredite für Kleinhändler und steuerliche Abgaben für Kaufhäuser gefordert wurden. Sie forderten die Schaffung eines stabilen und gesunden deutschen Mittelstands. Einmal an der Macht, wollten sie den freien Wettbewerb einschränken und damit die Qualitätsarbeit des deutschen Handwerkers fördern und den massengefertigten Schund beseitigen. Sie wollten Kleinunternehmern Regierungsaufträge verschaffen und Kleinhändler fördern. Jüdische Kaufhäuser sollten beschlagnahmt und billig an arische Kaufleute verpachtet werden. Die Nazis wollten die Ungleichheiten der Steuerbehörde beheben, die lediglich der Vollstrecker der internationalen Börsenmagnaten sei.[15]

Rasch schlossen sich die Verbände des Einzelhandels der NSDAP an, angeführt von Aktivisten aus der zweiten Generation, denen die alten Verbände zu passiv waren. Dies waren die jungen Männer, die um ihr Überleben kämpften, während Tausende von Familienbetrieben zugrunde gingen.

Die Aktionäre, Sparer und Rentner, die so sehr unter der Inflation gelitten hatten, wählten zunehmend die NSDAP. 1924 besiegelte Schacht bei der Einführung der neuen Reichsmark den Ruin kleiner Anleger und schützte Industrielle und Eigentümer großer Vermögen, indem er die Verpflichtungen der Schuldner an die Gläubiger beinahe vollständig tilgte: Von den Eliten verraten, die sie bewundert hatten, schlossen sich viele Inflationsopfer Bewegungen an, die eine andere Lösung des Inflationsproblems forderten. Dem internationalen jüdischen Finanzkapital gaben sie ebenso die Schuld an ihrem Unglück wie den Großunternehmen, die so offensichtlich begünstigt worden waren. Die Nazis machten sich ihre Sache zu eigen, wie auch die Wirtschaftspartei; beide verlangten eine Kompensation für Verluste durch die Inflation. Die Wirtschaftspartei hatte bei den Wahlen von 1920 mehr Erfolg als die Nazis, vielleicht, weil Fritsch hartnäckig behauptete, selbst die Oberschicht sei ein Werkzeug der Juden. Die Nazis vermieden den leisesten Anflug von Klassenkampf und gaben statt dessen den marxistisch-jüdischen Finanziers die Schuld. »Fordert von denen euer Geld zurück!«[16] Nicht einmal Kriegsanleihen wurden zurückgezahlt; die Geldgeber sahen ihren Patriotismus verraten. Allerdings gaben sie der Republik die Schuld und nicht der Kriegsregierung, die zu viele Anleihen ausgegeben hatte mit der Absicht, den Schuldenberg auf Kosten des besiegten Feindes zurückzuzahlen.

Schwindler regieren uns, eine Nation wird ausgeraubt, aber niemand sitzt auf der Anklagebank, verkündeten Flugblätter der Nazis. Sparer und Rentner – ihr Leid war die Folge einer Verschwörung des Weltjudentums und seiner Weimarer Marionetten. Die Vorschläge, eine progressive Einkommensteuer einzuführen, wurden ignoriert. Statt dessen boten die Nazis eine andere Lösung an: Laßt die Juden zahlen. Das gesamte Vermögen der Bank- und Börsenfürsten, der Ostjuden, die seit 1914 nach Deutschland gezogen waren, und anderer fremder Elemente, gemeinsam mit ihren Familien und ihren Angehörigen, und außerdem ihre Gewinne aus dem Krieg, der Revolution, der Inflation und der Deflation sollten zum Wohle der Gemeinschaft ohne Entschädigung enteignet werden.[17] Jüdisches Vermögen sollte für die Arbeitslosen, Kriegsinvaliden und -witwen, Rentner, Inflationsopfer und Landarbeiter eingesetzt werden, letztere sollten sich auf dem enteigneten Land niederlassen. Durch die enorme Übersteigerung des Reichtums der deutschen Juden vermieden es die Nazis, jene zu vergraulen, die das Leid der gewöhnlichen Deutschen nicht teilten. Die Anziehungskraft des reaktionären Rassismus war so groß, daß die Nazis bis 1930 die Wählerschaft der Wirtschaftspartei aufgesogen hatten.

In den Jahren 1930 bis 1933 wählten Millionen von Büroangestellten die NSDAP. Sie stellten die größte Gruppe innerhalb der Reichstagsfraktion und waren in der Partei stark überrepräsentiert. Untere Beamte unterstützten die Nazis ebenfalls überproportional zu ihrem Bevölkerungsanteil; ihre Ersparnisse, Kapitalanlagen und Renten, zunächst von der Inflation dahingerafft, wurden nunmehr von den Sparmaßnahmen während der Depression aufgezehrt, in deren Verlauf unzählige Menschen ihre Stelle verloren oder ihre Gehälter drastisch gekürzt wurden. Die Beamten waren traditionell konservativ eingestellt, und sie haßten die Republik; eine rassistische Einstellung war unter ihnen seit Jahrzehnten nicht unbekannt. Die Nazis organisierten Interessengruppen für Beamte und versprachen, alle Juden im Staatsdienst zu entlassen – dies war schon eine Forderung im konservativen Parteiprogramm von 1893. Auf Kundgebungen und Plakaten verlangten die Nazis die Wiederherstellung der Bezahlung und der Macht der Beamtenschaft in einer Regierung, die nicht länger aus Berufspolitikern bestehen dürfe, den Lakaien des jüdischen Kapitals. Ferner mußten Schullehrer drastische Kürzungen des Gehalts und massenweise Entlassungen hinnehmen – sie wurden nicht selten aktive Parteimitglieder. Um 1931 hatten die Nazis in Scharen

Frauen der Mittelschicht für sich gewonnen, die zuvor eher konservativen oder katholischen Parteien zuneigten. Aber erst 1932 – und nur in protestantischen Wahlbezirken – wählten mehr Frauen als Männer die NSDAP, trotz der angeblich erotischen Ausstrahlung Hitlers und der Massen jubelnder Frauen, die in alten Wochenschauen zu sehen waren. Die Emanzipation wurde von traditionalistisch gesinnten Frauen als Bedrohung empfunden und sie wehrten sich heftig gegen die Erleichterung von Scheidungen, Homosexualität und Abtreibungen, die mit der Weimarer Republik und dem Sozialismus assoziiert wurden. Ein weitverbreitetes Plakat erklärte Sexualverbrechen und Geschlechtskrankheiten als Folge der vielen Jahre, in denen das deutsche Volk, insbesondere die Jugend, einer Flut von Schlamm und Schmutz ausgesetzt gewesen sei, in Wort und Schrift, in Theater und Film.[18]

Wie andere antisemitische Bewegungen vor ihnen versuchten auch die Nazis, die proletarische Unzufriedenheit mit rassistischen Parolen zu kanalisieren, und scheiterten ebenso. George Mosse hat richtig erkannt, daß »die völkische Bewegung tatsächlich niemals bis zur eigentlichen Arbeiterklasse vordrang«.[19] Weil sie demokratischen, reformistischen und städtischen Werten zuneigten, dachten sozialistische Arbeiter selten wehmütig an das Kaiserreich zurück, das ihre Partei geächtet und ihre Führer inhaftiert hatte. Trotz all ihrer Mängel war die Republik die Erfüllung jahrzehntelanger sozialdemokratischer Hoffnungen. Selbst während der Revolution von 1918, in deren Verlauf die Weimarer Republik gegründet wurde, verwarfen die deutschen Arbeiterräte mit überwältigender Mehrheit den Kommunismus zugunsten einer parlamentarischen Demokratie. Wie ihre Vorgänger konnten die Nazis nicht direkt die Interessen der Arbeiter berücksichtigen, ohne ihre Kernwählerschaft zu verärgern. Stattdessen verwiesen sie etwas halbherzig immer wieder darauf, daß die Arbeiterlöhne wegen der jüdischen Kontrolle über das Kreditwesen und über die Reparationen so niedrig seien, einem kapitalistischen Unterfangen der amerikanischen Bank und der Börsenjuden.[20]

Um den Mythos der Rasse und der inneren Einheit der *Volksseele* aufrechtzuerhalten, mußten die Nazis wie ihre Vorgänger daran festhalten, daß Millionen Arbeiter von »jüdischen Finanzhyänen« und »jüdischen Demokraten« betrogen worden seien im geheimen Einverständnis mit sozialistischen Führern, die von den Juden bezahlt würden, die wiederum sie alle kontrollierten.[21] Jüdische Börsenmakler und nicht die

Industriellen verursachten Arbeitslosigkeit; der sogenannte Klassenkampf war Unsinn. Der Jude unterstützte schlau die Bemühungen, die Einheit der deutschen Rasse zu zerstören. Der Marxismus war ein Werkzeug der internationalen Börse und ihrer Personifizierung, des Weltjudentums. »Rote Bosse« fürchteten die Nazis nicht deshalb, weil sie gegen die Arbeiter seien, sondern weil sie »diese Pest« bekämpften, den Juden, und nicht nachlassen würden, bis sie seinen zerstörerischen Einfluß auf die Kultur und die Wirtschaft vernichtet hätten.[22] Goebbels beantwortete in einem Wahlkampfflugblatt von 1930 die Frage *Warum sind wir Sozialisten?* damit, daß sie im Sozialismus die einzige Möglichkeit erblicken würden, die Existenz der Rasse zu erhalten.[23] Anton Drexler, der Gründer der Deutschen Arbeiterpartei, hatte immer wieder betont, daß einige hundert Finanziers, Bankiers und Pressefürsten, beinahe alle Mitglieder der oberen Zehntausend danach trachteten, die Diktatur des Geldes über die Arbeit zu errichten: »Kameraden, wollt ihr Sklaven der Juden werden?«[24] fragte er, doch gleichzeitig schmähte er die ausbeuterischen Industriellen, was Hitler nie tat. Hitlers Revolution war wie gesagt, rassisch, nicht marxistisch.

Aber kein noch so starker Rassismus konnte die Erfahrung der Arbeiter verdrängen, daß eine Ungleichheit zwischen den Gewinnen der Industriellen und ihren Löhnen bestand und daß die Industriellen versuchten, die Gewerkschaften zu zerschlagen und die Arbeitslosengelder zu kürzen. Für die Linke spielte Rassismus weiterhin keine Rolle. Folglich erzielte die NSDAP in Industriegebieten schlechte Ergebnisse. Die wenigen Arbeiter, die sie unterstützten, waren in der Regel Söhne der Mittelschicht, erbittert darüber, daß sie in das verhaßte Proletariat abgesunken waren. Einige kamen aus Gewerkschaften des öffentlichen Dienstes, zum Beispiel aus Versorgungswerken, und fühlten sich als Teil des Mittelstands. Einige Vorarbeiter traten in die Partei ein; dies waren Arbeiter die in Führungspositionen aufgestiegen waren, aber in einer Stellung zwischen Direktion und einfachem Arbeiter verblieben, von keiner Gruppe akzeptiert, von beiden isoliert. Sie setzten die Arbeitsregeln durch, gegen die sich linke Gewerkschaftsvertreter wehrten. Verblüffenderweise wurde kein Arbeiter, der den Nazis anhing, von seinen Kollegen je in einen Betriebsrat gewählt. Die Arbeiter ließen die Linke nie im Stich. Von 1924 bis 1932 machten die Stimmen der Sozialdemokraten und der Kommunisten zusammen im Durchschnitt etwa 36 Prozent aus. Selbst bei dem großen Aufschwung der NSDAP im Jahr 1932 errang die Linke beinahe ebenso viele Sitze wie bei ihrem größten Erfolg von 1928, ihr Wähleranteil entsprach annähernd dem der Nazis, allerdings war sie unversöhnlich gespalten. Tatsächlich trieb die Angst vor dem ständigen Wählerpotential der Linken eingeschüchterte Wähler der Ober- und Mittelschicht in die Reihen der Nazis. Die Nazis blieben »ihrem Wesen und ihrer Zielsetzung nach im Grunde eine Bewegung der Mittelschicht«,[25] und sie wußten dies. Ein bekanntes Plakat zeigt einen proletarischen Straßenkämpfer, der einen jüdischen Finanzier beschützt. Dieser sitzt auf einem Goldsack mit der Aufschrift: »Krieg, Revolution, Inflationsgewinne der Ostjuden.« Dazu die Frage: »Ist das dein Kampf gegen den Kapitalismus, Marxist?«[26] Das war eine Provokation, kein Appell. Die Wahlkampfschriften der Nazis, die angeblich auf das Proletariat abzielten, schienen in Wahrheit den Zweck zu erfüllen, der Ober- und Mittelschicht zu versichern, daß der Sozialismus und die Gewerkschaften, beides jüdische Werkzeuge, unter der Herrschaft der Nazis zerschlagen würden.

Lange waren Historiker der Ansicht, die Oberschicht habe nicht für Hitler gestimmt. Thomas Childers wies dagegen nach: »Nach 1930 begann die NSDAP über ihre Ursprünge in der unteren Mittelschicht hinauszugreifen und etablierte sich in einem Wählersegment, das traditionell von der konservativen Rechten belegt war.«[27] Die ausgezeichnete Arbeit von Richard F. Hamilton dokumentiert von 1930 an eine stetige Verschiebung der Stimmen aus der Oberschicht zu Hitler, ferner eine günstige Behandlung in der bürgerlichen Presse. Als Hitler und Hindenburg sich 1932 beim zweiten Wahlgang zur Präsidentschaft gegenüberstanden, neigten die Wähler aus der Oberschicht eher Hitler zu, bei den Reichstagswahlen von 1932 erfreute sich die NSDAP bereits »einer überraschend großen Anhängerschaft in etablierteren Kreisen«.[28] Der Umstand, daß der Hohenzollernprinz August Wilhelm, der 1929 in die Partei eingetreten war, für Hitler durchs Land zog, trug viel dazu bei; er und sein älterer Bruder, Kronprinz Wilhelm, unterstützten Hitler öffentlich gegen Hindenburg. Prinz August vertrat die Partei im preußischen Parlament und danach im Reichstag von 1932–1933. Von 1928 an bis nach 1932 ließen die Eliten zunehmend die konservativen Parteien im Stich. Der Wähleranteil der DVP und der DNVP sank von 23 auf unter zehn Prozent. Ihre Stimmen kamen nicht der Linken zugute.

Diejenigen, die der DNVP treu blieben, lehnten nicht unbedingt der

Rassismus der NSDAP ab, denn ihre eigene Partei gestaltete nunmehr ihren Wahlkampf nach dem Muster der NSDAP. Ein weitverbreitetes Plakat der DNVP von 1932 zeigt häßliche jüdische Stereotypen mit der Überschrift: »Diese Galerie hervorragender Männer hat sich zu Beginn dieser Republik um ihre Schönheit und Würde bemüht.«[29] Eine Analyse der deutschkonservativen Zeitungen zeigt den ständigen Einsatz antisemitischer Losungen während der Zwischenkriegszeit, besonders ausgeprägt nach 1929. In einem wichtigen Punkt waren die Konservativen jedoch immer noch mißtrauisch: Sie befürchteten seit den neunziger Jahren, daß ihre Interessen durch die Wählerschaft der unteren Mittelschicht in Gefahr geraten könnten. Die gebildeten Eliten, die sich Hitler zuwandten, waren schwerlich von sozialer Verzweiflung oder Unwissenheit getrieben. Noch strömten, wie bisher angenommen, ungeduldige Neuwähler zu den Nazis. Tatsächlich fand die NSDAP ihren »stärksten Rückhalt bei Gruppen, die sich aus älteren Wählern zusammensetzten«.[30] Man muß die landläufige Vorstellung aufgeben, die Konservativen hätten Hitler nur deshalb unterstützt, weil sie glaubten, sein Extremismus könne gezähmt werden und sein Rassismus sei lediglich ein Mittel zum Stimmenfang. Die Konservativen waren schon zuvor rassistisch eingestellt und bereit, Hitler als Kanzler zu unterstützen, als ihnen versichert wurde, er werde ein autoritäres Regime installieren und ihre Interessen wahren.

Es ist keineswegs überraschend, daß Angehörige der Mittelschicht sich den Nazis zuwandten, nachdem sie Land, Geschäft, Erspartes und schließlich Selbstachtung verloren hatten. Im Gegensatz zu arbeitslosen Proletariern und Landarbeitern hatte die Mittelschicht ein vitales Interesse am System, und die Nazis garantierten seinen Erhalt. Überdies identifizierte sich die Mittelschicht mit den Eliten, denen sie selten die Schuld an ihrem Schicksal gaben. Die deutschen Mittelschichten ersehnten sich revolutionäre Führer, die ihren Status, ihre Gehälter, Pensionen, ihr Kapital oder ihren Besitz dulden und schützen würden – wenn nötig mit Gewalt. Sie brauchten autoritäre Herrscher, die ihnen wiederbeschafften, was sie verloren hatten, die ihre Feinde auf der Linken zerschlugen, ihre Anschauungen gutheißen und die Ehre der Nation wiederherstellen würden. Von rein pragmatischen Lösungen hielten sie nicht viel. Wie die italienische Mittelschicht vor ihnen, suchten auch sie rechte Revolutionäre, nicht linke, einen Mussolini oder Hitler, keinen Lenin.

Ihre endlosen Angriffe gegen die Juden verschafften den Nazis die höchsten Stimmenanteile in der modernen deutschen Geschichte – ein Votum für Gewalt. Von Beginn an gab es keinen Wahlaufruf der Nazis, der nicht die Juden für alle Probleme der Deutschen verantwortlich machte. Das Geheimnis der Nazis war ihr Gespür, den traditionellen Rassismus mit den konkreten Bedürfnissen der Konservativen aus den unteren Mittelschichten und aus den Oberschichten zu vereinen; damit sprachen sie zusätzlich die Wählerschaft zahlreicher rivalisierender Bewegungen an, die lediglich auf eine bestimmte Wählergruppe abzielten. Bei den Wahlen von 1930 erhielten kleine antisemitische Parteien der Mittelschicht oder Bauernschaft über fünfzig Sitze im Reichstag; 1932 waren sie verschwunden – ihre Wähler hatten sich Hitler zugewandt. Im Sudetenland erreichte Henleins Sudetendeutsche Partei, die noch antisemitischer ausgerichtet war als die NSDAP, im Jahr 1934 sechzig Prozent der Stimmen. Es besteht kein Zweifel an der Bedeutung des Rassismus für die Erfolge der Nazis. Jeder Deutsche, der lesen oder hören konnte, wußte, daß für die Nazis alle Fragen Rassenfragen waren. Ihre Wahlkampfparolen waren von Todesmetaphern geprägt: Die Juden waren ein Virus, Krebsgeschwür, eine Seuche, die jedes soziale Glied infizierte. Deutschlands Misere war das Symptom, die Juden waren die Krankheit. Solange die Juden existierten, war eine Heilung unmöglich. Auf einigen Plakaten wurde regelrecht zum Mord aufgerufen: »Vernichtet die Totengräber des Mittelstands!«[31] Der Tag der Abrechnung mit den Juden werde kommen, sobald die Nazis die Macht des Staates in Händen hielten, um eine vollständige Vernichtung dieses internationalen Rassenparasiten durchzuführen.[32] Im Jahr 1930 konnte niemand in Berlin, München, Wien oder in dem kleinsten Dorf leben, der nicht wußte, daß die Nazis sich an den Juden rächen würden: Dieses Versprechen wurde auf Tausenden von Kundgebungen und Millionen von Flugblättern und Plakaten immer wieder herausposaunt. »Tod den Juden« war ein beliebter Schlachtruf auf Kundgebungen der Nazis; »Juda verrecke!« war *die* Parole der Nazis. Die eigentlichen Gründe dafür, die Nazis zu wählen, waren ihr Aktivismus und ihre Bereitschaft, ihre Ziele auch mit Gewalt durchzusetzen. Einige mögen ihnen nicht geglaubt haben, niemand konnte das Ausmaß der »Endlösung« vorhersagen, weil es vom Kriegserfolg abhing. Aber jeder Deutsche mußte das Versprechen der Nazis kennen, die Juden zu vernichten.

Wer später Einspruch erhob, er habe die Nazis unterstützt, ohne zu ahnen, wie weit sie gehen würden, appelliert an unser liberales Bewußtsein. Für uns erscheint es nämlich unmöglich, sich den geplanten Mord an Millionen von Unschuldigen vorzustellen. Kein Deutscher, der liberale Werte vertrat und sich eine solche Greueltat nicht vorstellen konnte – und das waren Millionen, einschließlich der Juden und Sozialdemokraten –, unterstützte je die Nazis. Den anderen fiel es nicht schwer, sich das Schicksal der Juden auszumalen. Die Nazis sagten es immer wieder: Juden durften kein Land besitzen, keine Banken oder Geschäfte; sie sollten aus dem Gewerbe, aus dem Staatsdienst, dem Lehrberuf, dem Rechts- und Gesundheitswesen vertrieben werden; ihre Staatsbürgerschaft würde ihnen entzogen; ihre Kinder durften nicht zur Schule gehen; ihr Vermögen und Besitz würden enteignet; wenn sie Deutschland verließen, dann ohne einen Pfennig.

Glaubten die Nazi-Wähler, die davon überzeugt waren, daß alle vernünftigen Menschen Antisemiten seien, wirklich, die Welt werde unzählige bettelarme jüdische Flüchtlinge willkommen heißen? Was würde nach Ansicht der Nazi-Anhänger mit den Juden geschehen? Zwangsausweisung, Gefangenenlager oder Tod waren die einzigen Alternativen. Aber selbst die Zwangsausweisung stärkte lediglich die Macht des »Weltjudentums«, wie Hitler und Eichmann erklärten, als sie sich im Osten mit Millionen von Juden konfrontiert sahen. Angesichts der Wahlkampfblätter und -reden stimmten ihre Wähler, das können wir als gesichert annehmen, für eine rassische Revolution, die physischen Schaden für die Juden bedeutete. Nach Ansicht dieser Wähler konnte kein deutsches Problem ohne eine solche Revolution gelöst werden. Der Antisemitismus war niemals nur ein Thema unter vielen; tatsächlich wäre es eine geringere Verzerrung der Tatsachen zu behaupten, es habe *keine* anderen Themen gegeben. Und mit diesem Thema wurde Hitler 1932 der populärste Führer der populärsten Partei, die das moderne Deutschland je erlebt hat. Es ist falsch zu behaupten, daß es ohne Hitler keinen Holocaust gegeben hätte. Viele ältere Deutsche und Österreicher begrüßen natürlich solche Rechtfertigungen, doch die meisten werden ein betretenes Schweigen mit ins Grab nehmen. Sie erinnern sich gut, wie sie wählten, und sie wissen, was dies bedeutete.

19.
HITLER UND DIE ELITEN

> In den Jahren 1932/33 unterstützten die deutschen Eliten Hitler, um ihre anachronistischen Vorrechte und ihre Macht hinter einem Schleier aus Chauvinismus und Appellen an die nationale Ehre zu sichern und auszubauen.
>
> *Peter Stachura*

Um Kanzler zu werden, mußte Hitler die Zustimmung Hindenburgs und seiner Berater – Generäle, Adlige und Unternehmer – gewinnen. Die meisten standen ihm freundlich gegenüber. Mit Hilfe der Nazis konnte die Republik legal durch ein autoritäres, antisozialistisches und populäres Regime ersetzt werden. Wie Michael H. Kater in seiner exzellenten Studie über die Mitgliederstruktur der NSDAP schreibt, »war die durchgehende Überrepräsentation der Elite in der NSDAP von 1919 bis 1945 eines der verblüffenderen Ergebnisse« seiner Untersuchung.[1] Viele fürchteten trotzdem noch, ihre Interessen könnten dem Populismus der Nazis geopfert werden. Aus diesem Grund drängte Hindenburg 1930 Hitler, mit den unorthodoxen wirtschaftlichen Anschauungen seiner Partei zu brechen, denn ansonsten stimmten die Konservativen in allem mit ihm überein, auch in ihrer Haltung gegenüber dem Judentum.[2] Hitler hatte immer versucht, die Eliten zu beruhigen, ohne sich den harten Kern der eigenen Partei zum Feind zu machen. Auf der Bamberger Führertagung von 1926 gab es einen kleinen Aufstand, als sich Hitler aus Furcht vor den in der Partei kursierenden radikalen Vorschlägen jeder Änderung des Parteiprogramms verweigerte. »Welch ein Hitler?« schrieb Goebbels damals in sein Tagebuch »Ein Reaktionär?«[3] Einige Nazis hätten sich damit zufriedengegeben, gutbezahlte Lakaien des alten Regimes zu werden, doch die meisten wollten Macht und Posten für sich selbst. Hitler zeigte bei seinem Balanceakt zwischen ihren Forderungen und den Interessen der Eliten großes politisches Geschick. Das einzige Prinzip, auf dem er völlig kompromißlos bestand, war der Antisemitismus, denn durch ihn konnte er beide Gruppen hinter sich vereinigen.

Aufgrund ihrer Macht und ihrer Rolle als Vertreterin der kampfbereiten Eliten war Hitler auf die Unterstützung der Reichswehr angewiesen. Seit 1929 konnte niemand mehr ohne Zustimmung dieses Staates im Staate Reichskanzler werden. Die Generäle der Reichswehrführung waren sich wohlbewußt, daß sie von den Hitzköpfen in der SA als müde Reaktionäre betrachtet wurden, als Männer die sich vor Frankreich und der Republik fürchteten und abgelöst werden mußten, um Raum für eine neue revolutionäre Welle von unten zu schaffen. Hitler aber wollte keinen solchen Bruch. Sofort nach seinem Wahlsieg im Jahr 1930 zerstreute er die Befürchtungen der Heeresleitung, wie er es schon in seinem Prozeß von 1924 getan hatte. Diesmal nutzte er ein Gerichtsverfahren gegen drei Leutnants. Sie hatten versucht, ihre Kameraden zu überreden, im Falle einer Machtergreifung Hitlers keinen Widerstand zu leisten. Offizieren war es jedoch verboten, offen zu agitieren. Hitler fiel als Zeuge der Verteidigung den jungen Fanatikern in den Rücken und sagte aus, die SA sei eine politische Organisation und nicht dazu bestimmt, mit der Reichswehr zu konkurrieren. Er sei schon immer der Ansicht gewesen, »daß jeder Versuch, die Reichswehr zu zersetzen, Wahnsinn wäre«.[4] Seine Partei wolle legal an die Macht kommen, und wenn sie ihr Ziel erreicht hätte, dann werde sie der Reichswehr die größtmögliche Unterstützung angedeihen lassen. Die angeklagten jungen Offiziere traten voller Empörung aus der Partei aus, und viele SA-Mitglieder murrten über Hitlers Kriecherei vor den reaktionären Generälen.

Doch die Heeresleitung war nunmehr von der Loyalität der Nazis überzeugt und unterlief die Bestimmungen des Versailler Vertrags, indem sie Freiwillige der SA für den Grenzschutz im Osten ausbildete. Die Reichswehrführung hoffte auf Wahlsiege der NSDAP, die sie von den Sozialdemokraten befreien würden, die noch immer die Militärhaushalte kürzen wollten und mit Preußen die alte Heimat der deutschen Krieger regierten. Im Sommer 1931 traf sich General Kurt von Schleicher, der wichtigste politische Offizier der Reichswehr und Hindenburgs Verbindungsmann zu Reichskanzler Brüning, heimlich mit SA-Chef Röhm, um über eine Regierungsbeteiligung der Nazis zu verhandeln. Schleicher war kein Freund der Nazis. Trotzdem sagte er einmal: »Wenn sie nicht da wären, müßte man sie geradezu erfinden.«[5] 1932 bewaffnete die Reichswehr die SA, schulte deren Mitglieder und nahm jeden Nazi mit Freuden auf. Wie Francis L. Carsten berichtet, sagte der Chef der Heeresleitung General Kurt von Hammerstein nach einer Unterredung mit Hitler die Nationalsozialisten und die Reichswehr wollten eigentlich dasselbe, »bis auf das Tempo«.[6] Hitlers Ernennung zum Reichskanzler im Jahr 1933 war für die Armee ein Sieg und wurde von ihr mit entsprechender Begeisterung gefeiert. Nachdem Hitler im Sommer 1934 in der »Nacht der langen Messer« Röhm und seine Kritiker in der SA hatte umbringen lassen, gestattete ihm die Reichswehr die Ämter von Reichspräsident und Reichskanzler auf sich zu vereinen, bezog die Hälfte ihrer Rekruten aus der SA und zog SA-Kommandeure früheren Armeeoffizieren vor.

Die höheren Beamten der Weimarer Republik waren über ihren Macht- und Prestigeverlust erbost. Im Kaiserreich hatten sie quasi-militärischen Rang besessen und einfache Politiker und die Öffentlichkeit mit bürokratischer Arroganz behandelt. Selbst die kleinsten Beamten hatten sich mit der herrschenden Klasse identifiziert und waren fest davon überzeugt gewesen, daß der Staat von Verwaltungsexperten und nicht von Politikern regiert werden sollte. Nach 1919 bestimmten jedoch demokratisch gewählte Politiker die Geschicke des Landes, und der öffentliche Dienst stand auch Sozialdemokraten und Juden offen. Zu allem Überfluß mußten die Beamten in Preußen, das zwei Drittel des deutschen Staatsgebiets ausmachte und immer eine Bastion der Rechten gewesen war, nun den Anweisungen einer sozialdemokratischen Regierung unter einem jüdischen Ministerpräsidenten gehorchen. Daher hatte die Mehrheit der Beamten sowohl den Kapp- als auch den Hitler-Putsch begrüßt und sehnte den alten Obrigkeitsstaat herbei.

Reiche Fürsten hatten die Nazis schon sehr früh unterstützt in der Hoffnung, Hitler werde die Monarchie wiederherstellen und ihren gewaltigen Besitz schützen, den sie durch Sozialdemokraten und Kommunisten ständig von Enteignung bedroht sahen. Als einige nationalsozialistische Reichstagsabgeordnete 1925 ebenfalls eine Enteignung der Fürsten befürworten wollten, tobte Hitler vor Wut. Die Industrie hätte diesen Angriff auf das Privateigentum niemals verziehen, und der Adel war über eine derartige Beschneidung seiner Vorrechte empört. Hitler prangerte den

Plan als marxistischen Schwindel an, und die NSDAP-Abgeordneten mußten ihre Unterstützung zurückziehen. Die Beliebtheit der NSDAP bei Fürsten, Offizieren, Adligen und Beamten stieg weiter, als der Sohn des exilierten Kaisers, Prinz August Wilhelm, mit feierlichem Pomp in die SA aufgenommen wurde. Er reiste 1930 zusammen mit Göring durch das Land und pries Hitler als ein Instrument der Vorsehung mit übermenschlichen Fähigkeiten.[7] Auch die nazifreundlichen Ansichten Wilhelms II. waren wohlbekannt.

Seit 1890 hatten die Konservativen nur jene Antisemiten unterstützt, die den Volkszorn von ihnen selbst ablenkten. Doch das NSDAP-Parteiprogramm von 1920, das ohne Hitlers Beteiligung entstanden war, forderte nicht nur eine Landreform, sondern in Punkt 17 auch »die unentgeltliche Enteignung von Boden«. Mitten im Wahlkampf von 1928 änderte die Partei das einzige Mal in ihrer Geschichte ihr Programm, indem sie eine spektakuläre »parteioffizielle Erklärung« zu Punkt 17 des Programms veröffentlichte. Sie stellte sich auf den »Boden des Privateigentums« und verkündete, Land solle nur bei unrechtmäßigem Erwerb oder wenn es »nicht nach den Gesichtspunkten des Volkswohls verwaltet« werde, enteignet werden, was sich vor allem »gegen die jüdischen Grundspekulationsgesellschaften«[8] richte. Die Wichtigkeit der Erklärung wurde betont, indem sie von Hitler in einer feierlichen Zeremonie unterzeichnet und im *Völkischen Beobachter* veröffentlicht wurde. Aus Polizeiberichten geht hervor, daß sich lokale Honoratioren und Grundbesitzer von da an öfter auf den Versammlungen der NSDAP blicken ließen.

Henry A. Turner hat die alte marxistische Theorie widerlegt, die Nazis seien lediglich Marionetten der Großindustrie gewesen.[9] Aber Hitler gewann schließlich doch die Unterstützung der Großindustrie. Er hatte seit 1921 auf dieses Ziel hingearbeitet, indem er dafür sorgte, daß die Forderungen nach »Brechung der Zinsknechtschaft«, »Gewinnbeteiligung für Arbeiter« und »Verstaatlichung aller bereits vergesellschafteten Betriebe« nicht mehr artikuliert wurden. Nur das jüdische Finanzkapital war nach wie vor Zielscheibe der Nationalsozialisten. Von 1919 bis 1923 hatten viele Industrielle paramilitärische Verbände unterstützt. Ab 1924 waren die Regierungen jedoch in der Regel wirtschaftsfreundlich, und die Unternehmer wurden nicht von derselben irrationalen Wut erfaßt, die durch wirtschaftliche Belastungen im unteren Mittelstand ausgelöst wurde. Vorwürfe gegen das »internationale jüdische Finanzkapital« ließen sie unbeeindruckt; sie wußten, daß alle Unternehmer denselben Regeln folgten. Deshalb verschwendete die Großindustrie bis 1930 kein Geld an eine Partei, die im Reichstag nur über zwölf Sitze verfügte. Industrielle, die Hitler vorher schon unterstützten und für seine Partei Anhänger warben, darunter Emil Kirdorf, Fritz Thyssen, Hermann W. Siemens, Ernst von Borsig und Hjalmar Schacht, besaßen in der Regel ein reaktionäres Wertesystem und die Mentalität von Kleinunternehmern, die sich über ihre Abhängigkeit von Finanziers erregten. Der Großunternehmer und Inflationsgewinnler Hugo Stinnes unterstützte die Nazis mit großen Summen – was zweifellos auch auf andere Industrielle zutrifft. Bis zum Wahlsieg der NSDAP von 1930 kam das meiste Geld jedoch von kleinen Firmen, deren Besitzer sowohl der Großindustrie als auch den Gewerkschaften ablehnend gegenüberstanden.

Groß- wie Kleinunternehmer waren mit der Republik unzufrieden, insbesondere da die Sozialdemokraten eine ständige Bedrohung darstellten. Zwar war die Inflation 1924 auf eine wirtschaftsfreundliche Weise beendet worden, doch republikanische Regierungen vergrätzten die Industrie, indem sie bei Arbeitskämpfen häufig für die Gewerkschaften Partei ergriffen und Gesetze zur Arbeitslosenunterstützung, Arbeitszeitverkürzung und Sozialhilfe verabschiedeten. Der 1930 von Hindenburg zum Reichskanzler berufene Heinrich Brüning trieb jedoch eine industriefreundliche Sparpolitik. Trotzdem waren die Nazis noch immer nützlich, da sie die gegen die Großindustrie gerichtete Feindseligkeit auf andere Gruppen umlenkten. So hatten 1924 sowohl nationalsozialistische als auch linke Reichstagsabgeordnete eine Entschädigung für Kreditgeber verlangt, die unter der Währungsreform zur Beendigung der Inflation gelitten hatten. Die SPD ignorierte jedoch in ihrem Gesetzentwurf die rassistischen Seitenhiebe der Rechten, warf Stresemann seine Abhängigkeit von der Wirtschaft vor und forderte, die Entschädigung durch höhere Steuern für Großunternehmen zu finanzieren. Einige Abgeordnete der NSDAP unterstützten zunächst den sozialdemokratischen Gesetzentwurf, wurden jedoch von Hitler zurückgepfiffen. Danach beschuldigte die NSDAP-Fraktion die »Judenrepublik«, ihre Bürger zugunsten des internationalen jüdischen Finanzkapitals zu betrügen und forderte, die Entschädigung aus den immensen Gewinnen zu finanzieren, die die jüdische Gemeinschaft angeblich aus Krieg, Inflation, Reparationen und Weltwirtschaftskrise gezogen hatte. Auch vereitelte Hitler 1926 den Versuch nationalsozialistische Gewerkschaften zu gründen, und ging im Mai 1930 gegen Parteimitglieder vor, die durch die Unterstützung eines Streiks gegen die Parteilinie verstießen. Ihr Führer, der Herausgeber der Berliner Parteizeitung Otto Strasser, bestand auf Reformen zugunsten des Proletariats. Hitler lehnte ab. Als Strasser ihm vorwarf, »den revolutionären Sozialismus … zu erdrosseln«, geriet er in Wut und schrie: »Es kann nur eine Revolution geben, und das ist die Revolution der Rasse.« Als Strasser auf die Verstaatlichung der Großindustrie einschließlich der Kruppwerke zu sprechen kam, sagte Hitler: »Halten Sie mich für so verrückt, daß ich die deutsche Großindustrie zerstören will?«[10] Der brüskierte Strasser verließ die Partei und gründete eine »Schwarze Front« für alle wahren Nationalsozialisten; der Zulauf war jedoch gering, und er verließ Deutschland. Dennoch war Strasser kein klassischer Linker. Er glaubte, die deutschen Arbeiter stünden Deutschland feindlich gegenüber, weil sie ausgebeutet würden, fügte jedoch hinzu, man habe diese Millionen dem Juden Marx überlassen, der das deutsche Volk mit ihrer Hilfe habe zerstören und Deutschland zu einer Kolonie des internationalen Kapitals habe machen wollen.[11]

Nach den Wahlen von 1930 hatte sich die Lage radikal verändert. Hitler war nun eine echte Alternative geworden. Da über ein Drittel der Wähler noch immer für die Linke stimmte, Brüning isoliert und die Deutsche Volkspartei (DVP) und DNVP stark geschwächt waren, interessierten sich viele Unternehmer nun für die NSDAP. Sie konnten den Nazis natürlich nicht viele Wählerstimmen bieten, und ihre finanzielle Unterstützung war zwar wichtig, jedoch nicht entscheidend. Hitler brauchte ihre Hilfe jedoch unbedingt, damit Hindenburg ihn zum Reichskanzler ernannte. Zu diesem Zweck mußte er zeigen, daß die NSDAP wirtschaftsfreundlich war, also die Sozialdemokratie und ihre Gewerkschaften vernichten und durch die Wiederaufrüstung Deutschlands das Industriewachstum anheizen würde. Viele NSDAP-Wähler wären durch wirtschaftsfreundliche Wahlkampfbroschüren abgeschreckt worden, deshalb gaben Hitler und andere führende Nazis die meisten Zusicherungen privat. Im August 1931 nahm die Annäherung konkrete Formen an, als sich DNVP und DVP mit Hitler verbündeten, um die sozialdemokratische Landesregierung Preußens durch eine Volksabstimmung zu stürzen; die Industrie unterstützte die Kampagne mit großen Beträgen. Hugenbergs Schmiergeldfonds war gewaltig, und seine Zeitungen druckten die Propaganda der Nazis ab. Dreißig Prozent der Preußen stimmten für den Sturz der preußischen Regierung. Dies reichte nicht zum Sieg, doch es zeigte das Machtpotential eines solchen Bündnisses.

Am 11. Oktober 1931 wurde das Bündnis zwischen Nationalsozialisten und Konservativen beim berühmten Treffen in Bad Harzburg feierlich besiegelt. Bezeichnenderweise wurde diese »Harzburger Front« in Braunschweig gegründet, wo eine NSDAP-DVP-Regierung die Juden durch ein Gesetz gegen die koschere Art, Vieh zu schlachten, und andere Maßnahmen schikanierte. Eine glanzvolle Auswahl rechter Politprominenz war in Harzburg vertreten: Hugenberg und die Führung der DNVP, Hitler, General von Seeckt, die Stahlhelmführer Theodor Duesterberg und Franz Seldte, der deutsche Kronprinz Wilhelm, der Präsident des Reichslandbunds und die Führer des alldeutschen Verbands. Als Vertreter der Industrie waren anwesend: der Vorsitzende des Bergbauvereins der Ruhrkohleindustriellen, der frühere Reichsbankpräsident Hjalmar Schacht und der Hauptgeschäftsführer der nordwestlichen Gruppe des Vereins deutscher Eisen- und Stahlindustrieller. Hitler übte in Harzburg Zurückhaltung, weil er antikapitalistischen SA-Mitgliedern keine Angriffsfläche bieten wollte und genau wußte, daß die Konservativen für die NSDAP bei der geplanten Zerstörung der Weimarer Republik nur die Rolle des Juniorpartners vorgesehen hatten. Eine Woche später demonstrierte er Unabhängigkeit und ließ auf einer Veranstaltung der eigenen Partei 100 000 SA-Männer an sich vorbeimarschieren. Kurz darauf einigte sich eine »Versammlung von Funktionären regionaler Industrieverbände in Berlin« darauf, daß »die Wirtschaft bestrebt sein sollte«, die Entwicklung des Nationalsozialismus »nicht mit Geld, sondern mit Menschen und Ideen« zu beeinflussen.[12] Weiter riet sie zur Beteiligung einer »starken privatwirtschaftlichen Gruppe« an der Harzburger Front, wenn »Hitler und sein Wirtschaftsstab wirklich die feste Absicht haben, den Kern des privatwirtschaftlichen Systems unangetastet zu lassen ...«[13] Gegen den Rassismus der Nazis wurden keine Bedenken laut. Als die Nationalsozialisten im November 1931 im hessischen Parlament rund vierzig Prozent der Sitze erhielten, schlugen sie, vermutlich zu Hitlers Entsetzen, sofort eine starke Erhöhung der Arbeitslosenunterstützung vor. Die Großindustrie blieb auf der Hut.

In der berühmten Rede, die Hitler Anfang 1932 vor dem Düsseldorfer Industrieclub hielt, lobte Hitler seine Zuhörer, als »gottbegnadete Genies«, deren überlegene Fähigkeiten es ihnen ermöglichten, im wirtschaftlichen Kampf Vermögen zu schaffen und die Nation aufzubauen. Als die Besten ihrer Rasse sollten sie sich einer Demokratie der Schwachen und Unbegabten nicht unterwerfen müssen, denn politisch wie wirtschaftlich sei Wohlstand nur durch die Herrschaft der wenigen Begabten zu erreichen. Wie Deutschland 1918 habe erfahren müssen, könne sogar eine große Wirtschaftsmacht unterliegen, wenn sie nicht unter einem starken politischen Willen vereint sei. Deutschland müsse seine Spaltung in Parteien überwinden; es könne nicht überleben, solange die Hälfte der Bevölkerung Eigentum für Diebstahl halte. Die Lohnkosten müßten gesenkt werden, doch die Arbeiter müßten glauben, daß sie in Zukunft für Opfer in der Gegenwart (die Hitler von seinen Zuhörern nicht verlangte) entschädigt würden. Deutschland und seine Industrie würden aufblühen, wenn sie ihr Schicksal erfüllten und neue Märkte eroberten, zu diesem Zweck seien ein starkes Militär und eine aggressive Außenpolitik notwendig. Die militärische, und nicht nur die ökonomische Macht, würden den Kampf um die Märkte bestimmen. Es sei doch offensichtlich, erklärte Hitler, daß die »weiße Rasse« den Erdball beherrsche. Die rassischen Qualitäten der Deutschen garantieren, daß sie mit der richtigen Regierung ebenfalls Überragendes leisten würden. Nach einem versteckten Hinweis auf die slawischen Reichtümer im Osten betonte Hitler, daß vor allem der Marxismus vom Erdboden getilgt werden müsse. Er beschloß seine Rede mit einem Loblied auf die SA, die große Opfer gebracht habe, um seine Zuhörerschaft vor der Linken zu beschützen. Die Rede wurde mit herzlichem Beifall aufgenommen.

Ab 1931 nahmen die Spenden der Großindustrie für die NSDAP zu, wenn auch die Höhe der Summen und ihre Herkunft sich nicht mehr genau feststellen lassen. »Ausgaben für die NSDAP tauchten kaum je in den Geschäftsbüchern einer Firma auf«, Unternehmer »zogen es häufig vor, verdeckte Beiträge zu leisten … um ihrem Geschäft nicht zu schaden«.[14] Viele fürchteten, eine andere von ihnen unterstützte Partei vor den Kopf zu stoßen oder von linken Kunden boykottiert zu werden. Die höchsten Spenden für die NSDAP kamen von den Eisen-, Kohle- und Stahlmagnaten, die am meisten auf niedrige Löhne angewiesen, international am wenigsten wettbewerbsfähig waren und Rüstungsaufträge brauchten. Hitler ließ keinen Zweifel daran, daß er Deutschland bis an die Zähne bewaffnen wollte. Weniger Unterstützung kam von der

Chemie- und Elektroindustrie, die wettbewerbsfähiger war und niedrigere Lohnkosten hatte. Die wirtschaftliche Unterstützung der Nazis durch »mittlere Unternehmer aus Industrie, Handel und Finanzwesen« nahm im Laufe des Jahres 1931 ständig zu. »Im Frühjahr und Frühsommer 1932 floß mehr Geld als je zuvor aus den Kassen der Wirtschaft an verschiedene Nationalsozialisten.«[15] Zu den Spendern gehörten Friedrich Flick, die I. G. Farben, Royal Dutch Shell, die Ruhrlade, eine Organisation von Spitzenindustriellen an der Ruhr, der Bergbauverein und andere Ruhrmagnaten. Der bisher von der Großindustrie massiv unterstützte Alldeutsche Verband geriet 1932 gegenüber den Nazis ins Hintertreffen. Einzelne Parteimitglieder strichen nicht verzeichnete Spenden ein. Geldwäsche ist keine neue Erfindung: Scheinfirmen wurden gegründet, um Gelder von Spendern in die richtigen Kanäle zu lenken, die nicht wollten, daß die Regierung, ihre Kunden, ihre Aktionäre oder die Steuerbehörden davon erfuhren; steuerfreie Spenden für wohltätige Zwecke waren häufig alles, was ausgewiesen wurde. Das Frisieren von Büchern wurde 1945 zu einem wichtigen Industriezweig. Alle Finanzunterlagen der Reichsleitung der NSDAP und all ihrer Regionalorganisationen mit Ausnahme einer einzigen wurden vernichtet, und dasselbe Schicksal erlitten auch die akribisch genau geführten Bücher des Parteischatzmeisters Franz Xaver Schwarz. Viele prominente Deutsche müssen einen Seufzer der Erleichterung ausgestoßen haben, als Schwarz 1946, angeblich an den Folgen eines brutalen Verhörs durch die amerikanischen Besatzungstruppen, starb.

Der zunehmende Einfluß der SS war ein weiteres Anzeichen für die zunehmende Akzeptanz der NSDAP durch die Eliten. Die SS war von Anfang an für die Söhne der Eliten attraktiv. Wie Hitler einmal sagte, konnte man die Reaktion am besten über ihre Kinder an sich binden. Im Zweiten Weltkrieg »besaß jeder Dritte im SS-Führungskorps ein abgeschlossenes Hochschulstudium …«[16] Diese Zahl ist erstaunlich, denn 1920 gab es in ganz Deutschland nur 120 000 Universitätsstudenten. Auch viele Ehrenmitglieder der SS stammten aus der Oberschicht, darunter Industrielle, die für Privatspenden an die SS belohnt worden waren. Viele Mitglieder der Oberschicht ließen sich durch Hitlers Antisemitismus keineswegs abschrecken, sondern wurden zu eifrigen Unterstützern jener Organisation, die die größte Verantwortung für den Holocaust trägt. Die rund 10 000 Mitglieder, über die die SS 1931 verfügte, wußten genau, daß ihre Hauptaufgabe in der Überwachung der Rassenreinheit und in der Schulung der künftigen politischen Elite bestand. Himmler und Heydrich, die Führer der SS, hatten im Gegensatz zu den Hitzköpfen der SA keine sozialrevolutionären Ambitionen. Für sie war die Rasse alles; die rassische Säuberung und die Ermordung der Juden waren ihre besonderen Aufgaben.

Der Aufstieg der SS und Hitlers Zusammenarbeit mit den Konservativen verursachten beträchtliche Unruhe in der SA. Auf SA-Flugblättern wurde die SS als Schutztruppe der Reaktion bezeichnet. Auf einem Flugblatt wurde gefragt, ob die Parteiführung die Söhne der Elite zum Schutz vor ihren eigenen Anhängern brauche, und wo denn diese neunmalklugen Jugendlichen in der heroischen Zeit der Bierhallenschlägereien und des Putsches gewesen seien. Ein anderes Flugblatt beschuldigte Hitler des Verrats an der Bewegung: Nicht Röhm oder Goebbels, ja nicht einmal Hitler seien das Problem, hieß es da. Nein, es gehe um die Bewegung. Um den Schutz ihrer alten Ideale. Die Parteibonzen hätten sie verraten. Hitler und seine Spießgesellen hätten aus der Partei einen Pfuhl vertrockneter Bankrotteure gemacht. Ein anderes Flugblatt sagte voraus, daß die parlamentarischen Führer der Partei schon bald auf Knien zu Brüning rutschen und ihn um Vergebung bitten würden.[17] 1930 organisierte der SA-Führer Walter Stennes eine offene Revolte in Berlin. Hitler eilte zum Schauplatz, sammelte in den Straßenschlachten loyale SA-Männer um sich, schloß Stennes aus der Partei aus und ersetzte ihn durch Ernst Röhm. Um die Bedenken der Unternehmer zu zerstreuen, verkündete der *Völkische Beobachter* im März 1931, die Abschaffung des kapitalistischen Systems sei schon seit Jahrhunderten nur eine hohle Phrase.[18] Die Linksabweichler wurden aus der Partei ausgeschlossen. Goebbels wurde Reichspropagandaleiter und verhinderte in Zukunft die Veröffentlichung unautorisierten Materials. Viele alte Kämpfer verließen die Partei, als Hitler der SA verbot, auf eigene Faust Gewalt anzuwenden, doch die potentiellen Verbündeten in den besseren Kreisen der Gesellschaft waren beruhigt.

Von 1930 bis zu Hitlers Ernennung zum Reichskanzler versiebenfachte sich die Zahl der Parteimitglieder und volle 40 Prozent der neuen Mitglieder stammten aus der Oberschicht. Selbst hochangesehene Persönlichkeiten begannen Hitler zu unterstützen. 1930 hatten die Nazis bereits eine »starke Anhängerschaft« unter den evangelischen Geistlichen.[19] So schrieb etwa der Generalsuperintendent der altpreußischen Union Otto Dibelius in einem Ostergruß an die Pfarrer seines Sprengels: »Ich habe mich trotz des bösen Klanges, den das Wort vielfach angenommen hat, immer als Antisemit gewußt. Man kann nicht verkennen, daß bei allen zersetzenden Erscheinungen der modernen Zivilisation das Judentum eine führende Rolle spielt.«[20] 1930 gab es bereits eine lange Liste von Pfarrern, die bei Feierlichkeiten der Nationalsozialisten assistierten. Die 1927 in Thüringen entstandene Kirchenbewegung »Deutsche Christen« erklärte Hitler zum »Heiland in der Geschichte der Deutschen« und verkündete, daß Hitler »in der stockdunklen Nacht christlich-kirchlicher Geschichte ... für unsere Zeit ... gleichsam das Fenster wurde, durch das Licht auf die Geschichte des Christentums fiel«.[21] Es sei an der Zeit, daß die Kirchen ihre Tore weit öffneten und das Hakenkreuz auf dem Kreuz von Golgatha aufpflanzten, verkündete der zweitälteste Sohn Wilhelms II., dann werde die deutsche Freiheit schnell errungen sein.[22] 1931 sympathisierten die evangelischen Theologiestudenten und künftigen Geistlichen mehrheitlich und die von den Gemeindemitgliedern gewählten Kirchengemeinderäte zu einem Drittel mit dem Nationalsozialismus.

Die katholische Kirchenführung war zurückhaltender. Für die katholische Kirche wurde in der Republik Kirchensteuer erhoben, und ihre Seminare und Klöster ihre Priesterschaft und ihre Jugendorganisationen wuchsen viel schneller als die protestantischen Gruppen. Wenn auch viele katholische Bischöfe die Ausrufung der Republik im Jahr 1919 verurteilt hatten, wurde die Republik von der katholischen Zentrumspartei unterstützt, und sie stellte die Mehrheit ihrer Reichskanzler. Kardinal Bertram warf den Nazis eine »übertriebene Glorifizierung der Rasse« vor, obwohl Angriffe gegen das internationale Finanzjudentum und die Linke in der katholischen Lokalpresse alltäglich waren. In Österreich grassierte der Antisemitismus praktisch in allen katholischen Publikationen. In Deutschland waren die Zentrumspartei und ihr Ableger, die Bayerische Volkspartei (BVP), nicht bereit, mit einer Bewegung zusammenzuarbeiten, der bösartige Katholikenfeinde angehörten. Tatsächlich traten einige NS-Ideologen, bevor Hitler ihnen einen Maulkorb verpaßte, für die Schaffung eines von jüdischen Einflüssen freien germanischen Christentums ein. Manche verhöhnten Jesus sogar offen als »jüdischen Feigling«, weil er mit seinem Rat, auch die andere Wange hinzuhalten, kaum als Vorbild für arische Krieger dienen konnte.

Als Hitler jedoch diese Katholikenhasser zum Schweigen gebracht hatte und sich Millionen katholischer Gemeindemitglieder den Nazis annäherten, überdachten die führenden Katholiken ihre Haltung. Nach den Wahlen von 1930 verhandelte der Zentrumsführer Prälat Ludwig Kaas mit den Nazis über die Bildung einer Koalitionsregierung. Schließlich war auch die Bayerische Volkspartei seit 1918 Bündnisse mit rassistischen Gruppierungen eingegangen und hatte in ihren Wahlkämpfen antisemitische Parolen verwendet. Bei den bayerischen Landtagswahlen von 1932 schloß die BVP mit der NSDAP ein Abkommen, Hitler nicht anzugreifen, wenn die Nazis die Kirche nicht angriffen. Prompt wuchs der Stimmenanteil der Nazis von sechs auf 32 Prozent. Sie erhielten die Hälfte der DNVP-Stimmen und zogen zum ersten Mal mit dem BVP gleich. Nach den Wahlen von 1932 verzichtete die katholische Kirche in Deutschland mit dem Segen des Vatikans auf weitere Angriffe gegen Hitler. Rom hatte es nie gern gesehen, daß das Zentrum mit der SPD koalierte. Katholische antisemitische Gruppen und Wähler strömten massenhaft in Hitlers Lager.

Auch die künftige Elite der Nation schloß sich an: Über die Hälfte aller organisierten Studenten waren NSDAP-Mitglieder und der Rest größtenteils konservativ eingestellt. 1932 errangen die Nazis die Mehrheit bei den Wahlen für die wichtigste deutsche Studentenorganisation, den Verband Deutscher Studenten. Auch im universitären Bereich gelang es den Nazis, den Antisemitismus mit praktischen Belangen zu verknüpfen. Sie demonstrierten für eine Senkung der Studiengebühren, für mehr staatliche Unterstützung und für den Ausschluß der Juden aus den freien Berufen, dem öffentlichen Dienst und den Lehrberufen. Von 1929 bis 1933 veranstalteten Studentenorganisationen und Burschenschaften in ganz Deutschland und Österreich antisemitische Demonstrationen, die häufig mit Ausschreitungen oder brutalen Angriffen auf jüdische Studenten endeten. Die rassistischen Studenten wurden manchmal offen von Hochschullehrern unterstützt, und als die Sozialdemokraten nicht mehr an der Regierung waren, übte die Regierung keinen ernsthaften Druck mehr aus, die Randalierer zu bestrafen, unter Berufung auf die akademische Freiheit und die Autonomie der Universitäten. Mehrere Universitäten entließen schon vor Hitlers Machtergreifung jüdische Fakultätsmitglieder. Die Lage war so schlimm, daß die jüdische Presse eine Liste der wenigen Hochschulen veröffentlichte, wo Juden noch ungefährdet studieren konnten.

Der harte und häufig hoffnungslose Wettbewerb um berufliche Positionen während der Wirtschaftskrise ist eine Teilerklärung für die rasch zunehmende Popularität der NSDAP bei Ärzten und Juristen. Ein Drittel der SS-Mitglieder mit Hochschulabschluß waren Juristen. Den meisten Medizinern stieß die neue Konkurrenz durch Tausende aus dem Osten geflohene jüdische Ärzte übel auf. Wie schon vor dem Krieg waren jüdische Ärzte häufig Mitglieder in Organisationen, die den Armen eine billigere medizinische Versorgung boten. Angesehene deutsche medizinische Zeitschriften führten immer noch Klage über die zu hohe Zahl jüdischer Ärzte. Schließlich wurde fast die Hälfte der deutschen Ärzte Mitglied im Nationalsozialistischen Deutschen Ärztebund, obwohl die NSDAP dies nie verlangte, und die Nicht-Mitgliedschaft für Ärzte mit Privatpraxen keine negativen Konsequenzen hatte. Profane wirtschaftliche Interessen reichen jedoch nicht aus, um den hohen Anteil von Nazis unter Ärzten, Genetikern, Biologen und Psychiatern zu erklären. Der Glaube an Eugenik und »Euthanasie« als Mittel zur Reinerhaltung der überlegenen nordischen Rasse war inzwischen sogar noch weiter verbreitet als Ende des 19. Jahrhunderts. Man beschwerte sich, daß die Sozialpolitik der Weimarer Republik minderwertiges Erbmaterial schütze und wandte sich mit derselben Begründung gegen sozialdemokratische Bestrebungen, die Verfolgung der Homosexuellen zu beenden. In Pamphleten und auf Plakaten betonten biologistische Fanatiker, daß berufstätige Frauen ihrer Rasse Schaden zufügten, weil sie weniger Kinder austrügen als die »minderwertigen« Armen. Bösartige Karikaturen, auf denen jüdische Ärzte arische Frauen zur Abtreibung verleiteten, waren ein fester Bestandteil der NS-Propaganda. Die Nazis waren nicht die ersten, die nach einem Verbot interrassischer Ehen zwischen Ariern und Juden riefen. Als der Verein Sozialistischer Ärzte primär soziale Faktoren und Umwelteinflüsse für die menschliche Charakterbildung verantwortlich machte, wurden seine Mitglieder von einigen Biologisten als »Juden, Freimaurer und Bolschewisten« beschimpft, da auch die Sowjets den Rassismus als unwissenschaftlich und faschistischen Terrorismus kritisiert hatten.

Unter deutschen Medizinern und Biologen entstand eine Bewegung für Rassenhygiene und »rechtsorientierte Kräfte hielten Einzug in ihren führenden Zeitschriften, Verlagshäusern und Berufsverbänden«.[23] Im Jahr 1922 empfahl der preußische Landesgesundheitsrat für Rassenhygiene und Bevölkerungswesen die Gründung eines Reichsinstituts für Humangenetik und Bevölkerungswissenschaft, um die Entartung des deutschen Volkes zu bekämpfen. Das 1927 aus dieser Initiative entstandene Kaiser-Wilhelm-Institut für Anthropologie, menschliche Erblehre und Eugenik war von Wissenschaftlern dominiert, die einen genetischen Determinismus vertraten. Alfred Ploetz hatte 1907 zusammen mit Fritz Lenz, einem noch prominenteren Genetiker, mit dem Ring der Norda eine Geheimgesellschaft zur Pflege des deutschen Rassecharakters gegründet. In seiner wissenschaftlichen Zeitschrift *Archiv für Rassen- und Gesellschaftsbiologie* schrieb Ploetz, das arische Blut sei kostbar und müsse erhalten werden, deshalb gelte es, die im Osten lebenden Volksdeutschen heim ins Reich zu holen. Die Bewegung für Rassenhygiene wurde später voll in die nationalsozialistische Bewegung integriert.

Im Jahr 1917 pries Fritz Lenz das deutsche Volk als die letzte Bastion der nordischen Rasse.[24] Er wurde 1923 als erster Professor für Rassenhygiene an die Universität München berufen. Zusammen mit Eugen Fischer und Erwin Baur schrieb Lenz das laut Robert Proctor wichtigste genetische Lehrbuch der Weimarer Republik.[25] In dem Buch vertrat Lenz die Ansicht, daß jede Rasse besondere geistige und moralische Eigenschaften habe und diese weitervererbe. So seien die Juden an ihrem Körperbau zu erkennen und Träger spezifisch jüdischer Ideen. Sie seien besonders geschäftstüchtig und verfügten über die angeborene Fähigkeit, sich an verschiedene Kulturen anzupassen und diese durch Manipulation ihrer Mitmenschen zu beherrschen. (Frauen, fügte Lenz hinzu, seien aufgrund ihres Erbguts für Rollen wie Krankenschwester und Hausfrau am besten geeignet.) Unter Mißachtung der großen jüdischen Opfer im Ersten Weltkrieg behauptete Lenz, die Juden würden sich in einem Krieg wenn möglich vor dem Wehrdienst drücken, weshalb nur halb so viele Juden getötet würden wie Angehörige der nordischen Rasse. Jüdische Wissenschaftler seien vom Marxismus verdorben und glaubten nur deshalb an die Erblichkeit erworbener Eigenschaften, weil sie vergeblich hofften, daß Juden durch das Leben in einer germanischen Umgebung zu echten Germanen werden könnten. Der nordischen Rasse schrieben Lenz und seine Koautoren die üblichen Eigenschaften zu – Fleiß, Intelligenz, Gehorsam und Idealismus. Außerdem liebte sie die Gefahr und hatte eine natürliche Vorliebe für den Protestantismus. Das Lehrbuch war in Deutschland hochgelobt, und Ploetz war Ende der zwanziger Jahre »ein

Liebling der nationalsozialistischen Bewegung geworden«.[26] 1931 sprach Lenz für viele seiner Kollegen, als er schrieb: »Daß der Nationalsozialismus ehrlich eine Gesundung der Rasse anstrebt« und »die Frage der Erbqualität ... hundertmal wichtiger als der Streit um Kapitalismus oder Sozialismus« sei.[27]

Lenz' Koautor Professor Eugen Fischer hatte mit seiner rassenkundlichen Forschungsarbeit die Grundlagen für ein Gesetz gelegt, das 1908 interrassische Ehen in Deutschsüdwestafrika verbot. Er hatte Kinder aus interrassischen Ehen untersucht und sie für geistig und körperlich minderwertig befunden. Ein nicht-rassistischer Forscher hätte natürlich die Auswirkungen von Rassendiskriminierung und kulturellen Unterschieden untersucht. Der Konservative Fischer rechtfertigte die deutsche Herrschaft über »minderwertige« Völker mit der rassischen Überlegenheit der Deutschen und schrieb, man solle die eingeborenen Völker und Mischlinge in Afrika nur solange leben lassen, wie sie nützliche Arbeit – kurz gesagt Sklavenarbeit – leisten könnten. In den zwanziger Jahren versuchte er, Mussolini davon zu überzeugen, daß das Erbgut der italienischen Rasse gereinigt werden müsse. Später half er die Todeslager zu organisieren. Fischer wurde 1927 zum Direktor des Kaiser-Wilhelm-Instituts für Anthropologie, menschliche Erblehre und Eugenik berufen.

Die Kaiser-Wilhelm-Gesellschaft zur Förderung der Wissenschaften spielte als angesehenste wissenschaftliche Gesellschaft Deutschlands eine führende Rolle in der genetischen Forschung. Sie lehnte Forschungsprojekte ab, die von der Hypothese ausgingen, daß das soziale Verhalten von Kultur und Gesellschaft, und nicht von Blut und Rasse beeinflußt wird. Am Kaiser-Wilhelm-Institut hielt man die NS-Ideologen für Amateure, die der wissenschaftlichen Anleitung bedurften. Laut Proctor wurde die rassistische Biologie von den Wissenschaftlern entwickelt und von der NSDAP einfach übernommen, was Fischer einmal dazu veranlaßte, einen nationalsozialistischen Redner, der behauptete, die Euthanasie sei eine Erfindung der Nazis, mit dem wütenden Zwischenruf zu unterbrechen: »Sie (die NSDAP) besteht lange nicht so lang wie unsere eugenische Bewegung.«[28] Schon bevor Hitler an die Macht kam, war die Rassenhygiene in der deutschen Medizin eine anerkannte Wissenschaft geworden. Lenz bezeichnete Hitler schon 1930 als den ersten wirklich wichtigen Politiker, der die Rassenhygiene als Element der staatlichen Politik ernst nehme, und andere angesehene Wissenschaftler verkündeten ein neues Zeitalter

»rassenbiologischer Umwälzung«.[29] Die sozialdemokratischen Ärztevereine lehnten den Rassismus ab; wie die deutsche Bevölkerung waren auch die deutschen Mediziner und Biologen ideologisch gespalten, doch auch bei ihnen siegte die Rechte. Fischer und seine Kollegen, der frühere Freikorpsmann und Kapp-Putschist Dr. Otmar Verschuer und Lenz sollten eines Tages Beihilfe zu den Mordprogrammen der Nazis leisten. Dr. Josef Mengele hatte bei Fischer studiert.

Im Jahr 1932, bei dreißig Prozent Arbeitslosigkeit und einer Regierung, die mit Notverordnungen regierte, standen nur die Sozialdemokraten noch hinter der parlamentarischen Demokratie. Aufgeblasene, wohlgenährte Unternehmer, Politiker und »Wirtschaftsexperten« faselten von Opfern für Deutschland, obwohl sie selber keine brachten. Bei Landtagswahlen schnitten die Nazis besser ab denn je. Immer mehr Arbeiter wandten sich den Kommunisten zu. Als sich Hindenburgs Amtszeit 1932 ihrem Ende näherte, versuchte Brüning, Hitler zum Verzicht auf eine Kandidatur als Reichspräsident zu bewegen, indem er ihm versprach, er könne nach baldigem Rücktritt des greisen Feldmarschalls dessen Nachfolger werden. »Jetzt habe ich sie in der Tasche. Sie haben mich als Verhandlungspartner anerkannt«,[30] sagte Hitler triumphierend, doch er kandidierte trotzdem.

Hindenburg war als einziger Kandidat populär genug, um gegen Hitler eine Chance zu haben. Die DNVP unterstützte die Kandidatur des Stahlhelmführers Duesterberg, und die Kommunisten nominierten Ernst Thälmann. Um das Stimmenpotential gegen Hitler nicht zu spalten, verzichteten SPD und Zentrum auf eigene Kandidaten. Sie wußten, daß der autoritäre Hindenburg im zweiten Wahlgang nicht mehr kandidieren würde, falls Hitler ihn im ersten überflügelte. Als Präsident hätte Hitler über das Notverordnungsrecht verfügt. Um von der Republik zu retten, was noch zu retten war, mußten die Demokraten einen monarchistischen Feldmarschall wählen, der selbst gegen die Republik konspirierte. Hindenburg beschwerte sich aus seiner Sicht zu Recht, daß die falschen Leute für ihn stimmten. Duesterberg war erledigt, als die Nazis mit Häme enthüllten, daß er einen jüdischen Großvater hatte. Hindenburg erhielt mehr Stimmen als Hitler, aber nicht die Mehrheit. Es kam zu einer Stichwahl. Die DNVP forderte ihre Wähler auf, Hitler zu wählen. Auch dies spricht gegen die Annahme, sie hätten die Nazis nur widerwillig unterstützt, denn schließlich war Hindenburg das fleischgewordene Symbol des traditionellen Konservatismus. Die Stichwahl gewann Hindenburg mit 53 Prozent der Stimmen vor Hitler mit 37 Prozent. Wie aus Richard Hamiltons Untersuchung hervorgeht, stimmten in einigen Städten einschließlich Hindenburgs eigenem Wahlkreis die Wohlhabenden für Hitler.

Erfreut über Hitlers gutes Abschneiden, entwickelte die Reichswehrführung den Plan, Brünings Entlassung zu erwirken und Hitler an einer neuen Regierung zu beteiligen. Hindenburg hätte Brüning entlassen, wenn er nicht über die Angriffe beleidigt gewesen wäre, die die Nazis im Wahlkampf gegen seinen Kanzler gerichtet hatten. Inzwischen streifte die auf 300 000 Mann angewachsene SA durch die Straßen und provozierte Zusammenstöße mit den Kommunisten, die sich gerne provozieren ließen. Als die Gewalt eskalierte, bot der sozialdemokratische preußische Ministerpräsident Otto Braun der Reichsregierung seine Unterstützung an, um die Ordnung wiederherzustellen. General Kurt von Schleicher lehnte den Vorschlag wütend ab; er wollte nicht, daß die SPD den sozialen Frieden just in dem Moment wiederherstellte, als er und andere Machtpolitiker hofften, die Linke zu zerschlagen. Brüning verlor an Rückhalt. Wie ein Vertreter der Großindustrie es formulierte, war das parlamentarische System von Weimar die Wurzel allen Übels. Es war abzulehnen, weil es für Deutschland ungeeignet war.[31] In Preußen fanden Landtagswahlen statt. Laut Henry A. Turner hatten die meisten deutschen Großunternehmen ihren Sitz im preußischen Berlin. Die Ruhrindustriellen erwarteten ein sehr gutes Abschneiden der Nazis und: »Die meisten sahen diese Möglichkeit in einem günstigen Licht ...«[32] Um gewaltsame Ausschreitungen zu vermeiden, verbot Brüning der SA und der SS, während des Wahlkampfs aufzumarschieren und Uniformen zu tragen. Hindenburg gab widerwillig seine Zustimmung, obwohl die Reichswehr den Einwand erhob, daß diese Maßnahme frontnahe Einheiten mit schwächen werde, die viele Nazis in ihren Reihen hatten. Die durch beträchtliche Zuwendungen von Großgrundbesitzern und Industriellen unterstützte DNVP ließ Brüning im Stich und verbündete sich im Wahlkampf mit den Nationalsozialisten. Die NSDAP machte den gewaltigen Sprung von 6 auf 162 Sitze und wurde stärkste Partei im Preußischen Landtag. Die Sozialdemokraten gewannen nur noch 94 statt 136 Sitze, konnten jedoch mit dem Zentrum die Regierung bilden. Die SA wollte putschen, doch Hitler wartete ab. In den Ländern, wo antisemitische

Gruppierungen schon Ende des 19. Jahrhunderts gut abgeschnitten hatten, errangen die Nazis bei den Wahlen um die 45 Prozent, und in Bayern hatten sie zum ersten Mal mit der BVP gleichgezogen. Hitler war im Begriff, sein politisches Spiel zu gewinnen.

Brüning weigerte sich, die Militärausgaben zu erhöhen, und brachte damit die Heeresleitung gegen sich auf. Er drohte mit einem Preisstopp und verdarb es mit den Unternehmern. Er versuchte, staatlich subventionierte, überschuldete Güter zu pfänden und auf dem Land Arbeitslose anzusiedeln, und machte sich die Großgrundbesitzer zu Feinden. Sie beschuldigten ihn des »Kommunismus«, und Hindenburg schloß sich ihnen an – die ostelbischen Junker hatten ihm 1927 ein Landgut verehrt. Im Mai 1932 wurde Brüning entlassen. Der Reichskanzler, der soviel geopfert hatte, um die alten Mächte zu schützen, wurde fallengelassen, als er versuchte, auch ihnen Sparmaßnahmen abzuverlangen. Am selben Tag gewannen die Nazis in Oldenburg 48 Prozent der Stimmen und die Mehrheit der Sitze. Trotzdem waren Schleicher und Hindenburg noch nicht bereit, sich mit Hitler abzufinden. Franz von Papen wurde zum Reichskanzler ernannt. Dieser Prototyp des dümmlichen Aristokraten schien die perfekte Wahl für die alte Garde zu sein. Der adlige Monarchist und frühere Generalstabsoffizier (Kavallerie natürlich) hatte in eine reiche Industriellenfamilie eingeheiratet, gehörte dem extrem rechten Flügel des Zentrums an und war ein leidenschaftlicher Bewunderer Karl Luegers. Als Mitglied des preußischen Landtags hatte er stets die Reaktionäre unterstützt.

Schleicher ließ Papen wenig Spielraum. Er wählte seine Kabinettsmitglieder für ihn aus – »das Kabinett der Barone«, dessen Minister ob ihrer feudalen Begriffsstutzigkeit Hohn und Spott ernteten. Dem Kabinett gehörten sieben Adlige und zwei Industriebosse an. Schleicher war Reichswehrminister. Papens Dummheit sei unerheblich, erklärte Schleicher. Man werde ihm ohnehin nicht erlauben, wichtige Entscheidungen zu treffen. Und Papen tat, was man ihm sagte: Er besteuerte die niedrigen Einkommen noch höher, senkte die Löhne, hob die Tarifhoheit auf, kürzte die Arbeitslosen- und Sozialhilfe noch einmal und schlug vor, notleidenden Firmen mit Staatsgeldern zu helfen. Er säuberte den Regierungsapparat von Anhängern der Republik, wollte Deutschland wiederbewaffnen und hob das Verbot von SA- und SS-Veranstaltungen auf. Prompt gab es in Preußen 140 Tote, als die Nazis in kommunistische

Viertel eindrangen, und die Arbeiter sich erbittert zur Wehr setzten. Papen benutzte die selbstverschuldeten Straßenschlachten als Vorwand für die ebenso überraschende wie illegale Absetzung der preußischen SPD-Regierung und erklärte sich selbst zum Reichskommissar für Preußen. Viele Sozialdemokraten wollten gegen diesen Putsch der Reichsregierung kämpfen, doch die Parteiführung erwartete, vermutlich zu Recht, daß das Militär im Bund mit den Nazis mit Vergnügen das seit 1890 herbeigesehnte Blutbad unter den Linken anrichten würde.

Papen hatte sich mit der NSDAP auf baldige Neuwahlen geeinigt. Selbst die internationale Presse war einhellig der Meinung, daß die NSDAP dabei nur gewinnen könnte. Sie war inzwischen in allen Landtagen, außer dem bayerischen, stärkste Partei, und wurde im Reichstagswahlkampf von einer Reihe von Prominenten unterstützt. So bewies etwa Prinz August Wilhelm, daß er seinem Vater rhetorisch durchaus ebenbürtig war und verkündete, die Deutschen würden sich wie ein Phönix aus der Asche erheben, und andere Völker würden vor ihrem Heiligen Dritten Reich stumm das Haupt beugen.[33] Adlige spendeten große Beträge. Ungefähr 6000 Redner der NSDAP sprachen auf zahllosen Veranstaltungen. Ein Aufmarsch jagte den anderen. Diesmal hatten die Nazis keine Scheu, konservative Überläufer abzuschrecken, und ließen ihrem Antisemitismus freien Lauf. In dem reichen, bürgerlichen Berliner Stadtteil Charlottenburg bezeichnete ein nationalsozialistischer Redner die Juden als Insekten, die ausgerottet gehörten, und erntete dafür begeisterten Applaus. Als die Katholiken die Nazis als Heiden brandmarkten, konterten diese mit dem Vorwurf, das Zentrum habe mit atheistischen Marxisten gemeinsame Sache gemacht und mit dazu beigetragen, daß die deutsche christliche Kultur durch die jüdische Pest vergiftet worden sei.[34]

Bei den Wahlen im Juli 1932 errangen die Nazis sensationelle 230 Sitze, fast doppelt so viele wie die SPD als zweitstärkste Partei. Die NSDAP war damit stärker als je eine deutsche Partei zuvor, und das Mittel, mit dem sie Deutsche aus allen gesellschaftlichen Gruppen mit Ausnahme der Linken hinter sich gebracht hatte, war der Antisemitismus. Nach dem Mehrheitswahlrecht hätte die NSDAP sogar die absolute Mehrheit der Sitze errungen, dank jener Wähler, die schon seit Jahrzehnten die Juden für alle Übel der Industriegesellschaft, für die traumatischen Krisen seit 1918 und für die Bedrohung ihrer Interessen durch eine liberale Republik verantwortlich gemacht hatten.

Hindenburg und seine Berater pochten auf Zusicherungen, daß sich die Nazis fiskalisch korrekt verhalten würden, da sie im Wahlkampf mit der Verarmung des Mittelstands gegen die Konservativen argumentiert hatten. Als Reichskanzler würde Hitler nicht so leicht zu entlassen sein. Er war populärer als je ein deutscher Politiker vor ihm, und er verfügte über eine paramilitärische Streitmacht von inzwischen 400 000 SA-Männern. Nur die Reichswehr hätte ihn noch aufhalten können, wenn er erst einmal an der Macht war, doch sie schien nicht bereit dazu. Hitler forderte für sich das Kanzleramt und die Herrschaft über Preußen, doch Papen und Schleicher lehnten ab und wollten ihn mit dem Posten des Vizekanzlers abspeisen. Der Schwanz wollte mit dem Hund wedeln. Die Nazis waren viel zu dynamisch und populär, um sich von der bankrotten alten Garde instrumentalisieren zu lassen. Hitler war weder Franco noch Mussolini, und er hatte nicht die geringste Absicht, einfach nur ein weiterer Kanzler der Weimarer Republik zu werden. Er gedachte nicht, sich durch Kompromisse zwischen den unterschiedlichen Interessengruppen verschleißen zu lassen und dabei letztlich seine Macht und Popularität zu verlieren.

Obwohl Papen sich einem Reichstag von hämischer Feindseligkeit gegenübersah, blieb er im Amt und schrieb, offensichtlich in der Hoffnung, Hitler zu schwächen und nachgiebiger zu machen, abermals Neuwahlen aus. Die Unternehmer waren verunsichert, als die Nazis einen Transportarbeiterstreik in Berlin unterstützten. Hitler war dagegen gewesen, argumentierte jedoch nachträglich, der Streik sei nicht von einer sozialistischen Gewerkschaft organisiert worden. In den Novemberwahlen von 1932 verlor die NSDAP 32 Sitze, doch die nichtnationalsozialistische Rechte verschwand fast völlig von der politischen Bühne. Die DNVP gewann gerade noch klägliche fünfzehn Sitze, und die Unternehmerpartei DVP nur noch vier. Vor allem jedoch wurde die KPD mit 100 Sitzen stärker als je zuvor. Die Nazis hatten einen Einbruch erlitten, doch genau aus diesem Grund brauchten die Eliten Hitler nötiger als je zuvor, und sie wußten es. Ein Zusammenbruch der NSDAP hätte ihre Hoffnung auf ein populäres, autoritäres und legales Regime zunichte gemacht und den Fortbestand der Republik und der Linken gesichert.

Hindenburg zögerte noch immer. Er hatte nicht vergessen, daß ihn die Nazis während des Präsidentschaftswahlkampfs als Kandidaten der jüdischen Sozialisten angegriffen hatten. Auch traute er keinem Mann aus der Unterschicht. Zusammen mit Papen erwog er die Verfassung außer Kraft zu setzen, um eine Diktatur der »richtigen Leute« zu errichten, gab den Plan jedoch auf, als Schleicher sie warnte, eine solche Mißachtung des Wählerwillens könne einen Bürgerkrieg auslösen. Zusätzlich wurde die Entscheidung durch ein Planspiel der Heeresleitung beeinflußt, das auf der Annahme basierte, Nationalsozialisten und Kommunisten würden, wenn Hitler die Macht verweigert würde, eine gemeinsame Revolution machen, während gleichzeitig die Polen einmarschierten und die SPD den Generalstreik ausrief - ein absurdes Szenario. Die führenden Offiziere wünschten eine Diktatur Hitlers unter der einen Voraussetzung, daß die SA in die Reichswehr integriert würde, statt diese zu ersetzen. Papen war außerstande, eine neue Regierung zu bilden. Schleicher war wütend, daß seine Marionette versuchte, selbst ihre Fäden zu ziehen, und ließ ihn fallen. Am 23. November 1932 hielt der Langnamverein, ein einflußreicher Industrieverband mit ca. 1500 Mitgliedern, eine Vollversammlung ab. Ein Beobachter der Versammlung berichtete, daß die meisten Industriellen, mit denen er gesprochen hatte, Hitlers Ernennung zum Reichskanzler befürworteten.[35] Noch im selben Monat forderten Großgrundbesitzer und wichtige Persönlichkeiten aus dem Bank- und Finanzwesen, dem Einzelhandel und der Exportindustrie in einem gemeinsamen Brief an Hindenburg eine Regierungsbeteiligung Hitlers. »Die Übertragung der verantwortlichen Leitung eines Präsidialkabinetts an den Führer der größten nationalen Gruppe«, hieß es in dem Schreiben, »wird die Schwächen und Fehler, die jeder Massenbewegung notgedrungen anhaften, ausmerzen und Millionen Menschen, die heute abseits stehen, zu bejahender Kraft mitreißen.«[36] Die Unterzeichner erwarteten nicht, selbst Opfer bringen zu müssen. Prominente Persönlichkeiten aus der Wirtschaft - Schacht, Schröder, Hecker, Thyssen, Rosterg und andere - verlangten von Hindenburg, das Präsidialkabinett auf eine breitere Basis zu stellen und erhofften sich von der »Nationalen Bewegung ... den verheißungsvollen Beginn einer ... Überwindung des Klassengegensatzes« als unverzichtbare Basis für eine Wiedergeburt der deutschen Wirtschaft.[37]

Um die Nazis mit einzubinden, überredete Schleicher Hindenburg, ihn die Regierung bilden zu lassen und Gregor Strasser, den er als Hitlers wichtigsten parteiinternen Rivalen betrachtete, das Vizekanzleramt und preußische Reichskommissariat anzubieten. Strasser erwog das Angebot, wurde jedoch von einem wutschnaubenden Hitler entmachtet, ohne daß es zu einem Aufstand seiner Anhänger gekommen wäre. Schleicher versuchte nun, Hitler die Wähler abspenstig zu machen. Er sei ein »sozialer General«, verkündete er am 15. Dezember nun als Reichskanzler im Radio einer verblüfften Zuhörerschaft. Er erklärte, die Reichswehr werde sich nicht dazu hergeben, überholte wirtschaftliche Strukturen oder eine nicht zu rechtfertigende Vermögensverteilung zu schützen, kündigte pragmatische Maßnahmen zur Linderung des sozialen Elends und zur Wiederbelebung der Wirtschaft an und forderte einen Reichsbankkredit für ein staatliches Arbeitsbeschaffungsprogramm zur Bekämpfung der Arbeitslosigkeit und Stimulierung der Nachfrage. Er wollte Arbeitslose durch die Reichswehr für einen neu zu schaffenden Arbeitsdienst ausbilden lassen und versprach den Arbeitern, eine weitere Senkung ihrer Löhne zu verhindern, denn diese seien jetzt schon so niedrig, daß die Wirtschaft unter dem Nachfragemangel leide. Er deutete sogar an, die Sozialdemokraten an der Regierung beteiligen zu wollen, und schlug vor, die Subventionen für die ostelbischen Großgrundbesitzer zu streichen, und 300 000 Hektar Land von bankrotten Gütern für die Ansiedlung landloser Bedürftiger zu beschlagnahmen. Außerdem wollte er die Importquoten senken, die die Brotpreise hinauftrieben. All dies krönte er mit der Forderung, die NSDAP und die KPD aufzulösen. Kurz gesagt, Schleicher offerierte einen deutschen New Deal bei gleichzeitiger Ausschaltung der extremen Linken und Rechten.

Die Großgrundbesitzer warfen dem »roten General« »Agrarbolschewismus« vor und waren über seine Drohung, ein Gutachten über ihre mißbräuchliche Verwendung von Regierungsgeldern zu veröffentlichen, sehr beunruhigt. (Das Gutachten ließ Hitler später stillschweigend unter den Tisch fallen, was er zweifellos schon bei den Verhandlungen um seine Ernennung zum Reichskanzler angekündigt hatte.) Die Reichsbank weigerte sich, Schleicher ausreichend Kredit für sein Arbeitsbeschaffungsprogramm zu geben. Die Unternehmer protestierten gegen jegliche Lohnerhöhungen und waren »entsetzt, daß Schleicher eine Art revolutionäre Zusammenarbeit mit der Arbeiterbewegung plante«.[38] Die Konservativen ließen den Renegaten im Regen stehen, und die Sozialdemokraten hatten kein Vertrauen zu einem Mann, der sie bisher immer hatte vernichten wollen. Als auch Hindenburg sich weigerte, ihn mittels Notverordnungen regieren zu lassen, war der General am Ende. Nur die Nazis nahmen

Schleicher ernst, denn sein Programm hätte ihnen wirklich schwere Stimmenverluste bescheren kennen. Zwei Jahre später, im Jahr 1934, ließ Hitler Schleicher ermorden. Keine amtierenden Militärführer erschienen zu seiner Beerdigung. Bis heute wird die Bedeutung seiner Pläne von vielen Historikern nicht erkannt. Schleicher hatte einen vernünftigen Weg zum Wiederaufbau Deutschlands gesehen. Doch dieser Weg war für viele Konservative zu bedrohlich und für alle, die ihn vielleicht hätten gehen wollen, zu unglaubwürdig, weil Schleicher ihn vorschlug.

Der Reichstag sollte am 31. Januar 1933 wieder zusammentreten. Im Januar trafen sich Hitler und Papen, vermutlich um die Verteilung der Kabinettssitze zu diskutieren. Es hieß, NSDAP und DNVP würden unter Hitler eine Koalitionsregierung bilden. Eines der Treffen fand im Haus des Bankiers Kurt von Schröder statt, außerdem trafen sich die beiden auch im Haus der Bechsteins, der wohlhabenden Klavierfabrikantenfamilie, die Hitler seit seiner Münchener Zeit nahe stand. Hitler beriet sich auch mit dem Chef der Heeresleitung Hammerstein, der bei seiner Ernennung eine wichtige Rolle spielte. Einige Industrielle fürchteten, Hitler könnte sich als ein zweiter Schleicher entpuppen und unterstützten Papen. Fürsten und Adlige setzten sich für Hitler ein, allen voran Prinz August Wilhelm. Wo ein Hitler führe, meinte dieser, könne sich ein Hohenzoller vertrauensvoll anschließen.[39] Am 15. Januar gewannen die Nazis bei Landtagswahlen in Hindenburgs Heimat Lippe-Detmold vor allem auf Kosten der DNVP 38 Prozent der Stimmen. Viele der angeblich so widerstrebenden Mitglieder der Oberschicht hatten für Hitler gestimmt.

Hindenburgs Stab traf sich mit Hitler und Joachim von Ribbentrop. Einflußreiche Prominente schickten ihm Briefe zu Hitlers Unterstützung. General Werner von Blomberg und sein Stab waren begeisterte Hitleranhänger. Ranghohe Offiziere warnten, daß die Reichswehr nicht gegen die SA kämpfen werde, da die jüngere Generation stark mit deren nationaler Einstellung sympathisiere. Der Sohn des Präsidenten, Oskar von Hindenburg, setzte sich eifrig für Hitler ein, und die Generäle Hammerstein und Schleicher waren beide überzeugt davon, daß nur noch Hitler als künftiger Kanzler in Frage kam.[40] Nach Aussage des führenden protestantischen Theologen Karl Barth wurde das Hitler-Regime in der Kirche fast einhellig begrüßt, und dies mit echter Zuversicht, ja mit den höchsten Hoffnungen. Auch John Conway schreibt, in den Kirchen sei

»eine Welle der Begeisterung für die Machtergreifung«[41] ausgebrochen. Die »Besten« wollten Hitler. Wie Peter Stachura schreibt, kamen die Nazis »letztlich als Speerspitze einer konterrevolutionären, antimodernistischen Grundströmung an die Macht, deren Anhänger die Uhr zum kaiserlichen Obrigkeitsstaat zurückdrehen wollten«.[42] Am 30. Januar 1933 wurde Adolf Hitler der letzte Reichskanzler der Weimarer Republik. In der Reichswehr und der Beamtenschaft brach wilder Jubel aus, auf den Gütern der Großgrundbesitzer klirrten die Champagnergläser und an allen Universitäten wurde die Nacht durchgefeiert. Die SA terrorisierte die Linke, brandschatzte jüdische Geschäfte und Synagogen, schändete jüdische Friedhöfe, stürmte Kaufhäuser und zog Juden aus Cafés und Geschäften, um sie zusammenzuschlagen. Als die Abgeordneten der Nazis in den Reichstag einmarschierten, geschah dies mit dem vertrauten Schlachtruf: »Deutschland erwache! Juda verrecke!«

Nur zwei Nazis wurden Mitglieder in Hitlers Kabinett: Göring als Minister ohne Geschäftsbereich und Reichskommissar für das preußische Innenministerium und Frick als Innenminister. Papen wurde Vizekanzler, Hugenberg Wirtschafts- und Ernährungsminister und der Stahlhelmführer Franz Seldte Arbeitsminister. Die Verteilung der Kabinettsposten gefiel den Konservativen: Sie machten die Wirtschaftspolitik, während Hitler sich um die Sozialdemokraten und die Juden kümmerte. Es war nicht ganz so einfach. An der Aktienbörse blieb es ruhig. Es wird allgemein angenommen, die Eliten hätten geglaubt, sie könnten Hitler kontrollieren; zutreffender ist es, daß sie seine Politik unterstützten. Alle Kabinettsmitglieder gehörten einer Partei an, die seit Jahrzehnten alles getan hatte, um den Juden zu schaden. Die Mehrheit des politischen Establishments machte freiwillig mit, als Hitler die Juden aus dem gesellschaftlichen Leben verbannte. Tausende beteiligten sich am Schrekken der Todeslager. Durch die Entscheidung für Hitler begann mit eiserner Konsequenz der Weg in den Holocaust. All jene, die Hitler gewählt oder ihren Einfluß und ihr Vermögen eingesetzt hatten, um ihn an die Macht zu bringen, setzten dieser Entwicklung keinen wesentlichen Widerstand mehr entgegen.

20.
HITLER AN DER MACHT

> Die deutschen Eliten wußten nicht nur, was vor sich ging, und tolerierten diese Machenschaften, solange sie nicht vor ihren eigenen Augen und Ohren passierten, sondern sie hatten dafür auch die Grundlagen gelegt und die Mittel bereitgestellt.
>
> *Hugh Trevor-Roper*

Hitler hatte weder die Absicht, sich von seinen konservativen Verbündeten oder von Hindenburg abhängig zu machen, noch hatte er vor, im Sumpf der Koalitionspolitik zu versinken. Statt dessen plante er eine letzte Reichstagswahl, um eine parlamentarische Mehrheit zu erringen und sich zum unumstrittenen Herrn über Deutschland zu machen. Zusammen mit Göring suchte er im Rahmen einer Spendenkampagne im Februar 1933 Krupp und andere führende Industrielle auf und gab die üblichen Zusicherungen: Er würde das Privateigentum und das kapitalistische System unangetastet lassen, die Linke zerschlagen und Deutschland wiederbewaffnen. Außerdem sollte dies für fünf Jahre oder sogar für ein ganzes Jahrhundert die letzte Wahl sein. Als Vertreter der Industriellen sagte Krupp deren Unterstützung zu. Gegen den Terror der Nazis erhob sich kein Widerspruch. Die Juden wurden nicht erwähnt. Die Industriellen ließen den Nazis bald darauf etwa drei Millionen Mark zukommen.

Am 27. Februar 1933 brannte der Reichstag. Hitler machte die Kommunisten dafür verantwortlich und erwirkte bei Hindenburg eine Notverordnung zum »Schutz von Volk und Staat«. Die Verordnung hob nicht nur die Bürgerrechte der Kommunisten, sondern die *aller* Bürger auf und entmachtete sämtliche Länderregierungen, obwohl keine prokommunistisch war. Sie verschaffte den Nazis außerdem das Recht, alle mit Terror zu verfolgen, die sie als Feinde betrachteten. Gewerkschaftsführer, Linke und Juden wurden schon vor den Wahlen Opfer der Gewalt. Göring ersetzte in seiner Eigenschaft als Chef der preußischen Polizei republikfreundliche Beamte durch SA-Mitglieder und forderte die Polizei zur Gewaltanwendung auf. Hindenburg und die Reichsregierung stimmten diesem Vorgehen zu, denn Hitler schien nun die autoritäre Herrschaft zu errichten, auf die Hindenburg und Papen schon einige Zeit vor Hitlers Ernennung gehofft hatten. Am 5. März 1933 wurde die neue Politik auch von den Wählern abgesegnet; die NSDAP erhielt 45 und die DNVP 8 Prozent der Stimmen. Zum ersten Mal hatte die rassistische Rechte in Deutschland eine parlamentarische Mehrheit errungen.

Zur Eröffnung des neuen Reichstags wurde ein »Tag der nationalen Erhebung« ausgerufen und mit einem Staatsakt in der Potsdamer Garnisonskirche am Grab Friedrichs des Großen gefeiert. Der Kronprinz, Hindenburg und Hitler erwiesen Friedrich die Ehre, während draußen die Kolonnen von SS, SA und Stahlhelm vorbeimarschierten. Die alte Ordnung gab der neuen ihren Segen. Generalsuperintendent Otto Dibelius hielt die Festpredigt. Im neuen Reichstag brachte Hitler ein Ermächtigungsgesetz ein, das ihm für die folgenden vier Jahre die unumschränkte Macht verleihen würde. Hindenburg und das Kabinett stimmten zu. Im Reichstag sprach nur Otto Wels von der SPD gegen das Gesetz, und seine Partei votierte entsprechend. Die kommunistischen Abgeordneten fehlten. Alle anderen Parteien stimmten am 23. März für Hitlers Diktatur. Am 1. April verkündete das Regime einen Boykott aller jüdischen Geschäfte und Freiberufler. Überall gab es spontane und organisierte antisemitische Ausschreitungen. Wo die Konservativen herrschten, brauchten die Nazis den ersten Schritt nicht zu machen. Die sogenannte Judenrepublik wurde zerschlagen, obwohl tatsächlich nur ein sechstel Prozent der hohen Regierungsbeamten Juden waren. Von insgesamt 250 Ministern der Weimarer Republik waren nur sechs Juden gewesen.

Die Konservativen ließen ihre Partei schnell im Stich. So viele Spitzenbeamte, Adlige, Akademiker und Freiberufler wollten sich der NSDAP anschließen, daß im April ein befristeter Aufnahmestopp verhängt wurde. Die im Januar 1933 noch 400 000 Mitglieder starke SA schwoll bis zum Dezember auf zwei Millionen an. Etwa 15 Prozent der SS-Angehörigen waren adliger Herkunft, obwohl der Anteil des Adels an der Gesamtbevölkerung weniger als ein Prozent betrug. Opportunismus war ein starkes Motiv, doch die ideologische Nähe spielte ebenfalls eine große Rolle. Alle Kabinettsmitglieder tolerierten den Terror gegen die Juden, denn sie waren alle Antisemiten. Der Wirtschaftsexperte und Spitzenbeamte im Wirtschaftsministerium Paul Bang hatte ein antisemitisches Werk mit dem Titel *Judas Schuldbuch* geschrieben. Er rief darin zum Schutz des deutschen Blutes und zur militärischen Expansion auf, um Deutschland vom internationalen Judentum zu befreien.[1] Bang gehörte zur Hauptströmung in der DNVP.

Im Juli 1933 erklärte sich die NSDAP zur einzig legalen Partei. Der Reichstag, so wurde gespottet, war damit zum teuersten Vergnügungsclub der Welt geworden. Die Länderregierungen wurden de facto abgeschafft, die Gewerkschaften durch die Deutsche Arbeitsfront ersetzt, der auch die Kleinunternehmer- und Bauernverbände angeschlossen wurden. Nur die mächtigen Organisationen der Schwerindustrie behielten ihre Selbständigkeit, da sie für die aggressive Außenpolitik des Regimes von zentraler Bedeutung waren. Viele leitende Angestellte aus den Konzernen traten in die Partei ein oder wurden Ehrenmitglieder der SS. Die Wirtschaft spendete große Summen für den Hitlerfonds und auf Himmlers Privatkonto. Friedrich Flick, schon vor 1930 ein überzeugter Anhänger der Nazis und später mit gestohlenem jüdischen Besitz entlohnt, unterstützte Himmler und die SS durch regelmäßige Zuwendungen; ebenso Vertreter von Siemens, der I. G. Farben und anderen Konzernen.

Im Juli saßen bereits über 25 000 Sozialisten, Kommunisten und Juden in Gefängnissen oder Konzentrationslagern. Hindenburg, der weder als Opportunist gelten kann, noch persönlich gefährdet war, hatte das Ermächtigungsgesetz nicht nur unterzeichnet, sondern sich auch für seine Verabschiedung eingesetzt und damit freiwillig zur eigenen Entmachtung beigetragen. Er gratulierte Hitler zur Zerschlagung der Gewerkschaften und politischen Parteien, und er schwieg, als er über die unmenschlichen Bedingungen in den Lagern informiert wurde. Als der Regierungsapparat von Juden gesäubert wurde, verlangte er lediglich Ausnahmen für Kriegsveteranen. Dies geschah; Hitler konnte warten. Hindenburg hatte mit Hitler seinen Frieden geschlossen.[2] Im Februar unterzeichnete Hindenburg ein Gesetz, das Nazisymbole auf Uniformen der Reichswehr gestattete. Als Papen in einer Rede leise Kritik am Naziterror übte, stimmte der Reichspräsident seiner Entlassung zu.

Für die Reichswehr erklärte der neue Reichswehrminister von Blomberg: »... es bleibt nur eins: der nationalsozialistischen Bewegung mit voller Hingabe zu dienen.«[3] Doch die Reichswehr fürchtete noch immer, Hitler könnte sie durch die SA ersetzen. Ernst Röhm beschwerte sich öffentlich, daß die Revolution an reaktionäre Plutokraten verraten werde, Aufsteiger, die er durch alte Kämpfer ersetzt sehen wollte. Hitler bewies in der berüchtigten, mit Unterstützung der Reichswehr durchgeführten Säuberung vom Juni 1934 seine Zuverlässigkeit: Röhm und hunderte SA-Mitglieder sowie andere, deren Existenz dem Regime unbequem geworden war, wurden ermordet. Hindenburg beglückwünschte Hitler zu der Aktion. Nach seinem Tod im August 1934 unterstützte sein Sohn in einer Rundfunkansprache Hitlers Forderung nach einer Vereinigung der Ämter des Reichspräsidenten und des Reichskanzlers auf seine Person. Die Heeresleitung erklärte ihre Zustimmung und ließ ihre Soldaten fortan auf Hitlers Person vereidigen. Hitler hatte die volle Unterstützung der Institution gewonnen, die in Deutschland das höchste Ansehen genoß.

In vorauseilendem Gehorsam wurden Juden aus dem Staatsdienst entlassen und Verträge mit jüdischen Firmen gebrochen. Die Universitäten feuerten die jüdischen Hochschullehrer. Etwa 1 500 jüdische Rechtsanwälte erhielten Berufsverbot. Bei den Richtern war eine Säuberung nicht notwendig; auch sie wurden ab 1934, wie alle anderen Beamten, auf Hitler vereidigt. Viele Richter und andere Juristen forderten schon vor der Verabschiedung der Nürnberger Gesetze eine antisemitische Gesetzgebung. Schon als rassisch gemischte Ehen noch legal waren, betonten Juraprofessoren, daß solche Ehen der nationalen Notwendigkeit der »Reinhaltung und Pflege des deutschblütigen Volkes« widersprachen. Eine Konferenz von Juraprofessoren verlangte bereits 1933 rassistische Gesetze. Noch vor dem Verbot publizierten angesehene Juristen Aufsätze gegen die Rassenvermischung, und Beamte verhinderten aus eigenem Antrieb die Schließung gemischter Ehen. Das Oberlandesgericht Karlsruhe schrieb folgendes in eine Urteilsbegründung: »Man hat heute erkannt, daß die jüdische Rasse hinsichtlich des Blutes, des Charakters, der Persönlichkeit und der Lebensauffassung etwas ganz anderes ist als die arische Rasse.« – »Verbindung und Paarung« mit Juden sei »nicht wünschenswert ... verderblich und ... widernatürlich«. 1934 forderte eine »Ärztliche Fachtagung über rassenhygienische und erbbiologische Tagesfragen«, »jede weitere jüdisch-rassische Vergiftung und Verseuchung des deutschen Blutes« gesetzlich zu unterbinden.[4] Sogar der nationalsozialistische Innenminister Frick, einer von Hitlers eifrigsten Paladinen, mußte Fanatiker ermahnen, »die Grenzen der ›Arier-Gesetzgebung‹ genauer zu beachten« und zu warten, bis die entsprechenden Gesetze erlassen würden.

Sie kamen bald. Nach den Nürnberger Gesetzen von 1935 war Jude, wer mindestens drei jüdische Großeltern hatte. Juden wurden sämtliche Bürgerrechte entzogen. Sexuelle Beziehungen zwischen Juden und Nichtjuden und die Beschäftigung nichtjüdischer Hausangestellter durch Juden wurden verboten. Der Nationalsozialistische Deutsche Ärztebund versicherte dem Regime, man werde einen Test für jüdisches Blut entwickeln, was natürlich nicht gelang. Die Nazis mußten sich mit religiös begründeten Unterscheidungen zufriedengeben: Jüdische Großeltern waren alle, die, auch nur durch Konversion, jüdischen Glaubens waren.

Die Nürnberger Gesetze verliehen den Gerichten eine Machtbefugnis, die sie schon lange angestrebt hatten. Die Rechte der Angeklagten wurden beschnitten und die der Anklagevertretung erweitert, doch die Richter bekamen in allem das letzte Wort. Verteidiger konnten nicht mehr einklagen, daß Anschuldigungen bewiesen wurden, und das Berufungsrecht wurde drastisch eingeschränkt. Befreit von der Sorge, daß ihre Entscheidungen aufgehoben würden, verletzten die Gerichte routinemäßig die eigenen Vorschriften zur Beweisaufnahme, um mutmaßliche Volksfeinde verurteilen zu können. Sie erlaubten die Folter von Häftlingen und bestimmten sogar, was dabei erlaubt und welche Instrumente zulässig waren. Außerdem wurden sie ermutigt, nach ihrem alten Vorurteil zu handeln, daß Angeklagte mit einem langen Vorstrafenregister aufgrund ihres Erbguts »kriminelle Typen« wären, die eine zusätzliche Strafe verdienten. Juden wurden gewohnheitsmäßig verurteilt, ohne daß reale Beweise vorlagen. Wie es die Rechte schon lange vertreten hatte, galten die Juden nun als natürliche Feinde des deutschen Volkes. Deshalb wurde ihnen auch häufig das Aussagerecht oder die Vertretung durch einen Verteidiger verweigert, und die Aussage eines Nichtjuden gegen einen Juden wurde in der Regel ohne Bestätigung Dritter anerkannt. All dies geschah völlig offen. Selbst das Reichsgericht war davon besessen, alle Juden zu verfolgen.[5] Die Gerichte waren häufig schärfer als die Partei und verhängten bisweilen auch die Todesstrafe, wenn die in den NS-Gesetzen gar nicht vorgeschrieben war.

Hitlers konservative Verbündete wollten die Verfolgung der Juden auf eine legale Grundlage stellen, auch wenn sie sonst keinen Widerspruch erhoben. Selbst der gemäßigte Hjalmar Schacht »widersetzte sich nie antijüdischen Verordnungen, im Gegenteil, er begrüßte sie und wurde ungeduldig, wenn sie nicht schnell genug erlassen wurden«.[6] Vielleicht wagten Schacht, Papen und andere konservative Verbündete des Regimes, den Initiativen der SA auch deshalb nicht zu widersprechen, weil sie selbst hin und wieder von NS-Fanatikern bedroht wurden. So erklärt sich auch das große Schweigen, als Röhm und die Extremisten in der SA im Juni 1934 ermordet wurden – Hitlers Versprechen, selbst die eigenen Leute zu bestrafen, wenn sie das Gesetz brachen. Auch er wollte nämlich eine legale Lösung der Judenfrage, ohne Gewaltanwendung. Die Partei mußte die einzige Quelle der Gesetzgebung sein. Selbst einige SA-Mitglieder wurden wegen illegaler Aktionen von der SS festgenommen und geschlagen. Hitler wußte außerdem, daß Millionen Deutsche den Antisemitismus ablehnten. Während des April-Boykotts kauften einige Arbeiter, aber auch Angehörige aller anderen Schichten demonstrativ in jüdischen Geschäften ein.[7] Auch versuchten Tausende von Linken und Arbeitern und Hunderte von jungen Juden, Widerstand zu leisten. Hitlers wichtigster Beweggrund für die Legalisierung war jedoch seine Verachtung für die Mentalität, die Pogromen zugrunde liegt: »Der Antisemitismus aus rein gefühlsmäßigen Gründen wird seinen Ausdruck finden in der Form von Progromen [sic]. Der Antisemitismus der Vernunft jedoch muß führen zur planmäßigen gesetzlichen Bekämpfung der Vorrechte des Juden … Sein letztes Ziel aber muß unverrückbar die Entfernung der Juden überhaupt sein.«[8]

Doch das »letzte Ziel« konnte noch aufgeschoben werden. Schacht, Funk und Beamte aus dem Außenministerium vertraten die Ansicht, daß Gegenboykotts im Ausland den deutschen Interessen schaden könnten, und stellten fest, daß durch die Reaktion ausländischer Geschäftsleute auf die Aktionen der Nazis tatsächlich Märkte und Lieferverträge verlorengingen. Bis Deutschland stark genug war, daß es auf die Weltmeinung und die Auslandsmärkte im Ausland keine Rücksicht mehr zu nehmen brauchte, wollte Hitler als normaler deutscher Politiker gelten, der sich lediglich bemühte, das Unrecht des Versailler Vertrags zu tilgen. Lokalen Parteiführern wurde eingeschärft, daß Gewaltanwendung aus eigenem Antrieb nicht geduldet würde. Bei Interviews mit der Auslandspresse bestand Hitler auf einer Neuverhandlung des Versailler Vertrags und beschuldigte das internationale Judentum der Verleumdung, bestritt jedoch, daß Juden unschuldig eingesperrt würden. Göring und Hitler wollten Staaten, in denen deutsche Guthaben vorhanden waren, nicht verprellen, solange sie auf Devisen und Außenhandel angewiesen waren. Als sich einige von Deutschlands Handelspartnern in Übersee besorgt erkundigten, ob die Gesetze gegen Nicht-Arier auch ihre Staatsbürger beträfen, beeilte sich der Außenminister Konstantin von Neurath zu verkünden, daß die Rassengesetze nur gegen die Juden gerichtet wären. Auch die Diplomaten im Auswärtigen Amt mit ihren Verbindungen zum Adel wollten das Vorgehen gegen die Juden auf eine gesetzliche Grundlage stellen. Trotzdem waren, wie Christopher R. Browning berichtet, »die Spitzenbeamten im Auswärtigen Amt von sich aus mit der offiziellen Verteilung antisemitischen Propagandamaterials übelster Machart auf der ganzen Welt einverstanden«.[9] Wie Otto von Pfeffer, ein deutscher Diplomat in den Niederlanden, einem britischen Beamten mitteilte, könne sich Deutschland, falls es zu einem Krieg komme, keine feindliche Minderheit im eigenen Land leisten und werde gezwungen sein, die Juden in Deutschland, Polen, Ungarn und der Ukraine auszuweisen oder zu töten.[10]

Bis 1936 wurden Hunderttausende von Juden entlassen, ohne daß das Regime großen Druck hätte ausüben müssen. Beamte zahlten jüdische Pensionen nicht mehr aus, Universitäten entließen jüdische Dozenten, Schuldirektoren entließen jüdische Lehrer. Ärzteverbände und Anwaltsvereine begrüßten die Beschränkungen für ihre jüdischen Kollegen. Bankiers, Fabrikanten, Händler und Handwerker profitierten von beschlagnahmtem jüdischen Eigentum. Bis 1938 waren 70 000 jüdische Betriebe enteignet oder in den Bankrott getrieben; nur Firmen, die für die Kriegsvorbereitungen von zentraler Bedeutung waren, überlebten. Viele Banken hinderten Juden daran, ihr Geld ins Ausland zu transferieren, Unternehmer senkten die Löhne ihrer jüdischen Angestellten.

Die Judenverfolgung in Österreich stand dem deutschen Vorbild in nichts nach. Die christlichsozialen Erben Karl Luegers waren an der Regierung und etablierten schon vor Hitlers Einmarsch den »Klerikalfaschismus« der »Vaterländischen Front«. Propagandistisch unterstützt von katholischen Zeitschriften und Tageszeitungen, stürzte die Front das demokratische System und stützte ihre Herrschaft auf die Braunhemden des Heimwehrführers Fürst Starhemberg. Die SPO wurde verboten, und

Einheiten der österreichischen Armee kämpften in blutigen Schlachten die Wiener Sozialdemokraten nieder. Die Juden wurden aus dem Staatsdienst, den Krankenhäusern, den Staatstheatern, den medizinischen Berufen, dem Bankwesen, der Justiz, der Geschäftswelt und dem Sport verdrängt. Jüdische Geschäfte wurden boykottiert und die jüdischen Kinder in jüdische Schulen verbannt. Obwohl sie sich zum Katholizismus bekannte, erlaubte die katholische Regierung Scheidungen aus rassischen Gründen. Die Kirche erhob keinen Widerspruch. Österreichische Städte und Dörfer stellten Schilder auf, die verkündeten, daß jüdische Touristen nicht willkommen seien. Die antijüdischen Ausschreitungen waren schlimmer als in Deutschland.

Bis 1939 waren die jüdischen Gemeinschaften in Österreich und Deutschland weitgehend ghettoisiert, doch für die gegen sie verhängten Gesetze waren nicht nur die Nazis verantwortlich. Fast alle diese Maßnahmen waren bereits von Stoeckers Christlichsozialer Partei im Rahmen der österreichischen Petitionskampagne der 1880er Jahre, von den antisemitischen Parteien und der Deutschkonservativen Partei in den 1890er Jahren, vom Bund der Landwirte, von Luegers Christlichsozialen und von Schönerers Alldeutschen gefordert worden. Millionen hatten schon lange gehofft, die Juden aus der Regierung, dem Bildungswesen, den Freiberufen und den staatlichen Institutionen zu verbannen; viele hatten seit Jahrzehnten dagegen agitiert, daß Juden Land besitzen durften, und dafür, daß sie Sondersteuern unterworfen oder aus Deutschland vertrieben würden. Schon vor Hitlers Ernennung zum Reichskanzler hatte die Regierung Papen geplant, die Juden per Gesetz aus dem Staatsdienst zu entfernen und ihnen die Bürgerrechte zu nehmen, und das preußische Innenministerium hatte einen Erlaß geplant, der Juden verboten hätte, ihren Namen zu ändern, da dies nach Ansicht seiner Urheber nur geschah, um die nichtjüdische Bevölkerung zu täuschen.

Freiwillige Unterstützung erhielt das Regime auch durch Tausende von Ärzten, Psychologen, Rassenhygienikern und Wissenschaftlern, die ihren Beitrag zur »Rassereinheit« leisten wollten. Über die Hälfte der nichtjüdischen Ärzte in Deutschland schlossen sich dem Nationalsozialistischen Deutschen Ärztebund an. Schließlich war die NS-Ideologie nur eine vulgarisierte Version von Anschauungen, die schon seit Jahrzehnten von prominenten deutschen Anthropologen, Genetikern und Ärzten vertreten wurden. Einige hatten schon seit langem harte Maßnahmen gegen die rassische Verunreinigung gefordert, und einige Psychologen versuchten die »Rassenseele« der Juden dingfest zu machen, während Mediziner nach den Merkmalen des »jüdischen Blutes« forschten. Wie der Stuttgarter Arzt Dr. Eugen Stähle schrieb, würde ein Erfolg dieser Forschungen bedeuten, daß weder Betrug noch Taufe noch Namensänderung, noch Staatsbürgerschaft, ja nicht einmal eine chirurgische Operation der Nase, die Juden dann mehr vor Entdeckung schützen könne. Denn sein Blut könne man nicht ändern.[11] Fachleute definierten, wer untauglich, nutzlos oder Träger einer Erbkrankheit war und sterilisiert oder getötet werden sollte. Medizinische Experten sterilisierten rassisch verunreinigte Kinder, die nach der Ruhrbesetzung von den afrikanischen Soldaten der französischen Armee zurückgelassen worden waren. Wie Robert Proctor in seiner exzellenten Untersuchung berichtet, wurden die zu sterilisierenden Deutschen von speziellen Gerichten ausgewählt, deren Unterlagen bis heute geheim geblieben sind. Vermutlich nicht nur, weil sie die Mittäterschaft von Wissenschaftlern beweisen, sondern auch, weil viele Entscheidungen nicht aufgrund von Erbkrankheiten, sondern allein aufgrund der Rassenzugehörigkeit betroffen wurden. Als der anerkannte »Judenexperte« Eugen Fischer 1933 Präsident der Berliner Universität wurde, pries er in seiner Antrittsrede die Versuche der Nazis, Deutschlands genetisches Erbe zu wahren. Er richtete am Institut für Anthropologie einen Kurs für SS-Mitglieder ein und bildete mit seinen Kollegen medizinisches Personal der SS und Tausende von Ärzten und »Rassenexperten« als Berater für die SS aus. »Ärzte«, schreibt Proctor, »spielten in Theorie und Praxis und in jedem Stadium des nationalsozialistischen Programms zur Rassenhygiene und Rassenvernichtung eine aktive Rolle.«[12]

Das vielleicht wichtigste Indiz für die historische Macht des Rassismus in Deutschland war die Unterstützung, die den antisemitischen Gesetzen der Nazis von der deutschen Kirchenführung zuteil wurde. Im April 1933, als Hitler den Judenboykott verkündete und die SA die Juden auf offener Straße angriff, protestierten führende Christen im Ausland, und manche unterstützten einen Gegenboykott. In Deutschland dagegen rechtfertigte der evangelische Generalsuperintendent Otto Dibelius, »die antisemitischen Maßnahmen als eine legitime Antwort auf die Hetze ausländischer Juden« und sagte, »der Boykott sei ›in absoluter Ruhe und Ordnung verlaufen‹«.[13]

Im Jahr 1934 forderte die evangelische Kirchenleitung, das Luthertum solle den Nationalsozialismus begrüßen und dankte Gott dem Herrn, daß er den Deutschen einen so frommen und vertrauenswürdigen Herrscher geschenkt hatte. Ein prominenter Lutheraner nannte Hitlers Machtergreifung 1933 eine Gottesgabe und ein Wunder.[14] Der evangelische Reichsbischof Müller bezeichnete Hitler als den Führer, »der uns als Verheißung und Inbegriff unserer völkischen Sehnsucht aus göttlichem Willen als der Gestalter des deutschen Lebens geschenkt ist«.[15] Viele christliche Geistliche betrachteten den Nationalsozialismus als ein Bollwerk gegen den Kommunismus. Sämtliche Regierungen der Weimarer Republik waren jedoch ebenfalls antikommunistisch gewesen. Es war der säkulare Liberalismus der Republik, der die Geistlichen empört hatte. Die katholische Kirche erwog Sondergottesdienste für getaufte Juden, wenn hohe Nazis sich durch den Anblick des verhaßten Judensterns in ihrer Andacht gestört fühlten. Dagegen erklärten »die Vertreter der evangelisch-lutherischen Kirchen in sieben Provinzen ... unter Berufung auf die Lehren Martin Luthers, daß Christen jüdischer Rasse in einer deutschen evangelischen Kirche keinen Platz und keine Rechte hätten«.[16] Die überwältigende Mehrheit der evangelischen Pfarrer ließ sich auf Hitler vereidigen, obwohl sie es straflos hätten bleiben lassen können. Im Namen des deutschen »Rassebewußtseins« ermahnte die Kirchenleitung ihre Pfarrer dafür zu sorgen, daß getaufte Nicht-Arier sich nicht an kirchlichen Veranstaltungen beteiligten.[17] Mit dieser Anweisung verleugnete die Kirche die Macht und Barmherzigkeit Christi und das Sakrament der Taufe. Im Jahr 1933 erklärte der Theologe Gerhard Kittel, ein führender evangelischer Judaist, die Juden verderbten das Volk, und man müsse ihnen das Bürgerrecht und das Recht auf freie Berufsausübung entziehen. Er erwog verschiedene Lösungen der »Judenfrage«, schloß jedoch die Vernichtung nur aus, weil sie nicht praktikabel sei. Nach seinem NSDAP-Beitritt im Jahr 1933 verfaßte er antisemitische Artikel für Goebbels, auch dann noch, als er bereits von den Todeslagern wußte. Nach dem Krieg fand er, daß er nichts Böses getan hätte.[18]

Bei den Synodalwahlen der evangelischen Kirche im Juli 1933 errangen die mit den Nazis sympathisierenden Deutschen Christen über siebzig Prozent der Sitze. Damit hatten Männer die Mehrheit, die von H. S. Chamberlain und Lagarde beeinflußt waren und verlangten, die Kirche solle »den Rabbi Paulus« und das Alte Testament aufgeben und die getauften Juden ausschließen. Als Reaktion auf dieses Ereignis organisierte sich etwa ein Drittel der evangelischen Pfarrer in der Bekennenden Kirche. Unter Führung von Pfarrer Martin Niemöller beklagten sie den Versuch, getaufte Juden auszuschließen –, doch sogar Niemöller sagte noch 1935 über das jüdische Volk, »alles, was es anfaßt, verwandelt sich in Gift« und die Juden trügen »als fürchterliche Bürde die nicht vergebene Blutschuld ihrer Väter«.[19] Niemöller wurde 1937 verhaftet, weil er sich gegen die nationalsozialistische Gleichschaltung der Kirche gewehrt hatte, und wurde nach dem Krieg als Widerstandskämpfer gerühmt. Doch in den zwanziger Jahren war er für die Nazis gewesen, und 1939 meldete er sich freiwillig zum Militär, obwohl er die Altersgrenze schon überschritten hatte und täglich Zeuge wurde, was mit den Gegnern Hitlers geschah. Er wurde nicht eingezogen. Daß sein Gesinnungswandel am Ende des Krieges als Beispiel für den Widerstand der Kirche herhalten mußte, ist ein vernichtendes Armutszeugnis.

Die Bekennende Kirche versuchte niemals, alle Juden zu schützen, sondern nur getaufte Juden. Die meisten evangelischen Geistlichen taten nicht einmal das. Selbst nach den Morden und den in Brand gesteckten Synagogen des von den Nazis organisierten und »Kristallnacht« getauften Pogroms im Jahr 1938 war nicht einmal innerhalb der Bekennenden Kirche eine Mehrheit gegen Hitler.[20] Die deutschen Methodisten bezichtigten die Juden der »Lügenpropaganda« und stimmten mit Otto Dibelius darin überein, daß Hitler Deutschland vor einer bevorstehenden bolschewistischen Revolution gerettet und dem Land im Gegensatz zu der »blutigen Revolution« zu Beginn der Weimarer Republik Frieden und Stabilität gebracht hatte.[21] Die Mormonenkirche gab ihren Gläubigen zu verstehen, daß die Opposition gegen Hitler die Gesetze der Mormonen verletze. Als sich ein junger Mormone während des Krieges gegen den Nationalsozialismus aussprach, wurde er sofort hingerichtet. 1976 wurde ein Theaterstück zum Gedenken an den jungen Märtyrer geschrieben; Seine Aufführung wurde vom Präsidenten der Brigham Young University in Utah untersagt.[22]

Die einzige Religionsgemeinschaft, die sich in ihrer Gesamtheit gegen die Nazis stellte, waren die Zeugen Jehovas. Von ihren ungefähr 20 000 Mitgliedern überlebten nur 5000 den Krieg, obwohl jeder Zeuge Jehovas, der ins Konzentrationslager verschleppt wurde, sofort freikam, wenn er einen vorgedruckten Widerruf seines Glaubens unterzeichnete. Die im 19. Jahrhundert in den USA gegründeten Zeugen Jehovas waren unbeeinflußt vom rassischen Nationalismus der Deutschen, und sie hatten sich nicht jahrhundertelang den Kopf darüber zerbrochen, warum sich die Juden nicht bekehrten. Die Zeugen hegten immer noch den alten, wenn auch überheblichen Glauben der Christen, daß man möglichst viele Heiden zu Christus bekehren müsse. Sie glaubten wie die frühen Christen an ein nahes Weltende und gaben Sündern die Möglichkeit zur Reue. Für sie waren alle Regierungen ein Werk des Satans. Sie weigerten sich, Fahneneide zu leisten, Waffen zu tragen, sich politisch zu engagieren oder auf irgendeine Weise mit den Nazis zusammenzuarbeiten. Etwa 97 Prozent von ihnen wurden verfolgt; ein Drittel starb in den Lagern, und viele wurden getötet, weil sie den Militärdienst verweigerten. Ihr vorbildliches Verhalten läßt vermuten, welch einzigartige Willensstärke und welches Heldentum das Urchristentum geprägt haben muß, bevor die Institutionalisierung und die Bindung an die bestehende Sozialordnung den Willen zu einem kompromißlosen Leben schwächten. Wie ein protestantischer Pfarrer über die Zeugen Jehovas schrieb, waren es »nicht die großen Kirchen, sondern einige von den verschrienen, belächelten Sektenleuten, welche als erste das Rasen des Nazidämons aufgefangen und den glaubensmäßigen Widerstand gewagt haben«.[23]

In krassem Gegensatz dazu stimmte die Führung der katholischen Kirche in Deutschland dem Ermächtigungsgesetz zu. Sie ermutigte auch das Zentrum, das seit den siebziger Jahren des 19. Jahrhunderts die Rechte der Katholiken geschützt hatte, für ein Gesetz zu stimmen, mit dem es seinen eigenen Untergang besiegelte. Als Hitler mit dem Vatikan über ein Konkordat verhandelte, behauptete er, selbst Katholik zu sein und mit seiner Judenpolitik genau das zu verwirklichen, was die katholische Kirche jahrhundertelang gefordert habe. Er versprach außerdem, die Rechte der Katholiken zu schützen und auch weiterhin die Kirchensteuer für sie einzutreiben. Die Kardinäle Bertram und Faulhaber und die deutschen Bischöfe unterstützten ihn. Kardinal Pacelli, der päpstliche Nuntius und spätere Papst Pius XII., unterzeichnete im Juli 1933 das berüchtigte Reichskonkordat. Zum Entsetzen vieler Katholiken im westlichen Ausland war dies die erste wichtige internationale Anerkennung der NS-Diktatur. Hitler selbst erkannte die Bedeutung des Konkordats. Im *Völkischen Beobachter* wurde die Unterzeichnung als »ungeheure Stärkung der nationalsozialistischen Regierung und ihres Ansehens« gewertet.[24] Die katholische Presse in Deutschland rühmte die Loyalität der

Katholiken. Oder wie Kardinal Faulhaber es in einer Predigt von 1937 formulierte: »Zu einer Zeit, da die Oberhäupter der Weltreiche in kühler Reserve und mehr oder minder voll Mißtrauen dem neuen Deutschen Reich gegenüberstehen, hat die katholische Kirche, die höchste sittliche Macht auf Erden, mit dem Konkordat der neuen deutschen Regierung ihr Vertrauen ausgesprochen. Für das Ansehen der neuen Regierung im Ausland war das eine Tat von unschätzbarer Tragweite.«[25] Den Katholiken wurde es als eine heilige Pflicht auferlegt, dem neuen Staat zu gehorchen, eine Pflicht, die nie für nichtig erklärt wurde, selbst als dem katholischen Klerus die schlimmsten Verbrechen im Osten bekannt wurden. Die »höchste sittliche Macht« stand gegen jeden deutschen Katholiken, der gegen das Regime Widerstand leisten wollte, und war für Millionen von Katholiken im Ausland eine Qual.

Warum diese unziemliche Hast bei der Anerkennung der Nazis? Die NS-Regierung verlieh der katholischen Kirche keine Rechte, die sie nach der Weimarer Verfassung noch nicht besessen hatte. Demgegenüber erhielten die Nazis ein Vetorecht bei der Wahl der katholischen Bischöfe, und diese mußten einen Eid auf das Dritte Reich schwören. Außerdem wurde das Konkordat schon verletzt, noch bevor es im Dezember 1934 im Vatikan ratifiziert wurde, und bei der Säuberung im Juni 1934 wurden mehrere prominente Katholiken einschließlich des Führers der Katholischen Aktion ermordet. Es hat ganz den Anschein, als hätten die Bischöfe trotz ihrer Furcht vor einem Verlust kirchlicher Rechte, den Rassismus unterstützt, weil sie durch die deutsche Geschichte und Kultur derart geprägt waren. So schrieb Erzbischof Gröber im kirchenoffiziellen *Handbuch der religiösen Gegenwartsfragen:* »Weil ... die Hereinnahme vollkommen fremden Blutes für ein geschichtlich bewährtes Volkstum immer ein Wagnis bedeutet, so darf keinem Volk das Recht abgesprochen werden, seinen bisherigen Rassenstand ungestört zu bewahren und zu diesem Zweck Sicherungen anzubringen.« Kardinal Faulhaber verkündete, die Kirche habe »nichts einzuwenden gegen das Bestreben, die Eigenart eines Volkes möglichst rein zu erhalten und durch den Hinweis auf die Blutsgemeinschaft den Sinn für die Volksgemeinschaft zu vertiefen«. Er betonte außerdem, daß das Alte Testament kein Produkt des jüdischen Geistes sein könne, da es diesem moralisch überlegen sei. Das Organ des Landesverbandes der Diözesanpriester Bayerns riet den »katholischen Lehrern, ihre Schüler darauf hinzuweisen, daß die Schriften des Alten

Testaments nicht nur weit über der jüdischen Mentalität, sondern sogar in direktem Widerspruch dazu stünden«. Denn: »Das größte Wunder der Bibel ist, daß sich die wahre Religion gegen die Stimme des semitischen Blutes behaupten und erhalten konnte.« Bischof Hilfrich von Limburg räumte ein, daß Jesus ein Jude gewesen sei, fuhr jedoch fort: »... dabei ist aber klar, daß die christliche Religion ... nicht von Rasse-Eigenschaften dieses Volkes beeinflußt ist.«[26] In einem von der Kirche gebilligten Werk hieß es, Pontius Pilatus sei ein Arier gewesen, der versucht habe, Jesus zu retten. Die Kirche rühmte sich sogar ihrer Regimetreue, als sie den Nazis Einblick in ihre Geburtenregister gewährte, und ihnen damit die Identifikation und Verfolgung von Juden und Zeugen Jehovas erleichterte. Einige Priester ermunterten Jugendliche, der NSDAP beizutreten. Ein Viertel der SS-Mitglieder waren praktizierende Katholiken, doch keinem wurde für seine blutigen Taten je auch nur die Kommunion verweigert. Schlicht gesagt, die katholischen Kirchenführungen in Deutschland und Österreich betrachteten die Juden nicht als unschuldige Menschen.

Und doch lehnte Pius XI. den Rassismus ab: »Der Antisemitismus ist eine widerwärtige Bewegung ... Ein Christ kann in ihr nicht Mitglied sein. Antisemitismus ist nicht erlaubt. Wir sind geistlich Semiten durch Christus ...«[27] Außerdem unterstützte er öffentlich den Chicagoer Kardinal Mundelein, als dieser 1937 schwere Vorwürfe gegen Hitler erhob, und er kritisierte 1938 Mussolini, als dieser für eine antisemitische Politik eintrat. Als die Nazis die katholischen Schulen schikanierten und in Schauprozessen mit gefälschtem Beweismaterial zu »belegen« suchten, daß Klöster und Konvente Brutstätten der sexuellen Perversion wären, baten die Katholiken ihren Papst, seine Stimme zu erheben. 1937 prangerte Pius XI. in der berühmten Enzyklika »Mit brennender Sorge« die Verletzungen des Konkordats durch die Nationalsozialisten an und »rief die Gläubigen auf, an ihrem wahren Glauben festzuhalten und sich dem Götzenkult von Rasse und Volk, Staat und Staatsform zu widersetzen«.[28] Auch zwang er den Wiener Kardinal Innitzer, die Erklärung zurückzuziehen, in der dieser den deutschen Einmarsch 1938 freudig begrüßt hatte. Katholische Geistliche aus anderen Ländern rieten dem Papst, das Konkordat für nichtig zu erklären, und die Nazis fürchteten, er könnte ihrem Rat folgen. Doch er tat es nicht. Unmittelbar vor seinem Tod im Jahr 1939 war er im Begriff, eine Enzyklika gegen den Nationalsozialismus zu erlassen. Sie wurde von Pius XII. unterdrückt.

Im Jahr 1939 stand die größte moralische Prüfung für die Kirche und die Eliten noch bevor. Bis Hitler kriegsbereit war, konnte das Regime den Juden nichts Schlimmeres antun, als ihnen das Leben so schwer zu machen, daß sie auswanderten. Hitler nahm an, andere Länder würden gegen seine Pläne für eine wirkliche »Endlösung« vehement protestieren. Wie die Rechtsradikalen überall hielt auch Hitler die Juden wirklich für eine starke internationale Macht. Doch als das Schlachten schließlich begann, leisteten Zehntausende von Angehörigen der deutschen Oberschicht ihren Beitrag. Es ist an der Zeit, die Ansicht zu korrigieren, Hitler habe den alten Mächten erfolgreich eingeredet, sie könnten seine radikale Judenpolitik durch ihre Macht eindämmen. Je mehr wir über den Holocaust erfahren, um so mehr scheint es, daß sich der Antisemitismus Zehntausender Deutscher aus der Oberschicht überhaupt nicht vom Antisemitismus der Nazis unterschied.

21.
AUF DEM WEG ZUM RASSENIMPERIUM

> Wir fordern Land und Boden zur Ernährung unseres Volkes und Ansiedlung unseres Bevölkerungs-Überschusses.
>
> *Parteiprogramm der NSDAP, 1920*

> Demgegenüber ... müssen wir Nationalsozialisten unverrückbar an unserem außenpolitischen Ziel festhalten, dem deutschen Volk den ihm gebührenden Grund und Boden auf dieser Erde zu sichern.
>
> *Hitler, Mein Kampf*

Im Jahr 1930 enthüllte ein Zusatz zum Parteiprogramm der NSDAP, was die Blut und Boden-Ideologie letztlich zu bedeuten hatte. Darin wurde die Schaffung von Lebensraum zur Ernährung und Ansiedlung des wachsenden deutschen Volkes als notwendige Aufgabe der deutschen Außenpolitik definiert.[1] Diktatur und Wiederbewaffnung, Ausbeutung des östlichen Arbeitskräfte- und Rohstoffpotentials – diese Faktoren sollten dafür sorgen, daß Deutschland sich von einer zusammenbrechenden liberal-kapitalistischen Welt unabhängig machen konnte. Ein gewaltiges Reich der »deutschen Herrenrasse« sollte sich bis zum Ural erstrecken und die dort ansässigen Völker versklavt oder ermordet werden. Wie Richard Walther Darré 1931 schrieb, könne das deutsche Volk einen Kampf auf Leben und Tod mit dem vorrückenden Osten nicht vermeiden, und in diesem Kampf könne es für Deutschland nur eine Lösung geben: den totalen Sieg.[2] Deutsche Bauernkrieger würden die ehemals jüdischen und slawischen Lande besiedeln. Alle Deutschen würden davon profitieren, und die massive soziale Unzufriedenheit, die Hitler an die Macht gebracht hatte, würde ein Ende haben. Auch werde durch die Eroberung der Sowjetunion der »jüdische Bolschewismus« radikal getilgt werden. Oder wie Hitler es formulierte: »Das Ende der Judenherrschaft in Rußland wird auch das Ende des russischen Staates selbst sein.«[3]

Der Rassismus war niemals nur ein Mittel, um möglichst viele Wählerstimmen zu gewinnen, er war das zentrale Element der nationalsozialistischen Sozial- und Außenpolitik. Den Mythen der Antisemiten zum Trotz hätte die deutsche Wirtschaft nicht viel anders ausgesehen, wenn es keine jüdische Gemeinschaft in Deutschland gegeben hätte. Sie zu entfernen hätte das Los der Deutschen nicht verbessert. Vielmehr wurde die wirtschaftliche Erholung durch ein gewaltiges, durch Staatsverschuldung finanziertes Wiederaufrüstungsprogramm eingeleitet, das zu einem kurzfristigen Wirtschaftswachstum und kurzfristiger sozialer Stabilität führte. Erst mit dem Einsatz der neuen Waffen sollten nach den Plänen der Nazis die beiden »Endlösungen« Lebensraum und Völkermord die Lage endgültig stabilisieren. Vereinigt, bewaffnet und von seinem Todfeind, den Juden, befreit, würde das nordische Deutschland dann für immer gedeihen. Der Krieg im Osten und der Holocaust waren im Denken der Nazis unlösbar miteinander verknüpft.

Bis 1937/38 war die deutsche Rüstungsproduktion stark von Rohstoffimporten und Devisen abhängig. Die Alliierten mußten zunächst einmal eingelullt und zur Appeasementpolitik verführt werden. Daher machte Hitler bis 1937 Kompromisse. Viele Deutsche, nicht nur in der SA, waren wütend, daß die Juden immer noch unter ihnen lebten und manche sogar ein normales Leben führen durften. Bis zur Gewinnung neuen Lebensraums und neuer Arbeitskräfte profitierten Hitlers Stammwähler nicht von seiner Politik. Eine Gesellschaft von Handwerkern, kleinen Geschäftsleuten und Bauern konnte Rußland nicht erobern. Die Bauern waren ein Hemmschuh für die wirtschaftliche Entwicklung, und die von Schleicher, Brüning und den Sozialdemokraten vorgeschlagene Landreform hätte die Eliten gegen die Regierung aufgebracht. Dies war der Grund, warum die ostelbischen Großgrundbesitzer nach wie vor den größten Anteil der staatlichen Subventionen erhielten und auch die Getreidepreise weiterhin hochgehalten wurden. Die kleinen Bauern wurden durch günstige Kredite, subventionierte Preise und technische Modernisierung beschwichtigt. In Anerkennung ihres höherwertigen Blutes wurde der Ehrentitel »Bauer« auf Landwirte mit einem makellos arischen Stammbaum beschränkt. Ihre Güter wurden zu »Erbhöfen« erklärt, d. h. vor Spekulanten, Verschuldung und hohen Steuern geschützt. Trotzdem lag das Einkommen der Landbevölkerung in den gesamten dreißiger Jahren beträchtlich unter den Löhnen und Gehältern der Städter. Die Verschuldung der Landbevölkerung stieg, und die Gewinne der Höfe sanken. Die Preise konnten nur auf Kosten der Verbraucher erhöht werden, die ohnehin einen größeren Prozentsatz ihres Einkommens für Lebensmittel ausgeben mußten als in der Weimarer Republik. Ungeachtet der Idealisierung des Landlebens durch Konservative und Nazis, führte die Not auf dem Land zur Abwanderung der Landjugend in die Städte. Die Führung der NSDAP war entsetzt; das Stadtleben würde den »Bluterneuerungsquell des deutschen Volkes« verderben. Mehr Schutz für die ineffizient wirtschaftenden Kleinbauern hätte jedoch deren Rückständigkeit verewigt, die Nahrungsmittelpreise hinaufgetrieben und die gesamtwirtschaftliche Entwicklung gebremst. Während es den Großgrundbesitzern gutging, kam von den für die Nazis so wichtigen Kleinbauern ein bedrohliches Murren. Die Eroberung neuen Bodens im Osten würde die Kritiker schon zum Schweigen bringen, aber sie konnte nicht auf unbestimmte Zeit verschoben werden.

Die Wirtschaftspolitik des NS-Regimes begünstigte von Anfang an die Großindustrie. Ungefähr 300 000 Kleinunternehmen brachen in den dreißiger Jahren zusammen. Kleine Geschäftsleute und Handwerker, die zu Hitlers treuesten Wählern gehörten, litten nach wie vor unter der Konkurrenz großer Fabriken und Warenhäuser, und sie erhoben lautstarken Protest. Die Regierung reagierte mit Steuersenkungen, bot ihnen Zuschüsse und Subventionen an und nahm ihre Produkte ab. Regierungsbeamte und Parteimitglieder durften nicht mehr in Warenhäusern einkaufen. 1933 wurde ein Gesetz zum Schutz des Einzelhandels erlassen, das Warenhäuser mit einer besonderen Steuer belegte, ihnen verbot, unabhängigen Handwerkern Konkurrenz zu machen, und den Neubau oder die Erweiterung von Warenhäusern und Ladenketten untersagte. Die sozialdemokratischen Konsumgenossenschaften wurden verboten oder von den Nazis übernommen. Alte Vorschriften über Berufsausübung und Ausbildung von Handwerkern wurden wieder in Kraft gesetzt. Doch die Maßnahmen reichten nicht aus. Die Handwerker fühlten sich trotzdem verraten und protestierten, doch die Erhaltung ineffizienter Kleinunternehmer wäre zu Lasten der Verbraucher gegangen. Manche Parteifunktionäre erinnerten die kleinen Einzelhändler ungeduldig daran, daß auch die Verbraucher zum Volk gehörten. Zu seinem großen Verdruß mußte Hitler sogar einen Reichsbankkredit für die Familie Tietz, *das* Symbol der jüdischen Warenhausbesitzer, bewilligen, um die Arbeitsplätze der 14 000 nichtjüdischen Beschäftigten des nahezu bankrotten Unternehmens zu retten. Die Warenhäuser litten unter den neuen Gesetzen, doch das Wachstum der Branche wurde nur gebremst, nicht zum Stillstand gebracht, und ihre Umsätze stiegen weiter. Bei den kleinen Einzelhändlern gärte es, weil die Nazis ihr Wahlversprechen, die »unfaire« jüdische Konkurrenz zu beseitigen, nicht hielten. Das Regime beschwichtigte seine Kritiker durch die »Arisierung« jüdischer Unternehmen, doch Erpressung und Ausplünderung aus rassischen Gründen kam nur einigen Tausend Empfängern des gestohlenen jüdischen Eigentums zugute, und das genügte nicht, um die Masse der kleinen Einzelhändler vor den Folgen der wirtschaftlichen Modernisierung zu bewahren. Wirtschaftliche Effizienz und die Mobilisierung für den Krieg, von dem man die endgültige Lösung aller Probleme erwartete, hatten immer die höchste Priorität.

Sofortige und radikale Maßnahmen gegen die Juden schadeten aber auch den Nichtjuden. Jüdische Firmen hatten nichtjüdische Aktionäre, belieferten nichtjüdische Großhändler und beschäftigten obendrein Tausende von Nichtjuden. Je größer eine jüdische Firma, um so schwieriger war es, sie aus dem Geschäft zu drängen, ohne Nichtjuden zu schaden. Außerdem waren für die Wiederaufrüstung Rohstoffimporte im großen Stil erforderlich, und selbst nichtjüdische Unternehmen, denen das Schicksal der Juden gleichgültig war, zögerten, in einem Land zu investieren oder Handel zu treiben, in dem willkürlich Eigentumsrechte aufgehoben wurden. Als lokale Fanatiker unautorisierte Boykotts organisierten, pfiff Rudolf Heß sie zurück; jüdische Unternehmen konnten nicht von heute auf morgen abgeschafft werden, und Boykotts verschlimmerten nur die ohnehin bereits bedrohliche Devisenknappheit. Als die SA beispielsweise Woolworth boykottierte, erklärte das Unternehmen, es werde keine deutschen Produkte mehr importieren. Andere Firmen drohten mit ähnlichen Maßnahmen.

Viele deutsche Juden und Nichtjuden erwarteten bis zuletzt, das Regime werde doch noch zur Vernunft kommen und das Ziel eines judenreinen Deutschland aufgeben. Tatsächlich verschob die Führung der NSDAP die Angelegenheit jedoch nur, bis der Krieg begann und sie auf die Weltmeinung keine Rücksicht mehr zu nehmen brauchte. Der Krieg verschaffe dem Regime Möglichkeiten, die es im Frieden nicht gehabt habe, sagte Göring 1939. Bis zum Kriegsbeginn waren die Juden nur allmählich aus der Wirtschaft verdrängt worden, und trotzdem hatte es Klagen gegeben. Was nützte es, jüdische Warenhausbesitzer zu enteignen, wenn die Geschäfte von Nichtjuden gekauft wurden, die ebenfalls mit unfairen Mitteln vorgingen? Wie schon Böckels Anhänger Ende des 19. Jahrhunderts hatten erfahren müssen, verhielten sich christliche Zwischenhändler nicht anders als Juden.

Einige ungeduldige Wirtschaftsexperten der Partei wiesen darauf hin, daß sich auch Einzelhändler und Handwerker der modernen Wirtschaft anpassen müßten und nicht ewig von staatlichen Subventionen und künstlicher Regulierung leben könnten. Anfang 1939 belehrte der *Völkische Beobachter* den Mittelstand, daß er zum Wohl des Volkes Opfer bringen müsse. Dies war zweifellos ein Schock für eine Schicht, der man fünfzig Jahre lang erzählt hatte, daß sie das Volk verkörpere und das Opfer jüdischer Machenschaften, keinesfalls jedoch ihrer eigenen mangelnden Anpassungsfähigkeit sei. Später mußten die Juden und die Slawen im Osten für den Widerspruch zwischen den nationalsozialistischen Wahlversprechen und Mythen und der wirtschaftlichen Realität bezahlen.

Das NS-Regime hatte das Proletariat zum Schweigen gebracht und seine Gewerkschaften zerschlagen. Der Gewinnzuwachs in der Industrie war viel höher als der Zuwachs bei den Löhnen der Arbeiter und dem Einkommen des Mittelstands, ja, die Arbeiterlöhne blieben sogar unter den während der Wirtschaftskrise gezahlten. Bei der Einkommensverteilung schnitten die Wohlhabenden besser ab. Dem abhängig beschäftigten Mittelstand ging es etwas besser als zuvor, während die Arbeiterfamilien ihren Konsum einschränken mußten. Unzufriedene Arbeiter konnten gegen Wehrmacht, Polizei und SS wenig ausrichten. Doch die Nazis konnten keine Kriegsmaschinerie aufbauen, solange ihnen Millionen von Arbeitern ablehnend gegenüberstanden und womöglich zu Drückebergerei und Sabotage neigten. Die Partei mußte auch das Proletariat gewinnen. Aufrüstung und Arbeitsplätze halfen ihr dabei. Ab 1936 herrschte im Baugewerbe, in der Metallindustrie und im Bergbau Arbeitskräftemangel, und der Versuch, wirtschaftlich möglichst autark zu werden, hatte auch in anderen Bereichen den Bedarf an Arbeitskräften in die Höhe getrieben. Das Regime hinderte die Arbeiter daran, für Lohnerhöhungen zu kämpfen. Doch die Facharbeiter in der Rüstungsindustrie verdienten gut. Außerdem verherrlichte die Partei den Arbeiter in Liedern und auf Feiern als gleichberechtigten Kameraden in einer klassenlosen Gesellschaft. Der Führer der Deutschen Arbeitsfront, Robert Ley, verkündete, wenn die Juden erst entfernt seien, wären alle Deutschen, vom Konzernchef bis zum Hilfsarbeiter, gleichberechtigte Arbeiter für die Volksgemeinschaft. Die Führer der Deutschen Arbeitsfront stammten jedoch aus dem Mittelstand, und sie waren der Partei und den Konzernen verantwortlich, nicht den Arbeitern.

Im Gegensatz zu Brüning und Papen hielten die Nazis die liberale Wirtschaftspolitik für gescheitert und wollten sie nicht wiederaufnehmen. Hitler fürchtete das militärische Potential, das durch die gewaltsam vorangetriebene Industrialisierung der Sowjetunion entstand, und glaubte, die Zeit arbeite für Stalin. Privateigentum und Profitsystem blieben in Deutschland selbstverständlich unangetastet, doch im Bereich der wirtschaftlichen Umstrukturierung und der Wiederbewaffnung wurde die Entwicklung durch extensive Planung der Regierung bestimmt. Von 1933 bis 1938 wuchs die Schwerindustrie um etwa 200 Prozent, während die Konsumindustrie weit dahinter zurückblieb. Letztlich sollten der Reichtum und das Arbeitskräftepotential des Ostens für den Ausgleich sorgen. In der Zwischenzeit kam die Schwerindustrie in den Genuß der höchsten Gewinnsteigerungen aller Wirtschaftszweige, mußte sich jedoch als Gegenleistung mit staatlicher Regulierung abfinden. Unter dem Reichsbankpräsidenten und Wirtschaftsminister Hjalmar Schacht kontrollierten Bankiers, Unternehmer und Regierung Investitionen, Dividenden, Handel und Export, alles mit dem Ziel, in den kriegswichtigen Industriezweigen Reinvestitionen und Expansion zu gewährleisten. Der Konsum wurde niedrig gehalten, jedoch nicht so niedrig, daß die Unzufriedenheit wuchs. Durch steuerpolitische Maßnahmen wurden das Wachstum der Schwerindustrie, die Verbesserung der Infrastruktur und die Herstellung kriegswichtiger Kunststoffe stimuliert. Löhne, Preise und Handel wurden zugunsten der kriegswichtigen Produktion manipuliert. Indem die Regierung die Dividenden der Aktionäre begrenzte, erzwang sie die Reinvestition nicht verteilter Gewinne in die industrielle Expansion. Die staatliche Wachstumsförderung wurde ständig erhöht, so daß die Investitionen und

Kosten der Rüstungsindustrie und der Kunststoffproduktion größtenteils durch staatliche Gelder gedeckt wurden. Die I. G. Farben erhielt gewaltige Zuteilungen an Arbeitskräften, Stahl und Subventionen für ihre Forschungsprojekte zur Entwicklung von synthetischem Öl und Flugbenzin, Waffen, Panzer- und Lastwagenmotoren. Der Autobahnbau und andere Bauprojekte wurden staatlich finanziert, und die Regierung gab an Firmen mit Regierungsaufträgen spezielle Mefo-Wechsel (Wechsel der Metallurgischen Forschungsgesellschaft m. b. H., die von der Reichsbank diskontiert wurden) aus, die der Bezahlung notwendiger Investitionen dienten. Staatliche Investitionen im großen Stil und Deficit-spending zur Förderung der Importsubstitution, der Kunststoffproduktion und der Wiederbewaffnung waren die Schlüssel zur wirtschaftlichen Erholung.

Früher oder später würde man diese Politik jedoch aufgeben oder einen Krieg beginnen müssen. Wie die Unternehmer in der Konsum- und Exportindustrie fand auch Schacht im Jahr 1937, daß die Rüstungsproduktion als Motor der wirtschaftlichen Entwicklung nun ausgedient hätte. Er meinte, Deutschland solle die Rüstungsproduktion senken, die Subventionierung ineffizienter Kleinproduzenten einstellen und mehr Konsumgüter für den Binnenmarkt und Produkte für den Export produzieren. Hitler wies dieses Ansinnen entschieden zurück; er weigerte sich, mitten in der Weltwirtschaftskrise zu einer bankrotten Politik zurückzukehren, die Deutschland überhaupt erst ins Chaos gestürzt habe. Schacht trat als Wirtschaftsminister zurück, und als Hitler den Rücktritt annahm, soll er gesagt haben, er habe ohnehin schon immer den Verdacht gehabt, daß Schacht kein echter Nationalsozialist sei. Schacht hatte nicht begriffen, daß die Rüstungsproduktion in der Eroberung ausländischen Reichtums kulminieren mußte. Schachts Posten wurde von Göring übernommen. Er verkündete, die Wirtschaft müsse für den Krieg umgestellt werden und setzte einen Vierjahresplan in Kraft, der eine noch höhere Rüstungsproduktion vorsah.

Um 1938 lag das deutsche Wirtschaftswachstum beträchtlich über dem von 1913. Ungefähr siebzehn Prozent des deutschen Bruttosozialprodukts flossen direkt in den Militärhaushalt, weitere Milliarden wurden für die Herstellung von Kunststoffen und anderen kriegswichtigen Produkten ausgegeben. 1933 hatte das Militärbudget 23 Prozent der Staatsausgaben betragen, unter dem NS-Regime wurde der Anteil sofort verdoppelt. 1938 betrug er über 74 Prozent eines Haushalts, der als solcher siebenmal größer war als 1933. 1938 war die Regierung zum größten Investor und Konsumenten in Deutschland geworden. General Georg Thomas, der Chef des wirtschaftlichen Stabes der Wehrmacht, schätzte, daß siebzig Prozent der Arbeitskräfte an Aufträgen des Militärs arbeiteten und daß die Militärausgaben um zweitausend Prozent gestiegen waren. 1938 war der Wendepunkt erreicht. Thomas meldete, daß eine weitere Erhöhung der Rüstungsproduktion zu viele Arbeitskräfte von der übermäßig eingeschränkten zivilen Wirtschaft abziehen würde. Auch begann die mit Regierungsaufträgen überfütterte Industrie ineffizient und verschwenderisch zu arbeiten. Überdies wurde die angesichts der Knappheit an Konsumgütern drohende Inflation nur noch durch Lohn- und Preiskontrollen verhindert.

Die Rückkehr zu einer konventionellen Wirtschaftspolitik wäre selbst dann nicht mehr möglich gewesen, wenn das Regime nicht ideologisch auf Krieg programmiert gewesen wäre. Alle Sektoren der deutschen Wirtschaft hätten gelitten, wenn sie sich den Regeln des Weltmarkts hätten unterwerfen müssen. Die von Hitler besonders gefürchtete Unzufriedenheit der Arbeiterschaft wäre gewachsen, wenn der internationale Wettbewerb die Industrie zu den unvermeidlichen Entlassungen und Lohnkürzungen gezwungen hätte. Die gewaltige Rüstungsproduktion und die extrem teure Herstellung von Kunststoffen hätten sich negativ auf den Konsum und die Massenkaufkraft ausgewirkt und so die Voraussetzungen für eine Depression oder eine Inflation geschaffen – eine Wirtschaftskrise, für die das Regime weder die Juden noch den Versailler Vertrag mehr hätte verantwortlich machen können. Bis 1938 war offensichtlich, daß Hitler ohne einen Krieg als »Hungerkanzler« wie Brüning in die Geschichte eingehen würde oder als ein Diktator wie Franco, der eine kleine Elite in einer verfallenden Wirtschaft schützte. All dies hätte dem ideologischen Dynamismus der NSDAP widersprochen und Hitler gezwungen, die echten Nazis in seiner Partei auszuschalten. Für das Regime war es genauso unmöglich, zur Wirtschaftspolitik der Weimarer Republik zurückzukehren, wie das Sowjetregime die des Zaren hätte wiederaufnehmen können. Der nationalsozialistische Glaube an rassistische und militärische Lösungen für soziale und wirtschaftliche Probleme stand auf dem Spiel. Nationalsozialismus ohne Krieg war ein Widerspruch in sich selbst. Es war Zeit zu marschieren.

Im Gegensatz zu den politischen Führern des westlichen Auslands und zu den meisten Deutschen hatte Hitler keine Furcht vor einer Neuauflage des Ersten Weltkriegs mit seinem mörderischen Grabenkrieg. Er glaubte, in den Ideen junger Offiziere vom Schlage Erich von Mansteins und Heinz Guderians eine Lösung gefunden zu haben. Nach ihrem Blitzkrieg-Konzept wurden durch Luftschläge und schnelle Vorstöße auf schwache Punkte Breschen in die feindlichen Linien geschlagen, die von schnellen gepanzerten Truppen ausgenutzt wurden, um ins freie Hinterland des Feindes vorzustoßen. Damit wäre es unnötig geworden, sich in unbeweglichen Verteidigungsstellungen einzugraben. Der Panzer sollte der Überlegenheit der defensiven Gefechtsführung, die durch das Maschinengewehr und die Schnellfeuergeschütze der Artillerie entstanden war, ein Ende machen. Eine totale wirtschaftliche Mobilisierung mit jahrelangen Leiden an der Heimatfront und Millionenverlusten im Feld würde so zu vermeiden sein. Das Blitzkrieg-Konzept entsprach der nationalsozialistischen Betonung von Wille und Wagnis und sollte zur schnellen Eroberung der Rohstoffe und Produktionsanlagen des Ostens führen.

Im November 1937 verkündete Hitler auf einer geheimen Besprechung mit Außenminister Konstantin von Neurath, Kriegsminister Werner von Blomberg und den Oberbefehlshabern von Heer, Marine und Luftwaffe, daß er den Herrschaftsbereich der deutschen Rasse durch Eroberungen im Osten zu vergrößern gedachte. Der gegenwärtige wirtschaftliche Boom basiere auf der Rüstungsproduktion und werde nicht von Dauer sein; die Nahrungsmittelproduktion könne nicht erhöht werden, und es sei verrückt, in einer Zeit der Wirtschaftskrise und hoher Zollschranken auf dem Weltmarkt konkurrieren zu wollen. Die Zukunft Deutschlands liege in der Gewinnung von Rohstoffen und Land im Osten, wo es bereits einen starken deutschen Rassekern gebe, der das Ganze zusammenhalten könne. Allein schon die Besetzung Österreichs und der Tschechoslowakei würde Nahrungsmittel und Ausrüstung für zwölf neue Divisionen erbringen – vorausgesetzt, es würden drei Millionen Menschen vertrieben, wie Hitler drohend hinzufügte. Das notwendige Kriegsgerät für die Teilstreitkräfte sei weitgehend vorhanden; jeder längere Aufschub würde zu seiner Veraltung führen und Deutschlands Feinden das Aufholen ermöglichen. Die Anwesenden politischen und militärischen Führer, die keineswegs alle Nazis waren, wußten genau, daß diese Art von Dauerlösung der deutschen wirtschaftlichen Schwierigkeiten die »Entfernung« von Millionen Juden und Slawen zur Ansiedlung von Deutschen und den umfangreichen Einsatz von Zwangsarbeitern bedeuten würde. Trotzdem erhob sich kein Widerspruch. Ohne Krieg machten alle Anstrengungen, Wahlversprechen und ideologischen Grundsätze der Nazis keinen Sinn. Der militante Rassismus der NS-Bewegung war kein bloßes rhetorisches Instrument auf dem Weg zur Macht gewesen, und Hitler würde seine Anhänger nicht verraten. Das zentrale sozialpolitische Mittel des Dritten Reichs war der Rassenkrieg. Danach würde man nie mehr auf das unfruchtbare Herumpfuschen der Weimarer Republik oder gar auf linke Reformen zurückgreifen müssen.

Nichts von alledem durfte zu früh bekannt werden, und bis zur Zerschlagung der Tschechoslowakei im Frühjahr 1939 konnten die führenden Politiker im Westen tatsächlich noch annehmen, daß Hitler nur die Ungerechtigkeiten des Versailler Vertrags zu korrigieren wünschte. Um sie nicht zu beunruhigen, schwieg sich Hitler in der Öffentlichkeit über seine Pläne aus, und schien völlig vergessen zu haben, was er in *Mein Kampf* geschrieben hatte. Doch das völkische Ideal rassereiner Siedlungsgemeinschaften von Bauernkriegern war für die NS-Führung ein Modell mit Zukunft. In den gewaltigen Gebieten des eroberten Ostens sollten die Städte niedergerissen und durch Verwaltungszentren der SS ersetzt werden. Sie würden über ein Geflecht von germanischen Bauerndörfern und über slawische Untermenschen herrschen, menschliche Tiere, die, wie Himmler sagte, nur dann am Leben gelassen würden, wenn man sie als Sklaven brauchte. Aus den Trümmern der sterbenden jüdisch-christlichen Weit und ihrer moralischen Grundsätze würde sich eine germanische Blutsgemeinschaft erheben, die über ein Potential an Rekruten, Rohstoffen und Nahrungsmitteln verfügte, mit dem sie jeder Weltmacht ebenbürtig wäre.

Im Jahr 1937 war Hitler bereit, die alldeutsche Vision aus dem Österreich seiner Jugend in ihrer extremsten Form zu verwirklichen und für die Deutschösterreicher an den verhaßten Slawen blutige Rache zu üben. Im Namen dem Ideologie des Todes sollte mit eiserner Konsequenz vollendet werden, was die mönchischen Kreuzritter des Deutschen Ordens einst begonnen hatten. Wie Hitler schon zu Otto Strasser gesagt hatte, wollte er eine »Revolution der Rasse«. Die Bolschewiki würden vernichtet, bevor sie damit fertig wären, sich mit Imitationen der waffentechnischen Errungenschaften der germanischen Völker auszurüsten. Im eroberten Osten würden die Eroberer ihr Blut nicht mit der heimischen

Bevölkerung vermischen – ein Fehler, den die Spanier in ihrem Kolonialreich gemacht hatten. Offensichtlich würden die Millionen Juden im Osten in einem Imperium der germanischen Rasse nicht überleben. Im Kriegsfall würde man zuerst die Juden und die Führung der slawischen Völker ermorden und dann die jüdischen Bolschewiki in der Sowjetunion. Die menschlichen Tiere würden durch Arbeit, durch Erschießen oder einfach durch Verhungern umgebracht. Im Osten würde es keine konkurrierenden Völker mehr geben, die einzige Schriftsprache würde Deutsch sein, und man würde nicht einmal den Versuch machen, die Slawen zu germanisieren.

Am 10. März 1938, genau 28 Jahre nach Karl Luegers Tod, befahl Hitler den Einmarsch in Österreich. Mit Ausnahme der Linken und Juden begrüßten die Österreicher den Anschluß begeistert, allen voran der Wiener Kardinal Innitzer, der als junger Priester der christlichsozialen Bewegung angehört hatte. Wir können Hitler immer noch in alten Wochenschauen vor seinem österreichischen Publikum sprechen hören und sehen, und in Stimme und Gestus seiner Rede ist eine ungewöhnlich tiefe persönliche Ergriffenheit erkennbar. Es fehlen die kalkulierten theatralischen Posen des perfekten charismatischen Wahlkämpfers, und an einem bestimmten Punkt ist er von seinen Gefühlen derart überwältigt, daß er fast nicht mehr weitersprechen kann. Die Rede vermittelt das deutlichste Bild des Mannes, der, überwältigt von den Leidenschaften seiner Jugend, endlich seine Bestimmung gefunden hat. In der Stadt Linz, wo er aufgewachsen war, erklärte Hitler die Vereinigung von Deutschland und Österreich.

Als Hitler auf die Weltmeinung keine Rücksicht mehr nehmen mußte, konnte er endlich seine Rechnung mit den Juden begleichen: Die bürokratischen Vorbereitungen für die Vernichtung konnten beginnen. Im August 1938 mußten alle Juden »jüdische« Vornamen annehmen. Bereits zuvor hatten sämtliche Organisationen der jüdischen Gemeinschaft ihren legalen Status verloren, jüdischer Besitz wurde registriert. Die Polizeireviere legten Listen der jüdischen Einwohner ihrer Stadtviertel an und bereiteten die Enteignung alles noch verbliebenen jüdischen Eigentums vor. Die Gestapo erstellte Listen für Massenverhaftungen. Im Juni wurde die große Synagoge in München zerstört, die der Rechten schon immer ein Dorn im Auge gewesen war. Auch andere Synagogen gingen in Flammen auf. Die SA plünderte jüdische Geschäfte, und 2000 Juden wurden willkürlich verhaftet. Plakate und Schilder, die tote und gefolterte Juden zeigten, wurden in ganz Deutschland und in der neuen österreichischen Provinz des Reiches aufgehängt. Bei den Pogromen in und nach der »Kristallnacht« im November 1938 wurden Hunderte von Synagogen und jüdischen Geschäften niedergebrannt. Viele Juden wurden mißhandelt und getötet und etwa 20 000 bis 30 000 jüdische Männer in Konzentrationslager verschleppt. Die Endlösung hatte begonnen.

22.
DIE IDEOLOGIE DES TODES

Sieh dir diese Menschen doch an. Sie sind nicht wie wir. Sie sind anders. Sie sehen ganz anders aus. Sie haben kein menschliches Benehmen. Sie tragen Ziffern auf dem Arm. Sie sind hier um zu sterben.

Rudolf Höß, Kommandant von Auschwitz

Ich empfinde nicht die geringste Regung von Mitleid. So ist das eben …

Unteroffizier Felix Landau,
nachdem er mitgeholfen hatte,
Hunderte Juden zu erschießen

Der Holocaust war nicht bloß eine Folge des Krieges. Für die Nazis war die Judenvernichtung an sich ein Kriegsziel von höchster Priorität. Genau wie die Revolution der Nazis eine rassische Revolution war, so war auch ihr Krieg ein Rassenkrieg. In einem für den Fortbestand der germanischen Rasse existentiellen Kampf durften die Juden, die all die von den Nazis bekämpften Werte der Menschlichkeit verkörperten, nicht überleben. Die SS begann 1938 mit der Aufstellung spezieller Tötungseinheiten, und mit Unterstützung der Wehrmacht ermordeten sie in den ersten Kriegswochen jüdische und polnische Zivilisten, die sie für jedermann sichtbar auf öffentlichen Plätzen erhängten. Wie Martin Gilbert in seinem ausgezeichneten Werk über den Holocaust nachgewiesen hat, wurden innerhalb von zwei Wochen in über hundert Städten und Dörfern jüdische wie polnische Zivilisten umgebracht. In den ersten acht Wochen wurden 5000 Juden im Hinterland ermordet.[1] Im Oktober 1939 ordnete Hitler an, daß der jüdische Besitz unter den Deutschstämmigen aufzuteilen sei. Hans Frank, der Generalgouverneur in Polen, erklärte im Dezember 1941 gegenüber seinen Mitarbeitern: »Diese 3,5 Millionen Juden können wir nicht erschießen, wir können sie nicht vergiften, werden aber doch Eingriffe vornehmen können, die irgendwie zu einem Vernichtungserfolg führen, und zwar im Zusammenhang mit den vom Reich her zu besprechenden großen Maßnahmen.«[2]

Die Ermordung der Juden duldete keinen Aufschub. Trotz ihrer geringen Zahl hatten sie Jahrhunderte der Verfolgung überlebt und – in den Augen der Antisemiten – ganze Zivilisationen zugrunde gerichtet. Millionen von Slawen würden ebenfalls sterben müssen, doch sie konnte man gefahrlos sich zu Tode schuften lassen oder zu Millionen als Zwangsarbeiter am Leben erhalten. Bis November 1939 hatte das Rassenpolitische Amt Pläne für die Vernichtung aller Polen ausgearbeitet, mit Ausnahme von Zwangsarbeitern und Kindern von »arischem Aussehen«, die Himmler in deutschen Heimen erziehen lassen wollte. Die Existenz von Juden zu dulden hätte jedoch bedeutet, den Endsieg zu gefährden. Kommunisten konnten ihre Gesinnung ablegen, Homosexuelle konnten ihr Sexualverhalten ändern, aber das jüdische Blut ließ sich nicht verändern. Im Oktober 1940 untersagte die deutsche Besatzungsregierung in Polen die Ausstellung von Ausreisevisa für polnische Juden mit dem Hinweis, vom Ausland aus wären sie erneut imstande, Deutschland zu zersetzen.

Selbst auf die Gefahr hin, den Krieg zu verlieren, haben die Deutschen Ausrüstung, Transportmittel und Arbeitskräfte von der Front abgezogen, um das Gemetzel des Erzfeindes zu vollenden. In den letzten beiden Kriegswochen, ja selbst am Tag der Kapitulation, am 8. Mai 1945, als Hitler bereits tot war, viele Einheiten der Wehrmacht sich ergeben hatten und alle wußten, daß der Krieg verloren war – selbst da wurden noch Tausende von Juden erschossen, verbrannt oder zu Todesmärschen gezwungen, um der Befreiung durch die Alliierten zu entgehen. Der Holocaust war in der Tat, wie es einmal hieß, der größte Kriegsschauplatz. An dem Tag, als Hitler sich das Leben nahm, schrieb er in dem letzten Satz seines Testaments: »Vor allem verpflichte ich die Führung der Nation und die Gefolgschaft zur peinlichen Einhaltung der Rassengesetze und zum unbarmherzigen Widerstand gegen den Weltvergifter aller Völker, das internationale Judentum.« Genau diese Armee fürchteten die Nazis am meisten.

Die »Reinerhaltung der Rasse« war für das Regime ebenso notwendig wie die Eroberung von Land. Ein Wissenschaftler rief einmal begeistert aus, das neue Regime sei angewandte Biologie. Selbst Deutsche mußten getötet werden: all diejenigen, die zu »nutzlosen Essern« oder zu einer Gefahr für die rassische Erbmasse gestempelt wurden – geistig Behinderte, Träger von Erbkrankheiten und Asoziale. Homosexuelle standen ganz oben auf der Liste. Himmler nannte Homosexualität einen Fehler eines degenerierten Individualismus, der wider die Natur sei.[3] Im Jahr 1939 forderte er ihre »Ausmerzung«. Eine Organisation für den Kampf gegen Abtreibung und Homosexualität wurde gegründet, aber nur für Arier. Minderwertige Völker sollten ermuntert werden, sich selbst zu dezimieren. Wenn ein deutscher Homosexueller nicht bereits in Polizei- oder SS-Akten geführt wurde, konnte er nur überleben, wenn er enthaltsam lebte oder eine Denunziation vermied.

Der Angriff der Nazis auf die Homosexuellen (auch wenn lesbische Liebe nie als Verbrechen geführt wurde) war wie alle Maßnahmen der Nazis eine radikale Variante uralter Auffassungen. Im 18. Jahrhundert gab es in Preußen mehr Strafgesetze gegen Homosexuelle als in irgendeinem westlichen Staat. Lange vor den Nazis wiederholten Antisemiten gebetsmühlenartig, die Homosexualität sei die Folge des degenerierten jüdischen Blutes, die »Judenkrankheit«. Das Strafgesetzbuch des Kaiserreiches sah drakonische Haftstrafen für »widernatürliche Unzucht« zwischen Männern vor; allein die Sozialdemokraten kämpften beharrlich dafür, diese Gesetze abzuschaffen. Marxisten waren der Ansicht, Homosexualität sei durch die sozialen Verhältnisse bedingt und sollte nicht unter Strafe gestellt werden. Rassische Nationalisten behaupteten, die Sozialdemokraten wollten in Wahrheit die Träger der »Judenkrankheit« schützen; allerdings wurden sie durch einige aufsehenerregende Skandale von homosexuellen Affären an den Höfen der Hohenzollern und Habsburger in Verlegenheit gebracht. Konservative verwiesen darauf, daß die französischen Revolutionäre von 1789 nicht nur die Juden befreit hätten, sondern auch die Strafbarkeit der Homosexualität aus dem Strafgesetzbuch verbannten, und daß die Bolschewiki die zaristischen Gesetze gegen Homosexualität abgeschafft hätten. Wie bereits erwähnt, wurde der prominenteste Fürsprecher der Rechte für Homosexuelle in Deutschland, Dr. Magnus Hirschfeld, tätlich angegriffen, weil er ein Verteidiger der Homosexuellen, Sozialist und Jude war. Im Mai 1933 wurde Hirschfelds Institut für Sexualwissenschaft von der SA gestürmt; von da an wurden Homosexuelle routinemäßig inhaftiert.

NS-Ideologen waren der Ansicht, daß »jüdische« Sozialisten die Rechte der Homosexuellen unterstützten, um die Fortpflanzungsfähigkeit und den Krieger-Geist der germanischen Völker zu zersetzen. Mit der immer noch weitverbreiteten Überzeugung, Homosexuelle seien schlechte Soldaten, argumentierte Goebbels, sie seien eine Bedrohung für das germanische Blut. Als schamloses Ergebnis der promiskuösen Weimarer Kultur und ihrer Unterhöhlung jeglicher sexueller Normen müßten Homosexuelle verbannt oder aufgehängt werden. Himmler glaubte, die Homosexualität sei in ländlichen Gegenden unbekannt, weil dort das deutsche Blut am reinsten sei. Anfang der dreißiger Jahre sammelte er Namen soziosexueller Verbrecher, die getötet werden müßten, weil sie eine Gefahr für das *Volk* seien. Diese Leute müßten mit Stumpf und Stiel ausgerottet werden.[4]

Seit 1945 herrscht ein gängiger Mythos, unter den Nazis sei Homosexualität weit verbreitet gewesen. Unwissentlich trug Hitler zu dieser Auffassung bei, als er behauptete, die SA-Führung, die 1934 erschossen wurde, sei von Homosexuellen durchsetzt gewesen. Doch damit wollte er sich nur die Zustimmung der Öffentlichkeit sichern. Es gibt keinen Hinweis darauf, daß Homosexuelle in der Nazi-Bewegung überrepräsentiert gewesen seien. Gemäß dem »Gesetz zur Verhütung erbkranken Nachwuchses« von 1933 verfolgten die Nazis Homosexuelle, brachten sie zum Schweigen oder steckten sie ins Gefängnis, auch jene Homosexuellen in der eigenen Partei, die selbst erklärten, Homosexuelle müßten vollständig ausgerottet werden. Im Jahr 1934 erklärte Himmler, daß Degenerierte ausgerottet werden müßten, denn Deutschland stehe und falle mit der Reinheit seiner Rasse.[5] Wenn Homosexuelle mehr als einmal bei einem Verführungsversuch erwischt wurden, hatte das in der Regel den Tod in einem Lager zur Folge. Richard Plant schätzt, daß über 50 000 homosexuelle Männer verhaftet und verurteilt wurden und zwischen 5000 und 15 000 in den Lagern ums Leben kamen. Niemand wurde je wegen dieser Morde zur Rechenschaft gezogen, bis vor kurzem wurden sie außerhalb der Gemeinschaft der Homosexuellen nicht einmal beachtet. Nach 1945 hielt die deutsche Regierung dies nicht für diskussionswürdig und hatte dabei die Unterstützung vieler Deutscher – und, wie man vermuten darf, nicht nur die der Deutschen.

Zigeuner waren stets das Opfer feindseliger Mythen gewesen und wurden von Christen wie von Muslimen verfolgt. Im mittelalterlichen Europa wurden sie für eine Rasse gehalten, die aus Mischehen von jüdischen und nichtjüdischen Landstreichern entstand, ein Mischlingsvolk, das angeblich am Tod Christi die Mitverantwortung trug. Wie die Juden wurden auch Zigeuner gemieden als heimatlose Nomaden, die satanische und okkulte Fähigkeiten besaßen. In der neueren Geschichte wurden Zigeuner für rassisch unrein gehalten, für Kindesentführer und Überträger von Krankheiten, sogar für Kannibalen. Da sie jedoch in der Regel arme Handwerker, Schmiede oder Hersteller von Kleiderschmuck waren, trafen auf sie niemals jene ideologischen Feindbilder zu, die dazu dienten, den Erfolg der Juden in der modernen Welt zu erklären.

Die Nazis glaubten, die Zigeuner würden infiziertes Blut in die arische Erbmasse einschleusen. In den Nürnberger Gesetzen wurden Zigeuner als »Angehörige artfremder Rassen« angesehen; viele von ihnen wurden schon ab 1934 zwangssterilisiert. Heydrich ließ die Zigeuner 1939 nach Polen abschieben. Die Wehrmacht und zivile Beamte, Nichtnazis wie Nazis, ermordeten in den besetzten Gebieten im Osten die Zigeuner fast beiläufig, wenn auch einige »korrektere« Bürokraten um eine offizielle Erlaubnis ersuchten. Polnische Zigeuner wurden in den ersten Kriegswochen erschossen; die berüchtigten Todesschwadronen der »Einsatzgruppen« und Einheiten der deutschen Wehrmacht töteten sie mit oder ohne Befehl. Zigeuner wurden in Babi Yar ermordet und in Auschwitz für medizinische Experimente und Zwangsarbeit eingesetzt. 1942 erwartete jeden die Todesstrafe, der Zigeunerblut in sich hatte, selbst einige Wehrmachtsangehörige wurden in Todeslager geschickt. Die Maßnahmen wurden gebilligt und beaufsichtigt von den Akademikern und Ärzten des Hauptamtes für Volksgesundheit. Die offizielle Bezeichnung von Himmlers Behörde verrät die Absicht: »Zentrale zur Bekämpfung des Zigeunerunwesens.« Ukrainische, rumänische und kroatische Faschisten (die *Ustascha)* rotteten die Zigeuner vollständig aus, und ein berüchtigter ungarischer Kampfspruch lautete: »Nach den Juden die Zigeuner.« Im Jahr 1942 wurde deutschen Diplomaten und Beamten mitgeteilt, daß Himmler die Tötung aller Zigeuner angeordnet habe; kein Einspruch dagegen ist überliefert. Etwa eine halbe Million Zigeuner kamen im Holocaust ums Leben. Bis 1991 wurde niemand je für diese Morde verurteilt. An Zigeuner sind nie Entschädigungen gezahlt worden. Das Schicksal der Zigeuner hat nie eine nennenswerte internationale Aufmerksamkeit gefunden; sie werden noch heute in Rumänien, in der Slowakei, in Österreich und in Ungarn verfolgt, in Deutschland diskriminiert; überall sind sie unwillkommen.

Im Jahr 1933 machten die Juden weniger als ein Prozent der deutschen Bevölkerung aus, knapp mehr als eine halbe Million Juden in einem Land von über sechzig Millionen Menschen. Auch wenn dreißig Prozent der Juden im Handel tätig waren, waren nur zwei Prozent Bankiers und Börsenmakler, dagegen sechzehn Prozent Anwälte, zehn Prozent Ärzte und fünf Prozent Journalisten und Schriftsteller. Angesichts dieser Zahlen ist offenkundig, daß die Juden nichts dominieren konnten.

Nach der Machtübernahme durch die Nazis folgte das übrige Geschehen der Logik der NS-Ideologie und der deutschen Siege im Osten. Es ist gar nicht nötig, lange nach einem Zeitpunkt zu suchen, an dem die Entscheidung zum Holocaust fiel, oder so zu tun, als sei alles auf Hitler zurückzuführen. Bis 1938 war die offizielle Politik der Nazis die Zwangsausweisung ohne jeden Besitz, doch das Regime wußte genau, daß kein Staat Hunderttausende von verarmten Juden aufnehmen würde, ganz zu schweigen von den Millionen Ostjuden. Das Regime wollte den Westen über seine endgültigen Pläne zur »Lösung« der Judenfrage ebenso im unklaren lassen, wie es keine öffentliche Erörterung der wahren Ziele seiner Außenpolitik wünschte. Das deutsche Auswärtige Amt, nicht die NSDAP schlug als erster vor, die Juden nach Madagaskar zu verschiffen, damals eine französische Kolonie vor der Küste Afrikas. Madagaskar sollte zu diesem Zweck Himmler und der SS nach der Niederlage Frankreichs übergeben werden. Doch zuerst hätte England geschlagen werden müssen, weil die britische Flotte während des Krieges wahrscheinlich jede größere Umsiedlung verhindert und die deutschen Schiffe abgefangen hätte. Somit geriet der Plan in Vergessenheit, als die Invasion von England verschoben wurde und der Osten zur Verfügung stand. Manche vermuten, der Madagaskar-Plan deute an, daß die Nazis nicht von Anfang an einen Massenmord geplant hätten, doch es gibt keinen Grund anzunehmen, daß die SS in Madagaskar etwas anderes getan hätte als in den Todeslagern. Überdies war der Plan bereits unter den Antisemiten des 19. Jahrhunderts sehr verbreitet; das europäische Judentum sollte dorthin verschifft werden und für dieses besondere Privileg noch bezahlen. Nach der Ankunft sollte die Insel nach dem Plan der Nazi-Vorläufer von einer

Flotte rundum bewacht werden, um jeden Fluchtversuch zu verhindern; manche regten gar an, alle Juden zu erschießen, die nach der Umsiedlung in Europa verblieben; andere wollten das Gelbfieber einschleppen lassen. Im Februar 1939 schlug Rosenberg vor, die Juden nach Madagaskar zu schicken, bei einer Pressekonferenz im Sommer des Jahres sagte er, daß sich die verhaßte jüdische Rasse auf der wilden Insel mit ihrem mörderischen Klima in einem Reservat isoliert wiederfinde, von dem es nur einen Ausweg gebe – den Tod.[6]

Auch die Förderung zionistischer Bewegungen durch die Nazis in den Vorkriegsjahren ist überbewertet worden. Hitler wollte nie ein unabhängiges Israel; er wollte auf keinen Fall, daß das internationale Judentum eine nationale Basis bekommt. Die Nazis waren wie die Antisemiten vor dem Krieg der Ansicht, daß die Juden in Palästina die Araber ausbeuten und ihre internationale Subversion und Dominanz der Wirtschaft fortsetzen würden, weil sie unfähig seien, einen Staat aufzubauen. Eichmann arbeitete für kurze Zeit mit Zionisten zusammen, doch er gab selbst an, die Politik des Reiches sei es, den Aufbau eines jüdischen Staates in Palästina zu verhindern.[7] 1937 erklärte Eichmann, es sei falsch, Juden ins Ausland zu schicken, obwohl deutsche und österreichische Juden bis 1940 zur Ausreise gedrängt wurden. Hitler sagte aber zu dem Großmufti von Jerusalem, Amin al-Husseini, im November 1941, das Ziel seines Kampfes sei klar. In erster Linie bekämpfe er die Juden ohne Unterlaß, und dazu gehöre selbstverständlich auch der Kampf gegen eine jüdische Heimstätte in Palästina.[8]

Hitlers Vorbereitung zum Krieg und seine Judenpolitik waren eng miteinander verknüpft. Er hatte 1936 die Wirtschaftssabotage zu einem Kriegsverbrechen erklärt, auf das die Todesstrafe stand, und hielt die gesamte jüdische Gemeinschaft dieses Verbrechens für schuldig. Nach der Wiederbewaffnung und dem Einmarsch ins Rheinland wußte Hitler, daß westliche Politiker keinen Krieg riskieren würden, um Aktionen, die augenscheinlich nur dazu dienten, die Folgen eines von Rache geprägten Vertrages zu beseitigen. Die Franzosen verschanzten sich hinter der Maginot-Linie und machten deutlich, daß sie für die Rettung ihrer Verbündeten im Osten nicht kämpfen würden. Im November 1937 wies Hitler seine Mitarbeiter in der Kriegs- und Außenpolitik an, die Eroberung von Lebensraum vorzubereiten. Als Hitler 1938 in Österreich einmarschierte, trat der Völkerbund nicht einmal zusammen, um über eine

Verurteilung von Deutschland zu beraten. Österreicher mißhandelten die Juden von Wien so brutal, daß die einmarschierenden Deutschen den zivilen Mob sogar zurückhalten mußten. Auch wenn österreichische Linke und viele ältere Katholiken sich nicht mit Deutschland vereinen wollten, war Österreich zum Zeitpunkt von Hitlers Invasion keineswegs frei; er marschierte in ein faschistisches Österreich ein, das von Luegers Erben regiert und von Schönerers Erben bedroht wurde. Die Regierung der Christlichsozialen Partei war ebenso antisemitisch wie die Nazis. Luegers katholischer Antisemitismus hat anscheinend über dasselbe furchtbare Potential verfügt wie der weltliche Rassismus der Nazis. Der Bischof von Linz schrieb 1932 in einem Hirtenbrief über den degenerierten Judaismus:

»Diesen schädlichen Einfluß des Judentums zu bekämpfen und zu brechen ist nicht nur gutes Recht, sondern strengste Gewissenspflicht eines jeden überzeugten Christen, und es wäre nur zu wünschen, daß auf arischer und christlicher Seite diese Gefahren und Schädigungen durch den jüdischen Geist ... noch nachhaltiger bekämpft würden.«[9] Die Österreicher allein waren viel zu schwach, um die Slawen zu unterwerfen und die Juden im Osten zu ermorden, doch als sie Gelegenheit dazu hatten, halfen Tausende bereitwillig bei beiden Unternehmungen mit.

Schritt für Schritt war das Vorrücken der Armee vom Krieg gegen die Juden begleitet. Zwei Wochen nach dem Einmarsch in Österreich machte die Regierung deutlich, daß es in Deutschland keine jüdische Gemeinde mehr geben werde. Vier Fünftel der 40 000 bestehenden jüdischen Unternehmen wurden liquidiert. Nach Juli 1938 wurde jüdischen Geschäftsleuten kein Kredit gewährt. Bankiers stritten eifrig darum, jüdische Unternehmen zu Dumpingpreisen aufzukaufen, erpreßten jüdische Geschäftsleute häufig mit der Drohung schlichter Enteignung. Jüdische karitative Einrichtungen wurden geschlossen, und viele Juden, die wegen kleinerer Vergehen verhaftet wurden, selbst wegen Verstößen gegen die Verkehrsregeln, wurden ins Gefängnis oder in Lager gesteckt. Göring und Martin Bormann, der Stabsleiter von Rudolf Heß, versicherten ihren ungeduldigen Anhängern, daß die Regierung die »Rechnung mit den Juden« bald begleichen werde; viele Juden wurden öffentlich verhöhnt. »Juda verrecke!« schallte es durch ganz Deutschland und Österreich.

Im Mai 1938 teilte Hitler seinen Generälen mit, er werde bald die Tschechoslowakei zerschlagen. Wie er vorhergesagt hatte, machten ihm die westlichen Staaten im September in München deutlich, daß sie nicht versuchen würden, die Tschechen zu retten. Noch im selben Jahr zeigte der Westen auch, daß er nichts unternehmen würde, um die Juden zu retten. Die schrecklichen Szenen von Prügeleien und Demütigungen der Juden in Wien waren über die internationale Presse und in Wochenschauen verbreitet worden. William L. Shirer hatte Wien zur Zeit des Anschlusses als eine antisemitische »Orgie des Sadismus« beschrieben, schlimmer als alles, was er in Berlin gesehen hatte. Folglich berief Präsident Franklin Roosevelt die Konferenz von Evian ein, um Mittel und Wege zu erörtern, wie den Juden geholfen werden könne. Obwohl Hitler über die Einmischung verärgert war, bot er der internationalen Staatengemeinschaft »seine« Juden an. Er wußte, daß das Angebot abgelehnt würde. Wie Hitler auch wußte, hatte das US-Außenministerium mit Zustimmung des Kongresses vor der Konferenz nicht einmal das geltende amerikanische Recht angewandt und zu wenig Visaanträge genehmigt, um die bereits bestehende Quote für Deutschland voll auszuschöpfen. Darüber hinaus hatten die Vereinigten Staaten den anderen Mächten versichert, daß sie nicht gezwungen würden, Zehntausende von Juden aufzunehmen. In Wahrheit berief Roosevelt die Konferenz ein, um nicht konkrete Hilfsmaßnahmen ergreifen zu müssen. Er fürchtete, seine Popularität einzubüßen, wenn er jüdische Flüchtlinge aufnehmen würde. Vermutlich hatte er recht. In Evian boten die Deutschen den versammelten 32 Staaten die Juden regelrecht an; lediglich die Dominikanische Republik und später Costa Rica erhöhten ihre Einwanderungsquoten. Die internationale Presse verhöhnte die heuchlerische Pose der Anglo-Amerikaner. Goebbels jubelte. Hatte er nicht schon im voraus gewußt, daß kein zivilisierter Staat die verfluchte Rasse haben wolle? In Wahrheit verlangten Polen, Ungarn und Rumänien, daß auch sie von ihren Juden befreit würden! Eine deutsche Tageszeitung kommentierte die Konferenz: Man zeige solange gern Mitleid mit den Juden, wie dieses Mitleid für schändliche Propaganda gegen Deutschland eingesetzt werden könne, kein Staat sei aber bereit, ein paar Tausend Juden aufzunehmen. Somit diene die Konferenz der Rechtfertigung von Deutschlands Politik gegenüber dem Judentum.[10] Juden konnten verprügelt und ermordet, ihr Besitz konnte gestohlen werden. Es war kaum der Rede wert.

Anfang 1938 erzwang Hitler den Rücktritt der Generäle Fritsch und Blomberg, um die Kontrolle der Nazis über die Wehrmacht zu festigen.

Im März forderte er das Sudetenland von den Tschechen. Zum Einmarsch bereit, gestattete er der SA eine Eskalation der Gewalttaten gegen die Juden. Im Sommer 1938 wurden Synagogen in Brand gesteckt und weitere Juden verprügelt und ermordet. Zweitausend Juden wurden in Lager gesteckt. Im Juli kommentierte eine belgische Zeitung: »Was zur Zeit in Deutschland vor sich geht, ist die systematische Ausrottung einer lebenden Rasse, eine Art biologischer Vernichtungskrieg ...«[11] Doch die NS-Führung und ihre konservativen Verbündeten blieben noch immer mißtrauisch gegenüber ungeregeltem Terror. Göring wies die SA an, sich zurückzuhalten, stärkere Maßnahmen würden vorbereitet.

Erbittert über die grausame Behandlung seiner Eltern, die nach Polen abgeschoben worden waren, schoß am 7. November 1938 ein junger Jude, Herschel Grynszpan, in Paris den deutschen Legationssekretär Ernst vom Rath nieder, der zwei Tage später seinen Verletzungen erlag. Der 9. November war der Jahrestag des Münchner Putsches; diese Gelegenheit durfte man sich nicht entgehen lassen. Goebbels und Hitler waren sich einig, daß eine kurze, heftige Attacke gegen die Juden zu erfolgen hätte. In der Nacht des 9. November 1938, der sogenannten Kristallnacht, wurden nahezu zweihundert Synagogen und siebentausend jüdische Geschäfte zerstört und etwa zweihundert Juden ermordet. Die SS verhaftete etwa 35 000 Juden und schaffte sie in Konzentrationslager, wo etwa eintausend von ihnen innerhalb von drei Monaten starben. Die Kristallnacht wurde zwar als spontane Ausschreitung empörter Deutscher ausgegeben, doch sie war von der Partei gesteuert. Es kam zu ausgiebigen Plünderungen durch Zivilisten, doch Massenkrawalle blieben aus. Die Nazis und ihre konservativen Verbündeten wollten die Bestrafung der Juden noch immer in gesetzlichen Bahnen verlaufen lassen, sauber und gründlich.

Zwei Tage später trafen sich die höchsten Führer der Nazis und Repräsentanten verschiedener Ministerien, um die weiteren Schritte zu besprechen. Ribbentrop und der Wirtschaftsminister Walther Funk fürchteten einen internationalen Boykott. Göring glaubte, daß die, seiner Ansicht nach jüdisch dominierte, amerikanische Regierung deutsche Vermögenswerte beschlagnahmen werde und ereiferte sich darüber, daß deutsches Überseekapital nicht vor dem Pogrom zurückgezogen worden war. Er war auch verärgert über die Zerstörung von Eigentum und brüllte Reinhard Heydrich, den Chef des Sicherheitsdienstes (SD) an: »Mir wäre lieber gewesen, ihr hättet 200 Juden erschlagen und hättet nicht solche Werte zerstört!« Worauf Heydrich mit einer Untertreibung entgegnete: »35 sind es.«[12] Göring beklagte, daß die Kristallnacht wertvolle ausländische Devisen kosten werde, weil die Versicherungsgesellschaften sich im Ausland rückversichert hätten. Ironischerweise mußten die Versicherer Göring mitteilen, daß die meisten zerstörten Geschäfte Ariern gehörten und von Juden lediglich gepachtet waren. Darüber hinaus mußten die deutschen Versicherungsgesellschaften die Hälfte der gesamten Jahresproduktion der belgischen Glasindustrie bezahlen, um für die zerschlagenen Scheiben aufzukommen. Und der größte Teil der geplünderten oder zerschlagenen Waren gehörte nicht den Juden, sondern sie hatten ihn von christlichen Lieferanten in Kommission genommen. Die Versicherer waren gezwungen, auch diese zu bezahlen. Die Regierung sollte ferner Tausende Reichsmark an Steuern durch die Abschreibungen der Geschäftsverluste verlieren. Göring fragte, ob es nicht eine Möglichkeit gebe, die geplünderten Waren der Regierung wiederzubeschaffen, doch das war unmöglich. Offenbar sollte es nur der Regierung, den Banken und auserwählten deutschen Geschäftsleuten gestattet sein, die Juden auszuplündern, nicht den gewöhnlichen Deutschen. Göring suchte nach einer gesetzlichen Möglichkeit, damit die Versicherungsgesellschaften den Juden keine Entschädigung zahlen mußten. Die Versicherungsgesellschaften mußten, auch wenn sie das Geld am liebsten den Juden abgepreßt hätten, Christen eine Entschädigung bezahlen, doch Juden wurden nicht entschädigt. Die Juden selbst sollten den Schaden wiedergutmachen, indem sie eine »Sühneleistung« von einer Milliarde Reichsmark zahlten, etwa ein Fünftel des gesamten Kapitals deutscher Juden.

Die Kristallnacht war keine Lösung. Die Nazi-Führung wollte eine gesetzliche und echte »Endlösung«, um die »Judenfrage« ein für allemal zu beantworten. Auf dem Treffen nach dem Pogrom verkündete Göring, Hitler habe einen Brief geschrieben, »wonach die Judenfrage jetzt einheitlich zusammengefaßt werden soll und so zur Erledigung zu bringen ist«. Goebbels ordnete ein Ende aller Pogrome an: Die letzte Antwort auf die jüdische Greueltat in Paris werde mit gesetzlichen Mitteln gegeben werden, d. h. per Verordnung.[13] Drei Tage später leitete Bormann eine Sitzung mit Vertretern des Auswärtigen Amtes, des Wirtschaftsministeriums und mit Parteiführern, um zu erörtern, auf welche Weise die Juden mit legalen Mitteln aus der Wirtschaft verdrängt werden konnten. Die

Kommission beschloß, die Arisierung jüdischen Vermögens zu beschleunigen, die Verlegung jüdischen Kapitals ins Ausland abzublocken und sämtliche jüdischen Unternehmen und Kapitalanlagen zu übernehmen. Kein Jude durfte Mitglied einer Genossenschaft sein. Einmal mehr waren die Österreicher einen Schritt voraus. Sie hatten bereits einen Plan und baten lediglich um eine entsprechende Verordnung. Alle erforderlichen Verordnungen wurden am selben Tag veröffentlicht, darunter auch eine Verordnung, die es den Juden untersagte, irgendwelche Ansprüche auf Schadenersatz geltend zu machen. Sämtliche Maßnahmen sollten am 1. Januar 1939 in Kraft treten. Nach Hitlers Vorstellung war dies das Jahr, in dem der Krieg beginnen sollte.

Schritt für Schritt wurde nun die Ideologie des Todes in die Tat umgesetzt. Bei ihrem Treffen nach der Reichskristallnacht erörterten Göring, Goebbels, Heydrich und verschiedene Bürokraten, die nicht aus der Partei waren, das Schicksal der Juden: Wie konnte man Juden weiterhin gestatten, gemeinsam mit Deutschen auf die Schule zu gehen oder sich in öffentlichen Parkanlagen und auf Plätzen zu vergnügen? Weshalb ist es Juden erlaubt, Autos zu besitzen, den öffentlichen Verkehr zu nutzen oder mit Ariern unter einem Dach zu wohnen? Sollten wir die Juden nicht aus größeren Städten verbannen, ihnen wertvolle Krankenhausplätze verwehren und sie von guten Wohngegenden fernhalten, von Heilbädern, Theatern, Filmhäusern, Kunstausstellungen, Parkanlagen und Restaurants? Weshalb sollte ein Jude ebenso gut leben wie auch nur der ärmste Arier, oder gar eine besser bezahlte Arbeit haben? Es wurde vorgeschlagen, die Juden auf das Existenzminimum zu beschränken; Zwangsarbeit war auch bereits im Gespräch; erneut wandte sich die Diskussion wie von selbst der Schaffung von Ghettos und Lagern zu. Immerhin waren bereits Tausende von Juden in Lagern untergebracht, und bald würden Gebiete im Osten zur Verfügung stehen. Der Massenmord war die offenkundige, ja die einzige »Endlösung«. Führungskräfte und Wissenschaftler diskutierten bereits verschiedene Methoden, dies zu verwirklichen, auch die Vergasung, wie SS-Oberdienstleiter Viktor Brack später bezeugte, der mit der Aufsicht über die Konzentrationslager betraut war.

Kurz danach wurden die Juden von Schulen und Universitäten ausgeschlossen, von Konzerten, öffentlichen Bädern, Theatern, Restaurants, Sportplätzen und Museen, ferner wurde ihnen untersagt, Telefone, Rundfunkgeräte, Autos oder Edelmetalle zu besitzen. Sie wurden gezwungen, in besondere »Judenhäuser« umzuziehen. Es ließ Böses erahnen, daß der Mord an einem Juden nun nicht mehr als schweres Verbrechen angesehen wurde. Nach der Kristallnacht wurden SA-Mitglieder wegen Diebstahls bestraft, als Verstoß gegen den Ehrenkodex, und Vergewaltigung wurde als Verstoß gegen das Verbot von Geschlechtsverkehr zwischen verschiedenen Rassen geahndet. Ein Mann wurde bestraft, weil er zwei Juden getötet hatte, obwohl er den Befehl hatte, niemanden zu töten; ein anderer wurde leicht bestraft, weil er jemand getötet hatte, als Hitler bereits angeordnet hatte, die Aktion zu stoppen. Aber 24 SA-Mitglieder, die Juden getötet hatten, wurden lediglich gerügt; das Parteigericht selbst ersuchte Hitler, keine weiteren Maßnahmen einzuleiten.

Schon 1927 hatte Hitler den Tod »schädlicher rassischer Elemente« gefordert, und 1933 hatte dann das Justizministerium die Tötung unheilbar kranker Patienten vorgeschlagen. Die Regierung hatte den Vorschlag des Ministeriums wegen des kirchlichen Protestes fallengelassen. Als zeitweilige Ersatzmaßnahme wurden etwa 375 000 Personen sterilisiert. Zu den Opfern zählten Schwachsinnige und geistig Behinderte, Träger von »Erbkrankheiten«, Alkoholiker, Sexualtäter, Homosexuelle, Tuberkulose-Patienten, Zwergwüchsige, Epileptiker, selbst Sträflinge und andere, die sich gesellschaftsschädigenden Verhaltens schuldig gemacht hatten. Sterilisierung war zu jener Zeit in vierzehn Staaten der USA eine übliche Maßnahme und forderte am Ende etwa 60 000 Opfer unter geistig Behinderten, Schwachsinnigen und Verbrechern. Aber nur in Deutschland wurden die potentiellen Opfer als »rassisch unerwünscht« bezeichnet. Überdies wurde in Deutschland nie zwischen einer Sterilisierung und Euthanasie-Programmen unterschieden. Für das Regime und für Tausende von beteiligten Richtern, Ärzten, Psychiatern, Gesundheitsarbeitern und »Rassenhygienikern«, die bei der Entfernung der »nutzlosen Esser« und »kranken Auswüchse« aus der rassischen Erbmasse mitarbeiteten, war die Sterilisierung ein Vorspiel für die Euthanasie, die Euthanasie wiederum ein Vorspiel für den Völkermord. Im September 1939 setzte der Krieg dieser Kompromißlösung ein Ende: »Nutzlose Esser« und »sozial und rassisch Unerwünschte« waren dazu ausersehen, im Zuge von Euthanasie-Programmen zu sterben.

Seit 1937 hatten deutsche Ärzte und Psychiater sich auf das Euthanasie-Programm vorbereitet. Mit dem Einmarsch in Polen und dem Kriegsbeginn im September 1939 gab Hitler den Befehl, mit den Tötungen zu beginnen. Im Dezember 1939 wurden Morde in Asylen, Krankenhäusern und Pflegeheimen durchgeführt. Schulkinder sollten in Kosten-Nutzen-Rechnungen ermitteln, was es kosten würde, diejenigen am Leben zu erhalten, die nur eine soziale Last waren. Es ging nie einfach nur um den »Gnadentod«, sondern das Programm verfolgte das Ziel, die Rasse von unerwünschtem »Blut« zu reinigen, unabhängig von der Schwere der Krankheit oder den Wünschen der Opfer. Um die Angelegenheit zu beschleunigen, wurden im Oktober 1939 Formulare ausgefüllt, in denen Ärzte die geistigen und physischen Behinderungen aller Patienten beschrieben, die in Pflegeanstalten untergebracht waren. In dem Formular wurde auch nach der Rassenzugehörigkeit gefragt.[14] Der Weg war also frei für die Ermordung der Juden, ungeachtet ihrer geistigen oder physischen Gesundheit. Im Sommer 1940 wurden jüdische Psychiatrie-Patienten vergast; Anfang 1941 ordnete das Innenministerium an, daß alle stationär behandelten Juden zu töten seien, »nicht weil sie den Kriterien für Euthanasie entsprachen, sondern weil sie Juden waren«.[15]

Im Mai 1939 war ein Programm zur Tötung zurückgebliebener und behinderter Kinder eingerichtet worden, die Tötung begann einen Monat vor Kriegsausbruch. Ärzte und Hebammen trafen die Auswahl. 5000 Kinder wurden später ermordet. Dr. Hermann Pfannmüller, einer der Mörder, »machte kein Hehl aus der Tatsache, daß unter den ermordeten Kindern auch Kinder waren, die nicht geistig behindert waren, vor allem Kinder jüdischer Eltern«.[16] Immerhin vertrat ein gängiges deutsches Lehrbuch der Genetik aus den zwanziger Jahren die alte These, bestimmte Verbrechen seien die Folge ererbter jüdischer Charakterzüge, und gefälschte Statistiken »bewiesen« die hohe Kriminalitätsrate unter den Juden. »Ein Jude zu sein bedeutete, krank *und* kriminell zu sein; die NS-Medizin und die Gesundheitspolitik arbeiteten gemeinsam an der ›Lösung‹ dieses Problems.«[17] Auch die Justiz trug ihren Teil dazu bei.

Im Herbst 1939 wurden in Deutschland sechs spezielle Tötungsanstalten eingerichtet. Zunächst verabreichte das medizinische Personal die tödlichen Injektionen. Die erste Massenvergasung mit Kohlenmonoxid fand im Dezember 1939 in der Brandenburger Tötungsanstalt statt. Dabei wurden Gasflaschen eingesetzt und Aufträge für die Entwicklung von Gaswagen vergeben. Die Leichen wurden verbrannt. Um Schwierigkeiten zu vermeiden, wurden Duschen verwendet. Die Vergasung der Patienten wurde als »endgültige Lösung« bezeichnet. Durch den Euphemismus ließ sich die Öffentlichkeit zwar nicht täuschen – sie erfuhr schon bald von den Morden –, doch nun war es dem medizinischen Personal möglich, so zu tun, als seien sie nicht einfach Mörder. Nach der Invasion von Polen wurden die Kinder von Zwangsarbeitern aus polnischen, jüdischen und Zigeunerfamilien routinemäßig ermordet, ebenso gesunde jüdische Kinder. Im Jahr 1940 nahmen einige Krankenhäuser und Pflegeeinrichtungen in Deutschland nur noch Arier als Patienten auf und schickten jüdische Patienten gleich weiter in die Tötungsanstalten. Bald wurden gesunde jüdische und Zigeunerkinder ermordet, auch Waisen und Insassen von Jugendheimen. Im August 1941 wurde das Programm angeblich beendet, doch etwa 1200 jüdische Zwangsarbeiter wurden für verrückt erklärt und in einer Euthanasie-Anstalt in der Nähe von Berlin vergast.[18] Bis zu diesem Zeitpunkt waren etwa 70 000 bis 90 000 deutsche Krankenhauspatienten, unter ihnen eine unbestimmte Zahl von Juden, erschossen, mittels einer Todesspritze getötet oder vergast worden; manche schätzen die Gesamtzahl der Euthanasie-Opfer auf 275 000.

Als die Todeslager im Osten eröffnet wurden, schickte man das medizinische Personal aus dem Euthanasie-Programm zu Hunderten als Ratgeber dorthin – ein weiterer Hinweis darauf, daß kaum jemand einen großen Unterschied zwischen den beiden Programmen sah. Dr. Walter Groß, der Leiter des Rassenpolitischen Amtes, der Juden sterilisieren lassen wollte und die Euthanasie vor dem Krieg leidenschaftlich unterstützt hatte, verkündete im März 1941 öffentlich: »Die endgültige Lösung … muß … in der Entfernung der Juden aus Europa überhaupt bestehen.«[19] Inzwischen hatte er an dem Aufbau des Verwaltungsapparats für den Massenmord in den Lagern mitgearbeitet.

Nach 1937 wußte Hitlers militärische und zivile Führung, daß der Krieg im Osten ein gnadenloser Rassenkrieg sein würde. Angesichts der Tötungsanstalten in Deutschland und ihrer Auswahlmethoden erscheint es undenkbar, daß irgend jemand geglaubt haben soll, Millionen von Juden werde es gestattet, in dem Land weiterzuleben, das für das geläuterte germanische Volk ausersehen war. Außerdem wußten seit Evian alle sehr gut, daß ausländische Regierungen niemals Millionen verarmte Ostjuden aufnehmen würden, selbst wenn die Nazis das von ihnen verlangten. Somit verliefen die Wege in den Krieg und in den Holocaust weiter parallel. Mit der Beseitigung der Rest-Tschechoslowakei im März

1939 demonstrierte Hitler endgültig, daß er ein Reich im Osten anstrebte, nicht nur die Revision des Versailler Vertrages. Nach dem Hitler-Stalin-Pakt im August 1939 war der Weg nach Osten frei. Sowohl der Krieg als auch die Judenvernichtung wurden von der Logik der NS-Ideologie diktiert, und beides wurde seit Mitte der dreißiger Jahre konsequent durchgeführt. Halbherzige Maßnahmen würden die wirtschaftlichen oder rassischen »Fragen« nicht lösen. Schon lange vor Hitler hatten Millionen den Juden die Schuld an sozialen Mißständen in Deutschland gegeben; als dann der Rassismus den Nazis den Sieg einbrachte, konnten sie die Vernichtung der Juden als ihr historisches Mandat betrachten.

Im Jahr 1939 lebten noch etwa 300 000 arbeits- und mittellose Juden in Deutschland; Millionen warteten im Osten. Am 30. Januar 1939 verkündete Hitler seine berühmte, international verbreitete und unmißverständliche Prophezeiung: »Wenn es dem internationalen Finanzjudentum inner- und außerhalb Europas gelingen sollte, die Völker noch einmal in einen Weltkrieg zu stürzen, dann wird das Ergebnis nicht die Bolschewisierung der Erde und damit der Sieg des Judentums sein, sondern die Vernichtung der jüdischen Rasse in Europa.« Beinahe jedes Buch und jeder Film über die Nazis wiederholt diese Worte, aber immer noch zweifeln viele daran, daß der Entschluß, die Juden zu vernichten, lange vor dem Sommer 1941 gefaßt worden war.

Gleichzeitig mit der Invasion in Polen ordnete Göring die Ausbeutung der Ostgebiete an; Pläne wurden ausgearbeitet zur Beschlagnahmung polnischen und jüdischen Besitzes für neu angesiedelte Deutsche. Im September 1939 wurden die Neubesiedlung, die Konzentrationslager und die Tötungseinheiten Himmlers Aufsicht unterstellt, als »Reichskommissar für die Festigung Deutschen Volkstums«. Im selben Monat kamen sein Stellvertreter Heydrich und der Generalquartiermeister Eduard Wagner vom Oberkommando des Heeres überein, daß polnische Juden, der Klerus, die Intelligenz und die Adligen vernichtet werden müßten. Heydrich teilte den Kommandeuren verschiedener Einsatzgruppen in Polen mit, daß die ersten Morde lediglich der Anfang einer völligen Vernichtung des Judentums seien. Kurze Zeit später erfuhren einige Mitarbeiter des Personals der Tötungsanstalten in Deutschland von ihrer Versetzung in die künftigen Todeslager. Die berüchtigten *Einsatzgruppen* wurden aufgestellt, Einheiten, die insgesamt etwa zwei Millionen Zivilisten, darunter anderthalb Millionen Juden, töteten; eine wurde noch vor dem

Einmarsch in Polen ausgebildet. In den ersten fünf Kriegsmonaten wurden Tausende von Juden ermordet und ihr Besitz beschlagnahmt, ebenso Tausende von polnischen Politikern und Intellektuellen, sowie Hunderte von polnischen Geistlichen, die mögliche Führungsschicht eines neuen Polens. Es war allgemein bekannt, daß die katholische Kirche in Polen mit der polnischen nationalen Befreiungsbewegung eng verbunden war. Deutschstämmige mordeten und plünderten mit. Die Wehrmacht und die SS erörterten verschiedene Methoden des Massenmordes, die Hälfte des von den Deutschen besetzten polnischen Territoriums wurde als Ort der Endlösung auserwählt. Zu diesem Zeitpunkt waren mindestens 30 000 polnische Juden ermordet worden.

Im Herbst 1939 wurde das entsprechende Personal von dem Beschluß in Kenntnis gesetzt, die Juden in Polen in Ghettos umzusiedeln; im Winter wurden die ersten Ghettos eingerichtet. Die Ghettos sollten nicht von Dauer sein; sie waren lediglich Durchgangsstationen, bis die Lager fertig waren. Die polnischen Juden waren dem Tod geweiht, auch wenn die Sowjetunion nie angegriffen worden wäre. Der zuständige Beamte für den Aufbau des Ghettos in Lodz sagte im Dezember 1939: »Die Erstellung des Ghettos ist selbstverständlich nur eine Übergangsmaßnahme … Endziel muß jedenfalls sein, daß wir diese Pestbeule restlos ausbrennen.«[20]

Bis die Todeslager fertiggestellt waren, hielten Hunger, Seuchen und Mord in den Ghettos an, und die Massenerschießungen durch die Einsatzgruppen wurden fortgesetzt. Im Frühjahr 1940 wurde das erste große Ghetto, Lodz, errichtet. Juden arbeiteten und starben dort, während immer mehr von ihnen in die überlasteten Todeslager deportiert wurden, deren Kommandanten sich über fehlende geeignete Einrichtungen beklagten. Ende 1940 kamen täglich fünfzig bis siebzig Menschen im Warschauer Ghetto ums Leben, bis März 1942 starben dort etwa 5000 Menschen jeden Monat. Vor dem Einmarsch in Jugoslawien im April 1941 wurden Einsatzgruppen aufgestellt, die alle Feinde zu ermorden hatten; die Juden gehörten dazu, ob sie sich feindselig verhielten oder nicht. 1941 wurden Tausende von jüdischen Männern in Serbien erschossen; im Frühjahr 1942 starben ihre Frauen und Kinder in Gaswagen. Die SS und einige Einheiten der Wehrmacht ermordeten Juden in den baltischen Staaten und in Weißrußland, gleich nachdem sie sie aufgestöbert hatten; bis Oktober 1941 waren etwa 120 000 Juden dort ermordet worden. Über 230 000 wurden von Juli bis November 1941 in Litauen ermordet, und wenigstens 20 000 in Rußland. Im Dezember 1941 begann die Vergasung in Chelmno, Polen; schon bald hieß es unter den Polizisten im Dorf: »Ein Tag – ein Tausend.«[21] Im Frühjahr 1941 begannen die Massendeportationen aus Österreich; im Herbst aus Deutschland. Im Oktober 1941 erklärte Hitler, das endgültige Ziel der Deportation der Juden nach Osten sei ihre Vernichtung als Strafe für ihre Verbrechen. Im Dezember erklärte Hans Frank, der Generalgouverneur von Polen, sie müßten die Juden vernichten, wo immer sie ihnen begegneten. Bis Oktober 1941 waren alle Juden in Estland tot, in Serbien alle männlichen Juden.

Am 20. Januar 1942 fand die Wannsee-Konferenz in Berlin statt. Heydrich wollte die bürokratischen Richtlinien für die Vernichtung der Juden vorgeben und sich vergewissern, daß die anwesenden Beamten und Minister wußten, daß er und Himmler für die Endlösung zuständig seien. Der Vertreter des Auswärtigen Amtes, Unterstaatssekretär Luther, der eifrig den Judenmord mitgeplant hatte, erwähnte, daß das »Judenproblem« in Serbien als erstes gelöst werden müsse. Ein Offizier einer baltischen Tötungseinheit entgegnete, daß Estland als erster Staat bereits diese Ehre habe. Heydrich teilte den anwesenden Funktionären mit, daß kein Jude, der die Zwangsarbeit im Osten durchstehe, überleben dürfe, da sie der »widerstandsfähigste Teil« seien, »eine natürliche Auslese«, und die »Keimzelle eines neuen jüdischen Aufbaus« bilden würden. Die spätere Ermordung von elf Millionen Juden wurde diskutiert, eine Zahl, welche die Juden aus den noch zu erobernden Gebieten einschloß, auch England. Kein Einspruch regte sich gegen den Plan, Uneinigkeit herrschte aber darüber, ob auch »Mischlinge« zu den Opfern zählen sollten.

Deutsche Flugzeuge warfen millionenfach Propaganda-Flugblätter über den baltischen Staaten und im Westen der UdSSR ab, auf denen die Einheimischen aufgerufen wurden, die Morde zu unterstützen. Die Deutschen, hieß es in den Flugblättern, würden die »jüdisch-kommunistische Regierung« und die »verbrecherischen Machenschaften der Judenclique« angreifen und hätten die Absicht, »alle Völker der Sowjetunion vom kommunistischen Joch, von den verfluchten Juden und dem jüdischen Kommunismus zu befreien«. Viele Sowjetbürger benötigten keine Aufforderung: Tausende von Juden wurden von Esten, Letten, Litauern, Ukrainern und Weißrussen ermordet; ebenso verfuhren Kroaten, Ungarn und Rumänen. Die Deutschen hatten kaum die sowjetische Grenze überschritten, da töteten Rumänen Hunderte von rumänischen Juden. Sie hungerten die Juden aus oder schunden sie zu Tode. Auch rumänische und ungarische Soldaten, die zur Invasionstruppe gehörten, nahmen Teil am Mord an den »Judenbolschewiken«.

Himmler betonte zwar immer wieder, die Deutschen würden die humanste Methode wählen, um die Juden zu vernichten; und es hieß, die Todeslager seien auch notwendig geworden, weil die Moral der Truppe unter den Morden vor Ort gelitten habe. Doch in Wirklichkeit gibt es keine erdenkliche Greueltat, die die SS oder die Wehrmacht nicht begangen hätte: Juden wurden in Urin ertränkt, in Exkrementen erstickt, zum Tanzen gezwungen und dann erschossen. Soldaten wetteten, wer Säuglinge am weitesten werfen könne; Kinder wurden vor den Augen ihrer Mütter verbrannt; Frauen wurden gefoltert, ehe man sie tötete; und zu Tausenden hat man sie gezielt lebendig begraben. In einem Fall kastrierten deutsche Soldaten ihre Opfer und prügelten sie dann zu Tode. Der Krieg der Deutschen bot vielen fanatischen Antisemiten in Osteuropa die Gelegenheit, Juden zu massakrieren; allerdings wurden die Morde auch dort von Millionen Antisemiten mißbilligt, ebenso wie Millionen Deutsche die Morde mißbilligten. Der einzige Unterschied zwischen den deutschen und den osteuropäischen Mördern bestand vielleicht darin, daß letztere ihren Taten weniger eine welthistorische Bedeutung beimaßen und die Morde beendeten, als sie erkannten, daß der Krieg verloren war.

Dennoch sollte die massenweise Vergasung in den Lagern legal, systematisch und kontrolliert ablaufen, ohne Brutalität – sie war Zweck und Erfüllung der Rassenideologie und die Vollendung des Krieges. Solch ideologische Distanz wurde natürlich mehr als einmal durchbrochen, aber sie existierte. Paradoxerweise war dies die endgültige Abkehr von Menschlichkeit, eine Pervertierung jeglicher sittlicher Werte. Viele haben auf Himmlers Perversion verwiesen, SS-Soldaten bestrafen zu lassen, die sich an der persönlichen Habe ihrer Opfer bereicherten. Doch Himmlers Haltung stand in Einklang mit den Mythen der Antisemiten. Die Juden, die wegen ihres Blutes verteufelt waren, mußten mit legalen und bürokratischen Mitteln beseitigt werden, damit diese notwendige historische Mission nicht durch die Selbstsucht und Rachegelüste Einzelner besudelt werden durfte. Folglich riskierte jeder SS-Mann eine Bestrafung, der dabei erwischt wurde, wie er seinen Opfern nicht nur das Leben nahm. Himmler erklärte: »Wir hatten das moralische Recht, wir hatten die Pflicht gegenüber unserem Volk, dieses Volk, das uns umbringen wollte, umzubringen«, doch »wir wollen nicht am Schluß, weil wir einen Bazillus ausrotteten, an dem Bazillus krank werden und sterben.«[22]

Nach dem Gesetz sollte das gesamte jüdische Vermögen an die Reichsbank oder andere öffentliche und private Einrichtungen zur legalen Veräußerung durch Richter, Bankiers und Anwälte übergeben werden. Dem Lagerpersonal wurde eingeschärft, daß die Vernichtung der Juden eine historische Notwendigkeit sei; eine Rasse müsse ausgerottet werden, die bis zum kleinsten Säugling der Erzfeind der germanischen Völker und der gesamten Zivilisation sei. SS-Aufseher fühlten sich gegenüber den Frontsoldaten als minderwertig, aber NS-Intellektuelle und »Rassenexperten«, welche die Aufseher mit entsprechenden Schriften versorgten, erinnerten sie ständig an das wertvolle ideologische Ziel ihrer Arbeit. Streichers *Stürmer* wurde in Unterkünften der Aufseher ausgehängt, ihnen wurde versichert, sie seien wertvolle Soldaten, keine gewöhnlichen Mörder, Soldaten im Kreuzzug gegen Deutschlands Todfeind. Wenn Himmler zu den Einsatzgruppen fuhr, erklärte er ihnen, daß all ihre Schuldgefühle der jahrhundertealten jüdisch-christlichen Ethik entstammten, doch künftige Generationen ihr großes Opfer bei der Säuberung Europas von dieser Geißel preisen würden. Sollte sich Himmler, wie überliefert wurde, tatsächlich übergeben haben, als er einigen Erschießungen beiwohnte und dabei mit Hirnmasse bespritzt wurde, so ist auch dies nur konsequent. Einige der schlimmsten SS-Bürokraten und Kommandeure der Wehrmacht, die häufig Menschen töteten, hielten sich selbst für »gute Familienväter«, die sich über persönliche Gelüste erhaben fühlten. Ohne Zweifel waren das viele. Genau deshalb waren sie durch und durch verkommen – ein schrecklicher Beweis für den historischen Einfluß der Ideologie des Todes auf die Deutschen.

Als der Krieg zugunsten der Alliierten umschlug, fügte die NS-Propaganda ihrer Hetze gegen die Juden neue Anklagen hinzu. Das internationale Judentum wurde für die »Terrorluftangriffe« der Alliierten verantwortlich gemacht. Wenn Deutschland den Krieg verliere, hieß es, würden die Juden die Deutschen vernichten. Die Juden hätten immer gewußt, daß sie sich in einem Rassenkampf auf Leben und Tod befänden, und nun hätten sie die Kriegsmacht der jüdisch dominierten Alliierten an ihrer Seite. Wo immer die tapferen deutschen Soldaten kämpften, würden Juden als Spione, Saboteure und Attentäter hinter den Linien kämpfen, sie seien die Todfeinde des Reiches und der gesamten öffentlichen Ordnung. Goebbels teilte der Öffentlichkeit mit, daß den russischen Soldaten jüdische Todesschwadronen folgen würden, die nur darauf warteten, alle Deutschen niederzumetzeln. Wehrmachtsoffiziere erklärten, deshalb sei es vollkommen angebracht, jeden Juden unterschiedslos als Geisel zu erschießen. Soldaten wurden angewiesen, der Versuchung des »jüdischen Humanitarismus« nicht nachzugeben, denn die Juden selbst seien schon immer die eigentlichen Mörder von Unschuldigen gewesen – Schriften über angebliche »Ritualmorde« wurden SS- und Wehrmachtsoffizieren zugeschickt und an die Soldaten verteilt. Einen Juden zu töten, ob bewaffnet oder unbewaffnet, ob Mann, Frau oder Kind, sei eine »Hygienemaßnahme«, eine notwendige Verteidigung jeder höheren Lebensform, ein Schlag gegen den ewigen Rassenfeind der christlich-germanischen Zivilisation. Mit einigen bemerkenswerten Ausnahmen – schwarze Soldaten der Alliierten im Westen, Russen im Osten – nahmen die Deutschen die Kapitulation feindlicher Soldaten an, weil sie in ihren Augen keine Rassenfeinde waren. Aber nicht einmal einem jüdischen Säugling wäre dieses Privileg gewährt worden.

Paradoxerweise entzieht sich ein überzeugter Antisemit dem moralischen Urteil eines liberalen und humanen Verstandes. Für uns ist es immer noch unmöglich zu glauben, daß solche Taten bei klarem Verstand verübt werden können, und wir suchen nach verborgenen psychologischen Erklärungen, anstatt die Macht des historischen Antisemitismus unter den Deutschen hinzunehmen. Doch gerade ihre Aufrichtigkeit rechtfertigt die schwerste Strafe für alle, die im Dienst antisemitischer Mythen gemordet haben. Gerade weil sie keine Monstren sind, weil sie mit gutem Gewissen handeln, sind sie schlimmer als all jene, die von animalischen Trieben besessen werden. Es hilft auch nicht, sich die SS als Ansammlung psychotischer Mörder vorzustellen. Die meisten Psychotiker sind in der Regel ungefährlich, als Gruppe sogar weniger gewalttätig als gesunde Menschen; oft sind sie Opfer ihrer selbst. In unserem Abscheu vor dem Werk der Nazis und der Millionen von Deutschen, die ihnen glaubten, können wir nicht einmal den jugendlichen Idealismus in Rechnung stellen, von dem die Nazi-Bewegung zuweilen geprägt gewesen war. Viele haben mit Schrecken auf die häufig anzutreffende Kombination von Mordlust und bürgerlicher Moral hingewiesen, doch genau das war die notwendige Folge der ungeheuren Kraft antisemitischer Mythen unter den Deutschen.

Im Sommer 1944 rückte die Rote Armee bereits auf Ungarn vor, da beeilten sich die Deutschen noch, alle ungarischen Juden zu deportieren und zu töten. Diese »Verschwendung« deutscher militärischer Ressourcen könnte zur Ansicht verleiten, die Nazis hätten irrational gehandelt. Für die Nazis waren die Ressourcen aber keineswegs verschwendet. Entweder die Juden oder die Deutschen sollten den Krieg überleben, nicht beide. Wenn die Juden obsiegten, so war der Krieg tatsächlich verloren und Deutschland dem Untergang geweiht; wenn die Juden vernichtet und die Deutschen besiegt wurden, dann konnte Deutschland eines Tages wieder emporsteigen. Der Jude und der bewaffnete Feind waren ein und derselbe. Im Jahr 1944 sprach das Propagandaministerium von jüdischen Plutokraten, die die Armeen im Westen antrieben, während jüdische Bolschewiki vom Osten her zuschlugen. Miklós Horthy, ein fanatischer Antisemit, hatte während der Konterrevolution von 1919 die Ermordung unschuldiger jüdischer Zivilisten angeordnet. Als er wußte, daß der Krieg verloren war, versuchte er, den deutschen Bündnispartner an der Ermordung ungarischer Juden zu hindern, weil er hoffte, sich dadurch bei den Alliierten einzuschmeicheln. Selbst die rumänischen Sadisten und Mörder wechselten ins andere Lager, als die Russen näherrückten.

Deutsche Einheiten hingegen setzten das Morden bis zum Ende fort, wie Martin Gilbert in seiner umfassenden Geschichte des Krieges gezeigt hat. Als die amerikanischen Truppen am 5. Mai 1945, drei Tage vor der offiziellen deutschen Kapitulation, auf Mauthausen vorrückten, wurde mehreren Tausend Gefangenen befohlen, in einen Stollen zu gehen, wo sie durch eine Sprengung ermordet werden sollten. Sie weigerten sich, und die Aufseher ließen davon ab, weil sie die bevorstehende Vergeltung fürchteten. Die Gestapo hatte die Sprengung von Buchenwald mitsamt seiner Insassen angeordnet, aber die Aufseher waren bereits geflohen. Ein Insasse nahm den Anruf entgegen und berichtete, alles sei bereits erledigt. Rund tausend Juden aus Buchenwald wurden am 27. April 1945 in Marienbad erschossen. Noch am 3. Mai töteten Hitlerjungen und deutsche Matrosen fünfhundert Juden bei dem Versuch, im Hafen von Lübeck an Land zu gehen. Am 13. April wurden über 5000 Juden aus Auschwitz von Angehörigen der Hitlerjugend und der Polizei aus der Stadt Gardelegen ermordet: Sie pferchten die Juden in eine Scheune, setzten sie mit Benzin in Brand und verfolgten, wie die Juden in dem flammenden Inferno schrien.[23] Wie der Titel eines Buches von Lucy Dawidowicz nahelegt, war dies *tatsächlich* ein Krieg gegen die Juden.[24]

Hans Hüttig, der ehemalige Kommandant von Buchenwald, erklärte 1986 (im Ruhestand) zu einem Interviewer: »Heute hört sich das alles so furchtbar grausam an, so unmenschlich und unmoralisch. Damals schien es mir in keiner Weise unmoralisch zu sein. Ich wußte ganz genau, was ich bei der SS tun werde. Wir alle wußten es. Das saß im Herzen, nicht im Kopf.«[25]

23.
KOMPLIZENSCHAFT

> In Zukunft wird es heißen: Charakterlos wie ein deutscher Beamter, gottlos wie ein protestantischer Pfaffe, ehrlos wie ein preußischer Offizier.
>
> *Ewald von Kleist-Schmenzin*

Für den Mord an Millionen Menschen innerhalb von fünf Jahren war die Komplizenschaft von Zehntausenden erforderlich. Öffentliche und private Einrichtungen beteiligten sich direkt oder indirekt an der Unterdrückung und am Mord an den Juden: Wehrmacht, Polizei, Beamtenschaft, Auswärtiges Amt, Eisenbahnen und Post, Verwaltungen, Unternehmen, unterstützt von Bankiers, Anwälten, Richtern, Ärzten und Wissenschaftlern. Karrieredenken, Angst und traditioneller Gehorsam gehörten zu den Motiven. Doch es wäre falsch, die schlichte Wahrheit zu leugnen: Die Tradition des Antisemitismus, durch die die Nazis an die Macht gelangt waren, förderte auch die freiwillige Unterstützung bei der Judenvernichtung.

In anderen Ländern hielten starke Gegenkräfte den Antisemitismus in Schach. In Frankreich war die republikanische Tradition tief verwurzelt; nur die militärische Niederlage brachte die reaktionären Rassisten von Vichy an die Macht. In Italien arbeiteten trotz des faschistischen Regimes vergleichsweise wenige mit den deutschen Mördern zusammen. Dieses Land des Humanismus und des Handels in der Zeit der Renaissance konnte die Juden schwerlich als korruptes Symbol der Verstädterung und des Händlergeistes betrachten. Da Italien keine Reformation und keine Religionskriege durchgemacht hatte, war sein historisches Vorbild das multiethnische Reich der Römer und nicht die mythisch verklärte völkische Vergangenheit. Darüber hinaus war Italien von Liberalen vereinigt worden, nicht von reaktionären Militaristen. Folglich gehörten der italienischen Rechten auch jüdische Intellektuelle und Politiker an, Juden besaßen wichtige Stellungen in der Armee und in der frühen faschistischen Bewegung. Mussolini betrachtete den Antisemitismus als die »deutsche Krankheit«, obwohl er 1938 mit den Nazis zusammenarbeitete. Etwa achtzig Prozent der italienischen Juden überlebten, und als Italien noch ein souveräner Staat war, wurde kein einziger Jude ausgeliefert. Die Vichy-Regierung tat dies aus freien Stücken. In ihren Besatzungszonen in Frankreich und auf dem Balkan nahmen italienische Bürokraten und Armeeoffiziere Tausende von Juden in Schutz, sogar gegen Mussolinis ausdrückliche Anweisungen.

Im Gegensatz dazu halfen Tausende von Wehrmachtsoffizieren beim Rassenmord oder beteiligten sich aktiv daran, viele aus ideologischer Überzeugung. Der Oberbefehlshaber Walter von Brauchitsch bestand Ende 1938 darauf, daß die Wehrmacht von niemandem in der Reinheit und Überzeugung ihrer nationalsozialistischen Weltanschauung übertroffen werden dürfe.[1] Während deutsche Soldaten in Richtung Warschau vorstürmten, erklärte Generalquartiermeister Wagner, eine endgültige »Flurbereinigung« unter Polens »Judentum, Intelligenz, Geistlichkeit und Adel« müsse durchgeführt werden.[2] Einheiten der Wehrmacht und der SS ermordeten in Polen von Anfang an jüdische Zivilisten. In seiner Studie *The Eastern Front* zeigt Omer Bartov, daß viele Offiziere aus eigenem Antrieb jüdische Zivilisten töteten. 1939 nannte das Oberkommando in einem Flugblatt an alle Offiziere den Krieg einen »Kampf gegen das Weltjudentum«, das wie ein schädlicher Parasit zu bekämpfen sei.[3] 1940 setzte das Oberkommando die Soldaten davon in Kenntnis, daß alles Jüdische in der Welt sich durch seinen Haß gegen Großdeutschland auszeichne; daß der Krieg die Entscheidungsschlacht zwischen den totalitären, rassisch definierten Weltanschauungen und dem Trachten der jüdischen Weltdemokratie sei.[4] Im Sommer 1941 berichteten Kommandeure der Einsatzgruppen von der »erfreulich guten Einstellung« der Wehrmacht, die ihnen bereitwillig Juden aushändigte.[5] Natürlich gab es auch Offiziere, die die Nazis haßten, aber sie schritten selten ein; sie waren auch zu wenig, um einen Einfluß auf die Ereignisse ausüben zu können. Bei der Charakterisierung der Bolschewiki unterschied sich die Sprache des Oberkommandos kaum von der der Nazis:

»Was Bolschewiken sind, das weiß jeder, der einmal einen Blick in das Gesicht eines der Roten Kommissare geworfen hat. Hier sind keine theoretischen Erörterungen mehr nötig. Es hieße die Tiere beleidigen, wollte man die Züge dieser zu einem hohen Prozentsatz jüdischen Menschenschinder tierisch nennen. Sie sind die Verkörperung des Infernalischen, Person gewordener wahnsinniger Haß gegen alles edle Menschentum.«[6]

In Jugoslawien begann der bewaffnete Widerstand unmittelbar nach der Invasion im April 1941; die Wehrmacht massakrierte Geiseln und zerstörte ganze Dörfer. General Böhme forderte rücksichtslose Vergeltungsmaßnahmen gegen die Zivilbevölkerung, auch gegen Frauen und Kinder, gleich ob sie Partisanen waren oder nicht. Böhme, ein Österreicher, rechtfertigte dies mit dem Verweis auf den serbischen »Verrat« an den Deutschen im Jahr 1914. Seine Truppeneinheit erschoß verdächtige Kommunisten und Nationalisten als Geiseln und zählte gleich alle Juden dazu. Als einige Soldaten selbst freundlich gesinnte Serben erschossen, ordnete das Oberkommando an, daß lediglich »erwiesene Feinde« des Regimes erschossen werden sollten; unter »erwiesenen Feinden« verstand man Demokraten, Kommunisten, serbische Nationalisten und »alle Juden«.[7] Als der Wehrmacht die Juden ausgingen, töteten sie die Zigeuner. Den größten Teil der Morde führten die SS, die deutsche Besatzungspolizei und heimische Faschisten mit Hilfe mobiler Gaswagen durch, doch Einheiten der Wehrmacht halfen mit.

Wo immer die deutschen Truppen einmarschierten, warben die Offiziere ansässige Antisemiten an, die ihnen bei den Morden helfen sollten. Am Vorabend der Invasion der Sowjetunion ordnete das Oberkommando ein rücksichtsloses Vorgehen gegen den jüdischen Bolschewismus an. Antisemitische Parolen machten in der ganzen Armee die Runde. 1942 wurden alle Offiziere folgendermaßen instruiert: Jeder Offizier müsse von der Überzeugung erfüllt sein, daß es in erster Linie der Einfluß der Juden sei, der das deutsche Volk an der Verwirklichung seiner Forderung nach Lebensraum und Ansehen in der Welt hindere und unser Volk zwinge, sich zum zweitenmal mit dem Blut seiner besten Söhne gegen eine Welt voller Feinde zu wenden. Deshalb müsse der Offizier eine unzweideutige und völlig unnachgiebige Haltung in der Judenfrage einnehmen. Es bestehe kein Unterschied zwischen sogenannten anständigen Juden und anderen.[8]

Derlei Vorstellungen wurden mit Hilfe von Filmen, Radiosendungen, Pamphleten, Wanderbüchereien und Vorlesungen von Offizieren und Akademikern unter den Soldaten verbreitet. Im Oktober 1941 ermahnte General von Manstein seine Truppe zu härterem Durchgreifen: Der deutsche Soldat müsse für die Notwendigkeit der harten, aber gerechten Sühne am Judentum volles Verständnis haben. Tausende von Juden wurden in den folgenden Wochen von Einheiten der Wehrmacht ermordet.[9]

Feldmarschall Walther von Reichenau sagte: »Der Soldat ist im Ostraum nicht nur ein Kämpfer nach den Regeln der Kriegskunst, sondern auch Träger einer unerbittlichen völkischen Idee und der Rächer für alle Bestialitäten, die den deutschen und artverwandten Völkern zugefügt wurden.«[10] Er ordnete die Ausrottung der Juden an, und 25 000 von ihnen wurden von deutschen und rumänischen Truppen in Odessa erschossen oder verbrannt. Omer Bartov schreibt, daß Soldaten, die nach einem schweren Gefecht moralische Aufmunterung benötigten, gesagt wurde, die Russen würden mit solch barbarischer Heftigkeit kämpfen, weil sie von einer bewußten jüdisch-marxistischen Intelligenz getrieben würden, die »ihre Herrschaft auf Terror und die Zerstörung aller Gemütswerte« gründeten.[11]

Anfangs hatten viele Ukrainer und Weißrussen die Deutschen willkommen geheißen. Aber bald trieb das Auftreten der deutschen Wehrmacht selbst jene, die die Herrschaft der Bolschewiki gehaßt hatten, zum Widerstand, trotz der schmerzlichen Erinnerung an Stalins mörderischen Terror, an die Säuberungen und erzwungenen Hungersnöte. Die Wehrmacht brannte ganze Dörfer nieder, nur weil sie im Partisanengebiet lagen. Männer wurden durchweg erschossen, Frauen und Kinder wurden erschossen oder ohne Kleider und Lebensmittel auf die russischen Linien zugetrieben, um angreifende Deutsche zu verbergen. Russen wurden gelegentlich als Helfer eingesetzt; Juden ließ man über Minenfelder laufen. Selbst Stalin behandelte die deutschen Kriegsgefangenen nie so schlecht, wie es die Deutschen mit gefangenen Sowjetsoldaten taten. Von fünf Millionen sowjetischen Kriegsgefangenen starben drei Millionen. Als die deutsche Wehrmacht im Winter 1943 von Niederlage zu Niederlage taumelte, wollten deutsche Offiziere ein Heer aus unzufriedenen Russen aufstellen, die ihnen helfen sollten, die Flut aufzuhalten. Aber der deutsche Terror war so schrecklich gewesen, daß sich nur etwa 50 000

Einheimische den Truppen der Nazis anschlossen. Die allermeisten Sowjetsoldaten waren überzeugt, es sei besser zu sterben, als in Gefangenschaft zu geraten.

Bei ihrem Rückzug in den Jahren 1944/45 ermordeten die Deutschen wahllos Frauen und Kinder, zerstörten unzählige Dörfer und warfen Leichen in die Brunnen, um das Wasser zu vergiften. Die Deutschen ließen ein Land des Elends, des Hungers und des Todes zurück. Etwa sieben Millionen Zivilisten starben, und etwa 1700 Städte und 7000 Dörfer wurden zerstört. Der Rassenwahn der völkischen Ideologen aus dem 19. Jahrhundert war im Osten Wirklichkeit geworden; die Ritter des Deutschen Ordens waren zurückgekehrt, ausgerüstet mit den modernen Waffen der Massenvernichtung, dieses Mal aber ohne zu bekehren.

Doch das deutsche Offizierskorps war keineswegs von teutonischen Barbaren geprägt. Sie waren die gebildeten Vertreter der Elite und der Mittelschicht. In den obersten Rängen war der Landadel stark vertreten. Einige fühlten sich den Nazis überlegen und wollten sich an der Ermordung von Zivilisten nicht beteiligen, doch das waren Ausnahmen. Die meisten handelten so, wie es ihre Unterstützung der Partei oder ihre Erfahrungen in den Freikorps vermuten ließen. Generalfeldmarschall Manstein und die Generäle Reichenau, Brauchitsch, Rundstedt, Hoth, Keitel und Jodl, um nur die angesehensten zu nennen, hielten allesamt das eine oder andere Mal Ansprachen an ihre Soldaten oder unterzeichneten Befehle, in denen der Tod für alle »Judenbolschewiken« oder einfach alle Juden verlangt wurde.

Etwa ein Drittel der Offiziere aus den Einsatzgruppen besaß akademische Titel, viele davon waren Juristen. Die unteren Offiziere waren zur Zeit des Krieges zwar unter den Nazis ausgebildet worden, doch schon 1930 hatte die große Mehrheit der jüngeren Offiziere die Nazis unterstützt. Wenige Offiziere stammten aus Arbeiterfamilien, und ehemalige Sozialdemokraten waren selten anzutreffen und grundsätzlich verdächtig. Untere Offiziere, vor allem in der SS, kamen hauptsächlich aus der Mittelschicht. Jahrzehnte des Rassismus hatten ihre Wirkung getan. Nach dem Krieg waren die meisten Deutschen empört, als die Alliierten den deutschen Offizieren vorwarfen, sie hätten ihre Ehre verloren; in Wahrheit hatten sie, mit einigen denkwürdigen Ausnahmen, wenig zu verlieren.

Nach der Wehrmacht und der SS war die Beamtenschaft am stärksten am NS-Terror beteiligt und kam häufig den Verordnungen der Nazis zuvor. Nach 1933 behielten neunzig Prozent der Beamten ihre Stellen; eine Säuberung war überflüssig. Das Finanzministerium und die Reichsbank konfiszierten die gestohlenen Wertgegenstände jüdischer Familien und das »arisierte« Vermögen. Das Justizministerium traf Absprachen mit der SS zu Lasten von Juden, Zigeunern und »asozialen« Deutschen; es verstieß gegen das Strafrecht und arbeitete bei dem Vernichtungsprogramm mit. Als das Morden begann, bat das Innenministerium darum, miteinbezogen zu werden. Im Mai 1941 kamen die führenden Köpfe verschiedener Ministerien überein, daß die deutschen Soldaten sich von dem eroberten Land ernähren sollten und folglich »zweifellos zig Millionen Menschen verhungern« würden. Sie fügten hinzu: Allein im Norden werden »viele zehn Millionen Menschen ... überflüssig und werden sterben«.[12] Der Chef des Verwaltungsstabes in Serbien, Staatsrat Turner, erklärte Kommandeuren der Wehrmacht, das Erschießen von Juden trage dazu bei, die Judenfrage zu lösen, da »sie ja auch verschwinden müssen«. Es sei die jüdische Intelligenz gewesen, die diesen Krieg angezettelt habe; sie müsse daher vernichtet werden.[13] Der größte Teil der Gestapo-Mitarbeiter rekrutierte sich aus den Reihen der zivilen Polizei.

Zahlreiche Beamte des Auswärtigen Amtes waren ebenfalls der Ansicht, der Krieg sei ein notwendiger Kreuzzug gegen den »Judenbolschewismus« und arbeiteten voller Überzeugung mit. Im September 1940 betrachtete das Auswärtige Amt die Zwangsausweisung als nicht wünschenswert »angesichts der zweifellos bevorstehenden Endlösung der Judenfrage«. Als die Deutschen nach Polen einmarschierten, hielt der Leiter der Deutschland-Abteilung, zuständig für Judenfragen, in einem offiziellen Memorandum zwei Kriegsziele fest: die Sicherung des politischen, militärischen und wirtschaftlichen Raums für Deutschland als Weltmacht und die Befreiung der Welt vom Judentum und der Freimaurerei. Als 1941 die Deportationen in den Osten begannen, spielte das Auswärtige Amt eine Hauptrolle. Zu Beginn der Morde führten einige nazifreundliche Beamte des Auswärtigen Amtes »die schrecklichsten Maßnahmen der Nazis aus«.[14] Einige organisierten im Jahr 1941 die Erschießung von 8000 Juden in Serbien. Felix Bendler, in Serbien für die auswärtigen Angelegenheiten zuständig, errichtete ein Lager, um die jüdischen Zivilisten in Belgrad zu »konzentrieren«. Zunächst wollten die Behörden die Juden in andere Lager deportieren, doch diese waren überfüllt, und die Entwicklung der Massenvergasung war noch nicht abgeschlossen. Der Leiter der zuständigen Abteilung für Judenfragen mit dem treffenden Namen Martin Luther verfaßte eine Notiz an Staatssekretär Ernst von Weizsäcker, in der er darauf drängte, daß der militärische Befehlshaber in Serbien für die unmittelbare Beseitigung dieser 8000 Juden sorge; die Wehrmacht habe bereits bedeutend größere Zahlen an Juden umgebracht, ohne sie auch nur zu erwähnen.[15] Weizsäcker, Ehrenmitglied der SS, erhob keinen Einspruch. Bis 1942 waren alle Juden in Serbien tot.

Im Herbst 1941 wurden die Berichte der Einsatzgruppen, in denen alle aufgelistet wurden, die wegen ihrer Nationalität und Abstammung ermordet worden waren, routinemäßig ans Auswärtige Amt geschickt. Trotz angeblicher Geheimhaltung kursierte ein Memorandum, in dem darauf gedrängt wurde, das Weltjudentum darüber zu informieren, daß im Osten so mancher Jude nicht mehr am Leben sei. Dies sollte bewirken, daß die Juden im Ausland es sich zweimal überlegten, ehe sie Vergeltungsmaßnahmen gegen Deutsche durchführten.[16] Deutsche Diplomaten übten großen Druck auf andere Staaten aus, ob verbündete oder besetzte, ihre Juden auszuliefern. Der Geschäftsträger der deutschen Botschaft in Rom, Fürst Otto von Bismarck, drängte die Italiener, daß sie der SS kroatische Juden zum Transport in die Lager zu sammeln gestattete. Der befehlshabende italienische General erklärte hartnäckig, solche Maßnahmen seien »mit der Ehre der italienischen Armee unvereinbar«.[17] Staatssekretär Weizsäcker drängte die italienischen Beamten, Juden der SS auszuliefern, und versuchte, die schwedische Regierung davon abzubringen, den Juden aus Norwegen Zuflucht zu gewähren. Andere versuchten, die Dänen davon abzuhalten, Juden bei ihrer Flucht nach Schweden zu helfen. Auf den Hinweis, die deutsche Judenpolitik sei für das finnische Volk unannehmbar und verstoße gegen seine Verfassung, entgegneten Beamte des Auswärtigen Amtes: Wie die Verteidigung gegen den Bolschewismus eine lebenswichtige Frage für Finnland sei, so bilde die rücksichtslose Vernichtung der politischen und wirtschaftlichen Macht der Juden für Europa die unveränderbare Voraussetzung für die Freiheit und Zukunft des Kontinents.[18]

Selbst als bereits die militärische Niederlage offenkundig war, betrieb das Auswärtige Amt weiter die Ermordung der Juden. Als Deutschlands Verbündeter Ungarn versuchte, die Deportationen zu stoppen, während die Rote Armee im Sommer 1944 näherrückte, drängte das Auswärtige Amt, mehr Eisenbahnwaggons zu liefern, damit rasch alle ungarischen Juden nach Auschwitz geschafft werden konnten. Ein Sprecher des Auswärtigen Amtes hatte 1943 erklärt: »Das Judentum muß bekämpft werden, wo immer es auftritt, weil es ein politischer Krankheitserreger ist, der Gärstoff für die Zersetzung und den Tod eines jeden nationalen Organismus ...«[19] Eine solche Mittäterschaft als reinen Karrierismus zu betrachten heißt, von einer falschen Voraussetzung auszugehen, denn es bleibt immer noch zu klären, wie es kam, daß die deutsche Kultur zivilisierte und gebildete Menschen hervorbrachte, die sich bereitwillig an dem Massenmord an Unschuldigen beteiligten. Und dies zu einem Zeitpunkt, als sich die Niederlage bereits abzeichnete und die Identifizierung mit den Nazis eine Bestrafung erwarten ließ. Dies war auch nicht das Werk unterer Beamter; sämtliche Dokumente antijüdischer Maßnahmen sind von den zuständigen Bürokraten unterzeichnet, auch wenn manche es zweifellos mit Abscheu taten. Wie Christopher Browning bemerkt, sind sie »durch keinen äußeren Druck gezwungen worden, sich so zu verhalten, wie sie es taten«.[20] Mit einem Wort, sie stellten sich freiwillig in Himmlers Dienst.

Ingo Müller schreibt in seinem ausgezeichneten Buch *Furchtbare Juristen,* die Richter hätten »in ihrer überwältigenden Mehrheit den Terror selbst mitausgeübt«.[21] Diese feinen Herren waren auch keine einfachen Parteisoldaten, sehr zum Mißmut der »alten Kämpfer« der Partei, die sie um ihre Posten beneideten. 95 Prozent der Richter traten freiwillig in die Partei ein, dies war der höchste Prozentsatz eines Berufsstandes und stand ganz im Einklang mit ihren Ansichten während des Kaiserreichs und in der Weimarer Republik. Ein Richter des berüchtigten Volksgerichtshofes, der SA-Offizier und stellvertretende Hauptschriftleiter des *Völkischen Beobachters* Wilhelm Weiß, gehörte zu denjenigen, die glaubten, Zweck des Gerichtshofes sei es, »die Gegner des Dritten Reiches restlos auszurotten«.[22] Im Jahr 1939 forderte die Richterschaft die Todesstrafe für den leichtesten Verstoß, der auch nur im entferntesten als Zersetzung der Kriegsmoral gewertet werden konnte. In den ersten Kriegstagen wurden Sondergerichte aufgestellt, die die Plünderung jüdischen und polnischen Vermögens für legal erklärten und die Hinrichtung derjenigen anordnete, die versuchten, ihr Hab und Gut zu verteidigen. Mit Hingabe wurden Polen und Juden zum Tode verurteilt. Bis 1940 taten die

Gerichtshöfe in einem Schnellverfahren die gleiche Arbeit, die die Mörder der SS ohne jedes Verfahren erledigten. Im April 1940, als man in Polen die ersten Ghettos einrichtete, setzten die Gerichte die Todesstrafe für jeden Fluchtversuch durch und sanktionierten die Erschießung unschuldiger Geiseln. Bis 1944 waren etwa zehn Millionen Fremdarbeiter in Deutschland, die Staatsanwälte forderten die Todesstrafe für die geringsten Vergehen und setzten sich damit durch. Mit einem Wort, die Justiz legalisierte den NS-Terror und Rassismus geradezu fanatisch. Ein Richter hätte sich weigern können, ohne daß er eingesperrt worden wäre. Müller konnte jedoch nur einen einzigen solchen Richter ausfindig machen, seine Bestrafung war der vorzeitige Ruhestand. Die Bereitschaft, die Nazi-Gesetze zu vollstrecken, war einzigartig bei den deutschen Richtern; Müller schätzt, daß deutsche Richter etwa 80 000 Todesurteile wegen Kriegsverbrechen verhängten, die Gerichte der italienischen Faschisten hingegen nur neunundzwanzig.[23]

Die Taten der Wirtschaftsführer zeigen, daß die verbreitete Meinung falsch ist, sie hätten den Antisemitismus der Nazis verabscheut. Es ist erwiesen, daß bedeutende Geschäfts-, Bank- und Industrieunternehmen ohne Zwang bei der Plünderung, Versklavung und selbst bei der Ermordung mitgearbeitet haben. Bankiers stritten sich heftig darum, das jüdische Vermögen, die Banken, Wertpapiere, Kapitalanlagen und die Diamanten zu beschlagnahmen. Deutsche Unternehmen folgten der Wehrmacht in die eroberten Gebiete nach und erpreßten jüdische Firmen, ihr Vermögen unter Wert abzugeben. Es gibt keine Anzeichen für irgendeine Zurückhaltung; in der Tat forderten Unternehmen und Banken das Recht, jüdisches Vermögen zu stehlen. Die Banken machten riesige Gewinne damit, daß sie jüdische Unternehmen auf- und wieder verkauften, wobei sie sorgfältig ausgesuchte Wertpapiere und Vermögenswerte für sich behielten.

Wie Benjamin J. Ferencz in seinem Buch *Lohn des Grauens* gezeigt hat, wurden Unternehmer keineswegs gezwungen, Zwangsarbeiter einzusetzen, vielmehr schlugen sie sich geradezu um sie. Die Geschäftsleitungen verschiedener Firmen trafen sich kurz nach der Invasion in Polen mit Himmler und SS-Offizieren und baten um Zwangsarbeiter. Der Kommandant von Auschwitz, Rudolf Höß, sagte aus, daß regelmäßig Lagerhäftlinge angefordert wurden und daß Industrielle ihn ständig bedrängt hätten, mehr Häftlinge zu liefern. Als einigen Firmen Zwangsarbeiter verwehrt wurden, weil sie ineffektiv arbeiteten, ersuchten sie darum, diese Entscheidung zu überdenken. Albert Speer war zuständig für die Zuteilung von Zwangsarbeitern, allerdings schrieben in einigen Fällen die Firmen auch direkt an die Lagerkommandanten. Speer und seine Raketenexperten Wernher von Braun und Arthur Rudolph forderten Tausende von Zwangsarbeitern an. Diese waren gezwungen, unter Bedingungen zu arbeiten, die Tausenden den Tod brachten. Unternehmen errichteten Fabriken innerhalb der Lager oder in deren Nähe, um von den billigen, verfügbaren »Untermenschen« zu profitieren. Krupp, Siemens und IG Farben bauten Werke in der Nähe von Auschwitz-Birkenau und Buchenwald. Gewinne waren das Ziel, Rassismus die Ideologie. Alfried Krupp schmeichelte sich bei der SS ein, so daß er in Auschwitz mit der Arbeit der Insassen produzieren konnte. Im Jahr 1943 schrieb er einem hochrangigen Heeresoffizier: »Was die Mitarbeit unseres Technischen Büros in Breslau anbelangt, so kann ich nur sagen, daß zwischen diesem Büro und Auschwitz die engste Zusammenarbeit besteht ...«[24] Im Februar fügte der IG Farben-Konzern die IG Auschwitz seinen riesigen Besitzungen hinzu und erweiterte später noch die synthetische Produktion mit Häftlingen in Buchenwald. Ein Direktor von IG Farben schrieb 1943 Himmler, er sei erfreut, daß Häftlinge zur Verfügung stünden. Krupp, Siemens und andere errichteten in Auschwitz riesige Komplexe, die sich über etliche Kilometer erstreckten. Krupp beschäftigte etwa 100 000 Zwangsarbeiter in zahlreichen verschiedenen Werken und Arbeitsprojekten; Siemens, AEG, Flick, Telefunken, Daimler-Benz und Rheinmetall setzten allesamt Zwangsarbeiter aus Dachau, Buchenwald und Mauthausen ein; Tausende arbeiteten auch für Messerschmidt, Junkers, Heinkel, Brabag und eine Vielzahl deutscher und österreichischer Bauunternehmen. Ein Dutzend Betriebe hatten ihre eigenen Werke in den Lagern, und sechzehn größere Unternehmen setzten jüdische Zwangsarbeiter ein. Der Pharmakonzern Bayer zahlte siebenhundert Reichsmark für jede Frau aus Auschwitz für medizinische Experimente.[25] Insgesamt waren es 1600 Zwangsarbeitslager und Tausende von Aufträgen für Sonderprojekte, Brückenbauten, militärische Einrichtungen oder Straßenarbeiten, die an private Unternehmen vergeben wurden, welche Zwangsarbeiter einsetzten. Bis 1945 gab es etwa eine Million Zwangsarbeiter, darunter Juden und Bürger aus den besetzten Staaten.

Die jüdischen Arbeiter in unbeheizten Baracken wurden für die leisesten Verstöße gegen die geltenden Regeln verprügelt, und ihre Essensrationen waren kaum besser als die Lagerkost. IG Farben gab die übliche Lagerkost aus und dazu die berüchtigte »Bunasuppe«: eine dünne Brühe aus dem Wasser, in dem die Aufseher Kartoffelschalen gekocht hatten. Krankheiten forderten ihren Tribut; krank zu werden oder sich bei der Arbeit zu verletzen, war häufig ein Todesurteil. Prügel und Folter von den Aufsehern der »Werkspolizei« waren die Regel. Bei den Nürnberger Prozessen wurden Vorarbeiter von Krupp mehrmals vorgeladen, weil sie Juden zu Tode geprügelt hatten. Aufseher bei IG Farben, Flick, Siemens, Telefunken, Daimler-Benz, Bauunternehmen und Flugzeug- und Raketenherstellern taten das gleiche. Die Geschäftsleitung wurde nicht gedrängt, ihre Arbeiter so schlecht zu behandeln; tatsächlich ersuchte sie in manchen Fällen ausdrücklich die SS, »faule« Arbeiter zu bestrafen. Im IG Farben-Werk in Auschwitz starben 30 000 Arbeiter innerhalb von drei Jahren; etwa zwanzig Prozent derjenigen, die Schwerarbeit für verschiedene Firmen leisteten, starben jeden Monat. Direktoren der IG Farben beklagten sich bei einem Besuch über eine »Judensau«: »Wenn die nicht mehr arbeiten können, sollen sie in der Gaskammer verrecken.«[26] Zwangsarbeiter hatten eine Lebenserwartung von zwei oder drei Monaten.

Als die alliierten Truppen näherrückten und die NS-Herrschaft zusammenbrach, war es ein leichtes, die Arbeiter frei und sich selbst zu überlassen. Doch als amerikanische Soldaten auf Essen vorrückten und die Stadtregierung floh, veranlaßte Alfried Krupp, der Direktor der Krupp-Werke, persönlich die Verschickung Hunderter jüdischer Arbeiterinnen zurück nach Buchenwald.[27] Skrupellos wollte Krupp die unschuldigen Opfer seiner Verbrechen umbringen, um zu verhindern, daß sie gegen ihn aussagten. Er war kein gewöhnlicher Verbrecher; für eine so verwerfliche Entscheidung mußte er die Mentalität eines Eichmann haben.

Man konnte die Arbeiter auch mit gewissem Anstand behandeln, ja sie sogar beschützen, auch wenn es unvernünftig gewesen wäre, sich viel davon zu versprechen. Oskar Schindler gehörte eine kleine Fabrik in Krakau, in der er etwa fünfhundert Juden mit der Herstellung von Kriegsmaterial beschäftigte. Er bewahrte sie und ihre Verwandten vor der Deportation; auf eigene Kosten stellte er ihre Verwandten ein, obwohl er sie nicht brauchte. Als die Deutschen sich zurückzogen, verlegte er die

Arbeiter zu ihrem Schutz und rettete über tausend Juden. Er starb 1974 und wäre arm gestorben, wenn jüdische Gruppierungen ihn nicht unterstützt hätten. Deutsche haben ihm nie geholfen. Flick, Krupp und ihresgleichen starben reich. Schindlers Taten zeigen, was ein kleiner Unternehmer ohne großen Einfluß tun konnte, doch ganz abgesehen von diesem Heldenmut hätte jeder Industrielle mit Hinweis auf besondere Kriegsanstrengungen um die Erlaubnis bitten können, einen kleinen Teil der Gewinne zur Verbesserung der Arbeitsbedingungen einzusetzen.

Bei aller Komplizenschaft überrascht am meisten die moralische Unterstützung, die das Regime von den Kirchen erhielt. Die meisten Christenführer in anderen Ländern waren entsetzt über den Terror der Nazis, doch der Antisemitismus der deutschen und österreichischen Kirchen war nie durch liberale Einflüsse gemäßigt worden. Folglich versäumte die Kirchenobrigkeit völlig, gegen die größte moralische Untat unserer Zeit zu protestieren und unterdrückte jede mögliche Abscheu unter gewöhnlichen deutschen Christen. Ganz anders die Kirchen in anderen Ländern. Obwohl die katholische Kirchenobrigkeit in Frankreich historisch eng mit den französischen Rassisten verbunden war, gingen viele französische Geistliche ein großes Risiko ein, als sie öffentlich die Deportationen der Juden verurteilten und jüdische Kinder auf dem Kirchengelände versteckten. Protestantische Geistliche in Frankreich waren sogar noch hilfsbereiter gegenüber den Opfern, womöglich weil sie selbst in der Vergangenheit unterdrückt worden waren. In Holland und in Skandinavien erhoben Kirchenführer häufig ihre Stimme gegen die Nazis, und in Dänemark prangerten lutherische Geistliche von der Kanzel aus die deutschen Behörden an und halfen Juden dabei, der Erfassung für die Todeslager zu entgehen. Der skandinavische Protestantismus war immer schon von den liberalen Gesellschaften geprägt gewesen, in denen er sich ausgebreitet hatte. Selbst im faschistischen Italien nahmen viele gewöhnliche Priester und Nonnen unter Lebensgefahr Juden in Schutz, und das ohne die Unterstützung des Vatikan.

Protest war durchaus möglich. Tatsächlich ging die Bevölkerung auf die Straße, und die Presse veröffentlichte zahlreiche Leitartikel, als die Krankenhäuser die Asyle, Pflegeheime und Sanatorien sich im Zuge des Euthanasie-Programms leerten. Immerhin waren die Opfer ihre Verwandten und erlitten ein Schicksal, das auch sie eines Tages ereilen konnte. Selbst General Wilhelm Keitel protestierte. Seine Soldaten fürchteten, daß sie, wenn sie verwundet würden, ebenfalls in den Tötungszentren enden würden – wie es mit einigen tatsächlich geschah. Nach diesen öffentlichen Protesten beschwerten sich auch die Kardinäle Bertram und Faulhaber und der lutherische Bischof Wurm. Im Jahr 1941 erklärte der katholische Bischof Galen, die Euthanasie würde gegen das göttliche Recht verstoßen, und verlangte eine Bestrafung der »Verbrecher und Mörder«. »Wenn einmal zugegeben wird, daß Menschen das Recht haben, ›unproduktive‹ Menschen zu töten …«, sagte er »dann ist der Mord an uns allen, wenn wir alt und altersschwach und damit unproduktiv werden, freigegeben.«[28] Kopien von Galens Predigt wurden an Würdenträger der Kirche und des Militärs verschickt, Tausende wurden von der Royal Air Force über den Soldaten an der russischen Front abgeworfen. Hitler beendete das Programm, heimlich wurde es allerdings wiederaufgenommen. Zahlreiche Pflegeheime und Fürsorgeeinrichtungen gehörten der Kirche und wurden von ihr betrieben, und das Euthanasie-Programm war eine Infamie, die im Grunde eine Exkommunikation erforderte – aber niemand wurde je exkommuniziert.

Im krassen Gegensatz dazu äußerte die deutsche Kirchenobrigkeit öffentlich nie auch nur ein Wort zu den Juden und Polen, einschließlich der Geistlichen, die im Osten niedergemetzelt wurden. Wie Bischof Galen, ein ehemaliger Freikorps-Kämpfer, stimmten offenbar viele Geistliche überein, daß Deutschland ein Recht auf Lebensraum habe. Im offiziellen *Handbuch der religiösen Gegenwartsfragen,* das Erzbischof Gröber geschrieben hatte, wurde der Bolschewismus »ein asiatischer Staats-Despotismus« genannt, »praktisch im Dienst einer Gruppe jüdisch geleiteter Terroristen«. Einige katholische Bischöfe gaben wenige vage Erklärungen gegen die Ermordung Unschuldiger einer anderen Rasse oder Sprache ab, aber sie erwähnten niemals ausdrücklich die Juden oder sprachen von der Ermordung von Anhängern einer anderen Religion, auch wenn Bischof Preysing, der eine rühmliche Ausnahme war, sie darum ersuchte. Daß sich die Kirche dem kommunistischen Atheismus widersetzte oder fürchtete, als defätistisch zu gelten, ist keine Entschuldigung. Es ging um den Mord an Millionen von Zivilisten. Die Bischöfe baten inständig um bessere Bedingungen in den Lagern, aber dies bezog sich nur auf christliche Geistliche und Häftlinge. Sicherlich kannte die Kirchenobrigkeit das Schicksal der Juden. Im Jahr 1944 befürchteten sie eine geplante Verordnung, nach der Christen mit teilweise jüdischen Vorfahren zu Juden erklärt werden sollten. Kardinal Bertram ermahnte die Regierung, daß die Christen zutiefst verletzt würden, »wenn diese ihre Mitchristen ein ähnliches Schicksal tragen müßten wie die Juden«, das heißt, eine »Aussonderung«, an deren Ende »die Ausmerzung droht«.[29] Gegen Ende des Krieges gaben katholische Bischöfe Durchhalteparolen aus, obwohl sie wußten, daß jeder Tag, den die Deutschen Widerstand leisteten, den Tod von Tausenden von Juden bedeutete. Ein Viertel der SS-Angehörigen waren Katholiken, die Kirche hätte ihnen die Sakramente verweigern können wie den Katholiken, die abtrieben. Aber weder einem Lageraufseher, einem Mitglied einer Tötungseinheit, noch einem katholischen Nazi-Führer, darunter auch Hitler, Himmler und Goebbels, wurde jemals mit einer Kirchenstrafe gedroht, obwohl viele Katholiken den Papst ersuchten, Hitler zu exkommunizieren.

Es heißt, die Kirche habe gefürchtet, Millionen von Katholiken zu verlieren. Das läßt sich nicht mit Gewißheit sagen, aber wenn es nötig ist, den Massenmord von Millionen Menschen zu verschweigen, um die Gläubigen zu halten, dann ist der Glaube tot. Außerdem mußten die deutschen Bischöfe bei einem Protest nicht von schlimmsten Repressalien ausgehen, zumal, wenn sie als Gruppe protestiert und auf der Grundlage der christlichen Theologie Einspruch erhoben hätten. Die Nazis hatten während des Krieges Angst davor, sich viele arische Deutsche zu Feinden zu machen. Die Kirche half sogar dem Regime, die Bevölkerung auf Parteilinie zu halten: Geistliche tadelten Kriegsdienstverweigerer, die Bischöfe hielten in einer gemeinsamen öffentlichen Erklärung daran fest, daß katholische Soldaten ihre Pflicht tun und Hitler gehorchen müßten; dabei wurden SS-Mörder oder Aufseher in den Todeslagern nicht ausgenommen. Gordon Zahn hat recht: Die katholischen deutschen Bischöfe (und die meisten evangelischen Kirchenführer) riefen die deutschen Christen zum Martyrium auf, aber nicht gegen die Morde an Unschuldigen, sondern um den Idealen der Nazis zu dienen.[30]

Es gab auch Märtyrer. Ein katholischer Domprobst in Berlin, Bernhard Lichtenberg, hielt am Tag nach der Kristallnacht eine Predigt, in der er gegen die Zerstörung von Synagogen protestierte. Lichtenberg betete auch öffentlich für die Juden am Vorabend ihrer Deportation; bei seiner Verhaftung bat er, sie nach Osten zu begleiten. In seinem Haus fand die Polizei den Text einer Predigt, in der geleugnet wurde, daß die Juden die Feinde der Deutschen seien. Er wurde zu zwei Jahren Haft verurteilt, nach seiner Entlassung wurde er nach Dachau geschickt und starb auf dem Weg dorthin. Seine Bischöfe halfen ihm nicht. Der päpstliche Nuntius war unter den Nazis lediglich ein Gegenstand des Spottes wegen seiner häufigen Bitten, man möge ihm keine peinlichen Tatsachen anvertrauen. Er bat nur darum, daß das Verfahren gegen Lichtenberg rasch abgewickelt werde.

Wie schon aufgrund ihrer alten Verbindungen zur preußischen Rechten zu erwarten war, zeigte sich die protestantische Geistlichkeit noch weniger geneigt, Einspruch zu erheben. Selbst der schärfste Gegner der Nazis aus der Geistlichkeit, die Bekennende Kirche, unternahm nichts, um ungetauften Juden zu helfen, auch wenn einige heimlich ihre Hilfe anboten. Bischof Marahrens von der Bekennenden Kirche unterstützte öffentlich die Nazis und ihre Judenverfolgung. Protestantische Kirchenführer gaben auch dem Krieg ihren Segen, obwohl sie genau wußten, was dies für die Juden bedeutete. Im Jahr 1943 schickte die evangelische Kirche ein Telegramm an Hitler, in dem sie erklärte, daß sie treu gelobe, mit aller Kraft für den Sieg zu kämpfen.[31]

Im Juli 1944, als Tausende Soldaten und Zivilisten schon für eine verlorene Sache starben, dankte die offizielle evangelische Kirchenzeitung Gott dafür, daß Hitlers Leben beim Mordanschlag einer »Handvoll vom Ehrgeiz getriebener verruchter Offiziere« verschont worden sei.[32] Die evangelische Kirche unterstützte nicht einmal ihre eigenen Märtyrer; gelegentlich distanzierten sie sich gar öffentlich von ihnen. Als Pfarrer von Jan gegen die Zerstörung von Synagogen während der Kristallnacht protestierte, stand ihm niemand bei. Er wurde verprügelt und inhaftiert. Pfarrer Grüber protestierte gegen die Deportation der Juden; er wurde nach Dachau geschickt und 1943 entlassen, gebrochen und vereinsamt. Dietrich Bonhoeffer kehrte mutig aus seinem Exil zurück, um im Widerstand mitzukämpfen; er wurde am Ende des Krieges gehängt und war ein einsamer Held. Das Kirchliche Jahrbuch der evangelischen Kirche fällte nach dem Krieg folgendes Urteil:

> Zumindest die Bekennende Kirche widersetzte sich … der Herauslösung jüdischer Christen aus der evangelischen Kirche Deutschlands, aber gegen den Antisemitismus äußerten sie kein Wort, und selbst zu der Zeit der Judenverfolgungen und ihrer Vernichtung konnte sie sich nicht dazu durchringen, sich gegen diesen Akt des Terrors im Dritten

> Reich zu erheben. Die offizielle Kirche billigte in der Regel offen oder heimlich die Judenpolitik und akzeptierte die Maßnahmen des nationalsozialistischen Regimes inner- und außerhalb der Kirche.[33]

Hitler sagte einmal, daß die Geistlichen ihm weiterhin folgten, wenn er sie nur weiter aus der Staatskasse bezahle. Aber sein Urteil war zu hart. Die Geistlichen verurteilten den NS-Terror deshalb nicht, weil sie als Teil der deutschen und österreichischen Kultur nicht von dem Widerstand liberaler und aufgeklärter Gedanken gegen den jahrhundertealten christlichen Antisemitismus geprägt worden waren. Folglich waren die am wenigsten religiösen Deutschen ungeachtet unserer naiven Ansicht, der religiöse Glaube bringe eine moralische Courage mit sich, die schärfsten Gegner des NS-Terrors: fortschrittlich Gesinnte, Sozialdemokraten und Kommunisten.

Die große Tragödie des modernen Katholizismus war die Wahl des nazifreundlichen Kardinal Pacelli zum Papst Pius XII. Nach seiner vorherigen Einstellung hätte Pius XI. den Mord an den Juden wohl öffentlich aufs Schärfste verurteilt. Pacelli hingegen hatte zwölf Jahre in Deutschland seinen Dienst getan und war angetan von dem deutschen konservativen Nationalismus und den Ansichten von Karl Lueger. Diese Ansichten wurden noch verstärkt, als die bayerische Räteregierung ihn im Jahr 1919 beinahe auf den Stufen einer Münchner Kirche hätte erschießen lassen. Pius XII. mahnte die deutschen Bischöfe, nicht gegen das Regime Stellung zu beziehen. Als Zeichen seiner besonderen Wertschätzung setzte er Hitler als erstes Staatsoberhaupt von seiner Wahl zum Papst in Kenntnis. Er wies den *Osservatore Romano,* das offizielle Blatt des Vatikans, an, seine deutschfeindlichen Äußerungen einzustellen. Er protestierte nicht einmal öffentlich gegen die zahlreichen Verstöße der Nazis gegen das Konkordat, das er selbst mit so unziemlicher Eile ausgehandelt hatte. Die Komplizenschaft des Vatikans wurde von den Nazis mit gebührender Verachtung registriert, gepaart mit der gelegentlichen Befürchtung, der Papst werde am Ende versuchen, die Meinung der Katholiken gegen das NS-Regime aufzubringen.

Pius XII. schwieg zum Euthanasie-Programm. Er protestierte zwar gegen die Invasion von Belgien und Holland, versicherte aber dem deutschen Auswärtigen Amt, er habe protestieren müssen, weil es sich um katholische Staaten handelte. Er äußerte keinerlei Bedauern für das

Leid des besetzten Norwegens; wie der *Osservatore Romano* ausdrücklich betonte, gab es in Norwegen sehr wenig Katholiken.[34] Der Papst war aber erfreut, als die Deutschen in Frankreich einfielen. Wie auch die deutschen Nationalisten haßte er den französischen Republikanismus und war froh darüber, daß er durch ein katholisches, reaktionäres und rassistisches Regime ersetzt wurde. In einer Enzyklika drückte er sein Mitgefühl für das Leid der Polen aus, versicherte aber erneut dem deutschen Botschafter, daß er nicht die Absicht habe, Deutschland zu beleidigen. Im Frühjahr 1940 erfuhr der Vatikan, daß polnische Priester exekutiert wurden: In den ersten vier Kriegsmonaten waren über zweihundert ermordet und etwa eintausend in Konzentrationslager geschickt worden. Viele Katholiken flehten den Papst an, die Nazis zu verurteilen. Er tat es nicht. Während des Krieges wurden achtzehn Prozent aller polnischen Geistlichen ermordet.[35] Mit einem Wort, Pius XII. unterstützte das Streben der Nazis um Lebensraum im katholischen, nichtkommunistischen Polen, selbst wenn dies den Mord an Priestern bedeutete, von Juden ganz zu schweigen.

Im August 1942 versuchte der brasilianische Botschafter beim Heiligen Stuhl, ein Katholik, den Papst zu überreden, die Grausamkeiten in den besetzten Gebieten anzuprangern. Unterstützt wurde er in seinem Bemühen vom belgischen Botschafter, von US-Außenminister Cordell Hull und seinem Unterstaatssekretär Sumner Welles sowie dem britischen Botschafter in Washington. Polen, Uruguay und Großbritannien schickten ebenfalls Noten, in denen eine Erklärung verlangt wurde. Als Stellvertreter der amerikanischen Regierung übergab Myron C. Taylor im September 1942 einen offiziellen Brief, in dem das Massaker Zehntausender Menschen in Polen, die Ermordungen im Warschauer Ghetto und die Massenvernichtungen in den Lagern angeprangert wurden. Menschen würden »abgeschlachtet«, schrieb er. »Im ganzen ostpolnischen Gebiet einschließlich dem besetzten Rußland gibt es keinen lebenden Juden mehr.«

Er fügte hinzu, alle Juden unter der Herrschaft der Deutschen im Osten seien erschossen worden. Taylor fragte den Papst, ob er nicht mithelfen könne, die Fortsetzung dieser Grausamkeiten zu verhindern. In seiner Weihnachtsbotschaft von 1942/43 antwortete der Papst auf den Brief, doch er vermied es, die Nazis zu verurteilen oder die Juden zu erwähnen. Statt dessen erklärte er in einer 26seitigen Botschaft lediglich, daß die

»Menschheit« geloben müsse, eine Ordnung zu schaffen, die das Wohlergehen aller gewährleiste, eingeschlossen die »Hunderttausende, die persönlich schuldlos bisweilen nur um ihrer Volkszugehörigkeit und Abstammung willen dem Tode geweiht oder einer fortschreitenden Verelendung preisgegeben sind«.[36] Gerade so als wäre die »Menschheit« und nicht die Naziherrschaft das Problem. Die deutsche Regierung hielt es nicht einmal für nötig, gegen den Kommentar des Papstes zu protestieren. Auch der Papst protestierte nicht, als die Deutschen im Oktober 1943 vor den Augen des Vatikans die Juden aus Rom deportierten. Das deutsche Auswärtige Amt fürchtete, der Papst würde Einspruch erheben, doch zu ihrer Erleichterung sagte er nichts. Pius XII. verbarg einige Dutzend oder ein paar Hundert Juden im Vatikan, die genaue Zahl ist ungewiß.[37] Aber Hunderte von gewöhnlichen Italienern retteten etwa 8000 Juden; dabei halfen Geistliche, Kommunisten und Demokraten mit. Trotz der Appelle seiner eigenen Priester unternahm der Papst auch nichts für die 265 katholischen und 70 jüdischen Zivilisten, die als Geiseln in den Ardeatinischen Höhlen im März 1944 ermordet wurden.

Bis zum Ende blieb Pius XII. ein Anhänger der Nazis. Im Jahr 1944 hoffte er, die Alliierten würden nicht in Europa landen und die Niederlage der Sowjetunion abwenden. Wie die Nazis und ihre Generäle betrachtete auch er den Krieg als Kampf auf Leben und Tod gegen den jüdischen Bolschewismus. Dies verriet nicht nur einen fanatischen Anti-Bolschewismus, denn der Papst hätte einen deutschen Sieg in Rußland unterstützen und dennoch den Holocaust anprangern können.

Nach dem Sturz von Mussolini war der Papst der Ansicht, die neue, den Alliierten freundlich gesinnte, italienische Regierung von Pietro Badoglio sei eine Speerspitze für »die freimaurerischen und jüdischen Kreise«. Wie die geschlagenen *fascisti* fürchtete der Papst, die Deutschen könnten Italien räumen. Der Mann, der seinen toten polnischen Priestern nicht geholfen hatte, appellierte jetzt an die Regierung Badoglio, Mussolini und seine Faschisten vor der Rache der Alliierten und Italiener zu beschützen. Saul Friedländer fragt, wie es komme, daß »noch am Ende des Jahres 1943 der Papst und die höchsten kirchlichen Würdenträger einen siegreichen deutschen Widerstand im Osten wünschten«. Zu einer Zeit, als sie mit Sicherheit gewußt haben, daß dies »die Aufrechterhaltung der gesamten nationalsozialistischen Vernichtungsmaschinerie« bedeute.[38] Die Antwort scheint klar. Sie sympathisierten mit den Nazis.

Nach dem Krieg behaupteten Papst Pius XII. und seine Apologeten, er habe nicht Millionen von katholischen deutschen Soldaten in Gewissenskonflikte stürzen wollen. Es hieß auch, er habe gefürchtet, daß weit mehr Menschen unter der Rache der Nazis gelitten hätten, wenn er seine Stimme erhoben hätte; das konnte er aber nicht vorher wissen. Ebenso leicht ließe sich sagen, daß er lange genug ein Helfer der Nazis geblieben war, um mehr Menschen zu retten. Die Nazi-Führung fürchtete stets seine moralische Autorität, und viele gewöhnliche deutsche Katholiken empörten sich über sein Schweigen. Ferner hieß es, er habe gefürchtet, das deutsche Volk werde ihm die Schuld geben, wenn es den Krieg verliere – doch wurde er ja nicht gebeten, für eine Seite Partei zu ergreifen, sondern sich lediglich den Massakern an Unschuldigen zu widersetzen; selbst deutsche Richter erkannten nach dem Krieg den Unterschied. Es hieß, er habe nicht das Wort ergriffen, weil er fürchtete, dreißig Millionen deutsche Katholiken zu verlieren. Folglich nahm er an, daß die deutschen Katholiken eine Kirche verlassen würden, die einen Völkermord verurteilte – ein vernichtender Kommentar, aber vielleicht war er, der zwölf Jahre lang die deutsche Politik verfolgt hatte, wirklich davon überzeugt. Am Ende hatte Pius mehr Mitgefühl mit den deutschen Opfern der Bombenangriffe der Alliierten und mit den Kriegsgefangenen in Rußland als mit den Opfern der Nazis.

Mit seiner Haltung repräsentierte Pius XII. keineswegs den Katholizismus in seiner Gesamtheit. Der größte Teil der gewöhnlichen Katholiken und viele Würdenträger flehten ihn an, das Wort zu erheben. Der Erzbischof von Toulouse protestierte ebenso gegen die Deportation der Juden wie der Nuntius in Bratislava. Der Nuntius in Budapest verlangte, daß die ungarische Regierung »ihren Krieg gegen die Juden« beende und Handlungen vermeide, »gegen die zu protestieren der Heilige Stuhl und das Gewissen der ganzen christlichen Welt sich verpflichtet sähen«. Der Papst hingegen beklagte sich nur privat gegenüber Horthy, und das erst, nachdem sich Horthy selbst den Deportationen widersetzte. Allerdings hatte er damals keinen Einfluß mehr, und die meisten ungarischen Juden waren bereits auf ihrem Weg in den Tod. Pius XII. setzte mit seinem Schweigen die Kirche und die Loyalität seiner Gemeinde aufs Spiel. Die französische Kirche fühlte sich verstoßen, amerikanische Katholiken verloren das Vertrauen zu ihm, katholische Widerstandskämpfer und diejenigen, die unter der Besatzung der Nazis litten, waren bitter enttäuscht, vor allem die Millionen katholischen Opfer in Polen. Sein Versäumnis lieferte den Kommunisten in Osteuropa einen Anlaß für die brutale Unterdrückung der Kirche, insbesondere als der Papst nach dem Krieg einige bekannte Anhänger der Nazis aus Osteuropa empfing. Ebenso wie die Bischöfe in Deutschland und mit noch weniger Recht war er geblendet von Sympathie für die Nazis. Alles in allem war Pius XII. ein Unglück für sein Amt und für den Katholizismus. Selbst die Päpste der Kreuzzüge protestierten gegen den Mord an den Juden, weil sie theologisch gesehen dazu verpflichtet waren. Doch Pius XII. verstieß gegen die katholische Lehre und schädigte das Ansehen der Kirche schwer. Der Vatikan hat nie die moralische Autorität wiedergewonnen, die er verspielt hatte, doch die Kirche hat die Fehler von Pius XII. anerkannt, wenn auch nur indirekt. Monsignore Roncalli, der spätere Papst Johannes XXIII., scheute »bei der Unterstützung der Juden in Mitteleuropa und auf dem Balkan keine Mühe«.[39] Es ist kein Zufall, daß er die Freiheiten des Zweiten Vatikanischen Konzils einführte und darauf drängte, die Erklärung von 1965 zu verkünden: Die Führer der Juden und diejenigen, die ihnen folgten, hätten wohl den Tod Christi verlangt; doch was während seiner Passion geschehen sei, könne weder allen damals lebenden Juden unterschiedslos angelastet werden, noch den Juden von heute. Das war hilfreich, wenn auch zu wenig und zu spät.

Tausende von deutschen Ärzten und Eugenikern, darunter Fischer, Verschuer und Lenz, haben bei dem Mord an »Unerwünschten« mitgearbeitet. Als das Sterilisierungsprogramm im Jahr 1939 durch offenen Mord ersetzt wurde, war die Ärztegemeinschaft davon nicht überrascht. Erwin Baur, der Mitverfasser von Lenz' berühmtem Lehrbuch über Vererbung und Leiter des Kaiser-Wilhelm-Instituts für Biologie, hatte 1933 erklärt, niemand billige die neuen Sterilisierungsgesetze mehr als er, doch er müsse immer wieder wiederholen, daß sie lediglich den Anfang bilden.[40] Psychiater, Ärzte, Anthropologen, Pflegeschwestern und Hebammen selektierten und töteten Geisteskranke, alle angeblich »Erbkranken«, Behinderte, »Volksschädlinge« und die rassisch Unerwünschten. In Robert Proctors Buch *Racial Hygiene* wird deutlich, daß für NS-Ärzte keine scharfe Trennlinie bestand zwischen der Vernichtung rassisch Minderwertiger und der Geisteskranker oder körperlich Behinderter.[41] Akademiker und Anthropologen hielten Vorträge über die Gefahren für die Rasse durch Zigeuner und Homosexuelle und hielten in ihren Berichten fest, wer jüdische Vorfahren hatte. Ärzte- und Psychiaterteams planten die Ermordung geisteskranker Patienten und wählten Tausende von polnischen Geisteskranken aus, die erschossen werden sollten.

Niemand war gezwungen, bei diesen Morden mitzuarbeiten; einige Leiter von Krankenhäusern ersuchten gar um die Erlaubnis, ihre Patienten zu töten. Und die Morde waren auch nicht geheim. Viele Ärzte des Euthanasie-Programms verloren Privatpatienten, die um ihr eigenes Schicksal fürchteten. Im Jahr 1940, als die öffentliche Kampagne gegen die Euthanasie begann, wurden die Vorsitzenden der Abteilungen für Psychiatrie an deutschen Universitäten aufgefordert, sich dem umfassenden (und gefahrlosen) öffentlichen Protest anzuschließen, aber fast alle weigerten sich. Lediglich ein Psychiater protestierte öffentlich – er war selbst behindert. Das Euthanasie-Programm fand eine solch breite Unterstützung in Krankenhäusern durch Ärzte und das technische Fachpersonal, daß amerikanische Besatzungstruppen noch Monate nach Kriegsende Patienten, auch Kinder entdeckten, die immer noch in Krankenhäusern und anderen Einrichtungen in ganz Deutschland ermordet worden waren.[42] Zu dieser Zeit konnte es sich kaum um Karrieredenken handeln. Das Kaiser-Wilhelm-Institut hätte vermutlich sogar die Ermordung seines Namensgebers angeordnet, wenn es im 19. Jahrhundert ein Euthanasieprogramm gegeben hätte.

Medizinstudenten wurden aufgefordert, Rassenkunde zu studieren. Professor Othmar von Verschuer und andere leiteten die Forschungen zum rassischen Charakter von Krankheiten. Der Vorsitzende des Ärztebundes bezeichnete die Juden als einen Virus unter den Völkern, als eine verseuchte Rasse, ja selbst als die Inkarnation der Krankheit – ein alter Mythos. Im Jahr 1938 brandmarkten die Experten des Rassenpolitischen Amtes Homosexuelle als unzuverlässig und unfähig, irgend etwas von Wert für die Gesellschaft beizutragen, als Feinde der Gesellschaft, die ausgemerzt werden mußten. Forscher untersuchten das Blut von Homosexuellen und Zigeunern auf spezifische Merkmale. Eine medizinische Zeitschrift forderte 1938 eine »endgültige Lösung der Zigeunerfrage«.[43] In einem Vortrag vor den Kohlebaronen des Ruhrgebiets erklärte Professor Fischer im Juni 1939 zum Thema Juden, daß ein Volk »solch fremdes Rassegut ablehnen« und »ausmerzen« müsse. Aufgrund seiner Verbindungen zur SS und seiner Freundschaft mit Rosenberg, der bekannt war für seine offene Erörterung angeblich geheimer NS-Politik, war Fischer gut unterrichtet über die Massenmorde im Osten. Im November 1936 stellte die Deutsche Forschungsgemeinschaft Gelder für eine Untersuchung der rassischen Ursprünge der Zigeuner zur Verfügung. Dr. Robert Ritter, Professor für Medizin, nahm im Winter 1941 an einer Konferenz der Gesellschaft teil. Darin wurde das Vorhaben diskutiert, 30 000 deutsche Zigeuner zu töten, indem man sie aufs Mittelmeer hinausfuhr und die Schiffe anschließend bombardierte.[44] Im März 1941 sprach Alfred Rosenberg auf der Gründungssitzung eines Instituts zur Erforschung der Judenfrage. Unter seinen Zuhörern waren die Präsidenten zahlreicher Universitäten, bedeutende Gelehrte und zwei Ehrengäste, die Professoren Hans Günther und Eugen Fischer. Günther, Professor an der Universität Berlin, war bereits vor 1914 Antisemit gewesen und war eine treibende Kraft beim Sterilisations- und Euthanasie-Programm. Als Leiter des Instituts für Rassenkunde war er auch an dem Programm zur »Neubesiedlung« im Osten beteiligt. Auf der Konferenz kündigte Rosenberg die »Gesamtlösung der Judenfrage« an und sprach von einer »säubernden biologischen Weltrevolution«. Professor Peter-Heinz Seraphim, nach dem Krieg ein angesehener Professor an der Universität München, stimmte zu, daß der »Volkstod« der Juden das ultimative Ziel der »Gesamtlösung« sei. Es wurden Vorträge über die anzuwendenden Methoden gehalten. Seraphim schlug vor, die Juden verelenden zu lassen und im Osten wieder anzusiedeln, doch das hätte nicht die unmittelbare »physische Selbstauflösung des Judentums« zur Folge, »denn Volkstod ist nie ein schneller Tod ...« Die Konferenz war nicht geheim, denn die Sitzungsberichte wurden veröffentlicht, und in einer bekannten medizinischen Zeitschrift erschien ein Bericht über die Konferenz. Professor Benno Müller-Hill bemerkt ganz richtig: »Wer die Vorträge gehört oder gelesen hatte, konnte daraus nur die logische Schlußfolgerung ziehen: Die ›nötige Gesamtlösung‹ mußte durch gewaltsame Tötung beschleunigt werden.«[45]

Vor dem Einsatz von Zyklon B in den Todeslagern war bereits geraume Zeit über die Verbesserung der Methoden diskutiert worden. Der Reichsarzt SS Dr. Ernst Grawitz hat angeblich als erster den Einsatz des Pestizids vorgeschlagen, doch es gab mit Sicherheit auch andere, die bei einem Sieg der Nazis den Lorbeer für sich beansprucht hätten. Ein Professor im Innenministerium schlug vor, die Leichen zu verbrennen, statt sie zu begraben, um die Beweise zu vernichten, für den Fall, daß die Alliierten den Krieg gewannen. Viele Wissenschaftler gehörten zum Stab des Rasse- und Siedlungshauptamtes der SS, hatten angesehene Posten, für die man kämpfen mußte, und halfen mit bei der Selektion der Juden, Zigeuner und Homosexuellen für die Arbeits- und Todeslager. Anthropologen, Ärzte, Psychiater und »Rassenhygieniker« waren die bekanntesten unter denjenigen, die über Leben und Tod entschieden. Verschuer wählte ebenfalls Todeskandidaten aus; andere schlugen vor, eine Liste sozialer Randgruppen aufzustellen, die nach dem Krieg getötet werden sollten. Im Dezember 1941, als die ersten Massenvergasungen begannen, halfen umherreisende Kommissionen von Ärzten bei der Auswahl derjenigen mit, die arbeiten konnten oder sofort getötet werden sollten. Einige Ärzte waren übereifrig; die SS-Leute wiesen sie an, nicht zu viele zu verurteilen, denn jemand müsse die Arbeit erledigen.

Forscher versuchten bis zum Ende des Krieges, in medizinischen Experimenten an den Lageropfern die Besonderheiten des jüdischen Blutes herauszufinden. Viele forschten auch an Zigeunern, die getötet werden sollten. Ärzte und Forscher führten ihre Experimente an lebenden Häftlingen durch. Über fünfhundert solcher Experimente wurden allein in Dachau unternommen, Berichte über sie wurden regelmäßig an Universitäten verschickt. Die Forscher standen nicht unter Zwang, noch waren sie beschränkt auf die Suche nach Überlebensmethoden, die den Soldaten nützen würden.

Universitäten forderten von den Kommandanten der Todeslager Leichen und Körperteile der Opfer an. Einige Forschungsergebnisse wurden noch in den siebziger Jahren in wissenschaftlichen Aufsätzen verwendet. Ein Professor besaß eine Sammlung von Skeletten jüdischer Opfer. Körperteile wurden in Universitäten gesammelt, Fachleute wurden in die Lager geschickt, um die Sezierung, die Konservierung und den Transport des greulichen Materials zu überwachen – die Arbeit der SS war häufig stümperhaft. Verschuer, der Direktor des Kaiser-Wilhelm-Instituts für Anthropologie, ersuchte gemeinsam mit anderen erfolgreich darum, Gelder bereitzustellen für die Forschungsarbeit an den verschiedenen Typen von Opfern, die es in Auschwitz gab. Professor Kurt Hallervorden, der Direktor des Kaiser-Wilhelm-Instituts für Hirnforschung, erhielt zu Forschungszwecken die Gehirne von Kindern, die in den Lagern umgebracht worden waren. Er stellte die notwendige Ausrüstung für Transport und Konservierung zur Verfügung und entnahm persönlich die Gehirne. Als er von den alliierten Vernehmungsbeamten im Jahr 1946 danach befragt wurde, entgegnete er, er habe der SS gesagt: »Schaut mal her Leute, wenn ihr all diese Menschen umbringen werdet, dann nehmt doch wenigstens die Gehirne raus, daß das Material benutzt werden kann.«[46] Das war alles ganz normal. Professor August Hirt, Chirurg und Leiter des Anatomischen Instituts der Universität Straßburg, schrieb im Februar 1942 an Himmler: Bei »den jüdisch-bolschewistischen Kommissaren, die ein widerliches, aber charakteristisches Untermenschentum verkörpern, haben wir die Möglichkeit, ein greifbares wissenschaftliches Dokument zu erwerben, indem wir ihre Schädel sichern ... Nach dem danach herbeigeführten Tode des Juden, dessen Kopf nicht verletzt werden darf, trennt man den Kopf vom Rumpf und sendet ihn, in eine Konservierungsflüssigkeit gebettet, in eigens zu diesem Zweck geschaffenen und gut verschließbaren Blechbehältern zum Bestimmungsort.«[47]

Verschuer schrieb im Jahr 1939, Hitler sei der »erste Staatsmann« gewesen, der die Vererbungslehre und die Erbgesundheitslehre zu einem leitenden Prinzip der Staatspolitik gemacht habe.[48] Im Jahr 1944 bemerkte Verschuer, die Gefahr für Deutschland durch Juden und Zigeuner sei zwar beinahe vorüber, doch müßten die »rassenpolitischen Maßnahmen« auf ganz Europa ausgedehnt werden.[49] Sein berühmter Kollege Lenz hatte bei der Entwicklung des Rassentestes mitgearbeitet, dem mögliche Bräute von SS-Männern unterzogen wurden; er stimmte mit Verschuer überein, daß drastische Maßnahmen ergriffen werden müßten, um die Rasse auch künftig rein zu halten. Ein anderer Abteilungsleiter am Kaiser-Wilhelm-Institut und Professor an der Universität Berlin, Dr. Wolfgang Abel, schrieb, nach dem Krieg müsse die Zukunft der arischen Rasse gesichert werden, indem entweder die Russen, die der nordischen Rasse angehörten, germanisiert oder einfach alle ausgerottet würden. Bereits Anfang des Krieges ersuchte Lenz das Rasse- und Siedlungshauptamt um eine Versetzung in den Osten, damit er helfe könne, die Region rassisch neu zu gestalten. Die Neubesiedlung, schrieb er, sei nunmehr die bedeutendste Aufgabe. Sie werde über den rassischen Charakter der Bevölkerung in diesen Gebieten für die kommenden Jahrhunderte bestimmen. Proctor kommt zu dem Schluß: »Es gibt wenig Hinweise darauf, daß sich Ärzte je weigerten, bei den Programmen der Nazis mitzuarbeiten; die wenigen, die es taten, ... hatten offenbar nicht darunter zu leiden, daß sie sich geweigert hatten.«[50] Mit Hilfe ihrer ideologischen Überzeugung unterdrückten die Wissenschaftler ihre Schuldgefühle, durch das Karrieredenken verstärkte sich ihr Eifer, und sie waren von ihrer persönlichen Unschuld überzeugt. Viele Beteiligte waren 1945 überrascht über die Abscheu der Alliierten.

Angesichts der umfassenden Komplizenschaft der Wissenschaftler liegt auf der Hand, daß der berüchtigte Dr. Josef Mengele zu häufig – bei dem Wort ungerechterweise zögert man – als ein anomales und einzigartiges Monstrum herausgestellt wurde. Mengele war kein satanischer und ungebildeter Fanatiker der NS-Ideologie. Er war Wissenschaftler, Rassenforscher und Dozent am Kaiser-Wilhelm-Institut. In dieser Funktion wählte er Todesopfer in Auschwitz aus und forschte unter der Schirmherrschaft der Professoren Fischer und Verschuer, als er im Mai 1943 Lagerarzt wurde und die für nützlich erachteten Häftlinge für Experimente aussortierte. So schwer es fällt, es zu glauben: Mengele war ein anerkannter Wissenschaftler, der seine Untersuchungen mit der Unterstützung eines wissenschaftlichen Instituts durchführte. Im Zuge seiner Habilitationsarbeit unter Verschuer sammelte er für dessen Labor Blutproben von verschiedenen rassischen Gruppen in Auschwitz. Mengeles besonderes Interesse galt der Erforschung von Zwillingen – ein beliebter Forschungsgegenstand der Genforscher –, im Verlauf seiner Forschungsarbeit schickte er an das Institut die Leichname, Organe und das Blut ermordeter Zigeuner- und Judenkinder. Die Institutsverwaltung dankte Mengele stets überschwenglich, wenn wissenschaftliche Abhandlungen mit seiner Beteiligung verfaßt oder publiziert wurden. Seine Akademikerkollegen verfolgten offenbar mit Respekt seine Abhandlungen und die anderer Gelehrter, die auf ähnlichen Forschungsarbeiten beruhten.

Es kann nicht oft genug wiederholt werden: Wenn die Kollaborateure des Regimes im Namen der rassischen Reinheit Tötungsanstalten errichten konnten, um deutsche Christen umzubringen, weil sie Zurückgebliebene, Geisteskranke, kriegsversehrte Veteranen, »nutzlose Esser« oder »Asoziale« waren, dann konnte es kaum ein Problem für sie gewesen sein, Juden zu töten, die Erzfeinde des Volkes. Das gesamte Verfahren gehörte zur Routine. Es ist nur schwer begreiflich, wie Wissenschaftler, Ärzte und Pflegepersonal menschliches Leben im Namen der rassischen Reinheit vernichten konnten. Diese Schwierigkeit hat zu einer wahren Flut psychologischer Spekulationen über die allgemeinen Ursprünge des Bösen im Menschen geführt, Spekulationen, die von der Ansicht geprägt waren, daß wir alle mehr oder weniger zu solchen Taten fähig seien. Es wäre besser, sich auf der Suche nach Erklärungen der besonderen Geschichte Deutschlands zuzuwenden. Es ist gar nicht nötig anzunehmen, daß diese Männer Monster waren. Sie waren gewöhnliche sterbliche Wesen, aber sie teilten ein Wissenschaftsethos, das seit Jahrzehnten Gewalttaten im Namen der rassischen Reinheit sanktioniert hatte.

Im Juni 1944, als der Judenmord im Osten sich bereits seinem Ende näherte, hatte das Regime die Absicht, einen grandiosen »Antijüdischen Kongreß« in Krakau abzuhalten. Alfred Rosenberg sollte die Hauptrede halten, und Professor Fischer wurde eingeladen, den Vorsitz einer Arbeitsgruppe zu übernehmen. Ihr Thema war »Die Notwendigkeit, die europäische Zivilisation gegen das Judentum zu verteidigen«. Fischer nahm die Einladung gerne an. Furtwängler sollte zur Feier der Befreiung Deutschlands vom Judentum *Fidelio* dirigieren, und den Delegierten sollte ein arisches Bordell zur Verfügung gestellt werden.[51] Doch die Rote Armee rückte beständig vor, und der Kongreß fand nie statt. Aber die Forschung und die Morde wurden fortgeführt.

Es ist behauptet worden, daß die deutschen Eliten, selbst wenn sie Hitler vor 1939 unterstützten, seine vollen Absichten nicht gekannt haben konnten. Doch nach 1941 zählt dieses Argument nicht mehr. Sie machten sich nicht nur des Schweigens aus Angst, Apathie oder Gleichgültigkeit schuldig; viele von ihnen arbeiteten freiwillig und aktiv mit den Mördern zusammen. So viele Greueltaten hätten ungestraft verhindert werden können – man muß zu dem Schluß kommen, daß die Tradition des Antisemitismus in der deutschen Geschichte derart wirksam war, daß die Mittäter ihre Handlungen nicht für unmoralisch hielten, wie ihre peinlich genauen Aufzeichnungen beweisen. Als der Krieg zu Ende war und ihnen der Zorn der Alliierten entgegenschlug, waren die meisten von ihnen aufrichtig erstaunt. Rasch versuchten sie, ihre Rolle zu verbergen und die Geschichte zu verfälschen – unterstützt von der Mehrheit der deutschen Mittelschicht.

24. WIDERSTAND, ÖFFENTLICHE MEINUNG, WISSEN

> Ohne vielfältige soziale Kooperation … wären die antisemitischen Richtlinien nur leere Phantasien geblieben.
>
> *Robert Gellately*

Millionen Deutsche haßten die Nazis, Tausende leisteten Widerstand, doch die Beliebtheit, aber auch die Brutalität des Regimes waren übermächtig. Bis 1944 waren vor allem Kommunisten oder Sozialdemokraten aktive Gegner des Regimes; die übrigen Deutschen teilten meist die Feindschaft der Nazis gegenüber diesen Gruppen. Bis Juli 1933 waren 26000 Feinde des Regimes, zum größten Teil Linke, in Lager oder Gefängnisse und Hunderte ums Leben gekommen. Dennoch verteilten die Linken sogar viel später noch Zehntausende von Flugblättern, in denen gegen die »Kristallnacht« protestiert wurde, Millionen anderer Flugblätter gegen die Nazis und sogar einige Zeitungen. Rote Fahnen wehten trotzig über Fabriken, auf Plakaten wurde das Regime attackiert, und man gewährte den von der Gestapo Verfolgten Zuflucht. Auf Hitler wurden in den dreißiger Jahren vier Attentate verübt, zwei von deutschen Juden. Der ehemalige Kommunist Georg Elser deponierte im ehemaligen Bürgerbräukeller in München im November 1939 eine Bombe, als Hitler zum Jahrestag seines Putsches eine Rede hielt. Acht Nazis kamen bei der Explosion ums Leben, Hitler hingegen war vorzeitig abgereist. Es folgte eine Welle öffentlicher Sympathiebekundungen für ihn. Während des Krieges wurde in sozialdemokratischen Hochburgen ein regimefeindliches Blatt verteilt, zahlreiche Gruppierungen, auch einige jüdische, verteilten noch im Jahr 1943 Flugblätter. Detlev Peukert berichtet, daß Jugendbanden gegen die Nazis gerichtete Losungen an die Wände schmierten und regelmäßig Mitglieder der Hitlerjugend »verkloppten«. Die Banden setzten sich aus jungen Leuten der Arbeiterklasse zusammen – eine nannte sich »Proletengefolgschaft«.[1] Selbst 1944 lieferten sich Fremdarbeiter, entflohene Häftlinge, Lagerflüchtlinge und Proletarier in dem zerbombten Trümmerfeld offene Schlachten mit den Nazis.

Mit der Unterstützung vieler gewöhnlicher Bürger verfolgte die Gestapo unerbittlich die Gegner des Regimes. Tausende von öffentlichen oder geheimen Prozessen fanden in den dreißiger Jahren statt, die allermeisten von ihnen betrafen Arbeiter und Linke. Durch Folter, Hinrichtungen, Exil und Gefängnisse wurde die Linke zerschlagen. Etwa 30 000 politische Gegner sind vermutlich in den Lagern gestorben; Hunderte mehr wurden einfach hingerichtet. Die SS riegelte bei einer Razzia mit der Unterstützung der Polizei und Feuerwehr die Arbeiterbezirke ab und nahm Tausende fest. Die »Weiße Rose« verteilte Tausende von Flugblättern, ehe ihre Anführer gefaßt und hingerichtet wurden. In den Lagern saßen etwa drei Millionen politische Häftlinge.

Dennoch verharrte das Proletariat in einer »mürrischen Verweigerung« und schloß keinen Frieden mit dem Regime.[2] Industrielle berichteten von unzähligen Bummelstreiks, Störungen und Sabotageakten, ebenso über einige Streiks und Massenprotestversammlungen. Während des Krieges berichtete allein Krupp der Gestapo von etwa fünftausend Fällen solchen »Verrats«. Die Nazis waren überzeugt, daß die meisten Arbeitsniederlegungen ein versteckter Protest gegen ihre Herrschaft war. Bei den ersten und einzigen Wahlen der Betriebsdelegierten für die Deutsche Arbeitsfront wurden die Kandidaten der Nazis vernichtend geschlagen; die von den Nazis ernannten »Repräsentanten« der Arbeiter wurden verhöhnt. Man besuchte die Propagandaversammlungen nur spärlich und ignorierte den Hitlergruß. In anderen Schichten der Bevölkerung wurde der Unmut vom Wohlstand gedämpft, von den Arbeitern hingegen wurden, selbst als Vollbeschäftigung herrschte, Tausende verhaftet und bestraft. Anhand der Berichte des Sicherheitsdienstes der Nazis belegt Ian Kershaw, daß die meisten Arbeiter den Nazis feindlich gesinnt blieben.[3]

Über die Verhaftung einiger prominenter Persönlichkeiten und die zahllosen, spurlos verschwundenen Gegner beklagten sich die Wortführer des Militärs, des Adels und der Industrie keineswegs. Der kleine Kreis aus Offizieren und Adligen, der 1944 versuchte, Hitler zu töten, setzte sich aus tapferen Männern und Frauen zusammen, doch ihr Widerstand kann sich nicht mit dem der Linken messen. Sie versuchten nicht, durch Flugblätter im Untergrund die Öffentlichkeit aufzubringen, sondern zogen es vor, langwierige Diskussionen über Deutschlands Zukunft zu führen. In den Jahren 1938/39 baten einige Militärs die Alliierten gegenüber Hitler hart zu bleiben, weil sie einen Zwei-Fronten-Krieg fürchteten, doch als ein Triumph auf den anderen folgte, gaben sie ihren Widerstand auf. Carl Goerdeler, der designierte neue Kanzler der Opposition, war früher Mitglied der DNVP und des Kabinetts Brüning gewesen. Im Jahr 1933 hatte er Hindenburg geraten, Hitler mit diktatorischen Befugnissen auszustatten. Er wurde dafür mit einer hohen Stellung in Hitlers Regierung belohnt und mit der Unterstützung der NSDAP bei seiner erfolgreichen Wiederwahl zum Oberbürgermeister von Leipzig im Jahr 1936. Zum erstenmal hatte Goerdeler 1934 gegen den Nichtangriffspakt mit Polen seine Stimme erhoben; er befürchtete, der Pakt würde die deutschen Ansprüche auf polnisches Gebiet beenden! Mit solchen Protesten konnte Hitler leben.

Goerdeler und die meisten Anführer des Widerstands wollten nach dem Krieg ein Deutschland, das in Osteuropa und auf dem Balkan eine Vormachtstellung besaß. Sie waren der Ansicht, die Tschechoslowakei sollte ein deutsches Protektorat sein. Generaloberst Ludwig Beck, Goerdeler und Claus von Stauffenberg, die bedeutendsten Figuren des Widerstandes, forderten von den Alliierten eine Garantie, daß Deutschland nach der Beseitigung Hitlers das Sudetenland, Österreich und Teile von Polen behalten durfte. Einige waren so vermessen zu glauben, Deutschland werde auch Elsaß-Lothringen behalten dürfen. Noch Ende 1943 hoffte Adam von Trott zu Solz, ein neues Deutschland werde keine Gebiete abtreten, keine Reparationen zahlen oder Besetzung nach dem Krieg dulden müssen. Die Bestrafung der NS-Verbrechen sollte nach seiner Auffassung denselben deutschen Richtern überlassen bleiben, die den Terror der Nazis vollstreckten. Nur wenige Widerstandskämpfer, unter ihnen die mutigen Idealisten Dietrich Bonhoeffer und Helmuth von Moltke, waren der Überzeugung, Widerstand sei ein Akt der Reue. Moltke hoffte auf eine Niederlage und Besetzung Deutschlands und war bereit, wegen der NS-Verbrechen und der Komplizenschaft so vieler Deutscher Gebiete abzutreten, auch seine eigenen Ländereien in Schlesien. Ansonsten überrascht es nicht, daß die Alliierten kaum einen Unterschied zwischen den meisten konservativen Oppositionellen und den Nazis erkannten.

Hitlers konservative Widersacher waren handlungsunfähig, weil sie viele seiner Ziele und Werte teilten, die ihn an die Macht brachten. Ihnen fehlte seine Brutalität. Sie lehnten die liberale Demokratie ab und zogen ihr eine autoritäre Herrschaft vor. Stauffenberg wollte keine starken Gewerkschaften oder linken politischen Parteien. Auch Goerdeler favorisierte eine autoritäre Staatsform. Andere wollten einen Monarchen oder Führer, der ermächtigt war, das Parlament zu überstimmen und natürlich den Aufstieg einer sozialdemokratischen Bewegung zu verhindern. Viele wollten die Deutsche Arbeitsfront der Nazis beibehalten, und die meisten waren sich einig, daß Albert Speer, der Rüstungsminister, der neuen Regierung angehören sollte. Goerdeler spielte sogar mit dem Gedanken, Hitler durch Göring zu ersetzen. Gerhard Ritter ein konservativer Gelehrter und wohlwollender Biograph von Goerdeler hielt ihre verschiedenen Pläne bezüglich Deutschlands Zukunft für nahe am Absolutismus. Nach Ansicht von Hans Mommsen hätten Goerdelers Vorschläge »unbeabsichtigt« etwas ergeben, »das auf einen zweifelhaften Abklatsch der nationalsozialistischen Staatspartei hinausgelaufen wäre«.[4] Doch das war keineswegs *unbeabsichtigt.* Wie ihre einstige Unterstützung für die Nazis standen auch ihre Pläne mit den Werten in Einklang, die sie sich seit Jahrzehnten bewahrt hatten.

Stauffenberg, Goerdeler, Johannes Popitz, Trott und andere wiederholten traditionell konservative Vorstellungen: Die Deutschen sollten eng mit ihrer Scholle verhaftet bleiben, in der jeweiligen sozialen Schicht glücklich werden, die Gott ihnen zugedacht hatte, und zwar in einem Staat, der auf konservativ christlichen Werten beruhte und nicht von Säkularismus, Individualismus, Liberalismus und Materialismus verdorben war. Sie waren immer noch blind für die Folgen ihrer eigenen Handlungen und machten die Demokratie und die »proletarisierten Millionen« für den Aufstieg der Nazis verantwortlich. Graf Werner von der Schulenburg war der Auffassung, es sei nicht nötig, Deutschlands zertrümmerte Städte wiederaufzubauen, die Zentren der ungesunden Industrie – und der sozialdemokratischen Wähler könnte man hinzufügen. Die Mitglieder des Kreisauer Kreises, die idealistischsten Verschwörer, glaubten Deutschland sei wegen der Aushöhlung christlicher Werte vom rechten Weg abgekommen und wollten Beschränkungen der kulturellen Freiheit im Unterricht, in der Kunst, der Wissenschaft und der Presse einführen. Zukünftig müsse eine echt deutsche Achtung für die geistigen und sittlichen Traditionen der Nation bestehen.[5] Ernst Wolf schreibt, daß ein erfolgreicher Staatsstreich seitens der Verschwörer, die ausschließlich aus dem Militär und dem Adel stammten, die Ablösung des nationalsozialistischen Regimes durch ein konservatives, reaktionäres und nationalistisches bedeutet hätte.[6]

Von den zweihundert Deutschen, die wegen Aktivitäten im Widerstand verhaftet worden waren, erklärten etwa zwanzig gegenüber den Vernehmungsbeamten der Gestapo, sie seien von Abscheu über den Judenmord getrieben gewesen. Als Oberbürgermeister von Leipzig hatte Goerdeler jüdische Geschäftsleute vor den Ausbrüchen der SA geschützt. Doch daneben gab es hier eine schwer faßbare unterschwellige Strömung. Die Widerstandskämpfer um Goerdeler waren die schärfsten Gegner der Nazis in ihrer Schicht, viele vermengten dabei jedoch traditionalistische und antijüdische Vorstellungen. In ihren zahlreichen Plänen werden die Todeslager mit keinem Wort erwähnt, obwohl sie persönlich wohl darüber entsetzt waren. Dennoch war Goerdeler, der von vielen Mitverschwörern für zu links gehalten wurde, der Auffassung, das jüdische Volk gehöre einer anderen Rasse an. Die Welt könne nur zur Ruhe kommen, wenn das jüdische Volk die realistische Chance erhalte, seinen eigenen Staat zu gründen und zu führen.

Er schlug Kanada oder Südamerika vor und beharrte darauf, daß die Großmächte dazu beitragen sollten, das »Judenproblem« zu beenden. Als »Bürger seines jüdischen Staates« werde jeder Jude das gleiche Recht haben wie jeder andere Ausländer, sich in Handel und Wirtschaft zu betätigen. Aber er könne kein deutscher Staatsbürger oder Staatsdiener sein, noch könne er gewählt werden, um in den Volksvertretungen zu dienen oder bei solchen Wahlen mitstimmen, wenn er nicht von 1914–1918 gedient habe oder vor 1914 Staatsbürger war.[7] Auch Popitz wollte die Juden aus Deutschland entfernen lassen, und Trott, der vorgesehen war für eine bedeutende Stellung in der neuen Regierung, plädierte ebenfalls für internationalen Beistand bei der Lösung der Judenfrage. Ihre Haltung ähnelte den Forderungen des konservativen Parteiprogramms der neunziger Jahre, und das zu einer Zeit, als sie vom Schicksal der Juden wußten.

Während eines Besuchs in den Vereinigten Staaten erklärte Trott dem Richter Felix Frankfurter, die amerikanischen Juden sollten sich nicht so viel beschweren. Amerikanische Regierungsbeamte waren verwirrt über seine Behauptung, Nazigegner zu sein, zumal er einen hohen Posten bekleidete und scheinbar ähnliche Ansichten vertrat. Viele nahmen an, er sei ein Nazi-Spion. Das war falsch, doch man konnte leicht den Eindruck bekommen. Selbst die gemäßigten Widerstandskämpfer waren der Ansicht, es habe ein »Judenproblem« gegeben, womit sie meinten, die Juden hätten während der Weimarer Republik zu viele herausragende Stellungen innegehabt. Stauffenberg wollte keine physischen Grausamkeiten gegen die Juden, glaubte aber, sie seien eine »fremde Rasse« mit einem schädlichen Einfluß und dürften nicht dieselben Rechte und Freiheiten wie ein deutscher Staatsbürger genießen. Selbst nachdem die Aristokraten und Militärs, die sich Hitler widersetzten, von den Morden im Osten gelesen oder gehört hatten, legten wenige den Rassismus ab, der sie überhaupt für die Appelle der Nazis empfänglich gemacht hatte. Noch 1944 erklärte Popitz, das künftige Deutschland benötige einen starken Staat, um den Internationalismus und die Verjudung des Weimarer Regimes zu bekämpfen.[8] Von Hitler persönlich hochgeehrt wegen seiner Verdienste für das Regime, schlug Popitz Himmler als Nachfolger von Hitler vor und führte zu diesem Zweck heimliche Verhandlungen mit dem Reichsführer SS. Wenn schon Popitz, der nach Hitlers Sturz ebenfalls einen Posten im neuen Kabinett erhalten sollte, Himmler als Staatsoberhaupt akzeptieren konnte, erschauert man bei dem Gedanken an die Einstellung derjenigen Mitglieder der Oberschicht, die den Widerstand ablehnten. Allerdings gab es mutige und edle Ausnahmen: Moltke widersetzte sich von Beginn an den Nazis und versuchte als Anwalt öffentlich und unter großer Gefahr Juden vor der NS-Verfolgung zu schützen. Admiral Wilhelm Canaris und Hans Oster halfen Juden bei der Flucht.

Für die überwältigende Mehrheit der Armeeoffiziere treffen die Worte von General Johannes Blaskowitz zu. Nachdem er die Grausamkeiten im Osten mit angesehen und es selbst versäumt hatte, andere Offiziere zu überreden, zumindest verbal zu protestieren, schrieb er verzweifelt, es gebe »kein menschliches Eintreten für zu unrecht Verfolgte«.[9] Generalfeldmarschall Brauchitsch, der direkt verantwortlich war für den Tod von Zehntausenden von Juden, äußerte die allgemeine Überzeugung, es sei Verrat, mit dem Feind Kontakt aufzunehmen, solange man »sich im Krieg befinde«. Er fügte vielsagend hinzu: »Es handelt sich hier im übrigen nicht um einen Kampf der Regierungen, sondern um die Austragung von Weltanschauungen. Die Beseitigung Hitlers würde also nichts nutzen.«[10]

Er hatte recht; die Ermordung von Hitler und einigen Nazi-Führern hätte nicht die Sympathie der alten Eliten mit den meisten Vorstellungen der Nazis geändert. Man konnte mit Recht von ihnen erwarten, daß sie für Hitler kämpften, bis sie wußten, daß der Krieg verloren war.

Selbst Stauffenberg war noch Anfang 1944 der Ansicht, die Wehrmacht solle zuerst den Krieg gewinnen und sich dann gegen die Nazis wenden – dieser Aufschub hätte mit Sicherheit das Ende der Juden bedeutet, er hat dies wissen müssen. Es war reine Illusion. Die Wehrmacht hätte sich niemals einem siegreichen Hitler widersetzt. Bezeichnenderweise wollte der aristokratisch-militärische Widerstand nicht in Aktion treten, bis die großangelegte Offensive der Roten Armee vom Juni 1944 die Deutschen über dreihundert Meilen zurückdrängte und ihnen dabei in sechs Wochen Verluste von 350 000 Mann zufügte. Zur selben Zeit sah sich Generalfeldmarschall Rundstedt in der Normandie bereits fünfundzwanzig Divisionen und einer überwältigenden Luftüberlegenheit gegenüber. Er hatte Hitler schon zuvor geraten, Frieden zu schließen. Um Gefolgsleute zu gewinnen, betonte Stauffenberg, daß Deutschland der Niederlage entgegengehe, daß ihm ferner die bolschewistische Herrschaft und weiteres sinnloses Abschlachten bevorstehe – nicht von Juden, sondern von deutschen Soldaten und Zivilisten. Dennoch ließen sich nur wenige überzeugen. Stauffenbergs Bündnispartner waren »in mehr oder weniger ratloser Passivität versackt«, er war die einzige treibende Kraft hinter dem Attentat auf Hitler.[11] Einige seiner Anhänger hofften, nach dem Tod Hitlers einen Waffenstillstand im Westen oder Osten aushandeln zu können, um sich auf einen Feind zu konzentrieren. Andere hegten die Hoffnung, die Alliierten würden einen »christlichen Kreuzzug« unterstützen, um den Westen gegen den Bolschewismus zu verteidigen. Sie machten sich keine Vorstellung von dem Entsetzen, mit dem der Westen auf den Holocaust reagieren würde.

Am 20. Juli 1944 war Stauffenberg zu einem persönlichen Bericht in Hitlers Hauptquartier Wolfsschanze in Ostpreußen eingeladen. Er schmuggelte in einer Aktentasche eine Zeitbombe ein und stellte sie in der Nähe Hitlers ab. Die Bombe explodierte, nachdem Stauffenberg den Raum unter einem Vorwand verlassen hatte. Vier Menschen starben an den Verletzungen, Hitler blieb verschont. Im Glauben, Hitler sei tot, flog Stauffenberg nach Berlin, um den Staatsstreich anzuführen. Die Reise dauerte zwei Stunden. Er stellte fest, daß trotz der Versprechungen noch so gut wie nichts in die Wege geleitet worden war. Seine Hoffnung, viele Offiziere würden sich von allein dem Staatsstreich anschließen, war vergeblich. Selbst in den wenigen Stunden, als es hieß, Hitler sei tot, unternahmen sie kaum etwas. Der Krieg war verloren, Zehntausende fielen den Bomben der Alliierten und den russischen Soldaten zum Opfer, die Wehrmachtsführung verfügte über Waffen, und ihre Tapferkeit hatte sich im Gefecht mehrfach bewährt. Aber sie waren nicht in der Lage, sich eine Alternative zu den Nazis vorzustellen. Paradoxerweise dient das Schicksal des aristokratischen Widerstands in erster Linie zur Veranschaulichung, wie nahe die Konservativen den Nazis in ihren Anschauungen und Zielen standen. Lange nach dem Krieg, als das Schicksal der Juden allen längst bekannt war, hielt die Mehrheit der Deutschen, die während der NS-Zeit gelebt hatten, Stauffenberg immer noch für einen Verräter. Er hatte dies im übrigen selbst vorhergesagt.

Im Gegensatz zu landläufigen Auffassungen, schreibt Ian Kershaw gab es in Nazi-Deutschland erstaunlich freimütige Äußerungen von großer, vor allem ökonomischer Unzufriedenheit.[12] Daher erscheint der ausgebliebene Protest gegen das Schicksal der Juden um so bedenklicher. Die Unzufriedenheit kam auf, weil die Nazis ihre Wahlkampfversprechen nicht einhielten. Bauern beklagten sich über ausbleibende günstige Kredite, über den Preisverfall ihrer Produkte, hohe Kosten für Landmaschinen und Dünger, hohe Verschuldung und Preiskontrollen für Lebensmittel. Die Abwanderung der Landarbeiter in die Fabriken brachte eine härtere Arbeit mit sich und ein geringeres Einkommen. 1938 konnte nicht länger den Juden die Schuld gegeben werden, und einige Bauern entdeckten, daß Christen nunmehr höhere Forderungen stellten, da die Juden aus dem Weg waren. Einige bayerische Bauern erklärten, sie würden die Wirtschaft des Regimes sabotieren, wenn die Regierung sie weiterhin übergehe. Da die Kriegsproduktion die Herstellung von Landmaschinen abgelöst hatte, verlangten die Bauern Fremdarbeiter, die sie auch umgehend erhielten. Während der gesamten Proteste versicherten jedoch die Gestapo und zivile Informanten der Regierung, daß die Unruhen rein wirtschaftlicher Natur seien, nicht die Folge ideologischer Gegensätze.

Die Nazis waren überrascht über Protestanten, die sich beschwerten, daß »Deutsche Christen« ihre alten Priester ablösten. Die Religionsgemeinschaft der Deutschen Christen lehnte das Alte Testament ab. Nachdem Hitler diesem Sakrileg ein Ende bereitet hatte, waren aber die

Bauern ebenso wie die Geistlichen dem Regime wieder ergeben. Katholiken waren weit stärker aufgebracht, als übereifrige Gauleiter im Jahr 1941 die Kruzifixe aus den Schulen entfernen ließen. Die Bayern fanden sich spontan zu Demonstrationen zusammen und wollten wissen, weshalb die Deutschen den »atheistischen Bolschewismus« ihrer eigenen Führer dulden müßten, wo doch ihre Söhne nach Rußland in den Tod geschickt worden seien. Tausende scharten sich mit stürmischem Beifall um Bischöfe, die sich der Nazifizierung der Kirche widersetzten. Parteibüros wurden demoliert, und Proteste wurden von der Kanzel verlesen. Bevor die Unruhe auf die gesamte Region übergriff, gaben die Nazis nach.[13]

Im Widerspruch zur angeblich absoluten Macht der Nazis konnten ziviler Ungehorsam und militante Aktionen durchaus Einfluß auf ihre Politik haben. Normale Bürger protestierten als erste gegen die Verlegung von Patienten aus den Krankenhäusern in die Tötungsanstalten, worauf Himmler gezwungen war, eine Anstalt zu schließen. Die Nazis fürchteten während des Krieges Unruhen der Christen und scheuten sich, Proteste zu unterdrücken. Doch die Kirchenführer beider Konfessionen unterstützten lediglich die öffentliche Anprangerung der Euthanasie und eindeutig antichristlicher Aktionen. Wie Kershaw bemerkt, stehen ihre Proteste in einem »völligen und bedrückenden Gegensatz zu dem Fehlen eines starken Mitgefühls in der Judenfrage«.[14] Die Invasion in Rußland fiel zeitlich mit dem Höhepunkt des Euthanasie-Programms zusammen. Trotz des neuen Einblicks in die furchtbare Bedeutung der rassischen Säuberung durch die Nazis stimmte die Kirchenobrigkeit mit Bischof Michael Rackl überein, der den Krieg zu einem wahren Kreuzzug erklärte, einem heiligen Krieg für Heimat und Vaterland, für Glauben und Kirche, für Christus und sein allerheiligstes Kreuz.[15] Die Nazis müssen sich über solche Segenssprüche amüsiert haben, waren aber sicher erfreut über ihre Wirkung.

Nach der Ausschaltung der Linken war die Nazi-Herrschaft durch das Murren der öffentlichen Meinung nicht mehr gefährdet. Handwerker und Kleinunternehmer beschwerten sich, als die Nazis die Großunternehmen stärker förderten als die kleinen Betriebe und weder Kaufhäuser noch Verbrauchergemeinschaften verboten. Doch die Erfolge auf den Schlachtfeldern und die Entfernung der Juden trugen zur Besänftigung von Handwerkern und Kleinunternehmern bei, denen es während des wirtschaftlichen Aufschwungs gutging. Untere Beamte beschwerten sich, als ihre Bezüge gekürzt wurden oder Parteifunktionäre sie tyrannisierten. Die überarbeiteten und unterbezahlten Lehrer, die ihren alldeutschen Überzeugungen treu blieben, regten sich auf, weil sie viel zusätzliche Zeit für freiwillige Arbeiten in den Parteiorganisationen wie der Hitlerjugend investierten und kaum Gegenleistungen erhielten. Sie stellten keine Gefahr dar für das Regime. Mit einem Wort, bei der Nörgelei des Mittelstandes handelte es sich um die Enttäuschungen der Gefolgsleute, und die Nazis konnten sich auf sie verlassen. Wie Detlev Peukert schreibt, brachte der Mittelstand bei aller Kritik dem Regime »auch weiterhin ein besonders hohes Maß an Loyalität« entgegen.[16]

Gruppen aus der oberen Mittelschicht beklagten sich häufig über manche Praktiken des Regimes. Peukert berichtet von der »Swing-Jugend« aus Kindern der wohlhabenden Mittelschicht, die den Lebensstil der britischen Oberschicht nachahmten und die Schwärmereien der Nazis geringschätzten. Sie tanzten und zechten zu amerikanischem Jazz im Stil der Flapper-Ära, obwohl die Zensoren den degenerierten Benny *»Gutmann«* und seine »Negermusik« mit scharfen Worten verurteilten. Der größte Teil der Klagen aus der Mittelschicht richtete sich gegen Korruption in der Partei, gegen zu geringe Gehälter, hohe Preise und Steuern. Doch wie in einem Bericht der NSDAP vermerkt wird, verurteilten die Nörgler den Nationalsozialismus eben weder als ein korruptes und barbarisches System, noch sprachen sie sich gegen den Terror aus.[17] Die meisten billigten die Unterdrückung der Linken und die Ermordung Röhms und seiner radikalen Anhänger. Einige hofften, Hitler werde eine weitere »Säuberung« unter den »alten Kämpfern« durchführen, die wie kleine Feudalherrscher auf Kosten der Allgemeinheit lebten. Ihre Unzufriedenheit spiegelte lediglich wider, was Kershaw einen »breiten Grundkonsens« in der Mittelschicht für die Werte der Nazis nennt.[18]

Unter all den Beschwerden fehlte eine fast völlig: Gestapo und Sicherheitsdienst berichten über keine nennenswerte Ablehnung der antijüdischen Gesetzgebung. Peukert berichtet: »Die Kennzeichnungen der Juden in der Öffentlichkeit mit dem gelben Stern, die Deportation nach Osten und ihre Vernichtung in den Gaskammern fanden kaum einen breiteren Niederschlag in den Berichten über die Volksmeinung.«[19] Lediglich ein Prozent der Gerichtsverhandlungen wegen kritischer Äußerungen betraf Bürger, die projüdische Äußerungen getan hatten. Die deutsche Bevölkerung war auch nicht einfach gleichgültig oder apathisch. In Wirklichkeit erhielt die Gestapo eine solche »Flut von Denunziationen« über Juden oder Christen, die gegen die antijüdischen Vorschriften verstießen, daß sie sich über die viele Arbeit und Zeit beschwerte, die nötig war, um ihnen nachzugehen.[20] Robert Gellately, sonst stets zurückhaltend in seinem Urteil, meint dazu: »Ohne vielfältige soziale Kooperation ... wären die antisemitischen Richtlinien nur leere Phantasien geblieben.«[21]

Gellately stellt fest, daß die Gestapo, obwohl sie »stark darauf angewiesen war, daß die Öffentlichkeit sich an dem Überwachungsprozeß beteiligte«, und obwohl sie bezahlte Informanten einsetzte, eine relativ geringe Zahl von Berichten über Klagen wegen der antisemitischen Maßnahmen erhielt. Peukert gibt an, solche Klagen waren in den Gestapo-Akten »erstaunlich selten«. Von 1933 bis 1944 wurden in ganz München insgesamt siebenundsechzig Christen verurteilt, weil sie sich über die Rassengesetze beschwert hatten, die Hälfte der Verfahren wurden mangels Beweisen eingestellt. Sicher hielten sich viele aus Angst zurück mit ihren Äußerungen, dennoch meint Gellately, daß die Zahl negativer Äußerungen zur Judenpolitik »so gering [ist], daß man sie fast als bedeutungslos bezeichnen kann«.[22] Im Gegensatz dazu protestierten deutsche Bauern häufig gegen die harte Behandlung der polnischen Zwangsarbeiter durch die Nazis.

Im Jahr 1938, als Mussolini die Juden zu Staatsfeinden erklärte und ihre Auslieferung an die Deutschen anordnete, sabotierten seine Bürokraten den Befehl, und auch aus der Bevölkerung erhielt er wenig Unterstützung. Vier von fünf italienischen Juden überlebten den Krieg; dagegen nur einer von hundert deutschen. Viele italienische Juden, die verhaftet wurden, waren von bezahlten Spitzeln oder von Italienern denunziert worden, die die SS nach der Kapitulation Italiens dazu gezwungen hatte. Unter der Vichy-Regierung in Frankreich dagegen gingen Tausende von freiwilligen Denunziationen ein. Die royalistischen und rassistischen Rechten hatten längst darauf gehofft, den Juden zu schaden; die Deutschen gaben ihnen dazu die Gelegenheit.

Es wird argumentiert, daß Deutsche, die Juden verrieten, womöglich nicht aus rassistischen Motiven heraus gehandelt haben, sondern weil sie sich von ihren Denunziationen konkrete Vorteile erhofften. Sie konnten jüdisches Vermögen erlangen, einen Rivalen beseitigen, die eigene Karriere fördern oder eine Schuld tilgen. Persönliche Eifersucht, Neid, Gier oder Ehrgeiz können tatsächlich Motive gewesen sein. Aber konkrete Motive lassen sich nicht vom Antisemitismus trennen, selbst wenn die Denunziationen einen Vorteil brachten. Handlungsmotive sind miteinander verknüpft; hier fielen sie zusammen, wie während der Kreuzzüge, als der christliche Antisemitismus die Konfiszierung des jüdischen Besitzes gerechtfertigt hatte. Sicher bot die NS-Herrschaft den Antisemiten die einmalige Gelegenheit, aus der Verfolgung Unschuldiger konkrete Vorteile zu ziehen, aber ein Volk, das relativ frei war von Rassenfeindschaft, hätte diesen Vorteil nicht in so großem Umfang wahrgenommen, insbesondere weil die Denunziation eines Juden gleichbedeutend war mit seiner Verhaftung oder Tod in einem Konzentrationslager. Die Gestapo, die durch keine gesetzlichen Regelungen eingeschränkt wurde, schenkte ihren Opfern selten Glauben. Einen Christen freundschaftlicher Beziehungen zu Juden anzuklagen, insbesondere der »Rassenschande«, konnte für den Angeklagten Prügelstrafe, Folter oder Einkerkerung bedeuten; der betreffende Jude mußte sterben.

Bis 1938 waren Zehntausende deutsche Staatsbürger im Gefängnis oder bereits tot - diese Zahlen wurden in Umlauf gebracht, um Regimefeinde einzuschüchtern. Können wir folglich nicht davon ausgehen, daß ein Mann Antisemit war, wenn er eine ältere Jüdin des Verstoßes gegen die Rassengesetze anklagte, weil er es auf ihre Wohnung abgesehen hatte? Und wie steht es mit denjenigen, die andere anklagten, weil sie einen Konkurrenten loswerden, eine Frau von ihrem Mann trennen oder sich ihr Vermögen aneignen wollten? Oder allen, die Christen denunzierten, mit Juden zu verkehren, weil sie sich von dem Verrat erhofften, eine Schuld zu tilgen, einen Geschäftspartner loszuwerden oder einen verhaßten Lehrer zu bestrafen? Persönlicher Vorteil und Rassenhaß verschmolzen miteinander und jegliches Schuldgefühl wurde ausgelöscht, weil die Handlung von den Behörden gebilligt wurde und weil sie mit der persönlichen Überzeugung von der »jüdischen Gefahr« in Einklang stand. In jeder Gesellschaft gibt es Leute, die sich mit allen Mitteln Vorteile verschaffen, aber hier geht es nicht um Verbrechen. In Wahrheit waren manche der schlimmsten Denunzianten womöglich am wenigsten rassistisch eingestellt.

Viele dokumentierte Denunziationen haben kein konkretes Motiv gehabt, sondern wurden allein aus dem Grund begangen, Volksverräter zu bestrafen. Verläßliche Schätzungen zeigen, daß etwa ein Viertel bis die

Hälfte aller Denunzianten lediglich die psychische Genugtuung erhielten, jüdische oder christliche »Feinde des Volkes« bestraft zu haben. Zahllose Bürger wurden von sich aus bei den örtlichen Parteibüros vorstellig, einige denunzierten Menschen, die einen Juden versteckten, klagten einen jüdischen Chef an, eine Angestellte sexuell zu belästigen. Andere prangerten einen Christen an, mit Juden geschlafen zu haben, oder eine Prostituierte, jüdische Kunden zu haben, einen Geschäftsmann, einen Juden bei einem Handel überbezahlt zu haben oder eine Rarität an einen Juden zu verkaufen. Manche klagten sogar Parteimitglieder an, freundschaftliche Beziehungen zu Juden zu unterhalten - das war gewagt, falls die Gestapo zu dem Schluß kam, der Denunziant habe gelogen. Anklagen wurden auch gegen Christen erhoben, die sich über die antijüdischen Gesetze beschwerten oder dabei beobachtet wurden, wie sie mit Juden speisten, sie besuchten, ihnen ein Geschenk überreichten oder einfach nur jemandem freundschaftlich die Hand gaben, der Jude war oder »wie ein Jude aussah«. Wohlhabende Juden wurden möglicherweise denunziert, weil der Denunziant die mächtigen Mitglieder einer »minderwertigen« Rasse erniedrigen wollte und das Gefühl hatte, die Nazis hätten ihre Pflichten vernachlässigt, weil sie ihn nicht schon längst angeklagt hatten. Etwa sechzig Prozent aller Denunziationen kamen von Privatpersonen, und eine unbekannte Zahl wurde sofort abgewiesen, weil sie offenkundig falsch waren. Es gab sogar Denunziationen von Christen, die angeblich vor dem Ersten Weltkrieg Beziehungen zu Juden unterhalten hatten; allerdings gebot Göring solchem Fanatismus Einhalt. Zum erstenmal in der deutschen Geschichte reagierte eine Regierung auf die Anklagen von Antisemiten. Folglich dient die öffentliche Resonanz als Indikator für die Verwurzelung des Rassismus unter den Deutschen. Die Gestapo-Unterlagen sind unvollständig, und wegen der Vernichtung zahlreicher Geheimakten lassen sich keine genauen Prozentzahlen errechnen, aber soviel ist gewiß: Ohne die überwältigende Kooperation der Allgemeinheit wäre die Gestapo nicht in der Lage gewesen, nahezu alle Juden aus Deutschland zu isolieren, zu deportieren und umzubringen.

Die Denunzianten kamen natürlich vorwiegend aus denselben Gruppen, die auch verstärkt die Nazis gewählt hatten: Protestanten waren fanatischer als Katholiken. »Alte Liberale und Demokraten ›zeigten eine besondere Judenfreundlichkeit‹ ...«, während ehemalige »Reaktionäre« wie die Mitglieder des Alldeutschen Verbands sich »ganz zu den Maßnahmen« bekannten.[23] Dov Kulka weist überzeugend nach, daß zu denjenigen, die »aus ideologischen, religiösen, sozialen oder wirtschaftlichen Gründen« offene Kritik übten, die Kommunisten und Sozialdemokraten, die liberale Intelligenz und einige Geschäftsleute zählten.[24] Die meisten Proteste gegen die Judengesetze kamen aus Berlin und den Industriestädten des Ruhrgebiets, Hochburgen der Sozialdemokraten, oder aus Hamburg, der liberalsten deutschen Stadt – sie war ein Zentrum des internationalen Handels mit engen Verbindungen zu England, eine Stadt, in der die meisten Ehen in Deutschland zwischen jüdischen und christlichen Handelsfamilien geschlossen wurden.

»Je kleiner die Stadt, desto mehr NSDAP-Wähler« – die alte Faustregel deutet die Hauptquelle des populären Antisemitismus an. (In den fünfziger Jahren erhielten Neo-Nazis in ländlichen Gegenden die meisten Stimmen.) In den dreißiger Jahren mußten viele Städte und Dörfer mit Touristenattraktionen, für die eine Erwerbsquelle auf dem Spiel stand, davon abgehalten werden, Schilder aufzustellen, die mit Gewalt gegen Juden drohten; den Gemeinden wurde lediglich gestattet, Schilder aufzustellen, die Juden den Zutritt untersagten. Bereits vor der »Kristallnacht« drohte den Juden in österreichischen Dörfern physische Gewalt. Bis 1937 flohen die Juden, die noch in Kleinstädten in Deutschland lebten, in Großstädte, um den Feindseligkeiten zu entgehen. In ländlichen Gebieten waren natürlich weder Sozialdemokraten noch Liberale in großer Zahl anzutreffen. Im großen und ganzen deuten die Berichte des Sicherheitsdienstes und der Polizei an, daß die deutschen Dorfbewohner und Kleinstädter erfreut mit ansahen, wie die Juden während der Vertreibungen von 1941 ihre Orte verließen. Lokalzeitungen berichteten begeistert, ihre Stadt sei *judenrein* und hofften, bald werde es ganz Deutschland sein. Berichte der internationalen Presse über Protestaktionen gegen die Verfolgungen stammten in der Regel aus Großstädten, deren Einwohner für die Sozialdemokraten oder für fortschrittliche Parteien gestimmt hatten; die Reporter wußten selten, was im kleinstädtischen Deutschland vor sich ging. Das hat zu einer Überbewertung der projüdischen Stellungnahmen und Handlungen geführt. Doch selbst in den größten Städten weigerten sich viele Restaurants, Juden zu bedienen, und zwar noch bevor das Regime die Lebensmittelkarten mit einem »J« kennzeichnen ließ, so daß Juden nicht mehr in öffentlichen Einrichtungen essen konnten.

Die allgemeine Ablehnung der Gewalttaten im Zuge der »Kristallnacht« wird oft erwähnt, doch die Beweislage ist nicht so eindeutig. Der Korrespondent des Londoner *Daily Telegraph* berichtete aus Berlin, daß viele gutgekleidete Bürger »vor Freude jubelten«, als die Juden verprügelt wurden und die Synagogen brannten; die *Washington Post* berichtete von unzähligen Zivilisten, die jüdische Geschäfte plünderten. Der britische Konsul sah eine starke allgemeine Unterstützung der Angriffe. Augenzeugen berichteten, viele Deutsche hätten gelacht und ihren Spott getrieben; allerdings wird auch berichtet, daß viele die Aktion schweigend mißbilligten. Die Gestapo verzeichnete zahlreiche Plünderungen auf den Dörfern. In Österreich und im Sudetenland war die allgemeine Reaktion besonders grausam. Einige beklagten sich über den wirtschaftlichen Schaden, der dem Volk zugefügt worden war. Sie hatten sich aufgeopfert, um Alteisen, Besitz und Lebensmittel zu sammeln, als der Krieg drohte, und Randalierer durften nun alles zerstören. Die Polizei in ländlichen Gegenden berichtete häufig, daß die Bevölkerung die Beseitigung der Juden gutheiße, aber den Sachschaden mißbillige. Kershaw teilt uns mit, daß ihre Wut auf die Juden achtzig Prozent der Lehrer in Franken veranlaßte, sich zu weigern, im Religionsunterricht das Alte Testament zu lehren. Über das ländliche Deutschland, die stärkste Quelle des Antisemitismus, wurde zu wenig berichtet.

Viele mögen nur gegen den Sachschaden protestiert haben, weil dies sicherer war als die Juden offen zu verteidigen. Doch die Haltung der Geistlichen verrät ein anderes Bild. Abgesehen von wenigen Ausnahmen schwiegen sie. Wenn viele das Pogrom mißbilligten, so wußten sie vielleicht, daß diese Haltung in ihrer Gemeinde unbeliebt gewesen wäre. Die Zerstörung von Besitz, der willkürliche Mord und die unkontrollierten Aktionen des Mob schreckten viele ab: Wer war der nächste, wenn geltendes Recht keinen Bestand mehr hatte? Eine umfassende und »unkritische Billigung der antijüdischen Verordnungen der Regierung« ließ sich durchaus mit der Abneigung gegen die vulgären Elemente der SA vereinbaren.[25] Von Protesten gegen die »legale« Verhaftung von etwa 40 000 Juden und gegen ihren Transport in Konzentrationslager wird nicht berichtet, noch wurde gegen die brutalen Morde protestiert, von denen in der ausländischen Presse zu lesen war. Doch es gab zahlreiche deutsche Beschwerden über den internationalen Aufschrei nach der »Kristallnacht«. Tragischerweise war die auswärtige Reaktion weit schwächer als der Holocaust im Jahr 1942 bekannt wurde.

Doch abgesehen von der »Kristallnacht« war die Reaktion auf die gesetzlichen Maßnahmen von 1938, die gegen die Juden ergriffen wurden, »positiv und unkritisch«.[26] Berliner Behördenvertreter beschwerten sich, daß der Ansturm der Bürger, die Anspruch auf jüdischen Besitz erhoben, so stark sei, daß die Ämter überschwemmt seien.[27] Viele, die wegen anderer Dinge protestiert hatten, schwiegen zu den Juden. In Wien benötigte man keinen Anlaß zu Ausschreitungen. Jüdische Häuser und Läden wurden ausgeraubt, Juden aus den Cafés und Straßenbahnen geworfen und auf der Straße verprügelt. Im ländlichen Österreich herrschte ein stärkerer Antisemitismus als in Wien, aber dort gab es weniger Juden. Bruce Pauley schreibt dazu: »Drei Monate nach dem Anschluß waren die Juden bereits gründlicher aus dem öffentlichen Leben Österreichs verdrängt, als in Deutschland in den fünf Jahren seit Hitlers Machtübernahme.«[28] Die österreichischen Nazis beschwerten sich sogar darüber, daß die Öffentlichkeit sie nur wegen ihres Antisemitismus unterstütze und nicht wegen des sonstigen Programms. Die Sozialdemokraten im Widerstand waren entsetzt, als sie entdeckten, daß österreichische Arbeiter die Beschlagnahmung des jüdischen Besitzes billigten, auch wenn sie sich nie an den Greueltaten beteiligten. Etwa fünftausend Berliner Juden überlebten den Krieg, aber lediglich siebenhundert Wiener Juden. Dabei war die jüdische Bevölkerung von Wien 1938 mehr als doppelt so groß wie die von Berlin.

Öffentliche Proteste, getragen von der Geistlichkeit und konservativen Eliten, hätten die deutschen Juden vielleicht retten können; hingegen läßt sich die Vermutung, die Proteste seien durch die Furcht vor dem NS-Terror unterdrückt worden, nicht nachweisen. Die Aktionen gegen die Euthanasie weisen darauf hin, daß das Regime nachgab, sobald es sich einer nennenswerten, nicht von links kommenden und christlichen Opposition gegenübersah. Ein Vorfall ist bezeichnend: Bis Januar 1943 wurden Juden, die mit Ariern verheiratet waren und Kriegsarbeit leisteten, in der Regel nicht in Lager deportiert. Doch dann beschloß das Regime, Berlin ganz von den Juden zu säubern, und ließ die Fabriken und die Arbeiterheime umstellen. Etwa 10 000 Juden wurden verhaftet, die nach Auschwitz deportiert werden sollten. Viele hatten christliche Frauen, die gemeinsam mit anderen Arbeitern etwa eine Woche lang Tag und Nacht vor dem Gestapo-Hauptquartier demonstrierten und die Entlassung ihrer Männer forderten. Selbst als sie mit Maschinengewehren bedroht wurden, ließen sie nicht ab. Als die Menge größer wurde, beschloß Goebbels, einige Häftlinge freizulassen. Auf diese Weise wurden zweitausend Juden durch die Demonstrationen Hunderter Christen vor der Vernichtung gerettet; den Demonstranten war nichts zugestoßen. Das Regime ordnete ferner an, alle Juden in Auschwitz, die mit Ariern verwandt waren, zu entlassen oder in Arbeitslager zu verlegen. Da fragt man sich, ob bei genügend Protesten seitens der Christen der Mord zumindest der deutschen Juden nicht wenigstens bis zum Kriegsende hätte aufgeschoben werden können, wie es mit anderen radikalen Zielen der Nazis geschah. Nathan Stoltzfuss schreibt dazu: »Offensichtlich hing die Rettung eines Juden davon ab, ob ein Arier in irgendeiner Stellung in der deutschen Gesellschaft dem NS-Regime eventuell Probleme bereitet hätte …«[29]

Der verbreitete Antisemitismus war häufig schon für ein Schweigen mit Anstand zu heftig. Im Oktober 1938 beispielsweise, als die Juden aus Hannover vertrieben und nach Polen geschafft wurden, waren die Straßen voll von Menschen, die schrien: »Juden raus nach Palästina!«[30] Als die Juden 1941 gewaltsam aus ihren Häusern gezerrt wurden, hieß es in einigen Schilderungen, sie seien verhöhnt worden; andere sagen, einige Christen hätten Mitgefühl gezeigt. Befriedigung oder Gleichgültigkeit waren aber anscheinend die überwiegenden Reaktionen. Die Polizei ging nicht heimlich vor; Juden wurden häufig zwei Tage lang auf einem hell erleuchteten Gelände festgehalten, bevor sie zu den Zügen abgeführt wurden. Die Polizei war gezwungen, die Türen der Häuser und Geschäfte der deportierten Juden zu versiegeln, um Plünderungen zu verhindern.

Es läßt sich nicht ermitteln, wie viele Deutsche damals wußten, daß die Juden ermordet wurden, aber ein vernünftige Schätzung ist möglich und wichtig, weil sie das Ausmaß des Antisemitismus herausstellt. Nach den vorliegenden Hinweisen müssen Millionen davon gewußt haben, daß unzählige Juden ermordet wurden, was immer sie über Methode und Tempo wußten. Immerhin hatte Hitler beständig ihre Vernichtung angekündigt. 1924 sagte er, er sei »bisher viel zu milde« gewesen, künftig müßten »die schärfsten Kampfmittel angewendet werden … Denn Juda ist die Weltpest.«[31] Im Jahr 1936 teilte er einem konservativen Gefolgsmann mit, er werde ganze Rassen ausrotten. Im Januar 1939 setzte er den tschechischen Außenminister davon in Kenntnis, daß die Nazis die Juden vernichten würden.[32] Am 30. Januar verkündete er der Welt, daß ein Krieg die Vernichtung der Juden in Europa bringen werde. Vor laufender

Kamera applaudierten die Reichstagsabgeordneten stürmisch und anhaltend. Im Jahr 1942 sagte Hitler im Reichstag, daß Deutschland sich in einem Krieg der Menschheit gegen die Juden befinde, die von den westlichen Plutokraten und jüdischen Bolschewiken unterstützt würden. Im Januar 1942, zehn Tage, nachdem der vermeintlich geheime Beschluß der Wannsee-Konferenz die Entschlossenheit des Regimes bekräftigt hatte, alle Juden zu ermorden, kündigte Hitler die Maßnahmen bei einer im Rundfunk übertragenen Veranstaltung vor Tausenden von Zuschauern im Sportpalast in Berlin an. Er wußte ganz genau, daß die Alliierten seine Worte vernehmen würden:

> Wir sind uns dabei im klaren darüber, daß der Krieg nur damit enden kann, daß entweder die arischen Völker ausgerottet werden oder daß das Judentum aus Europa verschwindet ... daß dieser Krieg nicht so ausgehen wird, wie es sich die Juden vorstellen, nämlich daß die europäischen Völker ausgerottet werden, sondern daß das Ergebnis dieses Krieges die Vernichtung des Judentums sein wird ... Die Stunde wird kommen, wenn der schlimmste universale Feind aller Zeiten erledigt sein wird ...[33]

Hitler erinnerte die Öffentlichkeit im September 1942 noch einmal daran, daß, wie er einst prophezeit habe, »wenn das Judentum einen internationalen Weltkrieg zur Ausrottung etwa der arischen Völker Europas anzettelt, dann nicht die arischen Völker ausgerottet werden, sondern das Judentum«.[34]

Sich Hitlers Rundfunkansprachen anzuhören war allgemeine Pflicht; in der Arbeit wurde innegehalten und die Belegschaft versammelt; auch die Presse berichtete ausführlich darüber. Kurz, Hitler verkündete den Deutschen die Entschlossenheit des Regimes, die Juden Europas umzubringen, und er wiederholte dies klar und deutlich bei mehreren öffentlichen Veranstaltungen. Andere Nazis taten dies ebenfalls. Im November 1941 informierte Rosenberg Journalisten über die Neubesiedlung des Ostens mit folgenden Worten: »In Rußland leben noch etwa sechs Millionen Juden, und diese Frage kann nur gelöst werden in einer biologischen Ausmerzung des gesamten Judentums in Europa.«[35] Der Krieg gegen die Juden war nie ein heimlicher Krieg.

Vor dem Hintergrund der Informationen, die bis 1941 in Deutschland über den NS-Terror verbreitet wurden, konnten sich alle, die den Antisemitismus des Regimes teilten, ohne weiteres das Schicksal der Juden im Osten vorstellen. Millionen Deutsche, auch Juden, waren hingegen zu fortschrittlich und humanistisch eingestellt, um zu glauben, daß die Juden tatsächlich bis zum kleinsten Kind ausgerottet würden. Dennoch stieg die Selbstmordrate unter den Juden in Wien und Berlin sprunghaft an, als die Deportationen begannen. Parteifunktionäre nahmen an, die Juden hätten gewußt, was sie erwartete. Im Juni 1942 berichteten sehr zuverlässige europäische Quellen, daß bereits 700 000 Juden umgebracht worden und daß alle dem Tod geweiht seien. Die Juden in den Vereinigten Staaten konnten es nicht glauben. Die Chefredakteure der Zeitschrift *Jewish Frontier* veröffentlichten den Bericht erst Wochen später. Mit einer umständlichen Entschuldigung gaben sie dann zu, daß sie ihn zurückgehalten hätten, weil sie geglaubt hatten, der Bericht sei »die makabre Erfindung eines geistesgestörten Sadisten«.[36] Noch lange nach dem Krieg glaubte man Speers phantastischer Behauptung, er habe nichts von den Morden gewußt, obwohl er es hätte wissen müssen (»should have known«), aber irgendwie habe er es gar nicht wissen wollen (»did not want to know«). In der deutschen Ausgabe seiner Erinnerungen vermied Speer solches Geschwätz. Der Satz »Er hätte es wissen müssen« hätte bei seinen einstigen Gleichgesinnten Belustigung und Verachtung zugleich hervorgerufen. Sie wußten, daß er einst auf der Suche nach Zwangsarbeitern das Vernichtungslager Mauthausen aufgesucht hatte. Nach dem Besuch in Mauthausen empfahl er, härtere Arbeitsbedingungen für die Insassen einzuführen. Der zuständige SS-Offizier protestierte, ob Speer sich darüber im klaren sei, »welch ungeheuren Anstieg der Sterblichkeit« die Einführung der von ihm geforderten »primitiven Methoden« zur Folge hätte?[37]

Die Morde in den deutschen Tötungsanstalten waren allgemein bekannt. Die Ärzte, Schwestern, Aufseher und Beamten sprachen darüber anscheinend in der Öffentlichkeit, die Kinder auf der Straße wußten davon, im Scherz hieß es: »Wenn du so weitermachst, wirst auch du im Verbrennungsofen landen!« Der Gestank aus den Krematorien war meilenweit zu riechen, und die Lastwagen, welche die Opfer transportierten, waren im ganzen Land bekannt, weil die Opfer zu Zehntausenden in die Tötungszentren gefahren wurden. Viele Opfer wußten, was mit ihnen in den »Duschen« passieren würde; und es kam zu entsetzlichen Szenen.

Wenn das Wissen um den Mord an so vielen behinderten deutschen Christen zur »Reinerhaltung« der Rasse so weit verbreitet war, erscheint es klar, daß Millionen Anhänger der Nazis gewußt haben mußten, daß die Juden nicht einfach nur in den Osten deportiert wurden, um dort Bauern zu werden.

Noch vor dem Überfall auf die Sowjetunion willigte das Oberkommando der Wehrmacht ein, bei der Ermordung russischer Gefangener, Zivilisten und Juden mitzuhelfen, und zwar nicht im Verborgenen. Die *New York Post* vom 23. Oktober 1941 berichtete: »Deutsche Soldaten massakrieren Tausende Juden in der Ukraine ... Leichen treiben im Dnjestr.«[38] Hunderttausende Soldaten im Osten müssen an den Massakern beteiligt gewesen sein, sie mit angesehen haben oder zumindest von ihnen gehöre haben. Weshalb sollte man annehmen, daß sie in ihrem Heimaturlaub schwiegen? Nichtjüdische Zwangsarbeiter auf deutschen Bauernhöfen hatten viele Horrorgeschichten zu erzählen, ebenso die persönlichen Zwangsarbeiter, die von den deutschen Offizieren in die Heimat geschickt wurden. Tausende Deutschstämmige wußten von den Massakern, und viele halfen bei den Morden mit; ein Führer eines Einsatzkommandos sagte aus, selbst er sei entsetzt gewesen über deren Blutrünstigkeit. Auch sie reisten frei in Deutschland umher. Das Buch *»Schöne Zeiten«. Judenmord aus der Sicht der Täter und der Gaffer* berichtet, daß Tausende sich freiwillig an den Morden beteiligten, und dokumentiert Berichte von Soldaten und Offizieren, die sich geweigert hatten, Juden umzubringen, und die keine schwerwiegenden Konsequenzen erleiden mußten.[39] Tausende von deutschen Besatzungsbeamten wußten aus den Berichten, Dokumenten oder aus eigener Erfahrung, was vor sich ging. Die örtliche Polizei bewachte die Züge, arbeitete mit der SS zusammen, erschoß jüdische Geiseln oder sprach zumindest mit Leuten, die es taten. Christopher Browning berichtet über eine Einheit, die über 80 000 polnische Juden umbrachte. Lediglich eine kleine Minderheit der Mörder war Mitglied der NSDAP oder der SS; dieser Einheit gehörten Kleinunternehmer an, Kellner, Lehrer, Apotheker, Dockarbeiter, Lastwagenfahrer und Bauarbeiter. Einige weigerten sich zu töten und wurden nicht dafür bestraft. Der Beweis ist nie erbracht worden, daß die NS-Mörder unter Zwang gehandelt hatten.[40]

Im Jahr 1942 hatte die NSDAP etwa sechs Millionen Mitglieder, etwa 200 000 waren in der SS und noch mehr in angeschlossenen Organisationen. Es erscheint äußerst unwahrscheinlich, daß all diese, oder die SA-Mitglieder oder die 52 000 Mann der Gestapo und die anderen Sicherheitskräfte nichts von den Morden wußten. Die Mörder benötigten ferner die Unterstützung von Diplomaten, Beamten und Militäroffizieren.[41] In den Lagern arbeiteten Tausende Aufseher, Installateure für die Gasversorgung, Bauarbeiter, Elektriker, ziviles Personal für die SS, Industriedirektoren, Buchhalter, Stenographen, Lieferanten und so weiter. Auschwitz war ein größerer Eisenbahnknoten, keine dörfliche Provinz, und Polizei und Stadtbedienstete aus den nahegelegenen Städten und entlang der Eisenbahnlinien in Deutschland und Österreich spürten entflohene Häftlinge auf. Himmler erteilte 1941 einem örtlichen Funktionär die Erlaubnis, alle 100 000 Juden in seinem Gau zu töten - nur ein Beispiel für örtliche Eigeninitiative. Im November 1941 berichteten Polizeibeamte und Lagerkommandanten, daß bei der Überführung viele Häftlinge auf dem Marsch gestorben seien und daß es unmöglich sei, solche Fälle vor der Öffentlichkeit weiter zu verbergen. Gerüchte über die Morde kursierten in Deutschland bereits 1941; als Hitler darauf aufmerksam gemacht wurde, meinte er, das sei keine schlechte Idee, daß die öffentliche Meinung uns einen Plan unterstelle, die Juden zu vernichten. Der Terror sei eine heilsame Sache.[42] Häufig wurde gar nicht erst versucht, die Morde zu verbergen. Als ein Befehl von General Manstein den Tod von Tausenden von Juden in Rußland zur Folge hatte, konnten dies Hunderte von Zeugen verfolgen. In Serbien wurden 1942 Hunderte von Gaswagen eingesetzt, um Tausende von jüdischen Frauen und Kindern umzubringen: »Wenn die Deutschen Tag für Tag mit einem Gaswagen durch das Zentrum von Belgrad fahren konnten, während die Insassen in Agonie schrien und gegen die Hecktür trommelten, hatte zu der Zeit die Geheimhaltung sicher nicht die höchste Priorität, abgesehen von den ahnungslosen Opfern, die noch in dem Lager waren.«[43]

Wie Raul Hilberg bemerkt hat, war es möglich zu töten, ohne die Opfer zu sehen. Tausende von Anwälten, Richtern, Finanzberatern, Ärzten, alle möglichen Büroangestellten bewältigten die bürokratischen Schwierigkeiten bei der Entfernung und Ermordung der Juden. Diese »Schreibtischtäter« arbeiteten in zahlreichen Regierungsbehörden. Heydrich und Ernst Kaltenbrunner gaben wöchentlich Berichte über Tötungen aus. Die Einsatzgruppen berichteten regelmäßig, indem sie die Zahl und die Abstammung ihrer Opfer verschiedenen Behörden meldeten. Im Auswärtigen

Amt kursierten die Berichte in hundertfacher Ausfertigung. Diese Berichte wurden zweifellos von Tausenden von Mitarbeitern zur Kenntnis genommen, die mit den bürokratischen Feinheiten des Massenmords zu tun hatten. Eichmanns Mitarbeiter koordinierten etwa zwanzig voneinander unabhängige Eisenbahnzentren für den Judentransport, Hunderte von Angestellten waren damit beschäftigt, und Zehntausende von Deutschen und Ukrainern arbeiteten an den Eisenbahnlinien im Osten. Die Reichsbahn, die die Transporte übernahm, beschäftigte eine halbe Million Beamte und annähernd eine Million Arbeiter. Die Fahrpläne der Todeszüge wurden von denselben Leuten festgelegt, die auch den gewöhnlichen Schienenverkehr regelten. Hilberg berichtet, daß in einer Transportbehörde die Unterlagen nicht den Stempel »Geheim« trugen, vermutlich lagen sie für alle zur Einsicht aus. Die Direktoren der Unternehmen wußten, was in den Todeslagern vor sich ging, weil sie bei der Anforderung von Zwangsarbeitern in Deutschland und im Osten und der Bearbeitung entsprechender Anträge mitarbeiteten. Buchhalter, Aufsichtsbeamte und andere Angestellte waren beteiligt, und die hohe Todesrate der Zwangsarbeiter war Gegenstand der Geschäftsberichte. Die Unternehmen konkurrierten miteinander um Aufträge für die Lieferung von Gas, Krematorien und anderem Ausrüstungsbedarf der Todeslager. Einige Beschäftigte von Unternehmen halfen bei der Auswahl der Arbeitsfähigen mit; SS-Männer standen daneben und schickten die Arbeitsunfähigen in die Gaskammern.

Etwa 46 000 Ärzte traten in die NSDAP ein; Tausende von ihnen hatten gemeinsam mit den Wissenschaftlern und den »Rassenhygienikern« die Aufsicht über die Rassenprogramme, einschließlich der Tötungszentren in Deutschland. Sie wußten genau, daß Juden häufig nur deshalb umgebracht wurden, weil sie Juden waren.

Deutschen, die im Osten angesiedelt werden sollten, wurde mitgeteilt, sie würden dort keine Juden antreffen. Deutschstämmige, die Zeugen der Morde waren oder aktiv teilnahmen, schrieben ihren Verwandten im Westen und besuchten sie. Soldaten könnten durchaus ihren Verwandten und Freunden von ihren Erlebnissen berichtet haben. Zu der Widerstandsgruppe Weiße Rose gehörte ein Veteran, der seinen Mitstudenten von den Greueltaten erzählte. Im August 1941 schrieb Helmuth von Moltke in einem Brief, man höre immer wieder Berichte, daß beim Transport der Juden lediglich 20 Prozent ankommen würden.[44] Im Februar 1940 bezeichnete eine Zeitung die Ghettos als eine »Zwischenlösung der Judenfrage«. Im Juni 1942 verbreitete der internationale Sender der BBC, daß 700 000 Juden ermordet worden seien, und viele Deutsche lauschten diesem glaubhaften Rundfunksender, obwohl es verboten war. Die Geistlichen erfuhren über ihre Kollegen, die als Kaplane im Osten tätig waren, von den Morden. Soldaten schickten Briefe von der Front, in denen sie ihre Priester aufforderten, das Wort zu ergreifen – vergeblich. Bischof Wurm schrieb 1943 einen Brief an das Regime, in dem es heißt, die Christen würden die Judenvernichtung als ein schweres Unrecht betrachten, das schlimme Konsequenzen für das deutsche Volk nach sich ziehen werde.[45] Kardinal Bertram schrieb 1944, deutsche Christen wären empört, wenn Christen jüdischer Abstammung »ein ähnliches Schicksal tragen müßten, wie die Juden« – die »Ausmerzung«.[46] Beide gingen davon aus – und sie mußten es ja wissen –, daß ihre Gemeinde über die Morde Bescheid wußte.

Im Jahr 1942 berichtete die Regierung über die verbreitete Angst im Volk, daß deutsche Gefangene in den Händen der Alliierten »womöglich in derselben Weise hingerichtet würden, wie die deportierten Juden von der SS«. Ähnliche Berichte schildern die Befürchtung von Deutschen, mit ihrem eigenen Leben für den Mord an den Juden zu zahlen. Als echte Antisemiten nahmen viele an, wegen der enormen Macht des »internationalen Judentums« werde sicherlich grausame Rache geübt werden. Als die Bombenangriffe der Alliierten begannen, schlugen einige vor, den Westen zu ermahnen, für jeden getöteten Deutschen würden zehn Juden umgebracht – offenkundig gingen sie davon aus, dies würde die Luftangriffe stoppen. Ähnliche Gefühle äußerten sich in Briefen, die aus ganz Deutschland an Goebbels geschickt wurden.[47] Angesichts der öffentlichen Äußerungen von Hitler und Goebbels hat es den Anschein, das Regime habe sich wenig darum geschert, ob ausländische Regierungen von den Morden erfuhren. Auf jeden Fall konnten die Deutschen nicht die vielen undichten Stellen in den besetzten oder in den mit ihnen verbündeten Staaten kontrollieren, deren Beamte oder Bewohner die Aktionen gesehen oder von ihnen gehört hatten. Was immer das Regime geheimgehalten haben mag, das eigentliche Ziel war es, ihre Maßnahmen vor den Juden selbst zu verbergen, um Tumulte und Widerstand zu vermeiden.

Der NS-Terror wurde weder verheimlicht noch verborgen. Die Quellen bewiesen eine starke allgemeine Zustimmung, wenn die Aktionen »legal«

waren und sich gegen die Linken, die Slawen und vor allem gegen die Juden richteten. Tatsächlich ist die Verhaftung von politisch Verdächtigen, Homosexuellen, Zigeunern und Juden anscheinend bei den Deutschen, die die Nazis gewählt oder in anderer Form unterstützt hatten, geradezu beliebt gewesen. Angesichts der traditionellen Überzeugung, daß die Juden die Erzfeinde der Deutschen seien und angesichts der Vorteile, die den Deutschen aus der Verwirklichung des Rassenimperiums erwachsen wären, fällt es schwer zu glauben, die Deutschen hätten jemals deutlich gegen den Holocaust protestiert. Hierüber gibt es keine Gewißheit, und doch ist es lehrreich zu betrachten, wie die Deutschen ehemalige Nazis und Kriegsverbrecher nach dem Krieg behandelt haben.

25. NACHSPIEL: DIE TÄTER SPRECHEN SICH FREI

EICHMANN: »Aber ich hatte mit der Tötung der Juden nichts zu tun. Ich habe nie einen Juden getötet. Ich habe auch nie einen Befehl zum Töten eines Juden gegeben.«
FRAGE: »Sie sagen, Sie hatten nichts mit der Tötung zu tun?«
EICHMANN: »Jawohl.«

Verhör von Adolf Eichmann, 1961

Nach dem Krieg wurde das deutsche Establishment der schweren Mitschuld an den NS-Verbrechen angeklagt. Aber als die alten Eliten wieder an die Macht gelangten, wuschen sie sich rein. Und es gelang ihnen, die meisten Historiker davon zu überzeugen, daß die deutschen Konservativen Hitler zwar den Weg gebahnt hatten – aber nur in der naiven Annahme, daß sie ihn an Exzessen hindern könnten und er den Juden nicht wirklich Schaden zufügen würde. Dank der Entnazifizierungsverfahren, dank der Kriegsverbrecherprozesse vor deutschen Gerichten und dank der Schriften deutscher Hochschullehrer, die in der Nazizeit ernannt oder im Amt bestätigt worden waren, setzten sich schon bald die Ansichten durch, Hitler, Himmler und einige andere führende Nationalsozialisten seien die Alleinverantwortlichen für den Holocaust gewesen, und der Nationalsozialismus habe in der deutschen Geschichte keine Wurzeln gehabt. Die Schuldigen waren Kriminelle, ja Psychopathen, die in einer Zeit der Krise und Verzweiflung durch einen historischen Zufall an die Macht gekommen waren. Die Akzeptanz dieser Ideen stellt den letzten Erfolg jener Klasse dar, die vor der Weimarer Republik in Deutschland herrschte.

Ernst Kaltenbrunner, bis 1938 Führer der österreichischen SS, überwachte die Todeslager und ordnete persönlich die Tötung vieler sephardischer Juden an, die man bis dahin verschont hatte, weil »Rassenexperten« sie dem Blut nach nicht für verwandt mit den Aschkenasim hielten. Als die Alliierten Kaltenbrunner 1946 zum Tod durch den Strang verurteilten, erklärte er, er fühle sich keiner Kriegsverbrechen schuldig. Er habe nur seine Pflicht getan und weigere sich, als Ersatz für Hitler zu dienen.[1] Diese Ansicht wurde zur bevorzugten Einstellung der deutschen Eliten, und sie wurde von der deutschen Justiz geteilt. Ingo Müller, auf dessen Erkenntnisse aus seinem Buch *Furchtbare Juristen* sich dieses Kapitel unter anderem stützt, hat nachgewiesen, daß die Namen vieler ehemaliger NS-Richter in Dokumenten, die auf ihre Verwicklung in NS-Verbrechen schließen ließen, unleserlich gemacht oder getilgt waren. Er konnte die Namen nur ausfindig machen, indem er in alten Zeitungen nachforschte. Wie Müller sich erinnert, hatten er und seine Kommilitonen während ihres Jurastudiums in den sechziger Jahren die Vergangenheit ihrer Professoren kritisch unter die Lupe genommen, und »sie in Privatgesprächen häufig diskutiert. In den Seminaren war dies jedoch tabu. Wir hätten unseren Karrieren geschadet.«[2]

Im Jahr 1946 wurde einer der Mörder Matthias Erzbergers ein zweites Mal vor Gericht gestellt, weil ein Staatsanwalt die von Hitler erlassene Amnestie nicht anerkennen wollte. Das Gericht sprach den Täter jedoch in allen Anklagepunkten frei und wiederholte die alten Phrasen: Der Mörder habe »aus vaterländischen Motiven« gehandelt und »aus übereifriger Vaterlandsliebe gemeint, Deutschland retten« zu müssen.[3] 1939 war ein Mann wegen eines Mordversuchs an Hitler hingerichtet worden. Als seine Verwandten einen nachträglichen Freispruch anstrebten, und das Verfahren 1955 wiedereröffnet wurde, bestätigten die Richter nicht nur das ursprüngliche Urteil, sondern fügten ihm sogar noch symbolische posthume Strafen hinzu.

Nach den Nürnberger Kriegsverbrecherprozessen wurden die Maßstäbe für Schuld und Unschuld von den Gerichten der Bundesrepublik gesetzt. Über achtzig Prozent ihrer Richter waren jedoch selbst Handlanger des Naziterrors gewesen. Einige hatten sogar in den ehemaligen Besatzungszonen Haftstrafen als Kriegsverbrecher verbüßt. Wer sie bloßstellte, wurde diszipliniert. So machte ein Richter bekannt, daß der 1976 zum niedersächsischen Justizminister ernannte Dr. Hans Puvogel in seiner Dissertation für die »Ausscheidung der Minderwertigen durch Tötung« plädiert hatte. Der Richter erhielt »ein Dienststrafverfahren, das mit einer Maßregelung endete, weil er mit der Veröffentlichung seinem Dienstherrn die nötige Achtung schuldig geblieben war«. In der bundesdeutschen Nachkriegsjustiz setzte sich die Ansicht durch, daß die »Strafbarkeit des Richters wegen Tötung ... die gleichzeitige Feststellung einer von ihm begangenen Rechtsbeugung« voraussetzte. Eine Rechtsbeugung aber war nur strafbar, wenn sie »bewußt«, also »mit direktem Vorsatz«, erfolgt war.[4] Wie es die konservativen Verbündeten Hitlers angestrebt hatten, war der Terror des NS-Regimes jedoch legal gewesen. Deshalb konnten die Richter ihre Kollegen nach dem Krieg mit der Begründung freisprechen, diese hätten sich nur an die Gesetze gehalten. Zuweilen wurde nicht einmal Gesetzestreue verlangt. Ein Richter wurde freigesprochen, obwohl er weitergegangen war, als die NS-Gesetze es vorschrieben. Für das Gericht war die Tatsache, daß er als »aktiver Nationalsozialist« so gehandelt hatte, kein Grund, ihn zu bestrafen, denn »das könnte er auch aus durchaus anerkennenswerten Gründen gewesen sein«. Genauso war es. Das Gericht betrachtete die Ideologie der Nazis als »durchaus anerkennenswert«.

Selbst der Bundesgerichtshof, der fast ausschließlich aus ehemaligen Nazis bestand, hatte das »Bestreben, auch noch den letzten Terrorrichter des Dritten Reichs von der Verantwortung freizusprechen«. Sogar von den Blutrichtern des berüchtigten Volksgerichtshofs eines Sondergerichts, das Hitler zur Bestrafung mutmaßlicher Volksfeinde eingerichtet hatte, wurde kein einziger verurteilt. Roland Freisler, dem Präsidenten dieses Gerichtshofs, hatte 1944 der Verdacht genügt, daß Angeklagte an der Verschwörung gegen Hitler beteiligt waren, um sie hängen zu lassen; er ließ keine entlastenden Zeugenaussagen zu und beschimpfte die Angeklagten, wenn sie selbst das Wort ergriffen. Obwohl Filmdokumente des Verfahrens deutlich zeigen, daß es durchaus mit Stalins Schauprozessen vergleichbar war, befanden deutsche Gerichte nach dem Krieg, eine Verletzung von Verfahrensvorschriften sei nicht zu beweisen. Wie Millionen andere betrachteten auch sie Stauffenberg und seine Mitverschwörer als Hochverräter und vernebelten den Tatbestand des Justizmords mit juristischen Winkelzügen. Richter, die illegale Urteile verhängt hatten, waren nicht schuldig, da sie »fanatische Nationalsozialisten« gewesen waren, »und daher die Möglichkeit der Rechtsblindheit, basierend auf politischer Verblendung ... nicht auszuschließen« war.[5] Auf dieser

Grundlage hätten selbst Himmler und Hitler freigesprochen werden müssen. Als der Berliner SPD-Justizsenator Meyer 1979 noch einmal versuchte, die Mitglieder des Volksgerichtshofs vor Gericht zu bringen, zogen sich die Ermittlungen unter seinem CDU-Nachfolger Scholz so lange hin, bis auch die letzten Überlebenden gestorben oder ihre Verfahren wegen Krankheit oder Senilität eingestellt waren. Eine Unmasse legalistischer Argumente wurde herangezogen, um Richter wegen fast aller Urteile freizusprechen, die sie zur Aufrechterhaltung des nationalsozialistischen Terrors gesprochen hatten. Wie Müller schreibt, wäre schon mit der Verurteilung eines einzigen ehemaligen NS-Richters »eine Lawine losgetreten worden, welche die Mehrheit der Nachkriegsrichter erfaßt hätte«. Ein Journalist kommentierte den Freispruch eines Volksgerichtshofsrichters ironisch, er könne nicht gemordet haben, »sonst wäre die bundesdeutsche Justiz mit Hunderten von Mördern errichtet worden«.[6] In der Tat: Kein NS-Richter wurde je verurteilt; und kein Gericht hob je ein Gesetz der Nazis auf.

Wie oben bemerkt, waren Juristen unter den Organisatoren der Endlösung und den Befehlshabern der Mordkommandos deutlich überrepräsentiert. Nach 1945 übten die meisten von ihnen in den Gerichten der Bundesrepublik wieder ihren Beruf aus. So kam es häufig vor, daß frühere Nazis über frühere Nazis zu Gericht saßen, die von früheren Nazis verteidigt wurden. Wären die Richter, wie sie gegenüber den Alliierten fast alle behaupteten, über die nationalsozialistischen Greueltaten wirklich entsetzt gewesen, hätte es in Deutschland eine Welle von Verurteilungen gegeben. Statt dessen machte sich die Justiz, nachdem sie sich selbst reingewaschen hatte, an die Reinwaschung anderer. Der Bundestag trug das seine dazu bei, indem er die Auslieferung von Kriegsverbrechern verhinderte und sich weigerte, die Urteile ausländischer Gerichte anzuerkennen. Männer, die in anderen Ländern Zehntausende getötet hatten (und manchmal in Abwesenheit verurteilt waren), kamen ungeschoren davon, wenn sie inzwischen in Deutschland lebten. Als die bundesrepublikanische Justiz von Gerichten der DDR um Hilfe bei der Beweiserhebung gebeten wurde, um dreitausend prominente Nazis und Kriegsverbrecher anzuklagen, fanden die westdeutschen Juristen formaljuristische Gründe, um das Ansinnen abzulehnen. Sie waren nicht bereit, Gerichten zu helfen, die von den dreitausend zweifellos viele für schuldig befunden hätten. Nicht nur kommunistischen Gerichten, auch Gerichten aus demokratischen Ländern wurde die Amtshilfe verweigert. Ranghohe Militärs erklärten, sie würden sich an der Verteidigung Europas nicht beteiligen, wenn ihre Kameraden, die des Massenmordes im Osten beschuldigt wurden, nicht freigesprochen würden. Die Gerichte entschieden daraufhin, ermordete jüdische Geiseln seien in Wirklichkeit Partisanen gewesen und zu Recht hingerichtet worden. Einige Offiziere erklärten, alle Juden seien als Feinde des Regimes betrachtet worden, und ihre Tötung sei eine normale Kriegspflicht gewesen. Die Gerichte stimmten zu. Mit derselben Begründung hätte man auch sämtliche Kriegsgefangenen, all ihre Verwandten, soweit man ihrer habhaft wurde, und alle bewaffneten und unbewaffneten Zivilisten in sämtlichen eroberten Ländern töten können. Verschleiert durch einen mit Widersprüchen durchsetzten Fachjargon wurden juristische Konzepte so manipuliert, daß Hunderte der schlimmsten Kriegsverbrecher ungestraft oder mit peinlich geringen Strafen davonkamen. Das Gesetz triumphierte über die Gerechtigkeit, als die Gerichte, unterstützt von der Mehrheit der christdemokratischen Politiker, die Mörder von Juden, Zigeunern, Polen und Homosexuellen freisprachen oder mit extrem geringen Strafen davonkommen ließen.

Ein erschreckendes Beispiel für die Perversion der Gerechtigkeit ist der Fall des SS-Oberstgruppenführers Karl Wolff – kein geringerer als der persönliche Adjutant Himmlers und dessen Verbindungsoffizier zu Hitler. Wolff hatte 1943 folgenden Brief an einen seiner Untergebenen geschrieben: »Mit besonderer Freude habe ich von ihrer Mitteilung Kenntnis genommen, daß nun schon seit vierzehn Tagen täglich ein Zug mit 5000 Angehörigen des Auserwählten Volkes nach Treblinka fährt und wir doch auf diese Weise in die Lage versetzt sind, diese Bevölkerungsbewegung in einem beschleunigten Tempo durchzuführen ...«[7] Unwiderlegliche Beweise zwangen das Gericht zuzugeben, daß Wolff nicht nur den Transport Tausender von Juden in die Todeslager veranlaßt, sondern ihre Ermordung auch für »notwendig und richtig« gehalten hatte. Trotzdem ging das Gericht davon aus, »daß Wolff lediglich ›Himmler helfen wollte, dessen Aufgabe (!) zu erfüllen‹ und ›dem Täterwillen Himmlers nur seine gelegentliche untergeordnete (!) Hilfe lieh‹«. Es stufte ihn schließlich als »bloßen Gehilfen ein«, was natürlich eine wesentlich geringere Strafe zur Folge hatte.

Im Jahr 1958 wurden zehn Mitglieder von SS-Einsatzgruppen wegen der Ermordung von viertausend Menschen im litauischen Grenzgebiet angeklagt. Das Gericht befand: »Urheber für die Maßnahmen der ›Sonderbehandlung der potentiellen Gegner‹ ... sind Hitler, Himmler, Heydrich und deren nähere Umgebung.« Die Angeklagten hätten zwar »nicht unter Befehlsnotstand, sondern durchaus freiwillig« gehandelt, »dennoch hätten sie die Morde ›nicht als eigene‹ gewollt, sondern ›jeweils mit dem Vorsatz gehandelt, durch ihren Tatbeitrag die Tat der Haupttäter zu unterstützen‹«. Sie wurden als Gehilfen zu niedrigen Zuchthausstrafen verurteilt, »durchschnittlich pro festgestelltem Mord zu zwei Tagen«. Solche Urteile verhöhnten die Toten. 1960 verabschiedeten die rechten Parteien im Bundestag ein Gesetz zur Verjährung[8] aller Totschlagsdelikte. Da die Gerichte auch weiterhin nur Hitler, Himmler, Heydrich und vielleicht Kaltenbrunner als »Haupttäter« ansahen, kam es danach zu zahlreichen Freisprüchen wegen Verjährung. Die SPD hatte gegen das Gesetz gestimmt und bei den folgenden Bundestagswahlen Verluste erlitten. Millionen von Wählern war der Begriff »Kriegsverbrecher« verhaßt, und einige Politiker verlangten sogar, ganz auf seine Verwendung zu verzichten.

Wegen Mordes wurde nur verurteilt, wer sich nach den nationalsozialistischen Gesetzen schuldig gemacht hatte; keines dieser Gesetze wurde je aufgehoben, und die Nazis hatten den Mord im Dienste des Staates legalisiert. Es genügte nicht, wenn man der Tötung für schuldig befunden wurde, man mußte aus »Mordlust«, aus »niedrigen Beweggründen« oder »heimtückisch« getötet haben.[9] Wer lediglich Befehle befolgt oder geglaubt hatte, er verteidige den Staat gegen seine Feinde, wurde nur wegen Totschlags angeklagt. Auch wer Tausende persönlich getötet, Beihilfe zu ihrer Tötung geleistet oder ihre Tötung befohlen hatte, war nur ein Mörder, wenn ihm »Grausamkeit«, »Mordlust« oder »Heimtücke« nachgewiesen wurden. Schlimmer noch, einige Angeklagte, die zugaben, sie seien aufrichtig davon überzeugt gewesen, aus rassischen Gründen töten zu dürfen, kamen frei, oder ihr Strafmaß wurde reduziert – die aufrichtige Überzeugung eines Angeklagten wurde nicht als niedriger Beweggrund gewertet. Sogar die Tötung jüdischer Kinder war demnach kein Mord, wenn man nur daran glaubte, daß sie als Erwachsene eine tödliche Bedrohung für Deutschland darstellen würden. Kurz gesagt, ein wirklich überzeugter nationalsozialistischer Killer war kein Mörder.

Die Urteile waren sehr widersprüchlich. Ein Mörder konnte damit entschuldigt werden, daß er in »antisemitischer Raserei« gehandelt habe, und deshalb für seine Taten nicht verantwortlich sei - auch dieses Argument hätte Himmler und Hitler entlastet. Manche Gerichte werteten sogar »die Massenvernichtung im Osten als ›Kriegseinsatz‹« und verzichteten unter Berufung auf das nur im Dritten Reich gültige Militärstrafgesetzbuch auf eine Bestrafung.[10] Andere Angeklagte kamen frei, weil sie argumentierten, sie hätten nicht die Charakterstärke besessen, sich dem Regime zu widersetzen, wieder andere, weil sie angeblich aus »vaterländischen Motiven« Regimegegner oder Kommunisten getötet hatten. Zeugen zur Bestätigung solcher Motive waren nicht erforderlich. Die als Befehlsempfänger Freigesprochenen mußten nicht beweisen, daß sie bestraft worden wären, wenn sie sich geweigert hätten, unbewaffnete Zivilisten zu töten.

Freisprüche gab es auch für Täter, die sich auf die Sicherheitsinteressen eines im Kriegszustand befindlichen Staates beriefen. Die Richter übernahmen einfach die nationalsozialistische Definition von nationaler Sicherheit, nach der die Ermordung jüdischer Zivilisten selbstverständlich notwendig war. Der Holocaust war gerade deshalb einzigartig, weil die Juden außer in der antisemitischen Mythologie weder im Dritten Reich noch jemals zuvor eine Bedrohung für Deutschland dargestellt hatten. Offensichtlich glaubten viele Richter jedoch an genau diese Mythen. So war während des Krieges ein U-Boot-Kommandant hingerichtet worden, weil er gesagt hatte, »es gebe gar kein ›Weltjudentum‹, und Hitler sei ein ›wahnsinniger Utopist‹, der den Krieg vom Zaune gebrochen habe«. Als sein Vater nach dem Krieg auf seine Rehabilitierung klagte, urteilte das zuständige Gericht, die »zersetzenden Äußerungen« des Hingerichteten seien tatsächlich »verwerflich und verantwortungslos« gewesen und die Richter des Kriegsgerichts hätten »bei der Bewertung der Tat keineswegs fehlgegriffen«.[11] Offensichtlich glaubten die Richter, was Hitler in seinem Testament geschrieben hatte: »Es ist unwahr, daß ich oder irgend jemand anderer in Deutschland den Krieg im Jahre 1939 gewollt haben. Er wurde gewollt und angestiftet ausschließlich von jenen internationalen Staatsmännern, die entweder jüdischer Herkunft waren oder für jüdische Interessen arbeiteten.« Die meisten deutschen Richter betrachteten die Beteiligung am Holocaust schlimmstenfalls als Totschlag; es ist wirklich ein Glück, daß sie nicht die Gelegenheit bekamen, über Eichmann zu richten.

Erst in den revolutionären sechziger Jahren erwachte ein neues Interesse am Holocaust, und die deutschen Kriegsverbrecher kamen unter starken internationalen Druck. In dem berühmten »Auschwitzprozeß« von 1963–1965 wurden einundzwanzig SS-Offiziere der Beteiligung an der Judenvernichtung in Auschwitz angeklagt; acht hatten Universitätsabschlüsse. Nur fünf der einundzwanzig wurden des Mordes für schuldig befunden und erhielten lebenslang; die anderen wurden wegen »Mittäterschaft« zu durchschnittlich sechs Jahren Haft verurteilt. Drei wurden freigesprochen, und gegen einen wurde das Verfahren aus gesundheitlichen Gründen eingestellt. Dies geschah in einem Prozeß, der wegen des schrecklichen Symbols Auschwitz die Aufmerksamkeit der Weltöffentlichkeit erregte. Verfahren, die im Ausland weniger Beachtung fanden, hatten andere Ergebnisse. 1964 wurde ein ehemaliger Nazi freigesprochen, der die Ermordung von 90 000 Menschen organisiert und sich an ihr beteiligt hatte. Und der Bundesgerichtshof bestätigte den Freispruch.

Die deutschen Beamten hielten auch ohne nationalsozialistischen Druck zusammen. Gegen die Entlassung nationalsozialistischer Beamter durch die Alliierten erhob sich in Beamtenschaft und Justiz fast einhelliger Protest. Die Entnazifizierung wurde mehrheitlich abgelehnt und Deutsche, die beim Aufspüren von Kriegsverbrechern halfen, als Denunzianten diffamiert. Als die Bundesrepublik in den fünfziger Jahren wieder ohne alliierte Zustimmung Beamte ernennen durfte, stellten sie fast alle von den Alliierten entlassenen Beamten wieder ein. Der Mitverfasser der Nürnberger Rassengesetze, Hans Globke, hatte schon vor 1933 antisemitische Maßnahmen unterstützt. Nun wurde er unter dem Schutz der Christdemokraten als Adenauers Staatssekretär der einflußreichste Beamte in der Bundesrepublik. Auch der im NS-Justizministerium an der Planung der Endlösung beteiligte Franz Maßfeller wurde auf Empfehlung alter Nazikameraden wieder eingestellt. Wer jedoch durch die Nazis seines Amtes enthoben worden war, der bekam nach dem Krieg seine alte Stelle nicht wieder. Die SPD protestierte, doch sie hatte nicht die Mehrheit.

Schreibtischtäter, die den Massenmord geplant und organisiert hatten, wurden sehr viel seltener angeklagt als jene, die an Ort und Stelle gemordet hatten. Deshalb glaubten die meisten Leute, die Naziverbrechen seien nur von Scheusalen und Sadisten begangen worden, nicht von gebildeten, angesehenen Deutschen. Im Gegensatz zu den Alliierten akzeptierten es deutsche Gerichte, wenn Angeklagte behaupteten, sie hätten ihre hohen Posten nur behalten, damit sie nicht durch schlimmere Nachfolger ersetzt wurden. Franz Schlegelberger, als ehemaliger Staatssekretär der ranghöchste überlebende Beamte des NS-Justizministeriums und sogar Hans Frank, der als Generalgouverneur des besetzten Polens gewütet hatte, hatten in Nürnberg ausgesagt, sie hätten ihre Ämter nur behalten, um Schlimmeres zu verhüten. Schlegelberger erhielt lebenslang, Frank wurde gehängt. Hätte der Nürnberger Gerichtshof ihre Verteidigung akzeptiert, hätte er, wie Müller schreibt, »in der Endkonsequenz außer Hitler alle Täter entlastet«.[12] Deutsche Gerichte jedoch sprachen die höchsten Staatsbeamten aufgrund solcher Schutzbehauptungen frei, die unmöglich zu beweisen oder zu widerlegen waren und deshalb als irrelevant hätten gelten müssen.

Noch ein weiterer Weg wurde gefunden, außer toten NS-Führern alle anderen von der Schuld am Holocaust zu entlasten. Die SS-Wächter in den Todeslagern, darunter einer, der an der Ermordung von 26 000 Häftlingen beteiligt war, wurden freigesprochen, weil sie nur »wehrmachtsgleichen Dienst« geleistet hätten. Das Bundessozialgericht akzeptierte »sogar den Wachdienst der 2. SS-Totenkopfstandarte im Konzentrationslager Dachau als ›militärähnlichen‹ Dienst«.[13] Solche Urteile konnten nur von Richtern gesprochen werden, die dieselben Überzeugungen hegten wie die nationalsozialistischen Hochschullehrer, »Rassenexperten« und Ausbildungsoffiziere, die den KZ-Wächtern während des Krieges eingeredet hatten, ihre Arbeit sei genauso Kriegsdienst wie der Kampf an der Front. Tausende von KZ-Wächtern wurden entlassen. Bis heute werden Mitglieder des KZ-Personals, die an der Ermordung von Juden beteiligt waren, nur dann verurteilt, wenn sie aus eigenem Antrieb besondere Grausamkeiten begingen, die nicht zu ihrer »Pflicht« gehörten.

Von 180 ehemaligen Beamten der Frankfurter Gestapo, die Transporte in die Todeslager organisiert hatten, wurden nur sieben zu Gefängnisstrafen verurteilt. Die Gerichte entschieden, sie hätten nicht unbedingt gewußt, daß sie ihre Opfer in den Tod schickten.[14] Hohe Beamte des NS-Justizministeriums, die Tausende von Gefängnishäftlingen, darunter nur wegen kleiner Vergehen einsitzende Juden, in die Lager geschickt hatten, wurden als »undolose [unwissentliche] Werkzeuge Hitlers, Himmlers und des Justizministers Thierack« freigesprochen. Obwohl in ihren Schriftsätzen häufig von »Vernichtung« der Häftlinge die Rede war, meinten die Richter, nicht beweisen zu können, »daß sie während ihres

Tätigwerdens die beabsichtigte oder bereits erfolgte Tötung der Häftlinge kannten oder sie für möglich hielten«. Auch das Wort »Ausmerzung« wurde nicht als belastend gewertet, da es »auch im Sinne von Ausschalten, Entfernen oder Unschädlichmachen durch Freiheitsentziehung« gemeint sein könne.[15]

Ende der sechziger Jahre kamen Hunderte von Massenmördern, gegen die man mühsam Prozesse mit Tausenden von Zeugen vorbereitet hatte, ungestraft davon, weil ihre Taten verjährt oder juristisch verschleiert wurden, oder weil die Strafverfolger bereits wußten, daß die Gerichte sie mit den bizarrsten legalistischen Begründungen freisprechen würden. Immer mehr Angeklagte plädierten aus gesundheitlichen Gründen auf Einstellung des Verfahrens. Eine ärztliche Bescheinigung der Prozeßuntauglichkeit genügte, und Tausende alter Naziärzte stellten solche Atteste mit Vergnügen aus. Einem Angeklagten, dem die Beteiligung an der Ermordung von einer Million Menschen vorgeworfen würde, wurde nicht der Prozeß gemacht, weil sein hoher Blutdruck dadurch vielleicht noch mehr gestiegen wäre. Wenn internationaler Druck, wie etwa bei den Mördern von Auschwitz, zur Verhängung lebenslanger Haftstrafen gezwungen hatte, wurden die Verurteilten aufgrund juristischer Winkelzüge rasch wieder freigelassen, sobald sich die internationale Presse neuen Themen zugewandt hatte. Außer bei den Sozialdemokraten und jüdischen Gruppen, fanden die Strafverfolger nur wenig Unterstützung. Verfahren wurden einfach eingestellt, und Tausende von Mördern, einschließlich der Mitglieder von »Sondereinsatzgruppen«, waren in Sicherheit und durften ihre weiße Weste und ihre Pension behalten.

Ähnlich gesinnte Richter urteilten auch über die Entschädigungsansprüche von Überlebenden, und natürlich fanden sie viele Antragsteller »entschädigungsunwürdig«. Zigeunern wurde die Entschädigung mit der Begründung verweigert, sie wären nur wegen ihrer asozialen und kriminellen Tendenzen verfolgt worden, obwohl die Nazis sie als rassisch entartet klassifiziert hatten, und sie deshalb entschädigungsberechtigt waren. Erst 1991 wurde der erste Deutsche, ein SS-Offizier, wegen der Ermordung von Zigeunern angeklagt. Auch Homosexuelle erhielten keine Entschädigung, weil für die Gerichte die NS-Gesetze gegen Homosexualität bis 1970 gültig waren. Die Morde an den Zeugen Jehovas galten nicht als Verbrechen, weil sie als Kriegsdienstverweigerer zu Recht bestraft worden seien. Verwandten von Euthanasieopfern wurde die Entschädigung ebenfalls verweigert; eines der Gerichte bezeichnete die Opfer als »unter der Nullstufe stehende Menschen«.[16] Ein anderes Gericht lehnte in einem Euthanasieprozeß die Bestrafung der Täter ab, weil die Euthanasie schon vor 1933 Befürworter gehabt hätte und deshalb kein spezifisches NS-Verbrechen wäre. Die meisten nationalsozialistischen Ideen hatten jedoch schon vor Hitler existiert. Dies wurde jedoch nie zugegeben, denn ein solches Eingeständnis hätte die enge Verbindung zwischen der NS-Ideologie und der deutschen Vergangenheit ans Licht gebracht.

In Österreich hatten die NS-Verbrecher sogar noch mehr Glück. Obwohl vielleicht die Hälfte aller NS-Verbrechen von Österreichern begangen worden waren, stand das offiziell als besetztes und befreites Land eingestufte Österreich nicht unter alliiertem Druck, Kriegsverbrecherprozesse durchzuführen. 1950 kamen die Mitglieder der SS und der Gestapo in den Genuß einer Generalamnestie. Wenn doch jemand vor Gericht kam, fiel seine Strafe im Verhältnis zu seinen Verbrechen sogar noch milder aus als in der Bundesrepublik. Hermine Braunsteiner, die in dem Vernichtungslager Majdanek Oberaufseherin gewesen war, wurde 1949 wegen Mordes vor Gericht gestellt und verurteilt; sie erhielt eine dreijährige Gefängnisstrafe. Nur vier Österreicher wurden für Morde im Zusammenhang mit dem Holocaust hingerichtet. Selbst die österreichischen Sozialdemokraten, die einst aufrechte Antifaschisten gewesen waren, setzten sich nicht für eine Strafverfolgung ein. Wie alle österreichischen Politiker wußten auch sie, daß ihre Landsleute die Nazis nicht als Verbrecher betrachteten und die nicht wählten, die es taten. »Die österreichische Presse wandte sich fast einhellig gegen Verfahren zur Entschädigung Überlebender ...«[17] Anklagen wurden fast nur aufgrund der beharrlichen und sorgfältigen Arbeit Simon Wiesenthals und seines Dokumentationszentrums über Judenverfolgung erhoben.

Indem sie eine Handvoll toter NS-Führer für alles verantwortlich machten, ermöglichten es Justiz und Beamtenschaft den Deutschen, die Anziehungskraft nicht zur Kenntnis zu nehmen, die der Antisemitismus jahrzehntelang für Millionen besessen hatte. Empörung im westlichen Ausland und bei vielen Angehörigen einer neuen Generation von Deutschen ist die berechtigte Reaktion auf diese Tatsache, und doch trifft es nicht den Punkt, das Versagen der deutschen Justiz nach dem Krieg mit moralischer Verworfenheit zu erklären. Die Richter und Beamten, die die

NS-Verbrechen begingen und verziehen, gehörten einer historisch gewachsenen Kultur an, die rassistische Gewalt billigte; sie folgten bereitwillig der schrecklichen Logik ihrer eigenen Überzeugungen. Hätten sie den nationalsozialistischen Terror abgelehnt, dann hätten sie Deutschlands Ehre gerettet und diejenigen bestraft, die ihrem Land Schande gemacht hatten. Doch das konnten sie nicht tun, nicht nur, weil sie selbst ebenfalls am Holocaust mitschuldig waren, sondern auch weil sie, wie die juristischen Winkelzüge bewiesen, mit denen sie die Schuldigen entschuldigten, in ihrer großen Mehrheit den Holocaust für die legitime Maßnahme eines kriegführenden Staates hielten. Sie glaubten wie die Nazis wirklich, daß die Juden als Rasse Deutschlands Feinde waren.

Als sich nach dem Krieg die Freisprüche, Begnadigungen und Verfahrenseinstellungen häuften, verloren die Alliierten das Interesse. Beide Seiten im Kalten Krieg wollten Deutschlands Unterstützung gewinnen, und sie wußten, daß sie diese nicht bekommen würden, wenn sie in dieser Angelegenheit Druck machten. Die Mitglieder der sowjetischen Marionettenregierung in Ostdeutschland behaupteten, daß sie als kommunistische Widerstandskämpfer keine Entschädigung bezahlen müßten, und vergaßen dabei, daß die von ihnen regierte Bevölkerung die Nazis einst stark unterstützt hatte. Trotzdem wurden in Osteuropa, obwohl die meisten Kriegsverbrecher vor der Roten Armee nach Westen geflohen waren, einige Tausend Kriegsverbrecher mehr vor Gericht gestellt und bestraft als im Westen. Die Sowjets erschossen Nazis zunächst nach oberflächlichen eintägigen Prozessen; später ließen sie viele für die neue Regierung arbeiten. Amerikanische Geheimdienste »säuberten« eifrig die mörderischen Akten von Wissenschaftlern, die sie für die Entwicklung von Raketen und für die biologische Forschung brauchten. Von General Reinhard Gehlen, dem ehemaligen Leiter der Abteilung fremde Heere Ost im Generalstab des Heeres, übernahmen die Amerikaner seine antibolschewistischen Agenten im Osten, auch wenn viele tief in die Ermordung der Juden verwickelt waren. Auch die ukrainischen Nationalisten, die von den USA im Rahmen des Programms »Nightingale« als Spione hinter dem Eisernen Vorhang rekrutiert wurden, hatten während des Krieges für die Nazis gearbeitet. Sie hatten Tausende von Juden getötet, und ihre neuen Arbeitgeber wußten dies. Am Ende hatten die Alliierten fast genausoviele Kriegsverbrecher begnadigt oder amnestiert, wie sie verurteilt hatten. Der amerikanische Hochkommissar für Deutschland John

J. McCloy ließ über die Hälfte der zwanzig von den Alliierten verurteilten Mörder aus SS-Einsatzgruppen frei oder reduzierte ihre Strafen. Nicht etwa, weil er an ihrer Schuld gezweifelt hätte, sondern weil er die deutsche Regierung und die deutsche Öffentlichkeit besänftigen wollte. Daß sich die Beamten der Besatzungsbehörden und des US-Außenministeriums zur Freilassung verurteilter Massenmörder veranlaßt sahen, um sich bei der deutschen Öffentlichkeit beliebt zu machen, zeigt deutlich, wie hoch die Popularität der Mörder von den Instanzen veranschlagt wurde, die es am besten wissen mußten.

In den fünfziger Jahren führte der zunehmende Druck der deutschen Öffentlichkeit zu weiteren Begnadigungen verurteilter Kriegsverbrecher. Von den vierzehn hohen Beamten, die an der Wannseekonferenz teilgenommen hatten, hatten zwölf den Krieg überlebt. Nur einem wurde der Prozeß gemacht, und er wurde bald wieder freigelassen. Die überwältigende Mehrheit der Mörder aus den verschiedenen Tötungseinheiten der SS wurde nicht aufgespürt und schon gar nicht angeklagt. Auch die Verbrechen der Wehrmacht wurden nie verfolgt. Viele ehemalige NS-Generäle konnten ihre Karriere 1955 bei der Bundeswehr fortsetzen. Die deutsche Geistlichkeit setzte sich sehr viel stärker für die Freilassung der Kriegsverbrecher ein als für die Entschädigung der Opfer. Alfred Jodl, der Chef des Wehrmachtsführungsstabes im Oberkommando der Wehrmacht und loyalste General Hitlers, wurde in Nürnberg wegen seiner Kriegsverbrechen hingerichtet. 1953 wurde er posthum begnadigt und rehabilitiert. SS-General Gottlob Berger, der in einer Informationsbroschüre mit dem Titel *Der Untermensch* das russische Volk als Nachgeburt bezeichnet und ein entsprechendes Blutbad angerichtet hatte, wurde von den Alliierten zu 25 Jahren Haft verurteilt. Er wurde 1951 nach nur dreijähriger Haft freigelassen. Ein Großteil der deutschen Presse und der deutschen Öffentlichkeit verurteilte die Hinrichtung von vier Führern der SS-Einsatzgruppen, obwohl nun kein Hitler mehr das deutsche Volk hypnotisierte, obwohl keine Gestapo es mehr strafte, und obwohl niemand mehr behaupten konnte, nicht genau zu wissen, wem die Mörder etwas angetan hatten. Im Zuge der Entnazifizierung wurden gegen etwa 9600 Betroffene Haftstrafen verhängt; doch schon nach vier Jahren saßen nur noch 300 in Haft. Ansprüche auf Entschädigung für den Besitz der *toten* Opfer des NS-Regimes wurden nicht erhoben. Wie Raul Hilberg schreibt, »beschränkten sich die Juden auf die Bedürfnisse der Opfer, die noch am

Leben waren ... Die Täter wurden gewissermaßen aufgefordert, für die Unvollständigkeit ihrer Arbeit zu bezahlen.«[18] Nach dem Krieg wurde ein Beamter des Auswärtigen Amts wegen Beihilfe zur Ermordung der bulgarischen Juden angeklagt. Das Gericht kam zu dem Schluß, vermutlich habe ein schreckliches Verbrechen stattgefunden. Es sei jedoch, da es keine Überlebenden und folglich auch keine Zeugen mehr gebe, nicht zu beweisen.

Im Jahr 1993 erkannte die deutsche Regierung die Orden und Pensionsansprüche einer lettischen Division von SS-Mördern an. 1965 war der stellvertretende Kommandant des Vernichtungslagers Treblinka, in dem 900 000 Juden starben, wegen Mittäterschaft und für den persönlich begangenen Mord an 193 Juden verurteilt worden, von denen er vielen in die Genitalien schoß. Er kam 1993 frei, weil nach deutschem Recht auch zu lebenslanger Haft Verurteilte nach mindestens 15 Jahren Haft freigelassen werden können, wenn sie keine Gefahr mehr für die Allgemeinheit sind. Wäre er auch dann freigelassen worden, fragt Daniel Goldhagen, wenn seine Opfer Deutsche gewesen wären, und hätte es auch dann »praktisch keine öffentliche Reaktion auf seine Freilassung gegeben?«[19] Dieses Schweigen ist beredter als die zahlreichen öffentlichen Reuebekenntnisse deutscher Politiker bezüglich des Holocaust.

In den Nürnberger Prozessen wurde der Mythos von Hitlers hypnotischem Charisma von den Angeklagten benutzt, um sich vor der Verantwortung zu drücken. Der beliebte und seltsame Satz »ohne Hitler kein Holocaust« wurde für sie zur persönlichen Begründung ihrer Unschuld. Vor Gericht oder in ihren Memoiren sprachen selbst die intelligentesten unter ihnen lieber vom hypnotischen Zauber des Führers, als zuzugeben, daß sie viele seiner Anschauungen geteilt hatten. Selbst heute noch versteigen sich ansonsten hochintelligente und realistische Menschen zu der Behauptung, Hitlers persönliche Ausstrahlung sei unwiderstehlich gewesen. Vor der Existenz des Fernsehens war rhetorisches Charisma jedoch eine von rechten und linken Demagogen massenhaft gepflegte und perfektionierte Kunst. Auch der beste Redner kann nur Leute bekehren, die schon bereit sind, sich bekehren zu lassen. Die Redekunst des Demagogen soll bestätigen, nicht überzeugen. Daß Hitler so viele »in den Bann schlagen« konnte, ist ein Beweis dafür, wie tief seine Ideen bereits im Bewußtsein seiner Zuhörer verwurzelt waren, nicht jedoch für die Wirkung seiner ekstatischen Posen. Tausende von Akademikern, die den

Holocaust bürokratisch organisierten, dürften kaum anfällig für lautstarke Rhetorik gewesen sein. Trotzdem ist es kaum verwunderlich, daß sie sich mit ihrer Anfälligkeit herauszureden suchten. Nur daß viele Wissenschaftler Hitlers angeblich so überwältigendes Charisma als zentrale Ursache seiner Anziehungskraft betrachten und diesen Gedanken in Lehrbüchern verewigt haben, ist in der Tat überraschend. Sie vermeiden damit, sich mit dem wirklichen Problem der Beziehung zwischen der modernen faschistischen Ideologie und der historischen Macht der antisemitischen Mythen in Deutschland zu befassen.

Die Selbst-»Entnazifizierung« nach 1945 bahnte Geistlichen, Industriellen, Naturwissenschaftlern, Medizinern und Universitätsangehörigen schnell den Weg zurück in die Normalität. Wichtige Mitglieder der katholischen und der protestantischen Kirche, die einst die Nazis unterstützt hatten, setzten ihre Karrieren in beiden Kirchen fort. Bischof Wilhelm Berning, ein übler Antisemit und bis zuletzt Mitglied von Görings preußischem Staatsrat, wurde 1949 Erzbischof. Nazifreundliche Geistliche schanzten einander gute Posten zu und behielten die Kontrolle über die Kirche. Kleriker, die dafür bekannt waren, daß sie in der Zeit zwischen Kristallnacht und Kriegsende geschwiegen oder Schlimmeres getan hatten, faselten schamlos von christlicher Vergebung, als sie sich für die Freilassung verurteilter Kriegsverbrecher einsetzten. Sie hatten ihre NS-Vergangenheit sehr schnell verschleiert, und griffen nun diejenigen an, die sie zu enthüllen suchten. Sie blieben in Amt und Würden, und gaben Büchern ihren amtlichen Segen, die ihre Mittäterschaft bestritten oder die heroischen Taten der von ihnen während des Krieges bekämpften, leider sehr seltenen christlichen Widerstandskämpfer unmäßig verherrlichten.

Einige Beamte des Vatikans halfen nationalsozialistischen Kriegsverbrechern, auf dem von amerikanischen Geheimdienstbeamten Kloster- oder Rattenlinie genannten berüchtigten Fluchtweg nach Südamerika zu entkommen. Bischof Alois Hudal, der Vertreter des NS-Regimes in Rom und persönliche Freund von Pius XII., war an der Organisation dieses Fluchtwegs beteiligt.[20] Er tat dies offensichtlich, weil er die Taten der Flüchtigen nicht als Verbrechen betrachtete, denn die Kirche hatte von ihrer Flucht keinen Vorteil. Im Jahr 1937 hatte Hudal das Buch *Die Grundlagen des Nationalsozialismus* veröffentlicht. Es war Hitler, dem Siegfried der deutschen Hoffnung und Größe gewidmet, und sollte zegen, daß die NS-Ideologie mit dem christlichen Glauben vereinbar war. Der Wiener Kardinal Theodor Innitzer, der Hitlers Truppen in der Stadt willkommen geheißen hatte, bewunderte Hudals Buch, genau wie die meisten anderen österreichischen Geistlichen. 1953 exkommunizierte Papst Pius XII. die kommunistischen Staaten Ungarn, Rumänien und Polen, obwohl er trotz inständiger Bitten vieler Katholiken, nie auch nur damit gedroht hatte, die Neuheiden des Dritten Reichs oder wenigstens die schlimmsten katholischen Massenmörder zu exkommunizieren. Auch hatte er den kroatischen Ustascha-Führer Ante Pavelic empfangen, der mit Hilfe lokaler Priester den Mord an Tausenden von Nicht-Katholiken organisiert hatte, darunter etwa 30 000 Juden und schätzungsweise 300 000 russisch-orthodoxe Serben. Die Täter wurden vom Papst nie getadelt. Human hatte sich nur die italienische Armee verhalten, als sie Juden Asyl gewährte, die vor dem Terror der Ustascha geflohen waren. Der Papst hatte auch geschwiegen, als etwa achtzehn Prozent der katholischen Priester Polens umgebracht wurden, aber er appellierte an die Alliierten, die Todesurteile gegen die in Nürnberg verurteilten Kriegsverbrecher aufzuheben.

Die große Mehrheit der Industriellen, die Sklavenarbeiter eingesetzt hatten, wurde ebenfalls nicht bestraft. Trotzdem hätten sie durch eine nachträgliche Entlohnung der überlebenden Sklavenarbeiter wenigstens beweisen können, daß sie unter Druck gehandelt hatten. Die Toten stellten keine Ansprüche mehr. Eine solche Geste des Bedauerns nach dem Krieg hätte nicht mehr den Zorn der Nazis auf sich ziehen können, doch warum sollte man sie ausüben, wenn man sich für unschuldig hielt? Keine deutsche Firma bezahlte freiwillig eine Entschädigung an die Überlebenden. Da die Opfer sich als hartnäckig erwiesen, engagierten die Konzerne ganze Heerscharen von Anwälten, um die Entschädigungen niedrig zu halten oder die Verfahren zu verzögern, bis die Kläger gestorben waren. Gleichzeitig distanzierten sie sich in teuren Hochglanzbroschüren von den NS-Verbrechen. Die Summen, die sie schließlich doch bezahlten, waren von beleidigender Armseligkeit und nur durch Gerichtsurteile, Angst vor der Öffentlichkeit oder internationale Boykottdrohungen erzwungen. Die IG Farben vernichtete 1944 die Unterlagen über ihre KZ-Arbeiter, unmittelbar bevor die Russen Auschwitz erreichten. Auch die verbliebenen Beweise überzeugten die Alliierten jedoch, daß die Industrie in »Auschwitz von der IG Farben finanziert worden sei und auch in deren Besitz stand« und daß das Leiden der Sklavenarbeiter dem Vorstand der Firma aus eigener Anschauung bekannt war.[21] Selbst deutsche Richter machten das Management des Konzerns für die Behandlung der Zwangsarbeiter persönlich verantwortlich und urteilten, eine derart extreme Unterdrückung sei nicht einmal vom Regime verlangt worden. Dr. Heinrich Bütefisch, der Fachmann der IG Farben für die Herstellung synthetischer Treibstoffe, hatte bei der SS den Rang eines Oberst bekleidet und als Verbindungsmann des Unternehmens zu Himmler gedient. Er sagte 1946 aus, daß der Konzern, obwohl er Hitler vor dessen Machtergreifung mit beträchtlichen Summen unterstützt habe, von dessen Plänen, die Gewerkschaften und Parteien zu verbieten und den Juden zu schaden, nichts gewußt habe. Die Firma Topf und Söhne hatte die Verbrennungsöfen in den Krematorien geliefert, und ihre Ingenieure hatten 1943 Auschwitz besucht, um deren Effizienz zu verbessern. Trotzdem bestritten sie, vom Massenmord an den Juden etwas gewußt zu haben. Friedrich Flick, Ehrenmitglied der SS und enger Freund Himmlers, hatte mit eigenen Ohren Berichte über die Vernichtungsaktionen von General Otto Ohlendorf gehört, dem Leiter der Einsatzgruppe D, der in Nürnberg für den Mord an 90 000 Juden verurteilt und gehängt wurde. Flick war einer von vielen Deutschen, die gegen Ohlendorfs Hinrichtung protestierten. Er gab 1947 für alle Angeklagten Industriellen folgende Stellungnahme ab: »Nichts wird uns davon überzeugen, daß wir Kriegsverbrecher sind.«[22] Er hatte recht. Nichts und niemand konnte sie je davon überzeugen. Nazis sahen kein Verbrechen darin, Juden und Slawen durch Arbeit zu töten.

Weder war das Verhalten der Industriellen im Dritten Reich schlicht die Folge von Habgier oder Angst, noch bedarf es komplexer psychologischer Erklärungen, um zu erklären, warum sie nach dem Krieg jede Schuld bestritten. Sie hatten einfach keine Schuldgefühle, wenn sie mit den zugrunde gerichteten Überlebenden eines Volkes konfrontiert wurden, das sie für untermenschlich hielten. Hermann W. Siemens aus der berühmten Industriellenfamilie, die von der Zwangsarbeit profitierte, war ein prominentes Mitglied der Gesellschaft für Rassenhygiene, lange bevor die Nazis an die Macht gelangten. Selbst wenn man der Ansicht ist, die Industriellen hätten nur aus Habgier oder weil andere es auch taten, Sklavenarbeiter eingesetzt, stellt sich trotzdem die Frage: Hätten ihre Kollegen in anderen hochzivilisierten westlichen Ländern ebenfalls freiwillig geholfen, Millionen von unschuldigen Zivilisten zu versklaven und zu ermorden, nur weil es ihren Unternehmen nutzte? Flick wurde zu sieben Jahren Haft verurteilt; McCloy erreichte, daß er nach vier Jahren freigelassen wurde. Alfried Krupp von Bohlen und Halbach, der Tausende von Sklavenarbeitern beschäftigt hatte, wurde in Nürnberg zu zwölf Jahren Haft verurteilt. McCloy entließ ihn 1951, nachdem er zweieinhalb Jahre abgesessen hatte. Krupps Freilassung wurde von einer jubelnden Menschenmenge und dann mit einem Sektfrühstück gefeiert. Auch erhielt er seinen Besitz und seinen Posten zurück, obwohl das ursprüngliche Urteil dies ausgeschlossen hatte.

Protesten wurde mit dem Argument begegnet, die Waffenfabrikanten würden für die deutsche Wiederbewaffnung gebraucht. Weder die Kruppwerke noch sonst ein Konzern waren jedoch auf die persönliche Leitung durch eine Handvoll inhaftierter Direktoren angewiesen. Als McCloy, der viel für die Amnestie der Industriellen getan hatte, sie zu überzeugen versuchte, daß eine Entschädigung der Sklavenarbeiter gute Werbung wäre, biß er auf Granit. Flick, der Mehrheitsbeteiligungen an dreihundert Unternehmen einschließlich Daimler Benz besaß, machte immer noch große Profite und hatte noch immer ein gutes Gewissen, als er schließlich mit neunzig nach Walhalla einging. 1986 kaufte eine Bank Flicks Beteiligungen auf, und eine seiner Tochterfirmen bezahlte auf internationalen Druck insgesamt zwei Millionen Dollar Entschädigung an 1500 ehemalige Sklavenarbeiter. Ein Politiker der CDU erklärte, es gebe keine legale oder moralische Basis für diese Ansprüche und fügte hinzu, daß sie nun erhoben würden, erwecke den Eindruck, daß die Juden immer die Hand aufhalten würden, wenn Geld in den deutschen Kassen klingle.[23] Die Regierung distanzierte sich von der Bemerkung; ein Staatsbesuch von Shimon Peres aus Israel stand an. Am Ende bezahlten die Steuerzahler, nicht die Schuldigen, Millionen als Entschädigung an Israel.

Die große Mehrheit der an den Rassereinigungsprogrammen beteiligten Ärzte, Pfleger und Wissenschaftler wurde nie vor Gericht gestellt. 1947 verurteilte ein amerikanisches Militärgericht sechzehn Ärzte wegen Kriegsverbrechen und ließ einige hinrichten, die Gefangene durch medizinische Experimente getötet hatten. Die Leiter der Tötungszentren wurden jedoch von deutschen Gerichten freigesprochen, da sie nur »Befehlen gehorcht« oder den »Gnadentod« gegeben hätten. Ein Arzt, der die Ermordung von Kindern geleitet hatte, wurde nicht vor Gericht gestellt, weil er seine Taten angeblich für legal gehalten hatte. Als die Ärzte und Wissenschaftler die Abscheu ihrer alliierten Kollegen registrierten, versuchten sie schnell, ihre Vergangenheit zu vertuschen. Wer immer danach gefragt wurde, hatte von der Judenvernichtung nichts gewußt, auch wenn er persönlich die Todeslager besucht hatte. Einer bestritt sogar, je vom Euthanasieprogramm gehört zu haben, und korrigierte sich erst, als sein Interviewpartner sagte, man habe in ganz Deutschland davon gewußt, und zwar schon während der Durchführung des Programms. Ärzte, die an der Deportation und Ermordung von Zigeunern oder Homosexuellen beteiligt waren, wurden von deutschen Gerichten nicht als Kriminelle betrachtet. Bald schon schrieben Wissenschaftler und Akademiker eifrig Empfehlungsbriefe und Persilscheine füreinander und ächteten jeden, der aus der Reihe tanzte. Kaum jemand wagte dies. Wer die mörderischen Aktivitäten seines Berufsstands publik machte, riskierte seine Karriere. Akademiker und Wissenschaftler huldigten, wie Benno Müller-Hill schreibt, einem »Kult des Schweigens«. Robert Proctor berichtet, daß jede »Diskussion über die Verfolgung der Juden, Zigeuner, Kommunisten und anderer ›unerwünschter Elemente‹ in den medizinischen Zeitschriften der Nachkriegszeit praktisch tabu war«.[24] Max Weinreich vermittelte 1946 in seinem Buch *Hitler's Professors* eine Vorstellung vom Ausmaß der akademischen Mittäterschaft. In Deutschland, das sich der Fülle ins Deutsche übersetzter Werke brüstet, wurde das Buch ignoriert. Laut Proctor stammten von den zwischen 1966 und 1979 veröffentlichten 422 Aufsätzen über die Rolle der Mediziner im NS-Regime nur zwei von Autoren aus der Bundesrepublik.

Im Jahr 1949 sprach eine Professoren-Kommission am Kaiser-Wilhelm-Institut Professor Verschuer von jeder Schuld frei, obwohl er die Vernichtung von Juden und Zigeunern gefordert und ihre Mörder ausgebildet hatte. Unglaublicherweise meinte die Kommission nicht einmal Dr. Mengele eine Schuld nachweisen zu können: »Wie weit Dr. Mengele selbst zu der in Frage stehenden Zeit … über die Greuel und Morde in Auschwitz orientiert war, läßt sich aus den verfügbaren Unterlagen nicht erkennen.«[25] Wegen seiner Kollegen hätte Mengele nie fliehen müssen; nur die Ermittlungen der Alliierten zwangen ihn, Europa eiligst zu verlassen. Indem sie Mengele freisprachen, sprachen die Wissenschaftler auch sich selbst frei und bewiesen, daß selbst einer der Schlimmsten ihrer Zunft in ihren Augen unschuldig war.

Fast alle nationalsozialistischen Ärzte und Wissenschaftler behielten ihre Posten, und manche lehrten noch in den siebziger Jahren. Viele gelangten auf wichtige Positionen im Bereich der Genetik. Verschuer würde in einem Entnazifizierungsverfahren als »Mitläufer« eingestuft. kam mit einer Geldstrafe von dreihundert Dollar davon und wurde von jeder Schuld an den Nazi-Verbrechen freigesprochen. Danach lehrte er als Genetiker an einer wichtigen Universität, und seine neuen Studenten unterrichteten bald Seite an Seite mit seinen alten Kollegen an verschiedenen Schulen. Außerdem fungierte er als Mitherausgeber der internationalen Zeitschrift *Mankind Quarterly,* bis heute eine gute Quelle für Leute, die die Überlegenheit der weißen Rasse beweisen wollen.[26] Fritz Lenz, der sich eifrig um eine Stelle im Osten beworben hatte, um im Namen der Rassereinheit Beihilfe zum Mord zu leisten, blieb auch nach dem Krieg ein angesehener Professor und wurde bei seiner Emeritierung in den siebziger Jahren von Neonazis mit einem Festmahl geehrt.

Die meisten Studenten an deutschen und österreichischen Universitäten betrachteten die mit der Entnazifizierung Beauftragten als rachsüchtige Juden oder deren Werkzeuge. Bei den Reden, die Pfarrer Martin Niemöller 1947 an drei Universitäten vor Tausenden von Studenten hielt, »gab es Pfiffe und Buhrufe«, als er erklärte, »die Deutschen müßten die Verantwortung für das übernehmen, was in Polen geschehen war, für die Verwüstung Rußlands und für die fünf oder sechs Millionen ermordeten Juden«.[27] Auch in Österreich behielten die Professoren ihre alten Stellen und ihre alten Ansichten. Es gab viel Ärger mit deutschen Naturwissenschaftlern und Medizinern, die peinliche Fragen stellten, als sie aus dem Exil zurückkehrten; sie wurden als Juden oder Linke oder jüdische Linke diffamiert. Proctor berichtet, daß ein auf großen internationalen Druck von westdeutschen Ärzten geschriebener Bericht über ihre Vergangenheit rasch in der Versenkung verschwand, sobald dem Verlangen der Alliierten formal Genüge getan war. Schon bald setzte sich die Ansicht durch, daß sich nur etwa dreihundert Ärzte an den Maßnahmen zur Reinigung der Rasse beteiligt hätten. In Wirklichkeit waren es Tausende gewesen. Auch die Mitschuld von Wissenschaftlern und Hochschullehrern wurde heruntergespielt. Schuldig war nur, wer getötet hatte; als unschuldig galt, wer »nur« an der Planung oder Organisation der Tötungsprogramme beteiligt gewesen war, ja sogar wer über Leben und Tod entschieden hatte.

Im Jahr 1929 schrieb Hans F. K. Günther, der vielleicht meistgelesene Rassentheoretiker Deutschlands, den Bestseller *Rassenkunde des jüdischen Volkes,* in dem er die These von der Überlegenheit der nordischen Rasse und der rassischen Selektion durch den Tod vertrat. Günther war Professor in Berlin, Jena und Freiburg, und schrieb nach dem Krieg, er habe seine Wissenschaft nie einer Ideologie unterworfen. Gut möglich, daß er dies wirklich glaubte; er war und blieb überzeugt davon, daß ein Rassismus, der sogar Mord rechtfertigte, wissenschaftlich berechtigt und ideologiefrei wäre. Seine Haltung beweist, was wirklich hinter der Abwehr und dem Schweigen jener deutschen Wissenschaftler steckte, die von ihren Kollegen im Westen als Verräter an der Wissenschaft und an der Menschheit betrachtet wurden. Man braucht nicht anzunehmen, daß diese Wissenschaftler Ungeheuer waren. Sie waren eigentlich ganz normale Menschen, nur hatten sie ein historisch gewachsenes rassistisches Ethos, demzufolge Gewaltanwendung aus rassischen Gründen berechtigt war. Sie bestritten allesamt heftig, primitive Antisemiten zu sein, fügten jedoch nicht hinzu, daß die Juden in ihrer »Wissenschaft« als schädlich für die deutsche Rasse galten, und sie die Reinigung ihrer Rasse für eine unentbehrliche Voraussetzung des Überlebens ihrer Kultur hielten.

Natürlich starben solche Anschauungen durch die Niederlage nicht automatisch aus. Nach 1945 wählte die Bundesärztekammer dreimal ehemalige SS-Mitglieder zu ihren Vorsitzenden. Auf Proteste wurde mit Schweigen reagiert. 1978 kam ans Licht, daß der prominente und hochangesehene Arzt Dr. Hans Joachim Sewering für die SS gearbeitet hatte. 1992 wurde er zum Präsidenten des Weltärztebunds, des wichtigsten Ärzteverbands der Welt, gewählt. Als sich ein Proteststurm erhob, »bot das medizinische Establishment, wie schon bei früheren Versuchen die Wahrheit ans Licht zu bringen, den Vorwürfen geschlossen die Stirn«. Hunderte jüngerer deutscher Ärzte, die nie dem historisch gewachsenen Rassenkult anhingen, schlossen sich jedoch den Protesten an. Sewering wurde gezwungen, auf das Amt zu verzichten.[28]

Wissenschaftliche Anerkennung war für das NS-Regime von unschätzbarem Wert und wurde mit Ehrungen und prestigeträchtigen Posten belohnt. Dies bedeutet jedoch nicht, daß die Wissenschaftler und Hochschullehrer einfach Opportunisten oder böse Menschen gewesen wären. Wir nehmen allzu leichtfertig an, daß wissenschaftliche Bildung mit liberalen Werten verknüpft ist. Dies trifft jedoch nur für die Mitglieder einer Kultur zu, welche die Werte jener wissenschaftlichen Weltsicht akzeptiert, die zur Grundlage der Aufklärung und der liberalen Ära wurde. Wer in dieser Tradition steht, für den ist es schwer zu begreifen, daß viele Wissenschaftler – und nicht nur deutsche – den Gedanken ablehnten, daß die soziale Erfahrung der prägende Faktor ist, und statt dessen glaubten, daß viele Menschen von Geburt an und für immer »rassisch minderwertig« und »schädlich« sind. Letztere Anschauung machte es den Tätern leicht, sich mit kalter Rationalität von jeder menschlichen Verbindung mit ihren Opfern zu distanzieren. Dies ist der Hauptgrund, warum die Schreibtischtäter ihre Arbeit ohne jedes Schuldbewußtsein in gründlichen und detaillierten Aufzeichnungen dokumentierten, die für die Alliierten in den Nürnberger Prozessen so nützlich waren. Die Täter wußten, daß sie vielleicht den Krieg verlieren würden, aber sie begriffen nicht, wie die Welt ihre Opfer sehen würde. Nur aus Furcht, nicht aus Schuldbewußtsein schwiegen und versteckten sich so viele in den wenigen Jahren, als die Alliierten NS-Verbrecher suchten und bestraften.

Welch tiefe Wurzeln der Antisemitismus in Deutschland geschlagen hatte, zeigt sich sehr deutlich in der Haltung der Bürokraten, Unternehmer, Militärführer, Naturwissenschaftler und Hochschullehrer, die sich freiwillig an der Verfolgung der Juden beteiligten. Zu lange trugen die Mechanismen des akademischen Systems dazu bei, die Mittäterschaft der deutschen Oberschicht und jener Hochschullehrer zu verschleiern, bei denen viele Studenten während des Krieges Doktorarbeiten über die Untaten des Judentums geschrieben hatten. Etwa 45 Prozent der Professoren, die im Nachkriegsdeutschland Lehrstühle innehatten, wurden zwischen 1930 und 1945 mit Zustimmung der Nazis berufen. Wer schon vor 1930 einen Lehrstuhl hatte, war in aller Regel konservativer Nationalist mit Sympathien für den Nationalsozialismus; wenn nicht, wurde er entlassen und ins Exil getrieben. An den Universitäten sind die Lehrstuhlinhaber für die Auswahl ihrer Nachfolger zuständig, und sie achteten genau darauf, keine Kandidaten zu wählen, die vielleicht die Geschichte des deutschen Antisemitismus erforscht hätten – so mußte etwa Ingo Müller feststellen, daß er sich nach seinem kritischen Werk keine Hoffnungen mehr auf eine akademische Karriere machen konnte. Es waren nicht die Sieger, sondern die Unterlegenen, die für die deutsche Öffentlichkeit die Geschichte des Dritten Reichs schrieben. Erst im Laufe der siebziger Jahre faßten auch weniger konservative Forscher an den Universitäten Fuß und leisteten ihren Beitrag zu den Arbeiten ausländischer Wissenschaftler, die uns immer deutlicher vor Augen führen, wie tief der Nationalsozialismus in der deutschen Vergangenheit wurzelte und wie viele sich an seinen Verbrechen mitschuldig machten.

Die entscheidende Besonderheit der Geschichte des Antisemitismus in Deutschland lag in seiner außerordentlichen historischen Wirkung auf die herrschenden Eliten und in ihrer Bereitschaft, den Antisemitismus gegen eine Bedrohung ihrer Interessen und gegen das seit Napoleon durch die Modernisierung entstehende neue Wertesystem zu instrumentalisieren. In Frankreich verloren die alten und häufig nicht weniger rassistisch eingestellten Eliten um 1880 die Kontrolle über die Entwicklung. Dagegen gewannen die preußischen Eliten gewaltig an Macht und Ansehen, als sie durch ihre militärische Tapferkeit Deutschland vereinigten. Als das Schicksal des alten Obrigkeitsstaats durch die Niederlage im Ersten Weltkrieg und die Entstehung der Weimarer Republik schon besiegelt schien, stand die alte Elite den Anschauungen der Nationalsozialisten so nahe, daß sie nicht nur bereit war, Hitler die Macht zu übergeben, sondern ihn sogar zum unumschränkten Diktator zu machen. Die Juden waren nicht nur als eine geächtete religiöse Minderheit verwundbar, sondern auch, weil sie aufgrund der negativen und der positiven Erfahrungen in ihrer Geschichte dem westlichen Liberalismus anhingen und in jenen gesellschaftlichen Bereichen besonders stark vertreten waren, die die Rechte am meisten fürchtete.

Der Holocaust ist deshalb nicht nur auf die Macht des Antisemitismus zurückzuführen. Auch andere Faktoren müssen in Betracht gezogen werden – so die schichtenspezifische Herkunft der Antisemiten, die Machtmittel, über die sie verfügten, internationale Bindungen, wirtschaftliche Notwendigkeiten und natürlich auch der Wille und die Macht, Gebiete zu erobern, in denen Millionen von Juden lebten. In einigen Teilen Osteuropas war der Antisemitismus beispielsweise weit stärker und die liberalen Kräfte weit schwächer als in Deutschland, doch das Zusammenwirken von industrieller Schwäche, Abhängigkeit von westlichen Krediten und der Notwendigkeit, sich nach dem Krieg das Wohlwollen der Alliierten zu sichern – und sei es nur, um dem Bolschewismus zu entgehen – hinderte etwa die polnischen oder rumänischen Antisemiten daran, »ihre« Juden zu vertreiben oder abzuschlachten, auch wenn häufig judenfeindliche Gesetze erlassen wurden und die informelle Diskriminierung äußerst stark war. Nach der deutschen Invasion wurden die brutalen antisemitischen Instinkte in diesen Ländern durch die Präsenz eines scheinbar unbesiegbaren Verbündeten verstärkt. Der Antisemitismus war auch in der Ukraine und in Rußland weit verbreitet. Und doch stand die Sowjetunion trotz der späteren Taten Stalins dem Antisemitismus offiziell ablehnend gegenüber. Die marxistische Ideologie betonte den Klassenkampf, nicht den Kampf zwischen den Rassen. Dagegen grassierte der Judenhaß unter den antibolschewistischen Weißen, die für die Wiedererrichtung der Zarenherrschaft, und unter den Grünen, die für die Befreiung der Ukraine kämpften. Stalins persönlicher Antisemitismus trat erstmals nach dem deutschen Pakt mit der Sowjetunion im August 1939 zutage, als er die jüdischen Nazigegner den deutschen Sicherheitsdiensten übergab. Als er sich mit dem Westen verbündet hatte, handelte Stalin jedoch, wenn auch nur für kurze Zeit, als Freund der jüdischen Gemeinschaft, weil er wie alle Antisemiten den politischen Einfluß des Judentums auf seine neuen Verbündeten weit überschätzte.

Die öffentliche Unterstützung für progressive Gruppen, die dem Antisemitismus ablehnend gegenüberstanden, war in Deutschland weit größer als im Osten (oder auch in Österreich), dennoch war sie zu schwach, um der Verbindung von populistischen Wählerstimmen und der Unterstützung durch die Eliten, die Hitler an die Macht brachte, genug entgegenzusetzen. Die Weimarer Republik war bereits seit etwa drei Jahren nicht mehr demokratisch gewesen, sondern von einem Präsidenten, der die Sozialdemokraten haßte, mit Notverordnungen regiert worden. Für ihn war es nur konsequent, daß er Hitler eine Macht verlieh, die er sozialdemokratischen und anderen politischen Führern nie eingeräumt hatte, obwohl sie über eine viel breitere parlamentarische Basis als Brüning oder Papen verfügten. Natürlich war es der Entwicklung auch nicht förderlich, daß die Weimarer Republik unter den Folgen der Niederlage, der Rachsucht der Alliierten, unter Inflation und Depression zu leiden hatte. Ohne die Macht eines jahrzehntelangen Antisemitismus wären die in die Defensive geratenen Konservativen und die radikale Rechte jedoch nicht in der Lage gewesen, die Juden als (wie ein führender Politiker der DNVP es formulierte) »Blitzableiter« zu nutzen, um die Erbitterung der Bevölkerung von den tatsächlichen Verantwortlichen für den verlorenen Krieg und die Nachkriegskrisen abzulenken. 1933 standen die Sozialdemokraten als Unterstützer eines demokratischen und progressiven Deutschlands fast allein. Ihre marxistische Vergangenheit hatte jedoch schon seit langem einem demokratischen Sozialreformismus Platz gemacht, und ihre starke Bindung an das Proletariat hinderte sie daran, Bündnisse mit dem Mittelstand zu schließen. Am Ende versuchten nur sie und die Kommunisten, obwohl die beiden Parteien keineswegs Verbündete waren, die Übergabe der gesamten Macht an Hitler zu verhindern.

Frankreich gilt bei vielen noch immer als ein Land, das fähig war, der jüdischen Gemeinschaft ähnlichen Schaden wie Deutschland zuzufügen. Es war, wie die häufig angeführte Dreyfusaffäre beweist, ebenfalls eine innerlich gespaltene Nation. Und doch hätte es in Deutschland nie eine Dreyfusaffäre geben können, denn kein Jude wäre im deutschen Militär je so hoch aufgestiegen. Viele Untersuchungen haben gezeigt, daß der Antisemitismus und das Bestreben, die französische Republik zu zerstören, in Militär, Adel und Geistlichkeit Frankreichs großen Rückhalt besaßen. Doch die aus der Aufklärung abgeleiteten und in der Dritten Republik verkörperten republikanischen Werte waren stärker als die Dreyfus-Verleumder. Als Dreyfus 1898 von dem französischen Premierminister Waldeck-Rousseau persönlich begnadigt wurde, hatten sich die Regierung der Republik und die sozialistischen »Dreyfusards« bereits verbündet. Sie wußten, daß die gegen Dreyfus erhobenen Beschuldigungen Teil eines größer angelegten Versuchs waren, die Dritte Republik und den demokratischen Sozialismus zu zerstören. Die republikanisch gesinnten Kräfte konsolidierten ihren Sieg, indem sie die Verwaltung und Armee von Reaktionären säuberten. Die Säuberung wurde dadurch erleichtert, daß sich die französische Rechte im Gegensatz zur deutschen nie mit militärischem Ruhm bekleckert hatte. Der Höhepunkt der französischen *gloire* war mit den Siegen der republikanischen Armeen 1791 erreicht und als Napoleon den republikanischen Sieg in Frankreich stabilisierte. Auch der (zweifelhafte) Ruhm, den Ersten Weltkrieg gewonnen zu haben, kam der Republik zugute. Selbst in den dreißiger Jahren, als die Republik von zahlreichen kleinen radikalen und rassistischen Gruppen bedrängt wurde, konnte sie ihre Mehrheit bei der französischen Wählerschaft halten, nicht zuletzt, weil die Bauern und andere für populistische Parolen anfällige Gruppen republikanische Werte bevorzugten. Tatsächlich wählten die Franzosen 1936 sogar eine Volksfrontregierung von Sozialisten, Kommunisten und Gewerkschaftlern unter Léon Blum, der – wie die Rechten nicht müde wurden zu betonen – sowohl Sozialist als auch Jude war. Damals erfreute sich der Spruch »lieber Hitler als Blum« unter Konservativen wachsender Beliebtheit. Trotzdem brachte erst die Niederlage von 1940 eine reaktionäre Regierung an die Macht, die mit den Deutschen kooperierte und sie bereitwillig bei der Judenvernichtung unterstützte. Von den 350 000 Juden, die 1940 in Frankreich lebten (und von denen etwa die Hälfte erst kürzlich angekommene Flüchtlinge waren), wurden 75 000 in den Tod geschickt. Die Anstrengungen vieler Widerstandsgruppen halfen, die Zahl der nach Osten Deportierten zu vermindern, und die französische Bürokratie war, vor allem wenn es sich um französische Staatsbürger handelte, nie so versessen darauf, die Juden zu verfolgen, wie die deutsche. Normale Franzosen verhalfen Juden oft zur Flucht, darunter auch viele Angehörige der calvinistischen Minderheit, die selbst eine lange Verfolgungsgeschichte hinter sich hatte. Andere Franzosen schlossen sich, ermutigt durch die Anwesenheit der Deutschen, der gefürchteten Miliz der Vichy-Regierung an, und ließen mörderischen rassistischen Antrieben freien Lauf, die die Entwicklung in der Dritten Republik nie hätten bestimmen können. Viele Katholiken einschließlich einiger hoher Geistlicher protestierten gegen die Behandlung der Juden, auch wenn die katholische Kirche in ihrer Gesamtheit eher die Vichy-Regierung unterstützte.

In Frankreich gab es eine starke Tradition derselben katholischen Ideologie, die in Österreich zur Entstehung der Christlichsozialen unter Lueger geführt hatte. Sie war jedoch nie stark genug, um eine unabhängige und mächtige Partei zu gründen. So schrecklich die Geschichte der Vichy-Regierung auch ist, sie kann nicht als Beweis dafür in Anspruch genommen werden, daß die Kräfte, die den französischen Juden schaden wollten, auch verfassungsmäßig hätten an die Macht kommen können. Doch selbst wenn ihnen dies gelungen wäre, hätte gerade diese Gruppe niemals einen Krieg gegen Deutschland erwogen, ganz zu schweigen von dem Projekt, ein Imperium der französischen Herrenrasse im Osten zu errichten. Eine Idee, auf die sicher auch keine andere französische Regierung verfallen wäre, selbst wenn Frankreich zu einem so aberwitzigen Kreuzzug in der Lage gewesen wäre.

Das häufig angeführte Argument, wir alle trügen ein »verborgenes Potential« für den Mord aus rassischen Beweggründen in uns, ist irreführrend. Natürlich hat jeder Mensch grausame Impulse, ungleich wichtiger ist jedoch die einfache Tatsache, daß Kultur und Gesellschaft in Deutschland *tatsächlich* anders waren als in anderen westlichen Ländern, und daß die an den Massenmorden beteiligten deutschen Firmenchefs, Bürokraten, Juristen, Offiziere und zivilen Angestellten Erben einer langen Tradition waren, in deren Verlauf der Antisemitismus selbst in den gebildeten Schichten gesellschaftsfähig geworden war. Die Mythen der Antisemiten prägten die Reaktion von Millionen Deutschen auf die Kriegsverbrecherprozesse, obwohl es natürlich auch eigennützige Motive gab.

Wenn das deutsche Volk in seiner breiten Mehrheit von den Morden tatsächlich nichts gewußt hätte, bis die Alliierten sie aufdeckten, und wenn es über die in seinem Namen verübten Greueltaten empört gewesen wäre, dann hätte sich ein Sturm der patriotischen Entrüstung und Abscheu erheben müssen, gepaart mit dem unüberwindlichen Bedürfnis, die Täter zu bestrafen. Das Gegenteil war der Fall. Meinungsumfragen in der Besatzungszeit ergaben, daß 37 Prozent der befragten Deutschen die Ausrottung der Juden und Polen und anderer Nicht-Arier um der deutschen Sicherheit willen notwendig fanden.[29] Meinungsumfragen sind unzuverlässig, die Frage war ungeschickter formuliert, als ich sie wiedergebe, und das vorliegende Material ist widersprüchlich. Trotzdem scheint mir der hohe Anteil von 37 Prozent alles in allem realistisch; er entspricht dem Prozentsatz an Wählerstimmen, den die NSDAP bei ihrem triumphalen Wahlsieg vom Juli 1932 gewann. Etwa die Hälfte der nach dem Krieg befragten Österreicher waren der Ansicht, die Nazis seien mit ihren Maßnahmen gegen die Juden zwar zu weit gegangen, doch es hätte wirklich etwas unternommen werden müssen, um die Juden in die Schranken zu weisen. Nach 1945 hetzten Österreicher gegen Juden, die auf der Durchreise vorübergehend in Österreich untergebracht wurden, obwohl die Kosten von den Alliierten und von amerikanischen Juden getragen wurden. Leopold Kunschak, prominenter Führer der Christlichsozialen, bösartiger Antisemit und hochverehrter Mitbegründer der Republik Österreich, hielt auch nach dem Krieg noch antisemitische Reden.[30]

In der »Generation der Nazis« starb der Antisemitismus mit der Niederlage selbstverständlich nicht aus. Mindestens ein Drittel der Deutschen und Österreicher aus dieser Generation werden sich – in der Regel im privaten Kreis – ihr Leben lang gegen jeden Versuch einer »Bewältigung« der NS-Vergangenheit wehren. Lange nach dem Krieg werden in privater Runde oder an den Stammtischen noch immer die alten antisemitischen Mythen ausgetauscht. Nach Ansicht der alten Nazis haben Außenseiter die schädlichen Aktivitäten der Juden ohnehin nie verstanden. Das »ständige Gerede vom Holocaust« wird von diesen Leuten als ein Mittel des »internationalen Judentums« betrachtet, Unterstützung für Israel zu gewinnen. Die Verleugnung des Holocaust ist nichts Neues; sie begann 1945.

Aufrichtigkeit ist noch entsetzlicher. Er habe an alles geglaubt, was er getan habe, schrieb Rudolf Höß, der Kommandant von Auschwitz, im letzten Brief an seine Frau. Eichmann sagte bei seinem Prozeß in Jerusalem dasselbe. Beide Äußerungen sprechen nicht, wie noch immer behauptet wird, für die Banalität des Bösen, sondern sie entsprangen einem schrecklichen und unerschütterlichen persönlichen Glauben an die Ideologie des Todes. »Wann hört all diese Vernichtung einmal auf?« wurde Mengele in Auschwitz einmal gefragt. Er antwortete: »Mein Freund! Es geht immer weiter, immer weiter!«[31] Er hatte recht. Der hochgebildete Akademiker Dr. Mengele wußte genau, daß auch nach der Ausrottung der Juden und Zigeuner noch Millionen von Slawen und politischen Feinden existieren würden. Und er ging davon aus, daß man auch einen steten Strom deutscher Säuglinge wegen geistiger und körperlicher Behinderungen würde »selektieren« müssen.

In der unweigerlichen Fortsetzung des Tötens im Dienst von ethnischen Säuberungen liegt die universale Bedeutung des Holocaust. Bis zum Ende des Zweiten Weltkriegs setzten deutsche Forscher und ihre Helfer den vergeblichen Versuch fort, die spezifischen Merkmale jüdischen Blutes zu bestimmen. Forschungsprojekte über die »Rassenseele« der Juden wurden von deutschen wissenschaftlichen Institutionen auch dann noch finanziert, als gerade die letzten europäischen Juden in den Vernichtungslagern umkamen. Wie ein Wissenschaftler erklärte, würde es nämlich auch nach dem Tod aller Juden noch immer notwendig sein, den geistigen Einfluß des Judentums zu entdecken und ihn zu zerstören, wo immer er existierte. Schon sechzig Jahre zuvor hatte der österreichische Katholik und Antisemit Baron Vogelsang geschrieben: »Wenn durch irgendein Wunder … alle unsere 1 400 000 Juden uns entzogen würden, es wäre wenig geholfen: denn uns selbst hat der Judengeist angesteckt.«[32] Und 1934 hatte Werner Sombart erklärt, der jüdische Geist müsse ausgerottet werden, denn sogar wenn der letzte Jude und die letzte jüdische Familie vernichtet sei, werde die Wirtschaft noch immer vom jüdischen Geist durchdrungen sein.[33] Da die Rassisten das Weltjudentum seit Urzeiten für alle gesellschaftlichen Mißstände verantwortlich machten, kamen schon die völkischen Theoretiker Ende des 19. Jahrhunderts zu dem logischen Schluß, daß es an der Judaisierung der Gesellschaft läge, wenn die Mißstände auch in Abwesenheit der Juden fortdauern sollten. Mengele hatte wirklich recht, das Töten würde nie aufhören. Die Nazis waren besiegt, aber ihr Geist lebte weiter.

Die Reinhaltung der Rasse kann für Nazis, Neonazis und »ethnische Säuberer« überall auf der Welt nie aufhören, denn ihr Endziel ist die Vernichtung aller Menschen und Gemeinschaften, deren Humanität und fortschrittliche Werte die archaischen Impulse des Ethnozentrismus und Nationalismus überwunden haben. In den dunklen Jahrzehnten der deutschen Judenfeindschaft waren liberale und fortschrittliche Werte für die Antisemiten immer das einzig zuverlässige Merkmal, an dem sie alle Juden und alles Jüdische erkannten. »Nie wieder!« darf nicht nur der Aufschrei sein, der sich der jüdischen Gemeinschaft im Gedenken an die schrecklichen Folgen der Ideologie des Todes entringt. Dieser Ruf muß auch von all jenen aufgenommen werden, die sich für die hart erkämpften, zerbrechlichen zivilisatorischen Werte einsetzen, die ein Teil der Menschheit in dem langen Kampf um eine aufgeklärte, gerechte und freie Gesellschaft entwickelt hat.

ANMERKUNGEN

VORWORT

1 Daniel Jonah Goldhagen, *Hitlers willige Vollstrecker. Ganz gewöhnliche Deutsche und der Holocaust,* Berlin 1996, S. 517.
2 Ebenda, S. 471.

1. DAS CHRISTLICHE ERBE

Motto: Blaise Pascal, *Gedanken,* nach der endgültigen Ausgabe übertragen von Wolfgang Rüttenauer, Birsfelden-Bales, o. J., S. 191 f., zitiert nach: Alex Bein, *Die Judenfrage: Biographie eines Weltproblems,* Bd. 2, Stuttgart 1980, S. 107 f.
1 Judith Hershcopf Banki, *The Oberammergau Passion Play,* New York 1980, S. 5.
2 *New York Times,* 8. Januar 1987.
3 James Parkes, *The Conflict Between Church and Synagogue,* New York 1974, S. 99.
4 Ebenda, S. 158.
5 Ebenda, S. 165 f.
6 Ebenda, S. 167.
7 Gregor von Nyssa, Oratio in Chr. Resurrect.: PG 56; 85, zitiert nach: *Theologische Realenzyklopädie,* »Antisemitismus IV«, S. 130.
8 Parkes, *Conflict Between Church and Synagogue,* S. 166.
9 Salo Baron, *A Social and Religious History of the Jews,* Bd. 4, New York 1962–1983, S. 74.
10 Léon Poliakov, *Geschichte des Antisemitismus,* Bd. 1, *Von der Antike bis zu den Kreuzzügen,* Worms 1977, S. 41.
11 Ebenda, S. 37.
12 Migne, P. L., 215, 1291, Nr. 190, zitiert nach: Poliakov, *Antisemitismus,* Bd. 2, S. 148, Fußnote.
13 A. Potthast, *Regesta Pontificum Romanorum,* Berlin 1875, Nr. 1479, zitiert nach: Poliakov, *Antisemitismus,* Bd. 1, S. 64, Fußnote.

2. LUTHER UND DIE REFORMATION

Motto: Poliakov, *Antisemitismus,* Bd. 2, S. 125.

1 Martin Luther, *Daß Jesus Christus ein geborener Jude sei,* zitiert nach: Poliakov, *Antisemitismus,* Bd. 2, S. 124.

2 Derselbe, *Vom Schem Hamphoras und vom Geschlecht Christi,* Sämtliche Schriften, hrsg. v. Joh. Georg Walch, Nachdr. d. 2. überarbeiteten Aufl., Groß Oesingen 1986, Bd. 20, S. 2093 f.

3 Derselbe, *Von den Juden und ihren Lügen,* zitiert nach: Poliakov, *Antisemitismus,* Bd. 2, S. 120.

4 Poliakov, *Antisemitismus,* Bd. 2, S. 125.

5 John McNeil, *The History and Character of Calvinism,* New York 1967, S. 210.

6 Theodor Beza, *Nouveau Testament grec.,* mit lateinischer Übersetzung und Erläuterungen von Theodor Beza, 4. Ausgabe, 1589 (am Rande des Textes von Römer 11,18), zitiert nach: Poliakov, *Antisemitismus,* Bd. 2, S. 109, Fußnote.

3. DIE AUFKLÄRUNG

Motto: John Herman Randall jr., *The Career of Philosophy* Bd. 1, New York 1962, S. 898, 937.

1 Ebenda, S. 668.

2 Ebenda, S. 864.

3 Ebenda, S. 898.

4 Adam Smith, *The Theory of Moral Sentiments,* London 1853, S. 348.

4. DIE BEFREIUNG DER JUDEN IN FRANKREICH

Motto: *Propyläen Weltgeschichte,* hrsg. von Golo Mann, Bd. 8: *Das neunzehnte Jahrhundert,* Frankfurt, Berlin 1986, S. 51.

1 Arthur Hertzberg, *The French Enlightenment and the Jews,* New York 1968, S. 58, 120.

2 Poliakov, *Antisemitismus,* Bd. 5: *Die Aufklärung und ihre judenfeindliche Tendenz,* Worms 1983, S. 171 f.

3 Ebenda, S. 176.

4 Hertzberg, *French Enlightenment and the Jews,* S. 338.

5 Ebenda, S. 250, 252.

6 Poliakov, *Antisemitismus,* Bd. 5, S. 167 f.

7 Zosa Szajkowski, *Jews and the French Revolution,* New York 1970, S. 150 ff.

8 Robert B. Holtman, *The Napoleonic Revolution,* New York 1967, S. 123 f.

9 George Rudé, *Revolutionary Europe, 1783–1815,* New York 1964, S. 238.

10 Poliakov, *Antisemitismus,* Bd. 6: *Emanzipation und Rassenwahn,* Worms 1987, S. 23.

11 Jacques Soustelle, *The Long March of Israel,* New York 1969, S. 24.

12 Jacob Katz, *Vom Vorurteil bis zur Vernichtung. Der Antisemitismus, 1700–1933,* München 1989, S. 113; zu den weiteren Ausführungen Bonalds s. ebd. S. 111-115.

5. DIE ANFÄNGE DES NATIONALISMUS IN DEUTSCHLAND

Motto: Franz Herre, *Napoleon Bonaparte. Wegbereiter des Jahrhunderts,* München 1988, S. 221.

1 Bridges, Dukes, Hargreaves und Scott, *Nations and Empires,* New York 1978, *S.* 23.
2 Immanuel Kant, *Die Religion innerhalb der Grenzen der bloßen Vernunft,* Königsberg 1794, S. 186–189.
3 Georg Wilhelm Friedrich Hegel, *Hegels theologische Jugendschriften,* Tübingen 1907, S. 312.
4 Immanuel Kant, *Anthropologie in pragmatischer Hinsicht,* hrsg. von Joachim Klopper, Hamburg 1880, S. 119 f.
5 Hegel, *Hegels theologische Jugendschriften,* S. 252.
6 Johann Gottlieb Fichte, *Beitrag zur Berichtigung der Urtheile des Publikums über die Französische Revolution,* Gesamtausgabe, Bd. 1,1, Stuttgart 1964, S. 293.
7 Léon Poliakov, *Der arische Mythos. Zu den Quellen von Rassismus und Nationalismus,* Wien, München, Zürich 1977, S. 191.
8 John Weiss, *Conservatism in Europe,* New York, London 1977, S. 30.
9 Poliakov, *Antisemitismus,* Bd. 6, S. 33; Bd. 5, S. 229.
10 Fichte, *Beitrag zur Berichtigung der Urtheile des Publikums über die Französische Revolution,* S. 292 f.
11 Fichte, *Reden an die deutsche Nation,* Berlin 1808, S. 12.
12 Egmont Zechlin, *Die deutsche Politik und die Juden im Ersten Weltkrieg,* Göttingen 1969, S. 25 f.
13 Poliakov, *Antisemitismus,* Bd. 6, S. 101.
14 Zechlin, *Die deutsche Politik und die Juden im Ersten Weltkrieg,* S. 23.
15 Poliakov, *Antisemitismus,* Bd. 6, S. 185.
16 Ebenda, S. 188 f., siehe auch: S. 100.
17 Ebenda, S. 102.
18 Ebenda, S. 99.

6. ANTISEMITISMUS IN DER BISMARCK-ÄRA

Motto: Adolf Stoecker, *Christlich-Sozial. Reden und Aufsätze,* Bielefeld, Leipzig 1885, S. 67.

1 Lothar Gall, *Bismarck. Der weiße Revolutionär* Frankfurt, Berlin, Wien 1980, S. 256 f.
2 Rudolph Meyer, *Politische Gründer und die Corruption in Deutschland,* Leipzig 1877, S. 204.
3 Paul Massing, *Vorgeschichte des politischen Antisemitismus,* Frankfurt 1959, S. 1

4 Ernest K. Bramsted, *Aristoctacy and the Middle Class,* New York 1964, S. 203.
5 Otto Glagau, »Der Börsen- und Gründungsschwindel in Berlin«, in: *Die Gartenlaube,* Dezember 1874, S. 788 f.; siehe auch: Katz, *Vom Vorurteil bis zur Vernichtung,* S. 256-259, 360.
6 *Kreuzzeitung,* Nr. 189, 15. August 1878.
7 Zechlin, *Deutsche Politik und die Juden im Ersten Weltkrieg,* S. 33.
8 Ebenda, S. 32.
9 George L. Mosse, *Germans and Jews,* New York 1970, S. 63.
10 Katz, *Vom Vorurteil bis zur Vernichtung,* S. 201.
11 Bramsted, *Aristocracy and the Middle Class in Germany,* S. 134 f.
12 Heinrich von Treitschke, »Unsere Aussichten«, in: *Preußische Jahrbücher,* 1879, Bd. 44, S. 572 ff.
13 Ebenda, S. 574; zu Treitschkes Haltung siehe auch: Zechlin, *Die deutsche Politik und die Juden im Ersten Weltkrieg,* S. 35 ff.
14 Zechlin, *Die deutsche Politik und die Juden im Ersten Weltkrieg,* S. 35.
15 Levy, *Antisemitism in the Modern World,* S. 126.
16 George L. Mosse, *Ein Volk, ein Reich, ein Führer. Die völkischen Ursprünge des Nationalsozialismus,* Königstein 1979, S. 208.
17 Walter Frank, *Hofprediger Adolf Stoecker und die christlichsoziale Bewegung,* Berlin 1928, S. 21.
18 Ebenda, S. 35
19 Stoecker *Christlich-Sozial,* S. 143 ff.; die zentralen Stellen von Stoeckers Rede sind abgedruckt in Paul Massing, *Vorgeschichte des politischen Antisemitismus,* S. 238 f.
20 Frank, *Hofprediger Adolf Stoecker* S. 120.
21 Ebenda, S. 106.
22 Poliakov, *Antisemitismus,* Bd. 6, *S.* 98.
23 Frank, *Hofprediger Adolf Stoecker,* S. 209 f., 242.

7. JUDENFEINDSCHAFT ALS MASSENPHÄNOMEN

Motto: *The Nazi Primer,* New York und London 1938, S. 29, Rückübersetzung.
1 Wilhelm Marr, *Der Sieg des Judentums über das Germanentum,* 8. Auflage, Bern 1879, S. 24, 31.
2 Moshe Zimmermann, *Wilhelm Marr: The Patriarch of Anti-Semitism,* New York 1968, S. 106.
3 Levy, *Antisemitism in the Modern World,* S. 82.
4 Marr, *Der Sieg des Judentums über das Germanentum,* S. 44.
5 Ebenda, S. 22.
6 Ebenda, S. 38.
7 Ebenda, S. 37 f., 48.
8 Anonymus, *The Strangers in Our Land: A Warning to the German Volk from a Citizen of Berlin,* Berlin 1876, S. 3.

9 Hier stütze ich mich auf die exzellente Untersuchung von Richard S. Levy, *The Downfall of the Antisemitic Political Parties in Imperial Germany,* New Haven und London 1975.
10 Ebenda, S. 48 f.
11 Ebenda, S. 52.
12 Hans Rosenberg, *Große Depression und Bismarckzeit,* Berlin 1967, S. 99.
13 Levy, *Downfall of the Antisemitic Political Parties in Imperial Germany,* S. 51 f.
14 Otto Böckel, *Die Juden, die Könige unserer Zeit,* Marburg 1892, zitiert in: Ebenda, S. 43.
15 Peter Pulzer, *Die Entstehung des politischen Antisemitismus in Deutschland und Österreich 1867 bis 1914,* Göttingen 1966, S. 27.
16 Levy, *Downfall of the Antisemitic Political Parties in Imperial Germany,* S. 81.
17 Ebenda, S. 95.
18 Zechlin, *Deutsche Politik und die Juden im Ersten Weltkrieg,* S. 42.
19 Hilberg, *Vernichtung der europäischen Juden,* Bd. 1, S. 25.
20 Poliakov, *Der arische Mythos,* S. 347 f.
21 Iris Hamel, *Völkischer Verband und nationale Gewerkschaft.* Frankfurt/M. 1967, S. 44 f., zitiert in: Levy, *Downfall of the Antisemitic Political Parties in Imperial Germany,* S. 218.
22 Sheila Rowbotham, *Women, Resistance and Revolution,* New York 1974, S. 80.
23 Pulzer, *Die Entstehung des politischen Antisemitismus in Deutschland und Österreich,* S. 179.
24 Theodor Fritsch *Antisemiten-Katechismus,* Leipzig 1893, S. 358 ff.
25 Ebenda.
26 Franz von Liebenfels, *Ostara* Nr. 22–23, 2. Auflage, Wien 1929, S. 22.

8. DER ANTISEMITISMUS DER ELITEN IM WILHELMINISMUS

Motto: *Journal of Central European History 17,* Nr. 1, (März 1984), S. 23.
1 Gordon A. Craig, *Deutsche Geschichte 1866–1945,* München 1993, S. 164.
2 J. Alden Nichols, *Germany after Bismarck,* Cambridge Mass. 1958, S. 302.
3 Frank, *Hofprediger Adolf Stoecker,* S. 300.
4 Uriel Tal, *Christians and Jews in Germany,* Ithaca 1975, S. 259.
5 Levy, *Downfall of the Antisemitic Political Parties in Imperial Germany,* S. 72.
6 *Kreuzzeitung,* zitiert in: Pulzer, *Die Entstehung des politischen Antisemitismus in Deutschland und Österreich,* S. 104.
7 Frank, *Hofprediger Adolf Stoecker,* S. 301.
8 Ebenda.
9 Mosse, *Ein Volk, ein Reich, ein Führer,* S. 253.
10 Massing, *Vorgeschichte des politischen Antisemitismus,* S. 70.
11 Levy, *Downfall of the Antisemitic Political Parties in Imperial Germany,* S. 74.
12 Ebenda, S. 88.
13 Mosse, *Ein Volk, ein Reich, ein Führer,* S. 238.

14 Massing, *Vorgeschichte des politischen Antisemitismus,* S. 115.
15 Frank, *Hofprediger Adolf Stoecker,* S. 314.
16 Nichols, *Germany after Bismarck,* S. 239.
17 Massing, *Vorgeschichte des politischen Antisemitismus,* S. 71.
18 Hilberg, *Vernichtung der europäischen Juden,* Bd. 1, S. 24 f.
19 Levy, *Downfall of the Antisemitic Political Parties in Imperial Germany,* S. 89.
20 *Konservatives Handbuch,* 2. Auflage, Berlin 1894, Fußnote S. 14, zitiert in: Ebenda, S. 101.
21 James J. Sheehan, »Conflict and Cohesion among the German Elites in the Nineteenth Century«, in: Sheehan, Hg., *Imperial Germany,* New York 1976, S. 71.
22 John C. *G.* Röhl, »Higher Civil Servants in Germany, 1890–1900«, in: Sheehan, Hg., *Imperial Germany,* S. 139.
23 Ebenda, S. 138.
24 Tal, *Christians and Jews in Germany* S. 218.
25 Craig, *Deutsche Geschichte, 1866–1945,* S. 151.
26 Massing, *Vorgeschichte des politischen Antisemitismus,* S. 143.
27 Ebenda.
28 Poliakov, *Geschichte des Antisemitismus,* Bd. 7, S. 40.
29 Ebenda.
30 Zechlin, *Deutsche Politik und die Juden im Ersten Weltkrieg,* S. 48.
31 Poliakov, *Geschichte des Antisemitismus,* Bd. 7, S. 40.
32 H. S. Chamberlain, *Briefe,* München 1928, Bd. 2, S. 136 ff.
33 John C. G. Röhl, *Kaiser, Hof und Staat: Wilhelm II. und die deutsche Politik,* München 1987, S. 22.

9. ANTISEMITISMUS, AKADEMIKER UND INTELLEKTUELLE

Motto: Georges Vacher de Lapouge, »L'anthropologie et la science politique«, *Revue d'anthropologie,* 15. Mai 1887, S. 15, zitiert nach: Poliakov, *Der Arische Mythos,* S. 313 f.
1 Poliakov, *Der arische Mythos,* S. 295.
2 *Natur und Staat, Beiträge zur naturwissenschaftlichen Gesellschaftslehre. Eine Sammlung von Preisschriften,* Jena 1903, S. 1–24, zitiert nach: Ebenda, S. 344.
3 Mosse, *Ein Volk, ein Reich, ein Führer,* S. 111.
4 Ebenda, S. 113.
5 Ebenda, S. 166.
6 Jeffrey Herf, *Reactionary Modernism,* New York 1986, S. 139, 141.
7 Frank, *Hofprediger Adolf Stoecker, S.* 282 f.
8 Eugene Black, Hg., *Posture of Europe,* Homewood Ill. 1964, S. 249, 251.
9 Röhl, »Higher Civil Servants in Germany«, S. 138.
10 H. S. Chamberlain, *Die Grundlagen des 19. Jahrhunderts,* 2. Auflage, München 1900, S. 324, zitiert nach: Poliakov, *Der arische Mythos,* S. 371.
11 Fritz Stern, *Kulturpessimismus als politische Gefahr,* Bern, Stuttgart 1963.

12 Ebenda, S. 182.
13 Ebenda, S. 84 f., 186.
14 Poliakov, *Der arische Mythos*, S. 360.
15 Stern, *Kulturpessimismus als politische Gefahr*, S. 89.
16 Ebenda, S. 90 f.
17 Ebenda, S. 176.
18 Werner Angress, »Prussias Army and the Jewish Reserve Officer Controversy before World War One«, in: Sheehan, *Imperial Germany* S. 114.

10. DIE GEGNER DES ANTISEMITISMUS

1 Massing, *Vorgeschichte des politischen Antisemitismus*, S. 189.
2 Mosse, *Ein Volk, ein Reich, ein Führer*, S. 16.
3 Massing, *Vorgeschichte des politischen Antisemitismus*, S. 195.
4 Pulzer, *Die Entstehung des politischen Antisemitismus in Deutschland und Österreich*, S. 259.
5 Sheehan, »Conflict and Cohesion«, S. 82 f.
6 Frank, *Hofprediger Adolf Stoecker*, S. 379.
7 Zechlin, *Deutsche Politik und die Juden im Ersten Weltkrieg*, S. 45.
8 Levy, *Antisemitism in the Modern World*, S. 129 f.
9 Daniel Frymann (d. i. Heinrich Claß), *Wenn ich der Kaiser wär' – politische Wahrheiten und Notwendigkeiten*, Leipzig 1912, S. 43, 76.
10 Ebenda, S. 35, 77.

11. DER KATHOLISCHE ANTISEMITISMUS IN DER HABSBURGER MONARCHIE

Motto: Rudolf Kuppe, *Karl Lueger und seine Zeit*, Wien 1933, S. 177.
1 Franz Kobler, *Juden und Judentum in deutschen Briefen aus drei Jahrhunderten*, Wien 1935, S. 149 f.
2 Pulzer, *Die Entstehung des politischen Antisemitismus in Deutschland und Österreich*, S. 109.
3 Arthur J. May, *The Hapsburg Monarchy, 1867–1914*, New York 1951, S. 179.
4 Katz, *Vom Vorurteil bis zur Vernichtung*,S. 221.
5 May, *Hapsburg Monarchy* S. 48.
6 Pulzer, *Die Entstehung des politischen Antisemitismus in Deutschland und Österreich*, S. 110.
7 Andrew Whiteside, *Georg Ritter von Schönerer. Alldeutschland und sein Prophet*, Graz, Wien, Köln 1981, S. 79.
8 Pulzer, *Die Entstehung des politischen Antisemitismus in Deutschland und Österreich*, S. 112.
9 Ebenda, S. 112 f.

10 Ebenda.
11 Ebenda, S. 114.
12 Stern, *Kulturpessimismus als politische Gefahr,* S. 145.
13 David Bakan, *Sigmund Freud and the Jewish Mystical Tradition,* New York 1969, S. 26.
14 Pulzer, *Die Entstehung des politischen Antisemitismus in Deutschland und Österreich,* S. 122.
15 Bakan, *Sigmund Freud and the Jewish Mystical Tradition,* S. 28.
16 Kuppe, *Karl Lueger und seine Zeit,* S. 98.
17 Whiteside, *Georg Ritter von Schönerer,* S. 84.
18 Ebenda, S. 100 f.
19 Ebenda, S. 102.
20 Ebenda, S. 83 ff.
21 Eduard Pichl, *Georg Schönerer und die Entwicklung des Alldeutschtums in der Ostmark,* Bd. 3, Wien 1914, S. 338.
22 Richard S. Geehr, *Karl Lueger. Mayor of Fin de Siècle Vienna,* Detroit 1990, S. 181.
23 Rudolf Kuppe, *Dr. Karl Lueger. Persönlichkeit und Wirken,* Wien 1947, S. 57.
24 Kuppe, *Karl Lueger und seine Zeit,* S. 256 ff.
25 Ebenda, S. 207.
26 Ebenda, S. 213.
27 Ebenda, S. 209, 215.

12. RASSENKONFLIKTE IM VIELVÖLKERREICH

1 May, *Habsburg Monarchy* S. 62.
2 Ebenda, S. 210.
3 Pulzer, *Die Entstehung des politischen Antisemitismus in Deutschland und Österreich,* S. 202.
4 Whiteside, *Georg Schönerer,* S. 121; zur ganzen Affäre: S. 120–123.
5 May, *Habsburg Monarchy,* S. 487.
6 Kuppe, *Karl Lueger und seine Zeit,* S. 153.
7 Ebenda, S. 300.
8 Ebenda, S. 245.
9 Ebenda, S. 309.
10 Mosse, *Ein Volk, ein Reich, ein Führer,* S. 158.
11 William Jenks, *Vienna and the Young Hitler,* New York 1960, S. 103.
12 Geehr, *Karl Lueger,* S. 158.
13 Ebenda, S. 177, 227 ff.
14 Jenks, *Vienna and the Young Hitler,* S. 130.
15 Levy, *Antisemitism in the Modern World,* S. 117, 120; und Geehr, *Karl Lueger,* S. 176.
16 Jenks, *Vienna and the Young Hitler,* S. 110.

13. HITLER IN ÖSTERREICH

Motto: Adolf Hitler, *Mein Kampf,* München 1925, S. 12.
1 Ebenda, S. 58.
2 Ebenda, S. 57.
3 Bradley E Smith, *Adolf Hitler, His Family, Childhood and Youth,* Stanford 1967, S. 124. Diesem hervorragenden Buch habe ich viel zu verdanken.
4 Adolf Hitler, *Mein Kampf,* S. 412.
5 Robert G. L. Waite, *The Psycopathic God: Adolf Hitler,* New York 1987.
6 Hitler, *Mein Kampf,* S. 97.
7 Ebenda, S. 81.
8 Ebenda, S. 40.
9 Ebenda, S. 45.
10 Ebenda, S. 51.
11 Ebenda, S. 38, 63-64.
12 Ebenda, S. 63.
13 Ebenda, S. 65.
14 Ebenda, S. 97.
15 Ebenda, S. 124.
16 Ebenda, S. 15.
17 Ebenda, S. 97, 124.
18 Ebenda, S. 107.
19 Ebenda, S. 116.
20 Ebenda, S. 107.
21 Ebenda, S. 122.
22 Ebenda, S. 121.
23 Ebenda, S. 118.
24 Ebenda, S. 69.
25 Ebenda, S. 122, 161.
26 Ebenda, S. 679, 682.

14. DER ERSTE WELTKRIEG

Motto: Friedrich Meinecke, *Ausgewählter Briefwechsel,* hrsg. v. Ludwig Dehio und Peter Classen, Stuttgart 1962, S. 97, zitiert in: Craig, *Deutsche Geschichte, 1866–1945,* S. 345.
1 Zechlin, *Deutsche Politik und die Juden im Ersten Weltkrieg, S.* 413 ff.
2 Max Hildebert Boehm, »Emanzipation und Machtwille im modernen Judentum« in: *Der Jude* 2 (1917/18), S. 371-378, zitiert nach: Poliakov, *Geschichte des Antisemitismus,* Bd. 8, S. 13 f.
3 Zechlin, *Deutsche Politik und die Juden im Ersten Weltkrieg,* S. 548.
4 Ebenda, S. 549.
5 Ebenda, S. 519.

6 Ebenda, S. 531.
7 Ebenda, S. 559.
8 Erich Ludendorff, *Vom Feldherrn zum Weltrevolutionär und Wegbereiter deutscher Volksschöpfung,* Bd. 2, München 1941, S. 16, zitiert nach: Poliakov, *Geschichte des Antisemitismus,* Bd. 8, *5.* 26.
9 Ludendorff, *Kriegführung und Politik,* Berlin. 1923, S. 141, 322, 339, zitiert nach: Zechlin, *Deutsche Politik und die Juden im Ersten Weltkrieg,* S. 561.
10 Ebenda, S. 558 f.
11 J. P. Nettl, *Der Aufstieg der Sowjetunion,* New York 1967, S. 63.
12 Robert G. L. Waite, *Vanguard of Nazism: The Free Corps Movement in Postwar Germany,* 1978–1923, New York 1969, S. 2.
13 Bruce F. Pauley, *Eine Geschichte des österreichischen Antisemitismus. Von der Ausgrenzung zur Auslöschung,* Wien 1993, S. 209.
14 Mosse, *Ein Volk, ein Reich, ein Führer,* S. 254.
15 Francis L. Carsten, *Reichswehr und Politik,* 1918–1933, Köln, Berlin 1964, S. 73.
16 Henry A. Turner jr., *Die Großunternehmer und der Aufstieg Hitlers,* Berlin 1985, S. 31.

15. DIE ANTISEMITISCHE WELLE NACH DEM KRIEG

Motto: Wilhelm Mommsen (Hg.), Deutsche Parteiprogramme, München 1960, S. 538.

1 Mosse, *Ein Volk, ein Reich, ein Führer,* S. 255.
2 Ebenda, S. 256 f.
3 Kuno von Westarp, *Konservative Politik in der Republik, 1918–1922,* S. 33.
4 Waite, *Vanguard of Nazism,* S. 40, 206.
5 Robert Gellately, *Die Gestapo und die deutsche Gesellschaft: die Durchsetzung der Rassenpolitik 1933–1945,* Paderborn 1993, S. 106.
6 Pauley, *Eine Geschichte des österreichischen Antisemitismus,* S. 201.
7 Mosse, *Ein Volk, ein Reich, ein Führer,* S. 269.
8 Waite, *Vanguard of Nazism,* S. 40.
9 James M. Diehl, *Paramilitary Politics in Weimar Germany,* Bloomington, Indiana 1977, S. 22.
10 Gay, *Republik der Außenseiter,* S. 68 f.
11 Pauley, *Eine Geschichte des österreichischen Antisemitismus, S.* 132.
12 Turner, *Die Großunternehmer und der Aufstieg Hitlers,* S. 50.
13 Ebenda, S. 32.
14 Francis L. Carsten, *Faschismus in Österreich,* München 1977, S. 44 f.
15 Charles Bracelen Flood, *Hitler: The Path to Power,* Boston 1989, S. 159.
16 Ebenda, S. 153.
17 Ebenda, S. 236.

16. KULTURKAMPF

Motto: Robert Pois, Hg., *Race and Race History and Other Essays,* New York 1974, S. 149.

1 Carl Gustav Jung, »Zur gegenwärtigen Lage der Psychotherapie«, in: *Zentralblatt für Psychotherapie, 7* (1934), S. 1-16.
2 Geoffrey Cocks, *Psychotherapy in the Third Reich,* Princeton 1985, S. 88.
3 Die hier beschriebenen Werke stammen aus den Zyklen *Das Gesicht der herrschenden Klasse, Abrechnung folgt* und *Ecce Homo* von George Grosz.
4 Walter Laqueur, *Weimar. Die Kultur der Republik,* Frankfurt/Main, Berlin 1976, S. 98.
5 Kurt Tucholsky, *Panter, Tiger & Co.,* Hamburg 1955, S. 91.
6 Pois, *Race and Race History,* S. 152, 189.
7 Ebenda, S. 165.
8 Laqueur, *Weimar. Die Kultur der Republik,* S. 99.
9 Gay, *Republik der Außenseiter,* S. 130.
10 Martin Heidegger, »Deutsche Studenten«, in: *Freiburger Studentenzeitung,* VIII. Semester (XV), Nr. 1, 3. November 1933, S. 1; zitiert nach: Victor Farias, *Heidegger und der Nationalsozialismus,* Frankfurt 1989, S. 176.
11 Werner Sombart, *Die Juden und das Wirtschaftsleben,* Leipzig 1911, S. 329.
12 Laqueur, *Weimar. Die Kultur der Republik,* S. 107.

17. DER AUFBAU DER NSDAP

1 Alan Bullock, *Hitler. Eine Studie über Tyrannei,* Düsseldorf 1962, S. 100.
2 Carsten, *Reichswehr und Politik,* S. 223.
3 Joachim C. Fest, *Das Gesicht des Dritten Reiches. Profile einer totalitären Herrschaft,* München 1963, S. 45.
4 Ingo Mueller, *Furchtbare Juristen. Die unbewältigte Vergangenheit unserer Justiz,* München 1987, S. 25. Diesem ausgezeichneten Buch verdanke ich viele Anregungen.
5 Richard S. Hamilton, *Who Voted for Hitler?,* Princeton 1982, S. 93, 520 f.
6 Flood, *Hitler. The Path to Power,* S. 591.
7 Craig, *Deutsche Geschichte, 1866–1945,* S. 450.
8 Mosse, *Ein Volk, ein Reich, ein Führer,* S. 254.
9 John A. Leopold, *Alfred Hugenberg,* New Haven 1977, S. 12.
10 Geoffrey Pridham, *Hitler's Rise to Power,* London 1973, S. 85 f.
11 Pauley, *Eine Geschichte des österreichischen Antisemitismus, S.* 252.

18. DER ANTISEMITISMUS UND DIE NSDAP-WÄHLER

Motto: NSDAP Bayerisches Hauptstaatsarchiv, Rehse Sammlung. F8, Rückübersetzung.

1 Milan L. Hauner, »A German Racial Revolution?«, in: *Journal of Contemporary History,* XIX (Oktober 1984) S. 675.
2 Walther Darré, *Das Bauerntum als Lebensquell der nordischen Rasse,* München 1929, S. 264.
3 Gerhard Stoltenberg, *Politische Strömungen im schleswig-holsteinischen Landvolk, 1918–1933,* Düsseldorf 1962, S. 33, Anm. 4.
4 Timothy Alan Tilton, *Nazism, Neo-Nazism, and the Peasantry,* Bloomington 1975, S. 64.
5 Heinrich Himmler, »Bauer, wach auf!« in: *Der Nationale Sozialist für Sachsen,* 1. August 1926.
6 Simon Taylor, *Prelude to Genocide,* New York 1985, S. 47 f.
7 Ebenda, S. 62.
8 Werner Brücker, *Die Tragik Ludendorffs,* Oldenburg 1953, S. 107.
9 Hitler, *Mein Kampf,* S. 563.
10 Ebenda, S. 661.
11 Taylor, *Prelude to Genocide,* S. 65, 74.
12 Thomas Childers, *The Nazi Voter. The Social Foundations of Fascism in Germany, 1919–1933,* Chapel Hill 1983, S. 68.
13 Taylor, *Prelude to Genocide, S.* 78 f., 81 f.
14 Ebenda, S. 73.
15 Ebenda, S. 140.
16 Ebenda, S. 30.
17 Ebenda, S. 40 f.
18 Ebenda, S. 83.
19 Mosse, *Ein Volk, ein Reich, ein Führer,* S. 277.
20 Jeremy Noakes, *Nazi Party in Lower Saxony,* S. 102.
21 Taylor, *Prelude to Genocide,* S. 50.
22 Ebenda, S. 45.
23 Louis Snyder, *Encyclopedia of the Third Reich,* New York 1989, S. 274.
24 Taylor, *Prelude to Genocide,* S. 27 f.
25 Pridham, *Rise to Power,* S. 195.
26 Taylor, *Prelude to Genocide,* S. 28.
27 Childers, *Nazi Voter,* S. 178.
28 Ebenda, S. 264.
29 Mosse, *Ein Volk, ein Reich, ein Führer,* S. 256.
30 Childers, *Nazi Voter,* S. 265.
31 Taylor, *Prelude to Genocide,* S. 79.
32 NSDAP Bayerisches Hauptstaatsarchiv, Rehse Sammlung, F8; englische Fassung in Taylor, *Prelude to Genocide,* S. 221 f.

19. HITLER UND DIE ELITEN

Motto: Peter D. Stachura, Hg., *The Nazi Machtergreifung,* London 1983, S. 23.

1 Michael H. Kater, *The Nazi Party: A Social Profile of Members and Leaders,* Cambridge Mass. 1983, S. 237.
2 Leopold, *Alfred Hugenberg,* S. 82.
3 Joseph Goebbels, *Tagebücher, 1924–1945,* Hg. Ralf Georg Reuth, Bd. 1, München 1992, S. 228.
4 Bullock, *Hitler,* S. 161 f.
5 Carsten, *Reichswehr und Politik,* S. 377.
6 Ebenda, S. 370.
7 Richard Hamilton, »Who Voted for Hitler?«, *Central European History* 17, Nr. 1 (März 1984), S. 25.
8 Reinhard Kühnl, *Der deutsche Faschismus in Quellen und Dokumenten,* Köln 1987, S. 107 ff., siehe auch Fußnote ebenda.
9 Turner, *Die Großunternehmer und der Aufstieg Hitlers,* passim.
10 Bullock, *Hitler, S.* 152 f.
11 Taylor, *Prelude to Genocide,* S. 90.
12 Turner, *Die Großunternehmer und der Aufstieg Hitlers,* S. 241 f.
13 Ebenda, S. 243.
14 Kater, *Nazi Party,* S. 62 f., 65.
15 Turner, *Die Großunternehmer und der Aufstieg Hitlers,* S. 244, 309.
16 Detlev J. K. Peukert, *Volksgenossen und Gemeinschaftsfremde. Anpassung, Ausmerze und Aufbegehren unter dem Nationalsozialismus,* Köln 1982, S. 113.
17 Taylor, *Prelude to Genocide,* S. 95 f.
18 *Völkischer Beobachter,* 24. März 1931.
19 John S. Conway, *Die nationalsozialistische Kirchenpolitik, 1933–1945,* München 1969, S. 33.
20 Ebenda, S. 35, Fußnote.
21 Ebenda, S. 36.
22 Hamilton, »Who Voted for Hitler?«, S. 25 f.
23 Robert Proctor, *Racial Hygiene: Medicine under the Nazis,* Cambridge, Mass. und London 1988, S. 27. Diesem hervorragenden Werk habe ich viel zu verdanken.
24 Ebenda, S. 25.
25 Ebenda, S. 48.
26 Ebenda, S. 27.
27 Benno Müller-Hill, *Tödliche Wissenschaft. Die Aussonderung von Juden, Zigeunern und Geisteskranken, 1933–1945,* Reinbek bei Hamburg 1984, S. 12.
28 Ebenda, S. 32.
29 Proctor, *Racial Hygiene,* S. 47 f.
30 Bullock, *Hitler,* S. 188.
31 Hamilton, »Who Voted for Hitler?«, S. 26.
32 Turner, *Die Großunternehmer und der Aufstieg Hitlers,* S. 276.

33 Hamilton, »Who Voted for Hitler?«, S. 34.
34 Childers, *Nazi Voter,* S. 258.
35 Turner, *Die Großunternehmer und der Aufstieg Hitlers,* S. 363.
36 August Winkler, *Weimar, 1918–1933,* München 1993, S. 540.
37 *Der Prozeß gegen die Hauptkriegsverbrecher vor dem Internationalen Militärgerichtshof Nürnberg,* Bd. 33, Dok. Nr. PS 3901, S. 531 ff., zitiert in: Karl Dietrich Bracher, *Die Auflösung der Weimarer Republik,* 2. Nachdr. d. 5. Auflage 1971, Düsseldorf 1984, S. 585, Fußnote.
38 Dick Geary, »The Industrial Elite and the Nazis in the Weimar Republik«, in: Stachura, *Nazi Machtergreifung,* S. 94.
39 Hamilton, »Who Voted for Hitler?«, S. 413.
40 Carsten, *Reichswehr und Politik,* S. 389, 390, 392.
41 John S. Conway, »National Socialism and the Churches During the Weimar Republik«, in: Stachura, *Nazi Machtergreifung,* S. 124.
42 Stachura, *Nazi Machtergreifung,* S. 5.

20. HITLER AN DER MACHT

Motto: Hugh Trevor Roper in seiner Rezension von Benno Müller-Hills *Murderous Science: The Elimination of Jews, Gypsies and the Mentally Ill, Germany, 1933–1945,* Oxford 1988.

1 Mosse, *Ein Volk, ein Reich, ein Führer,* S. 260 f.
2 Andreas Dorpalen, *Hindenburg and the Weimar Republik,* Princeton 1964, S. 479.
3 Carsten, *Reichswehr und Politik,* S. 451.
4 Müller, *Furchtbare Juristen,* S. 97 ff., 102, 104.
5 Ebenda, S. 98, 122 ff.
6 Hilberg, *Vernichtung der europäischen Juden,* Bd. 1, S. 43.
7 Karl A. Schleunes, *The Twisted Road to Auschwitz,* Urbana Ill. 1970, S. 89.
8 Eberhard Jäckel, *Hitlers Weltanschauung,* Stuttgart 1991, S. 55.
9 Christopher R. Browning, *The Final Solution and the German Foreign Office,* New York und London 1978, S. 13.
10 David Fisher und Anthony Read, *Kristallnacht: The Nazi Night of Terror,* New York 1989, S. 180 f.
11 Proctor, *Racial Hygiene,* S. 79.
12 Ebenda, S. 104, 222.
13 Conway, *Nationalsozialistische Kirchenpolitik,* S. 55.
14 Hermann Graml, Hans Mommsen, Hans-Joachim Reichardt und Ernst Wolf, *The German Resistance to Hitler,* Berkeley 1970, S. 206.
15 Conway, *Die nationalsozialistische Kirchenpolitik,* S. 119.
16 Hilberg, *Vernichtung der europäischen Juden,* Bd. 1, S. 188.
17 Graml und andere, *German Resistance,* S. 211.
18 Robert P. Ericksen, *Theologians Under Hitler,* New Haven 1986, S. 55.
19 James Bentley, *Martin Niemöller. Eine Biographie,* München 1985, S. 85.

20 Edwin H. Robertson, *The Shame and the Sacrifice: The Life and Martyrdom of Dietrich Bonhoeffer,* New York 1988, S. 118.
21 *Reichsanzeiger,* Nr. 8 (6. April 1933).
22 *New York Times,* 15. Februar 1984.
23 *Jehovas Zeugen in Gottes Vorhaben,* (Wachtturm Bibel- und Traktat-Gesellschaft, deutscher Zweig, e. V.), Wiesbaden 1960, S. 173.
24 Guenter Lewy, *Die katholische Kirche und das Dritte Reich,* München 1965, S. 95, 105.
25 Ebenda, S. 108.
26 Ebenda, S. 301 ff.
27 L'Allemagne Nazi et le Genocide Juif, Paris 1985, S. 384.
28 Conway, *Nationalsozialistische Kirchenpolitik.* S. 184.

21. AUF DEM WEG ZUM RASSENIMPERIUM

Motto: Parteiprogramm der NSDAP von 1920, zitiert in: Reinhardt Kühnl, *Der deutsche Faschismus in Quellen und Dokumenten,* Köln 1987, S. 106 und *Mein Kampf,* S. 652.
1 Barbara Miller Lane und Leila J. Rupp, *Nazi Ideology Before 1933,* Austin und London 1978, S. 121.
2 *Völkischer Beobachter* (19./20. und 21. April 1931), zitiert in: Ebenda, S. 133.
3 Hitler, *Mein Kampf,* S. 655

22. DIE IDEOLOGIE DES TODES

Motto: Tom Segev, *Die Soldaten des Bösen,* Reinbek 1992, S. 257.
Martin Gilbert, *The Holocaust. A History of* the *Jews of Europe During* the Second *World War, New* York 1985, S. 171.
1 Ebenda, S. 87.
2 Ebenda, S. 106.
3 Richard Plant, *The Pink Triangle. The Nazi War Against Homosexuals,* New York 1986, S. 88 f.
4 Ebenda, S. 99.
5 Ebenda, S. 87, 97.
6 Fisher und Read, *Kristallnacht,* S. 249 f.
7 Karl A. Schleunes, *Twisted Road to Auschwitz,* Urbana 1970, S. 211.
8 J. B. Schechtmann, *The Mufti and the Fuehrer,* New York 1961, S. 308.
9 Pulzer, *Die Entstehung des politischen Antisemitismus,* S. 261.
10 Helen Fine, *Accounting for Genocide,* Chicago 1979, S. 167.
11 Fisher und Read, *Kristallnacht,* S. 222.
12 Ebenda, S. 145.

13 Edouard Calic, *Reinhard Heydrich. Schlüsselfigur des Dritten Reiches,* Düsseldorf 1982, S. 281.
14 Gregory Gallagher, *By Trust Betrayed. Patients, Physicians, and the License to Kill in the Third Reich,* New York 1990, S. 66.
15 Proctor, *Racial Hygiene,* S. 207.
16 Gallagher, *By Trust Betrayed,* S. 127.
17 Ptoctor, *Racial Hygiene,* S. 205.
18 Martin Gilbert, *Auschwitz und die Alliierten,* München 1982, S. 17.
19 Proctor, *Racial Hygiene,* S. 211.
20 Hilberg, *Vernichtung der Europäischen Juden,* Bd. 1, S. 233.
21 Gilbert, *Holocaust,* S. 287.
22 Hilberg, *Vernichtung der Europäischen Juden,* Bd. 3, S. 1077.
23 Martin Gilbert, *Der Zweite Weltkrieg. Eine chronologische Gesamtdarstellung,* München 1991, S. 660, 662, 674, 682, 686 f.
24 Lucy Dawidowicz, *A War against Jews. 1933–45,* New York 1975.
20 Segev, *Die Soldaten des Bösen,* S. 18.

23. KOMPLIZENSCHAFT

Motto: Peter Hoffmann, *Widerstand, Staatsstreich, Attentat. Der Kampf der Opposition gegen Hitler,* München, 3. überarb. Auflage 1979, S. 36.
1 Omer Bartov, *The Eastern Front, 1941–1945. German Troops and the Barbarization of Warfare,* New York 1986, S. 74.
2 Hilberg, *Vernichtung der europäischen Juden,* Bd. 1, S. 200.
3 Bartov, *Eastern Front,* S. 94.
4 Ebenda, S. 80.
5 Hilberg, *Vernichtung der europäischen Juden,* Bd. 2, S. 315.
6 zit. nach Messerschmidt, *Die Wehrmacht im SS-Staat,* Hamburg 1969, S. 326 f.
7 Christopher Browning, *Fateful Months. Essays on the Emergence of the Final Solution,* New York 1985, S. 48.
8 Bartov, *Eastern Front,* S. 94.
9 Simon Wiesenthal, *Recht nicht Rache. Erinnerungen,* Frankfurt, Berlin 1988, S. 349.
10 Bartov, *Eastern Front,* S. 84.
11 Ebenda, S. 94.
12 Ebenda, S. 185.
13 Hilberg, *Vernichtung der europäischen Juden,* Bd. 2, S. 732 f.
14 Browning, *Final Solution and the Foreign Office,* New York und London 1978, S. 29, 37, 44.
15 Ebenda, S. 59.
16 Ebenda, S. 54.
17 Hilberg, *Vernichtung der europäischen Juden,* Bd. 2, S. 762.
18 Browning, *Final Solution and the Foreign Office,* S. 153.

19 Hilberg, *Vernichtung der europäischen Juden,* Bd. 2, S. 789.
20 Browning, *Final Solution and the Foreign Office,* S. 180.
21 Müller, *Furchtbare Juristen, S.* 201.
22 Ebenda, S. 147.
23 Ebenda, S. 201 f.
24 Benjamin B. Ferencz, *Lohn des Grauens. Die verweigerte Entschädigung für jüdische Zwangsarbeiter. Ein Kapitel deutscher Nachkriegsgeschichte.* Frankfurt, New York 1981, S. 99.
25 Proctor, *Racial Hygiene,* S. 221.
26 Hilberg, *Vernichtung der europäischen Juden,* Bd. 2, S. 994.
27 Ferencz, *Lohn des Grauens,* S. 129.
28 Bruno Gebhardt, *Handbuch der Deutschen Geschichte,* Bd. 4,2, Stuttgart 1976, S. 552; dazu auch: Gallagher, *By Trust Betrayed,* S. 241, 294 ff.
29 Lewy, *Die katholische Kirche und das Dritte Reich,* S. 304, 318 f.
30 Ebenda, S. 260.
31 John S. Conway, *Nazi Persecution of the Churches, 1933–1945,* London 1968, Fotodokument, S. 160 f.
32 Robertson, *Dietrich Bonhoeffer,* S. 306.
33 Ernst Helmreich, *The German Churches Under Hitler,* Detroit 1979, S. 332, rückübersetzt.
34 Saul Friedländer, *Pius XII. und das Dritte Reich. Eine Dokumentation,* Reinbek 1965, S. 47.
35 Bruno Shatyn, *A Private War,* Detroit 1986.
36 Friedländer, *Pius XII. und das Dritte Reich,* S. 87–91, 96.
37 Léon Poliakov, »The Vatican and the Jewish Question«, in: *Commentary,* November 1950, S. 439–449.
38 Friedländer, *Pius XII. und das Dritte Reich, S.* 147, 163.
39 Ebenda, S. 151, 154.
40 Proctor, *Racial Hygiene,* S. *131.*
41 Ebenda, S. 209.
42 Gallagher, *By Trust Betrayed,* S. 250.
43 Proctor, *Racial Hygiene,* S. 82, 213 f.
44 Müller-Hill, *Tödliche Wissenschaft,* S. 15, 20.
45 Ebenda, S. 48.
46 Ebenda, S. 68 f.
47 Gilbert, *Der Zweite Weltkrieg,* S. 295.
48 Poliakov, *The Aryan Myth,* New York 1974, S. 298.
49 Proctor, *Racial Hygiene,* S. 211.
50 Ebenda, S. 220, 350.
51 Müller-Hill, *Tödliche Wissenschaft,* S. 80.

24. WIDERSTAND, ÖFFENTLICHE MEINUNG, WISSEN

Motto: Gellately, *Gestapo und die deutsche Gesellschaft, S.* 210.
1 Peukert, *Volksgenossen und Gemeinschaftsfremde,* S. 197.
2 Ebenda, S. 141.
3 Ian Kershaw, *Popular Opinion and Political Dissent in the Third Reich,* Oxford 1983, S. 303.
4 Graml u. a., *Der deutsche Widerstand gegen Hitler,* S. 140.
5 Ebenda, S. 112.
6 Ernst Wolf, in Graml u. a., *Der deutsche Widerstand gegen Hitler,* S. 196.
7 Peter Hoffmann, *Widerstand, Staatsstreich, Attentat,* S. 246.
8 Mommsen, in Graml u. a., *Der deutsche Widerstand gegen Hitler,* S. 113.
9 Hoffmann, *History of the German Resistance,* S. 194.
10 Ebenda, S. 212.
11 Ebenda, S. 396.
12 Kershaw, *Popular Opinion and Political Dissent in the Third Reich,* S. 64.
13 Ebenda, S. 201, 353.
14 Ebenda, S. 357.
15 Ebenda, S. 340.
16 Peukert, *Volksgenossen und Gemeinschaftsfremde,* S. 104.
17 Kershaw, *Popular Opinion and Political Dissent in the Third Reich,* S. 149.
18 Ebenda, S. 154.
19 Peukert, *Volksgenossen und Gemeinschaftsfremde,* S. 68.
20 Zum Aufbau und zur Arbeitsweise der Gestapo siehe: Gellately, *Gestapo und die deutsche Gesellschaft,* S. 60-67.
21 Ebenda, S. 210.
22 Ebenda, S. 33, 234, 242.
23 Ebenda, S. 145.
24 Otto Dov Kulka und Anton Rodrique, »The German Population and the Jews in the Third Reich. Recent Publications and Trends in Research on German Society and the Jewish Question«, in: *Yad Vashem Studies* 16 (1984), S. 426.
25 Kershaw, *Popular Opinion and Political Dissent in the Third Reich,* S. 269.
26 Ebenda, S. 268.
27 Ebenda, S. 176 f.
28 Pauley, *Eine Geschichte des österreichischen Antisemitismus,* S. 283, 299.
29 *The Week in Germany,* 3. März 1992; Nathan Stoltzfuss, »Dissent in Nazi Germany«, in: *Atlantic Monthly,* September 1992.
30 Gilbert, *Holocaust,* S. 67.
31 Jäckel, *Hitlers Weltanschauung,* S. 60, 73.
32 Sarah Gordon, *Hitler, Germans, and the Jewish Question,* Princeton 1984, S. 130.
33 *Keesings Archiv der Gegenwart* (1945), S. 5379.
34 Ebenda, S. 5657.
35 Müller-Hill, *Tödliche Wissenschaft,* S. 50.
36 Haskel Lookstein, *Were We Our Brothers' Keepers?* New York 1985, S. 107.

37 Hilberg, *Die Vernichtung der europäischen Juden,* Bd. 2, S. 996 f.
38 Browning, *Final Solution and the German Foreign Office,* S. 84.
39 Ernst Klee, Willi Dreßen und Volker Rieß, Hg., *»Schöne Zeiten«. Judenmord aus der Sicht der Täter und Gaffer,* Frankfurt 1988.
40 Christopher Browning, *Ganz normale Männer. Das Reserve-Polizeibataillon 101 und die »Endlösung« in Polen,* Reinbek 1993.
41 Browning, *Fateful Months,* S. 83.
42 Martin Gilbert, *The Second World War,* New York 1989, S. 249.
43 Browning, *Fateful Months,* S. 83.
44 Gordon A. Craig, »The Way to the Wall«, in: *New York Review of Books,* 28. Juni 1990, S. 30
45 Gilbert, *Holocaust,* S. 591.
46 Lewy, *Die katholische Kirche und das Dritte Reich,* S. 318 f.
47 Kershaw, *Popular Opinion and Political Dissent in the Third Reich,* S. 369.

25. NACHSPIEL: DIE TÄTER SPRECHEN SICH FREI

Motto: Jochen von Lang, *Das Eichmann Protokoll,* Berlin 1982, S. 93, 95.
1 Snyder, *Encyclopedia of the Third Reich,* S. 190.
2 Interview mit Ingo Müller, *New York Times Book Review,* 28. April 1991, S. 3.
3 Müller, *Furchtbare Juristen,* S. 241 f.
4 Ebenda, S. 216, 277.
5 Ebenda, S. 251, 278 f., 284.
6 Ebenda,S. 284 f.
7 Gitta Sereny, *Das Ringen mit der Wahrheit. Albert Speer und das deutsche Trauma,* München 1995, S. 409.
8 Müller, *Furchtbare Juristen,* S. 251, 255.
9 Ebenda, S. 255.
10 Ebenda, S. 256 ff.
11 Ebenda, S. 285 f.
12 Ebenda, S. 272.
13 Ebenda, S. 210.
14 Adolf Diamant in: Gellately, *Gestapo und deutsche Gesellschaft,* S. 293.
15 Müller, *Furchtbare Juristen,* S. 251 f., 276.
16 Ebenda, S. 263, 288.
17 Pauley, *From Prejudice to Persecution,* S. 307 ff.
18 Hilberg, *Vernichtung der europäischen Juden,* Bd. 3, S. 1088, 1165, 1235.
19 Daniel Goldhagen, »Treblinka's Other Monster«, *New York Times,* 21. August 1993, S. 19.
20 Alois Hudal, nach Aussage des amerikanischen Agenten Erhard Dabringhaus, der Klaus Barbie »betreute«. Siehe Marcel Ophüls' Film *Hotel Terminus.*
21 Ferencz, *Lohn des Grauens,* S. 20.
22 Ebenda, S. 195.

23 *New York Times,* 1. Januar 1986, S. 3.
24 Proctor, *Racial Hygiene,* S. 303.
25 Müller-Hill, *Tödliche Wissenschaft,* S. 83.
26 Charles Lane, »The Tainted Sources of ›The Bell Curve‹«, *New York Review of Books,* 1. Dezember 1994.
27 Bentley, *Martin Niemöller,* S. 216.
28 Jennifer Leaning und H. Jack Geiger, »German Doctors and Their Secrets, *New York Times,* 2. Februar 1993, Op-ed page.
29 Gordon, *Hitler, Germans and the Jewish Question,* S. 199; Kershaw, *Popular Opinion and Political Dissent in the Third Reich,* S. 370.
30 Pauley, *From Prejudice to Persecution,* S. 301 ff.
31 Müller-Hill, *Tödliche Wissenschaft,* S. 102.
32 Pulzer, *Aufstieg,* S. 114.
33 Herf, *Reactionary Modernism,* S. 149.

PERSONENREGISTER